Eva Lavric / Cornelia Feyrer / Carmen Konzett-Firth (éds.)

Le vin et ses émules

D1718806

InnTraRom. Beiträge zu Sprache, Kultur und Translation
Herausgegeben von Eva Lavric, Cornelia Feyrer,
Peter J. Holzer und Carmen Konzett-Firth
Band 1

Eva Lavric / Cornelia Feyrer / Carmen Konzett-Firth (éds.)

Le vin et ses émules

Discours œnologiques et gastronomiques

Frank & Timme

Verlag für wissenschaftliche Literatur

Reihenlogo: © 2022 SaiCom – Mag. Hannes Sailer
Umschlagbild: „Urknall", Pyrit und Orangencalzit in mehrfarbigem Waschbeton
auf Granitbasis, © 2014 Michael Frolik, Hannes Sailer

Die Drucklegung erfolgte mit freundlicher Unterstützung
des Interdisziplinären Frankreich-Schwerpunktes der Universität Innsbruck,
der Philologisch-Kulturwissenschaftlichen Fakultät der Universität Innsbruck,
des Forschungsschwerpunktes „Kulturelle Begegnungen – Kulturelle Konflikte"
der Universität Innsbruck,
des Landes Tirol – Tirol Kultur,
des Landes Vorarlberg – Amt der Vorarlberger Landesregierung,
des Landes Tirol – Amt der Tiroler Landesregierung – Abteilung Kultur.

ISBN 978-3-7329-0808-0
ISBN E-Book 978-3-7329-9154-9
ISSN 2750-056X

Herstellung durch Frank & Timme GmbH,
Wittelsbacherstraße 27a, 10707 Berlin.
Printed in Germany.
Gedruckt auf säurefreiem, alterungsbeständigem Papier.

www.frank-timme.de

Table des Matières

Eva Lavric

Introduction

Ce volume est issu du colloque international « **Terminologies et discours gastronomiques et œnologiques – Le vin et les autres produits** », qui s'est tenu à l'Université d'Innsbruck (Tyrol, Autriche) les 18 et 20 septembre 2019. Les organisatrices – et éditrices du présent volume – représentent les instituts de philologie romane (Konzett-Firth, Lavric) et de traductologie (Feyrer), qui ont accueilli une quarantaine de participants internationaux (issus d'une douzaine de pays), pour une trentaine de présentations, toutes en langue française. Le colloque s'est inséré dans une série inaugurée en 2016 à Dijon[1] et poursuivie en 2017 à Reims[2] et en 2018 à Tours[3]. Innsbruck est donc la première ville non française à avoir accueilli un colloque de cette série, ce que nous ressentons comme un grand honneur.

Il n'est pas étonnant par ailleurs que la France ait pris l'initiative dans la recherche sur les terminologies et les discours gastronomiques et œnologiques : n'est-elle pas depuis des siècles le haut lieu tant des vins et de l'œnologie que du goût et de la haute cuisine ? Elle l'est à ce point que dans la plupart des langues et cultures européennes, il suffit d'insérer dans un menu une série d'expressions françaises pour obtenir immanquablement une impression de qualité, voire de raffinement.

L'Université d'Innsbruck et sa faculté philologico-culturelle s'engagent, elles aussi, dans la recherche gastro-œnologique, à travers le groupe de recherche « Kulturen und Kulinaria », dont nos trois éditrices sont membres fondateurs, et qui a organisé dès 2006 un colloque – en réalité, une section d'un congrès – intitulé « Food and language. Sprache und Essen. Lengua y comida. Les nourritures linguistiques »[4]. A mentionner également le grand projet européen

---

[1] Par Laurent Gautier, voir Gautier (sous presse a).
[2] Par Anne Parizot et Benoît Verdier, voir Parizot / Verdier 2018.
[3] Par Kilien Stengel, voir Stengel 2020.
[4] Les actes ont été publiés sous le titre de « Food and Language. Sprache und Essen », voir Lavric / Konzett 2009.

« VinoLingua » (2010-2014)[5], dans lequel Innsbruck a tenu le *lead part* et dont le but était de créer des manuels de langues pour les viticulteurs, les langues enseignées étant l'allemand, le français, l'espagnol et l'italien. Un projet qui incluait comme partenaire l'Université de Bourgogne à Dijon avec le professeur Laurent Gautier, auquel Innsbruck est liée par une coopération de longue date.

C'est ce même Laurent Gautier qui a lancé, en 2016, la série de colloques gastro-œnologiques, et c'est lui également qui a innové en lançant, dans la communauté scientifique qui s'était formée à travers ces colloques, l'étude de produits autres que le vin.[6]

C'est dans cette mouvance aussi que s'est situé le colloque d'Innsbruck, qui a encouragé, dans son appel à communications, l'étude des discours qui entourent ces produits. Ceux-ci, en effet, émulent souvent les pratiques de dégustation, de description et de commercialisation bien connues pour le vin, qui fait figure de produit phare pour la présentation d'autres boissons, mais aussi d'autres types de produits. Notre appel à communications, dont nous répétons ici les passages clé, insistait également sur l'idée de ne pas s'en tenir aux simples études termino-logiques (qui, seules, avaient été mentionnées dans les titres des colloques antérieurs, bien que la gamme des contributions ait toujours été plus vaste) et de continuer l'ambiance interdisciplinaire de notre entreprise, qui permettait des contacts précieux entre théoriciens et praticiens :

- Nous nous intéressons, comme dans les colloques antérieurs, aux terminologies œnologiques et gastronomiques, avec toutes les perspectives d'interculturalité, de discours experts/profanes, de contextualisation et de numérisation que cela comporte – et avec, en particulier, le problème de la description et/versus dénomination des sensations organoleptiques ;
- A ceci doivent s'ajouter, cependant, les discours (plus ou moins) spécialisés qui entourent ces terminologies et les produits et pratiques correspondants : genres textuels et médiatiques, reflets littéraires, aspects socio-économiques, etc. – ce qui permettra d'inclure tant l'aspect vente, l'imaginaire, la figuration, le storytelling que les situations interactives et didactiques les plus diverses ;
- Pour donner un accent spécial à ce colloque, nous attirons l'attention sur les produits autres que le vin : le fromage, le pain, le chocolat, l'huile d'olive, etc., et les boissons

---

[5]   Voir *VinoLingua* 2009.
[6]   Voir le colloque qui sera publié dans Gautier (sous presse b).

comme le café, le thé, le cognac, la bière, l'eau minérale, le cidre et bien d'autres encore, qui font l'objet de pratiques de dégustation et de commercialisation comparables à celles qui entourent le vin, et dont l'étude linguistique et sémiotique ne fait que commencer.

- Notre appel à communications s'adresse aux spécialistes des disciplines les plus diverses : linguistique, traductologie, littérature, sémiotique, études culturelles et médiatiques, didactique des langues de spécialité, mais aussi aux professionnels des filières vitivinicole, gastronomique et agro-alimentaire, afin de permettre des échanges fructueux entre praticiens et chercheurs.

Le présent volume constitue la réponse à cet appel – voire une collection des réponses les plus diverses –, et dans la deuxième partie de cette introduction, nous donnerons donc une brève vue d'ensemble des contenus et des approches multiples ainsi qu'une présentation des affinités qui s'affirment et du mouvement qui s'établit à travers notre structure en sections.

Notre parcours va de la gastronomie à l'œnologie en passant par les autres produits. La section « **Gastronomie** » comporte d'abord un volet « **France (et autres)** », dans lequel ce sont sourtout les cartes des restaurants qui se trouvent au centre de l'intérêt. Isabel COLÓN DE CARVAJAL présente le projet Men'Hir (*Le menu au restaurant : Histoire, Interaction, Représentation*), qui s'appuie sur un legs de plus de deux mille menus historiques donné au Centre de recherche de l'Institut Paul Bocuse. Archiver et numériser ce corpus, mais aussi développer des catégories pour son analyse et le mettre à la disposition de la communauté scientifique, voilà un travail énorme mais précieux de conservation d'un patrimoine culturel unique. Toujours sur les cartes des retaurants, mais en synchronie cette fois-ci, Eva LAVRIC étudie les menus des restaurants étoilés français dans une perspective linguistique, mais également poétique, s'intéressant principalement aux intitulés de plats et aux moyens de valorisation et d'individualisation linguistiques qu'ils présentent, tout comme aux procédés stylistiques grâce auxquels les éléments descriptifs de la carte se placent à la hauteur des mets exquis qu'ils décrivent. Monika MESSNER, elle, se penche sur les cartes de restaurant dans une perspective de plurilinguisme, choisissant pour cela une région trilingue (allemand, italien, ladin), le Tyrol du

Sud en Italie.[7] Elle s'interroge tant sur les choix de base (carte monolingue, bilingue, trilingue[8]) que sur les alternances codiques qui interviennent dans les intitulés de plats, et aussi sur la transparence des cartes pour les touristes étrangers. Finalement, dans une perspective littéraire, Renaud LAGABRIELLE présente une analyse d'un roman paru en 2016 (*Un chemin de tables* de Maylis de Kerangal) qui, d'une part, s'inscrit dans la tradition de la littérature gourmande, mais de l'autre, reflète aussi les discours gastronomiques actuels ; il montre que ce roman qui donne dans la critique gastronomique développe et déploie une véritable poétique de la cuisine, où l'art du langage répond à l'art de la bonne chère.

Toujours dans la « **Gastronomie** », en un deuxième volet, un *cluster* s'est formé dans le cadre du colloque autour des aspects culturels et gastro-œnologiques de la **Roumanie**. Sonia BERBINSKI place au centre de son étude les discours gastronomiques portant sur les mets préparés à l'occasion des grandes fêtes du cycle de la vie : le baptême, la communion, les noces, l'enterrement, ainsi qu'à l'occasion des fêtes religieuses orthodoxes. Dans ces plats s'exprime un fonds linguistique, culturel et civilisationnel qu'elle désigne par le terme d'« encyclopédème ». Le sémioticien Dan DOBRE, lui, s'intéresse à un mets bien précis : le *sorbet* roumain[9] (roum. şerbet). Son article suit le parcours imaginaire qu'une recette de préparation du sorbet développe à partir du niveau factuel jusqu'à la configuration de toute une ambiance bâtie sur des stéréotypes culturels. La contribution de Liliana FOŞALĂU aurait pu figurer aussi dans l'une de nos sections consacrées au vin, puisqu'elle étudie le rôle très spécial que jouent les vins de Bordeaux dans la mémoire culturelle roumaine, s'appuyant pour ceci sur un corpus composé de manuels de spécialité, de textes gastronomiques et de littérature de fiction (romans, mémoires, poésie).

Après cette première partie de gastronomie générale, trois sections se consacrent aux « **Autres produits** », à commencer par le **pain**. Yasmine BARSOUM s'approche de cet aliment de base dans une perspective historique et

---

[7] Elle est donc la seule dans cette section à ne pas parler de la France, ce qui nous a fait ajouter un « et autres » au titre de la section.

[8] Comme son corpus n'inclut pas les vallées ladines, la troisième langue sur les cartes est toujours l'anglais.

[9] À ne pas confondre avec le *sorbet* français.

culturelle liée à l'Égypte : elle tente de montrer, à travers la variété des pains, leurs dénominations et l'origine de celles-ci, l'importance culturelle et religieuse du pain dans la société égyptienne. Une approche culturelle également, mais sur un fond d'études classiques, est celle de Corinne POUYADE, qui traite des valeurs culturelles du pain et des céréales dans l'Antiquité, à travers la mythologie et ses personnages. Il s'agit de mettre en évidence le lien qui unit la nourriture et la notion d'humanité en montrant que les fondements de la civilisation sont au centre de la question des céréales. La section se termine sur la contribution d'un praticien, Denis DELVILLE, qui parle du pain en tant que boulanger,[10] mettant en exergue l'aspect de la fermentation. Celle-ci est cruciale pour les saveurs du pain, mais également pour la santé des consommateurs. Maîtriser la fermentation, c'est exercer à proprement parler l'art de la boulangerie.

Toujours parmi les « **Autres produits** », deux boissons ont retenu tout particulièrement l'intérêt des chercheurs : le **café** et le **thé**. Tout comme le vin, ils sonts considérés par les connaisseurs comme des produits haut de gamme, voire de luxe, ce qui se reflète dans les discours qui les entourent. Nadine RENTEL propose une analyse du discours médiatique portant sur le café à l'exemple de la stratégie du storytelling autour de la marque Nespresso, constatant que le concept de durabilité joue un rôle-clé dans la stratégie marketing de l'enseigne. Eva LAVRIC, Vanessa EGGER et Jasmina MASSOUDY conjuguent et comparent les discours du café et du thé, tels qu'ils se présentent sur les sites web de marques haut de gamme. Elles constatent, tout comme Rentel, un parallèle saisissant avec le vin, tant dans la présentation multimodale que dans les analyses organo-leptiques, et aussi dans les descriptions marquées d'une part par une recherche d'informativité et de l'autre par un besoin de valorisation qui s'explique par le caractère publicitaire de ce type de texte. Si les descriptions de thé étudiées dans Lavric et al. apparaissent comme hautement sophistiquées, ce n'est pourtant pas grand-chose en comparaison du raffinement de la culture du thé telle qu'elle existe en Chine. Celle-ci influence-t-elle la nouvelle culture du vin, émergente dans la civilisation chinoise ? Voilà le thème de Weiwei GUO, chercheuse chinoise en Bourgogne. Elle compare les discours des deux produits en chinois à travers

---

[10] Et en tant qu'enseignant dans la formation des apprentis boulangers.

l'étude terminologique d'un double corpus, constatant des différences notables que l'on pourrait rapprocher de la dichotomie poésie-prose.

Parmi les « **Autres produits** », certains produits ont bien l'air d'être plus « autres » que les autres, en ce sens qu'ils ne se retrouvent qu'une seule fois dans cette collection d'articles, sans parallèle avec d'autres contributions. Ce qui nous a amenées à créer une rubrique « **divers** » : celle-ci comprend, tout d'abord, le texte de Inga TKEMALADZE et Lolita TABUASHVILI sur les phraséologismes du lait et des produits laitiers en français et en géorgien. Celle-ci aurait pu être regroupée avec l'article de Gonon / Sorba dans une petite section « phraséo-logie », mais nous avons préféré l'inclure ici pour faire ressortir sa singularité dans le choix des produits. Et puis, il fallait bien un compagnon à la contribution la plus « exotique »[11] de ce volume : celle qui se consacre à la morue (*gadus morhua*). La morue est un poisson qui répond à beaucoup de noms – et il faut être aussi multilingue que Machteld MEULLEMAN pour pouvoir les étudier comparativement en norvégien, en portugais et en français, incluant leurs liens à travers les langues et les cultures et examinant surtout, pour le français, les préférences d'emploi de ces termes selon les genres textuels différents.

Nous en arrivons enfin à la première de nos quatre sections œnologiques : « **Vin : Lexicologie et phraséologie** ». Celle-ci commence avec la deuxième partie de la section phraséologique[12] que nous avons omis de créer, à savoir la contribution de Laetitia GONON et Julie SORBA sur les phraséologimes français autour du vin et du champagne, étudiés à travers des méthodes statistiques appliquées à un corpus de romans contemporains. Dans la littérature populaire versus la littérature tout court, elles identifient deux manières de boire (du vin et du champagne) qui se distinguent par le profil des buveurs, leurs lieux et temporalités, leur manière de boire et les qualités de l'alcool bu. Suivent deux articles à arrière-plan germanistique. Maurice KAUFFER compare, en français et en allemand, le lexique exprimant le caractère floral des vins : par exemple, un riesling peut être décrit par un « nez vif de citron vert *nuancé de fleurs blanches* » ou bien par « rassige Fruchtaromen, die an Aprikosen, Honigmelonen und

---

[11] Nous (les éditrices) venons toutes les trois d'Autriche, un pays qui a perdu son accès à la mer il y plus d'un siècle, et nos affinités culinaires avec les poissons de mer sont par conséquent limitées…

[12] Voir ci-dessus, Foşalău.

14

Zitrusfrüchte erinnern, *sowie ein dezenter Blumenduft* ». Le vin est donc couramment qualifié de *fruchtig* en allemand, et Sylvain FARGE et Bertrand MILESI se consacrent à ce type bien particulier d'adjectifs. Leur structure, *nom$_{substance}$* + *-ig*, est très productive, ce qui permet à l'allemand de former des dérivés qui frappent par leur sous-détermination sémantique. Par exemple, *erdbeerig* renvoie à ce qui présente des caractéristiques de la fraise, qu'il s'agisse du goût, de l'odeur, de la texture ou de l'ensemble de ces qualités ; ce qui confère à la langue du vin allemande une flexibilité inégalable en comparaison du français.

La section suivante, « **Vin : Terminologie et lexicographie** », commence par l'article de Maria KOLIOPOULOU et Pius ten HACKEN qui présentent leur projet d'une terminologie œnologique du grec moderne. Si le terme français (et international) *œnologie* vient du grec ancien οίνος 'vin' et λόγος 'parole', c'est le français qui tient actuellement le rôle de langue d'origine pour la terminologie du vin dans les autres langues. L'importation de termes français en grec montre un échange lexical intéressant entre deux langues qui ont chacune une forte tradition vinicole. La contribution suivante, de Franca BOSC et Bettina MOTTURA, est décidément lexicographique, puisqu'elle présente le dictionnaire bilingue italien-chinois des vins et des cépages d'Italie, publié en 2019.[13] L'article met en évidence les principaux obstacles linguistiques et culturels rencontrés pendant l'élaboration de cet ouvrage et les stratégies développées pour les résoudre. Ensuite, Laurent GAUTIER et Anne PARIZOT interrogent la place du lexème *terroir* dans les discours français sur le vin, posant la question de son statut de terme. Un corpus d'entretiens semi-directifs menés avec des viticulteurs permet de décrire les représentations mentales associées au *terroir* dans l'imaginaire des usagers spécialisés. Dans le même contexte bourguignon de la plateforme lexicographique *Œnolex*, Patrick LEROYER montre, à l'exemple du vocable néonymique en vogue *minéralité* et de son adjectif *minéral*, les stratégies de médiatisation lexicographique mobilisées par les producteurs, revendeurs, éditeurs et autres acteurs clés des discours marchands consacrés au vin.

Cet intérêt porté aux discours marchands fait la transition entre la section terminographique et la section suivante, dédiée au « **Vin : Discours et**

---

[13] L'existence de ce projet confirme l'importance croissante de la culture du vin en Chine, que nous avons déjà entrevue à propos de l'article de Guo.

marketing ». Celle-ci commence par la contribution de Richard MARCHAL qui s'interroge sur la différence et la ressemblance entre les Champagnes et les autres vins effervescents qui s'en rapprochent par leur technique d'élaboration, en particulier le Crémant de Bourgogne. Il s'avère que les sites de vulgarisation sur internet sont incapables d'identifier des particularités sensorielles significatives, les seules différences palpables restant la région de production et le prix. La nécessité s'impose donc aux vignerons champenois de se démarquer des autres effervescents à travers un discours publicitaire ciblé ; c'est ce discours qu'étudient Anne PARIZOT, Delphine COMBROUZE et Benoît VERDIER. Sur la base d'un corpus de 19 années de communication de la bannière collective Champagne des Vignerons, ils analysent les choix lexicaux, la mise en image et le storytelling mis en œuvre dans des stratégies publicitaires qui visent plus particulièrement la nouvelle clientèle des « millenials ». Avec l'article de Joseph CADEDDU, ce ne sont pas tant les stratégies de vente du vin qui sont étudiées, mais plutôt les relations publiques des entreprises viticoles, et notamment leur travail sur une image « écologique » et « responsable » ; l'exemple analysé étant le *Rapport de Développement Durable* du groupe « Mezzacorona » (Italie), qui met en scène un récit d'actions où le héros-entreprise surmonte des épreuves pour accomplir une mission au service de valeurs qui lui sont propres.

Notre dernière section, « **Vin : Philosophie et paysages** », regroupe des contributions assez diverses, mais non moins intéressantes. Celle de Jean SZLAMOWICZ a l'air à première vue d'être polémique et radicale ; en réalité il s'agit de la déconstruction d'un article polémique et radical rencontré dans *Le Monde*, qui se fonde sur un éthos scientifique pour tenter de montrer que, en fin de compte, le vin serait tout simplement « un alcool comme un autre ». Szlamowicz démonte systématiquement les arguments et dévoile le jeu perfide auquel se livre l'auteur du texte avec les polysémies des termes *vin* et *alcool*. Quant à Michel COSTANTINI, il se base expressément sur les discours opposés à celui critiqué par Szlamowicz[14] pour montrer, *Poétique* d'Aristote à l'appui, que les caractéristiques avancées par le grand philosophe se retrouvent bien dans la culture du vin et permettent fort bien de soutenir que le vigneron est un artiste, et

---

[14] « Le vin, c'est plus qu'une boisson, c'est une culture », « le vin et la vigne sont inséparables de la culture nationale » ou « le vin fait partie de notre patrimoine culturel » (Szlamowicz dans ce volume, 629ff.)

le vin, une œuvre d'art – en plus, évidemment, on ne le niera pas, d'être une *tekhnè* remarquable et universelle. Après ces articles polémico-philosophiques, le volume se clôt sur une contribution très concrète, très terre à terre : il s'agit de l'étude du paysage linguistique menée par Eva LAVRIC, Anja STINGEDER et Hanna WALDTHALER dans deux régions œnotouristiques européennes : l'Alsace en France et le Tyrol du Sud en Italie. Celle-ci explore le plurilinguisme lié au vin et au tourisme,[15] puisque le paysage linguistique est constitué par l'ensemble des inscriptions et textes présents dans l'espace public d'une certaine région (ici : de deux régions viticoles et touristiques, deux routes des vins, plus la vieille ville de Strasbourg), que l'on analyse dans le but de découvrir la présence/absence de différentes langues sur les panneaux et enseignes et leur lien avec les usages et les besoins linguistiques des habitants et des voyageurs.

Que pouvons-nous conclure sur la gamme gastro-œnologique déployée das ce volume ? Qu'est-ce qu'elle fournit, et qu'est-ce qu'elle laisse à désirer ? Nous constatons tout d'abord que les études sur le vin, avec ses terminologies et ses discours, ont toujours le vent en poupe. Plus de la moitié des articles de notre collection (les sections 6 à 9, plus Fosalau et Guo) lui sont consacrés. De la linguistique à la sémiologie en passant par les études littéraires, sans oublier les aspects techniques (Marchal) et l'argumentation polémique (Szlamowicz), on ne cesse de trouver des questions à traiter et à développer, et on continuera à le faire. Le vin donne lieu par exemple à bon nombre d'études contrastives, et il fait foisonner les terminologies et les dictionnaires.

La gastronomie, de son côté, ne manque pas dans cette collection, mais les études sont moins nombreuses et axées sur des cultures gastronomiques bien précises : la française bien évidemment, mais aussi la culture roumaine. Côté sujets traités, il y a les cartes des restaurants, et aussi l'imaginaire lié à certains produits et à certains plats. On se demande pourtant où sont les analyses de recettes de cuisine, de blogs culinaires, de publicités télévisées, d'émissions de cuisine et autres ? Et les analyses de discours des sites des grands chefs, les études

---

[15] Elle pourrait donc se ranger aux côtés de l'étude de Messner sur le plurilinguisme des menus au Sud-Tyrol.

sémiotiques de l'ambiance/image de certains restaurants, les analyses conversationnelles d'événements de dégustation ?

Mais ce qui nous a le plus étonnées dans cette panoplie de contributions, c'est sans aucun doute le choix des « autres produits » à analyser. Nous nous attendions à des boissons de luxe et de terroir telles le whisky, le cognac, le cidre, et à des produits d'alimentation fine telles l'huile d'olive, la truffe ou le chocolat ; ce qui aurait permis des comparaisons avec la présentation et la description du vin en tant que produit raffiné par excellence. Et il y a bien le café et le thé qui sont à l'honneur dans l'une de nos trois sections « autres ». S'y ajoutent pourtant des produits auxquels nous nous attendions beaucoup moins, des aliments de base tels que le pain ou les produits laitiers, et – comble de l'exotisme – un poisson qui se mange soit frais soit salé et qui fait partie de l'alimentation quotidienne dans une série de cultures. Arrivées à ce point, la comparaison avec le vin ne va plus de soi et le titre du volume, « le vin et ses émules », resserre presque trop la perspective, qu'il conviendrait plutôt d'élargir dans des publications futures.

Il y a du pain sur la planche !

Bibliographie

Gautier, Laurent (éd.) (sous presse a): *Les terminologies professionnelles de la gastronomie et de l'œnologie. Actes du colloque Dijon, 27-28 septembre 2016*

Gautier, Laurent (éd.) (sous presse b): *Actes du colloque international « Discours sensoriels croisés : cacao, café, thé et vin. Entre langue(s) et culture(s) », Dijon, 9-10 juillet 2018*

Lavric, Eva / Konzett, Carmen (éds.) (2009): *Food and Language. Sprache und Essen*. Frankfurt/M. e.a.: Peter Lang

Stengel, Kilien (éd.) (2020): *Terminologies gastronomiques et œnologiques. Aspects patrimoniaux et culturels*. Paris: L'Harmattan

Verdier, Benoît / Parizot, Anne (éds.) (2018): *Du sens à l'expérience. Gastronomie et œnologie au prisme de leurs terminologies*. Reims: ÉPURE

VinoLingua (2009): VinoLingua – Agreement: Leonardo da Vinci Programme (2009), Lifelong Learning Programme, Multilateral Project for the development of innovation, Vocationally Oriented Language Learning, priority 4: Develop Vocational Skills considering the labour market needs, Grant Agreement No 2009-2179/001-001

Innsbruck, en juillet 2021

1. Gastronomie : France (et autres)

Isabel Colón de Carvajal

Le menu au restaurant : Histoire, Interaction, Représentation

Résumé :

Du point de vue historique, le repas gastronomique des Français a été inscrit au patrimoine immatériel de l'humanité par l'UNESCO en 2010. Cette inscription a été une grande première et visait à souligner les pratiques culturelles qui entourent le repas français (ses rituels, sa présentation, ses normes), montrant ainsi sa spécificité, sa richesse et sa diversité. Dans ce contexte, le projet Men'Hir (Le menu au restaurant : Histoire, Interaction, Représentation) vise à promouvoir un modèle de patrimonialisation de l'objet culturel « menu » qui articule la préservation d'une identité historique et communautaire. Grâce au legs de Pierre Orsi au Centre de recherche de l'Institut Paul Bocuse, nous disposons d'une collection de menus de plus de deux mille pièces datant du XIXᵉ jusqu'à nos jours.

Le cœur de cet article est de présenter et discuter, d'une part, la méthodologie mise en place pour mener à bien une longue chaîne de traitement qui comprend la numérisation, l'indexation (base de données construite, choix des métadonnées réalisés, premiers résultats quantitatifs) et l'océrisation de ce fonds de menus Orsi ; et d'autre part la construction d'une première typologie linguistique et sémiotique à partir de ces menus.

L'ensemble de ce travail a permis : 1) d'enrichir et de finaliser une base de données interrogeable ; 2) de donner lieu à un véritable travail d'archivage et de numérisation de la collection des menus écrits, permettant ainsi de conserver ce patrimoine culturel ; 3) de donner lieu également à l'édition d'un lexique du langage culinaire qui sera diffusé auprès de la communauté scientifique et du grand public.

Cet article est enfin l'opportunité de valoriser l'état final de la base de données en ligne auprès des collègues de la discipline ou d'autres disciplines (histoire, lettres, didactiques, études culturelles et médiatiques, etc.) pour qu'ils réalisent, à partir de ces données, des recherches plus spécifiques dans leurs domaines. Des collaborations pluridisciplinaires pourront être envisagées dans le cadre de contrats doctoraux par exemple, ou des mémoires de master.

Mots clés : menus, base de données, patrimoine, lexique culinaire, analyses plurisémiotiques

Abstract:

From a historical point of view, the gastronomic meal of the French has been listed as an intangible heritage of humanity by UNESCO in 2010. This inscription was a great first and aimed to highlight the cultural practices surrounding the French meal (its rituals, presentation, standards) thus showing its specificity, richness and diversity. In this context, the Men'Hir

21

project (The Menu in the Restaurant: History, Interaction, Representation) aims to promote a model of heritage of the cultural object "restaurant menu" that articulates the preservation of a historical and community identity. Thanks to Pierre Orsi's bequest to the Research Centre of the Paul Bocuse Institute, we have a collection of menus of more than two thousand items dating from the nineteenth century to the present day.

The heart of this article is to present and discuss, on the one hand, the methodology put in place to carry out a long processing chain that includes digitization, indexing (database constructed, choice of metadata carried out, first quantitative results) and oceration of this collection of Orsi menus; and on the other hand, the construction of a first linguistic and semiotic typology based on these menus.

All of this work has made possible: 1) to enrich and finalise a searchable database; 2) to carry out a real archiving and digitisation work on the collection of written menus, thus making it possible to preserve this cultural heritage; 3) to publish a lexicon of culinary language which will be disseminated to the scientific community and the general public.

Finally, this article is an opportunity to promote the final state of the online database to colleagues in the discipline or in other disciplines (history, literature, didactics, cultural and media studies, etc.) to enable them to carry out, from these data, more specific research in their fields. Multidisciplinary collaborations could be considered within the framework of doctoral contracts, for example, or master's theses.

Key words: menues, data bases, heritage, culinary lexicon, multisemiotic analyses

1. L'évolution du service du repas au restaurant

Le repas gastronomique français a été inscrit au patrimoine immatériel de l'humanité par l'UNESCO en 2010. Cette inscription a été une grande première et visait à souligner les pratiques culturelles qui entourent le repas français (ses rituels, sa présentation, ses normes), montrant ainsi sa spécificité, sa richesse et sa diversité.

Comme l'explique Hugol-Gential dans son ouvrage de 2015, les pratiques de restauration ont été profondément modifiées en France avec la Révolution Française. Juste avant la Révolution, les « restaurateurs commencent à se multiplier et proposent des plats à la portion dans un cadre convivial ». Après la Révolution Française, « plusieurs possibilités s'offrent aux cuisiniers de la noblesse : quitter le pays, se mettre au service de la bourgeoisie ou ouvrir leur propre établissement, permettant ainsi aux personnes qui n'ont jamais appartenu à la Cour de découvrir une cuisine raffinée » (Hugol-Gential, 2015 : 26). Elle explique également que la multiplication des restaurants à cette époque bouscule les modes de service et en impose de nouvelles formes. Désormais, les plats sont choisis sur la base du menu (Poulain / Neirinck 2004) « alors que jusque-là, dans les auberges dédiées aux gens du voyage, un seul plat était proposé ou bien les voyageurs venaient avec leur propre nourriture ».

L'intérêt pour la manière de décrire les plats est ainsi ancré dans l'histoire de la gastronomie. Néanmoins, Boutaud souligne qu'il n'est pas aisé de décrire le goût et d'en rendre compte précisément :

[L]e goût résiste au langage, condamné soit à la norme réifiée d'un discours technique ou physiologique, soit à la digression poétique de la métaphore, empêchés dans les deux cas de saisir au propre la complexité des effets ressentis. (Boutaud 1997, 53)

Dans la même perspective, Erman renchérit :

[C]lasser les saveurs semble donc relever d'un lexique d'experts en analyse sensorielle – il en existe pour le beurre, l'huile, le chocolat, le tabac et, surtout, les vins et les spiritueux – ou alors d'une poétique faisant du jugement de goût un jugement esthétique. (Erman 1997, 105)

En ce sens, la création d'un menu et le choix des intitulés se posent de fait comme des problèmes pratiques pour le restaurateur et le chef de cuisine qui doivent, par le biais du texte, rendre visibles et compréhensibles aux clients les plats qui peuvent être commandés. Comme le souligne Dupuy, l'usage de procédés discursifs engendre des attentes fortes et donc tous les restaurateurs ne peuvent pas prendre la liberté d'employer une rhétorique trop complexe :

[P]our le consommateur, la rhétorique (cet écart avec une façon 'normale', habituelle d'exprimer le réel) semble en effet ne se justifier qu'en cas de plus-value gastronomique ; sans quoi, elle sera perçue comme un simple artifice, voire une tromperie. (Dupuy 2009, 20)

De prime abord, le menu est une liste syntagmatique plus ou moins détaillée des différents plats (regroupés généralement en différentes catégories) qui peuvent être commandés au restaurant. Certaines études textuelles mettent en évidence l'usage d'une « rhétorique alimentaire » (Barthes 1985, 31) et, en partant de ce constat, d'autres essaient d'aller plus loin en analysant le menu comme un texte, ainsi : « le menu est à considérer non dans ce qu'il dénomme et dénote – ce qui serait l'objet d'une rhétorique alimentaire, mais bien plutôt dans ce que révèlent les choix rhétoriques qu'il met en œuvre » (Dupuy 2009, 20).

Le menu est élaboré en utilisant de multiples ressources (textuelles et graphiques) pour représenter les plats qui vont être consommés ; Boutaud parle des textes des menus en tant qu'« embrayeurs du goût » (1995, 275) qui sont déterminants dans l'évocation gustative de fait, dans l'appréciation des plats qui vont être dégustés. Dupuy renchérit en indiquant « que le verbal contribue au goût, que la culture vient aider la nature, qu'il n'est pas de goût sans mot pour dire et faire le goût » (Dupuy 2009, 32).

On voit donc que les procédés stylistiques sont multiples et que l'usage de la rhétorique est prédominant notamment dans les restaurants haut de gamme. Les études proposées à ce jour ne mettent néanmoins pas l'accent sur une perspective diachronique. Grâce à l'analyse d'un corpus écrit regroupant des menus de 1790 à aujourd'hui, nous souhaitons développer une étude diachronique des menus en rendant compte de l'évolution des ressources linguistiques. Plus précisément, nous souhaitons faire une analyse comparative d'un corpus de menus issus de deux grands chefs, l'un ayant exercé au XIXᵉ siècle et l'autre au XXᵉ, permettant ainsi de mettre en lumière les ressources syntaxiques, grammaticales, mais aussi esthétiques (mise en page, typographie) mobilisées au cours de ces deux siècles. De plus, dans une perspective de patrimonialisation et de conservation de la culture, un travail d'archivage et de numérisation de ces menus permet de constituer un corpus de référence.

C'est justement sur ce dernier aspect – archivage et traitement des menus – que nous allons présenter, dans cet article, une partie du projet Men'hir qui a duré plus de trois ans. Après avoir rappelé les objectifs scientifiques du projet, nous ferons une présentation matérielle du fonds Orsi, puis nous détaillerons la chaîne de traitement mise en place pour constituer ce corpus de menus. Nous aborderons des résultats rapides à la fois quantitatifs et qualitatifs à partir d'exploitations statistiques réalisées sur les métadonnées saisies et du travail d'océrisation partiellement mené.

2. Quelques mots sur le projet Men'Hir

Le projet Men'Hir[1] vise à promouvoir un modèle de patrimonialisation de l'objet culturel menu qui articule la préservation d'une identité historique et communautaire. Ce projet est porté par le laboratoire ICAR (CNRS, Université Lyon 2, ENS de Lyon) et le Centre de Recherche de l'Institut Paul Bocuse (Ecully). Il a été financé entre 2014 et 2019 par le LabEx ASLAN[2] et l'ENS de Lyon.

2.1. Les objectifs scientifiques du projet Men'Hir

L'une des finalités premières du projet Men'Hir a donc été de réaliser un travail d'archivage et de numérisation d'environ 960 pièces, et ce dans une perspective de patrimonialisation et de conservation de la culture. C'est ainsi que nous avons numérisé et indexé les métadonnées de 960 pièces entre 2015 et 2019, correspondant environ à 3540 images. Nous avons également réalisé l'océrisation d'un peu plus de 880 images sur 1430 sur lesquelles il était fait mention de plats, menus, cartes (c'est-à-dire que, par exemple, nous n'avons pas océrisé des images sur lesquelles il n'y avait qu'une adresse ou qu'une iconographie, mais nous avons océrisé seulement les images avec du textes associé à des mets, plats, des menus, des vins, etc.) pour obtenir un corpus interrogeable d'un point de vue lexical. L'ensemble de ce travail permet : 1) d'enrichir et de finaliser la base de données existante qui contient les métadonnées du corpus ; 2) de donner lieu à un véritable travail d'archivage et de numérisation de la collection des menus écrits, permettant ainsi de conserver ce patrimoine culturel ; 3) de donner lieu également à l'édition d'un lexique du langage culinaire qui sera diffusé auprès de la communauté scientifique et du grand public.

---

[1] Je remercie les participants à ce projet sans qui la valorisation des menus de Pierre Orsi n'aurait pas pu être possible : Pierre Orsi, Frédéric Weiss, Pierluigi Basso, Agnès Giboreau, Maxime Michaud, Mohamed Fawzi, Arnaud Pelfrêne, Santiago Guillen, Razmik Haboyan, Louis Maritaud, Julien Gachet, Vincent Brault (ENS Média), Justine Lascar, Daniel Valéro, Matthieu Quignard, Pierre-Alexandre Racine, ainsi que le service DUNES (ENS de Lyon).
[2] Je remercie le LABEX ASLAN (ANR-10-LABX-0081) de l'Université de Lyon pour son soutien financier dans le cadre du programme « Investissements d'Avenir » (ANR-11-IDEX-0007) de l'Etat Français géré par l'Agence Nationale de la Recherche (ANR).

Ainsi, dans une perspective linguistique et plurisémiotique de l'objet « menu », nous proposons de nous intéresser à un objet culturel – le menu – qui croise et met en dialogue, au sein des pratiques où il est créé et mobilisé, différents domaines sociaux : l'art (avec ses défis esthétiques), l'économie (avec l'établissement des contrats commerciaux), l'éducation (avec une problématisation pédagogique des habitudes alimentaires, la formation du goût, les bonnes manières à table, la formation professionnelle des cuisiniers et des serveurs), la médecine (sécurité alimentaire). La simplicité apparente du menu cache un croisement inextricable de gestes et d'instances discursives différentes (esthétiques et éthiques, institutionnelles et individuelles, traditionnelles et innovatrices, productives et didactiques), qui oblige à utiliser au mieux toutes les ressources sémiotiques disponibles (verbales, graphiques, iconiques). Cela ne peut que motiver une approche fortement interdisciplinaire où les différentes contributions scientifiques chercheront à expliquer comment un objet apparemment confié à la « transparence » interprétative de la quotidienneté (cette dernière s'alimente de traits sémantiques figés, de stéréotypes, en favorisant une appréhension molaire des valeurs) puisse entrer dans les procès délicats de négociation du goût, vu la forte variabilité culturelle (traditions locales) et l'inflexion toujours idiosyncratique de ce dernier.

L'analyse des structures textuelles et matérielles du menu, capables de réfléchir et en même temps de « diriger » les pratiques de négociation et de dégustation, doit aboutir à la capacité de renouveler le potentiel de transmission de la culture gastronomique, à travers des corpus de menus archivés (réactualisation) aussi bien que par des menus innovateurs qui sachent profiter d'une sagacité rhétorique ancienne et en même temps des supports numériques actuels (innovation).

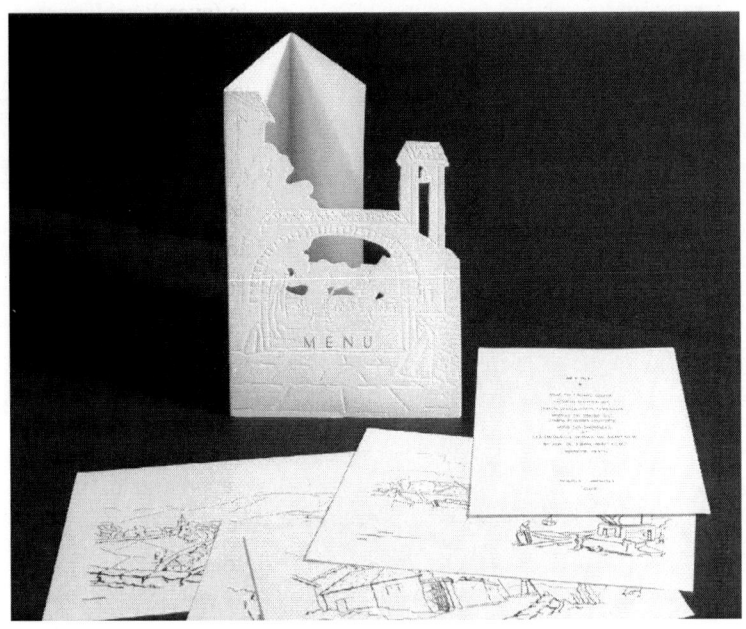

En résumé, le projet Men'Hir se déploie selon une syntaxe – compréhension, transmission, innovation – qui prévoit le passage à travers différentes sélections de pertinence : (i) l'objet « menu » dans un corpus permettant de le valoriser et d'en étudier les évolutions historiques, (ii) les pratiques des clients et des professionnels de la restauration qui se structurent et sont convoquées à partir et autour du menu.

Cet agencement d'objectifs explique donc la nécessité d'articuler le projet Men'Hir selon deux axes de travail : (i) le menu en tant qu'objet à conserver et indexer numériquement, (ii) le menu en tant qu'objet d'analyses linguistiques et plurisémiotiques. Ainsi, une sous-équipe d'ingénierie (sous la responsabilité de Frédéric Weiss), capable de se coordonner avec les recommandations scientifiques des partenaires du Centre de Recherche de l'Institut Paul Bocuse et des chercheurs en linguistiques et en sémiotiques, a veillé entre 2015 et 2019 au travail suivi de numérisation, d'archivage, et d'analyse du corpus Pierre Orsi, conservé à l'Institut Paul Bocuse (la collection offre mille pièces datant du XIXe jusqu'à nos jours). Cette sous-équipe a garanti aussi des résultats autonomes, tels qu'un aperçu sur l'évolution diachronique des menus et sur les transformations de la langue française, tout comme une modélisation du menu en tant qu'objet polysémiotique, intersensoriel et plurifonctionnel. Une seconde sous-équipe de linguistes et sémioticiens, sous la responsabilité de Pierluigi Basso, étudiera à terme le corpus afin d'en dégager un début de lexique du langage culinaire et apportera un regard transdisciplinaire, capable de profiter de la mobilisation de plusieurs méthodologies retenues comme complémentaires. L'analyse du menu, envisagé en tant qu'objet culturel en évolution, adopte nécessairement une posture pluridisciplinaire en impliquant des personnes spécialisées dans différents domaines : linguistique historique, linguistique syntaxique, linguistique inter-actionnelle, sémiotique des objets, informatique, sociologie de la communication et de l'information.

2.2. La présentation matérielle du « fonds Orsi »

Les milliers de menus et autres documents légués à l'Institut Paul Bocuse par Pierre Orsi sont conservés dans 8 caissons en bois identifiés par les lettres A à H (médaillon fixé sur le côté). Nous avons relevé les sous-ensembles suivants :

• « Collection de menus anciens Colonel du Pavillon 1890-1975 » = 1 caisson (A)

• « Donation Menus Archives Pierre Orsi » = 6 caissons (B, C, D, E, F, G)

• « Archives culinaires François de Saint Laumer 1938-2008 » = 1 caisson (H)

Chaque caisson s'ouvre par le devant et se compose de 4 compartiments. Dans chaque compartiment, nous trouvons des pochettes en plastique contenant des documents. Il y a aussi la présence de documents hors pochette. Après comptage, il y a 1258 pochettes dont la répartition est la suivante :

Tableau 1 : Répartition des pochettes

Caisson	A	B	C	D	E	F	G	H
Pochettes	300	194	129	167	125	98	94	151

Dans les pochettes examinées, nous avons trouvé différents types de documents :

- **Des menus** : un menu est lié à un événement particulier (banquet, fête, etc.). La date et le lieu y figurent généralement.
- **Des cartes** : ce sont majoritairement des cartes des plats (liste des plats proposés aux clients) générales ou spécialisées (cartes des desserts par exemple). Des menus types peuvent y figurer, ainsi que les vins et les boissons. On peut aussi trouver des cartes des vins et boissons (sans plat ni menu, donc).
- **D'autres documents** : nous rangeons dans cette catégorie les documents annexes sans rapport direct avec les plats et boissons servis dans les restaurants : plaquettes de présentation, photographies, recettes.

Après une première étude en 2015, nous avons estimé à 1192 les menus, et à 995 les cartes sur l'ensemble du fonds Orsi.

L'étude de tels documents n'ayant jamais été réalisée jusqu'à présent, nous escomptons du projet Men'Hir des résultats tout à fait nouveaux d'un triple point de vue. Nous espérons tout d'abord effectuer une analyse longitudinale de ce qui constitue un genre dont la visée est à la fois pratique et symbolique, et qui n'a, pour l'heure, jamais été étudié en tant que tel. Ces documents présentent par ailleurs la particularité de mêler textes et images au sein d'une mise en page complexe et travaillée, leur analyse nous amènera à étudier les relations qui s'établissent entre ces différents plans d'organisation textuelle dans une perspective comparative (entre types de menus et types de restaurants) et diachronique.

Sur un plan plus strictement linguistique, l'exploitation de ce vaste ensemble de documents enrichira également notre connaissance de la langue du XIXe et du début du XXe siècle. Elle nous renseignera surtout sur les usages non littéraires du français de cette période, usages qui sont malheureusement très mal connus en France par manque de disponibilité de ressources de ce type. Outre qu'elle permet de mener plusieurs études linguistiques dans le cadre du projet (étude du lexique, étude de la morphosyntaxe principalement), la numérisation de ces documents et leur mise à disposition pour la communauté des chercheurs constitue un apport très précieux pour la linguistique diachronique du français. À terme, elle devrait permettre de dégager le lexique et les constructions propres au langage culinaire, et plus largement au lexique du goût, des odeurs et des perceptions sensorielles – pratique déjà amorcée pour le français moderne (voir notamment en 2011 le numéro 181 de la revue *Langages* : Kleiber / Vuillaume 2011) – au moment-même où ces expressions commencent à faire leur entrée et à se développer dans les menus culinaires.

Image 2 : Menu datant de 1980, pour l'hôtel-casino le Caesars Palace, à Las Vegas, Etats-Unis, imprimé sur un papier cartonné, dont la lecture est séquentielle combinée discontinue (© Vincent Brault, ENS Média, ENS de Lyon)

Enfin, nous envisageons de centrer une partie de la recherche sur l'étude de la normalisation et de la standardisation du français au cours de la période couverte. Les travaux des sociolinguistes ont depuis longtemps montré le rôle moteur de la Révolution française, puis de l'école publique et obligatoire à partir des années 1880 dans ce mouvement, mais ces études s'appuient surtout sur des sources externes (discours politiques, enquête de l'abbé Grégoire en 1790-93, etc.). Le corpus diachronique des menus permettra de mesurer finement la réalité du mouvement de standardisation de la langue nationale grâce à l'étude de documents reflétant des niveaux de langue différents et des régions linguistiques relativement diverses. Cette recherche sur corpus complètera ainsi les études déjà réalisées sur ce processus.

Les principales livrables attendues sont : a) une base de données contenant les métadonnées de l'ensemble du corpus traité ; b) un corpus décrit et interrogeable ; c) un lexique et des constructions propres au langage culinaire ; d) des analyses linguistiques et plurisémiotiques du corpus numérisé. Le projet donne lieu à un véritable travail d'archivage et de numérisation de la collection des menus écrits permettant ainsi de conserver ce patrimoine culturel. Il donne lieu également à l'édition d'un lexique du langage culinaire qui sera diffusé auprès de la communauté scientifique et du grand public.

3. Le choix des pièces et les premières saisies pour leur catalogage

3.1. La distinction entre pièce et document

La notion de « pièce » représente ici l'unité documentaire minimale. Dans une même pochette, on peut trouver différents exemplaires d'un même menu ou des pièces sans aucun rapport avec un menu ou une carte. Ces pièces ne sont pas décrites dans la base, mais simplement comptabilisées. Les pièces à numériser en priorité sont les menus, les cartes des plats, des vins ou des desserts. Elles sont généralement autonomes, mais certaines peuvent être liées entre elles (carte des plats et carte des vins par exemple) ou à des pièces annexes (menu et carton d'invitation) qu'il faut alors numériser. La notion de « document » rend compte de ces regroupements possibles : un document est donc composé d'une ou plusieurs pièces.

Une fois les pièces à numériser choisies, commence l'étape de numérisation physique des documents. Nous avons à disposition trois types de matériel pour numériser ou capter un menu : le documate,[3] le copibook[4] (mis à disposition par

---

[3] Le documate a permis la numérisation en aplat, feuille par feuille, de documents allant jusqu'au format de taille A3 (297 x 420 mm).

[4] Le copibook a permis la numérisation en aplat, feuille par feuille, de documents dont le format dépassait la taille A3.

le service ENS Média de l'ENS de Lyon) ou la photographie (réalisée par Vincent Brault). Le choix du matériel se fait en fonction soit du format du document, soit de sa fragilité. Nous faisons aussi des captations en 3D pour les documents plus complexes ou pour rendre compte de la structure particulière d'un menu. Il peut s'agir par exemple d'une vue plongeante sur un menu ou d'un zoom sur un détail iconographique.

Lorsqu'il y a numérisation des menus, chaque document est donc numérisé à plat, pièce par pièce, en une série d'images numérotées de 1 à n. À ce jour, nous avons numérisé 806 documents qui sont constitués de 962 pièces : parmi ces 806 documents, il y en a 709 qui sont constitués d'une seule pièce, et 97 documents qui sont constitués de plusieurs pièces (représentant un total de 253 pièces). Nous avons réalisé un traitement post-numérisation pour établir des corrections colorimétriques des images et/ou des conversions de format des images pour leur publication web.

3.2. Les métadonnées techniques et scientifiques des pièces

Dans l'approche à l'objet « menu » nous avons pris en compte :

1) son aspect matériel, avec une diversification des supports et des textures ;
2) la pluralité de l'objet d'immanence (Genette 1994), avec une pluralité d'attestations (variantes) et parfois des manifestations fragmentaires ;
3) la combinaison de plusieurs documents corrélés dans la réalisation de l'offre gastronomique (carte, menu, carte des vins, carte des desserts, histoire du restaurant, etc.) ;
4) l'aspect textuel où nous pouvons discriminer :
   a. des sections typographiques ;
   b. des inscriptions autographiques ;
   c. des inscriptions graphiques (logos) ;
   d. des illustrations graphiques (dessin) ;
   e. des matériaux photographiques.
5) l'aspect praxéologique, lié à la modalité de consultation du menu.

Les différents aspects d'un menu ont des points de contact et des articulations, ce qui nous a poussés à prendre en charge tous les aspects paratextuels disponibles. Le paratexte est l'équipement sémiotique supplémentaire dont un texte est doué afin de recevoir une implémentation publique. À partir des distinctions proposées par Genette (1987), nous avons alors opposé : i) le péritexte (cf. image 3a), à savoir la partie du paratexte qui témoigne des contraintes (par rapport à l'implémentation publique) dans l'objectivation matérielle du texte et dans son organisation éditoriale ; ii) l'épitexte (cf. images 3b et 3c),[5] à savoir la partie du paratexte qui amplifie le geste de l'implémentation publique à travers des textes-satellite.

Image 3a : I Exemple d'épitexte autographique (Document n°P0047-01) – Invitation avec inscription autographique adressée à « Monsieur François de Saint Laumer »

Paul Bocuse
sera heureux d'accueillir,
en présence de Monsieur René Monory, Président du Sénat
et de Monsieur Jean-Pierre Boisivon,
Président du Comité d'Organisation des Expositions du Travail,

Monsieur François De Saint Laumer

les Trois Étoiles Michelin d'Europe,
en l'honneur des Meilleurs Ouvriers de France :
Cuisiniers et Maîtres du Service de la Table.

Le mercredi 29 juin 1994 à 12 heures précises
à l'Abbaye de Collonges.

A cette occasion,
Claude Terrail, Gaston Lenôtre, Paul Haeberlin
seront nommés Meilleurs Ouvriers de France Honoris Causa.

Tenue de Cuisinier et décoration M.O.F. obligatoires pour tous les chefs.

---

[5] Les trois images sont extraites du même document n°P0047-01.

Image 3b : Exemple de péritexte autographique (Document n°P0047-01) – « Mercredi 29 juin 1994 / Meilleurs ouvriers de France "Cuisine Restauration" / Paul Bocuse »

Image 3c : Exemple de péritexte autographique (Document n°P0047-01) – « Déjeuner à l'Abbaye de Collonges, [date], [liste des présents], "Cuisine restauration" exposition 1993-1994, M.O.F. "Cuisine", [liste des intégrants du groupe de cuisine], M.O.F. "Maitre du service de la table", [liste des intégrants du groupe de service] / Avec la complicité amicale et pétillante du Champagne Mumm »

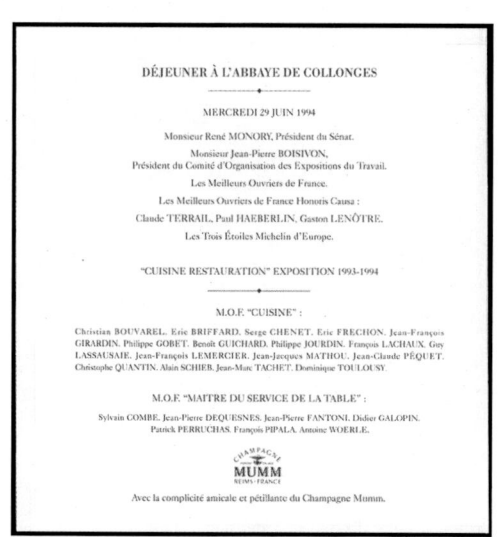

Afin d'organiser les métadonnées, nous avons recueilli des cas exemplaires d'archivage des menus. La confrontation avec les critères utilisés par la « Collection de menus » de la Bibliothèque de Dijon nous a poussés à opérer à la fois une économie et une problématisation immédiate du genre et du type de menu catalogué. Ainsi, la liste des métadonnées scientifiques, présentée de manière linéaire, cache une opération de systématisation à travers une série de cadres de pertinence.

Tableau 2 : Champ référentiel – Correspondance entre le document et l'histoire

champ	données disponibles
cadre temporel	date mentionnée
	date numérique
	période estimée
instance institutionnelle	nom restaurant
	nom organisation
cadre spatial	lieu
	informations supplémentaires
	pays
	ancrage géographique
caractérisation des acteurs de la restauration	type d'établissement
	restaurateur
	propriétaire
valeur en tant que document historique	rareté du document
contexte socioéconomique	langue principale
	langues supplémentaires
	prix
	devise

Tableau 3 : Champ matériel – Correspondance entre l'objet et le texte

champ	données disponibles
support	type de support
	papier
	papier cartonné
	carton plastifié
	autre

champ	données disponibles
	brilliant
	mat
	semi-brillant
transparents	présence de supports transparents
	(i) oui ; (ii) non
format	hauteur
	largeur
	taille
	(i) rectangulaire (oui/non) ; (ii) orientation
assemblage	reliure :
	document déstructuré,
	document plié,
	document broché,
	document agrafé,
	présence d'un cordon :
	(i) oui ;(ii) non
	enveloppement :
	couverture seule,
	pochette,
	chemise,
	chemise avec pochettes.
	autre (préciser).
modalité d'inscription	autographie
	typographie
	mixte
modalité de reproduction	photocopie informelle
	impression professionnelle
	non reproductible (palimpseste griffonné)
données chromatiques	couleurs du fond
	couleurs du texte
syntaxe	tradition
	non traditionnelle
lecture (forme de consultation)	lecture séquentielle
	lecture exploratoire
	lecture panoptique
	lecture interactive

Tableau 4 : Champ paratextuel – Relation entre les composantes de l'objet

champ	données disponibles
épitexte	annexes à emporter
	annexes historiques
	annexes événementielles
	épitexte privé
péritexte	inscriptions autographiques
	introduction
	épigraphe
	allocutions
	titres et sous-titres
	présentation historique
	renvois événementiels
	participants
	publicité d'autres marques
	règlement
	reproduction des documents de l'histoire de la gastronomie
type d'iconographie	type
	graphique
	dessin
	photographie
	pertinence iconographique
	citation artistique
	illustration des matières premières
	illustration des plats réalisés
	illustration du site
	exemplification de l'ambiance

Tableau 5 : Champ générique – Correspondance entre l'objet et la pratique

champ	données disponibles
menus de commande (communication interne)	repas-nomade (ex. croisière)
	repas-stationnaire (ex. restaurant classique)
	repas-contextuel (ex. catering et banqueting)
menus de diffusion (communication externe)	menu-affiche
	menu-courrier
	menu-médiatisé

Tableau 6 : Champ thématique – Correspondance entre la pratique et les formes de vie

champ	données disponibles
menu de saison	oui / non
menu fléché	végétarien végan (végétalien) pour les enfants cœliaque autre
aspects diététiques	signalés non signalés
traditions gastronomiques	(ex. cuisine chinoise, thaïlandaise, auvergnate etc.)
formules	formule midi hors-weekend suggestion du jour menu touristique sans choix
classes gastronomiques (niveaux)	maison raffinée creative restaurant étoilé
formes de négociation	menus et carte carte à choix libre carte à choix conseillé menu(s) sans carte
Thématisation des produits et de leur production (ex. bio).	
Transmission des savoirs gastronomiques (ex. recettes explicites)	

4.   Les premiers résultats

4.1.   Analyse des métadonnées indexées d'un point de vue quantitatif

En septembre 2019, nous comptions 806 documents constitués de 962 pièces correspondant à 3541 images et à 5262 pages. Concernant le matériel utilisé pour numériser ces milliers d'images, nous observons que 77 % ont été numérisés sur le documate, 19 % sur le copibook, et 4% ont nécessité une captation par photographie. Aussi, 74 % ont été numérisés en mode « page à page », contre 26 % en mode déplié.

Concernant le mode de lecture des pièces, 86 % des menus se lisent de manière séquentiellement linéaire, 7 % de manière panoptique, 4 % de manière séquentielle-ment combinée, et 3 % de manière séquentiellement combinée et discontinue.

Les types d'établissement représentés dans la collection Orsi regroupent principalement des restaurants (52 %) et des hôtels-restaurants (16 %). Les types d'établissements représentés entre 1 % et 3 % concernent les salles de réception, les croisières, les hôtels, les châteaux ou encore les bâtiments institutionnels. En dessous de 1 %, nous recensons notamment des avions, des caveaux, de cabarets, des écoles hôtelières, des casinos, des musées, des cafés, des parcs d'expositions, des auberges, des clubs privés.

Maintenant concentrons-nous sur les restaurants et les hôtels-restaurants qui sont les types d'établissements les plus fréquents dans les menus numérisés du fonds Orsi. En regardant particulièrement leur pays de provenance, nous observons que la France est le pays le plus représenté (52 % pour les menus de restaurant, 15 % pour les menus d'hôtels-restaurants) ; viennent après les Etats-Unis (7 % pour les restaurants, 3 % pour les hôtels-restaurants). Les autres pays (mentionnés à moins de 1 % dans les deux types d'établissement) sont l'Espagne, l'Allemagne, le Canada, l'Angleterre et Monaco. Cependant, si nous regardons uniquement les statistiques sur la provenance des pays, tous types d'établisse-ments confondus, nous retrouvons bien la France et les Etats-Unis en tête du classement avec respectivement 59 % et 10 % des menus, puis en troisième position arrive Monaco (2 %), puis l'Angleterre (1 %). D'autres pays sont mentionnés à un pourcentage inférieur à 1 %.

La collection du fonds Orsi donne à voir également une variété intéressante de langues de menus. Sans surprise nous avons 86 % des menus qui sont en langue française, puis 11 % sont en anglais. Nous retrouvons d'autres langues sur les menus restants dans un pourcentage égal ou inférieur à 1 % (espagnol, italien, allemand, suédois, arabe). Si nous croisons maintenant la langue des menus avec leurs pays de provenance, cela permet de voir la répartition des langues différemment. En effet, sur les 86 % de menus en français, 60 % sont des menus d'établissements de France, 3 % proviennent des Etats-Unis, 2 % de Monaco, puis les autres pays sont représentés à moins de 1 %. Quant aux 11 % de menus en langue anglaise, 7 % viennent des Etats-Unis, 1 % d'Angleterre, et les autres pays sont représentés à moins de 1 %.

Enfin, Pierre Orsi a collectionné des menus datant du XIXe siècle. On observe par la suite un nombre plus important de menus datant plutôt des années 1965-1970, et enfin une augmentation significative du nombre de menus dans les années 1980-2000. Le menu le plus ancien pour le moment date de 1870, et le plus récent date de 2007. Nous avons un pic de menus datant de 1985, année qui représente 5,8 % des menus collectionnés.

Figure 1 : Du menu le plus ancien (1870) au plus récent (2007) - Collection de Pierre Orsi

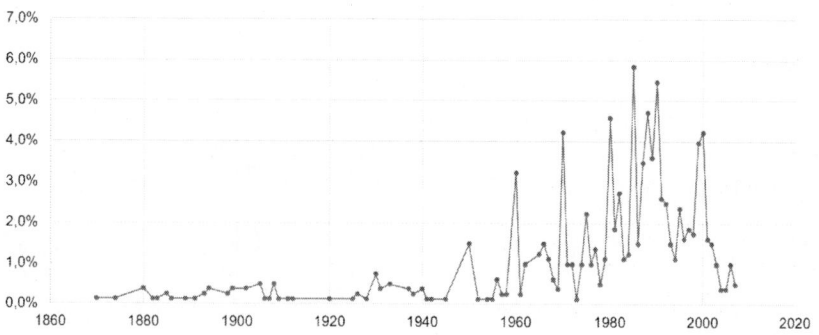

À terme, nous souhaitons proposer des outils de requête pertinents pour interroger la base de données en ligne ainsi constituée. Cette base est aujourd'hui dans une version bêta et sera améliorée dans la suite du projet lors d'une diffusion au grand public : http://menhir.ens-lyon.fr/.

4.2. Analyse du lexique des menus après une océrisation partielle

Au printemps 2020, nous avons pu réaliser une partie de l'océrisation des menus numérisés. Sur les 3540 images numérisées, seulement 1430 sont concernées par un traitement d'océrisation car elles comportent des informations de plats, menus, cartes. Nous avons réparti en trois lots le traitement des images : a) océrisation automatique avec relecture individuelle légère (796 images) ; 2) océrisation automatique avec relecture individuelle importante (349 images) ; 3) retranscription manuelle totale car mauvaise océrisation automatique (285 images). Le traitement automatique des images a été réalisé à l'aide du logiciel Abby Find Reader.

Un peu plus de 880 images ont été océrisées ou retranscrites manuellement, sur les 1430 concernées. L'intérêt principal de l'océrisation/retranscription des menus est de pouvoir à terme faire des requêtes sur le lexique des menus/cartes et de réaliser enfin des analyses lexicométriques, linguistiques sur les menus du fonds Orsi. Ce travail d'océrisation/de retranscription viendra ensuite nourrir la base de données existante en ligne.

Après une rapide lecture avec le logiciel AntConc de la fréquence des mots sur un petit échantillon de 250 menus français océrisés automatiquement et corrigés, nous listons 3866 mots différents. Si nous regardons les mots (noms, adjectifs) dont la fréquence est égale ou supérieure à 100 occurrences, nous obtenons 13 mots différents répartis de la façon suivante : sauce (162) ; gras (160) ; veau (159) ; canard (135) ; crème (132) ; foie (124) ; pommes (109) ; salade (108) ; agneau (106) ; fromages (106) ; fruits (106) ; frais (105) ; légumes (100).

La nourriture salée semble donc plus fréquente dans ce premier échantillon étudié, et la viande est un type d'aliment majoritairement présente avec du veau, de l'agneau, du canard et du foie. Les deux adjectifs les plus présents sont gras et frais. Si nous regardons plus finement, sur les 160 occurrences de « gras », 107 sont associées au terme foie dans « foie gras », et 34 correspondent au plat « foie gras de canard ».

Une analyse plus approfondie sur l'ensemble des données océrisées et corrigées permettra d'enrichir cette première observation rapide à partir d'un échantillon.

5. Conclusion

Cet article a permis de présenter en détail le projet Men'Hir tel qu'il a été pensé au départ, et de rendre compte des différentes étapes de travail dans le traitement informatique du corpus correspondant à des milliers de menus légués par Pierre Orsi à l'Institut Paul Bocuse. La base de données ainsi réalisée est un premier pas vers l'exploitation beaucoup plus qualitative des données, d'un point de vue lexicométrique et pluri-sémiotique.

Une de nos finalités aujourd'hui est de rendre disponible en accès libre la base de données en ligne et de permettre aux chercheurs qui le souhaitent d'interroger les menus à partir d'outils de requête mis à disposition, de les visualiser en tant qu'image tout en croisant avec un rendu textuel structuré dans lequel l'utilisateur pourra faire des recherches avancées entre les menus, à partir du lexique culinaire correspondant.

Bibliographie

Barthes, Roland (1985): *L'aventure sémiologique.* Paris: Seuil
Boutaud, Jean-Jacques (1995): *Sémiotique et communication : du signe au sens.* Paris: l'Harmattan
Boutaud, Jean-Jacques (1997): Sémiotique de la représentation visuelle du goût. Dans: *Images du goût*, n° spécial de *Champs visuels* 5, 52-63
Dupuy, Jean-Philippe (2009): Rhétorique du menu gastronomique. Dans: *Communication & langages* 160, 19-33
Erman, Michel (1997): Dire le goût – Ecrits et chroniques gastronomiques. Dans: *Images du goût*, n° spécial de *Champs visuels* 5, 103-112

Flandrin, Jean Louis / Montanari, Massimo (éds.) (1996): *Histoire de l'alimentation*. Paris: Fayard

Genette, Gérard (1987): *Seuils*. Paris: Éditions du Seuil

Genette, Gérard (1994): *L'œuvre de l'art, immanence et transcendance*. Paris: Éditions du Seuil

Kleiber, Georges / Vuillaume, Marcel (éds.) (2011): *Pour une linguistique des odeurs = Langages* 181/1

Paganelli, Céline. (éd.) (2002): *Interaction homme-machine et recherche d'information*. Paris: Hermès Sciences Publications

Pitte, Jean-Robert (1996): Naissance et expansion des restaurants. Dans: Flandrin / Montanari, 767-778

Poulain, Jean-Pierre / Neirinck, Edmond (2004) : *Histoire de la cuisine et des cuisiniers. Techniques culinaires et pratiques de table, en France, du Moyen-Age à nos jours*. Paris: Delagrave

Isabel Colón de Carvajal
ENS de Lyon (Site Descartes)
Laboratoire ICAR
15 parvis René Descartes
BP 7000
69342 Lyon Cedex 7
Courriel : isabelle.colondecarvajal@ens-lyon.fr

Eva Lavric

Les cartes de la grande gastronomie française – valorisation, identité, créativité

Résumé :

Cette contribution étudie les menus des restaurants étoilés français dans une perspective linguistique, mais également poétique. Nombreux sont en effet les chefs qui affichent une ambition artistique, qui se traduit non seulement dans leur cuisine, mais encore dans leurs cartes, à travers les noms de rubriques et de menus spéciaux, et surtout à travers les intitulés de plats. Dans ceux-ci s'exprime le positionnement du chef entre tradition (hypotaxe : *A et B avec X et Y*) et innovation (parataxe / asyndète : A, B, C), entre raffinement classique et originalité irrévérencieuse. Nous évoquerons les moyens de valorisation et d'individualisation linguistiques liés aux menus des restaurants gastronomiques, faisant ressortir les évolutions récentes et les procédés stylistiques grâce auxquels les éléments descriptifs de la carte se placent à la hauteur des mets exquis qu'ils décrivent.

D'autre part, la carte est aussi un point de rencontre entre le chef étoilé et ses hôtes, un lieu où se négocie leur relation : entre grand-prêtre et profanes, une connivence doit se créer pour que l'initiation aboutisse. C'est là que la poésie proprement dite entre en cause : allusions, métaphores, humour... jusqu'à une sorte d'érotisme des noms de plats qui recourent à l'évocation, voire au mystère. Tous ces moyens linguistiques et poétiques constituent une sorte de clin d'œil au client, tout comme les jeux avec l'énonciation, dans lesquels la première et la deuxième personne apparaissent aux points cruciaux du menu – ce qui peut aller jusqu'aux confidences personnelles, là où le client se transforme en initié, voire en ami de la famille. La noblesse de l'acte gastronomique est ainsi reportée sur ceux qui savent apprécier les mets exquis dans lesquels le chef a su traduire ses sensations les plus intimes.

Mots clés : chef étoilé, carte de restaurant gastronomique, intitulés de plats, stratégies de valorisation, procédés linguistiques et poétiques

Abstract:

This paper studies menus of French gourmet restaurants from a linguistic and poetic perspective. Many chefs have an artistic ambition that translates not only in their cooking but also in their menus, in the names of rubrics and speciality menus and particularly in the names of dishes. It is in the latter that the chef positions themselves between tradition (hypotaxis: *A and B with X and Y*) and innovation (parataxis / asyndetic: *A, B, C*), between classic refinement and irreverent originality. I will discuss ways of linguistic valorisation and individualisation on

45

restaurant menus by outlining recent developments and stylistic procedures by which the descriptions on restaurant menus meet the level of the exquisite food which they depict.

Restaurant menus are also a point of encounter between the decorated chef and their guests, a locus of negotiating their relationship: High priest and lay people need to achieve an understanding so that the initiation may succeed. This is where poetry comes into play : allusions, metaphor, humour… even a kind of eroticism in the names of dishes, resorting to evocation and mystery. All of these linguistic and poetic means constitute something like a wink at the customer, just like the play with terms of address, whereby the first and second person appear in crucial places of the menu. This can go as far as making personal confessions through which the customer is transformed into an initiated, or even a friend of the family. The noblesse of the gastronomic act is thus shifted onto those that know how to appreciate the exquisite foods into which the chef has translated their most intimate sensations.

Keywords: decorated chef, restaurant menu, names of dishes, valorization strategies, linguistic and poetic procedures

1.   Introduction

Inscrit au patrimoine immatériel de l'humanité, le repas gastronomique français promet un régal non seulement gastronomique, mais encore linguistique : la présente contribution s'intéresse à tous les procédés de langue qui sont mis en œuvre dans les meilleurs restaurants français pour rendre la carte plus évocatrice, donc, pour signaler la qualité, le raffinement. Elle étudiera également le positionnement – entre tradition et innovation – qu'effectue le chef à travers sa carte, et les moyens mis en œuvre pour gérer le rapport qui s'établit entre le cuisiner et les convives.

Le raffinement s'exprime tant dans les titres des rubriques que dans les noms des menus et les intitulés de plats. Dupuy (2009, 27) souligne le « statut ambigu des grands chefs entre artisans et artistes » : en tant qu'artisan, le chef se doit de dominer et de respecter les traditions ; mais en tant qu'artiste, il est tenu d'innover, de faire preuve de créativité, de se démarquer de ses concurrents par son style personnel. Nous nous proposons de décrire d'une part comment le menu signale qu'il se rapporte à la tradition, et de l'autre comment la créativité culinaire se reflète et s'annonce à travers la créativité linguistique.

Nous évoquerons donc les moyens de valorisation et d'individualisation linguistiques liés aux menus des restaurants gastronomiques, faisant ressortir les structures traditionnelles tout comme les évolutions récentes et les procédés stylistiques grâce auxquels les éléments descriptifs de la carte se placent à la hauteur des mets exquis qu'ils décrivent.

Dans et à travers la carte, cependant, il n'y pas que la description et la qualité des plats qui sont en jeu, il y a également le rapport qui s'établit entre le chef, expert en science gastronomique, si ce n'est grand-prêtre du goût et des saveurs, et les profanes qui accourent à son temple pour se faire initier. C'est pourquoi nous relèverons tout spécialement les procédés destinés à créer une connivence[1] entre le cuisinier et les convives – métaphores, allusions, énigmes, personnalisation, confidences – connivence qui confirme ce statut d'initié qui s'acquiert à travers la visite au restaurant gastronomique.

Pour bien cibler un maximum de raffinement, nous n'avons pas lésiné sur le corpus, qui ne comprend rien de moins que les cartes des meilleurs restaurants recensés par le Guide Gault & Millau France 2015 (de 2 à 5 toques, et répartis sur toute la France).[2]

2.   Publications et colloques

En linguistique, l'étude des menus des restaurants et de ce que nous avons baptisé la « gastronomastique » n'a guère reçu, jusqu'à présent, l'attention qu'elle mérite. Il y a bien les études de Maurice Kauffer 1993 sur les noms composés de plats en allemand et de Sibylle Riley-Köhn 1999 sur les cartes de restaurants anglaises ; dans notre propre domaine, il existe Lavric 2009 sur les stratégies valorisantes, plus deux mémoires de maîtrise que nous avons dirigés à Innsbruck (Oberwalder 2008 sur le français et Braun 2009 sur l'espagnol), ainsi que Kauffer 2015 (dans notre volume « Comparatio delectat II »), qui compare les noms de plats en français et en allemand. À citer également les recherches de Dupuy (2009 et 2012) sur la langue des menus et sur le restaurant comme espace de représentation

---

[1]   Merci à Sylvain Farge de nous avoir suggéré ce terme.
[2]   Voir la liste en annexe. Tous les sites ont été consultés en septembre 2015. Merci à Eva-Maria Kirschner d'avoir réuni ce corpus pour nous.

artistique ; et surtout, le volume « Le manger et le dire » de Calabrese / Rosier 2013, avec notamment les articles de Merten 2013 et de Rossette 2013 sur les intitulés de plats (Merten sur les qualifiants dans les SN français, et Rossette sur la comparaison des menus français et anglais).[3] Signalons également le très riche volume thématique de Szczęk / Kałasznik, « Intra- und interlinguale Zugänge zum kulinarischen Diskurs I », paru en 2017 (avec, entre autres, l'article de Farge / Lavric 2017).

Ces dernières années, on a vu en France (et par-delà) toute une série de colloques autour desquels s'est créée une communauté scientifique très active :

- d'abord le colloque organisé par Maurice Kauffer et Yvon Keromnes à l'ATILF de Nancy en décembre 2015, intitulé « La gastronomie à l'ère numérique », et dont les actes viennent d'être publiés (Cadeddu / Kauffer / Keromnes 2019) ; ils contiennent une série de contributions intéressantes (voir p.ex. Farge 2019 et Lavric 2019).

- Ensuite, Laurent Gautier a initié une nouvelle série de colloques consacrée aux terminologies gastronomiques et œnologiques :
  - o le premier a eu lieu à Dijon en septembre 2016 (les actes, édités par Laurent Gautier et Anne Parizot, sont sous presse),
  - o le deuxième, à Reims en septembre 2017 (les actes sont déjà parus : Verdier / Parizot 2018 ; on y remarquera l'article de Farge / Lavric 2018),
  - o le troisième, à Tours en septembre 2018 (les actes, édités par Kilien Stengel, sont parus en 2020),
  - o et le quatrième, à Innsbruck en septembre 2019, organisé par Eva Lavric, Cornelia Feyrer et Carmen Konzett-Firth.

- Le mérite d'avoir créé une deuxième série de colloques, centrés cette fois-ci sur les produits autres que le vin, revient également à Laurent Gautier :
  - o La série a commencé à Dijon en juillet 2018 avec un colloque intitulé « Discours sensoriels croisés : cacao, café, thé et vin. Entre langue(s) et culture(s) » ;

---

[3] Merci à Sylvain Farge d'avoir partagé avec nous plusieurs de ces références, et aussi d'avoir discuté avec nous nos exemples les plus énigmatiques. On verra les traces de ses réflexions au fur et à mesure.

o Elle a continué par un colloque tenu à Angers en juillet 2019, organisé par Albin Wagener et intitulé « Discours sensoriels croisés : cacao, café, thé, vin, bière et spiritueux – référentiels, expériences et imaginaires ».

Grâce à ces activités multiples, on peut s'attendre à un intérêt soutenu voire croissant pour la gastro- et œno-linguistique. Ce sujet très riche et passionnant nous réserve encore bien des découvertes – ou, pour employer un trophotisme[4] courant : « il y a du pain sur la planche » !

3. Autour des plats

La plus grande partie de notre contribution portera sur les intitulés de plats. Mais il peut être intéressant aussi de se pencher sur tout ce qui les entoure – les intitulés de rubriques, tout d'abord, puis les noms des menus spéciaux, et enfin les déclarations programmatiques dans lesquelles le chef concentre en quelques lignes toute sa philosophie.

3.1. Les rubriques : tradition et innovation

> Les chefs sont les enfants de leur temps et leurs pratiques s'inscrivent dans un contexte dont ils sont issus et qu'ils contribuent, en retour, à faire évoluer. (Farge 2019)

Les rubriques du menu sont le premier lieu où se traduit le positionnement du chef par rapport à la tradition. Tout comme la présentation générale et les images, ces rubriques sont visibles du premier coup d'œil et signalent le style général et les aspirations du restaurant. La macrostructure de la carte est liée à la macrostructure du repas, à la suite bien définie de plats que prévoit le repas gastronomique. Par rapport à la suite classique, calquée sur celle du repas, les innovations sont susceptibles d'être de deux types : sur le contenu (choix et agencement des rubriques) et sur la forme (leurs intitulés). Voyons-en quelques exemples :

---

[4] On appelle « trophotismes » les phraséologismes qui travaillent avec des noms d'aliments.

La suite classique des rubriques (*ENTRÉES – POISSONS – VIANDES – FRO-MAGES & DESSERT*) (22[5] : Édouard Loubet, 5 toques) se retrouve chez certains chefs, qui s'alignent donc parfaitement sur la tradition en ce point. Cela peut aller jusqu'à un dépouillement extrême (*Entrées – Plats – Desserts*) chez Jean-Luc Rabanel (21, 5 t.). D'autres innovent au moins sur l'intitulé de la carte : *NOTRE CARTE AUTOUR DES SAVEURS ... – LES ENTRÉES – LES PLATS – LES FROMAGES – LES DESSERTS* (3 : Christophe Aubisse, 2 t.), ou ajoutent une rubrique (très classique elle aussi) pour les spécialités du jour ou de la maison : *ENTRÉES – POISSONS – VIANDES – FROMAGES – DESSERT – LES CLASSIQUES DU BUERHIESEL* (14 : Eric Westermann, 4 t.). Nous voyons que dans une structure un peu plus étoffée, les poissons et les viandes (dans cet ordre) sont séparés, ce qui du reste correspond tout à fait au schéma traditionnel. Voir aussi l'exemple suivant : *Entrées – Poissons – Viandes – Suggestions – Les Classiques du Moment – Fromage – Desserts – A partager* (6 : Christian Constant, 2 t.). Seule innovation : la rubrique *A partager* à la fin.

Ceux qui veulent se donner un air un peu plus moderne ont recours aux verbes : *Pour Commencer – Pour Continuer*[6] (7 : Bruno Monnoir, 3 t.), *& ...Commencer – & ...Pour Suivre – & ...Dessert* (2 : Johan Leclerre, 2 t.), ou innovent dans la dénomination de l'une ou l'autre rubrique, par exemple Jean-Yves Ghého (16, 4 t.), qui remplace « Poissons » par *DES PETITES PÊCHES DES BORDS DE LOIRE – DE LA PÊCHE CÔTIÈRE* et « Viandes et volailles » par *DE NOS FERMES ET DE LA CHASSE*.

Une volonté de faire plus inaccoutumé se dessine chez une série de chefs, par exemple chez Georges Blanc (13, 4 t.), *INVITATION GOURMANDE AU FIL DES SAISONS – PLATS SIGNATURES EN HOMMAGE À LA MÈRE BLANC – FROMAGES FRAIS ET AFFINÉS – LES DESSERTS DE VONNAS*. On remarque les allusions au site du restaurant (*Vonnas*) et l'appel à la tradition de famille (*en hommage à la mère Blanc*). Chez Stéphane Ringer et Claudy Obriot (8, 3 t.), on a l'air de rechercher plutôt le super-traditionnel que l'originalité : *Notre Carte – En première assiette – Deuxième assiette, poissons et crustacés – Les Viandes,*

---

[5] Les numéros qui indiquent la source des exemples se rapportent à la liste des restaurants donnée en annexe.

[6] Dans cette carte, les fromages et les desserts ont bien une entrée graphiquement séparée, mais sans titre spécial.

volailles et abats. Les rubriques de Jean-Paul Abadie (23, 5 t.), elles, se veulent plus poétiques : *LA CARTE – pour commencer… – du rivage à la pleine mer – les viandes et volailles – les gourmandises d'automne*. Mais la recherche dans tous ces cas ne porte que sur la dénomination des rubriques, leur contenu et leur ordre restant tout à fait classiques (puisque *les gourmandises d'automne* sont bien les desserts).

Rares sont ceux qui innovent non seulement sur la désignation, mais sur le choix des rubriques elles-mêmes. Laconique, mais bien centré sur les deux dimensions essentielles de la cuisine gastronomique, voici la carte de d'Arnaud Lallement (26, 5 t.) : *INNOVATION – INTEMPOREL – CHARIOT DE FROMAGES – DESSERTS*. Il s'avère donc, à cette exception près, que la structure de la carte et ses rubriques n'inspirent aux chefs que des innovations superficielles, la suite canonique des mets restant intacte dans ce rituel ancestral qu'est le repas gastronomique.

3.2. Les noms de menus : évocation et imagination

Les noms des menus spéciaux, par contre, sont un lieu d'affirmation de la personnalité et de la créativité du chef. La plupart y recherchent l'originalité, l'évocation, voire la poésie.

Rien n'empêche bien évidemment de se borner au terme classique de *Menu dégustation*, surtout si l'on n'en a qu'un seul. Mais même dans ce cas, on peut choisir de mettre en vedette le nom du restaurant : *LE MENU DU PRÉ* (24=Le Pré Catelan : Frédéric Anton, 5 t.) ou d'innover syntaxiquement en choisissant un titre constitué d'une phrase entière : *LES PRODUITS ONT DU TALENT…* (3 : Christophe Aubisse, 2 t.). On peut souligner une qualité liée à la dégustation du menu : *Un « Menu Plaisir »*[7] *pour une découverte de la cuisine de Guy Martin vous est proposé à XXX € par personne* (19 : Guy Martin, 4 t.). Dans la même veine, mais plus exquis et plus programmatiques : les *Menu Inspirations* et *Menu Émotions* de Jean-Luc Rabanel (21, 5 t.)

Mais de nombreux chefs utilisent les intitulés de menus comme un lieu qui permet de faire rêver le client, et d'affirmer le style individuel du restaurant. Par

---

[7] Nous nous demandons s'il ne s'agit pas d'un jeu de mots, où le sous-entendu seraient les « *menus plaisirs* » de la table ?

exemple, Stéphane Ringer et Claudy Obriot (8, 3 t.), dont nous avons vu les rubriques intitulées *Première* et *Deuxième assiette*, évoquent un passé de conte avec leurs menus *Chaperon Rouge, Cadet Roussel* et *Chat botté*. D'autres mettent l'accent sur leur ancrage régional : *Air de fêtes en Corbières – 'Bienvenue au Pays' Déjeuner sur l'herbe*[8] – *Menu Homard* (25 : Gilles Goujon, 5 t.), ou sur les délices de la saison : *Menu Saveurs Automnales* (5 : Jean-Marc Molveaux, 2 t.), *Le Retour de l'Automne au Violon d'Ingres !* (6 : Christian Constant, 2 t.), voire sur les deux : *IMAGES DE VONNAS – SAVEURS DU MOMENT AUTOUR DE GRANDS PRODUITS* (13 : Georges Blanc, 4 t.). Édouard Loubet (22, 5 t.) avec son *MENU HOMMAGE À YVON* se rapporte à la tradition de la maison, mais avec son *MENU AUX QUATRE VENTS*, il cherche tout simplement à faire rêver.

Le plus innovateur et intellectuel est peut-être Jean-Paul Abadie (23, 5 t.) avec ses menus *délir's d'initiés – apparente simplicité – refus de superflu[s]* et *Précis d'Amphi*. *Délir's d'initiés* est un jeu de mots avec *délits d'initiés* ; ce n'est pourtant pas l'allusion au monde de la finance qui compte ici, c'est l'idée d'initiation – à la cuisine gastronomique. Les deux titres suivants, *apparente simplicité* et *refus de superflu[s]* jouent l'essentialisme, la savante simplicité qui constitue le summum du raffinement. Et le *Précis d'Amphi* nous paraît être une variation métaphorique et humoristique de la même idée, puisqu'un précis universitaire devrait contenir l'essentiel du cours auquel il se rapporte ; mais c'est également[9] un jeu avec le nom du restaurant, « l'Amphytrion ».

Le menu *Grand Cru* de Thierry Schwartz (12, 3 t.), dont le titre est, bien évidemment, une allusion au monde du vin, est sous-divisé en intitulés comprenant chacun un seul plat : *Le pain... La Basse-cour... Le Potager d'ici... L'eau... La Terre... La Forêt... Les Pâturages... La Montagne... Grignoteries.*

Les menus d'Annette Denis (4, 2 t.) : *LE MIDI : Menu « Retour du marché » – Le menu surprise : Suivant le marché du jour et servi à l'ensemble de la table* combinent deux éléments qui sont souvent liés sans l'être forcément : le *marché* symbolise l'ancrage régional et saisonnier de la cuisine, et la *surprise* en découle logiquement puisque la carte ne peut pas s'adapter tous les jours aux produits qui ont inspiré le chef (ou dans ce cas-là, la chef) lorsqu'il / elle a fait son marché.

---

[8]   Allusion au tableau de Manet.
[9]   – c'est ce que nous suggère Sylvain Farge –

C'est la raison pour laquelle bien des cartes laissent en quelque sorte des plages libres susceptibles d'être remplies au gré du moment. Linguistiquement cela se traduit par des intitulés comme ceux de Gérard Bossé (10, 3 t.) : *Menu du « Moment » – Menu « Au déjeuner » – Dégustation de Saison.* La fonction de telles mentions dans le menu – et nous retrouverons le même procédé pour les noms de certains plats (chapitre 4.3) – est de permettre au cuisinier une certaine flexibilité, de lui laisser la liberté de réagir à ce que lui apportent la saison ou la fortune du marché.[10]

Mais la surprise correspond également à un deuxième aspect, celui de la confiance à faire au chef (voir aussi ci-dessous, chapitre 5.3). C'est la carte que joue Jacques Decoret (20, 4 t.) en proposant, à côté d'un *Menu découverte* et d'un *Menu harmonie* bien explicités, un *Menu confiance* commenté comme suit : *Deux amuse-bouches, entrée, coquillage, crustacé, poisson, viande, fromage travaillé, pré-dessert, deux desserts, fours secs, sucettes. Si vous voulez comprendre les pensées du chef et vous fondre dans son univers, nous vous conseillons le menu confiance.* L'idée est celle du décalage d'expertise qui existe entre le chef et le client, et de l'initiation de ce dernier à travers un itinéraire que seul le chef sera en mesure de dessiner.

Notre dernier exemple, qui constitue en même temps une transition vers les déclarations programmatiques, sera la description d'un menu tout entier – description qui résume parfaitement l'idéologie de la grande cuisine actuelle, sans que ne soit nommé aucun plat particulier. À remarquer l'énonciation à la première personne du singulier, alors que dans la description du *menu confiance* ci-dessus, le chef était nommé à la troisième personne :[11]

1)   Menu « ***Héritage*** » : *A la découverte de saveurs **essentielles**, ce menu qui **évolue au fil du temps** propose **la quintessence de créations** où se côtoient **plats intemporels et innovants**. Il évoque **mes souvenirs d'enfance** et rend **hommage à mon Papa**.* (26 : Arnaud Lallement, 5 t.)

---

[10] Cette réactivité pourrait fort bien être appréciée des clients, qui préfèrent (d'après l'idéologie du « slow food ») des produits de saison et non pas des plats toujours égaux à eux-mêmes quels que soient le lieu et le moment.
[11] Nous adaptons dans nos exemples la présentation graphique tout en respectant les alinéas et les majuscules/minuscules. De plus, nous avons enlevé tous les prix. Les mots en gras dans les exemples soulignent le phénomène qui nous intéresse dans le chapitre en question.

On y retrouve en effet, dès la première ligne, la référence à la tradition gastronomique, mais également le côté innovation et créativité. L'idée que le menu évolue peut être rapporté d'un côté à l'adaptation de l'offre aux produits saisonniers, et de l'autre à l'évolution artistique du chef au fil des années. L'idée de *quintessence* souligne le caractère presque sacré de la recherche du chef ; à travers l'évocation des *souvenirs d'enfance* et l'hommage au père (*mon Papa*), non seulement le chef se réclame d'une lignée et rattache son art au plus profond et secret de son être, mais encore les clients sont admis dans son intimité, en tant qu'amis de la famille, en tant qu'initiés de la religion dont il est le prêtre. Nous y reviendrons (chapitre 5).

3.3. Déclarations programmatiques

La description de menu que nous venons de citer s'inscrit tout à fait dans le genre de ce qu'on trouve sur d'autres cartes sous forme de déclarations program-matiques.[12] Celles-ci se caractérisent par ce trait de l'énonciation à la première personne qui n'est réservé, sur les cartes, qu'aux moments suprêmes d'intimité.

---

[12] Voici un exemple de tout ce que l'on peut trouver sur une carte mis à part les rubriques, les menus et les intitulés de mets :

2) *LA VOLAILLE DE BRESSE EST LA SEULE À BÉNÉFICIER D'UNE APPELLATION D'ORIGINE PROTÉGÉE. ELLE EST ÉLEVÉE SUR PARCOURS HERBEUX SELON LES USAGES LOCAUX TRADITIONNELS. SA FINESSE DE CHAIR ET SA SAVEUR SONT DUES À LA RACE, AU TERROIR ET À UNE ALIMENTATION NATURELLE À BASE DE CÉRÉALES ET PRODUITS LAITIERS.*

LE CHOIX D'UN MENU S'IMPOSE À L'ENSEMBLE DE LA TABLE À PARTIR DE 8 PERS. TOUT CHANGEMENT DANS LES MENUS PEUT OCCASIONNER UN SUPPLÉMENT.

UNE CARTE INDIQUANT LES ALLERGÈNES CONTENUS DANS LES PLATS EST À VOTRE DISPOSITION SUR DEMANDE.

DANS L'IMAGINATION ET L'ÉLABORATION DES RECETTES, GEORGES BLANC VEILLE CONTINUELLEMENT À PRIVILÉGIER LES MÉTHODES DE CUISSONS APPROPRIÉES ET UN CHOIX D'ALIMENTS DE QUALITÉ RESPECTANT LES PRINCIPES DE LA CUISINE DU BIEN-ÊTRE.

(13 : Georges Blanc, 4 t.)

La déclaration programmatique au dernier paragraphe est atypique, puisqu'elle garde les distances en restant à la troisième personne.

Voici une citation trouvée sur le site du restaurant Maison Troisgros à Roanne (Rhône-Alpes),[13] et qui résume très bien l'attitude du chef qui se réclame tant de sa région que de sa famille, qui constituent les bases sur lesquelles se construisent son art et sa créativité :

> 3)   *C'est là que je suis né et que j'ai grandi. C'est la scène d'une épopée familiale où la cuisine est en fête tous les jours. Pour moi, la seule façon de poursuivre cette histoire, c'est de proposer une cuisine qui, sans cesse, continue de s'inventer.*

Nous voilà bien entrés, en quelques lignes, dans l'univers de la grande gastronomie française, avec l'idée de festivité, et le mariage entre tradition et innovation.

D'autres affirment leur identité à travers la qualité des produits, tel Thierry Schwartz (12, 3 t.) :[14]

> 4)   *J'aime me dire que le produit se suffit à lui-même dans son élégance naturelle. Cette carte est l'expression de ma sensibilité de chef, l'expression de mon amour pour la nature. Des Œufs bio de la Ferme Humbert, des Tomates de l'abbaye de Truttenhausen, des Melons de la Ferme Diemer, des Truites Fario de la Source du Heimbach et une dégustation de Bœuf du Japon ... Sont quelques exemples de produits à déguster dans la sélection de cette semaine.*

L'idée d'élégance et de simplicité est à l'opposé de l'image de fête du village suggérée par d'autres cartes (voir ex. 3). Le maître de cette idéologie du dépouillement, c'est bien Paul Bocuse, qui n'affiche, pour tout programme, sur sa carte qu'une citation de Vincent Van-Gogh :

> 5)   *Comme il est difficile d'être simple.*

---

[13] http://www.troisgros.fr/maison_troisgros/lerestaurant.html, consulté le 01/12/2015.
[14] La citation date de septembre 2016.

4.　Les intitulés de plats[15]

Comment faire pour rendre les intitulés de plats plus alléchants, plus évocateurs, donc, pour signaler la qualité ? À l'instar de ce que nous venons de voir pour les titres des menus, les procédés mis en œuvre par les chefs dans les intitulés de plats constituent toute une rhétorique (cf. Dupuy 2009), voire une poétique, car il n'est pas faux de dire que « le titre gastronomique français se présente […] comme un exercice de style » (Rossette 2013, 13).

Alors que notre étude de 2009 s'était concentrée sur les stratégies de valorisation, dans ce chapitre nous commencerons par montrer les structures syntaxiques générales dans lesquelles celles-ci s'insèrent, pour passer ensuite aux procédés valorisants et aux idéologies qu'ils reflètent : hommage aux autorités, ancrage dans la région, orgueil du « fait maison », originalité et tradition, poésie et même mystère… Nous retrouverons dans tous ces domaines, et surtout dans la syntaxe, la tension entre classicisme et modernité, qui constitue le champ stylistique dans lequel doit se positionner chacun des grands chefs.

4.1.　Syntaxe : les classiques

A (et B) à / avec / dans / sur X et Y

4.1.1. Syntagmes nominaux (hypotaxe)[16] et stratégies de valorisation liées aux parties du discours

La structure syntaxique des intitulés de plats est une syntaxe nominale, traditionnellement en hypotaxe *(A (et B) à/avec/dans/sur X et Y)*.[17] Remarquons tout de suite la complexité de la syntaxe, qui correspond au raffinement des plats qu'il s'agit de décrire. À partir de la structure de base que nous venons de voir, on peut s'interroger sur les points d'appui possibles des stratégies valorisantes : les substantifs, les adjectifs et les participes, mais aussi les articles et les prépositions.

---

[15] On trouve, dans la littérature spécialisée, les termes de *nom de plat, titre de plat, intitulé de plat, intitulé de mets, intitulé culinaire.*

[16] Voir Kauffer 2015 : « forme étendue ».

[17] Merten (2013, 14) parle d'un « emboîtement de groupes nominaux ».

Nous partirons d'abord d'un extrait de la carte du *Restaurant Georges Blanc*, à *Vonnas* (4 toques, n°13), qui présente d'excellents exemples de tous les types de dénomination classiques, et que nous retrouverons pour les exemples 19 à 21.

6)   *CHARTREUSE DE TOURTEAU ET CAVIAR OSCIÈTRE ROYAL (13)*
7)   *LE CRABE ET LA SAINT-JACQUES EN FANTAISIES (13)*
      SUR UNE POMME AMANDINE À L'AIL NOIR (13)
8)   *SAVARIN DE BROCHET DE NOS ÉTANGS (13)*
      DANS UN VELOURS AUX QUEUES D'ÉCREVISSES (13)
9)   *FRAÎCHEUR POTAGÈRE DE HOMARD AUX TROIS SAVEURS (13)*
10) *LA LANGOUSTINE, LE SOT-L'Y-LAISSE, L'HUÎTRE ET LE HARICOT COCO,*
      DANS UNE NAGE LÉGÈREMENT FUMÉE ET IODÉE AU POIVRE DE TIMUT (13)

Voyons donc quels sont les « ingrédients » typiques de ces désignations de plats : dans ce style purement nominal, les noyaux sont constitués par des *substantifs*. Ceux-ci ne nomment pas seulement les ingrédients (*tourteau, caviar, Saint-Jacques, pomme, ail, brochet, queues d'écrevisses, homard, langoustine, sot-l'y-laisse, huître, haricot, poivre*), mais également des types de préparation plus ou moins concrets (*chartreuse, savarin, velours, fantaisies, nage*), des provenances (*étangs, Timut*), et des qualités (*fraîcheur, saveur*).

Quant aux *verbes*, malgré le style nominal, ils sont bien eux aussi présents dans les intitulés de plats, mais sous forme de participes passés. C'est l'une des manières les plus courantes d'indiquer le type de préparation ; et comme la recherche de complexité conduit à expliciter le plus possible la préparation, les noms de plats sont truffés de constructions participiales longues, c'est-à-dire de participes passés accompagnés de compléments souvent assez complexes ; voir exemple 10, *légèrement fumée et iodée au poivre de Timut*. Nous anticiperons pour illustrer cette fonction sur les exemples 20 et 21 ci-dessous : ex. 20, *doré au beurre de Bresse demi-sel*, ex. 21, *rôti aux baies de genièvre*, Nous y reviendrons (chap. 4.3.1).

Pour ce qui est des *prépositions* (voir aussi Merten 2013, 10-12 et Rossette 2013, 8-9), les plus fréquentes, les plus banales, sont le *de* et le *à*, ce dernier amalgamé avec l'article défini (*au, à la, à l', aux*). Pourtant dans notre tout petit échantillon, nous en découvrons une variété inattendue : *en, sur, dans…* Celle-ci est censée refléter le raffinement de cette cuisine ; notre hypothèse serait que dans des restaurants plus simples, ce sont le *de* et le *à* qui prévalent largement, alors que les restaurants plus sophistiqués arborent une grande variété de prépositions.

Voyons finalement les *articles* et autres déterminants : le premier exemple (6) n'en comporte pas, mais les quatre suivants (7 à 10) témoignent d'une valeur stylistique importante de ces petits mots qui n'ont pas de véritable fonction d'information. (Nous avons également souligné les articles dans les exemples 19 à 21 ci-dessous, pour faire ressortir ce moyen stylistique important.) Nous constatons que seuls le possessif (ex. 8, *nos étangs*) et le numéral (ex. 9, *trois saveurs*) apportent des éléments sémantiques indispensables. Pour les articles, on voit qu'il y a une alternance non systématique entre l'absence d'article (6) et les articles définis, ponctuée çà et là par des articles indéfinis – indéfinis singuliers (*un, une*), mais aussi pluriels (*des*).[18] Et l'on se rend compte facilement que – mise à part la combinaison *à + article défini*[19] (*à l'ail noir* (7), *aux queues d'écrevisses* (8), *aux trois saveurs* (9), *au poivre de Timut* (10)), qui exige toujours un article défini – tous les autres articles sont parfaitement inutiles. Leur fonction est purement décorative,[20] et le degré de valorisation qu'ils apportent dépend de leur rareté, de leur caractère marqué. En ce sens, l'absence d'article constitue le degré zéro, la variante non marquée. L'article défini est le premier degré du raffinement, devenu assez courant dans les bons menus, mais rarement appliqué à cent pour cent. Sur cet arrière-plan, qui veut se distinguer emploie des articles indéfinis. On trouve en effet depuis quelques années des cartes entières qui ne comportent que l'article indéfini singulier *un/une*, par recherche d'originalité. Que faire alors pour innover encore ? Il ne reste plus que l'article indéfini pluriel *des*, qui marque en ce moment le summum du raffinement.

Finalement, si nous nous penchons sur les *adjectifs*, ceux-ci servent dans nos exemples à distinguer les variétés des ingrédients (*caviar osciètre royal, pomme amandine, ail noir, haricot coco*), mais ils peuvent aussi revêtir d'autres fonctions,

---

[18] Dans le corpus français de Merten (2013, 3), voici la proportion des différents articles : ∅ 2102, *le/la/les* 398, *un/une* 4, *des* 0. Mais ce corpus date de 2004 ; les indéfinis singuliers et pluriels sont devenus plus fréquents depuis.

[19] Et peut-être l'article indéfini dans *dans un* (ex. 8) et *dans une* (ex. 10).

[20] Dupuy (2009, 23) explique l'article défini par une « volonté de sublimer le produit ».

comme dans *fraîcheur potagère*, où l'adjectif évoque le lieu de production, et le noyau substantival, la qualité principale, sans que l'ingrédient (les légumes) soit lui-même nommé. Les participes épithètes (*fumée, iodée*) évoquent des préparations. Voici encore quelques exemples :

11) *Le homard **frais rôti entier** aux herbes et à l'huile d'olive **fruitée** sur commande (4)*

12) *Foie gras chaud en croûte de céréales, champignons **acidulés** et sorbet **figue** (15)*

Ici, les adjectifs décrivent des qualités comme le goût, la température, la fraîcheur (*frais, fruitée, chaud, acidulés* ; en fait, *frais* est l'adjectif le plus populaire dans les noms de plats[21]), et on retrouve un participe passé (*rôti*) et un substantif (*figue*) qui fonctionnent comme épithètes.[22]

Signalons d'ores et déjà, dans une sorte de parenthèse, une fonction spéciale de certains adjectifs, fonction liée à leur antéposition et associée, en général, à l'article défini :

13) ***Le traditionnel*** *lièvre à la Royale, tagliatelles au jus de truffe et foie gras (6)*

14) ***L'EMBLÉMATIQUE*** *POULARDE DE BRESSE AOP DANS TOUS SES ÉTATS EN DEUX SERVICES (13)*

15) ***Véritable*** *cassoulet de ma région Montalbanaise (6)*

16) *Tout simplement **la fameuse** salade Caesar (6)[23]*

Ces adjectifs apparaissent là où le chef reprend sur sa carte des plats traditionnels, et ils font fonction de justification, de « hedge ». On connaît bien en effet le critère d'originalité que doivent satisfaire les grands chefs. Cette exigence est susceptible d'entrer en contradiction avec l'idéologie de la tradition qui veut qu'en cuisine, les meilleurs plats soient ceux qu'on a hérités de sa grand-mère. Ce dilemme se concrétise au niveau linguistique à travers l'adjectif valorisant antéposé, un

---

[21] Et on se demande s'il n'est pas parfaitement redondant…

[22] Voir l'étude détaillée de Merten 2013 sur les qualifiants dans les intitulés de plats.

[23] On voit que la simplicité est « marquée », qu'elle n'est pas la règle et sera donc indiquée tout spécialement.

phénomène syntaxique de spécialité.[24] Par ailleurs, les plats classiques doivent en principe être revus et adaptés pour être dignes de la créativité du chef :

> 17)   *Le Bounty **revisité***
>   *« Bounty » chocolate and coconut cake*[25] *(1)*
> 18)   *Le Citron : **Une autre façon de voir** la tarte au citron (21)*

Passons maintenant à d'autres items tirés de la carte très classique de Georges Blanc, qui reflètent une syntaxe différente, dans laquelle la parataxe s'insinue à travers l'alinéa.

4.1.2. L'alinéa (début de parataxe)

> *A (et B) à / avec / dans / sur X*
> *Y, Z (variante : Y et Z)*

L'alinéa établit une syntaxe textuelle rudimentaire, puisqu'on a souvent une structure bipartite du nom du plat, comme une sorte de titre et de sous-titre ; le titre nommant l'ingrédient principal avec sa préparation, et le sous-titre évoquant les accompagnements, voir les exemples 19 à 21 (voir aussi ci-dessous, ex. 29).[26]

> 19)   *LE TURBOT ET **LA** SAINT-JACQUES DANS **UNE** MARINIÈRE D'AROMATES*
>   *MEDLEY*[27] *D'HERBES ET PETITS COQUILLAGES (13)*

---

[24] Puisque les adjectifs en question sont souvent postposés dans la langue courante.

[25] Le seul restaurant du corpus qui traduise ses plats en anglais.

[26] Kauffer (2015, 269) appelle ces structures des « désignations à double niveau », et il donne des exemples des différents types de relations qui peuvent s'établir entre les deux éléments textuels. Graphiquement les deux parties sont en général séparées par un alinéa (mais pas toujours, cf. ex. 23 et 24). (Ce type de structure est utilisé aussi – dans d'autres cartes – pour la traduction, voir ex. 17).

[27] Nous profitons de ce premier exemple d'emprunt pour commenter le rôle des langues étrangères et des emprunts dans les intitulés de plats en général et dans notre corpus en particulier : on remarque en effet que dans la plupart des langues d'Europe, il suffit d'insérer un ou plusieurs termes français dans le nom d'un plat pour que celui-ci dégage une impression de raffinement. Ceci étant dû bien évidemment au prestige de la cuisine française. (Cf. aussi Rossette 2013, 1-3 et 11).
    On peut se demander en conséquence si des procédés comparables sont susceptibles de jouer aussi dans les noms de plats français. Peut-on valoriser un plat en introduisant dans son nom un mot étranger ? Notre corpus suggère l'hypothèse qu'il n'en serait rien : les emprunts sont rares et s'utilisent en général là où il n'y a pas de terme français correspondant. Ils

20) *LE RIS DE VEAU DORÉ **AU** BEURRE DE BRESSE DEMI-SEL*
***DES** CÈPES AU VERJUS (13)*

21) *MIGNON DE CHEVREUIL RÔTI **AUX** BAIES DE GENIÈVRE,*
*FOIE GRAS ET POIVRADE **AU** VIEUX MAURY*
***UNE** BRUNOISE DE POMME EN L'AIR (13)*

4.2.   Syntaxe : les modernes

4.2.1. Les plats « slash » (parataxe)

La structure traditionnelle des noms de plats étant assez compliquée, le décryptage n'en est pas toujours facile, et la syntaxe, bien qu'elle soit uniquement nominale, peut atteindre un certain degré de difficulté par le fait de l'hypotaxe. C'est pourquoi une tendance plus « moderne » simplifie le modèle « classique » en recourant à la parataxe (en général asyndétique), ce que Kauffer 2015 a appelé les « plats slash ».[28] Ceux-ci fonctionnent suivant le schéma :

$$A / B / C...$$
$$A \text{ à } l'X / B \text{ à } l'Y / C \text{ au } Z$$

22)   *Chocolat noir / citron vert / sorbet yuzu (1)*

23)   *Le Renouveau : Eau de parmesan aux herbes sauvages / Légumes croquants /*
       Emulsion parmesan et romarin (21)

Par rapport à la formule classique, la parataxe facilite le décodage ; elle apporte aussi un certain laconisme, une élégance sobre, très « zen ».[29] Mais on peut tomber également sur des intitulés de plats « slash » dont les différents éléments sont en eux-mêmes assez complexes :

---

viennent principalement de l'italien et de l'espagnol, quelquefois de l'anglais, du japonais ou du grec, et n'ont guère de fonction valorisante perceptible. Voir nos exemples 13, 23, 24, 26, 29, 31, 42, 61, 65 et 79 (*tagliatelles, parmesan, carpaccio, ravioli, Gambero Rosso, Raviole, Risotto, Tiramisu*), 28, 30, 31, 34 et 36 (*plancha, tio pépé, gaspacho, pomelo, gambas*), ainsi que 29, 53, 54 et 86 (*curry, brownies, ketchup, chips*), 22 et 43 (*yuzu, Makis*) et 64 (*moussaka*).

[28] Voir Kauffer 2015 « forme réduite » ; voir aussi Dupuy (2009, 26-27).

[29] Cf. aussi Rossette (2013, 7), qui parle de « cultiver la simplicité », surtout pour les titres gastronomiques anglais. « Les cartes en anglais reflètent plutôt la tendance minimaliste, ainsi qu'une syntaxe 'déconstruite' » (p. 4). Elle appelle cela (p. 7) « a gastronomy of under-statement » et (p. 8) « une rhétorique […] de la litote ».

24) *Végétale : Écrasé de Pomme de Terre à l'ail confit / Carpaccio de Taureau AOP Camargue Fumé aux herbes sauvages des Alpilles / Sauce Vierge / Anchois frais & crus (21)*

D'ailleurs, tous les plats « slash » n'ont pas forcément des slashs, puisque dans la même veine, on trouve aussi des « plats virgule », et toutes sortes de mélanges des deux formules ; voir les exemples suivants :

4.2.2. Les plats « virgule »

A, B, C...

25) *FOIE GRAS pressé, crémeux de nougat, légumes crus de saison (2)*
26) *Copeaux de bœuf comme un carpaccio, vermicelles de riz frits (2)*
27) *Tartare de Bœuf à l'Italienne, pain maison frotté à l'ail, vinaigrette d'œuf (2)*

4.2.3. Combinaisons, mélanges

28) *Couteaux grillés plancha, persillade **et** sauce roquette (1)*
29) *La Langoustine*
   Préparée en Ravioli,
   Servie dans un Bouillon à l'Huile d'Olive au parfum « Poivre et Menthe »,
   Nem de Langoustine frit,
   Jus de Romaine et Cacahuètes torréfiées, Curry au Basilic Thaï (24)

Ce dernier nom de plat est remarquable : il commence en effet par une formule classique – les lignes 1 à 3, qui décrivent l'ingrédient principal et sa préparation, constituent une unité syntaxique complexe structurée par des alinéas – pour passer dans les lignes 4 et 5, qui donnent les accompagnements, à une syntaxe « slash » réalisée par des virgules. À remarquer aussi l'article défini réservé à l'ingrédient principal, qui est isolé comme un titre à la première ligne.[30]

---

[30] Cet exemple illustre donc – tout comme les exemples 23 et 24 (cf. aussi 67, 68 et 70) – la pratique assez courante de pré-poser à la description du plat une sorte de « thème » qui annonce un plat (rarement, une liste de plusieurs plats). Ce thème peut être séparé de la description par deux points ou par un alinéa.

Mais on peut toujours chercher à se distinguer encore, et là où d'autres ont laissé tomber l'hypotaxe en la remplaçant par des virgules, on peut se donner un style individuel en se débarrassant de ces virgules mêmes. On aboutit ainsi au « degré zéro » de la syntaxe, où le décryptage est considérablement compliqué par le fait qu'on ne sait pas vraiment où commence et où finit chacun des éléments :

4.2.4. Le degré zéro

A B C... (où s'arrête A, où commence B ?)

30) *L'œuf dit parfait morilles fraîches farcies asperges vertes et tio pépé (7)*
31) *Gambero Rosso tomate sélection gelée de rhubarbe gaspacho de tomate verte miel moutarde pain d'épice (7)*
32) *Turbot sauvage cuit meunière,[31] couteaux girolles courgettes framboises sureau (7)*

4.2.5. Les jeux du rythme

Il existe, dans un menu bien composé, une sorte d'harmonie naturelle faite de la valeur propre de chaque syllabe, une sorte de chant intérieur des mots, comme, – toute proportion gardée –, il en existe dans les beaux vers. (Escoffier 1922 / 1996, cité d'après Rossette 2013, 1)

Poétiquement parlant, la nouvelle syntaxe « slash » (ou « virgule ») fait ressortir le rythme de la désignation, qui devient plus visible, plus important, plus coupé – comme dans un vers ;[32] voir les exemples suivants, où nous avons marqué le rythme par des blancs et compté les syllabes :

33) *Chocolat noir et épices douces (15)*   *(4-4)*
34) *Fraîcheur verveine, potimarron, orange, pomelo (15)*   *(4-4-3-3)*
35) *Figue chaude, biscuit imbibé, confit de vin cuit (15)*   *(4-5-5)*

---

[31] Bien évidemment, ici, le « degré zéro » ne commence qu'après la virgule.
[32] Voire dans une suite de plusieurs « vers », puisque parmi les procédés de structuration, nous avons vu qu'il y a aussi l'alinéa. Dupuy (2012, 106-107) donne un exemple d'un menu mis en page comme un poème.

36)   *Langoustines marinées, nem de gambas mentholé,*
       fenouil confit, nage crémeuse (3)   *(6-7 4-5)*

37)   *Homard bleu servi tiède, tranche de courgette à l'anis vert,*
       légumes en condiment à l'ail confit (19)   *(6-8 10)*

Nous découvrons des rythmes en trois et en quatre temps très élaborés et très équilibrés, avec quelquefois une sorte de chute à la fin, c'est-à-dire un dernier groupe rythmique plus court que les autres :

38)   *Foie gras de canard en terrine, artichaut cuit et en salade,*
       amandes et thé (19)   *(8-8-4)*

39)   *Langoustines rôties, fenouil en fine purée et cru, jus vert (19)*   *(6-8-2)*

4.3. Préparations

Nous illustrerons dans ce chapitre et dans le suivant les différentes façons d'expliciter la préparation des ingrédients et leur origine, pour laquelle on s'évertue à citer nommément les fournisseurs locaux.

4.3.1. Participes + compléments (rappel)

Nous avons vu dès le chapitre 4.1 (ex. 10 et 20-21) que la préparation est indiquée typiquement à travers une construction participiale avec un participe passé épithète (épithète du substantif qui désigne l'ingrédient) assaisonné d'un complément. En voici deux nouveaux exemples :

40)   *Turbot **coupé épais cuit à la meunière**, sur son jus de persil plat, tomate ananas,*
       carotte croquante (19)

41)   *Filet de Saint-Pierre **poêlé sur la peau**, côte de blette et tomate **relevée au**
       ***gingembre** et le vert au macis, caviar osciètre (19)*

4.3.2. Groupes nominaux, préparation = noyau ; ingrédient = complément

Il existe aussi – et nous l'avons vu également dès nos exemples 6, 8 et 9 – une variante très classique qui place le type de préparation au centre du groupe nominal, et qui n'assigne à l'ingrédient lui-même qu'une fonction de complément :

42)   ***ÉCLATÉ DE*** *HOMARD AU VIN JAUNE*
      FINE RAVIOLE À L'OSEILLE ET DES MORILLES (13)

43)   ***Makis d'****ananas en saveur de fruits exotiques, jus de fruits sorbet (11)*

4.3.3. Comparaisons : « comme un »

Autre moyen de préciser la préparation : les comparaisons explicites avec « comme un » :

44)   *Petits choux au pralin **comme un Paris-Brest** (6)*

45)   *Joue de bœuf **cuisinée comme un pot-au-feu**, foie gras et artichaut (6)*

Ce procédé s'explique par l'exigence d'originalité : on recourt à un type de préparation classique, mais on l'applique à un ingrédient qui n'est pas celui que l'on trouve d'habitude. C'est donc une sorte de métaphore culinaire, qui s'exprime par une comparaison au niveau linguistique (voir aussi Dupuy 2009, 22-23).

4.3.4. Cuisiniers (et gourmets) célèbres

Cette façon de présenter le type de préparation est archiconnue : elle correspond aux prépositions culinaires « *façon* » et « *à la* » (le langage gastronomique possède en effet des prépositions terminologiques !), introduisant le nom de celui ou celle qui a jadis inventé le plat en question ;[33] c'est donc à travers l'éponymie que l'onomastique des plats puise dans l'onomastique des cuisiniers, tout comme

---

[33] Ou bien, un gourmet célèbre qui appréciait tout particulièrement ce plat, voir ex. 46.

en mathématique, en médecine ou en général dans les sciences, on appelle les phénomènes du nom de celui qui les a découverts :[34]

46) *Millefeuille de foie gras façon Lucullus, salade de chicon à l'huile de noisette (6)*

47) *Soufflé chaud au Grand Marnier comme le faisait « Marcel Delmas » (6)*

48) *Tarte des Demoiselles Tatin, crème crue fermière (6)*

4.4. Provenance

L'accent mis sur la provenance des ingrédients est peut-être l'aspect le plus saillant de la grande cuisine du XXIe siècle. On ne trouve plus guère en effet de menus qui recherchent l'exotisme à tout prix, car avec le mouvement « slow food » qui a bien l'air d'être l'idéologie dominante à l'heure actuelle, c'est quand il fait son marché que s'affirme le grand chef de renom (voir ci-dessus, ex. 4). Il s'invente tout autant à travers son ancrage dans la région et ses liens avec les producteurs locaux, voire à travers sa production propre et ses produits « maison », qu'à travers sa créativité gastronomique (cf. aussi Dupuy 2009, 28-29).

4.4.1. Provenance géographique

La provenance des produits, telle qu'elle a toujours été explicitée, est une provenance géographique précise, liée à la réputation d'une certaine région du monde pour un certain type de produit :

49) *Véritable mille feuilles haut comme un 'gratte ciel', crème légère arrosée d'une marinade de gousse de vanille de la Guadeloupe, glace rhum vanille (11)*

50) *LIEU JAUNE DE LIGNE « BRETAGNE », pavé contisé au basilic, barigoule de légumes à l'huile de Kalamata (14)*

---

[34] Rappelons avec Dupuy (2009, 23) que ces dénominations, comme les noms de plats traditionnels (ch. 4.1), peuvent poser le problème de ne pas être perçus comme suffisamment innovantes.

4.4.2. Provenance région

Cependant, cette transparence géographique ne semble guère plus suffire aux clients actuels. Presque la totalité de la cuisine de qualité d'aujourd'hui s'affirme à travers son utilisation de produits régionaux, dont l'origine est précisée avec une exactitude de folkloriste local :

51)   *Soufflé au Cèdre **des Crêtes du Haut Luberon***
          Sa Glace aux Clous de Girofle
          Mendiant Croquant (22)
52)   *Carré d'Agneau au Serpolet **des Claparèdes***
          Légèrement Fumé & Infusé en Cocotte de Fonte
          Gratin de ma Grand-Mère (22)

4.4.3. Provenance maison – « notre, nos » – ou fournisseurs locaux

Mais cela n'est toujours pas suffisant. L'idéal, c'est de produire soi-même le maximum d'ingrédients – ce qui sera précisé à travers l'épithète substantival « *maison* », terme technique qui jouit d'un maximum de prestige. Il n'est surpassé que par des formules encore plus précises telles que « *de nos étangs* »,[35] « *de notre potager* », toujours avec un possessif de la première personne du pluriel.

Ce qu'on ne produit pas soi-même, on l'achète chez les voisins, qui sont cités nommément, par leur nom entier voire leur prénom ou leur sobriquet, afin de souligner les liens d'amitié et de confiance qui garantissent aux ingrédients une origine irréprochable. Ainsi – comme d'ailleurs pour le vin lors d'une dégustation chez le producteur – on ne mange pas que du poisson ou des légumes, on mange une région, un terroir, une communauté rurale avec toute la convivialité qu'évoquent ces descriptions personnalisées.

53)   *Glace vanille, éclats de brownies **maison**, chantilly et chocolat **maison** (2)*
54)   *Burger de homard de pays tiède aux tomates confites et oignons nouveaux,*
          *ketchup **maison** (16)*
55)   *Poêlée de Figues au Fnü,[36] Granité à l'Absinthe,*

---

[35] Voir ci-dessus, ex. 8 : « SAVARIN DE BROCHET *DE NOS ÉTANGS* ».
[36] *Le fenouil*, terme régional.

Crème Glacée à la Chartreuse de Notre Potager,
Une Pierrette à l'Anis Vert (22)

56)   CANARD FERMIER **DE P. DUPLANTIER** / *Artichaut fondant*[37] *(26)*

57)   *L'Oursin*
      (en transparence iodée, il est le fruit de la Méditerranée)
      Grâce à la pêche de Marco *(18)*

Pour le poisson, on trouvera également l'expression « *de ligne* » (voir les exemples 50 ci-dessus et 86 ci-dessous), par exemple « *lieu jaune de ligne* », « *loup de Ligne* », pour insister sur le fait que l'animal a vécu une existence naturelle et qu'il ne s'agit pas d'un poisson d'élevage ; et aussi pour signaler la pêche artisanale, par opposition au chalutage de masse. Donc, un refus implicite mais clair de la pisciculture et de la pêche industrielle.

5.   Par-delà l'information : poésie, clins d'œil, initiation et confidences

Tout ce que nous avons vu jusqu'ici correspond à des procédés caractéristiques du langage spécialisé tels qu'ils se déploient dans cette situation de communication experts-profanes que constitue la visite au restaurant gastronomique. C'est un cadre dans lequel il s'agit d'informer le client, d'où toutes les formes d'explicitation que nous avons vues, mais aussi de le séduire, ce qui conduit aux valorisations linguistiques de tous types que nous venons de décrire.

La carte constitue un lieu d'affirmation de l'expertise du chef, qui s'érige en autorité de ce domaine qu'il contribue à construire. Les rôles sont clairement répartis, et les clients accourent en profanes à un lieu d'initiation. Mais ces profanes sont souvent des « amateurs éclairés », qui possèdent ou croient posséder eux-mêmes un très haut niveau d'expertise. Et quoi qu'il en soit, le piédestal sur lequel se positionne le grand chef ne lui vaudra l'admiration et l'attachement de ses clients que s'il consent à en descendre, ou mieux encore, s'il réussit à donner au client l'impression qu'il l'élève au même rang que lui.

Donc, les moyens de l'expertise qui construisent une distance doivent être contrebalancés par des procédés destinés à rapprocher le client de son hôte, à créer

---

[37] Jeu de mots avec *fond d'artichaut.*

entre les participants un lien convivial, d'amitié, qui permet un rapport marqué par la chaleur humaine.

Dans ce deuxième chapitre consacré aux intitulés de plats, nous nous pencherons donc sur tous les moyens linguistiques à travers lesquels le chef cherche à créer ce lien personnel et chaleureux qui fera de la soirée passée au restaurant gastronomique une visite chez des amis.

5.1. Métaphores et autres moyens poétiques

Le cadre de la carte de restaurant et de la répartition traditionnelle des rôles est brisé ou du moins égratigné là où le chef abandonne délibérément le mode de l'information, pour se transformer en poète, en magicien verbal, déclenchant ainsi une approche de lecture différente. Il est intéressant d'examiner les métaphores préférées des chefs, qui évoquent les arts plastiques, la poésie des saisons, voire la linguistique. Nous laisserons à d'autres études le soin de décrire et d'expliquer les métaphores terminologiques (il y aurait pourtant beaucoup à dire sur des termes comme « *Le Sot L'Y Laisse* », « *un Paris-Brest* » « *une Sauce Vierge* » et autres…), et nous examinerons les métaphores vives, plus ou moins créatives, dont les chefs ornent leurs menus pour souligner leur originalité et créer un rapport de réception différent de ce texte qui n'est pas une simple liste de plats.

En tant que linguiste, on est agréablement surpris de découvrir dans le menu de Jean-Luc Rabanel un certain nombre de métaphores linguistiques, voire glottodidactiques :

58) *Pom, Pom, Pom, Pomme :* **Déclinaison** *autour de la Pomme Verte… (21)*

59) *Une ponctuation de créations et de* **touches** *de goût du Chef Jean-Luc RABANEL*
     7 **touches** *de goût (21)*

60) *« Menu Emotions »*
     Une immersion totale *au cœur de l'univers gourmand du Chef Jean-Luc RABANEL*
     9 **touches** *de goût (21)*[38]

---

[38] On nous pardonnera d'avoir glissé ici, parmi les intitulés de plats, une description de menu.

Mais, le terme de « *touche* » le suggère déjà, la peinture elle aussi est à l'honneur, surtout pour souligner l'impression de finesse et de légèreté (donc, plutôt aquarelle que peinture à l'huile) :

61)   *Maigre du Golf[e] de Gascogne*
       Servi Minute Mi-Fumé
       *Risotto **Aquarello** à l'**Encre** de Seiche et Jus Safrané (9)*

Il n'y a pas, d'ailleurs, que la peinture qui soit mise à contribution pour convier cette idée de finesse et de légèreté associée aux fines saveurs créées par le chef (cf. aussi Dupuy 2009, 30) ; les métaphores pour ce genre d'allusions vont du jardin à l'informatique en passant par la philosophie.

Les fleurs et leurs parfums transportés par la brise incarnent un idéal de subtilité et de douceur auquel le chef confie associations et allusions. Il ne s'agit plus seulement de décrire le plat, mais bien plutôt de faire rêver, de conférer un air de poésie à ce type de texte souvent sous-estimé qu'est la carte de restaurant :

62)   *CABILLAUD **une transparence de fleurs et d'aromatiques***
       *Bouillon mousseux à la sauge ananas, brandade **légère***
       Soubressade et raisins blonds
       Légumes croquants et tétragone (17)
63)   *Sphère chocolat noir **sur une idée d'un 'Mon Chéri'** en chaud – froid (11)*
64)   *Emincé de côte de bœuf de Galice maturé « cuit Josper »,*
       *moussaka des joues en longue cuisson, **surprise** d'aubergine **virtuelle** (25)*
65)   ***Tourbillon de Douceurs***
       La Mangue en Mousse, Chips, Sorbet et Raviole,
       Le Chocolat et Passion (9)
66)   *Sphère de Fraise Crémeux*
       ***Eclosion de Pétales** Chocolatées*
       Citron Verveine, Jus de Fraise Lacté (9)

Quels sont les domaines préférés de la poésie des menus ? La nature, les fleurs, les phénomènes atmosphériques fugitifs comme le vent – et surtout, l'océan pour tout ce qui est poissons et fruits de mer, et la saison, surtout l'automne, saison de la chasse, pour les viandes et les fruits.

67) *LA CUISSE*
   MIJOTÉE DANS UN GOÛTEUX BOUILLON AUX ESSENCES SYLVESTRES
   SERVIE DÉSOSSÉE, ***UNE PARURE D'AUTOMNE*** *(13)*

68) *Le Rouget de Roche*
   (en cru, en nage d'anis étoilé, en entier.
   Il est la mer, la roche, la Méditerranée).
   Grâce à la pêche de Henry (18)

5.2. Allusions

On découvre également, bien cachées dans les cartes de la grande gastronomie, des références littéraires et musicales.[39] Ces images arrivent en surprise, et on apprécie d'autant plus le clin d'œil du chef, son humour, le plaisir qu'il nous donne de découvrir et de décrypter ces petites merveilles qui préfigurent les merveilles du palais :

69) ***Coquillages et crustacés sur la vague abandonnée*** *... (25)*

70) *Les Viandes, volailles et abats :*
   "Sans mot dire, doucement....
   à pas de velours, l'automne s'installe..." *(8)*

Le premier exemple est une allusion à une chanson de Brigitte Bardot,[40] le deuxième à une berceuse.[41] Pour une allusion musicale classique, il convient de reprendre l'exemple (58) ci-dessus, dans lequel on pourrait voir, avec un peu d'imagination, une allusion aux premières notes de la cinquième symphonie de Beethoven :[42]

58) ***Pom, Pom, Pom, Pomme :*** *Déclinaison autour de la Pomme Verte ... (21)*

---

[39] Pour ce genre d'allusions, voir l'article de Farge 2019.
[40] « La madrague », voir p.ex. https://www.youtube.com/watch?v=X2DNf3Zrofs, consulté le 20/09/2016.
[41] « Doucement s'en va le jour », voir p.ex. http://www.petitestetes.com/comptines/paroles-de-comptines-en-francais/paroles-doucement-sen-va-le-jour.html (25/01/2016).
[42] Merci à Sylvain Farge de nous avoir suggéré ce rapprochement.

Dupuy (2009, 23-24) décrit très bien l'attitude du chef qui s'exprime dans ce genre d'exemples :

> Intriguer le convive, solliciter non seulement ses sens mais son esprit, [...] proposer au convive une aventure totale, sensuelle mais aussi intellectuelle. [...]
>
> Les mets sont à la fois des devinettes, des poèmes, des musiques... ils ont aussi le mystère et l'évidence miraculeuse des énigmes.

5.3. Mystères et énigmes

C'est donc un élément de poétique que ce vague qui s'insinue dans la carte à travers certains intitulés, qui recourent à l'évocation ou tout simplement au mystère :

71)   ***Pause Provençale Selon*** *Edouard Loubet (22)*

72)   *l'imprévu*
       autour d'un fruit (23)

73)   ***Coup de fusil du moment (6)***

Le dernier exemple est particulièrement évocateur : on visualise bien le chef qui, à l'aube, se transforme en chasseur et parcourt les bois pour remplir les assiettes de ses clients.[43] Tous ces intitulés de plats ont ceci en commun qu'ils ne décrivent pour ainsi dire rien, ou tout au plus le type général de plat, dessert ou gibier, et quelquefois encore moins. Nous avons vu au chapitre 3.2 pour les titres de menus que le chef s'assure ainsi une certaine flexibilité, qui lui permettra de suivre des inspirations soudaines lorsqu'il fera ses courses. Certains chefs traduisent cela par une mention « en fonction du marché », d'autres prennent la peine d'inventer des désignations originales comme celles que nous venons de déguster.

Pour le client, ces noms de plats-là allient la poésie et le mystère, combinés à l'idée de l'autorité du chef, à qui il faut bien faire confiance lorsqu'on s'aventure dans son royaume. Mais ils sont importants également pour le rapport qui s'établit entre le cuisinier et le convive, qui bascule ici clairement vers le rapport

---

[43] Une interprétation plus osée rapporterait ce titre à l'expression « se prendre un coup de fusil », ce qui pourrait être une allusion ironique à la cherté des plats...

qu'entretient un artiste avec son public. Le message est clair : déguster ces mets, c'est la même chose que lire des poésies ou écouter de la musique. Le rapport se fait ludique, aussi, puisque les allusions et les énigmes créent une certaine complicité entre celui qui écrit et celui qui lit, celui qui prépare et celui qui déguste.

5.4. Le chef irrévérencieux

Un seul chef – Gilles Goujon, n° 25 – joue une carte très osée. Son menu *Air de fête en Corbières* porte comme sous-titre : *Confiance et plaisirs canaille.*[44] Et tout au long de sa carte, on perçoit des notes délibérément irrévérencieuses :

74) *Casse croûte **complètement marteau** (25)*

75) ***J'en pince pour** cette purée de pomme de terre au beurre de homard*
   ***La pince à la poêle**, un jus à la tomate aux olives Lucques de Bize (25)*

76) *Chaud froid **canaille** de thon rouge de Méditerranée*
   sur une fine tranche de pain cramat, tête de veau gribiche,
   sorbet tomate basilic et réduction de chichoumey (25)

Cette désinvolture rompt le sérieux de la gastronomie de luxe en se permettant des mots d'argot : *marteau, canaille, en pincer pour.*[45] Ces termes ne sont pas choisis au hasard, puisqu'ils contribuent à des jeux de mots (le *marteau* qui *casse* la *croûte* ; *j'en pince pour… la pince à la poêle* pour parler d'un homard). On trouve également des allusions, voire une touche d'ironie, puisque les exemples 64 (*surprise d'aubergine virtuelle*) et 69 (*coquillages et crustacés sur la vague abandonnée*) ci-dessus sont également du même chef.

Le dernier exemple que nous citerons est clairement une énigme :

77) ***Pour celui que je préfère…***
   *« **Tête à queue** » pommes rôties, cèpes grillés, **vos doigts y pourvoiront** (25)*

---

[44] Voici l'interprétation de Sylvain Farge pour ce titre : « Comme c'est un menu surprise, en fonction du marché, je comprends ceci : moi, chef, je vous propose des plats qui seront assurément inattendus, peu classiques (*canaille*) mais vous pouvez me faire confiance. » (communication personnelle)

[45] Voir aussi ci-dessous, ex. 78, « *qui joue des coudes* ».

Il s'explique si on sait que ce plat fait partie du « Menu Homard ». En voici l'explication avancée par Sylvain Farge :

> Je pense, comme c'est dans le menu « homard », qu'il s'agit de la manière de présenter le homard, sûrement en rond, la queue au niveau de la tête : ceci expliquerait du coup *pour celui que je préfère*, manière de dire que c'est la préparation préférée du restaurateur, d'une part, et *vos doigts y pourvoiront*, car le homard, on le mange avec les doigts s'il n'est pas décortiqué. (communication personnelle)

C'est surtout la référence explicite aux doigts qui touchent la nourriture qui constitue une transgression consciente, la rupture d'un tabou.[46]

Du point de vue linguistique, ces procédés de l'irrévérence, de la désinvolture, correspondent à la descente du piédestal, au chef qui peut se permettre une certaine familiarité et un certain clin d'œil car sa légitimité – il n'a pas moins de cinq toques – ne risque pas d'être mise en cause.

5.5. Personnes évoquées

Là où le chef travaille sur sa relation personnelle avec le client, il le fait souvent, et de manière plus ou moins explicite, à travers les personnes évoquées dans la carte. Ces personnes peuplent l'entourage du chef, son passé et son imaginaire. Ils évoquent le monde dans lequel il se meut, un monde que le client commence à entrevoir à travers ces références ; cela peut aller, d'ailleurs, du « name dropping » jusqu'aux confidences les plus intimes.

Cette personnalisation de la carte joue un rôle important pour le lien émotionnel qui se crée avec le chef à travers la visite dans son restaurant. Il ne s'agit pas que de consommer un produit – fût-il d'excellente qualité – mais bien d'entrer dans un univers exquis et intime dans lequel le convive a l'honneur d'être admis.

---

[46] Cet exemple est par ailleurs l'une des très rares occurrences de la deuxième personne du pluriel, du « vous » de l'adresse directe au client, que nous trouvons dans notre corpus.

5.5.1. Maîtres et modèles

L'idéologie de la tradition fait que le chef n'hésite pas à se réclamer de ses maîtres, cuisiniers célèbres, qu'il a connus personnellement et auxquels il rend hommage en leur dédiant un plat qui rappelle leur souvenir :

> 78) **En hommage à Roger Vergé, « Le Poupeton »,**
> *fleur de courgette chrystal, farcie d'un sorbet homard,*
> *marinade « qui joue des coudes » mangues et agrumes (25)*
> 79) *TIRAMISU,* **comme le faisait Paolo en Italie** *(2)*

5.5.2. Collaborateurs et sous-traitants

Lorsque la carte cite des collaborateurs du restaurant ou des sous-traitants et fournisseurs, l'idée n'est pas celle d'un hommage, mais bien celle du « fait maison » (voir la première personne du pluriel « *notre* ») et de la présence de spécialistes, comme le serait par exemple un sommelier pour les vins. Ce sont en effet le choix des vins, mais aussi les desserts et en règle générale les fromages qui sont ainsi sous-traités par des spécialistes.

> 80) *Les Gâteries* **de Notre Pâtissier** *(22)*
> 81) *CHARIOT DE FROMAGES /* **Philippe Olivier** *(26)*
> 82) *FROMAGES La dégustation* **de chez Xavier** *(17)*

5.5.3. Le chef lui-même (à la troisième personne)

C'est le propre du prestige d'un grand chef qu'il a aussi le droit de se citer lui-même dans sa carte, pour les « plats signature », plats qu'il a créés et qui sont devenus célèbres. Il le fait d'habitude à la troisième personne, à travers son nom entier, quelquefois à travers son prénom – et rarement aussi à la 1e personne du singulier (« *mon* ») :

> 83) *Tourte de Langoustine Estivale*
> **Plat Signature de Christian LHERM** *(9)*

84) Betterave Rouge Soufflée en Sucre
« **Péché Mignon d'Edouard** » un Régal Epicé
Pulpe de Pruneaux & Coulis de Cassis au Laurier (22)

85) L'incontournable tarte au chocolat **Christian Constant** (6)[47]

86) Loup de Ligne à l'Unilatérale
« **Souvenir de mon Enfance des Côtes Corses** »
Légère Infusion à la Sauge et Chips d'Orange (22)

La référence au chef à la troisième personne conserve les distances entre l'expert et les profanes ; d'autres moyens de l'énonciation, comme le possessif de la 1e personne, sont susceptibles de les rapprocher. C'est en ce sens que l'exemple (86) fait transition vers le paragraphe suivant.

5.5.4. Les ancêtres, la famille (« mon, ma »)

Essentielle pour le rapport entre cuisinier et convives, l'évocation des « Anciens », de la famille, se fait en général à la première personne du singulier, non pas du pronom personnel, mais bien du possessif (« *mon, ma* ») – procédé linguistique rare et saillant, dont on n'abuse pas mais que l'on place à un ou deux endroits bien précis de la carte, qu'il est censé valoriser de par son côté intime et subjectif :[48]

87) Filet de Chevreuil Saisi et Simple Jus de Cuisson
Pomme Calville Blanche Sautée à l'Immortelle
Cassolette **de mon Grand-Père Yvon**[49] (22)

88) HOMARD BLEU / **Hommage à mon Papa** (26)

Le client reçoit ici les confidences personnelles du chef, c'est comme s'il avait connu les personnes invoquées – il est traité comme le serait un ami de la famille.

---

[47] À remarquer l'adjectif valorisant antéposé (voir chapitre 4.1), appliqué ici, non pas à un plat traditionnel, mais à un mets classique de la maison.

[48] Voir aussi ex. 52 : « Gratin *de ma Grand-Mère* ».

[49] Le menu s'appelle MENU HOMMAGE À YVON.

5.6. Initiation et connivence (le « je », enfin !)

En conclusion nous citerons un menu linguistiquement exceptionnel, qui joue sur toutes les gammes présentées tout en les transgressant allégrement, y mêlant verbes conjugués, phrases narratives, évaluations personnelles, évocations poétiques : le traditionnel menu de restaurant revu, corrigé et réinventé.

L'auteur de ce menu qui jette par-dessus bord toutes les conventions, Gérald Passedat, est en effet un véritable poète, parfaitement conscient des correspondances qui peuvent s'établir entre le raffinement d'un menu et le raffinement linguistique de sa description.

Le terme de « palier » que Passedat adopte pour ses menus est une allusion à sa grande passion, la plongée sous-marine,[50] et le fait qu'il y ait plusieurs paliers indique des plongées très profondes, des immersions complètes dans cet élément à part que constituent les goûts et les saveurs.

C'est pour le « Deuxième Palier », et donc pour ses plats les plus exquis, que Gérald Passedat réserve toute sa virtuosité linguistique. C'est là qu'il investit tout son poids d'interventions personnelles, à la première personne, et de confidences culinaires intimes, si bien que chaque intitulé raconte une petite histoire personnelle.[51] Les poissons, par exemple, sont tous identifiés à travers le nom du pêcheur ou du bateau de pêche : ainsi le chef affirme son appartenance à la communauté marine de Marseille. Le client qui lit ce menu et reçoit ces confidences se sent propulsé au rang d'ami, de parent, d'intime de la famille. La virtuosité du chef s'exprime à travers la référence à la grand-mère et à la tante (1er et 2e plat), qui l'ont initié aux secrets (1er et 5e plat) de la cuisine, à travers l'allusion à son bon plaisir et à ses inspirations soudaines (3e plat), à travers ses évocations poétiques et sensuelles (2e, 3e, 4e et 5e plat), et finalement à travers la rime et les alexandrins qui marquent la description du 4e plat (« *Le Rouget de Roche* »).

Qui ne succomberait pas à cet art culinaire du verbe, à la poésie sensuelle de cette cuisine ?

Ex. 89 : Gérald Passedat – Le Petit Nice, Marseille, 4 toques (n°18)

---

[50] Merci à Maxime Michaut pour cette indication.

[51] C'est le « storytelling » repéré par Dupuy (2012, 107-108).

Le Loup Lucie Passedat
(la pierre angulaire de ma cuisine. Mon premier plat en l'honneur de ma grand-mère).
Grâce à la pêche de Félix et Gros Louis.

La Daurade Nia
(ou le denti selon l'arrivage. De ma tante, j'ai percé un long secret de braisage pour ce jus. Le poisson est juste grillé, puis cuit lentement.
Intensité des sucs et de la chair).
Grâce à la pêche d'Alain.

Le Poisson Entier
(pagre, pageot, canthe, chapon galinette… La mâche de ses chairs est sublimée selon mon envie, par une cuisson marquée, suc de fenouil ou une cuisson au gros sel, bouillon clair fumé).
Grâce à la pêche des deux Georges.

Le Rouget de Roche
(en cru, en nage d'anis étoilé, en entier. Il est la mer, la roche, la Méditerranée).
Grâce à la pêche de Henry.

Le Homard Abyssal
(cuisson nacrée dans sa coque, accompagné de son bouillon gingembré au secret du Bateau Corsaire).
Grâce au Bateau Corsaire.

6. Conclusion

C'est donc entre tradition et créativité que les cartes de menus doivent se positionner tout en gardant un équilibre, et le premier lieu de choix stylistiques sera la structure générale avec les titres des rubriques. Par rapport à la suite classique, calquée sur celle du repas, les innovations portent le plus souvent sur la forme (les intitulés), et très rarement sur le contenu (choix et agencement des rubriques). Dans les noms des menus spéciaux, par contre, on voit s'affirmer la personnalité et la créativité du chef, se déployer le style individuel, voire la poésie. Certains chefs placent également sur leur carte des déclarations programmatiques, expliquant en quelques lignes leur philosophie et leur façon très personnelle de voir la cuisine.

Ce sont pourtant les intitulés de plats qui constituent la plus grande partie de la carte, et c'est là que la volonté stylistique des chefs étoilés s'exprime et se définit. Les « classiques » pratiquent l'hypotaxe (*A et B avec X et Y*), activant les ressorts les plus complexes de la syntaxe nominale ; les « modernes » préfèrent la parataxe, voire l'asyndète (*A, B, C*), séparant les éléments du plat par des slashs ou par des virgules. L'essentiel est de faire valoir le plat et celui qui l'a créé.

Dans la riche gamme des procédés de valorisation, c'est la recherche de complexité qui frappe tout d'abord, car la complexité du nom du plat correspond au raffinement de son élaboration. C'est pourquoi les descriptions se font toujours plus explicites, précisant les ingrédients, leur origine et leur préparation – ce qui permet de satisfaire, rarement, la soif d'exotisme, et beaucoup plus souvent, la nostalgie de la cuisine locale et du « fait maison ».

À cela s'ajoute une deuxième tendance, celle vers l'originalité, qui correspond à l'aspiration des chefs à créer du nouveau, du jamais vu, du jamais goûté – ce à quoi la langue ne peut répondre que par du jamais dit, de l'inouï. C'est là que la poésie proprement dite entre en cause : allusions, métaphores, humour et irrévérence… jusqu'à une sorte d'érotisme des noms de plats qui se font parfois délibérément vagues, recourant à l'évocation, ou tout simplement au mystère.

Ces moyens linguistiques exceptionnels brisent le cadre traditionnel de la carte comme moyen d'information, ils donnent lieu à un mode de réception poétique et quelquefois ludique. Ils constituent une sorte de clin d'œil au client, tout comme les références aux personnes qui peuplent le monde du chef et que le client apprend à connaître à travers les évocations qui se retrouvent dans les intitulés de menus ou de plats. A ne pas oublier les jeux avec l'énonciation, dans lesquels la première personne apparaît aux points cruciaux du menu, ce qui peut aller jusqu'aux confidences personnelles, là où le client se transforme en initié, en proche, en ami de la famille. La noblesse de l'acte gastronomique est ainsi reportée sur ceux qui savent apprécier les mets exquis par lesquels le chef a su traduire ses sensations les plus intimes.

Nous terminerons par un petit montage poétique réalisé à partir de la carte de Gérald Passedat (ex. 89) :

Intensité des sucs et de la chair
La mâche de ses chairs est sublimée
Il est la mer, la roche, la Méditerranée

Bibliographie

Braun, Richard (2009): *Condimentos lingüísticos. Estrategias de revalorización en denomina-ciones de platos en cartas de menú electrónicas españolas.* Mémoire de maîtrise, université d'Innsbruck

Cadeddu, Joseph / Kauffer, Maurice / Keromnes, Yvon (éds.) (2019): *La gastronomie à l'ère numérique. Regards linguistiques et économiques sur l'Allemagne, la France et l'Italie.* Tübingen: Stauffenburg

Calabrese, Laura / Rosier, Laurence (éds.) (2013): *Le manger et le dire* = *Degrés* 41/154-155

Dupuy, Jean-Philippe (2009): Rhétorique du menu gastronomique. Dans: *Communication & langages* 160, 19-33

Dupuy, Jean-Philippe (2012): *Colors of caviar*: le restaurant étoilé comme espace de représentation artistique. Dans: *Sociétés & Représentations* 34, 99-111

Escoffier, Auguste (1922/1996): *Le livre des menus. Complément indispensable du guide culinaire.* Paris: Éditions du Félin

Farge, Sylvain (2019): Le discours végétal des chefs: vers une nouvelle légitimité ? Dans: Cadeddu / Kauffer / Keromnes, 243-260

Farge, Sylvain / Lavric, Eva (2017): Eine Semiotik französischer Speisekarten. Von der Nullstufe zur individuellen Positionierung – oder: Jedem Küchenchef seine eigene „Mythologie" im Barthes'schen Sinn. Dans: Szczęk / Kałasznik, 191-213

Farge, Sylvain / Lavric, Eva (2018): Le chef artiste, le convive complice : cartes et sites des restaurants gastronomiques français, allemands et autrichiens. Dans : Verdier / Parizot, 235-270

Kauffer, Maurice (1993): *La composition nominale en allemand. Étude linguistique et statistique des cartes de restaurants.* Göppingen : Kümmerle

Kauffer, Maurice (2015): Le discours gastronomique en français et en allemand : complexité des désignations et des groupes nominaux. Dans: Lavric / Pöckl, 257-271

Lavric, Eva (2009): Gastronomastics: Towards a rhetoric of dish names on restaurant menus. Dans: Lavric / Konzett, 29-42

Lavric, Eva (2019): Pour une poétique des intitulés de plats français. Dans: Cadeddu / Kauffer / Keromnes, 55-79

Lavric, Eva / Konzett, Carmen (éds.) (2009): *Food and Language. Sprache und Essen.* Frankfurt/M. et al.: Peter Lang

Lavric, Eva / Pöckl, Wolfgang (éds.) (2015): *Comparatio delectat II*. Frankfurt/M. et al.: Peter Lang

Merten, Pascaline (2013): Petit panaché de qualifiants sur lit de syntaxe nominale, coulis de comparatisme et arôme de diachronie. Dans: Calabrese / Rosier, 1-22

Oberwalder, Irmgard (2008): *Dis-moi ce que tu manges, je te dirai ce que tu es. Aspects linguistiques et discursifs des cartes de restaurants*. Mémoire de maîtrise, université d'Innsbruck

Riley-Köhn, Sibylle (1999): *Englische Kochrezepte und Speisekarten in Vergangenheit und Gegenwart. Eine linguistische Analyse zur Fachsprache der Gastronomie*. Frankfurt/M. et al. : Peter Lang

Rossette, Fiona (2013): Sur les titres de plats anglais: quelle 'mise en bouche'? Quelques remarques contrastives anglais / français. Dans: Calabrese / Rosier, 1-16

Szczęk, Joanna / Kałasznik, Marcelina (éds.) (2017): *Intra- und interlinguale Zugänge zum kulinarischen Diskurs I*. Sonderheft 24 der Zeitschrift *"Beiträge zur Fremdsprachenvermittlung"*, Landau: Verlag Empirische Pädagogik

Stengel, Kilien (éd.) (2020): *Terminologies gastronomiques et œnologiques. Aspects patrimoniaux et culturels*. Paris: L'Harmattan

Verdier, Benoît / Parizot, Anne (éds.) (2018): *Du sens à l'expérience. Gastronomie et œnologie au prisme de leurs terminologies*. Reims: ÉPURE

Annexe : Corpus :

Guide Gault & Millau France. L'expert gourmand, Gault & Millau, Paris, 2015

N°	Nom du rest.	Chef	Lieu
2 toques			
1	Monsieur Jean	Gaëtan Citerne	Lille
2	La Suite	Johan Leclerre	La Rochelle
3	Le Vanteaux	Christophe Aubisse	Limoges
4	Le Pot-au-Feu	Annette Denis	Belfort
5	L'Orangerie du Château	Jean-Marc Molveaux	Blois
6	Le Violon d'Ingres	Christian Constant	Paris
3 toques			
7	Le Bénaton	Bruno Monnoir	Beaune
8	Les Ducs de Lorraine	Stéphane Ringer Claudy Obriot	Epinal
9	Les Trois Dômes	Christian Lherm	Lyon
10	Une Île	Gérard Bossé	Angers
11	Ivan Vautier	Ivan Vautier	Caen
12	Le Bistro des Saveurs	Thierry Schwartz	Obernai

N°	Nom du rest.	Chef	Lieu
4 toques			
13	Georges Blanc	Georges Blanc	Vonnas
14	Buerehiesel	Eric Westermann	Strasbourg
15	Château Cordeillan-Bages	Jean-Luc Rocha	Paulliac
16	L'Atlantide	Jean-Yves Guého	Nantes
17	Michel Sarran	Michel Sarran	Toulouse
18	Passedat – Le Petit Nice	Gérald Passedat	Marseille
19	Le Grand Véfour	Guy Martin	Paris
20	Maison Decoret	Jacques Decoret	Vichy
5 toques			
21	L'Atelier Jean-Luc Rabanel	Jean-Luc Rabanel	Arles
22	Restaurant Édouard Loubet	Édouard Loubet	Bonnieux
23	L'Amphitryon	Jean-Paul Abadie	Lorient
24	Le Pré Catelan	Frédéric Anton	Paris
25	Auberge Du Vieux Puits	Gilles Goujon	Fontjoncouse
26	L'assiette champenoise	Arnaud Lallement	Tinqueux

Univ.-Prof. Dr. Eva Lavric
Institut für Romanistik
Universität Innsbruck
Innrain 52
A-6020 Innsbruck
Mél: eva.lavric@uibk.ac.at
http://www/uibk.ac.at/romanistik/personal/lavric

Monika Messner

« Marende, Schlutzer, Gnocchi, Tiramisù » – les cartes de restaurants (multilingues) au Tyrol du Sud

Résumé :

Nous nous proposons ici d'examiner les cartes de restaurants au Tyrol du Sud, une région trilingue (allemand / italien / ladin) dans le Nord-Est de l'Italie. Il s'agira de décrire leur caractère multilingue (hors vallées ladines), de repérer les langues présentes et de se demander quelles sont leurs fonctions. Notre hypothèse sera que les cartes comportent des versions allemandes et italiennes, aussi bien que parfois une version anglaise pour satisfaire les besoins linguistiques de la clientèle touristique internationale. Par-delà les différentes versions des cartes, nous nous intéressons au jeu de langues à l'intérieur des intitulés de plats, avec un accent particulier sur les *switchs* et les emprunts interlinguistiques. Nous nous interrogerons sur la transparence de ces intitulés : rendent-ils visibles aux clients les plats qui peuvent être commandés ou invoquent-ils plutôt leurs connaissances sur la cuisine sud-tyrolienne ? Dans cette perspective, il est aussi crucial d'examiner les intitulés des plats typiques pour le Tyrol du Sud et leurs possibles traductions en d'autres langues.

Mots clés : cartes de restaurants, Tyrol du Sud, multilinguisme, alternance codique, dialecte local

Abstract:

This paper studies restaurant menus in South Tyrol, a trilingual region (German / Italian / Ladin) in the North-East of Italy. It aims to describe their multilingual character (without taking into account the Ladinian valleys), reveal the languages that are used and the functions that they assume. It can be hypothesized that the menus will not only include German, Italian and Ladin versions (in the areas where Ladin is spoken), but sometimes also involve an English version to satisfy the linguistic needs of international tourists. Apart from the different translations of the menus, the interplay of different languages in dish names is also of interest, with a particular focus on the interlingual switches and loans. The transparency of these names can be questioned: are they conveying an idea of the dishes that could be ordered or are they rather appealing to the knowledge of their clients about the South Tyrolean kitchen? In this perspective, it is also crucial to examine the names of typical South Tyrolean dishes and their possible translations in other languages.

Keywords: restaurant menus, South Tyrol, multilingualism, codeswitching, local dialect

1. Introduction

La présente étude se propose d'analyser les langues utilisées dans les cartes de restaurants au Tyrol du Sud. Les cartes de restaurants dans cette province trilingue (allemand / italien / ladin) située dans le Nord-Est de l'Italie n'ont guère été étudiées jusqu'ici, même si l'analyse de ce genre textuel devient de plus en plus importante en linguistique (cf. Kauffer 1993, 2015, 2019 ; Riley-Köhn 1999 ; Dupuy 2009 ; Lavric 2009 ; Hugol-Gential 2014 ; Parizot 2014 ; Farge / Lavric 2017, 2018). Les trois langues officielles au Tyrol du Sud sont l'allemand, l'italien et le ladin, bien que dans cette triglossie la région penche fortement vers le pôle germanophone. Tandis que l'allemand standard est surtout utilisé à l'écrit, le langage oral est dominé par un dialecte allemand local de type bavarois/ autrichien. En outre, le tourisme, qui est un secteur économique de première importance pour le Tyrol du Sud, influence le quotidien linguistique de la région et rend nécessaire une certaine adaptation linguistique (internationale) aussi de la part des restaurants.

La carte de restaurant correspond à la liste des plats et des prix dans un restaurant, et elle a surtout une fonction d'information (cf. Lavric 2009). La carte de restaurant représente le premier contact du client avec l'établissement et donne une image de la qualité et du caractère global du restaurant (cf. Lavric 2009, Hugol-Gential 2014). [1] Ce qui fait qu'elle a aussi une fonction d'appel/ publicitaire : elle guide le/la client/e vers ses choix culinaires. En outre, les cartes de restaurant affichent de plus en plus un caractère poétique (cf. Lavric 2009, 2017, 2019 ; Dupuy 2012). Notamment dans les restaurants haut de gamme les clients s'attendent à une certaine créativité dans les noms de plats[2] (cf. Dupuy 2009).

Ce qui nous intéresse dans le présent article, c'est le jeu avec les langues dans les cartes de restaurants au Tyrol du Sud (hors vallées ladines). Notre hypothèse sera que les cartes dans cette province incluent aussi bien l'allemand standard que

---

[1] Voir aussi Riley-Köhn (1999, 90) qui remarque une évolution de la carte de restaurant, qui est d'abord un instrument d'information, puis un moyen publicitaire et finalement un élément intégral du *corporate design* du restaurant.

[2] Lavric (dans ce même volume) constate que, dans la littérature spécialisée, les termes de *nom de plat*, *titre de plat*, *intitulé de plat*, *intitulé de mets* et *intitulé culinaire* sont utilisés.

l'italien, et nous examinerons dans quelles proportions et dans quelles fonctions ces langues sont employées. De plus, nous chercherons à voir si le dialecte allemand local est également utilisé dans les cartes de restaurants et si oui, comment il est implanté parmi l'allemand standard et l'italien. Nous examinerons si les restaurants s'ouvrent vers d'autres langues liées à la clientèle touristique, comme l'anglais, le français, etc. Nous distinguerons entre les langues présentes dans les différentes versions des cartes et les langues présentes en alternance codique à l'intérieur des intitulés de plats. Les *switchs* et les emprunts vers d'autres langues peuvent concerner soit (au maximum) le titre du plat tout entier, soit (au minimum) un seul mot. Il faut séparer différents types :

1) Type 1 : intitulé de plat allemand avec une ou plusieurs expressions italiennes ;
2) Type 2 : intitulé de plat italien avec une ou plusieurs expressions allemandes ;
3) Type 3 : intitulé de plat allemand avec une ou plusieurs expressions d'autres langues, comme p.ex. l'anglais, le français… ;
4) Type 4 : intitulé de plat italien avec une ou plusieurs expressions d'autres langues, comme p.ex. l'anglais, le français… ;
5) Type 5 : intitulé de plat anglais avec une ou plusieurs expressions d'autres langues, comme p.ex. l'allemand, l'italien, le français…

Nous nous intéressons également à la transparence des intitulés des plats traditionnels, p.ex. « Schlutzkrapfen » ou « Tirtl ». Comme le montre Parizot (2014), la transparence ainsi que la précision des intitulés de plats sont cruciales pour que les clients se retrouvent dans les choix culinaires qu'ils vont faire.

Les questions centrales pour notre étude sont les suivantes : quels sont les choix linguistiques généraux dans les cartes de restaurants ? Quels sont les choix linguistiques pour les intitulés de plats ? Vers quelles langues vont les emprunts et les *switchs* et comment sont-ils motivés ? La carte donne-t-elle des explications pour les désignations des plats traditionnels ? Les noms de plats sont-ils transparents ?

La première partie de l'étude (chapitre 2) sera consacrée à la situation sociolinguistique au Tyrol du Sud. Le chapitre suivant (chapitre 3) approfondira le sujet des choix linguistiques et des possibles alternances codiques dans les cartes de restaurant. Ensuite, nous introduirons notre corpus et notre méthode pour analyser les choix linguistiques dans les cartes (chapitre 4). Les chapitres 5, 6 et 7 se pencheront sur l'étude empirique des cartes de restaurants avec accent mis sur les langues utilisées, leurs fonctions respectives et leurs alternances codiques pour désigner les plats (chapitre 5), puis sur la transparence des intitulés de plats (chapitre 6) et enfin sur les stratégies de traduction des noms de plats traditionnels (chapitre 7).

2. Le Tyrol du Sud

Le Trentin/Tyrol du Sud est une région autonome italienne, située dans le Nord-Est du pays. Elle est frontalière avec l'Autriche et la Suisse et est divisée en deux provinces, le Trentin au Sud et la province de Bozen/Bolzano au Nord :

Figure 1 : Carte de la province autonome de Bolzano-Tyrol du Sud (EOS 2014)

Le nom officiel est *Provincia Autonoma di Bolzano – Alto Adige* en italien, *Autonome Provinz Bozen-Südtirol* en allemand et *Provinzia Autonòma de Balsan/Bulsan-Südtirol* en ladin. Le fait que le nom ait une forme triple indique déjà un des traits fondamentaux de l'identité du Tyrol du Sud : la présence de trois communautés linguistiques différentes.

Trois groupes linguistiques cohabitent dans cette province, dont l'allemand représente la langue principale, parlée comme langue maternelle par les deux tiers environ de la population. Celle-ci est suivie de l'italien – la langue nationale – et du ladin, langue maternelle d'un groupe restreint. Tandis que les italophones de la province parlent l'italien standard, les germanophones utilisent le dialecte local de type bavarois/autrichien dans les situations quotidiennes. L'allemand standard, appris à l'école, est plutôt utilisé à l'écrit ainsi que dans les situations formelles et dans la communication avec les touristes (cf. Schiller 2010, 84).[3] Le ladin est une langue régionalement circonscrite.[4]

Concernant la distribution géographique de ces trois langues, le groupe germanophone se répartit sur tout le territoire de la province, surtout dans les campagnes et les vallées, la communauté linguistique italienne se concentre dans les villes le plus importantes et les Ladins sont majoritaires dans les deux vallées de Val Badia et Val Gardena[5] (cf. Maggipinto / Veronesi / Simone 2003, 155-156 ; cf. Baur 2000, 69-70) :

---

[3] La majorité des touristes au Tyrol du Sud sont germanophones ou italophones. Donc, les langues principales de la province sont aussi les langues principales du tourisme.

[4] Nous ne tiendrons pas compte de cette langue dans notre recherche.

[5] Les locuteurs de la langue ladine habitent en général dans les cinq vallées ladines : Ampezzo, Badia, Fassa, Livinallongo/Fodom et Gardena. Ces vallées sont politiquement réparties sur trois provinces : Bolzano, Belluno et Trento ; seuls le Val Badia et le Val Gardena font partie du Tyrol du Sud (cf. Egger 2001, 66).

Figure 2 : Distribution géographique des groupes linguistiques en 2011
(Autonome Provinz Bozen-Südtirol ASTAT 2012)[6]

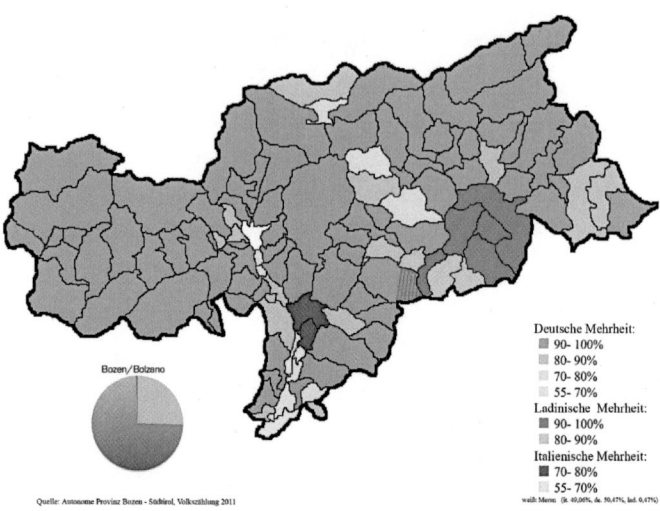

Outre les trois langues officielles de la province, il ne faut pas oublier l'immigration étrangère ainsi que l'évolution récente du tourisme international, ce qui fait du Tyrol du Sud une province multi-ethnique, multiculturelle et multilingue où des langues étrangères comme l'anglais, le français, le russe etc. deviennent de plus en plus importantes.

3. Choix linguistiques et possibles alternances codiques

La tripartition linguistique de la province ainsi que l'influence du tourisme international nous conduisent à l'hypothèse que les cartes de restaurants devraient comporter les langues suivantes : en ce qui concerne les différentes versions, l'allemand standard, l'italien standard et parfois une traduction anglaise ;[7] par

---

[6] Le point blanc sur la carte se réfère à la ville de Meran/Merano, où les germanophones (50,47%) et les italophones (49,06%) sont quasiment à égalité. Le ladin n'y joue qu'un rôle négligeable (0,47 %) (cf. Autonome Provinz Bozen-Südtirol ASTAT 2012).

[7] Les cartes de restaurants dans les vallées ladines comportent aussi une version ladine ; mais notre corpus ne tient pas compte de cette langue minoritaire.

rapport aux langues présentes en alternance codique, on peut s'attendre à la présence du dialecte allemand local et aussi d'expressions d'autres langues comme par exemple le français. Cette dernière langue est vue comme le langage universel culinaire, car la France a la réputation d'être l'expert de la bonne cuisine (cf. Lavric 2009).[8] À côté du français, l'anglais gagne de plus en plus d'importance en gastronomie avec la présence de chaînes de fast-food et à travers son rôle de lingua franca au niveau international. Enfin, l'italien n'est pas seulement la deuxième langue du Tyrol du Sud, son rôle important s'explique aussi par la forte influence de la cuisine italienne sur la cuisine sud-tyrolienne.

4. Corpus et méthode

Notre corpus se compose des cartes d'une vingtaine de restaurants distribués sur tout le territoire du Tyrol du Sud (sauf vallées ladines), collectionnées sur internet ou à travers des photos. Ce corpus a une légère concentration vers l'Est, une zone germanophone, due au fait que nous habitons nous-même dans cette région :

Figure 3 : Les restaurants choisis pour la présente étude (corpus)

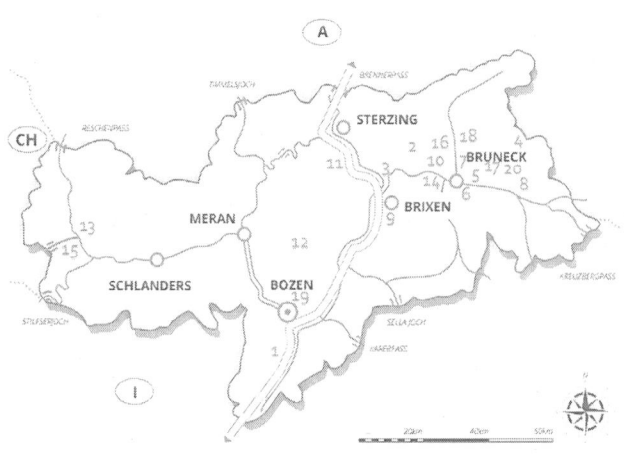

---

[8] Par exemple, comme le signale Riley-Köhn (1999, 80), les menus des restaurants élégants en Grande-Bretagne n'étaient traditionnellement rédigés qu'en français.

Tableau 1 : Les restaurants choisis (consultés en ligne le 31 mars 2020)

1) Gretl am See, Kaltern/Caldaro https://www.gretlamsee.com/de/	2) Nesselhütte, Gitschberg / Meransen/Maranza https://www.gitschhuette.com/nesselhuette/
3) Hubenbauer, Vahrn/Varna https://www.hubenbauer.com/de/	4) Pizzeria Restaurant Mairl, Antholz- Mittertal/Anterselva di Mezzo https://www.facebook.com/antholzmittertalrestaurant pizzeriabarMairl/
5) Gönner Alm, Oberwielenbach/Vila di Sopra https://www.facebook.com/pages/category/Lodge/G %C3%B6nneralm-273182259492523/	6) Riverside, Percha/Perca http://www.riverside-gastropub.com/
7) Gasthof Oberraut, Amaten/Ameto https://oberraut.it/	8) Pizzeria Hans, Toblach/Dobbiaco https://pizzeria-hans.com/
9) Lüsnerhof, Lüsen/Luson https://www.luesnerhof.it/de/naturhotel/9-0.html	10) Pims/Capriz, Vintl/Vandoies https://capriz.pims-burger.com/
11) Sachsenklemme, Franzensfeste/Fortezza https://www.sachsenklemme.it/	12) Terra/Auener Hof, Sarntal/Sarentino https://terra.place/de/
13) Romantikhotel Weißes Kreuz, Burgeis/Burgusio https://www.weisseskreuz.it/home.html	14) Lodenwirt, Vintl/Vandoies https://www.lodenwirt.com/
15) Alpin & Relax Hotel Das Gerstl, Mals/Malles https://www.dasgerstl.com/	16) Sichelburg, Pfalzen/Falzes https://www.sichelburg.it/restaurant-suedtirol/
17) Waink's, Bruneck/Brunico http://www.wainks.it/	18) Hotel Tanzer, Issing/Issengo https://www.tanzer.it/
19) Wirtshaus Vögele, Bozen/Bolzano https://www.voegele.it/	20) Hofstatt Alm, Antholz- Niedertal/Anterselva di Sotto https://www.hofstatt-alm.com/de/

Notre première constatation concernant les versions est la suivante : vu que tous les restaurants choisis sont gérés par des germanophones, les 20 cartes de restaurants partent toutes d'une version allemande. Cependant, tous les restaurants offrent aussi une version italienne ; parfois il y a en outre une version anglaise. Les versions italiennes et anglaises représentent donc des traductions de l'allemand.

Dans la partie empirique nous étudierons les éléments suivants :

a) les versions linguistiques présentes sur les cartes de restaurants et leur hiérarchie,
b) les différentes langues présentes dans les intitulés de plats y compris les emprunts et les *switchs*,
c) la transparence des intitulés de plats,
d) la présence (ou non) d'explications pour les noms des plats peu transparents (p.ex. « Schlutzkrapfen »),
e) la traduction des intitulés des plats traditionnels (p.ex. « Brettljause »).[9]

5. Choix linguistiques

5.1. Les différentes versions

En ce qui concerne les différentes versions de nos 20 cartes de restaurants, nous constatons qu'il n'y a aucune carte monolingue (ni germanophone, ni italophone). Il y a des restaurants qui offrent une carte bilingue (13 restaurants dans notre corpus), avec une version allemande et la version/traduction italienne correspondante. Il y a même des restaurants qui fournissent une version trilingue (7 restaurants dans notre corpus), avec une version allemande, une italienne et une autre anglaise. Les différentes versions de chaque intitulé de plat sont rangées soit l'une au-dessous de l'autre, soit côte à côte. Nous constatons une hiérarchie qui résulte de ce classement (allemand au-dessus vs. italien en-dessous) ou aussi de la taille des caractères (le nom du plat en allemand plus grand que la désignation en italien/anglais). L'ordre des langues dans les cartes de restaurants bilingues est 1) allemand, 2) italien. Dans les cartes trilingues, l'allemand est toujours la première langue, suivi de l'italien et enfin de l'anglais :

---

[9] Nous ne tiendrons pas compte de textes de bienvenue (p.ex. « Herzlich willkommen im 'Südtiroler Gasthaus' », Restaurant Vögele, Bozen/Bolzano) ni des sous-titres qui structurent les cartes (p.ex. « Special drinks / Spezial Getränke / Bevande speciali », restaurant Nesselhütte, Gitschberg / Meransen/Maranza).

Figure 4 : Carte de restaurant bilingue, Lodenwirt, Vintl/Vandoies

ZUM EINSTIEG
ANTIPASTI

Burrata auf lauwarmen eingelegten Tomaten und hausgemachtem Baguette	Burrata su pomodori tiepidi e baguette fatto in casa	€ 11,80
BERLUCCHI '61 SATEN – FRANCIACORTA		GLAS € 6.00
Tatar vom heimischen Rind mit Puntarelle und hausgemachtem Selleriesamenbrot	Tartara di manzo nostrano con puntarelle e pane ai semi di sedano fatto in casa	€ 13.50
CABERNET FRANC AMISTAR 2015 – WEINGUT PETER SÖLVA		GLAS € 7.40
Vitello tonnato Lodenwirt	Vitello tonnato Lodenwirt	€ 11,40
CUVEE STOAN 2016 – KELLEREI TRAMIN		GLAS € 6.00
Makrele mit Orange, Fenchel und Dillöl	Sgombro con arancia, finocchio e olio all'aneto	€12,40
RIESLING 2017– WEINGUT KÖFERERHOF		GLAS € 5.10

Wir servieren auch Gerichte ohne Gluten!
Serviamo anche piatti senza glutine!

Figure 5 : Carte de restaurant trilingue I, Nesselhütte, Gitschberg / Meransen/Maranza

HOT DISHES

WARME GERICHTE		PIATTI CALDI
Makkaroni mit TOMATENSAUCE	€ 7,30	Maccheroni al POMODORO *Maccheroni with TOMATO SAUCE*
Makkaroni nach HIRTENART Ragù, Speck, Schinken, Champignons, Sahne	€ 8,80	Maccheroni alla PASTORA Ragù, speck, prosciutto, champignon, panna *Maccheroni "SHEPHERD-STYLE"* *Meat sauce, bacon, ham, mushrooms and cream*
SPAGHETTI mit Öl und Knoblauch	€ 8,80	SPAGHETTI aglio e olio *Oil garlic NOODLES*
3 SPIEGELEIER mit Speck und Röstkartoffeln	€ 9,50	3 UOVA AL TEGAME con speck e patate arrosto *3 FRIED EGG with bacon and potatoes*
SÜDTIROLER KÄSENOCKEN mit brauner Butter und Krautsalat (15 Minuten Kochzeit)	€ 9,50	CANEDERLI DI FORMAGGIO con burro fuso e insalata di crauti (tempo di cottura 15 minuti) *CHEESE DUMPLINGS with melted butter and cabbage salad (15 minutes to cook)*
Frischer KAISERSCHMARRN mit Preiselbeeren und Apfelmus	€ 9,70	FRITTATA DOLCE SMINUZZATA con mirtilli rossi e composta di mele *SHREDDED PANCAKE with cranberry jam and apple puree*

Sur ces deux extraits de cartes de restaurants, l'allemand est la première langue présente, et il se trouve à gauche de la carte. Viennent ensuite à droite – dans la carte bilingue (cf. fig. 4) – l'italien, et – dans la carte trilingue (cf. fig. 5) – l'italien et l'anglais. Dans la carte trilingue, l'italien apparaît avant l'anglais. L'allemand occupe donc la première position, suivi de l'italien et de l'anglais. Ce classement des langues est observable aussi dans une autre carte de restaurant trilingue :

Figure 6 : Carte de restaurant trilingue II, Pizzeria Mairl, Antholz-Mittertal /Anterselva di Mezzo

-Rinderkraftbrühe mit Dreielei Knödel (Speck-,Leber-,Käsepressknödel)

Brodo di manzo con tris di canederli (Canederli di speck,fegato e formaggi)

Beef power broth with tree dumpling

Dans cette carte, les trois langues sont arrangées l'une après l'autre, d'abord l'allemand, ensuite l'italien et enfin l'anglais. En comparant cette carte avec les cartes précédentes (cf. fig. 4 et 5), nous constatons que les indications en allemand et en italien ont plus ou moins la même longueur, tandis que l'expression anglaise est plus courte et apparaît sans l'explication entre parenthèses. C'est aussi le cas de l'extrait suivant d'une carte de restaurant trilingue :

Figure 7 : Carte de restaurant trilingue III, Restaurant Vögele, Bozen/Bolzano

Rosa gebratener Lammrücken/ heimischen Steinpilzen/ gegrillte Polenta „Römerhof".
Sella d'agnello/ porcini nostrani/ polenta del maso "Römerhof" alla griglia
Roast saddle of lamb/ porcini mushroom/ local grilled polenta

Dans cette carte, similaire à la précédente (cf. fig. 6), l'ordre des langues est : 1) allemand, 2) italien, 3) anglais. Les explications allemande et italienne fournissent presque les mêmes informations – sauf que pour l'italien, il manque l'indication « rosa gebraten » ('à point', en italien cela donnerait 'poco cotto'). Par contre, dans le nom anglais, il y a plusieurs éléments qui n'apparaissent plus :

a) l'indication « rosa gebraten »,

b) l'indication « heimisch/nostrani » ('local'),

c) l'indication « Römerhof » qui renvoie à l'endroit où la polenta est produite.

L'allemand et l'italien jouent donc un rôle plus important par rapport à l'anglais dans les cartes de restaurants. La langue anglaise représente une option supplémentaire, parfois réduite, ne fournissant pas toujours toutes les informations données dans les deux autres langues.

5.2. Les intitulés de plats

Si nous observons les intitulés de plats dans les différentes variantes linguistiques (allemand, italien, anglais), nous constatons une alternance codique qui consiste à intégrer des termes anglais, français, italiens et du dialecte allemand local dans les diverses désignations.

Dans les textes italiens et allemands, par exemple, des termes anglais apparaissent. Diverses autres langues peuvent apparaître, comme dans les exemples suivants :[10]

> *1)*   *Vellutata d'ortica | Peperoncino Jalapeno | pane nero tostato | carpaccio di manzo marinato | noci <u>Cashew</u> | finferli (I, 16)*

> *2)*   <u>*Beefsteak*</u> *Filet mit Peffersauce / Röstkartoffel / Grillzucchini (A, 8)*

En (1), par-delà la présence d'un terme anglais (« Cashew »), l'español (« Jalapeño ») et le dialecte allemand traduit dans une expression italienne (« finferli ») sont utilisés. En (2), nous observons aussi la présence du français (« filet », « sauce ») et de l'italien (« zucchini »). Dans les deux exemples, l'anglais s'intègre dans un mélange de langues où il remplit des fonctions différentes. En (1), le terme « cashew » détermine l'ingrédient « noci » d'une soupe. Il est intéressant de voir qu'ici le restaurant n'utilise pas le terme

---

[10] Les lettres et les nombres entre parenthèses à la fin des exemples indiquent la langue de la version (A=allemand, I=italien, E=anglais) et le numéro du restaurant correspondant (cf. tableau 1).

« anacardi » qui serait la traduction en italien, mais qu'il préfère un mélange entre italien et anglais. En (2), le terme anglais « Beefsteak » est utilisé pour préciser la viande du plat. Il est inclus dans une structure nominale (syntagme nominal + préposition + syntagme nominal).

L'anglais est aussi présent dans les exemples suivants :

3)   *Hummer . Auberginen Salat . <u>Semi Dry</u> Kirschtomaten (A, 17)*

4)   *<u>Clubsandwich</u> | Hühnerbrust | Spiegelei | Speck (A, 13)*

5)   *<u>Caesar's salad</u>: Insalata <u>Iceberg</u> / petto di pollo arrostito / parmigiano stagionato / crostini di pane / <u>Caesar dressing</u> (I, 1)*

6)   *Tagliata di <u>Ribeye</u> / rucola / parmigiano / pomodorini / patate al rosmarino (I, 1)*

7)   *Costata di manzo <u>Dry aged</u> / patate al forno / verdure (I, 1)*

En (3), le terme anglais « semi dry » est utilisé pour déterminer les tomates cerises (« Kirschtomaten ») comme ingrédient d'un plat de poisson. La désignation « Semi Dry » est normalement employée en œnologie pour des vins et des vins mousseux ayant une certaine teneur en sucre. Le terme est donc tiré de son contexte habituel est introduit dans le contexte gastronomique pour spécifier l'ingrédient d'un plat.

Les termes « Clubsandwich » (4) et « Caesar's salad » (5) sont extraits d'une version de carte allemande (le terme apparaît aussi dans le nom de l'intitulé de plat correspondant en italien) et d'une version de carte italienne. Les deux termes sont utilisés pour désigner les intitulés de plats pour lesquels les restaurants énumèrent aussi les ingrédients.

En (5), (6) et (7), les expressions anglaises « iceberg », « ribeye » et « dry aged » déterminent l'ingrédient principal du plat donné en italien (« insalata », « tagliata », « costata »).

Nous pouvons classifier l'intégration des expressions anglaises dans les noms de plats allemands et italiens selon les quatre types suivants :

1) Emprunt : il n'existe pas d'équivalent en allemand ou en italien (p.ex. pour « Beefsteak », « Ribeye », « Iceberg[11] », « Dry aged ») ;[12]
2) Internationalisme culinaire : le terme porte la langue en soi ; il est intelligible à tous (p.ex. « Clubsandwich », « Caesar's salad ») ;
3) Modernité : bien qu'il y ait un équivalent en allemand / italien, le terme anglais est préféré (p.ex. « cashew ») ;
4) Créativité : il s'agit d'une nouvelle création (p.ex. « semi dry »).

En outre, on observe la présence fréquente de termes français dans les versions allemandes (8-9) et italiennes (10-12) des cartes :

8)   *Velouté von Karotte und Ingwer (A, 13)*

9)   *Consommé mit Lammleberknödel (A, 7)*

10)   *Entrecôte di manzo Black Angus | capasanta saltata | puré di sedano e wasabi | caponata mediterranea | frittelle di patate e cumino (I, 16)*

11)   *Mousse di formaggio grigio del Caseificio Sesto / rapa rossa / crostini di pagnotta venostana (I, 19)*

12)   *Gamberi alla griglia su insalatina con pomodori marinati e croûtons di pane (I, 11)*

Dans tous les exemples, les termes français apparaissent comme déterminés, c'est-à-dire comme noyaux des désignateurs de plats. L'allemand et l'italien (langues respectives de la carte), par contre, servent pour la détermination ultérieure. Ces deux langues sont donc subordonnées au français, elles fonctionnent comme déterminants des déterminés français – un aspect grammatical qui souligne l'importance du français comme langue de la haute gastronomie.

---

[11] En sarde, il y a l'expression « cupettone » comme équivalent d'« Iceberg ».
[12] C'est aussi le cas des termes français « filet » et « sauce » et du terme italien « zucchini ».

La position comme noyau déterminé est valable aussi pour les expressions italiennes qui sont utilisées en alternance codique dans les versions allemandes (13-16) et anglaises (17-18) :

13) *Rote Beete Tagliolini / Jungspinat / Rohmilchkäse Creme (A, 19)*

14) *Kräuterrisotto mit Frischkäsepraline (A, 5)*

15) *Caprese von der Büffelmozzarella mit San Marzano Tomaten / Taggiasche Oliven / Basilikum (A, 8)*

16) *Panna cotta mit warmen Himbeeren (A, 8)*

17) *Sweet potato gnocchi | prawn | lemongras | chilli (E, 18)*

18) *Mediterranean Octopus salad with olive grissini (E, 19)*

De nouveau, les termes italiens constituent le noyau des dénominations des plats ou des ingrédients (cf. ex. 18), comme les termes français dans les exemples 8 à 12. L'italien est mis au premier plan (termes italiens – déterminés) tandis que l'allemand et l'anglais (langues des versions respectives) ne s'utilisent que pour spécifier les noms de plats italiens (termes allemands et anglais – déterminants). Pour le français, il y a encore le groupe des composés dans les versions allemandes des cartes :

19) *Lauwarmes Schokoladensoufflé von der Valrhona Schokolade / geeiste Stachelbeeren / Kakaocreme / Krokant (A, 1)*

20) *Lachsforelle | Gemüsejulienne | Safran (A, 13)*

21) *Iberico Schweinerücken mit BBQ Lack, dazu Speckcroûtons auf Lauchpüree und glasierten Zwiebeln (A, 14)*

22) *Strudelbrûlé & Vanilleeis (A, 18)*

Dans ces exemples, le français fait partie de composés déterminatifs, de fait, il en constitue le noyau. En (19), (20), (21) et (22) un substantif allemand est suivi d'un substantif français. Ce dernier est utilisé comme déterminé, les termes allemands font fonction de déterminants. En outre, les combinaisons en (21) et (22) montrent la possibilité de regrouper des termes dialectaux (« Speck », « Strudel ») et des expressions de la cuisine française qui témoignent d'un certain raffinement (« croûtons », « brûlé »).

La dernière catégorie est représentée par des expressions en dialecte allemand local qui sont employées dans les versions allemandes (23-27), italiennes (28-30) et anglaises (31-32) des cartes :[13]

23)   *Blattlan vom Pusterer Erdäpfel mit Sauerkraut (A, 7)*

24)   *Speckbrettl (hausgeräucherter Speck mit saurem Gemüse und frischem Kren) (A, 11)*

25)   *A.H. Pfandl für 2 Personen (Geschwollene, Lammkotelett, Rippele, Pfeffer-beißer und Schweinshaxe auf Weinkraut mit scharfem Senf) (A, 11)*

26)   *Rippelen mariniert nach Art des Hauses mit Ofenkartoffel, Kräutertopfen, BBQ Sauce und Knoblauchbrot (A, 11)*

27)   *Im Holzofen gebratenes Fleisch-Spießl: Kartoffeln, Gemüse, Schweinefleisch, Rind, Bratwürstel, Meraner, Krautsalat, BBQ Sauce (A, 20)*

28)   *Zuppa d'orzo con "Tirtl" di crauti (I, 7)*

29)   *"Kaminwurze" (salamino affumicato) con rafano (I, 3)*

30)   *Kaiserschmarrn con mousse di mela (I, 4)*

---

[13] D'après Lavric (2009, 35), l'intégration du dialecte ou d'éléments du langage régional entre dans les stratégies de valorisation des plats (« upgrading strategies »), signalant l'enracine-ment dans le terroir et ses traditions.

31)   *"Wienerschnitzel"* with french fries (E, 2)

32)   *"Krapfen"* fritter with homemade apricot jam (E, 2)

Dans les termes en dialecte intégrés dans les versions allemandes des cartes (ex. 23 à 27), nous remarquons des stratégies diminutives visibles à travers l'utilisation de la consonne finale « l » : « Blattlan », « Brettl », « Pfandl », « Rippelen », « Spießl ». L'emploi de formes diminutives renvoie au langage oral, au dialecte local comme il est utilisé dans les conversations quotidiennes, et il montre l'ancrage régional/local du restaurant.[14]

Dans les intitulés de plats italiens et anglais (ex. 28 à 32), les formules en dialecte apparaissent pour la plupart entre guillemets (ex. 28, 29, 31 et 32), mais aussi sans guillemets et directement intégrées dans le titre du plat (ex. 30), et quelquefois munis d'une explication (ex. 29 – entre parenthèses, et 32). On peut se demander si les termes en dialecte local, tels qu'ils sont empruntés dans ces exemples, sont transparents pour les clients. Bien sûr, il y a des expressions qui sont plus connues, et donc plus transparentes, p.ex. « Kaiserschmarrn » ou « Wienerschnitzel »,[15] qui dans les exemples ne sont pas munies d'explications. Par contre, les termes « Tirtl [16] », « Kaminwurze » et « Krapfen » exigent certaines informations supplémentaires pour que les clients puissent se faire une image du plat qu'ils vont consommer.

La transparence sera traitée au chapitre suivant où nous observerons comment les noms dialectaux de plats traditionnels sont rendus (ou non) plus compréhensibles dans les cartes de restaurants et si les titres de plats en général sont présentés de manière transparente.

---

[14] Voir Lavric (dans ce même volume) : « […] on ne mange pas que du poisson ou des légumes, on mange une région, un terroir, une communauté rurale […]. »

[15] Les plats « Kaiserschmarrn » et « Wienerschnitzel » ne sont pas uniquement typiques du Tyrol du Sud, mais de l'Autriche tout entière, voire aussi de l'Allemagne du Sud.

[16] Le « Tirtl » est un plat qui consiste en une pâte faite de farine de froment et de seigle, de lait, d'œufs et de beurre, qui est tartinée d'une farce d'épinards ou de fromage blanc. Le « Tirtl » est frit dans du beurre fondu.

6. Transparence

La transparence dans les cartes de restaurants est un thème, nous l'avons vu, pour les intitulés de plats qui dérivent du dialecte et/ou pour les plats qui sont typiques du Tyrol du Sud. Elle est liée également à la structure syntaxique de l'intitulé. La structure syntaxique classique et transparente des intitulés de plats est une syntaxe nominale, traditionnellement en hypotaxe, selon le schéma

A (et B) à/avec/dans/sur X et Y :[17]

33)   *Drei Spiegeleier mit Röstkartoffeln, mit Speck (A, 3)*

34)   *Tris di canederli con insalata di crauti (I, 3)*

35)   *Maccheroni with tomato sauce (E, 2)*

Cette structure reflète la composition d'un plat : la base (« Spiegeleier », « Tris di canederli », « Maccheroni ») à gauche, et les garnitures (« Röstkartoffeln, Speck », « insalata di crauti », « tomato sauce ») à droite, ici liées par la préposition *avec* (« mit », « con », « with »).

Par rapport à la transparence, nous traiterons les questions suivantes :

a) Trouve-t-on des explications (p.ex. comment le plat est préparé) dans les cartes de restaurant ?
b) Avec quels types de noms (aussi au niveau syntaxique) les restaurants travaillent-ils dans leurs cartes ?

On observe des indices sur la préparation des plats, mais pas forcément l'intégration d'explications dans les versions allemandes et italiennes des cartes, et encore moins dans les cartes anglaises. Le terme « Schlutzkrapfen » (avec sa traduction en italien « mezzelune »), par exemple, apparaît dans 10 cartes

---

[17] Voir Kauffer (2015, 2019) qui les classifie comme des « formules étendues ».

allemandes et italiennes. Dans deux cartes allemandes et dans cinq cartes italiennes le plat est assorti d'indications sur sa préparation :

36) Carte allemande I : *Schlutzkrapfen vom Bioroggen und Erdmandelmehl / Füllung aus frischem Blattspinat und Ofentopfen / Käse vom Eggemoa-Hof in Mühlwald (A, 16)*

37) Carte allemande II : *Südtiroler <u>Schlutzkrapfen</u> / Spinat-Topfen / mit zerlassener Butter und Grana Padano (A, 8)*

38) Carte italienne I : *« <u>Schlutzkrapfen</u> » fatte in casa ripieni con ricotta e spinaci : <u>Mezzelune</u> con ricotta di latte intero, formaggio grigio fuso, burro alpino caldo (I, 20)*

39) Carte italienne II : *<u>Mezzelune</u> ripieni di spinaci e ricotta / burro fuso e Grana Padano (I, 8)*

Les restaurants énumèrent bien les ingrédients (p.ex. « Blattspinat », « Ofentopfen », « ricotta », « spinaci ») et aussi les garnitures (p.ex. « mit zerlassener Butter », « Grana Padano », « burro fuso »), le terme de « Schlutzkrapfen » en lui-même n'est pourtant pas expliqué. Vu que ce plat est tout à fait emblématique du Tyrol du Sud, les restaurants supposent qu'il est connu des clients. De plus, cette caractéristique comporte sa non-traductibilité ; la traduction italienne « mezze-lune » n'a rien à faire avec le nom original, elle ne reflète que la forme des « Schlutzkrapfen ».

Quant à la structure syntaxique, dans ces exemples, le nom principal des plats et les renseignements supplémentaires sont listés l'un après l'autre, séparés par de barres obliques (cf. ex. 36, 37 et 39) ou en allant à la ligne (cf. ex. 38). Dans notre corpus, il arrive aussi que les explications des plats apparaissent entre parenthèses. Dans les exemples suivants où il s'agit encore de plats traditionnels, la description entre parenthèses est très détaillée et explicite les caractéristiques du plat :

40)   *Speckbrettl (hausgeräucherter Speck mit saurem Gemüse und frischen Kren) (A, 11)*

41)   *Eisacktaler Bauerngröstel (Röster mit Speck, gekochtem Rindfleisch, Schweinshaxe und Zwiebel) (A, 11)*

42)   *Tagliere tirolese (speck affumicato in casa, salsiccia affumicata, formaggio, obazda, rafano fresco, verdure all'aglio) (I, 11)*

43)   *Kaiserschmarrn (frittata dolce spezzata) con marmellata fatta in casa (I, 3)*

Cette stratégie d'expliquer le plat entre parenthèses est appliquée à 57 plats (traditionnels ou non) ou à des ingrédients des plats. La grande partie des restaurants, en effet, utilise des barres obliques (*slash* /) ou des barres droites (|) dans les titres et aussi dans les explications des plats. C'est ce que Kauffer (2015, 262) appelle les « plats *slash* » dont la fonction est celle de « solliciter à la fois la compétence syntaxique du lecteur, qui devra reconstituer les relations syntaxiques profondes entre les groupes, mais aussi réactiver ses connaissances en gastronomie pour déduire la désignation complète du plat ». Kauffer (2015, 262) remarque que l'emploi du *slash* rend les intitulés de plats plus « sobres », car il manque les relations entre les différents éléments (p.ex. prépositions ou conjonctions, donc tout ce qui fait l'hypotaxe) :

44)   *Tonno marinato crudo / arachidi / coriandolo (I, 13)*

45)   *Tortelli « bugiardi » / Miesmuscheln / Zichorie / Lardo (A, 1)*

46)   *Risotto | Safran | Kalbshaxe | Knochenmark (A, 18)*

47)   *Crema di carote e zenzero | carote al carbone | formaggio di montagna (I, 18)*

Ces quatre exemples montrent que le *slash* peut être employé pour séparer soit les garnitures du plat (cf. ex. 44), soit les ingrédients du plat (cf. ex. 45, 46 et 47). Tous les exemples révèlent la tentation des restaurants de laisser certains aspects de leurs plats en suspense. Le/la lecteur/lectrice ne sait pas comment p.ex. les « Miesmuscheln » ou les « carote al carbone » se présentent sur le plat (sur, avec ou dans quelque chose). Cette simplicité et sobriété des noms de plats est aussi liée à leur transparence : plus les désignations de plats sont simples et condensées, moins elles sont transparentes et plus elles en appellent aux connaissances gastronomiques des clients (ou à leur imagination).

7. Traductions de noms de plats traditionnels (en italien / en anglais)

Au chap. 4, nous avons remarqué que les cartes de restaurants de notre corpus partent d'une variante allemande et que les variantes italiennes et anglaises représentent les traductions respectives de ces cartes allemandes. Dans ce dernier chapitre, nous nous consacrerons aux traductions des noms de plats traditionnels du Tyrol du Sud vers l'italien et aussi vers l'anglais. Nous observerons comment – au niveau formel et structurel – les noms tyroliens des plats typiques sont insérés dans les cartes italiennes et anglaises.

Revenons-en encore une fois au terme de « Schlutzkrapfen » (cf. chap. 6) : des pâtes faites de farine de seigle, farcies de fromage (blanc) et/ou d'épinards et servies couvertes de beurre fondu et de parmesan. Dans les versions italiennes des cartes, le terme est soit repris avec guillemets et un ajout (ex. 48), sans guillemets ni ajout (ex. 49), soit traduit en italien (« mezzelune », ex. 50). Dans les versions anglaises, l'expression n'apparaît qu'une fois, traduite par l'expression italienne « ravioli » (ex. 51) :

Schlutzkrapfen

48)   *« Schlutzkrapfen » (fatte in casa) con burro fuso e parmigiano (I, 11)*

49)   *Schlutzkrapfen al burro fuso e parmigiano (I, 3)*

50)   Mezzelune (spinaci, patate e ricotta) con burro fuso e parmigiano (I, 5)

51)   Homemade ravioli filled with pot and spinach with butter and cheese (E, 4)

Pour l'intitulé de plat « Brettljause » (un casse-croûte à base de lard servi sur une planche à découper), nous observons des stratégies d'intégration similaires. Dans les cartes italiennes, le nom est repris avec guillemets et un ajout – dans ce cas, il s'agit d'une indication géographique – (ex. 52), ou traduit et complété par une description ainsi que – dans certains cas – une référence au Tyrol/Tyrol du Sud (ex. 53-61) :

Brettljause

52)   « Marendbrettl » sudtirolese | speck dal contadino | formaggio | salsiccia "Kaminwurz" (I, 13)

53)   Merenda (affumicati misti) (I, 3)

54)   Tagliere di affettati altoatesini (I, 8)

55)   Affettati misti (I, 2)

56)   Salumi misti della casa con formaggio grigio (I, 7)

57)   Variazione di prodotti tirolesi (I, 15)

58)   Antipasti della cucina tradizionale altoatesina: affumicati altoatesini / speck e formaggio di malga & mousse di formaggio grigio & frittelle di patate (I, 19)

59)   Marenda con specialità affumicate (I, 20)

60)   Tagliere tirolese (speck affumicato in casa, salsiccia affumicata, formaggio, obazda, rafano fresco, verdure all'aglio) (I, 11)

61)   *Mixed Tyrolean starter (smoked bacon, local fresh cheese, Salami, Potato tartlet) (I, 19)*

Le nom du plat traditionnel autrichien « Kaiserschmarrn » (crêpes déchirées en morceaux que l'on saupoudre de sucre glace, avec des raisins secs, servis au Tyrol du Sud avec de la confiture d'airelles) est traité presque de la même manière dans les cartes italiennes et anglaises. Pour l'italien, nous constatons des reprises avec guillemets (ex. 62), des reprises sans guillemets (ex. 63) ou des reprises avec une explication (ex. 64). Une traduction est possible aussi, en italien (ex. 65) et en anglais (ex. 66) :

Kaiserschmarrn

62)   *« Kaiserschmarrn » con marmellata di mirtilli rossi e gelato di vaniglia bourbon fatto in casa (I, 9)*

63)   *Kaiserschmarrn con mousse di mela (I, 4)*

64)   *Frittatina dolce « Kaiserschmarrn » con frutti del bosco (I, 5)*

65)   *Frittata dolce sminuzzata con mirtilli rossi e composta di mele (I, 2)*

66)   *Shredded pancake with cranberry jam and apple puree (E, 2)*

Nous ne commenterons en détail que les traductions de « Brettljause ». Si nous comparons les différentes traductions, nous notons un nombre élevé d'explications pour le titre « Brettljause ». De plus, le terme apparaît plusieurs fois en combinaison avec une référence au Tyrol/Tyrol du Sud (« sudtirolese » en 52, « altoatesini » en 54). L'expression est d'une part rendue plus transparente à travers les différentes explications (p.ex. « affumicati misti ») ; de l'autre, la présence d'indications géographiques rattache le plat à la cuisine typique du Tyrol du Sud. D'après Lavric (2009, 34), l'indication du lieu/du pays/de la région d'origine d'un plat constitue – comme l'utilisation du dialecte – un type fréquent de stratégie de valorisation d'un plat : « An indication of origin implies the knowledge or the assertion that the region/place mentioned is very good at preparing or growing the ingredient in question. »

8. Conclusions

Notre étude des cartes de restaurants multilingues au Tyrol du Sud a abouti à la mise en évidence de deux types différents de cartes quant à la combinaison des langues : a) cartes bilingues : allemand – italien, b) cartes trilingues : allemand – italien – anglais. L'allemand apparaît comme la langue dominante ; il est la base de toutes les cartes de restaurants de notre corpus, alors que l'italien et l'anglais correspondent à des versions traduites. Du point de vue de la hiérarchie des langues, l'italien est traité comme étant une langue équivalente à l'allemand, tandis que l'anglais représente une langue de type « nice to have » mais non forcément nécessaire.

En outre, nous avons examiné l'alternance codique présente dans les noms de plats. Pour désigner les plats, les restaurants utilisent non seulement l'allemand dans les cartes allemandes ou l'italien dans les cartes italiennes, mais aussi des expressions d'autres langues comme le dialecte local, l'italien, l'anglais et le français. Ces quatre langues ont des fonctions différentes :

a) Le dialecte exprime : « Ici, nous sommes attachés à nos plats traditionnels. » Il frappe par le grand nombre de diminutifs, p.ex. « Tirtl », « Pfandl », « Spießl », « Kondl », « Rippele », etc.

b) L'italien transmet l'image de « Nous sommes en Italie. » / « Nous sommes attachés à la culture / gastronomie italienne. » Cette langue est employée pour désigner des plats italiens qui sont connus au niveau international (p.ex. « Spaghetti », « Ragù », « Mozzarella », etc.).

c) L'usage du français pour désigner les plats, les ingrédients et les préparations est lié au prestige du français comme langue de la haute gastronomie. Lavric (2009) remarque que les *switchs* vers le français dans une carte de n'importe quelle autre langue constituent en eux-mêmes une stratégie de valorisation puissante.

d) Enfin, l'emploi de l'anglais vise à donner l'impression d'être moderne et à la page. Cette langue est employée en outre pour les intitulés de plats qui arrivent de la région anglo-saxonne (p.ex. « Chip », « Cheddar », « Burger », « Sandwich », etc.).

Nous remarquons que le dialecte est lié à un effet d'exotisme et de sympathie, et l'italien à un effet d'attachement ; le français a un effet de valorisation et l'anglais est associé à un effet de modernité. La présence de ces diverses langues montre donc d'une part un attachement à la cuisine locale ([sud]tyrolienne, mais aussi italienne) et un sentiment de se sentir chez soi ; de l'autre, une ouverture vers d'autres cuisines et vers un art culinaire international.[18]

Nous avons examiné également les intitulés de plats sous l'aspect de leur transparence. Celle-ci peut être augmentée par exemple à travers l'énumération des ingrédients et/ou la description détaillée de la préparation. La transparence est affectée d'un autre côté par la mode des intitulés de plats *slash*, moins explicites que les désignations complexes traditionnelles en hypotaxe. La transparence joue également un rôle dans les traductions des intitulés de plat : dans les cartes italiennes et anglaises, les titres de plats traditionnels en allemand sont soit repris, soit traduits, mais pas toujours munis d'une explication. Les clients qui ne connaissent pas le plat (traditionnel) ne peuvent pas s'en faire une image. Les restaurants jouent sur les connaissances gastronomiques de leurs clients en ne précisant pas forcément tous les renseignements nécessaires.

Pour conclure, nous remarquerons, une fois de plus, le caractère multilingue des cartes de restaurants au Tyrol du Sud. Cette étude pourrait encore être élargie à des cartes de restaurants italophones et ladinophones et on pourrait y observer : a) si les *switchs* vers différentes langues ont des fonctions similaires à celles que nous avons trouvées dans les cartes germanophones, b) si les langues en alternance codique sont les mêmes, et c) comment, surtout dans les régions ladines, les désignations ladines – qui impliquent un problème de transparence – sont traitées dans les cartes.

---

[18] Kauffer (1993, 32) signale que « les cartes reflètent à merveille la société dans laquelle elles sont nées. »

Bibliographie

Autonome Provinz Bozen-Südtirol ASTAT (2012): *astatinfo 06/38 Volkszählung 2011. Berechnung des Bestandes der drei Sprachgruppen in der Autonomen Provinz Bozen–Südtirol*
http://www.provinz.bz.it/astat/de/volkszaehlung/aktuelles.asp?aktuelles_action=4&aktuelles_article_id=406345 (25/02/2020)

Baur, Siegfried (2000): *Die Tücken der Nähe. Kommunikation und Kooperation in Mehrheits-/ Minderheitssituationen*. Meran: Alpha & Beta

Costăchescu, Adriana / Popescu, Cecilia Mihaela (éds.) (2017): *Hommages offerts à Maria Iliescu*. Craiova: Editura Universitaria

Dupuy, Jean-Philippe (2009): Rhétorique du menu gastronomique. Dans: *Communication & langages* 160, 19-33

Dupuy, Jean-Philippe (2012): *Colors of caviar*: le restaurant étoilé comme espace de représentation artistique. Dans: *Sociétés & Représentations* 34, 99-111

Egger, Kurt (2001): *Sprachlandschaft im Wandel. Südtirol auf dem Weg zur Mehrsprachigkeit*. Bozen: Athesia

EOS – Export Organization South Tyrol of the Chamber of Commerce of Bolzano/Bozen (2014): *Alto Adige Map*
http://www.altoadigewinesusa.com/alto-adige-map/ (25/02/2020)

Farge, Sylvain / Lavric, Eva (2017): Eine Semiotik französischer Speisekarten. Von der Nullstufe zur individuellen Positionierung – oder: Jedem Küchenchef seine eigene „Mythologie" im Barthes'schen Sinn. Dans: Szczęk / Kałasznik, 191-213

Farge, Sylvain / Lavric, Eva (2018): Le chef artiste, le convive complice: cartes et sites des restaurants français, allemands et autrichiens. Dans: Verdier / Parizot, 235-270

Hugol-Gential, Clémentine (2014): Le menu au restaurant: construction pragmatique de l'expérience gastronomique et enjeux identitaires. Dans: *Le discours et la langue* 6/2, 105-118

Kauffer, Maurice (1993): *La composition nominale en allemand – Étude linguistique et statistique des cartes de restaurants*. Göppingen: Kümmerle

Kauffer, Maurice (2015): Le discours gastronomique en français et en allemand: complexité des désignations et des groupes nominaux. Dans: Lavric / Pöckl, 257-271

Kauffer, Maurice (2019): Emprunts et internationalismes dans l'allemand de la gastronomie. Dans: Kauffer et al., 33-54

Kauffer, Maurice / Keromnes, Yvon / Cadeddu, Joseph (éds.) (2019): *La gastronomie à l'ère numérique – Regards linguistiques et économiques sur l'Allemagne, la France et l'Italie*. Tübingen: Stauffenburg

Lavric, Eva (2009): Gastronomastics: Towards a Rhetoric of Dish Names on Restaurant Menus. Dans: Lavric / Konzett, 29-42

Lavric, Eva (2017): Quand les chefs cuisiniers se mettent à faire de la poésie. Dans: Costăchescu / Popescu, 163-173

Lavric, Eva (2019): Pour une poétique des intitulés de plats français. Dans: Kauffer et al., 55-79

Lavric, Eva / Konzett, Carmen (éds.) (2009): *Food and Language. Sprache und Essen.* Frankfurt/M. et al.: Lang

Lavric, Eva / Pöckl, Wolfgang (éds.) (2015): *Comparatio Delectat II.* Frankfurt/M. et al.: Lang

Maggipinto, Antonello / Veronesi, Daniela / Simone, Patrizia (2003): *Lingue veicolari e apprendimento. Il contesto dell'Unione Europea e quello di una regione plurilingue: l'Alto Adige/Südtirol.* Azzano San Paolo: Junior

Parizot, Anne (2014): Art des mets… art des mots. Dans: *Anthropology of food, Articles VARIA* https://journals.openedition.org/aof/7454 (26/02/2020)

Riley-Köhn, Sibylle (1999): *Englische Kochrezepte und Speisekarten in Vergangenheit und Gegenwart. Eine linguistische Analyse zur Fachsprache der Gastronomie.* Frankfurt/M. et al.: Lang

Schiller, Annette (2010): Die Sprachen in Südtirol. Dans: *Zibaldone/Zeitschrift für italienische Kultur der Gegenwart* 49, 81-91

Szczęk, Joanna / Kałasznik, Marcelina (éds.) (2017): *Intra- und interlinguale Zugänge zum kulinarischen Diskurs I* (Sonderheft 24 der Zeitschrift „Beiträge zur Fremdsprachenvermittlung"). Landau: Verlag Empirische Pädagogik

Verdier, Benoît / Parizot, Anne (éds.) (2018): *Du sens à l'expérience. Gastronomie et œnologie au prisme de leurs terminologies.* Reims: ÉPURE

Mag. Dr. Monika Messner

Institut für Romanistik

Universität Innsbruck

Innrain 52

A-6020 Innsbruck

Mél : monika.messner@uibk.ac.at

Blog : https://mmorchestrainteraction.com/

Renaud Lagabrielle

La littérature gourmande au début du 21ème siècle.
A propos de *Un chemin de tables* de Maylis de Kerangal (2016)

Résumé :

Cet article analyse le récit de Maylis de Kerangal, *Un chemin de tables*, paru en 2016, en tant qu'exemple contemporain de la littérature gourmande – le terme est de Grimod de la Reynière – telle qu'elle s'est développée dans la première moitié du dix-huitième siècle en France, et contribution singulière à cette dernière. Après m'être penché sur des caractéristiques narratives pertinentes du récit, je montre dans un deuxième temps que *Chemin de tables* s'inscrit de manière relativement traditionnelle dans la littérature gourmande, reprenant des réflexions et des discours anciens et déployant ainsi la dimension socioculturelle de tout discours gastronomique. Ce faisant, le texte propose sans cesse des instantanés du discours gastronomique français contemporain dont il reflète les évolutions, de la question de la formation au métier de chef-cuisinier aux discours médiatiques. Je m'attache ensuite à analyser la manière dont le texte, au-delà de cette dimension socioculturelle, ou plutôt à travers elle, parvient à déployer une véritable poétique de la cuisine, « l'écriture gourmande » de de Kerangal transformant le livre en un délicieux « plat littéraire », pour emprunter des termes à Christine Ott. Dans son texte, qui prend par là-même une forme hybride entre roman et critique gastronomique, Maylis de Kerangal recourt en effet à de nombreux procédés poétiques non seulement pour chanter la cuisine, mais pour finalement faire apparaître cette dernière comme un art – un art de tous les sens, comme nous le signale la synesthésie qui parcourt de nombreux passages du texte. Je montre pour finir que le « discours gastro-poétique » (Ott) déployé dans et par le récit s'inscrit pleinement dans le mythe gastronomique français tout en lui donnant une dimension nostalgique réflexive.

Mots-clés : littérature gourmande, discours gastronomique, restaurant, poétique, médias

Abstract:

This paper analyses Maylis de Kerangal's novel *Un chemin de tables* (2016) as a contemporary illustration of and a specific contribution to the *littérature gourmande* – a notion invented by Grimod de la Reynière – which developed in the first half of the 18th century. In the first part, I will stress some important narrative characteristics of the text. In the second part, I will show that *Un chemin de tables* represents a quite traditional text of the *littérature gourmande*: we find in it old and famous reflexions and discourses which are parts of the French cultural discourse on gastronomy. The novel offers images of the contemporary gastronomic discourse in France and reflects its evolutions – from the career of a cook to the media products. In the last part of the paper, I emphasise the way in which de Kerangal deploys a real *poétique de la cuisine*. With her "*écriture gourmande*", she transforms the book into a delicious "*plat littéraire*", a "literary dish", to use the words of Christine Ott. In her text, which assumes a hybrid form between a novel and a food critic, Maylis de Kerangal uses a multitude of poetical figures to praise the Chef and the Cuisine, but also in order to reveal them as an artist and an art – an art in every sense, according to the synaesthesia that we find in various passages of the text. At the end of the paper, I show that the "discours gastro-poétique" (Ott) deployed by de Kerangal is deeply involved in the myth of French gastronomy but at the same time reflects upon it in a nostalgic dimension.

Keywords: *littérature gourmande*, gastronomic discourse, restaurants, poetic, media

1.   Introduction

Paru en 2016 dans la collection « Raconter la vie » des éditions du Seuil, *Un chemin de tables,* de l'écrivaine française Maylis de Kerangal, s'inscrit parmi les romans et récits des quinze dernières années dont le personnage principal est un cuisinier ou une cuisinière, tels que *Mangez-moi* d'Agnès Desarthe, *La Cheffe. Roman d'une cuisinière* de Marie Ndiaye ou *Le Cahier de recettes* de Jacky Durand, ainsi que les bandes dessinées *Comme un chef* de Benoît Peeters et Aurélia Aurita ou encore *En cuisine avec Alain Passard* de Christophe Blain, pour n'en citer que quelques-uns.[1] Contrairement à ces deux bandes dessinées, le récit, relativement court, de Maylis de Kerangal relate l'histoire fictive d'un jeune cuisinier français, Mauro, qui décide d'ouvrir son propre restaurant à Paris dans les années 2000. Aussi fictive soit-elle, cette histoire entre dans celle plus large des rapports entre cuisiniers, écrits de cuisine, écrits sur la cuisine, et écrivains, histoire qui remonte en France à la première moitié du dix-huitième siècle, à l'époque où certains cuisiniers demandèrent à des hommes de lettres de préfacer leurs livres de cuisine (Bonnet 2015, 43-73).

---

[1]   Agnès Desarthe, *Mangez-moi,* Paris, L'Olivier, 2006 ; Marie Ndiaye, *La cheffe. Roman d'une cuisinière,* Paris, Gallimard, 2016 ; Jacky Durand, *Le Cahier de recettes,* Paris, Stock, 2019 ; Benoît Peeters et Aurélia Aurita, *Comme un chef,* Paris, Casterman, 2018 et Christophe Blain, *En cuisine avec Alain Passard,* Paris, Gallimard, 2015.

Malgré cette longue tradition française d'une abondante production littéraire et critique sur la gastronomie (Ory 2015) et malgré l'existence de rapports multiples entre écrits littéraires et écrits gastronomiques, il existe encore aujourd'hui peu de travaux de recherches, notamment en langue française, sur ces interactions, et encore moins sur la production littéraire contemporaine, ces questions restant donc un parent pauvre des recherches sur la gastronomie française.

Dans une analyse textuelle de faits culturels, je me propose ici de montrer en quoi le récit de Maylis de Kerangal représente une contribution singulière à la « littérature gourmande » du début du 21e siècle, pour reprendre l'expression de Grimod de la Reynière, considéré comme l'un des fondateurs de la littérature gastronomique ou littérature culinaire – les désignations sont variables – au sens large (Bonnet 2015, 342-343).

Après quelques remarques sur les caractéristiques narratives du roman, je montrerai que *Chemin de tables* s'inscrit dans la tradition de la littérature gourmande française, reprenant des éléments centraux du discours gastronomique français depuis le 18ème siècle. Des éléments centraux au niveau des contenus d'une part, mais aussi au niveau de la forme, la littérature gastronomique en général se caractérisant par un « haut degré de littérarité » (Becker 2000, 453), comme l'a notamment montré Karin Becker dans son ouvrage sur la culture de la table chez les romanciers français du 19ème siècle, ouvrage dans lequel Becker postule la « fusion indissoluble des modèles de discours gastronomiques et littéraires » (Becker 2000, 316). Je m'attacherai donc à analyser la manière dont le texte, au-delà de la dimension socioculturelle, ou plutôt à travers elle, parvient à déployer une véritable poétique de la cuisine. Dans son texte, qui prend par là-même une forme hybride entre roman et critique gastronomique, Maylis de Kerangal recourt en effet à de nombreux procédés poétiques non seulement pour chanter la cuisine, mais pour finalement la faire apparaître comme un art. On retrouve là aussi un élément central du discours gastronomique français, la « légitimation de la cuisine par la réflexion esthétique » (Bonnet 2015, 60), les analogies déployées dans les écrits culinaires entre la littérature et la gastronomie ayant pour but premier de démontrer l'effet sublime de l'art culinaire, comme le rappelle également l'auteure de l'autre grande thèse en langue allemande sur la gastronomie dans la littérature française du 19ème siècle et du début du 20ème siècle,

Christine Ott (2011, 105). Analogies soulignées par Brillat-Savarin lui-même, dans la « Variété XXIV » de la *Physiologie du goût*, précisément intitulée « Poétique », quand il rappelle « l'alliance intime qui a toujours existé entre l'art de bien dire et l'art de bien manger » (Brillat-Savarin 1982, 375).

Nous verrons pour finir que si Maylis de Kerangal, en tout cas l'instance narrative de son récit, reprend et met à jour un discours gastronomique dans la plus grande tradition française, c'est que d'une part, elle encense et glorifie la figure du cuisinier et à travers lui, l'art culinaire français, mais que d'autre part, elle déploie aussi un discours critique à l'égard de certains développements contemporains.

2. Caractéristiques narratives

Comme je l'ai précisé en ouverture de cet article, *Un chemin de tables* est paru dans la collection « Raconter la vie » aux Éditions du Seuil. Les courts récits de cette collection proposent des portraits permettant aux lecteurs et aux lectrices de se confronter à des personnages de la France contemporaine qui, malgré leur large présence, restent largement invisibles. Avec son récit, de Kerangal, écrivaine connue pour ses observations minutieuses de différents milieux professionnels, saisit un décalage qui caractérise le métier de cuisinier aujourd'hui : alors qu'avec la multiplication des formats télévisés culinaires et la médiatisation de quelques grands chefs, le métier semble être connu, là ou plutôt les réalités de ce métier restent très souvent ignorées, et ont par ailleurs peu de choses à voir avec l'éclat et le glamour des émissions de télévision – un état de fait commenté d'ailleurs à plusieurs reprises dans *Un chemin de tables*, une première fois dans le passage suivant :

> Le cuisinier est devenu un personnage important de la société contemporaine, une star médiatique désormais éloignée du type bougon et mystérieux qui sortait des plats depuis le secret de son antre, et les cuisines sont devenues des studios de télévision. Mauro énumère les émissions – *Master Chef, Oui chef!, Un dîner presque parfait, Le Meilleur Pâtissier du monde* – et je relève leur nombre, étonnée (…) Soudain, Mauro se lève, mordant : *la cuisine, ce n'est pas exactement ce monde souriant, ce n'est pas un monde très affectueux, tu sais –* j'entends ces dents qui grincent. (de Kerangal 2016, 47-49)

Mauro, lui, est décrit plus loin dans le récit comme ayant

> un tempérament à rebours des tendances qui travaillent le monde de la gastronomie – la cuisine envisagée comme un spectacle audiovisuel, mise en scène comme une compétition à suspens, et les chefs convertis en people, en icônes médiatiques, en visages capables de faire vendre. (de Kerangal 2016, 73)

Ce passage met en lumière la contemporanéité du récit de Maylis de Kerangal : si les émissions culinaires sont présentes à la télévision dès 1954 pour se multiplier dans les années 1990, où elles « foisonnent » (Cohen 2015 et Roger 2015), c'est dans les années 2000 que l'on assiste à cette « vedettisation croissante des grands chefs » (Cohen 2015, 171) que Mauro juge sévèrement.

Ce qui caractérise également les textes de la collection « Raconter la vie », c'est qu'ils se comprennent, et se lisent, comme une forme hybride entre documentaire et fiction, entre étude sociologique et texte littéraire. L'histoire de Mauro est racontée à la troisième personne par une instance narrative qui est une amie du jeune cuisinier, l'histoire s'étend sur une dizaine d'années, entre 2004, année où Mauro fait sa première expérience de cuisinier dans un restaurant, et 2014/2015, quand il a déjà fermé son propre restaurant et réfléchit à en ouvrir un nouveau.

La narratrice-témoin nous permet d'entrer dans les pensées et les sentiments de Mauro grâce au recours fréquent à la focalisation interne et au discours indirect libre. Comme nous allons le voir, si le récit à la troisième personne permet de saisir l'engouement de l'instance narrative pour la culture gastronomique dont elle parle et son identification avec cette culture, la perspective narrative permet également de saisir le discours critique à l'égard de cette culture, en tout cas de celle qui est présentée dans le récit.

Observons l'incipit de ce dernier :

> Un train roule vers Berlin. Il traverse à bonne vitesse des étendues rases, des champs qui fument, des rivières, c'est l'automne. Assis contre la vitre dans un wagon de seconde, il y a ce jeune homme, vingt ans, délié, maigre bagage, un livre entre les mains – je suis assise sur la banquette d'en face, je déchiffre le titre sur la couverture, *La Cuisine de référence, Techniques et préparations de base, Fiches techniques de fabrication*, repère trois toques stylisées sur fond bleu blanc rouge, puis je soulève les fesses et me penche en avant, à l'intérieur des planches où s'alignent des vignettes légendées en italique, pas-à-pas photographiques où il n'est nul visage humain, nulle bouche humaine, mais des torses et des

mains, oui, des mains précises aux ongles propres, et ras, des mains maniant des ustensiles de métal, de verre ou de plastique, des mains plongées dans des récipients, des mains que prolongent des lames, toutes mains saisies dans un geste. (de Kerangal 2016, 7-8)

La construction même de ce long paragraphe met en avant la figure du cuisinier : alors que le cadre spatio-temporel est posé très rapidement, tout le reste du paragraphe, en une seule et très longue phrase, est dédié à cette figure. Le passage se lit comme une sorte d'entrée dans la littérarité de l'histoire et du portrait de Mauro qui vont suivre. Les mouvements des mains, que nous retrouverons à plusieurs endroits du récit et sur lesquelles nous reviendrons, sont, au sens propre, saisis dans une capture d'écran et reproduits dans un livre de techniques ; mais ces mains sont aussi saisies dans le récit, par le récit, par le geste littéraire, et c'est sur cette singularité que nous terminerons cet article.

Mais avant, arrêtons-nous sur le discours gastronomique qui traverse le récit du début à la fin, discours au cœur duquel se trouve la figure du cuisinier Mauro.

3. Le cuisinier au cours d'un discours gastronomique traditionnel mis au goût du jour

Comme nous le voyons, la figure du cuisinier est placée dès le tout début dans une trame narrative du discours gastronomique tel qu'il s'est développé en France depuis la seconde moitié du 18ème et le début du 19ème siècle : il s'agit d'un métier qui s'apprend, avec des techniques et des méthodes très précises. Et dès l'incipit est convoqué, sans être nommé, l'un des grands noms de ce discours, Marie-Antoine Carême (1784-1833), et ce aussi bien à travers la citation des livres de techniques de cuisine que des « toques » : considéré comme celui qui a transformé, par ses publications, la pratique de la cuisine en un système ration-nalisé de normes, de classifications et de techniques, Carême est également à l'origine du port de la toque (Poulain / Neirinck 2004, 81-82) La figure tutélaire de Carême et sa double volonté de proposer un système rationnel de techniques et d'imposer la cuisine comme un art se retrouvent dans la description du Certificat d'Aptitude Professionnelle que passe Mauro, à côté de son Master en économie,[2] examen auquel est consacré un chapitre entier (le chapitre 5 : « CAP/blanquette de veau à l'ancienne, sabayon framboise »). Après quelques réflexions sur la valeur du travail manuel et du travail intellectuel, la narratrice parle de l'examen, dans le cadre duquel les candidats doivent préparer des plats patrimoniaux, comme

> (d') un gage symbolique, le signe que l'on consent à […] rallier les coulisses carrelées et jonchées de métal où s'agitent ceux qui œuvrent dans les soutes de la grande gastronomie française, patrimoine culturel et orgueil national, à rejoindre ceux qui travaillent à sa conservation, à son expansion, à son rayonnement, eux-mêmes anonymes et invisibles. (de Kerangal 2016, 54)

La description précise du déroulement de l'examen participe de sa mise en valeur, de même que l'énumération, voire l'accumulation (plus de 20 !) des différents ustensiles de cuisine. L'énumération, figure stylistique qui traverse l'ensemble du texte – énumération d'ustensiles (de Kerangal 2016, 55), donc, mais aussi énumérations de procédés[3] et énumérations de noms de recettes[4] – se trouve entre deux comparaisons qui représentent deux pôles du portrait de Mauro et du métier de cuisinier – d'un côté la magie, de l'autre la guerre et la lutte :

> Il rassemble les ustensiles qu'il doit apporter pour l'épreuve pratique […] saisissant l'un après l'autre chaque objet en le nommant à voix haute, un peu comme le magicien présente chapeau, baguette, et petite balle à l'assistance avant d'accomplir son tour […]. Mauro se répète leur nom de guerre, trouve étrange d'être ainsi armé. (de Kerangal 2016, 55)

---

[2] Plus sans doute qu'un clin d'œil au fait que celui qui est considéré comme l'inventeur du restaurateur moderne en France, Mathurin Roze de Chantoiseau, était économiste avant d'être restaurateur (de Baecque 2019, 28-29), le récit du double cursus de Mauro ouvre une réflexion sur la valeur des métiers manuels et des métiers intellectuels, champ de réflexion très marqué idéologiquement en France.

[3] Par exemple : « Bientôt le voilà qui verse, casse, pèse, bat, broie, chauffe, mesure, transvase, manipule, pétrit, coupe, épluche, cuit, dispose, mélange » (de Kerangal 2016, 21).

[4] Par exemple : « salade de tomates, harengs pommes à l'huile, terrines de foies de volaille chutney, œufs mayonnaise, avocats crevettes sauce cocktail, fruits de mer. Ou encore ce fameux foie gras mi-cuit au torchon, servi avec des tranches de pain de campagne toastées puis emmaillotées dans des serviettes de table » (de Kerangal 2016, 29).

117

L'idée du métier de cuisinier comme celui d'une lutte sans répit est également évoquée par l'emploi récurrent du procédé de l'hypotypose[5] quand il s'agit de décrire Mauro et ses collègues en cuisine (voir aussi de Kerangal 2016, 98-99). La scène de l'examen du CAP elle-même est relatée sur ce mode de l'hypotypose – je n'en cite que quelques autres lignes dans lesquelles les ustensiles sont personnifiés et où de Kerangal joue avec des onomatopées pour décrire les différents modes de cuisson – je reviens sur ce point un peu plus loin :

> Le temps de l'épreuve est d'une richesse inouïe, la salle s'emplit de gestes et de bruits – clapot de ce qui mijote, glouglou de ce qui bout, souffle moelleux du fouet dans la crème, frappe accélérée de la lame du couteau quand elle hache les navets, quand elle émince les carottes – le silence y est grevé de souffles, d'exclamations, de commentaires, de jurons, et ces encouragements que l'on se prodigue pour rester dans la course, pour tenir bon, allez ! (de Kerangal 2016, 58)

Le chapitre se clôt sur deux phrases courtes qui contrastent avec les longues phrases qui précèdent : « Un rayon de soleil éclate dans la salle nettoyée, tout étincelle et resplendit. Il est reçu » (de Kerangal 2016, 58).

Nous retrouvons le rayonnement rencontré plus haut dans le chapitre au sujet de la gastronomie française. Mauro a obtenu l'onction et apparaît comme un cuisinier-soleil. Face à de telles images, on peut se demander s'il s'agit d'ironie de la part de la narratrice, si elle ne fait que rendre le ton hyperbolique présent dans les écrits gastronomiques ou si ce ton participe pleinement de sa perception des cuisiniers en général, de Mauro en particulier. Car comme par hasard, le jour de l'ouverture du restaurant du jeune cuisinier est le 18 juin (de Kerangal 2016, 69), date symbolique s'il en est.[6] Quoi qu'il en soit, le récit est parcouru de considérations fortement appréciatives sur le métier de cuisinier.

Cuisinier-soleil, cuisinier-magicien, mais surtout, donc, cuisinier-artiste, comme dans ce passage, où nous retrouvons les mains du cuisinier, sous forme de *pars pro toto* personnifié :

---

[5] Le Centre National de Ressources Textuelles et Lexicales propose la définition suivante de l'hypotypose : figure de sytle consistant à décrire une scène de manière si frappante, qu'on croit la vivre.

[6] Le 18 juin renvoie dans l'imaginaire collectif à l'appel du Général de Gaulle du 18 juin 1940, prononcé depuis Londres pour appeler à lutter contre l'Allemagne ennemie.

D'emblée ce sont ces mains qu'il faudrait décrire. Celles-là travaillent, travaillent tout le temps, ce sont des outils d'une technicité folle, des instruments sensibles qui fabriquent, qui touchent, qui éprouvent – des capteurs. Les phalanges surtout impressionnent, étirées, puissantes comme des doigts de pianiste capables d'aller chercher trois octaves plus loin la note [...]. Mains de travailleur et mains d'artiste, donc, de drôles de mains. (de Kerangal 2016, 60-61)

Avec cette comparaison *in presentia* entre cuisinier et artiste, de Kerangal reprend un discours qui remonte, on l'a rappelé en ouverture de cet article, à la première moitié du 18ème siècle. Comme le souligne Jean-Claude Bonnet, Étienne Laureault de Foncemagne, membre de l'Académie Française et préfacier d'un des livres de cuisine de Menon, y demandait ainsi « Sera-t-on blâmé d'avancer qu'il y a l'harmonie des saveurs, comme l'harmonie des sons, et peut-être celle des couleurs et des odeurs ? » et y affirmait qu' « il faut aux cuisiniers des palais délicats comme à un profond musicien des oreilles fines et savantes », considérant finalement les cuisiniers comme des « artistes en fait de cuisine » (Bonnet 2015, 60).

Quant à l'importance des mains d'un cuisinier, mise en avant nous l'avons vu dès l'incipit du récit, elle est si grande que Christoph Ribbat s'arrête sur celle-ci dans son histoire culturelle aussi passionnante qu'originale du restaurant (Ribbat 2016). Relatant l'histoire du rédacteur au *New Yorker* Bill Ford, qui s'est essayé en tant que cuisinier spécialiste du grill et a suivi un apprentissage de boucher en Italie, Ribbat explique que :

A la fin de son voyage, Bill Buford développe une théorie claire du savoir et de la vie. Les mains sont au cœur de ce concept : les mains de cuisiniers et d'autres artisans qui ont affaire à la nourriture [...]. Ils font de la pâte, ils travaillent avec leurs couteaux dans la viande. De cette manière, ils font plus que donner à manger à des individus, ils nourrissent les générations d'aujourd'hui d'un savoir sur la façon dont leurs parents, leurs grands-parents, ont utilisé leurs mains. De nos jours, dit Buford, cuisiner avec les mains est un acte de protestation. Il montre que des traditions vieilles de milliers d'années sont menacées. Plus personne ne regarderait les mains des cuisiniers, à travers lesquelles ils s'expriment eux-mêmes et rappellent ceux qui ont formé leur moi. (Ribbat 2016, 156, ma traduction)

Le texte de Maylis de Kerangal, aussi littéraire soit-il, s'arrête sur de nombreux aspects pragmatiques du métier de cuisinier, des types de contrats aux horaires de travail, en passant par les salaires. La violence physique et psychologique qui peut régner dans les cuisines de restaurants n'est pas passée sous silence, bien au contraire. Le titre même du texte, s'il rappelle que les cuisiniers, en particulier les cuisiniers-chefs, passent par de nombreuses cuisines, de nombreux restaurants, au cours de leur formation et de leur carrière, fait bien sûr aussi et surtout penser à un chemin de croix,[7] et avec lui aux ambivalences entre douleurs et adoration. La métaphore religieuse se retrouve d'ailleurs dans l'organisation du livre en douze chapitres et il est amusant de noter que le chapitre 6 est intitulé « Portrait », portrait dans le portrait donc, à l'image de celui du Christ par Véronique, à la 6ème station du chemin de croix.

De Kerangal, dans le portrait qu'elle offre de Mauro, insiste sur les difficultés inhérentes au métier par ailleurs encensé, notamment les conséquences des horaires lourds, si lourds que Mauro en vient petit à petit à perdre sa vie sociale : « A peine s'il perçoit que sa vie, sa vie sociale et sentimentale, elle, s'assèche – la bande des six, la vie de famille, les fêtes, le cinéma, la lecture, les virées, mais aussi Mia dont le visage se floute jour après jour » (de Kerangal 2016, 44). Cette dimension – mise en mots par des parallélismes de construction : « C'est dur, physiquement dur » et « La journée, surtout, est longue, longue » (de Kerangal 2016, 74) – devient de plus en plus présente dans la deuxième partie du récit, où Mauro évoque « cette solitude impartageable du chef » et explique que « c'est cela le plus dur, zéro soirée, tu vois ou pas ? zéro soirée en quatre ans ! » (de Kerangal 2016, 86), après avoir confié qu'il a « passé quatre ans à faire la course contre la montre » (de Kerangal 2016, 75).

L'aspect de la fatigue semble être si important qu'un chapitre entier, le chapitre 9, intitulé « Fatigues », avec un « s », lui est consacré. Et l'on peut « entendre » au milieu de ce chapitre, au discours direct, les mots de Mauro qui évoque, dans une accumulation on l'a vu caractéristique du style du récit, mais cette fois avec un climax :

J'arrête. Je suis fatigué. Crevé, épuisé, rincé, rançonné, cassé, brisé, rompu, moulu, vidé, exténué, harassé, claqué, naze. Ça ne se voit pas mais je suis mort.
Je suis mort. (de Kerangal 2016, 85)

---

[7] La table des matières, portant opportunément le seul nom de « table » à la fin du livre, et dans laquelle sont repris les titres des chapitres, se lit d'ailleurs comme un menu de restaurant contemporain (de Kerangal 2016, 103).

Le texte est parcouru de comparaisons et de métaphores de la vie militaire – avec un clin d'œil à Auguste Escoffier, sans que celui-ci, encore une fois, soit nommé – et de la vie d'un sportif de haut niveau, comme dans ce passage :

> exactement comme les athlètes de haut niveau sacrifient la leur [la jeunesse, R.L.] au sport – et jamais on ne regardera d'assez près ce renoncement, la discipline, la souffrance, le contrôle du corps et des émotions qui l'animent, la vie psychique couvée comme le lait sur le feu, autant dire neutralisée, cet ordre que l'on s'impose et que s'imposent ceux de vingt ans, cet héroïsme noir qui regarde vers la gloire. (de Kerangal 2016, 87)

L'autre comparaison qui traverse le texte de bout en bout est celle du cuisinier avec un magicien, entrevue plus haut. Dès le deuxième chapitre du texte, quand la narratrice parle de l'influence de la mère, et plus encore de la grand-mère de Mauro – autre topos du discours gastronomique –, elle relate que

> Dès le commencement, Mauro pénètre dans la cuisine comme dans un espace magique, à la fois terrain de jeu et zone d'expériences. Il y use du feu et de l'eau, y actionne machines et robots, et bientôt maîtrise quelques métamorphoses : la fonte et la cristallisation, l'évaporation et l'ébullition […]. Elle est le théâtre de la transformation du monde. Si bien que cuisiner devient rapidement autre chose qu'un jeu aux règles fixes, c'est une leçon de choses, une aventure chimique et sensorielle. (de Kerangal 2016, 20)

Et quand Mauro ouvre son propre restaurant, la pièce de la cuisine est décrite comme

> [le] repaire d'un sorcier où Mauro trafiquait en solitaire, chef autodidacte sorti de nulle part ; on raconte ce cagibi comme le cœur d'une fabrique magique d'où sortaient des assiettes merveilleuses qui se renouvelaient jour après jour. (de Kerangal 2016, 72)

Le récit de l'expérience de cuisinier de Mauro dans son premier restaurant est d'ailleurs traversé par l'opposition entre l'exiguïté de la cuisine comme pièce et la grandeur de la cuisine comme création de plats, cette dernière en ressortant par-là même glorifiée davantage. La « cuisine de poche » et la « thurne » (de Kerangal 2016, 71) laissent ainsi la place à « cet espace réduit » dans lequel se produit « tout à la fois une improvisation d'une grande intensité, une expérience sensorielle de haute volée et une confrontation avec la matière – une matière organique, vivante, ultra-réactive » (de Kerangal 2016, 72).

L'idée de magie, liée à la transformation, à la métamorphose du matériau, nous conduit aux relations entre cuisine et langue/langage telles qu'on les trouve dans *Un chemin de tables*. Avant de nous y intéresser, soulignons que la figure du cuisinier est associée, comme nous venons de l'apercevoir dans la dernière citation, à une autre composante essentielle du discours gastronomique français classique, le rapport aux matières premières dans la cuisine. Mauro explique par exemple qu'il se « concentre sur les produits, l'idée est plutôt de les révéler, de les mettre en lumière, c'est parfois en les associant à d'autres qu'ils montent en bouche et se montrent » (de Kerangal 2016, 71). La narratrice, pour sa part, note que

> le travail de Mauro rappelle que [...] le cuisinier le plus doué, le plus inventif, le plus juste, n'est pas forcément celui qui métamorphose le produit mais peut-être celui qui le restitue le plus intensément. (de Kerangal 2016, 72)

Cette idée est présente dans les écrits gastronomiques (au sens large) dès le 17ème siècle (Flandrin et al. 1983, 26-27), et marquera une évolution décisive à partir de la seconde moitié du 18ème siècle,[8] étant resté depuis un élément central du discours gastronomique français.

Cette primauté des produits est associée à leurs producteurs et aux relations que le cuisinier entretient avec eux, et ce dans un passage qui met en avant l'idée du ou plutôt des terroirs :

> A partir de 2010, Mauro travaille de plus en plus souvent avec une épicerie d'un genre nouveau dont l'idée est de privilégier des circuits courts entre le producteur et le consommateur [...]. La collecte des produits – fruits et légumes, fromages, charcuterie, poisson, fruits de la mer – se fait par l'épicier lui-même lors de tournées nombreuses et régulières dans des fermes sélectionnées : il va chercher le Neufchâtel fermier à Saumont-la-Poterie en Seine-Maritime, le filet mignon de porc fumé à Sarzeau dans le Morbihan, le boudin blanc à la boucherie La Croix de Pierre à Rouen, les pommes Melrose et poires Conférence à la Ferme de Grange fruitière à Jumièges, en Seine-Maritime, et roule jusqu'aux viviers de Saint-Vaast-la-Hougue, dans la Manche, pour les huîtres. (de Kerangal 2016, 80)

---

[8] Antoine de Baecque par exemple rappelle que la « nouvelle cuisine » au milieu du 18ème siècle se caractérise par une « volonté de simplicité, de naturel » et qu'il s'agit d'être « plus respectueux de la saveur propre des aliments » (de Baecque 2019, 41).

« Genre nouveau », certes, mais qui s'inscrit lui aussi dans une longue tradition, l'énumération des différents produits de ce qu'on appelle aujourd'hui le terroir se trouvant par exemple dès 1960 dans *Les Délices de la France* d'un certain François-Savinien d'Alquié, qui y note que l'on trouve en France

> tout ce qu'on peut désirer pour le manger et pour la boisson, tant de ce qui est dans la mer que sur la terre : tout y est, dis-je, en si grande quantité qu'il semble qu'il n'y en doit plus avoir dans les autres parties du monde : quant à ce qui est de la qualité, on sait bien que nos viandes sont extraordinairement délicates et que nos perdrix, nos faisans, nos moutons et nos truffes de Quercy, nos chapons de Gascogne ou du Mans, nos veaux et nos bœufs de la Marche et du Limousin, nos fromages de Roquefort et de Cantal [...] nos vins de Frontignan et de Gaillac [...], etc., nos blés de Champagne et de Beauce [...] nos fruits et nos huiles de Limagne et de la Provence [...] surpassent tout ce que les autres pays pourraient avoir de plus excellent. (Cité in Bienassis / Chevrier 2015b, 48)

4.   Le verbe culinaire. Le langage de la cuisine / la cuisine comme langage

De manière à saisir le verbe culinaire le déploiement du langage de la cuisine et de la cuisine comme langage dans toute leur richesse, arrêtons-nous sur ce long passage :

> La chose qui l'émerveille, au temps des pâtisseries, c'est le pouvoir magique des livres de cuisine. Comme si le gâteau résultait de la recette, issu du langage *comme* issu du four au terme de la cuisson. De sorte que plus son expérience grandit, plus son vocabulaire s'enrichit, incorporant celui de la cuisine. Suivre une recette c'est faire correspondre des perceptions sensorielles à des verbes, à des noms – et par exemple apprendre à distinguer ce qui croque de ce qui craque, et ce qui craque de ce qui croustille, appendre à spécifier les différentes actions que sont dorer, brunir, blanchir, jaunir, roussir, blondir, réduire, ou encore apprendre à savoir raccorder la gamme chromatique des couleurs, la variété des textures et des saveurs à celles, infiniment nuancées, du lexique culinaire. Mauro acquiert ce langage comme une langue étrangère au fil des charlottes, babas, îles flottantes, gâteaux marbrés, cheesecakes, tartes au citron meringuées, puddings, macarons, financiers à la pistache, bavarois, crèmes brûlées, fondants au chocolat, clafoutis, tiramisus, reines de Saba et autres balthazars. (de Kerangal 2016, 22)

Nous voyons ici à quel point, dans le récit, sont associées la cuisine et la langue, le langage, la cuisine apparaît comme une activité inséparable de l'expérience langagière, pour finalement devenir elle-même un langage. Ce étant, la synesthésie est perçue comme la qualité au cœur de ce langage – la vue, le toucher et le goût se mélangent.

La narratrice commente d'ailleurs que

> C'est la synesthésie, une fête, et le voilà maintenant qui cuisine à l'oreille tout autant qu'au nez, à la main, à la bouche ou à l'œil. Son corps existe davantage, il devient la mesure du monde. (de Kerangal 2016, 23)

La synesthésie se retrouve dans la description d'un plat aussi « banal » que le Kebab, dans laquelle les différents ingrédients sont liés entre eux par les différentes sensations qu'ils provoquent :

> Croustillant des lamelles de viande, sucré des oignons grillés, croquant des frites, moelleux de la brioche, onctuosité de la sauce grasse imprégnant le tout, et chaud, chaud, chaud : le parfait combustible. (de Kerangal 2016, 11)

Un Chemin de tables se présente ainsi moins comme un texte de jouissance que comme un texte de plaisir, un texte qui, comme le propose Roland Barthes, « contente, emplit, donne de l'euphorie ; celui qui vient de la culture, ne rompt pas avec elle, est lié à une pratique confortable de la lecture » (Barthes 1973, 22-23).

On ne s'étonnera pas de trouver, dans un texte qui place la synesthésie au cœur de l'expérience culinaire, un clin d'œil à Proust et à sa Madeleine, quand la narratrice décrit les clients d'une brasserie dans laquelle travaille Mauro, clients qui

> cherchent à retrouver quelque chose qu'ils connaissent, ou ont connu, et viennent ici pour réactiver une archive sensorielle – terrine de lapin à la pistache, gigot de sept heures, tarte fine aux pommes façon grand mère, ou encore cette madeleine finement cannelée que l'on trempera dans un thé léger en fin de repas. (de Kerangal 2016, 28)

La citation détournée de Proust établit elle aussi un rapport entre cuisine et littérature, associées toutes les deux à la mémoire et au goût, mais qui ont aussi en commun d'occuper une place importante dans l'imaginaire collectif de la France et sur la France, et sont toutes deux considérées comme des lieux de mémoire.[9]

Maylis de Kerangal s'empare avec un plaisir évident du langage de la cuisine, nous nous trouvons face à ce que l'on pourrait appeler, avec Christine Ott, une véritable « écriture gourmande » (Ott 2011, 108). Dans le texte entier se trouvent, nous l'avons vu, de nombreuses énumérations ; des énumérations qui font monter l'eau à la bouche ET sont un vrai délice pour l'oreille :

> distinguer ce qui croque de ce qui craque, et ce qui craque de ce qui croustille, appendre à spécifier les différentes actions que sont dorer, brunir, blanchir, jaunir, roussir, blondir, réduire. (de Kerangal 2016, 22)

Les termes infinis de la cuisine se présentent comme une manne langagière pour l'écrivaine, d'une part ils se voient transformés et poétisés par son geste littéraire, d'autre part, c'est bien leur multitude et leur précision qui rendent possible l'écriture d'un texte poétique singulier. Et c'est certes l'auteure / la narratrice qui emploie cette langue poétique pour décrire le travail du cuisinier, mais par un effet de glissement dans la lecture, le lecteur et la lectrice associe cette poésie au cuisinier lui-même, alors perçu comme en étant le créateur. Maylis de Kerangal offre avec un délice évident à ses lecteurs et lectrices ce que Christine Ott désigne de « discours gastro-poétique » (Ott 2011, 470), elle leur sert des « plats littéraires » (Ott 2011, 480) qu'elle a su cuisiner grâce à son « écriture gourmande » (Ott 2011, 108).

---

[9] De manière significative, les lieux de mémoire de Pierre Nora contiennent un article « Gastronomie » (Ory 1997).

5.   Conclusion. Le cuisinier et la cuisine, des mythes ambivalents

Le portrait du cuisinier Mauro esquissé par de Kerangal s'inscrit en plein dans la tradition du discours gastronomique français, et par là même dans ce qui peut être qualifié de mythe gastronomique français (Drouard 2010 et Ott 2017, 212-234) Au bout du compte, *Un chemin de tables* peut également se lire comme une critique gastronomique, tant le récit recèle d'éléments caractéristiques du genre. Parmi ces caractéristiques se trouvent aussi des réflexions critiques sur certaines dimensions du métier de cuisinier. Les différentes difficultés et violences auxquelles sont confrontées les cuisiniers, et cuisinières, sont abordées plusieurs fois dans le récit. Mais c'est surtout l'idée même du cuisinier, du décalage qui existe entre l'image qui en est donnée aujourd'hui dans les médias et l'idée de ce qui devrait être au cœur de ce métier, qui est placée dans une perspective critique par Maylis de Kerangal. Comme nous l'avons vu au début de cet article, Mauro et l'instance narrative déplorent que « la cuisine [soit] envisagée comme un spectacle audiovisuel, mise en scène comme une compétition à suspens, et les chefs convertis en people, en icônes médiatiques, en visages capables de faire vendre » (de Kerangal 2016, 73).

A cet état des lieux de la culture gastronomique contemporaine, ils opposent une vision nostalgique de la cuisine, c'est-à-dire une conception de la cuisine dans laquelle celle-ci serait profondément, inéluctablement associée à la « culture de la commensalité » (de Kerangal 2016, 19). Cette conception apparaît même comme une évidence aux yeux de Mauro, comme le souligne l'anaphore du « puisque » dans ce passage :

> Puisque d'emblée la cuisine induit les autres, induit la présence des autres contenue dans le gâteau comme le génie dans la lampe. Puisque la préparation d'un plat appelle immédiatement une table dressée, un autre convive, du langage, des émotions […]. (de Kerangal 2016, 21)

C'est d'ailleurs à cet endroit du texte que sont rendus les premiers propos de Mauro au discours direct : *Je n'ai jamais cuisiné pour moi seul* (de Kerangal 2016, 21). Est par ailleurs ici convoquée la troisième instance de la triade fondatrice du discours gastronomique français, Brillat-Savarin, lui aussi sans être nommé : parlant de l'importance des repas dans la famille de Mauro, la narratrice explique en effet que « ce qui se joue à l'heure des repas est conçu comme un rapport au corps et une inscription dans le monde, l'idée d'une conscience de soi, autrement dit ce par quoi l'homme se distinguerait de l'animal » (de Kerangal 2016, 19), allusion à la fameuse réflexion du philosophe – « Le plaisir de la table est particulier à l'espèce humaine » (Brillat-Savarin 1982, 170) – dans la méditation « Du plaisir de la table » (Brillat-Savarin 1982, 168-180), que ne manqueront pas de noter les lecteurs gastronomes. Et c'est justement sur l'idée fondamentale de la commensalité que se referme le récit. Dans le dernier chapitre, très court, Mauro raconte qu'il aimerait ouvrir un nouveau restaurant. Le texte se clôt sur l'image d'un cuisinier qui souhaite revenir à ce qui se trouve, ou devrait se trouver, au cœur de l'expérience du cuisinier – c'est en tout cas ce que suggère le récit :

> L'idée serait de créer un lieu qui redonnerait de l'importance à ce qui se joue en salle. Une table qui réinventerait la commensalité. Le restaurant conçu non plus seulement comme le plateau où s'exprime la créativité glorieuse d'un seul, où se vit une expérience sensorielle individuelle, mais comme lieu d'un rapport à l'autre, et d'une possible aventure collective. *Bon : tu as envie d'un petit cochon de lait rôti, mais il faut être au moins quatre ou cinq, alors tu te lèves et tu demandes à voix haute qui partagerait un cochon de lait avec toi ? Donc tu te déplaces à la table de l'autre, tu discutes avec lui et ça commence comme ça. Tu vois ?* Je vois. Je souris, je fais le geste de lui tendre mon assiette. (de Kerangal 2016, 101-102)

Un chemin de tables se referme ainsi sur un élément central du discours gastronomique français et de la littérature gourmande, et ce dans un geste nostalgique, mais il ne s'agit pas d'une nostalgie tournée vers le passé, souhaitant un retour, conservateur voire réactionnaire, à des « origines », à une « vérité », mais plutôt de ce que Svetlana Boym appelle une « nostalgie réflexive », c'est-à-dire une nostalgie ouverte sur l'avenir, et prenant en compte la mémoire sociale collective, consistant en des cadres collectifs qui « marquent, mais ne définissent pas de manière limitée et limitante, la mémoire individuelle » (Boym 2001).

Bibliographie

Barthes, Roland (1973): *Le plaisir du texte*. Paris: Seuil

Becker, Karin (2000): *Der Gourmand, der Bourgeois und der Romancier. Die französische Eßkultur in Literatur und Gesellschaft des bürgerlichen Zeitalters*. Frankfurt/Main: Vittorio Klostermann

Bonnet, Jean-Claude (2015): *La Gourmandise et la faim. Histoire et symbolique de l'aliment (1730-1830)*. Paris: Le Livre de Poche

Boym, Svetlana (2001): *The future of nostalgia*. New York: Basic Books

Brillat-Savarin (1982): *Physiologie du goût*. Paris: Flammarion

Bienassis, Loïc / Chevrier, Francis (éds.) (2015a): *Le repas gastronomique des Français*. Paris: Gallimard

Bienassis, Loïc / Chevrier, Francis (2015b): La recherche du bon produit. Dans: Bienassis / Chevrier 2015a, 47-49

Cohen, Evelyne (2015): Les émissions culinaires à la télévision (1954-2015). Dans: *Le temps des Médias. Dossier A Table !*, N°24, Printemps-été 2015, 165-179

de Baecque, Antoine (2019): *La France gastronome. Comment le restaurant est entré dans notre histoire*. Paris: Payot

de Kerangal, Maylis (2016): *Un chemin de tables* (Coll. Raconter la vie). Paris: Seuil

Drouard, Alain (2010): *Le mythe gastronomique français*. Paris: CNRS Éditions

Flandrin, Jean-Louis / Hyman, Philip / Hyman, Mary (1983): *Le cuisinier françois. Textes présentés par Jean-Louis Flandrin, Philip et Mary Hyman*. Paris: Montalba

Nora, Pierre (éd.) (1997): *Les lieux de mémoire, tome III* (Coll. Quarto). Paris: Gallimard

Ott, Christine (2011): *Feinschmecker und Bücherfresser. Esskultur und literarische Einverleibung als Mythen der Moderne*. München: Wilhlem Fink

Ott, Christine (2017): *Identität geht durch den Magen. Mythen der Esskulturen*. Frankfurt/Main: Fischer

Ory, Pascal (1997): La gastronomie. Dans: Nora, 3747-3769

Ory, Pascal (2015) : La critique gastronomique. Dans: Bienassis / Chevrier 2015a, 237-243

Poulain, Jean-Pierre / Neirinck, Edmond (2004): *Histoire de la cuisine et des cuisiniers. Techniques culinaires et pratiques de table, en France, du Moyen-Âge à nos jours*. Paris: Delagrave

Ribbat, Christoph (2016): *Im Restaurant. Eine Geschichte aus dem Bauch der Moderne*. Berlin: Suhrkamp

Roger, Olivier (2015): Enseignement pratique, divertissement et invitation au rêve dans les émissions culinaires télévisées en France, années 1990 et 2000. Dans: *Le temps des Médias. Dossier A Table !*, N°24, Printemps-été 2015, 180-193

Dr. Renaud Lagabrielle
Institut für Romanistik
Spitalgasse 2, AAKH, Hof 8
A-1090 Wien
Courriel : renaud.lagabrielle@univie.ac.at

2.   Gastronomie : Roumanie

Sonia Berbinski

L'imaginaire du discours gastronomique des fêtes et des rituels roumains[1]

Résumé :

Déclencheur d'« univers », le langage de la gastronomie est le siège des « mondes possibles » se manifestant par toutes les connaissances de nature linguistique, socioculturelle, civilisationnelle et extralinguistique qu'un locuteur emmagasine dans une situation donnée à propos d'un certain peuple ou de sa culture. Il suffit de lire un livre de cuisine de telle ou telle communauté pour s'en créer déjà une représentation sociolinguistique. Chaque peuple, voire chaque région, a ses particularités culinaires, fournissant ainsi des données sur les habitudes, les préoccupations, les loisirs des habitants de cet espace.

Toutes ces connaissances du monde partagées ou à partager entre les instances énonciatives qui sont capables d'actualiser tout ce fonds linguistique, culturel, civilisationnel immanent dans le nom d'un plat, nous les appellerons un « encyclopédème ».

L'objet de notre contribution est l'identification et l'analyse des encyclopédèmes dans un corpus formé par le discours gastronomique déclenché par les plats préparés à l'occasion des grandes fêtes du cycle de la vie : le baptême, la communion (ro. *împărtășania*), les noces, l'enterrement, ainsi qu'à l'occasion des fêtes religieuses orthodoxes. L'un des aspects développés concernera aussi les possibilités de traduction de ces encyclopédèmes.

Mots-clés : gastronomie rituelle, *colac, julfa, coliva*, imaginaire, figement, traduction

Abstract:

As a creator of 'universes', the language of food is the locus of 'possible worlds' manifesting themselves through all the linguistic, sociocultural, civilizational and extralinguistic abilities that a speaker acquires in a given situation regarding a certain nation or its culture. One only needs to read a cookbook belonging to one community or another in order to already get a sociolinguistic representation of that community. Each and every nation, even each and every

[1] Je remercie vivement Madame Eva Lavric pour sa lecture très attentive et pour ses suggestions très pertinentes qui m'ont aidé à préciser certains aspects dans mon article.

region, has its own culinary peculiarities, thus providing information on the habits, interests and leisure activities of the locals.

We will refer to all this knowledge of the world, already shared or to be shared by the enunciative stances able to materialize all this immanent linguistic, cultural and civilisational background in the name of a dish, as 'encyclopédème'.

The object of our contribution is the identification and analysis of the encyclopedemes in a corpus consisting of the gastronomic discourse triggered by dishes made on the occasion of the great celebrations throughout one's life: baptism, communion (Ro. *împărtăşania*), wedding, burial, as well as on the occasion of Orthodox religious festivals.

Keywords: ritual gastronomy, *colac*, *julfa*, *coliva*, imaginary, fixedness, translation

1. Imaginaire et gastronomie

La gastronomie et son discours construisent un imaginaire qui commence dans la tradition et finit dans le sacré, en passant par la cuisine toujours réinventée des repas quotidiens, que ce soient les plats cuisinés maison, que ce soit ce qu'on désigne le plus souvent par « malbouffe » (*fastfood*, etc.), par *street food* (que les spécialistes n'intègrent pas à la malbouffe), ou bien *slow food* (alimentation propre, bonne et juste), qui enchantent, hélas ou heureusement, les papilles gustatives et olfactives.

L'imaginaire dans la gastronomie ou dans l'œnologie se manifeste tant au niveau du langage (un imaginaire linguistique) qu'au niveau culturel, civilisationnel (imaginaire culturel). Les recherches entreprises sur le concept d'imaginaire (Houdebine 1993, 2015, Charaudeau 2007) nous permettent de définir l'imaginaire comme un ensemble de savoirs linguistiques et culturels (savoir-être, savoir-faire, savoir-croire, savoir-vivre) qu'on se constitue à propos d'un objet du discours, prérequis/préexistants/immanents dans la mémoire collective d'une communauté vivant dans un espace-temps donné,[2] mais qui est

---

[2] C'est la composante normative, la « norme objective », statique, qui suppose, comme l'affirme Houdebine (2015), l'analyse des usages linguistiques (et culturels), qui est une composante de l'I.L. (imaginaire linguistique).

transmis et réinterprété par le sujet du discours, le locuteur,[3] construisant ainsi la mémoire individuelle. L'imaginaire est, par conséquent, transmis d'une génération à l'autre et réinventé/revisité avec chaque génération, tout en conservant le noyau initial. L'imaginaire doit être partagé, faute de quoi il ne reste qu'une simple représentation subjective d'un objet qu'un locuteur construit à ce propos.

Comme dans tout domaine, la gastronomie déclenche un riche imaginaire linguistique[4] et un imaginaire culturel.[5] Déclencheur d'« univers », le langage de la gastronomie est le siège des « mondes possibles » se manifestant par toutes les connaissances de nature linguistique, socioculturelle, civilisationnelle et extra-linguistique qu'un locuteur emmagasine dans une situation donnée à propos d'un certain peuple ou de sa culture. Il suffit de lire un livre de cuisine de telle ou telle communauté pour s'en créer déjà une représentation sociolinguistique. Chaque peuple, voire chaque région, a ses particularités culinaires, fournissant ainsi des données sur les habitudes, les préoccupations, les loisirs des habitants de cet espace.

L'ensemble des connaissances du monde, partagées ou à partager entre les instances énonciatives qui sont capables d'actualiser tout un fonds linguistique, culturel, civilisationnel immanent dans le nom d'un plat, sera appelé par nous « encyclopédème » (Berbinski 2015). La gastronomie, c'est du temps, de l'espace, du partage intersubjectif, des connaissances dans le domaine nutri-tionnel, de l'expérimentation, du savoir-faire et du savoir-vivre. Il n'y a pas d'équivalence parfaite terminologique entre gastronomie et cuisine. Si la cuisine représente « l'ensemble des techniques de préparation des aliments en vue de leur

---

[3] Cela correspondrait à ce que Houdebine appelle « norme subjective », qui représente « l'analyse des propos des locuteurs de leurs qualifiants personnels (=> **Normes fictives)** et de leurs qualifiants institutionnels (=>**Normes prescriptives**). » (Houdebine 2015, 142)

[4] Défini par A-M Houdebine comme « le rapport du sujet à *lalangue* (Lacan) et à *La Langue* (Saussure) qui se dépose en chaque sujet du fait des discours environnants, familiaux, sociaux, scolaires, en 'trésor des signifiants' et constitue le sujet comme parlant sa langue singulière, fictive (celle qu'il parle et croit maîtriser et celle qui *le* parle, sa *lalangue* insue), repérable dans les paroles (productions) et les reprises normatives sur soi ou autrui. » (Houdebine 2015, 114)

[5] Défini comme « une notion liant représentation sur la langue, les langues, donc I.L. et substrat ou adstrat culturel, plus précisément dit causalité historico-socio-culturelle. » (Houdebine 2015, 115)

consommation par les êtres humains »[6], la gastronomie, c'est de l'art de créer, d'expérimenter et de déguster les plats. La gastronomie, soulignait Brillant-Savarin (1848, 27) est « la connaissance raisonnée de tout ce qui a rapport à l'homme en tant qu'il se nourrit. Son but est de veiller à la conservation des hommes, au moyen de la meilleure nourriture possible ». « Art de la bonne chère » (TLFi, *gastronomie*), la gastronomie est une culture, un patrimoine immatériel d'un peuple et de l'humanité en général (cf. Constantinescu / Fruntelată 2009, Știucă 2012, Ispas 2009, Csergo 2008), de l'histoire dans un espace géographique, c'est donc de la *haute-cuisine*.[7] La cuisine, pourrait être considérée comme la mise en œuvre de cette culture, la pratique de la gastronomie, la production des plats. La cuisine devient la matérialisation de l'imaginaire, de l'immatériel

> comme des savoirs, des pratiques – savoir-faire et rituels –, du lien social et du partage – résumés par la formule "humanisme de la table" où se dit l'ouverture à l'autre et à l'ailleurs –, des discours et des représentations. Immatérialité qui s'incarne dans la matérialité des instruments techniques, des produits, des mets, des livres de recettes, des lieux comme les restaurants, des objets de la cuisine et de la table. (Csergo 2008)

Cet imaginaire naissant dans le domaine de la gastronomie se cristallise autour d'une représentation linguistique et socio-culturelle nucléaire, stable, qui fournit les informations et le symbolisme universellement reconnus, à laquelle s'ajoutent les représentations rituelles, cérémonielles, de même que les données encyclo-pédiques, partagées par au moins un groupe de locuteurs et lui accordant ainsi un caractère identitaire.

En fonction de l'intérêt attaché à une composante ou à une autre de la définition de la gastronomie, on peut obtenir une typologie de cet art de vivre. On peut identifier plusieurs critères (Ispas 2009, 9 et 131, Știucă 2012, 41) :

- *Le critère fonctionnel*, supposant une contextualisation des produits (préparation, consommation, symbolique issue de cet art de la création et de la préparation des plats) nous permet de parler d'une gastronomie rituelle,

---

[6] Définition du concept 'cuisine', en tant que techniques de préparation des aliments, cf. https://fr.wikipedia.org/wiki/Cuisine (02/01/2021).

[7] Construit sur le modèle de la « haute couture ».

gastronomie familiale ou quotidienne, gastronomie cérémonielle, gastronomie curative, etc.

- *Le critère géographique* situe la gastronomie par rapport à l'aire de création, préparation et utilisation des produits cuisinés. On parle à ce propos de gastronomie régionale, locale, urbaine, etc.

- *Le critère identitaire* concernant « la représentativité et la valeur identitaire du plat » (Ştiucă 2012, 41) laisse entrevoir une gastronomie française, roumaine, etc. (bref, caractéristique pour chaque espace d'un pays, pour les habitudes gastronomiques d'un peuple, d'un groupe, d'une ethnie), gastronomie paysanne, gastronomie multiculturelle, etc.

- *Le critère des stratégies et techniques* de production des plats nous apporte la gastronomie traditionnelle qui suppose des savoirs et des savoir-faire anciens, transmis d'une génération à l'autre, recherchant des goûts à la grand-mère, sans pour autant être chargée religieusement ou rituellement. Nous intégrerons dans cette catégorie la Gastronomie moléculaire, définie comme « la recherche des mécanismes des phénomènes qui surviennent lors des transformations culinaires » (cf. Le Parisien, *gastronomie moléculaire*).[8]

- *Le critère diachronique* (dans la création, dans la production et dans la consommation) concerne l'histoire du plat, l'ancienneté des recettes-cuisine, la conservation/la perte des ingrédients initiaux, l'histoire de la production et de la conservation des aliments, etc. Cela nous permet de parler, entre autres, d'une gastronomie médiévale (qu'on essaie actuellement de ressusciter), d'une gastronomie moderne (basée surtout sur les produits surgelés), etc.

Tous ces aspects par lesquels on peut donner une description détaillée à l'évolution de la gastronomie aideraient à ne plus ignorer les (bonnes) habitudes alimentaires régionales, nationales ou internationales, à déglobaliser la manière de se nourrir, ce qui conduirait à un meilleur état de santé de chaque bénéficiaire de la gastronomie.

---

[8] Le Dictionnaire en ligne *sensagent.leparisien.fr* (dans notre bibliographie : Le Parisien) résume la définition du terme 'gastronomie moléculaire' en suivant les ouvrages et les conférences d'Hervé This, notamment This 2002 et 2009.

2. Qu'est-ce qu'on entend par « gastronomie rituelle » ?

Défini comme l'« ensemble des règles et des rites d'une religion, d'une association » (TLFi, *rituel*), le *rituel* est un acte sociolinguistique et culturel, porteur d'imaginaire, de significations et déclencheur de symboles, qui donne une identité à un individu (ex. le rituel de chacun de prendre un café le matin), à un groupe, à une société. Plus dynamique, plus flexible par rapport au *rite* qui conserve l'inflexibilité d'une règle/d'une loi, le rituel, même s'il « est exécuté à l'identique », laissant « peu de place à la négociation continue qui est typique des actions quotidiennes » (Houseman 2002, 1), connaît des « adaptations » en fonction de critères historiques et géographiques (ex. le rituel du coloriage des œufs de Pâques dans diverses régions ou pays), des critères culturels (on peut attacher des significations différentes à l'objet du rituel) ou d'idéologie et de croyance personnelle ou de groupe (rituel des grands moments de la vie : naissance, mariage, enterrement).

Le rituel, c'est la pratique des rites. Il est un véhicule, ayant le rôle de transposer dans la vie réelle d'une communauté plus ou moins étendue certaines pratiques issues des expériences vécues et partagées, certaines idées/idéologies ou croyances (de nature religieuse ou non) devenues stéréotypes, « culturalisées », pour ce groupe. Il a un caractère répétitif et doit être exécuté avec fidélité lors de la manifestation cérémonielle, sociale ou religieuse. Les rituels deviennent ainsi des « modèles de comportement obligatoires [clairement définis] qui fourniraient à chacun des participants les bases tangibles pour la construction de leurs sentiments » (Houseman 2002, 3).

Nous appelons « gastronomie rituelle » l'ensemble des règles et des actions nécessaires à la production d'un plat qui est investi d'un symbole par son utilisation cérémonielle, par sa consécration et/ou par sa sacralisation. Cela suppose le respect du contexte spatio-temporel et intersubjectif de sélection des ingrédients, de préparation et de consommation du produit gastronomique.

La gastronomie rituelle représente une recontextualisation et une réinterprétation spécifiante, culturalisante d'un produit qui, déchargé de sacralité, resterait un simple plat. Nous avons affaire dans ce cas à un acte institutionnalisé, qui condense dans la nourriture rituelle tant du matériel (les ingrédients, les techniques de préparation, etc.) que du spirituel (le préexistant émotionnel, religieux, culturel, social, etc.). Ces aspects confèrent à la gastronomie rituelle une autorité incontestable, inhérente d'ailleurs à tout acte rituel. Pour qu'un produit gastronomique soit reconnu comme objet d'un rituel, il doit obéir à plusieurs conditions : il doit être recontextualisé (on le circonscrira à un certain espace et à un certain moment, précis, de la vie), réinvesti culturellement (il passe d'un produit gastronomique quotidien à un produit sémantiquement chargé), réinterprété socialement et individuellement, préparé intentionnellement avec une destination préétablie. De cette façon, tout ce qui se réfère à la gastronomie rituelle construit un imaginaire linguistique et culturel particulier.

Le cycle de la vie gastronomique suit son cours : après avoir pétri des *colaci* (une sorte de *bagels*) pour le baptême, on reçoit la communion en buvant le vin de l'Eucharistie et en mangeant de l'*anfura* (pain béni). Le grand jour arrivé, on prépare le repas de noces avec des *sarmale* (boules de viande mélangée à du riz enveloppées dans des feuilles de chou ou de vigne), *cozonaci* (représentation stéréotypique : sorte de brioche farcie de crème aux noix broyées, mélangées à du cacao), des *alivenci* (sorte de gâteau de maïs à la crème fraîche), etc. Comme la vie est un grand passage, on partage, le moment venu, la tristesse de la famille endeuillée au *praznic* (repas mortuaire) en mangeant de la *coliva* (gâteau de blé et de noix qu'on distribue à la mémoire du mort). Dans tous ces rituels, le vin et le blé ont une présence constante, prenant des significations différentes, en fonction de l'événement. Nous allons nous borner à la présentation de certains produits à base de blé accompagnant les fêtes religieuses (nourriture rituelle) et les cérémonies (plats traditionnels) : *colaci, julfa, coliva*.

3. Un imaginaire complexe

L'intérêt que nous portons à ces « encyclopédèmes » n'est pas uniquement sémantico-lexical ou civilisationnel, mais aussi traductionnel. Car la difficulté dans le cas de ces unités consiste dans leur intraduisibilité ; on ne trouve pas toujours un lexème équivalent qui représente une identité conceptuelle dans la langue cible (le français en l'occurrence). Dans la traduction, il faut appliquer d'autres stratégies (emprunt accompagné d'une note du traducteur, analogie, adaptation phonétique du terme étranger, etc.) afin de rendre tout cet univers réuni dans ces encyclopédèmes. Le traducteur doit nécessairement détenir un savoir référentiel, avoir des connaissances historiques, culturelles, civilisationnelles, pour pouvoir rendre le vrai sens dans la langue cible, sans pour autant perdre la couleur locale suggérée par le terme.

4. *Colacii*

4.1. Imaginaire linguistique

Le mot *colac*, pl. *colaci* est un emprunt du vieux slave (vsl.) *колакъ (kolač)*, megl. *culac*, istr. *colac*, composé du sl. *kolo* qui signifie *roue, cercle* (cf. Cihac 1879, Ciorănescu 2017, Scriban 1939, DEX 2009, MDA 2010), qui partage le même phonétisme avec d'autres langues de l'espace slave : bg. *kolac* avec la variante *kolač*, rus. *kalač*, mgh. *kalák (kalács)*, sb. *kólač*, lituan. *kalačis*, eston. *kalats* (Scriban 1939, Vinereanu 2009). Le singulier *colac* a été reconstruit d'après le pluriel *colacĭ* par analogie avec des mots qui présentent la même structure phonétique et qui étaient déjà fonctionnels en roumain à l'époque de l'entrée du terme *colaci* (*pitac, pitaci ; sarac, saraci*). D'autres chercheurs poussent l'étymologie de *colac* dans l'hébreu „*challah*" signifiant „*pain levé ou fermenté*", qui, à son tour, est composé de *hallah* qui intègre un trait sémantique renvoyant à la forme ronde.

Le roumain n'est pas seulement un récepteur lexical, mais aussi une source pour d'autres langues. Ainsi, le mot *colac* est passé du roumain vers d'autres langues, empruntant le phonétisme slave (cf. Ciorănescu 2017), ayant le même sens ou des sens dérivés (retrouvés d'ailleurs contextuellement en roumain : « tc. *kolak* (par rapport à *kulaç*), alb. *kuljatš* (par rapport à kaljač), bg. *kolak*, mag. *kalák* „bacşiş" (par rapport à kalács) » (DEX 2009).

La sémantique de ce mot laisse voir une assez riche polysémie organisée autour de deux noyaux sémiques principaux : /produit de panification/ et /forme arrondie de ce produit/. Le premier noyau se retrouve dans tous les types de pains tressés ou non, en forme d'anneau, qu'on offre à divers moments cérémoniels. Il en résulte ainsi d'autres termes comme : *covrig* (fr. *gimblette*), *coroana, cununa* (fr. *couronne*). La forme de ce pain est transférée analogiquement sur des objets qui ont des fonctionnalités différentes, sans aucune liaison avec le produit de panification. On peut réunir des termes techniques comme *colac de salvare* (fr. *bouée de sauvetage*), *colac de toaletă* (fr. *siège de toilette*), *colacul fântânii* (fr. *margelle/rondelle du puits*), etc. Le sème /pour offrir/ produit, par extension de sens et métaphorisation, de nouveaux sens : *cadou* (fr. *cadeau*), *bakchich, offrande, récompense*, etc., qui apparaissent dans des expressions assez fréquentes en roumain quotidien :

1)   *Aşa colac !* (trad. litl.[9] *Un tel* colac !) (fr. *Quelle belle chance !*)

A umbla după/a aştepta colaci calzi (trad.litl. *chercher/attendre des* colaci *chauds*) ; fr. *attendre que les alouettes tombent du ciel toutes rôties*.

A aştepta/ a primi pe cineva *cu colaci calzi* (*attendre/recevoir qqn. avec des* colaci *(bagels) chauds*) ; fr. *faire/réserver un accueil très chaleureux à qqn.*

L'activation de l'encyclopédème « rituel de passage » se reflète dans la langue dans diverses expressions figées qui se construisent autour du noyau *colac*. Ces expressions véhiculent en général soit l'idée de perte, d'événement indésirable, malheureux, soit, dans des cas moins fréquents et souvent en usage ironique, l'idée d'abondance ou d'événement agréable. On a ainsi les expressions :

2)   *A trecut baba cu colacii/colacul* (trad. litl. *La vieille aux bagels est passée*) ; *I-a mâncat cioara colacul* (trad. litl. *Le corbeau a mangé ses bagels*) = fr. rater une occasion

Pe la noi umblă câinii cu colacii în coadă – expression ironique voulant suggérer le contraire du sens de "grande abondance" (trad. litl. *Chez nous, les chiens errent avec des bagels autour de la queue*).

Cum e sfântul şi colacul (trad. litl. *Tel saint, tel bagel*) – suggérant que l'hommage ou le cadeau correspond à l'importance de la personne. Expressions approximativement équivalentes en français : *tel père, tel fils, qui se ressemble s'assemble*.

---

[9]   Trad. litl. = traduction littérale

Aşteaptă ca mortul colacul (trad. litl. *Il attend comme le mort* [attend] *le bagel*) = *attendre impatiemment*.

Să dai colac (sau turtă) zilei că ai scăpat! (trad. litl. *offrir un bagel à la journée pour l'avoir échappé belle*) – dont le sens est de remercier Dieu d'avoir fini la journée sans avoir eu de problèmes/soucis.

Colac peste pupăză (trad. litl. *Bagel sur huppe*) = fr. *par surcroît de malheur* – expression utilisée pour dire qu'*un malheur ne vient jamais seul*.

Dă-i colac şi lumânarea (trad. litl. *Donne-lui bagel et bougie*) – prend le sens de renoncement.

Asta-i lapte cu colac, approximativement synonyme de *C'est du lait et du miel* – désigne une situation agréable, utile.

A duce pe cineva la colaci calzi (trad. litl. *mener qqn. aux bagels chauds*) ; fr. *faire tourner en rond qqn*.

A-şi face coada colac (trad. litl. *tenir la queue en forme de gimblette*) = chercher des prétextes sans fondement.

Nu i s-au prins colacii (trad. litl. *Ses bagels n'ont pas levé*) = *Il n'a pas réussi ; il a raté*.

Etant donné le processus de préparation du *colac*, la traduction tend parfois à être approximative. Les dictionnaires bilingues font appel soit à la traduction paraphrastique « pain blanc en forme d'anneau » (Balmus / Christodorescu / Kahane, 34), soit à un équivalent (culturel) qui risque de ne pas correspondre à la réalité gastronomique. Dans le même dictionnaire, le premier équivalent français donné à *colac* est celui de *gimblette*. En comparant les recettes des deux produits, roumain et français, nous avons pu constater qu'il n'y a pas de correspondance entre les deux réalités culinaires qui n'ont de commun que la forme d'anneau. La majorité des recettes précisent que les gimblettes[10] sont le plus souvent de la consistance des biscuits qui pouvaient se conserver sur plusieurs mois et qui, traditionnellement, étaient offerts le Dimanche des Rameaux. Par contre, à

---

[10] Le *Glossaire culinaire de Supertoinette* définit le terme **Gimblette** comme « une petite pâtisserie parfumée au citron râpé, en forme de couronne, spécialité d'Albi. La pâte des gimblettes comprend : farine, amandes pilées, sucre, jaunes d'œuf, levure, zeste d'orange ou de citron, et surtout de cédrat. […] On les immerge dans de l'eau bouillante puis on les égoutte. On les fait sécher et dorer au four. »

regarder la recette des *bagels tressés à la garrigue ou traditionnels*[11] ou bien des *bagels turcs* (*simit*), on remarque des ressemblances assez importantes avec la recette des *colaci* roumains, qui entreraient plutôt sous l'hypéronyme « pains » et moins sous celui de « biscuit ». La proposition de traduction par *bretzel* ne correspond pas non plus à la recette de *colac,* mais plutôt à celle de *covrig* qui a une consistance plus rapprochée de *gimblette* et de *bretzel*. Le *covrig* roumain reprend le plus souvent la forme d'anneau, mais il arrive à emprunter aussi la forme torsadée/en huit du bretzel. Vu ces différences, nous proposons la traduction par *bagel* pour la réalité désignant le *colac*.

4.2. Imaginaire gastronomique

La recette pour ce produit de panification connaît peu de variation de préparation dans la cuisine roumaine, étant donné sa fonctionnalité rituelle, mais il y a une grande variété de formes qui transforme un simple produit de boulangerie en un pain chargé de significations et de symboles.

Ro	Fr
Ingrediente: un kilogram făină albă superioară, 700 ml apă caldă, o lingură cu sare, o lingură cu zahăr tos, două linguri drojdie uscată, 50 ml de ulei de floarea soarelui, făină pentru tapetat.[12]	Ingrédients : Un kilo de farine à pain de qualité supérieure, 700 ml d'eau chaude, une cuillère de sel, une cuillère de sucre glace, deux cuillères de levure sèche, 50 ml d'huile de tournesol, farine pour le moule.

---

[11] Pour illustrer la différence de préparation entre *bagel* et *gimblette*, on peut se reporter à une recette publiée dans la revue en ligne *Marie-France* : « pour 8 pièces : 400 g de farine à pain ; 40 g de beurre ; 2 œufs dont 1 pour dorer ; 20 cl de lait (ou d'eau) ; 20 g de levure de boulanger fraîche ; 2 c à s de graines (pavot, sésame, cumin, oignon émincé) ; 1 c à c de sucre ; 1 c à c de sel. Délaye la levure dans le lait tiède, ajoute 50 g de farine, le sucre, couvre et laisse reposer 20 min. Ajoute 1 œuf, 1 c à s de graines, beurre, sel et l'eau tiède. Pétris la pâte et laisse-la lever 1h. Pétris à nouveau la pâte et divise-la pour former 8 boudins de Ø 2 cm environ et laisse lever ½ h. Tors les boudins et soude les extrémités à l'eau. […] Préchauffe le four à 180°C et enfourne 20 min. » (Prévost 2003)

[12] C'est une recette pour les bagels simples, offerts d'habitude aux enfants qui chantent des cantiques devant les fenêtres de chaque maison d'un village à l'occasion des fêtes de fin d'année (Noël et la veille du Saint Basile/correspond à la veille de la Saint Sylvestre). Même si la recette a été extraite du site „La Lena", https://www.lalena.ro/reteta/1204/COLACI/ (9/01/2021), toutes le femmes qui conservent les traditions la connaissent et la mettent en pratique avec religiosité dans cette période sacrée de l'année.

En fonction du moment de l'année où on prépare les *colaci*, certains ingrédients peuvent être remplacés : le lait remplace ou se combine avec l'eau, tandis que l'huile est remplacée par le beurre. Ce produit de panification est un plat plutôt salé qui tient la place du pain (d'accompagnement) des autres mets.

La simplicité de la recette et son inflexibilité imaginaire sont imposées par la composante de sacralité qui est implicite dans la préparation du *colac,* qui réunit dans le même produit le blé (représenté par la farine) et le sel, deux ingrédients chargés de significations : le blé, en tant que représentation de la divinité, comme on peut voir dans les ballades populaires, dans les chants de Noël ou du Nouvel An et les oraisons ; le sel, comme élément indispensable à la vie matérielle et spirituelle par son pouvoir purificateur, est considéré comme un symbole de la force, de la durabilité sur la Terre. On voit déjà dans la Bible la définition qui est donnée à l'humanité : « vous êtes le sel de la Terre » ou encore dans d'autres expressions signifiantes : le sel du baptême, le sel de l'eau bénite. Le *colac* réunit tous ces symboles dans une forme qui rappelle la cyclicité de la vie, le parcours fermé/accompli de l'existence humaine comprenant la naissance, le mariage, la mort.

Le *colac* est un élément de liaison entre celui qui l'offre et celui qui le reçoit. En fonction du rôle rituel qu'ils doivent jouer, les *colaci* connaissent diverses dimensions et formes. De forme nécessairement tressée, la complexité formelle de ce mets est dictée le plus souvent en fonction du destinataire et du moment de l'offre. Pour les fêtes de fin d'année, surtout à Noël et pour le Nouvel An (les oraisons déclamées à la veille du Réveillon), on a l'habitude de rouler trois formes de dimensions plus réduites : faits d'un seul rouleau, non-tressé, (on les appelle *covrigi*), pour être offerts aux plus petits chanteurs (de Noël), des bagels tressés sans rouleau (on fait deux rouleaux de la dimension d'un doigt et on les tresse pour réunir à la fin les deux bouts), des bagels tressés, bordés d'un rouleau qui entoure (en serrant) les « vrais » *colăcei* (diminutif de *colaci*).

Image 1 : Crăciunei (Bagel de Noël)[13]   *Image 2 : Colăcei pentru colindători de Crăciun și Anul nou (Petits bagels pour les enfants chantant au Noël et la Veille du Saint Basile/la Saint Sylvestre)*[14]

Ces deux derniers types sont offerts en général aux adolescents à l'occasion des fêtes d'hiver, lorsqu'ils visitent chaque famille de leur village pour leur faire des vœux, ou bien ils sont offerts à divers moments des rituels de passage (naissance, baptême, mariage, mort). Pour les proches de la famille, le *colac* est en général plus grand et préparé avec des ingrédients un peu enrichis (lait, beurre, sucre). S'il y avait une fille à marier, alors on préparait un *colac* plus grand, tressé en quatre, six ou huit rouleaux. Les plus gros *colaci* se préparent à l'occasion des repas cérémoniels et des fêtes rituelles. En fonction de la nature du message qu'on veut transmettre, de la région géographique du cuisinier et de la fonctionnalité rituelle, les *colaci* peuvent prendre des formes différentes. Ils prennent la forme d'une étoile, renvoyant ainsi directement à la représentation céleste, des étoiles dans le ciel, la forme d'une roue sans trou (même si le *colac* prototypique doit en avoir un) pour désigner le Soleil et la Lune, ou bien ils peuvent prendre la forme de chiffres, d'animaux ou d'oiseaux (l'agneau, le taureau, la huppe, etc.). Chaque forme différente a une destination et un symbolisme bien précis.

On peut ainsi constater que l'imaginaire gastronomique est en étroite liaison tant avec l'imaginaire linguistique qu'avec l'imaginaire culturel qui se déclenche.

---

[13] Crăciunei (Bagel de Noël), au Nord de la Moldavie et dans la Bésarabie, http://frunze-de-dafin.blogspot.com/2015/01/craciunei.html (10/01/2021).

[14] Colăcei pentru colindători de Crăciun și Anul nou (Petits bagels pour les enfants chantant au Noël et la Veille du Saint Basile/le Nouvel An), dans *De ce se dau colaci colindătorilor / Tradiții de Crăciun la români*, https://www.gazetaromaneasca.com/focus/romania/de-ce-se-dau-colaci-colindtorilor-tradiii-de-crciun-la-romani/ (10/01/2021).

4.3. Le *colac* – représentation rituelle de la vie, de la mort et de la résurrection

En dehors de sa fonctionnalité gastronomique, le *colac* est un aliment préparé uniquement à certains moments précis de la vie. De cette façon, il se charge d'une dimension spirituelle, faisant penser, d'une part, à la « solarité, harmonie, accomplissement des relations interhumaines, – le cercle – avec ses multiples hypostases » (Ştiucă 2012, 43). Ils sont présentés comme « le visage du Christ » dans une bonne partie des oraisons de remerciement qui sont dites à la fin de la cérémonie. Cette métaphore a sa source dans la tradition populaire qui croit que la Vierge Marie a béni le grain de blé en le vouant à porter en soi le visage de son Fils. Avec cette signification magique et divine du blé, tout ce qui est produit à base de farine de blé se charge de sacralité. De cette façon, les miettes de pain qui tombent lorsqu'on mange un *colac* ne doivent pas être laissées par terre pour ne pas piétiner le visage du Christ.

Le *colac* récupère cette valeur spirituelle et devient un symbole du passage de l'homme par la vie, représentant, par sa forme ronde et (le plus souvent) trouée, un parcours complet et cyclique de la vie et de la mort. Il est présent à absolument tous les moments de l'existence humaine, ayant, à chaque fois, un symbolisme différent.

Les *colaci* préparés pour la naissance et le baptême sont offerts aux parrains, pour assurer à l'enfant une vie longue et riche, accomplie de la même façon que la forme ronde donne l'impression de complétude. On assure de même une continuité entre le nouveau-né et les autres membres de la famille, liaison qui se transmet au-delà de l'existence sur la Terre. Le nombre des *colaci* à porter aux parrains est variable selon les régions (de 2 à 8 ou 10). Pourtant, dans toutes les régions, la manière de présenter ce produit est un *colac* tressé en quatre, six ou huit tresses.

Le moment significatif pour cette étape de la vie est le « *colac de Crăciun* » (le Bagel de Noël) qui est un aliment sacré préparé par des femmes « pures », « immaculées ». Comme le souligne Ghinoiu (1997), le « *colac de Crăciun* », préparé pour le jour de la naissance du Christ, sacralise le plat en lui attribuant le rôle de marquer notre rapport à la divinité. Pourtant, la pratique du pain rond tressé et ayant un trou au milieu, est supposée dater de bien avant le christianisme.

Le *colac* représente le sacrifice de l'esprit du blé, offrande à la divinité qui est née, meurt et renaît. En lui donnant la forme du chiffre huit, il représente le corps anthropomorphe de la divinité indo-européenne et chrétienne. En lui donnant la forme d'un cercle rempli, sans trou à l'intérieur, il représente la divinité néolithique géomorphe, tout en empruntant aussi la forme de divers animaux ou d'oiseaux sacrés (le taureau, la huppe, l'agneau, etc.). La manière de les préparer, les vœux et le partage du *colac* sont chargés de pratiques et croyances préhistoriques.

Le *colac* a aussi une dimension sociologique, donnant des informations sur le statut social de celui qui offre ou qui reçoit, ses activités agraires ou pastorales. Plus le *colac* offert est grand et avec des ornements des plus inventifs, plus la place de celui qui offre ou qui reçoit est importante. Dans les familles aisées, on a l'habitude de préparer le Grand Colac, de six kilos environ, de forme ronde et trouée au milieu, tressé et avec beaucoup d'ornements qui empruntent des formes d'étoile, de Soleil ou de Lune, ou bien des ornements à motifs floraux et zoomorphes (diverses fleurs, petits rameaux, fruits, oiseaux, etc.). Le Grand « Colac de Noël » est préparé en pâte levée et réservé pour le repas festif (le Réveillon de Noël).

Très spectaculaire est le *colac* ou le tourteau de la mariée (qui est commandé par la femme qui accomplit le rôle de témoin au mariage), dont le rituel consiste à le rompre au-dessus de sa tête avant de partir à l'église pour la cérémonie religieuse du mariage. Ce rituel est exécuté par la mère spirituelle des nouveaux mariés, appelée *nașă* [naʃǎ] (son mari s'appelle *naș*) et symbolise la fertilité de la mariée. C'est le moment de la bénédiction que les témoins donnent à la jeune mariée, en lui souhaitant d'avoir beaucoup d'enfants. Une fois rompu, les parties sont jetées par-dessus la tête de la mariée, par un tour de main imitant le signe de la croix. On dit que ceux qui attrapent les morceaux seront bien portants et heureux toute l'année qui suit.

Un élément très important qui les distingue des autres *colaci* est représenté par l'ornementation. Le motif caractéristique est le tressage très élaboré, ainsi que les ornements représentant des motifs floraux, animaux ou anthropomorphiques (oiseaux, autres animaux, personnages), ou bien une décoration avec du basilic frais.

Image 3 : Colacul miresei moldovenesc (Le bagel de la mariée de Moldavie)[15]

Image 4 : Colacul de întîmpinare la nuntă (Le bagel de bienvenue aux noces)[16]

Image 5 : Colacul/turta miresei (Le bagel/le tourteau de la mariée)[17]

Une année après le mariage, les nouveaux époux doivent rendre visite aux témoins pour leur apporter les *colaci des témoins* caractérisés par de petites différences de préparation au niveau des ingrédients et de la forme. C'est un produit levé/fermenté, sucré, riche en arômes, préparé avec du lait, du beurre, des œufs, du sel et très longuement pétri. Comme pour toute la typologie des *colaci*, le pétrissage doit être fait par une femme « pure », physiquement et spirituellement.

Le *colac* est un élément incontournable pour les rites du « grand passage », la mort et l'enterrement. De dimensions variables, les *colaci* assurent la relation entre les esprits des vivants et l'âme de celui qui est passé au-delà. Ce sont des offrandes accompagnées de bougies à même de faciliter aux disparus le passage de la douane du monde de l'au-delà. Leur préparation ne doit pas être faite dans la maison du mort puisque celle-ci est devenue malpropre. Pour cette raison, il faut préparer toute la nourriture pour l'aumône dans la maison des voisins.

Le *colac* offert comme aumône pour l'âme du mort doit être préparé selon la recette traditionnelle en utilisant seulement de l'eau, du blé (farine), du sel et de

---

[15] Colacul miresei moldovenesc (Le bagel de la mariée de Moldavie), sur le site *Moldovenii*, http://moldovenii.md/md/section/43/content/260 (10/01/2021).

[16] Colacul de întîmpinare la nuntă (Le bagel de bienvenu aux noces), dans « Colacul ritualic în obiceiurile de nunta », https://www.daciccool.ro/traditii/legende-datini-si-obiceiuri/7008-colacul-ritualic-in-obiceiurile-de-nunta (10/01/2021).

[17] Colacul/turta miresei (Le bagel/le tourteau de la mariée), dans « Colacul ritualic în obiceiurile de nunta », https://www.daciccool.ro/traditii/legende-datini-si-obiceiuri/7008-colacul-ritualic-in-obiceiurile-de-nunta (10/01/2021).

la levure. Ce sont des aliments primaires, avec une grande charge spirituelle. Le produit obtenu et offert aux participants à l'enterrement ou au repas mortuaire signifie le partage en esprit avec la famille en deuil et avec celui qui suit son grand départ. Principe de la fermentation, la levure, dans les textes évangéliques, est le symbole de la transformation spirituelle (Csiszar 2016).

Par sa forme ronde, trouée ou non, le *colac* représente les grands moments de la vie. La recette change en fonction du moment de la préparation. Pour des moments rituels agréables, la composition est plutôt sucrée. Par contre, les moments de grande tristesse imposent une sorte d'ascétisme en ce qui concerne le plaisir qu'on peut sentir en le mangeant.

5. *Colivă*

La *coliva* est un autre aliment sacré qui a comme ingrédient principal le blé. Ancrée dans la tradition orthodoxe, elle rappelle d'une certaine façon le moment du souvenir des âmes de ceux qui ne sont plus.

Historiquement, la *colivă* était un simple aliment, dépourvu de sacralité, mais avec une fonctionnalité très concrète. On dit que ce plat est apparu à l'époque de l'Empereur Julien l'Apostat, suite à l'un de ses ordres irréfléchis. Voulant répudier les chrétiens pour revenir aux traditions païennes, il a donné l'ordre au gouverneur de Constantinople d'arroser du sang offert aux idoles tous les produits des marchés, pendant la première semaine du début du Carême de Pâques. Prenant connaissance de ces faits condamnables, Saint Théodore Tiron, Archimandrite de Constantinople, a interdit aux chrétiens d'acheter des aliments aux marchés. Il leur a recommandé de manger du blé bouilli mélangé à du miel, qui était d'ailleurs la modalité principale de se nourrir pour l'armée romaine, lorsqu'elle se déplaçait dans les campagnes de conquête des territoires. Cinquante années après la mort de Théodore, la *coliva* est devenue un aliment rituel, sacramental, presque inévitable dans les cérémonies de commémoration des âmes disparues. L'église orthodoxe l'a assimilée en l'introduisant comme élément incontournable du rituel funéraire. Selon les régions, dans l'espace roumain, la *coliva* est un plat préparé obligatoirement tous les samedis des quarante jours qui suivent l'enterrement de l'un de ses proches.

Ayant comme ingrédient principal le blé, symbole du corps du disparu, la *coliva* est une représentation de la résurrection de l'homme après sa mort, assurant la liaison entre la vie, la mort et la vie éternelle (cf. Roman 2001). Ayant le pouvoir de germination après avoir été enterré, le blé fait revivre une autre plante, assurant ainsi la continuité de l'âme et du corps matérialisé dans une autre vie, dans un monde éternel. La signification de ce renouvellement à l'infini a sa source dans l'Evangile de Jean (12, 24) : « En vérité, en vérité, je vous le dis, si le grain de blé qui est tombé en terre ne meurt, il reste seul ; mais, s'il meurt, il porte beaucoup de fruit. Celui qui aime sa vie la perdra, et celui qui hait sa vie dans ce monde la conservera pour la vie éternelle. » (La Bible, Jean : 12, 24). Le blé, affirme la Sœur Lucia du Monastère Nămăieţi, « symbolise les fidèles (les bienheureux) qui seront absous le Jour du Dernier Jugement » (Roman 2001, 148). Les autres ingrédients qui entrent dans la composition de la *coliva*, c'est-à-dire le miel ou le sucre, les bonbons, les arômes (vanille, cannelle, zeste de citron et d'orange) sont considérés comme étant des vertus des saints ou de ceux qui sont commémorés, au nom desquels on a fait l'aumône, ainsi que la douceur de la vie éternelle que celui qui est parti aurait acquise, tandis que les noix concassées signifient l'optimisme de la victoire de la vie sur la mort, grâce à la Résurrection de Jésus-Christ.

Pourtant, le rôle fonctionnel de la *coliva* n'est pas réduit au cérémonial funéraire. Sous une forme simplifiée, c'est-à-dire blé bouilli mélangé de miel, sel, noix, elle est préparée pour la veille du Noël, de l'Epiphanie ou de quelques fêtes religieuses printanières où on permet de manger des plats sinon interdits pendant le carême.

Le caractère profondément religieux est doublé du caractère traditionnel. Si pour les commémorations des morts la dénomination est assez métaphorique (*Coliva pentru cei pribegi*, fr. *Coliva pour les errants*), lorsqu'elle est préparée pour la célébration de certains Saints (Haralambie, Saint Toader) elle a un rôle protecteur, destinée à chasser la peste (*Coliva ciumei* fr. *La « coliva » de la peste*), ou la *coliva de saint Toader* (rappelant ainsi le Saint qui en a été la source).

On remarque ainsi que cet aliment a un fonctionnement magico-religieux, mettant ensemble des traditions préchrétiennes et chrétiennes.

5.1. Imaginaire gastronomique

Ayant un rôle fonctionnel précis, figé dans les grands moments de commémoration des morts (les fêtes religieuses principales de l'année, mais aussi tous les jours destinés à la commémoration), la *coliva* connaît une modalité de préparation apparemment simple, mais exigeant l'observation de quelques règles qui remontent plutôt à son rôle de rituel. La femme élue pour préparer la *coliva* doit avoir des dons et doit se débarrasser de tous les soucis de la vie quotidienne. Ensuite, elle doit bien choisir les ingrédients, séparer les grains de blé de l'ivraie, laver le blé obtenu 9 fois dans de l'eau de source froide, jusqu'à ce que le blé reste pur, sans enveloppe (uniquement l'amande du blé), et deux fois en eau chaude (pour obtenir la fleur du blé). Le chiffre est à son tour un élément essentiel du rituel, imposant ainsi une lecture magique de ce rite du lavage du blé. Le chiffre 9 représente l'espace céleste, la Lumière de Dieu. Cette opération finie, il faut placer la quantité de blé dans une marmite assez grande et le faire bouillir à feu réduit dans une quantité de 3 litres d'eau pure (autre chiffre magique). Il faut mélanger assez souvent pour que le blé ne colle pas. Lorsque l'eau s'est réduite à moitié, on ajoute le sucre ou le miel, le sel. On laisse encore quelques minutes sur le feu, et ensuite on laisse refroidir. Une fois la composition refroidie, on ajoute les arômes (zeste de citron, d'orange, essence de rhum), des épices (cannelle), les noix concassées. On mélange le tout, et ensuite on le place sur un plateau, on lui donne une forme ronde ou ovale, on saupoudre de sucre et de cannelle et à la fin on dessine une croix en cacao ou bonbons à l'aide d'une forme décoration (ou non). Pour qu'elle devienne nourriture spirituelle, elle doit être portée à l'église pour que le prêtre bénisse, en l'arrosant de vin, ce plat de partage et de communion entre les vivants, et entre les vivants et les âmes des morts.

Image 6 : Coliva în ceremonialul de comemorare a morților, în biserică
(Coliva dans le cérémoniel de commémoration des morts à l'église) [18]

Après avoir été bénie par le prêtre, la *coliva* est partagée avec les participants à la commémoration, en laissant une partie à l'église.

5.2. Imaginaire linguistique

Attesté comme hésitant (MDA 2010), le pluriel du mot *coliva* connaît une actualisation progressive qui va d'une forme en –*ĭ* (*colivi*, cf. Scriban, 1939), vers la variante recommandée aujourd'hui en –*e* (*colive*, cf. NODEX 2002, DOOM 2010, DEX 2009, Cioranescu 2017).

Etymologiquement, il semble que le mot a eu une double source d'entrée en roumain, soit par le gr. *χόλβογ*, soit, plus probablement, par le vsl. *колива*. La filiation grecque est mise sur le compte de quelques attestations du mot, dans les textes roumains anciens (1588), sous la forme *coliba*, renvoyant au plat rituel (et non pas à l'habitation). De cette façon, Scriban donne comme possibles sources étymologiques le ngr. *kólyva*, qui, à son tour, représente une évolution du vgr. *kóllyb*a signifiant *pain de blé*. Şăineanu (1929) lui attribue une étymologie complexe, précisant qu'il est d'origine slavo-grecque. D'autre part, une sonorité semblable se retrouve dans le mot hébraïque *kóllybos*, signifiant *petite monnaie,*

---

[18] Coliva în ceremonialul de comemorare a morților în biserică (Coliva dans le cérémoniel de commémoration des morts à l'église), dans *Ştiri din Bucovina*, https://www.stiridin bucovina.ro/2018/01/14/cum-se-face-coliva-prepara-reteta-traditionala/ (10/01/2021).

sou. Pourtant, la voie la plus probable d'entrée en langue roumaine est le vsl. *kólivo*, pareil aux formes retrouvées aussi en bg. *kolivo*, sb. *koljivo*, rus. *koliva*.

En reconstituant une carte linguistique dans laquelle apparaît le terme, on remarque une aire réunissant des espaces religieux orthodoxes, lieux où la *coliva* est un plat rituel préparé obligatoirement et offert en offrande lors de l'enterrement et des célébrations des disparus, pour le repos en paix de l'âme du défunt. La religion catholique ne connaît pas ce rituel, raison pour laquelle le langage spécifique au christianisme catholique ne connaît pas ce mot. Cela conduit à des difficultés de traduction. Les dictionnaires bilingues roumains se servent de la traduction paraphrastique « gâteau de blé et de noix que l'on distribue à la mémoire des morts » (Balmus / Christodorescu / Kahane 1992). Etant un encyclo-pédème, fonctionnel dans un/des espace/s linguistique/s et culturel/s précis, l'une des solutions serait de conserver le mot de la langue de départ et de donner l'explication en bas de page. C'est ce que recommandent les traducteurs.

Autour du mot *coliva* se tisse un réseau d'expressions figées qui partagent en général le trait sémantique /souffrance, mort/. Que ce soit dans le langage familier ou bien dans l'argot, ces expressions transmettent l'idée de violence contre quelqu'un, ou bien une certaine ironie rapportée à une situation défavorable. Nous avons retenu quelques expressions :

3)   *a mirosi a colivă* (trad. litl. *sentir la coliva*); fr. *sentir le sapin; sentir l'encens*

    a-i mânca (cuiva) coliva (MDA 2010). (trad. litl. *manger la coliva à qqn.*) fr. *en vouloir à mort à qqn.*

    A fi cu (sau a îi bate, a îi suna, a îi juca) coliva în piept (MDA 2010) (trad. litl. *être avec/battre/sonner/jouer à qqn. la coliva dans la poitrine*) ; fr. litt. *être au seuil de la mort*

    Fig. iron. *A i se bate (a-i suna) cuiva coliva în piept* (trad. litl. *battre/sonner la coliva dans la poitrine de qqn.*) ; fr. *effleurer la mort*

    A dori să mănânci din coliva cuiva (trad. litl. *désirer manger de la coliva de qqn.*); fr. *en vouloir à mort à qqn.*

    A i se face coliva (trad. litl. *préparer la coliva à qqn.*) fr. litt. *être au seuil de la mort*

    a umbla după colivă (trad. litl. *chercher/poursuivre/être sur les traces de la coliva*) ; fr. *se faire une habitude de demander l'aumône*

Cette dernière expression signifie qu'une personne participe à toutes les messes, aux repas mortuaires et à toutes les commémorations des décédés, où l'on offre l'aumône. Le roumain a inventé un dérivé pour dénommer ce genre d'individus, à savoir *colivar*, dérivé de *coliva*. Pourtant, le terme doit être interprété contextuellement pour voir s'il s'agit de cette typologie humaine, ou, sinon, d'un plateau sur lequel on range la *coliva*. L'idée de « parasite, profiteur » fait que le mot *coliva* soit appliqué ironiquement et argotiquement par les détenus aux policiers/gendarmes, des militaires. Avec les mêmes charges stylistiques, le mot désigne aussi les séminaristes en théologie.

L'idée de situation désagréable, fâcheuse, apparaît aussi dans l'expression *bomboana de pe colivă* qui correspondrait à *la cerise sur le gâteau*, signifiant *par-dessus tout*, *pour couronner le tout*, utilisée ironiquement.

On peut identifier dans toutes ces expressions un rapport assez étroit entre le sens véhiculant le regret ou le désir de destruction dans ces structures sémantico-lexicales et le mot autour duquel elles se construisent. On voit se réunir dans un encyclopédème un riche imaginaire linguistique et un imaginaire culturel d'une réalité gastronomique.

6. *Julfă* ou *Scutecele/Pelincile Domnului/Turtele Domnului* (les Couches du Christ)

Dans les sociétés où la composante relationnelle entre le matériel et le spirituel occupe une place (encore) assez importante, la façon de se nourrir, le choix des aliments et l'art de la cuisine (la gastronomie) deviennent un acte culturel rattaché profondément aux traditions fondamentales et aux préceptes religieux. Dans les régions où ce plat est préparé, c'est-à-dire Moldova et Banat, la dénomination courante est *julfă*.

6.1. Imaginaire ethnolinguistique

Julfa, avec ses variantes régionales *juflă*, *jufă*, *jolfă*, *jurfă*, représente l'emploi métonymique (le contenu pour le contenant, l'ingrédient pour le produit) du plat qui s'appelle en fait « les couches de Jésus-Christ ». Cette dénomination stylistique est certainement favorisée par le facteur culturel et gastronomique. *Julfa* désigne en fait une crème obtenue à base de grains de chanvre (*cannabis sativa)*, appelée aussi « lait de bœuf », « crème fraîche de chanvre », « fromage de chanvre », « urda (ourda) = ricotta de chanvre », ayant un mode de préparation assez compliqué.

Le mot est probablement entré en roumain par l'intermédiaire ou par analogie avec le hongrois *zsufa*, signifiant *soupe*, doublé d'un autre sens : « pâle ». Selon Cihac (1879, 161), l'étymologie primaire remonte au sl. *jucha*, ro. *zeamă* (fr. *soupe*).

Le plat, qui s'appelle en traduction littéraire « Les couches de Jésus » ou, en traduction littérale « Les couches du Seigneur », est profondément ancré dans les traditions roumaines, constituant un rituel pratiqué la veille de Noël. C'est la dernière journée du Jeûne/Carême de Noël ou Temps de l'Avent qui prépare le fidèle de l'orthodoxie à la grande fête qui suit – Noël ou le Jour de la naissance de Jésus. Remarquons que, linguistiquement, le nom du plat emploie le nom générique de *Seigneur* (ro. *Domnul, Dumnezeu*) pour désigner en fait un rituel qui est mis en rapport avec la naissance de Jésus. C'est pourquoi la traduction référentielle devrait utiliser le nom propre *Jésus* et non pas *Seigneur*. On trouve cependant aussi la dénomination en roumain « Pelicile lui Hristos » qui est le correspondant exact des « Couches du Christ ».

Julfa ou les *Couches du Christ* est l'un des aliments sacramentaux, mono-rituel, qui est préparé ponctuellement, uniquement la veille de Noël. Sa destination spirituelle est de partager le moment sacré de l'attente de la célébration de la naissance de Jésus avec toute la famille, y compris avec les âmes de nos proches qui ne sont plus parmi les vivants. C'est un produit consommé dans la période de jeûne précédant Noël, porté à l'église en tant qu'offrande pour les disparus et offert également comme aumône au nom de nos ancêtres, à côté d'une bougie qui illumine la voie de nos chers parents décédés.

6.2. Imaginaire gastronomique

Du point de vue gastronomique, on a affaire à deux produits réunis en un seul : la *julfa* proprement dite et les pains azymes. Le gâteau final, *Pelincile lui Hristos*, demande une préparation en deux temps.

Première étape – le pain azyme : on prépare tout d'abord les azymes en faisant une pâte sans levain à base *de farine, d'eau et de sel*. Tous les ingrédients de ces pains ont des significations religieuses : le blé (dont on fait la farine) représente le corps entré dans un cycle annuel de régénération ; le sel représente la spiritualité, la sagesse de la vie, tandis que l'eau est le berceau-source de la vie, l'esprit purificateur, régénérateur. En mélangeant les ingrédients et en pétrissant à la main, vigoureusement, on obtient une pâte élastique qu'on divise en 4 à 6 morceaux égaux, roulés ensuite avec un rouleau spécial long et étroit. Il faut dérouler chaque pièce jusqu'à une épaisseur de 3 mm. La forme doit être bien définie, ronde, ayant un diamètre d'environ 22 cm. La forme est justifiée par l'encyclopédème qui véhicule l'information que les couches de Jésus ont été de forme ronde.

Les feuilles de pain azyme obtenues seront cuites une à une sur la plaque de la cuisinière traditionnelle (un poêle pourvu d'une plaque extérieure) ou bien, rituellement, sur le fer de la charrue. Une fois refroidi, le pain azyme sera trempé dans un sirop préparé de sucre ou de miel, de vanille, d'une tasse de lait de chanvre (*julfa*) ou, bien plus tard dans la culture gastronomique roumaine, de thé de jasmin et de pétales de roses. Ensuite, sur chaque feuille on étalera la *julfa*.

Image 7 : Feuilles de Julfa et crème de chanvre[19]

---

[19] Ingrédients servant à monter le gâteau rituel Les couches du Christ/Julfa, dans *Tradiții în ajun de Crăciun*, https://piatraneamtcity.ro/en/places/traditii-in-ajun-de-craciun (10/01/2021)

Avec le temps, les ingrédients pour la composition interne du gâteau ont changé, et on a renoncé presque complètement aux grains de chanvre, en les remplaçant par des noix concassées, des pétales d'amande ou de pistache, du pavot, de la farine de noisettes.

Seconde étape : *Julfa*. Sa recette nous présente une sorte de touffu de chanvre. Pour préparer la *Julfa,*

> on emploie de la farine de chanvre ou du chanvre concassé. On la prépare uniquement les jours de carême (avant Noël). Les grains de chanvre doivent être vannés deux trois fois pour enlever la poussière. On sépare les grains de l'ivraie et on met le chanvre sur le poêle (ou sur le fourneau), lorsqu'il est bien chaud, pour le torréfier un peu. Ensuite on broie les grains dans un mortier et on les pile jusqu'à ce qu'ils forment un tourteau. On passe le mélange par un tamis ou par un crible et ce qui reste est encore une fois pilé. La farine obtenue, mélangée d'un peu d'eau chaude, est versée dans une grande marmite et mise au feu doux, tout en la mélangeant, pour qu'elle ne colle pas, avec un dos de cuillère ou une spatule en bois. Quand on estime que cette étape est terminée, on remplit un bol d'eau chaude, et on filtre le mélange par une passoire, obtenant ainsi le lait ou la crème de chanvre. On fait bouillir ce lait jusqu'à ce qu'il se caille un peu, comme un fromage blanc et, si on l'égoutte, on obtient la julfa ou le tofu/le fromage obtenu du lait de grains de chanvre. (Lupescu 2000, 56, n. trad.)

Une fois le fromage obtenu, celui-ci peut être utilisé pour faire la crème du gâteau dont on parle, mais il constitue également un ingrédient pour d'autres plats préparés dans les périodes de jeûne : tarte au chou et *julfă*, pomme de terre nature à la *julfa*, ou des légumes à la *julfa*, etc.

Pourtant, les Couches du Christ acquièrent des significations rituelles par les valeurs magico-religieuses que le moment de veille et de prière constitué par la nuit de Noël leur transfère. Le choix du chanvre comme matière première de préparation de cette offrande pour la commémoration des morts n'est pas aléatoire. Cette plante est tenue avoir des pouvoirs magiques protecteurs contre les mauvais esprits. L'emploi de plantes narcotiques pour les libations et les offrandes rituelles apportées à un « esprit gardien » du monde d'au-delà entre également dans les traditions d'autres sociétés traditionnelles chrétiennes et préchrétiennes (cf. Oișteanu 1989, 2014, Buffière 1987, Bot 2008). La farine, le lait, une plante narcotique (chanvre ou pavot) sont spécifiques pour le « gâteau des morts », peut-être comme un symbole du désir d'enivrer les esprits gardiens afin d'ouvrir « les douanes » et permettre aux âmes des défunts de poursuivre leur dernier chemin et d'occuper plus facilement leur place dans le monde éternel de l'au-delà. L'enjeu de ces pratiques magico-rituelles serait de guider l'âme du défunt dans le monde de l'au-delà (Eliade 1974). De cette façon, la présence du chanvre sous forme de plante ou sous forme de produit préparé à divers moments rituels roumains semble naturelle dans une culture où le magique et le sacré occupent une place importante.

7. Conclusions

La présentation de ces aliments rituels a mis en évidence l'importance de quelques ingrédients qui reviennent invariablement dans leur production : le blé utilisé sous forme initiale, légèrement broyé (dans la *coliva*) et sous forme de farine dans les autres produits, l'eau comme élément unificateur, liant des ingrédients solides, et enfin le sel. Ce sont des éléments qui représentent en fait l'essence et l'essentiel de la vie. Ils se retrouvent d'une façon ou d'une autre dans tous les produits ayant une charge rituelle. Le lait, le fromage, les œufs, la crème, le beurre, le sucre ou le miel enrichissent les plats, en les transformant d'un produit d'ascèse en un produit de partage et de joie de vivre. Si les premiers sont essentiellement rituels, les seconds le deviennent par la sacralisation, par le geste rituel et religieux de bénédiction.

Bibliographie

Berbinski, Sonia (2015a): La couleur des sentiments dans le figement sémantico-lexical et discursif. Dans: Lavric / Pöckl, 179-197

Berbinski, Sonia (éd.) (2015b): *Figement et imaginaire linguistique – de la langue à la traduction. Expériences de linguiste – expériences de traducteur.* București: Editura Universității din București

Bot, Nicolae (2008): Cânepa în credințele și practicile magice românești – Studii de etnologie. Dans: Bot / Benga, 59-107

Bot, Ioana / Benga, Ileana (éds.) (2008), *Studii de etnologie.* Cluj-Napoca: Casa Cărții de știință

Boyer, Henri (éd.) (2007): *Stéréotypage, stéréotypes: fonctionnements ordinaires et mises en scène*. Paris: L'Harmattan

Brillat-Savarin (1848): *Physiologie du goût, ou méditations de gastronomie transcendante*. Paris: Gabriel de Gonet.

    https://www.academia.edu/14750770/Physiologie_du_go%C3%BBt (26/11/2019)

Buffière, Felix (1987): *Miturile lui Homer și gândirea greacă*, (trad. Gh. Ceaușescu de l'ouvrage *Les mythes d'Homère et la pensée grecque*. Paris : Les belles lettres, 1956). București: Editura Univers

Charaudeau, Patrick (2007): Les stéréotypes, c'est bien. Les imaginaires, c'est mieux. Dans: Boyer, 23-28.

    http://www.patrick-charaudeau.com/Les-stereotypes-c-est-bien-Les.html (09/01/2020)

Constantinescu, Nicolae / Fruntelata, Ioana Ruxandra (2009): Forme de artă a cuvântului și expresii verbale tradiționale. Dans: Ispas, 9-20

Csergo, Julia (2008): Patrimoine et pot-au-feu. Dans: *Libération*, 10 octobre 2008.

    https://next.liberation.fr/vous/2008/10/10/patrimoine-et-pot-au-feu_114153 (10/10/2008)

Csiszár, Corina Isabella (2016): Câteva considerații cu privire la ceremonialul funerar din Maramureș. Dans: *Memoria ethnologica* 16/vol. 60-61, 134-145.

    https://www.memoria-ethnologica.ro/wp-content/uploads/me_vol_60_61/pdf/ me_vol_60_61_134_145_csiszar_corina_isabella.pdf (4/08/2019)

Eliade, Mircea (1974): *Shamanism. Archaic tehniques of ectasy*. Princeton: Princeton University Press

Ghinoiu, Ion (1997): *Obiceiuri populare de peste an*. București: Editura Fundației Culturale Române

Houdebine, Anne-Marie (1993): Diversité des langues, diversité des cultures. La signification et la diversité linguistique. Dans: *La Linguistique* 29/2, 81-94

Houdebine, Anne-Marie (2015): De l'intégration de l'Imaginaire linguistique à l'Imaginaire culturel. Dans: Berbinski b, 137-155

Houseman, Michel (2002): Qu'est-ce qu'un rituel ? Dans : *L'Autre* 3/3, 533-538.

    https://www.researchgate.net/publication/269897875 (26/08/2019)

Ispas, Sabina (éd.) (2009): *Patrimoniul cultural imaterial din România*. București: Ministerul Culturii, Cultelor și Patrimoniului Național. Comisia Națională pentru Salvgardarea Patrimoniului cultural imaterial

La Bible, Version Louis Segond 1910, Chapitre 12, Verset 24.

    https://www.bible.com/fr/bible/152/JHN.12.s21 (02/01/2021)

Lavric, Eva / Pöckl, Wolfgang (éds.) (2015): *Comparatio delectat II. Akten der VII. Internationalen Arbeitstagung zum romanisch-deutschen und innerromanischen Sprachvergleich, Innsbruck, 6.-8. September 2012* (InnTrans 7). Frankfurt/M.: Lang

Lupescu, Mihai (2000): *Din bucătăria țăranului român*. București: Editura Paideia

Oişteanu, Andrei (1989): *Motive şi semnificaţii mito-simbolice în cultura tradiţională românească*. Bucureşti: Editura Minerva

Oişteanu, Andrei (2014): *Narcotice în cultura română, istorie, religie şi literatură*. Bucureşti: Editura Polirom

Prévost, Grégoire (2003) : Bagels, petits pains ronds torsadés. Dans : *Marie France*, 8 septembre 2003. https://www.mariefrance.fr/cuisine/un-produit-une-recette/bagels-petits-pains-ronds-torsades-24554.html (1/08/2019)

Roman, Radu Anton (2001): *Bucate, vinuri, obiceiuri româneşti, ediţia îndelung revăzută şi mult adăugită*. Bucureşti: Editura Paideia

Ştiucă, Narcisa Alexandra (2012): L'alimentation traditionnelle roumaine. Critères d'inclusion dans le registre du patrimoine culturel immatériel. Dans: *Bukovinian Journal of History and Cultural Anthropology* 2012/1, 40-47. http://www.chnu.edu.ua/res/chnu.edu.ua/period_vudannia/statti2012/Narcisa%20Alexandra%20Stiuca.pdf (15/08/2019)

This, Hervé (2002) : *Traité élémentaire de cuisine*, Paris : Éditions Belin

This, Hervé (2009) : *Science et gastronomie moléculaire*. Conférence en ligne. Ecole Normale Supérieure. https://www.dailymotion.com/video/xbqvr1_herve-this-science-et-gastronomie-m_techundefined

Dictionnaires

Balmus, Elvira / Christodorescu, Anca-Maria / Kahane, Zelma (1992): *Dicţionar Român-Francez*. Bucureşti: Editura Mondero

Cihac Alexandru (1879): *Dictionnaire d'étymologie daco-romane. Éléments slaves, magyars, turcs, grecs-moderne et albanais*. Volume 2, Francfort s/M : Ludophe St-Goar

Ciorănescu, Alexandru (2017): *DER – Dicţionarul etimologic român*. Bucureşti: Editura Seculum

DEX – *Dicţionar explicativ al limbii române*. (2009). Academia Română. www.dex.ro (20-29/04/2019)

DOOM – *Dicţionarul ortografic, ortoepic şi morfologic al limbii române*. (2010). Bucureşti: Editura Univers Enciclopedic

Glossaire culinaire de Supertoinette, https://www.supertoinette.com/glossaire-cuisine/1129/culinaire/gimblette.html (18/11/2020)

MDA – *Micul Dicţionar Academic*. (2010). Bucureşti: Editura Univers Enciclopedic

NODEX – Noul dicţionar explicativ al limbii române, (2002). Bucureşti: Editura Litera

Le Parisien,

http://dictionnaire.sensagent.leparisien.fr/GASTRONOMIE%20MOLECULAIRE (5/07/2019)

Scriban, August (1939): *Dicționaru limbii românești*. Iași: Institutul de arte grafice "Presa bună"

Șăineanu, Lazăr (1929): *Dicționar Universal al Limbei Române*. București: Editura Scrisul Românesc

TLFi (Trésor de la langue française informatisé), http://atilf.atilf.fr/ (30/07/2019)

Vinereanu, Mihai (2009): *Dicționar etimologic al limbii române pe baza cercetărilor de indo-europenistică*, București: Editura Alcor Edimpex

Sources des images

Image 1. Crăciunei (Bagel de Noël),
http://frunze-de-dafin.blogspot.com/2015/01/craciunei.html (10/01/2021)

Image 2. Colăcei pentru colindători de Crăciun și Anul nou (Petits bagels pour les enfants chantant au Noël et la Veille du Saint Basile/le Nouvel An),
https://www.gazetaromaneasca.com/focus/romania/de-ce-se-dau-colaci-colindtorilor-tradiii-de-crciun-la-romani/ (10/01/2021)

Image 3. Colacul miresei moldovenesc (Le bagel de la mariée de Moldavie),
http://moldovenii.md/md/section/43/content/260 (10/01/2021).

Image 4. Colacul de întîmpinare la nuntă (Le bagel de bienvenu aux noces), dans « Colacul ritualic în obiceiurile de nunta », https://www.daciccool.ro/traditii/legende-datini-si-obiceiuri/7008-colacul-ritualic-in-obiceiurile-de-nunta (10/01/2021).

Image 5. Colacul/turta miresei (Le bagel/le tourteau de la mariée),
https://www.daciccool.ro/traditii/legende-datini-si-obiceiuri/7008-colacul-ritualic-in-obiceiurile-de-nunta (10/01/2021)

Image 6. Coliva în ceremonialul de comemorare a morților în biserică (Coliva dans le cérémoniel de commémoration des morts à l'église),
https://www.stiridinbucovina.ro/2018/01/14/cum-se-face-coliva-prepara-reteta-traditionala/ (10/01/2021)

Image 7. Feuilles de Julfa et crème de chanvre, Tradiții în ajun de Crăciun,
https://piatraneamtcity.ro/en/places/traditii-in-ajun-de-craciun (10/01/2021)

Sonia Berbinski

Université de Bucarest

Faculté de Langues et Littératures Etrangères

5-7, Edgar Quinet, secteur 1

sonia.berbinski@lls.unibuc.ro

Dan Dobre

Sémiotique structuro-globale d'une recette de cuisine –
le *sorbet* oriental

Résumé :

Notre intervention suivra le parcours imaginaire qu'une recette de préparation du *sorbet* (dessert d'origine turque – sensiblement différent du sorbet français) développe à partir du niveau factuel jusqu'à la configuration de toute une ambiance spécifique bâtie sur des stéréotypes culturels.

Le modèle d'analyse proposé est un modèle sémiotique structuro-global à même de construire un objet abstrait comportant des composantes invariables, quasi-variables et des catégories sémantiques, linguistiques et pragmatiques. L'analyse comporte deux phases : *descriptive* et *interprétative* dans le cadre d'une *micro-* et *macro-sémiotique.*

Mots-clefs : micro- et macro-sémiotique, contenu sémantique, macro-syntaxe, interprétance

Abstract:

This paper will follow the imaginary path developed by a "sorbet" recipe (a dessert of Turkish origin – to a large extent different from the French *sorbet*) starting from a factual level until the configuration of an entire specific setting built upon cultural stereotypes.

The model of analysis proposed here is a structural and global semiotic model able to construct an abstract object consisting of invariable and quasi-variable components, as well as semantic, linguistic, and pragmatic categories. The analysis involves two stages: a *descriptive* and an *interpretative* one, within the framework of *micro-* and *macro-semiotics.*

Key words: micro- and macro-semiotics, semantic content, macro-syntax, interpretance

1. Introduction

Vrais trésors culturels et civilisationnels de l'espace culinaire moldave, valaque et transylvain, les recettes de R. A. Roman (2001) nous plongent dans une ambiance poétique et sentimentale fortement marquée déictiquement, ouvrant des chemins mystérieux vers les profondeurs de l'âme humaine.

Notre intervention suivra le parcours imaginaire qu'une recette de préparation du *sorbet* (dessert d'origine turque – sensiblement différent du *sorbet* français) développe à partir du niveau factuel jusqu'à la configuration de toute une ambiance bâtie sur des stéréotypes culturels. De l'inertie des formes figées porteuses d'axiologies non contraignantes, la signification remonte et fleurit au-delà des simples *denotata*.

Le modèle d'analyse proposé est un modèle sémiotique structuro-global à même de construire un objet abstrait comportant des composantes invariables, quasi-variables et des catégories sémantiques, linguistiques et pragmatiques. L'analyse comporte deux phases : *descriptive* et *interprétative*, dans le cadre d'une *micro-* et *macro-sémiotique*.

2. Phase descriptive explicative

2.1. Micro-sémiotique

Étymologie

Le terme de *sorbet* (roum. *şerbet*) vient du turc *şirbet* = "boisson rafraîchissante", les Turcs l'ayant emprunté de l'arabe *šarba* (= "boisson"), un dérivé du verbe *šariba* (= "boire"). Il est présent également dans d'autres langues comme le néogrec σερβετί, ou le *sorbetto* en italien (*sorbet* des Turcs selon Prati 1581) repris du turc, et enfin le *sorbete* en espagnol. Selon certains dictionnaires, en France *sorbet* s'est imposé par la filière italienne.

Contenu sémantique

Selon le *Trésor de la Langue Française*[1] la première attestation comme orthographe et prononciation est faite dans le *Dictionnaire de l'Académie française* dépouillé en 1694.

---

[1] Les informations qui suivent sont reprises du TLF 1992, qui lui aussi fait référence à d'autres dictionnaires.

Définition :
1. En 1553 sorbet = « boisson à base de citron, sucre et eau », au fond une limonade qu'on pouvait refroidir à volonté. Le Grand Turc refroidissait son sorbet avec de la neige ;
2. Plus tard, en 1782, c'était une « glace légère à base de liqueur, de jus de fruits ». Déjà, dans la pratique, la consistance de cette préparation change, ce qui fait que *L'Encyclopédie méthodique mécanique*, t1, p. 754a appelle *sorbets* « toutes les liqueurs susceptibles d'être converties en glaces ».
3. Dans l'espace roumain, au 19ème siècle, la sémantique du terme en question visait une « boisson rafraîchissante préparée à l'eau de rose et à l'arôme de *saponaria officinalis* (*saponaire* en fr.) » – une plante médicinale, sudorifique (Scriban 2013, 1278). Aujourd'hui, dans la même zone géographique, le *sorbet* est une confiture consistante, opaque, faite de sucre, de jus de fruits et de pétales de fleurs à la manière des bombons fondants.

Dans son évolution diachronique, à travers les siècles, le contenu sémantique du terme en question a constamment joué sur le degré de consistance de la préparation. Partie du sème LIQUIDITÉ, la préparation aboutit finalement à l'OPACITÉ glacée comme en Occident et non glacée dans les pays de l'Est, surtout en Roumanie où elle atteint le degré de consistance le plus élevé.

Si la préparation orientale était liquide (jus de fruits + sucre) : « Les esclaves de l'émir nous apportèrent des sorbets et des confitures de toutes espèces » (Lamartine, A. (1835): *Voyage en Orient* – TLF 1992, t.15, 693), avec le temps la CONSISTANCE et l'ASPECT ont changé ; en Roumanie elle n'a gardé que peu de temps l'aspect liquide pour prendre finalement l'aspect opaque d'une confiture ; en Occident, on peut parler d'une consistance moyenne, celle d'une « glace légère » à base de jus de fruits (citron ,orange), voire de café, et de sucre, parfois parfumée d'une liqueur. Mais par rapport aux glaces proprement dites, les sorbets sont « moins fermes », « moins sucrés », et parfois « parfumés d'une liqueur alcoolique (rhum, punch, kirsch, marasquin) » (Chancrin 1926, 632).

Dans son évolution historique de l'Est à l'Ouest l'axe sémantique CONSISTANCE du sorbet comprend, donc, trois aspects: liquide, moyenne et même opaque.

En référence à cette structure sémique, on trouve en littérature des emplois métaphoriques : « …les pieds macéraient dans un sorbet panaché, boue et neige » (Romains, J. (1938) : *Les Hommes de bonne volonté*, TLF 1992, t.15, 693).

Structure du référentiel

Dans l'espace roumain, le sorbet glacé est plutôt urbain, n'ayant pas le cachet de la tradition qui marque le sorbet intense non glacé. Pour ce dernier, le référentiel comporte un tronc commun (sucre, fruits, citron – valable généralement pour l'espace oriental et occidental), mais ce qui caractérise surtout la zone géographique roumaine, c'est la présence, comme ingrédients, de plantes et de fleurs. L'ouvrage de R. A. Roman (2001) met au premier plan le premier type comme marquant des régions roumaines bien délimitées telles la Valachie et la Moldavie, et en seconde place les préparations à base de fruits, ce qui n'exclut pas, par exemple, de trouver au cœur de la Moldavie à la célèbre Auberge d'Ancutza pétrie d'histoire des sorbets de roses, des sorbets de fruits sauvages de la forêt : myrtilles, fraises, groseilles, etc.

Quelles sont les variables roumaines typiques pour notre espace géographique ? Un titre de noblesse est accordé au *sorbet de nénuphar*, moins connu et qui n'apparaît pas sur le Net. Il est préparé (rarement) dans la zone de Brăila – ville ancienne empreinte d'une riche histoire turco-grecque, située sur les rives gauches du Danube et entourée de beaux étangs recouverts de nénuphars blancs et jaunes dont les feuilles vertes servent de base à ce type de préparation.

Vient ensuite le *sorbet de violettes* – délicatesse raffinée et parfumée des boyards de Valachie où l'on utilise le jus des fleurs qu'on fait bouillir jusqu'à ce qu'il s'épaississe suffisamment pour être mélangé au sirop du sucre et du citron.

Il y a encore le *sorbet de fleurs de tilleuls* préparé par la même procédure : on fait bouillir les fleurs, on passe le liquide au travers d'un fin chinois, on mélange le tout (jus, sirop et citron) et on le fait bouillir jusqu'à ce qu'il prenne (s'épaississe suffisamment).

Et finalement, les *sorbets des fruits de la forêt*, très raffinés et appréciés par le public : ils constituent la pièce de résistance de beaucoup de foires culinaires traditionnelles de chez nous, et où l'on peut trouver également des sorbets d'abricots, d'oranges, de citrons, de griottes, de cerises, de prunes, etc.

Procédure

La technique de préparation est marquée par quelques *verbes d'action* qui gèrent les pas à suivre. Ce sont des verbes couramment utilisés dans le référentiel-cuisine :

1. *peler, dénoyauter* les fruits à jus, *hacher* menue la masse végétale ;
2. *extraire* le jus des plantes par ébullition (*bouillir*) ou bien *réduire* en purée les fruits par mixage (*mixer*) ou autres procédés ;
3. *passer au tamis/au fin chinois* ;
4. *mélanger* le tout (sirop au citron et jus/purée de fruits) ;
5. *bouillir* la préparation jusqu'à ce qu'elle *prenne* (version confiture), puis *versez-la* dans la sorbetière pour qu'elle *raffermisse* par le froid (version glacée).

Syntaxe

Du point de vue linguistique, ce lexème emprunte normalement presque toutes les fonctions syntaxiques : GN sujet (*Le sorbet est une glace légère*), attribut (*C'est un sorbet au café*), COD (*On nous a servi des sorbets rafraîchissants*), CCL (« …les pieds macéraient *dans un sorbet panaché* » (*J. Romains, op.cit.*) ; du point de vue morphologique, il instaure une relation déterminative en tant qu'adjectif/apposition (« Entre quatre murs couleur *sorbet* » (*Le Nouvel Observateur*, 12 sept 1977, p.66, cité par le TLF 1992, 693).

2.2. Macro-sémiotique

Sémantique

L'axe sémantique déjà repéré peut être interprété du point de vue diachronique et synchronique dans un contexte plus large oriental-balkanique et occidental. À travers le temps, le référent change légèrement de contenu en passant de l'Est à l'Ouest par filière italienne. Ainsi, le sème FRAÎCHEUR parvient, au cours de l'évolution occidentale du terme, à se marier a celui de GLACIAL. Des modifications sont également à signaler au niveau des composantes : les plantes et les fleurs sont surtout remplacées dans les recettes par le jus et la purée de fruits parfumés de liqueurs à base d'alcool, ce qui n'arrive jamais à l'Est.

La sémantique *macro-* pourrait également s'occuper de l'imagerie du référent iconique (objets ontologiques, sens/signification/signifiance, codes de perception des formes et des couleurs ; par exemple, il y a des sorbets présentés sous la forme d'un nénuphar, etc.). Elle pourrait aussi s'occuper de codes culturels, civilisationnels, clos ou ouverts, à partir des structures incrémentielles de la signification qui facilitent la construction des homologies, etc.

À l'heure actuelle, aux sèmes ARISTOCRATIQUE et NOBLE que le terme recelait en Roumanie et à la cour du Sultan, on a vu s'associer le trait DÉMOCRATIQUE valable aujourd'hui en Turquie, au Maghreb comme en Europe. C'est l'effet d'un processus de dissémination auquel a été soumise cette préparation, que vous pouvez consommer désormais au coin même de la rue.

Syntaxe
Le positionnement géographique du développement du concept vise plutôt une syntaxe régionale du fonctionnement de telle ou telle recette, ce qui n'exclut pas une relation de détermination entre les diverses versions et même de conca-ténation.

Elle suppose également un dispositif de mise en scène ; une scénographie de l'imaginaire (cadre, champ, profondeur de champ, point de vue, perspective), une syntaxe des formes et des couleurs à effets sémantiques et souvent des structures sémio-narratives.

Servir un pareil dessert dans les familles boyardes supposait une mise en scène particulière, toute une scénographie. À cet égard, je donne la parole à R. A. Roman (2001, 427) :

Imaginez-vous une journée d'été torride…. Vous entrez dans une chambre bien fraîche aux rideaux en velours tirés et aux volets fermés. De gros macramés jaunis pendent des tables…. On vous invite à vous affaisser dans un fauteuil. Sur les murs, perdues dans la pénombre, quelques reflets des belles tapisseries des Gobelins. Dans l'ambiance solennelle de la chambre, un vase de Chine et deux ou trois bibelots en porcelaine s'érigent sur le buffet comme des statues. Vous attendez votre belle plongée dans un silence crépusculaire où l'on soupçonne à peine la lumière éblouissante du dehors.

On entend frapper à la porte : est-ce la servante ? Oh, non ! C'est elle ! C'est elle-même qui entre par la grande porte toute rayonnante et souriante, un café fumant sur un plateau, deux petites tasses en porcelaine, un sucrier et un verre en cristal à fleurs de glace montées par la fraîcheur de l'eau ; dedans, brille une petite cuillère riche d'un sorbet de roses. Pour baiser sa main, vous n'avez qu'un instant : c'est la seule allusion que vous pouvez lui faire, tout accablé que vous êtes par le tourment des sentiments qui vous rendent confus... que voilà, comme par hasard, la maman arrive !

On fait de la conversation : on parle de la pluie et du beau temps ; si vous parvenez à surmonter ce moment dans le respect des convenances, dans une semaine vous pourrez vous permettre d'inviter la jeune fille à faire une promenade ensemble sous les châtaigniers du centre-ville....

Vous avez passé ce difficile examen ; ce qui s'ensuit, c'est déjà prévisible.

Un brin de lumière douce se glisse sous les volets faisant briller le candélabre d'une phosphorescence diabolique.... Elle vous met un disque ancien, un tango, preuve de son consentement dont vous n'avez jamais à douter, plus précisément, vous n'avez pas le droit de douter.

Maman vous demande si vous trouvez bon le sorbet. C'est elle qui l'a fait. Vous voilà déjà prisonnier....

Pragmatique

Nous ne nous sommes pas proposé d'étudier la dimension pragmatique textuelle du terme. Nous ne faisons pas une étude de texte, une pareille analyse ne pourrait se faire qu'en se rapportant à une macro-sémiotique, celle des conditions de production des structures textuelles en question dont nous allons fixer les jalons dans ce qui suit.

En général, dans la praxis sociale, le *sorbet* réalise une inférence de type conatif entre émetteur – celui qui offre objet (produit) et le destinataire (public). Le geste d'offrir une tasse de sorbet à un invité supposait dans les grandes familles aristocratiques roumaines des siècles passés une sélection de l'auditoire (de l'invité), un certain *style* de la gestuelle comme support d'un message efficace, certains problèmes de perception de l'objet par un interprétant avisé.

Tout cela se passait dans le cadre d'un contexte extralinguistique : économique, social, culturel, socio-psychologique même, qu'impliquait et reflétait le statut social des personnages : le Grand Turc, les boyards valaques et moldaves.

On procédait à une action étapisée à plusieurs inférences pour placer le consommateur dans une ambiance familiale, coopérante : *cognitive* l'honneur qu'on faisait à l'invité de lui servir un tel produit) ; *affective* (évaluation, conviction, éveil de l'intérêt du consommateur ; *comportementale-participative* (comportement-action, le jeune homme rendu plus coopérant, voire prisonnier) ;

tout ceci implique des degrés différents d'implication des subjectivités : stratégie référentielle, métalinguistique, conative, phatique, les deux derniers à forte implication du destinataire par l'exploitation de certains traits de sa personnalité, de sa culture et de son comportement.

3. Phase interprétative

Interprétance

Fondée sur les données déjà repérées (composantes invariables/variables, caté-gories sémantico-linguistiques et socio-pragmatiques) au niveau des différents paliers d'analyse qui nous ont servi à la construction de la systémique et de la processualité (combinaison différente des éléments du système en contextes différents), l'enjeu primordial de cette deuxième phase est la signification et surtout la signifiance. C'est la phase de « l'interprétance », de la construction « en abîme » du sens à l'aide de l'anthropologie culturelle orientale et balkanique versus occidentale, de la socio-psychologie et des autres sciences.

Il serait intéressant de voir, par exemple, dans l'espace roumain, comment le sorbet – originairement un signe de noblesse et d'élégance à double inférence culturelle et sociale que la domination ottomane des Principautés roumaines a imposé – s'est *démocratisé* dans le contexte de la libération du pays et implanté solidement dans la tradition culinaire roumaine.

Bibliographie

Chancrin, Ernest (1926): *Larousse ménager. Dictionnaire illustré de la vie domestique.* Paris: Larousse

Roman, Radu Anton, (2001): *Bucate, vinuri şi obiceiuri româneşti (Plats, vins et coutumes roumains).* Bucuresti: Paideia

Scriban, Augustin (2013): *Dicţionarul Limbii Romaneşti, etimologii, exemple, citaţii, arhaisme, neologisme, provincialisme.* Bucureşti: Saeculum

TLF (1992): *Trésor de la langue française. Dictionnaire de la langue du 19e et du 20e siècle,* t.15. Paris : CNRS / Gallimard

Dan DOBRE
Prof. des universités HDR.
Faculté de Langues et de Littératures Étrangères
7000 Université de Bucarest
E-mail: dan.dobre@lls.unibuc.ro
http// www/unibuc.ro

Liliana Foşalău

Les vins de Bordeaux dans la mémoire culturelle roumaine. Perspective sociale et littéraire

Résumé :

Cette étude se propose d'offrir une image aussi complexe que possible sur ce que les vins de Bordeaux ont édifié à travers le temps dans la mémoire culturelle roumaine. Portant une attention spéciale au vin depuis plusieurs années, on a pu constater que dans les sources littéraires roumaines (littérature de spécialité et de fiction), les vins de Bordeaux tiennent une place de choix, bien que, parfois, ils apparaissent à côté d'autres vins français (de Bourgogne ou de Champagne le plus souvent), hongrois, ou de certains vins du Rhin. Les textes sur lesquels la démarche s'est appuyée appartiennent à trois domaines différents, mais qui se rejoignent et se valorisent réciproquement. Il s'agit de la littérature de spécialité, de la gastronomie et de la littérature de fiction (romans, mémoires, poésie). L'étude est structurée selon une perspective qui favorise la dynamique de la démarche démonstrative, l'interrogation appelant constamment l'argumentation des faits envisagés. Ses volets se constituent en des réponses aux questions suivantes : quels sont les contextes dans lesquels ces vins apparaissent ? Qui parle des vins de Bordeaux ? Comment et dans quelle mesure ces vins réussissent-t-ils à forger l'idée de modèle ? Les principales approches laissent voir d'importantes données culturelles, culturales, éco-nomiques, géographiques, politiques, sociales, comportementales, scientifiques, esthétiques et artistiques, relationnelles qui, ensemble, expliquent et justifient le succès dont ces vins ont joui dans l'espace du Sud-Est européen depuis le milieu du XIXe siècle jusqu'au milieu du XXe. Mais, en plus de leur situation privilégiée, les vins de Bordeaux sont importants de par les liens qu'ils tissent entre les professionnels et les amateurs venant d'espaces et d'époques différentes, par l'imaginaire qu'ils inspirent, par l'idée d'amélioration vouée à conduire à l'excellence et par l'héritage et le savoir(-faire) à transmettre, comme vecteurs fondamentaux de toute culture.

Mots-clés : vin, mémoire, culture, perspective sociale, littérature.

Abstract:

This study aims to provide a complex image of what Bordeaux wines have built up over time in Romanian cultural memory. Paying special attention to wine in recent years, we could find that in the Romanian literary sources (specialized literature and fiction) Bordeaux wines occupy a special place, although they often appear beside other French wines (from Burgundy or Champagne in particular), Hungarian or some Rhine wines. The texts used in this study come from three different domains, which intersect and complement each other: specialized literature, gastronomy and fiction literature (novels, memoirs and poetry). The study is structured according to a perspective that favours the dynamics of the demonstrative approach, the interrogation constantly attracting the argumentation of the considered aspects. This paper is organized along answers to the following questions: What are the contexts in which these wines are talked about? Who talks about them? How and in what measure did Bordeaux wines succeed to create the idea of a model? The main approaches show important cultural, economic, geographical, political, social, behavioural, scientific, aesthetic and artistic, relational data that together explain and justify the success that these wines had in the South-Eastern European area from the middle of the XIXth century until the middle of the XXth century. But beyond their privileged situation, Bordeaux wines are important through the connections that they formed between professionals and amateurs coming from different places and times, through the imaginary they inspired, through the idea of improvement meant to lead to excellence and through legacy and know-how to be transmitted as fundamental vectors of any culture.

Keywords: wine, memory, culture, social perspective, literature

1.   Introduction

Cette étude se propose d'offrir une image aussi complexe que possible, inédite car la première dans le genre, sur ce que les vins de Bordeaux ont édifié dans la mémoire culturelle roumaine selon une perspective littéraire, avec des illustrations pour plusieurs aspects socio-culturels. On verra comment, lorsqu'il est question de Bordeaux, font irruption tout de suite dans les débats le Médoc, le Sauternais, les Graves et tant de terroirs et châteaux ayant emprunté leur nom au vin et à l'excellence qu'illustre ce produit hautement culturel et identitaire.

Pour que cette histoire synthétique des traces du vin de Bordeaux en Roumanie ne soit point subjective ou hasardée, vu la diversité d'aspects culturels, sociaux, historiques, religieux, spirituels et matériels, intellectuels, géographiques, économiques, académiques, plus ou moins institutionnels, artistiques, etc., que ce produit culturel recouvre, nous sommese allée chercher les arguments chez des spécialistes. On ne devra pas perdre de vue le fait que l'on parle de ce sujet « à distance », qu'il se constitue plutôt en relais dans une approche sur le goût, l'évolution du monde et des mentalités à partir du milieu du XIXe siècle, tant sur le plan social et intellectuel, que, bien évidemment, sur celui de la vitiviniculture (travaux et techniques y inclus). Mais ce sera très intéressant de suivre quelques aspects et de voir ce que notre sujet structure dans le mental roumain, à partir de témoignages provenant de fins connaisseurs. Qu'il s'agisse d'êtres réels, personnes ayant vécu à une certaine époque, ayant une profession plus ou moins liée au vin et à la vigne, un statut social, une culture, une expertise, une réputation, etc., ou bien d'êtres de fiction (personnages littéraires), nous pourrions faire des constats très intéressants qui parlent des mêmes données à la recherche desquelles nous sommes partie.

Les titres des ouvrages sur lesquels s'est appuyée la démarche appartiennent à trois domaines différents, mais qui, par l'intermédiaire du vin, se rejoignent et se valorisent d'une manière à faire rêver les scientifiques et à sensibiliser à des faits scientifiques les littéraires, critiques, universitaires et/ou écrivains. Il s'agit de la littérature, de la gastronomie et de livres plus spécialisés, appartenant de manière générale à la vitiviniculture. Le partage est la valeur primordiale qui se dégagera de cette triple approche, parce qu'à la fin tout le monde se retrouvera enrichi de bien des renseignements, nouvelles connaissances, voire découvertes.

Pour ce qui est des auteurs, il s'agit principalement d'un écrivain très connu, magistrat et inspecteur d'État en œnologie (Al. O. Teodoreanu, Păstorel de son surnom), un intellectuel ayant occupé d'importantes fonctions dans la diplomatie roumaine de l'entre-deux-guerres en France, considéré comme écrivain mineur, mémorialiste témoignant de son temps (Vintilă Russu Şirianu), un professionnel de la filière vitivinicole (Ion Puşcă), ensuite un gastronome et ethnologue roumain très connu (Radu Anton Roman) et un littéraire, professeur d'Université ayant fait d'amples recherches sur le vin littéraire en Roumanie (Răzvan Voncu). À eux se joignent les deux auteurs d'une riche anthologie qui rassemble des textes littéraires du type maximes et réflexions en vers ou en prose, de même que des textes spécialisés présentant toutes sortes de curiosités sur le vin et la vigne. Les auteurs en sont Avram Tudosie, professeur et œnologue réputé, écrivain très connu du domaine vitivinicole, et Ion Alexandru Angheluş, œnologue, chercheur et écrivain de la même famille professionnelle et spirituelle.

À la base de notre démarche se trouve un questionnement qui nous a permis d'explorer sous un même angle des sources d'ordre différent, approchables par le biais de la curiosité vinicole. Quand est-ce que l'on parle de vins de Bordeaux ?

Qui le fait ? Dans quel but, quel contexte ? Quel lien le vin tisse-t-il entre des espaces, des époques et des cultures, entre des communautés et/ou des individus ? Quelle place tient la référence Bordeaux dans l'économie des textes qui esquissent une histoire socio-culturelle du monde roumain *via* le vin et ses extensions ? Jusqu'où va le détail de spécialité ? Que pourra-t-on comprendre et apprendre à la suite de l'investigation de ces sources littéraires ? La réponse à la dernière question donne la substance d'une bonne partie de cette étude, car il s'agit presque partout de modèle, d'évolution, de valeur, d'ouverture, de transmission et bien d'autres choses encore !

2.   Les contextes et les locuteurs : clin d'œil

1. On parle en premier lieu de Bordeaux et de ses fameux crus lorsque l'on veut évoquer des pratiques vitivinicoles fort anciennes, qui ont conduit aux meilleurs vins du monde. Bordeaux est une école, une philosophie, une somme de savoirs et de savoir-faire ! Entre les scientifiques et les vignerons, ambassadeurs plus ou moins connus de cette culture aux racines si profondes, dans des cercles plus restreints ou très larges, les données relèvent d'une même réalité de la qualité indéniable, enviable, imitable en une certaine mesure (avec les moyens du bord), incontestée au fil du temps ! Quand on dit « imitable », cela n'a rien à voir avec le sens actuel, connoté péjorativement, et avec la manière anti-éthique qui en ressortit (la contrefaçon). Les Roumains citent les pratiques culturales bordelaises pour l'exemple qu'elles offrent. Bien que dans les matériaux consultés les renvois à des vins français soient fréquents, les vignobles et les vignerons bordelais demeurent l'unique référence en matière de pratiques viticoles. Comment ignorer dans ce contexte des renseignements si parlants ? Des occurrences où le « détail technique » nécessaire pour fournir « la recette de la réussite », le modèle, parsèment les pages du traité d'ethno-gastronomie de Radu Anton Roman, celles du livre de Ion Puşcă, tout autant que les divers écrits de Păstorel Teodoreanu.

2. Mais Bordeaux est une référence chère, passage obligé, sur les lèvres de ceux qui se réunissent à une fête, une cérémonie, un grand banquet, une autre festivité importante ou un jubilé. Le cadre de telles manifestations, somptueux – cela va de soi – n'est pas à ignorer dans nos discussions. On a, par exemple, le foyer du Théâtre National de Bucarest, le palais d'un richissime, toujours à Bucarest, une autre belle demeure bourgeoise et aussi le célèbre restaurant français dans la capitale roumaine vers la fin du XIXᵉ siècle, le *Hugues* ! On remarque ici le contexte comme cadre spatial, mais en égale mesure comme cadre socioculturel qui accueille « la présence Bordeaux ». Servir un fameux bordeaux à la fin d'une réunion de ce type, c'est couronner l'œuvre, l'argument suprême de la réussite d'un événement, comme on le verra dans des fragments de journal, les mémoires, les articles de presse ou dans des textes de fiction (romans de la première moitié du XXᵉ siècle).

3. Autre occasion pour déguster ces « merveilles » : entre les spécialistes, fins connaisseurs, lorsque des dialogues s'entament en vue de possibles échanges professionnels, économiques, culturels, de la connaissance d'un pays, de ses gens, de ses ressources, etc. Une mention de ce type se trouve chez Păstorel Teodoreanu, qui, en tant qu'inspecteur en œnologie, se charge de l'accueil de Paul de Cassagnac[1] à Bucarest dans les années '25. Au moment de l'échange de cadeaux (vins, évidemment), le très distingué invité français prononce, après avoir goûté au Sauvignon de Dobroudgea, servi en son honneur : « Vous avez d'immenses possibilités dans votre pays ! ». Son don pour l'homologue roumain est un Sauvignon de Bordeaux. Păstorel Teodoreanu est le mieux placé à l'époque pour apprécier la référence Bordeaux, tout comme pour recevoir de la part de Cassagnac les compliments et encouragements susmentionnés.

4. Un quatrième contexte : lorsque l'on envisage de promouvoir chez le bon consommateur le fin goût et les belles manières. Mais quelle œuvre de patience, de connaissance et de reconnaissance, parfois même de chance ! Car les vins de Bordeaux représentent le superlatif absolu ! S'en occupe Radu Anton Roman, qui instille un peu d'ironie, sans aucune méchanceté, lorsqu'il énonce les bienfaits d'un Saint-Emilion, « ce fin vin français de sable », les effets qu'il devrait avoir (même) sur le consommateur roumain, qui n'y accède pas souvent ! Păstorel est un professeur de goût plus sévère, voire véhément, critiquant tous ceux qui commettraient la grave erreur d'ouvrir une bouteille de Sauternes au début ou

---

[1] Personnalité importante du monde viticole français de la première moitié du XXᵉ siècle, surtout à la suite de la publication de son ouvrage *Les Vins de France*, Paris, Hachette, 1927.

pendant un repas (ce à quoi les Américains ont recours, dépourvus de la rigueur qui exige une place précise d'un tel vin sur l'ensemble du repas, selon les dires de l'écrivain[2]). Celui qui le ferait serait disqualifié gastronomiquement parlant une fois pour toutes, montrant qu'il ne sait ni boire, ni manger (Teodoreanu 1973, 198). Quoi de plus grave ?! Le Sauternes à la fin, c'est la loi !

5. Une source importante et très intéressante pour notre sujet est offerte par la littérature de fiction. Que la référence Bordeaux apparaisse de manière directe (dans un poème de Costache Negruzzi, daté 1853, par exemple), ou « par délégation », lorsque les romanciers mettent les noms de ces vins dans la bouche de leurs personnages (George Călinescu, dans son roman *Enigma Otiliei* [L'Enigme d'Odile], Camil Petrescu, dans *Ultima noapte de dragoste, întâia noapte de război* [Dernière nuit d'amour, première nuit de guerre], Hortensia Papadat-Bengescu, dans *Concert din muzică de Bach* [Concerto - musique de Bach]), ou bien que le vocable du Médoc figure comme mot de passe dans la correspondance de guerre (1877-1878) entre un journaliste français et un écrivain-journaliste roumain, tout témoigne de la haute appréciation dont jouissaient les vins de Bordeaux en Roumanie depuis le milieu du XIXe siècle. Connaissance et reconnaissance, confiance et valorisation culturelle et sociale vont s'agrandissant, comme le prouvent les arguments de notre analyse.

3. Les locuteurs et les cadres socio-professionnels ou comment édifier la culture du modèle

Quels que fussent les matériaux investigués afin d'entreprendre une synthèse de ces données, pour faire l'état des lieux, le lecteur a pu comprendre beaucoup sur la qualité de ceux qui prennent la parole lorsqu'il s'agit de vins de Bordeaux, en même temps que sur l'accès qu'ils avaient tant à l'information, qu'au produit qui nous concerne. A travers le vin, ces textes parlent aussi d'une société et de ses désirs et efforts de se raccorder aux valeurs européennes. Pour les Roumains, il

---

[2] Al. O. Teodoreanu, dans son livre de cuisine intitulé *Gastronomice*, Editura Pentru Turism, București, 1973, où, à côté de toutes sortes de recettes, il se lance dans des considérations fort avisées, à teinte philosophique par ailleurs, sur la cuisine et les vins roumains, la gastronomie, l'œnologie, la viticulture, l'art de vivre chez les Roumains, etc.

faut le reconnaître et le redire, le centre de l'Europe a été la France, Paris, sans conteste, et le premier modèle culturel à importer a été le modèle français. La vitiviniculture n'a point fait exception à la règle. On peut dire que le vin et la vigne ont constitué au fil du temps un lien très fort entre nos cultures, ce qui pourrait être élargi à d'autres espaces, sans nul doute, car le rayonnement de cette valeur patrimoniale, le vin, qui pourrait le localiser ou le réduire à certains lieux ?

Pour renouer avec la première partie, nous essayerons de corréler le contexte et la voix, car les deux, ensemble, participent à la construction du message qui nous concerne, celui de l'excellence dans ce cas. On a vu que les premières références au Bordeaux sont liées, dans une logique de la croissance, de l'évolution, à la culture de la vigne, plus précisément aux cépages d'abord. Ainsi Radu Anton Roman, dans son savant et savoureux ouvrage d'ethno-gastronomie[3], nous initie-t-il à un savoir très complexe, qui inclut terroir, cépages, châteaux, science, subtilité, travail, patience, art, émerveillement final :

> Je vous dirai quelque chose qui va peut-être vous surprendre : Bordeaux, cette grande région viticole de la France, qui dépasse de loin l'ensemble de nos vignobles roumains, cultive seulement quatre - cinq cépages. Malgré cela, on ne boit jamais chez eux le même vin. D'un château à l'autre et d'un village à l'autre, le vin s'avère différent. C'est quelque chose de subtil, d'à peine saisi, mais c'est un autre vin. (Roman 2001, 352[4])

L'auteur avance dans ses explications de la réussite étonnante de cette richesse, où la diversité se joue entre cépage, sol, soleil, temps (temps météorologique et tems humain, temps des travaux, temps de la patience, de l'attente, de la cueillette, temps du raisin, de l'homme et du vin – le vieillissement à proprement parler), techniques, technologies, secrets, savoir-faire et participation entière, complète, disponibilité, générosité. Le sujet humain offre tout au raisin, à la vigne – qui, d'ailleurs, le lui rendra au centuple.

C'est toujours lui qui parle du « bon vin, le Vin avec majuscule », comme d'un « vin rond, sans nœuds ni trous », sans aspérités, ni imperfection aucune. Ce n'est

---

[3] Le titre original de l'ample traité de Radu Anton Roman est *Bucate, vinuri și obiceiuri românești* [Mets, vins et traditions de Roumanie]. Il a été traduit partiellement en français par Marily Le Nir sous le titre *Savoureuse Roumanie*, Noir sur Blanc, 2004.

[4] Tous les fragments extraits de livres et d'ouvrages parus en roumain, comme on le voit dans la bibliographie, apparaissent en variante française selon notre traduction.

donc pas le cépage qui fait l'unicité d'un vin, mais le cépage plus le terroir, plus la vinification, où le sujet humain y est pour beaucoup. Et toutes ces *unicités* constitueront le trésor du Bordelais, les grands crus, ces « vins racés, de grande noblesse » dans l'admiration desquels notre gastronome et ethnologue tombe de temps en temps, oubliant son statut déclaré de combattant pour les vins roumains. Malgré ses parti-pris justifiés par plusieurs raisons, il reconnaît l'importance de la diversité dans le domaine des vins, le bienfait d'avoir accès, selon le moment et le lieu, la chance ou l'urgence, le conditionnement économique, tantôt aux grands vins français, tantôt à nos vins de pays.

Il est du même bord, c'est ce que l'on pourrait dire de Păstorel Teodoreanu, encore meilleur connaisseur des données franco-roumaines, vitivinicoles, culturelles et lexicales :

Parmi les cépages dont on a replanté nos vignobles filoxérés, il y avait aussi le cabernet, cépage bordelais qui, à l'origine, en assemblage avec le malbec et le merlot, donne les meilleurs vins de cette zone, les fameux grands crus. (Teodoreanu 1973, 181)

En fin connaisseur des vins, en homme fort cultivé, Păstorel Teodoreanu garde le syntagme français des *grands crus*, sans traduire. Comme pour montrer ainsi l'unicité de ces vins, le fait qu'ils n'ont pas d'équivalent dans un autre espace linguistique ou géographique. On est en présence d'un *culturème* avant la lettre, de l'intraductibilité duquel notre écrivain a bien eu l'intuition. Le modèle cultural bordelais revient sous sa plume comme pour montrer le grand intérêt qu'il y porte, et surtout l'effet que ces précieuses informations devraient avoir sur les vignerons roumains, chez qui les pratiques bordelaises sont censées améliorer le résultat du travail. À lui de revenir sur des enseignements qui parlent d'un savoir-faire de haute portée, injustement abandonné sur nos terres, porteur de gloire dans le bordelais :

Dans le vignoble royal de Cotnar (et les choses sont connues en tant que telles, les documents anciens et la tradition orale en font foi), le processus de la cueillette et de la vinification (que l'on a – hélas ! – abandonné de nos jours !) était jadis le même que celui, encore actuel [en France], qui fait la gloire de la famille Lur-Saluces, les propriétaires du célèbre vignoble bordelais du Château-d'Yquem. On cueillait grain par grain, et non pas tout ensemble, seulement les grains bien mûris, jusqu'à la pourriture noble, pour ramasser et porter à fermentation seulement les gouttes qui dégoulinaient des cuves ; c'est ainsi que l'on obtenait ce que l'on nomme à Bordeaux la crème de tête… (Teodoreanu 1973, 190)

Une troisième série d'arguments culturels, culturaux et qualitatifs apparaît chez Ion Puşcă dans son livre *Périple dionysiaque. De Panciu à Jerez*, où il consacre un chapitre à notre sujet, sous le titre de « Bordeaux l'extraordinaire ». Son texte est truffé (à la différence des deux autres que l'on vient de mentionner, qui ne parlaient que de vigne et de vin) de références culturelles, historiques et, en même temps, de figures de style. Pour l'auteur, Bordeaux est d'abord approchable par le biais de l'histoire et de la culture. Un vin est, à la base, son lieu, sa terre, puis son terroir et ses gens. Ce lieu porte en lui une histoire, parfois si fascinante, plus ou moins mouvementée ! Qui dit Bordeaux dit, certes, vin, mais aussi Montaigne, Montesquieu, raffinement, politique, histoire, lieu de refuge (le gouvernement Français *retiré* à Bordeaux dans des moments désastreux), etc.

Une belle image pour valoriser ces perspectives et pour accentuer la stabilité indiscutable d'un pareil repère : la ville est « […] un navire solidement posé sur les eaux du temps, venant d'un passé très éloigné, faisant escale dans le présent et continuant son voyage vers l'avenir » (Puşcă 1986, 141). Nous ne pouvons pas garantir l'originalité de l'image, mais c'est sous cette forme que nous l'avons puisée dans le livre de voyages vitivinicoles de Puşcă. Ce qui est intéressant, c'est qu'un Roumain associe Bordeaux à l'éternité, plus précisément à une dimension du temps, dans une sorte de philosophie mineure (*philosophia minor*), bien avant Michel Onfray, qui signe l'admirable essai sur *Les formes du temps. Théorie du Sauternes* (Onfray 1996). Vient ensuite la description des cépages et du climat, avec des insistances sur l'idée de spécificité, de grandeur et de diversité. Bordeaux est « le pays du vin » :

110 ha de vignobles, où l'on retrouve des cépages comme la muscadelle, le sauvignon, le merlot, le malbec, le sémillon, donnent presque la moitié des plus réputés vins de France. Zone unique pour la surface, la structure des cépages, pour les plus fins des vins et les plus aromatiques. (Puşcă 1986, 141)

Pour en revenir à l'histoire, on apprend que les vins de Bordeaux ont joui d'une grande réputation depuis l'antiquité romaine ; chez le poète latin Ausone déjà ils étaient mentionnés et loués. Au Moyen Âge, Bordeaux a été la capitale vinicole de l'Europe. Ces vins ont constitué le choix de prédilection des rois de France, tels Henri IV, Louis XIII et Louis XIV. On peut bien se demander à la fin de la lecture : quel hommage Bordeaux devrait-il rendre à Richelieu, celui qui a eu l'idée inestimable d'introduire ces vins aux soupers et aux fêtes galantes de la Cour ?!

Rien n'échappe à ce passionné du vin, qui complète la perspective historique de la présentation par de données économiques. Parmi celles-ci : l'exportation des bordeaux vers le monde entier, la mise en place du quartier des Chartrons – des considérations sur son rôle, ses fonctions dans l'économie de la ville et le commerce du vin, etc. Le voyageur œnologue s'arrête à la fin sur la spécificité des rouges et des blancs si réputés, dont Bordeaux a enrichi et honoré le monde. Maintenant les choses sont détaillées, on nous présente d'abord le Médoc et puis le Sauternais. Selon notre auteur aussi, on obtient dans le Médoc les meilleurs rouges du monde. Un rapprochement vin - homme s'opère, à travers le concept du caractère : « Le vin du Médoc est un vin de caractère ; c'est… comme lorsque l'on dit d'un homme qu'il a du caractère » (Puşcă 1986, 143). Dans une approche œnologique plus précise, il en explique la qualité surtout par « la saveur minérale très forte, presque sauvage du cabernet-sauvignon » (Puşcă 1986, 143). Ce qui est évident dans la vinification médocaine, à part sa complexité, la haute technologie, c'est qu'elle exige une longue patience. Encore le temps et son rôle, son mérite dans la réussite finale : « Le temps seul peut parfaire ce qu'ont créé ensemble l'homme, la mer, le soleil et la terre » (Puşcă 1986, 144). C'est le temps – encore Puşcă de renforcer – qui confère aux vins de Bordeaux la réputation universelle. Du Médoc il passe au Sauternais, pour décrire les excellents vins blancs, liquoreux, qui en font la renommée. Ses pages résument avec une efficacité surprenante ce dont on a tellement parlé, leçon à apprendre, savoir à emprunter et à implanter dans son pays ou n'importe où ailleurs : terre, gens, vins, vigne, temps, histoire, art, science, effort, réputation, excellence !

Des considérations sur la qualité de certains vins roumains, comparables aux meilleurs vins du monde, parmi lesquels ceux de Bordeaux, apparaissent aussi dans des revues et almanach spécialisés. Ainsi par exemple un rapport du Comité Agricole du département de Vâlcea daté 9 avril 1882 (extrait de la revue

« România viticolă » [*La Roumanie viticole*]), où l'on glorifiait le vignoble de Drăgăşani qui avait décroché pour la Roumanie la première médaille lors de sa première participation à L'Exposition Universelle de 1867 à Paris (*apud* Tudosie / Angheluş 1978, 101). Le même rapport mentionnait le fait que dans cette région s'étaient acclimatés de réputés cépages de Bordeaux et de la Vallée du Rhin, et que les vins que l'on y obtenait avaient suscité une grande admiration chez les étrangers, admiration à laquelle un doute était mêlé : étaient-ce des vins de Drăgăşani, ou bien des vins de Bordeaux ou du Rhin ? Le doute ne doit pas empiéter sur l'idée de qualité, car à l'époque on ne badinait pas avec le vin, le plagiat non plus n'avait pas encore ravagé les têtes des pseudo-intellectuels, ni la contrefaçon celles des commerçants, on ne vendait pas le faux produit pour du vrai. Cela se référait uniquement à la grande qualité de ces vins, pour lesquels on ne trouvait de termes de comparaison qu'en France, en Autriche ou en Allemagne, ce qui devait être très flatteur pour nos producteurs. En louant nos vins liquoreux de Cotnari, I.C. Teodorescu apprécie que par leurs qualités extraordinaires, ces vins jouissent d'une renommée mondiale, pouvant se comparer à ceux de Tokaj, aux Sauternes et aux vins du Rhin (Teodoreanu 1973, 108).

Où que l'on se tourne, les vins de Bordeaux reparaissent dans les propos, débats, réunions où l'on évoque des questions de goûts, de désirs, de réussite, etc. Impossible donc d'entamer en Roumanie une discussion sur l'excellence des vins sans parler des grands vins d'Europe, parmi lesquels, bien sûr, les grands crus de Bordeaux.

4.   La littérature et ses enseignements

En tant que professeur de littérature, je me suis toujours intéressée à des approches du monde *via* mon domaine. Car la littérature n'est pas seulement une source inépuisable de découvertes et de surprises, mais aussi, quelquefois, un baromètre, voire un miroir des moments, changements et évolutions que traverse la société. Ainsi ai-je voulu voir de quelle manière Bordeaux s'inscrit et s'écrit dans la littérature roumaine.

Chronologiquement parlant, la première mention remonte à 1853, lorsqu'un boyard érudit, qui tente sa plume dans la poésie aussi – une poésie d'ailleurs assez naïve, où il parle de son bien-être et du bonheur d'avoir accès à tous les vins, roumains comme étrangers, parmi lesquels les bordeaux : « Je suis Roumain et j'aime mon pays,/ À ma table les meilleurs vins sont servis,/ J'aime le champagne, le Tokaj, le bordeaux,/ Et je raffole des bons vins du Rhin,/ Lorsque je n'ai pas de *cotnar*, ou d'*odobesc* » (Constantin Negruzzi, *Eu sunt român* [Je suis Roumain]). Ce poème fait entrevoir non seulement une aisance matérielle, mais aussi une ouverture aux valeurs européennes et le fait que vers le milieu du XIXe siècle les vins français (et il s'agit pour l'instant seulement de vins de Bordeaux et de Champagne) avaient fait leur entrée en Roumanie, à côté du célèbre vin hongrois, le Tokaj, et de certains vins du Rhin dont on ne précise pas le nom. Mais le boyard écrivain n'oublie pas de dire avec gentillesse qu'il ne trahit jamais ses bons vins du pays (le *cotnar* et l'*odobesc*).

Dans la même période, dans les années '50 du XIXe siècle, un autre écrivain roumain, plus connu que le précédent, mentionne les vins de Bordeaux dans une narration parlant avant la lettre du « tourisme de santé ». Séjournant dans une ville d'eaux de chez nous, Balta Albă [Le Lac Blanc], un Français retrouve à table des vins de son pays, précisément des bouteilles de Bordeaux. Celui qui a étudié l'histoire des vins dans la littérature roumaine, Răzvan Voncu, a pu constater la véridicité de la mention dans un contexte où les vins français avaient déjà pénétré sur le marché roumain, très prisés par ceux qui avaient accès à la culture française dans toutes ses dimensions. En plus, Vasile Alecsandri, l'écrivain dont on parle, directeur du Théâtre National de Iaşi dans la seconde moitié du XIXe siècle, homme très cultivé, était lui aussi très attaché à la langue française, « véhicule » qui facilite, on l'a dit et redit maintes fois, la circulation de tant de biens et de valeurs !

Plus tard, lors de la Guerre pour l'Indépendance (1877-1878), la correspondance du front bulgare entre un journaliste français (M. Damé) et un écrivain roumain qui intègre la galerie de nos classiques, I. L. Caragiale, mentionne le Médoc dans des échanges très codifiés : « Médoc fini, Tzuica, Votka dedans ». Les deux étaient chargés de relater des épisodes du combat lors de l'assaut de la forteresse de Pleven. Caragiale avait publié ces fragments dans le journal

« Natiunea Română » [La Nation Roumaine]. Par ces vocables, le secret de la communication entre les deux correspondants était assuré, mais, d'autre part, cela parle de la valorisation de certaines connaissances et d'un imaginaire qui font circuler des références et des allusions reconnaissables parmi ceux qui s'y connaissent. L'humour n'y est pas absent non plus.

Un autre volet, moins consistant sous l'aspect quantitatif dans les sources de spécialité exploitées, mais important dans la littérature de fiction, valorise l'aspect convivial de ces vins. Il est important de voir leur utilisation sociale, les valeurs que l'on y rattache, l'imaginaire qui joue dans le choix, les moments ou événements où un vieux Margaux ou un Sauternes font leur entrée en scène. Dans le livre de mémoires de Vintilă Russu Șirianu intitulé *Vinurile lor…* [*Leurs vins…*], où sont évoqués de très prestigieux vins français (Bourgogne, Pommard, Chablis, champagne Veuve Clicquot, Beaujolais, etc.), un Château Margaux fait son apparition :

Nous étions à un dîner. Très high-life. Dans la maison d'une suivante de la Reine. Parmi les convives, deux ministres, une princesse, le professeur N. Lupu – réputé docteur (ami et médecin de Goga – Ministre de l'Intérieur en 1926), George Georgescu et d'autres encore. Une assemblée très animée, d'ailleurs. Au dessert on nous a servi un vin français de grande réputation, grand cru, un vieux Château-Margaux. (Russu Șirianu 1969, 148-149)

Les remarques et souvenirs (datés environ 1926) portent aussi, car chez les Roumains c'est souvent inséparable, sur les subtilités de la langue française. On loue en égale mesure les vins français, la langue et la galanterie françaises. On se rend compte chez cet auteur que parler du vin, c'est en fait parler de toute une culture, celle de la convivialité, mais aussi, inévitablement, la culture littéraire, artistique, politique. Les informations qui nous sont fournies simultanément constituent des indices précieux portant sur la société de l'époque (quelle que soit cette société, plus ou moins élitiste), sur la qualité d'une conversation, tout un code qui était respecté dans ces milieux, etc. Pour celui qui ne le savait pas, il est utile d'apprendre qu'un Château Margaux se doit d'être bu dans des verres en cristal fin (« Goga lève le verre et contemple le doux bercement doré du vin dans le cristal fin », Russu Șirianu 1969), indice socioculturel qui n'est pas dépourvu d'importance dans ce contexte où la fête est valorisée. Autour d'un grand cru resplendissent des valeurs matérielles, mais surtout immatérielles – intellectuelles et spirituelles, car c'est sur les deux dernières que le texte insiste.

Une autre situation est signalée chez Răzvan Voncu, dans son *Histoire littéraire des vins en Roumanie*. On apprend qu'en 1881, le 27 septembre, on avait fêté les 25 ans du journal « Românul » [Le Roumain], de C.A. Rosseti et Bacalbaşa. La festivité était organisée dans le foyer du Théâtre National de Bucarest, toute l'élite culturelle et politique roumaine étant présente. Le traiteur était Hugues, le restaurant le plus raffiné que l'on pût trouver à cette époque dans notre capitale. À noter que la liste des vins, mise au point par un sommelier français (c'est logique, le restaurant était français, d'une part, mais de l'autre, s'il s'agit de vins, les Roumains font confiance aux Français) donnait à voir un Château Lafitte 1869, un vin roumain très apprécié, Drăgăşani millésime 1872, et du champagne Roederer (Voncu 2013, 470). Quel heureux voisinage, même si Drăgăşani n'est qu'un petit bourg roumain, très connu, c'est vrai, pour ses vins et vignobles.

Quand les Roumains parlent de leurs vins en toute fierté, comme pour conforter leur assurance et le prestige de certains crus (*Busuioaca de Bohotin* dans ce cas), ils se réfèrent à des incontournables, parmi lesquels le grand cru classé Château d'Yquem : « Busuioaca de Bohotin est un vin de haute réputation ; c'est notre Château d'Yquem, ou notre Lacrima Christi. » (Impy Matheescu, *apud* Tudosie / Angheluş 1978, 95)

Une série très importante de références bordelaises qui parlent de goût, de raffinement, parfois de snobisme, mais qui laissent deviner les liens forts qui raccordaient la société roumaine aux valeurs européennes, se constitue dans la fiction de l'entre-deux-guerres. Chez les plus grands écrivains roumains – parmi lesquels on cite ici George Călinescu, Camil Petrescu et Hortensia Papadat-Bengescu – les vins de Bordeaux, des rouges (nommés ainsi génériquement, sans autre particularisation) et des blancs (les Sauternes) apparaissent et animent le récit, les personnages, ils imprègnent » les décors et influencent les comporte-ments, inspirent des attitudes.

Dans les pages d'un roman célèbre de George Călinescu, on rencontre une très belle description d'un rouge qui n'est pas sans étonner par sa réussite stylistique :

[…] le bouchon partit et le vin se mit à couler, à susurrer rouge, comme du sang caillé, dans le verre de Stănică. Celui-ci s'exclama : mais quels verres vous me donnez, si petits que ceux-ci, allez, mes chers, je veux sentir le goût de ce vin, apportez les grands verres de cristal ! Dieu !, quel arôme, c'est du Bordeaux véritable, c'est des plus fins des bordeaux ! D'où l'avez-vous, Odile ? (Călinescu, *Enigma Otiliei* [L'Enigme d'Odile], 354)

Dans un roman de la même période, signé cette fois-ci par une écrivaine (chose très rare à l'époque), on retrouve la préférence des personnages féminins pour les bordeaux. Ce sont des vins à l'honneur dans des réunions où les femmes tiennent la première place, tout en assurant aussi le rôle de « maîtres de cérémonies ». Elena Drăgănesco, dans *Concerto – musique de Bach*, offre à ses invités ce produit très réputé, ne lésinant pas sur les moyens, car les amis doivent être honorés !

Chez Camil Petrescu, dans un des plus beaux romans de toute la littérature roumaine, *Ultima noapte de dragoste, întîia noapte de război* [Dernière nuit d'amour, première nuit de guerre], un vin de Sauternes fait son apparition, illustrant le raffinement œno-gastronomique de la bourgeoisie de l'entre-deux-guerres et la haute appréciation dont jouissaient les vins de France en Roumanie : « [Mai aduci încă o sauternă, Ştefane ?!] » / « Veux-tu bien apporter une autre bouteille de Sauternes, Stéphane ?! » (Petrescu 2012, 133).

On a voulu donner la petite citation en roumain pour faire voir à nouveau le *culturème* à travers l'emprunt. Du nom propre de Sauternes le personnage retient le nom commun (par effet de synecdoque et d'antonomase), mais on le roumanise en l'articulant, ce qui risque de faire un peu snob, vu sa forme au féminin, et surtout le mélange de deux orthographes du nom propre devenu nom commun, où *au* et *ă* coexistent tranquillement [*o sauternă*], ce qui est une exception à l'orthographe phonétique roumaine. Mais comme on a un calque linguistique, c'est sans problèmes d'emploi. Les intellectuels étaient libres de boire les vins qu'ils affectionnaient et d'en parler en français ou en roumain, d'autant plus que, nous le savons bien, le vin délie les langues.

5. Vigne, vin et longévité – comme on en jugeait au début du XXᵉ siècle

Mes recherches autour de la présence des vins dans la conscience culturelle roumaine ont été l'occasion de très belles découvertes ! À ce que l'on vient de mentionner jusqu'ici, on ajoute le constat d'un grand géographe roumain, Simion Mehedinți, qui au début du XXᵉ siècle notait qu'en Roumanie la population des régions viticoles est plus nombreuse, mais aussi plus développée de point de vue matériel par rapport à celle que l'on rencontre dans les zones d'autres formes de relief et d'autres cultures de la terre. Et lui de compléter : « [...] les régions viticoles donnent des gens plus heureux » (*apud* Tudosie / Angheluş 1978, 248). Et non seulement les gens des régions viticoles sont plus heureux, mais ils vivent plus longtemps que les autres, à en croire les statistiques de la même période !

Pour revenir en France, et plus exactement dans le Bordelais, on constate que les chiffres ont l'air de dire la même chose, parlant d'aisance et de longévité chez les vignerons. Ayant calculé la longévité de la population médocaine (environ 70000 habitants à l'époque où l'étude a été menée), l'ayant par la suite comparée à la population française d'autres régions (sans précision spatiale, mais non-viticoles) sur un échantillon de 100000 habitants, on a pu constater qu'en Médoc 19790 personnes touchent un âge compris entre 64 et 100 ans, tandis que pour l'autre groupe le chiffre descend à 13717 (*apud* Tudosie / Angheluş 1978, 250). Un même constat est porté par Al. I. Ionescu, selon lequel dans les pays producteurs et consommateurs (raisonnés) de vin, l'espérance de vie est plus élevée. Ainsi, par exemple, en France, en Italie, en Espagne ou en Roumanie, les personnes les plus avancées en âge habitent dans des régions viticoles (*apud* Tudosie / Angheluş 1978, 255). Ce qui n'est pas à ignorer, car combien connaît-on de valeurs supérieures à la vie? Et l'on pourrait lire de nos jours ces informations comme une exhortation à la vie saine, un retour aux racines, au bio, à tout ce qui est propre et à même d'assurer la qualité de la vie !

6. Conclusions

Cette étude qui recouvre principalement la seconde moitié du XIXe siècle et la première moitié du XXe siècle, selon les données offertes par les sources littéraires investiguées, s'avère être riche en renseignements d'ordre socio-culturel. Si pour les livres de gastronomie qui n'ont pas d'âge, et qui ont été publiés l'un en 1973, l'autre en 2001, les jugements d'ordre œnostylistique, parfois gastro-œno-philosophique et esthétique demeurent valables, pour les autres, qu'il s'agisse de textes de spécialistes ou d'œuvres littéraires, on a pu faire des constats selon une chronologie et des aspects ponctuels. Ensemble, ces données dressent un tableau de la société roumaine qui fait voir sa stratification sociale et professionnelle, son rattachement à la culture française, son engouement pour l'art de vivre français, le snobisme dans des cas isolés, mais le plus souvent le désir d'ouverture, d'amélioration, d'évolution, selon une dynamique du monde vitivinicole ou, au moins, de sa perception. Au centre de ce monde se retrouvent souvent les vins de Bordeaux comme objet d'admiration, de comparaison et de consommation, mais aussi les pratiques viticoles et les techniques vinicoles bordelaises comme modèle à importer et à implanter, comme exemple de réussite à suivre !

Parler de ces vins, dans les cercles de professionnels, comme dans ceux d'amateurs plus ou moins éclairés, c'était – et cela est resté valable – consacrer le rayonnement d'un produit matériel qui, partout dans le monde, porte en lui tant de valeurs immatérielles ! On pourrait rappeler ici les racines, l'identité, l'hospitalité, la convivialité, la joie de vivre, une philosophie, un savoir-faire, la générosité, le travail, la patience, la résistance dans l'épreuve, l'attachement, la fidélité, l'amour de la terre et de la vie, tout ce qu'il y a de meilleur dans l'homme, ce trésorier censé transmettre toutes les valeurs dont il a hérité !

Bibliographie

Onfray, Michel (1996): *Les formes du temps. Théorie du Sauternes*. Bordeaux: Mollat
Puşcă, Ion M. (1986): *Periplu dionisiac. De la Panciu la Jerez*. Bucureşti: Sport-Turism
Roman, Radu Anton (2001): *Bucate, vinuri şi obiceiuri româneşti*. Bucureşti: Paideia
Russu Sirianu, Vintilă (1969): *Vinurile lor…* Bucureşti: Casa Scânteii

Teodoreanu, Al. O. Păstorel (1973): *Gastronomice*. București: Editura Pentru Turism

Tudosie, Avram / Angheluş, Ion Alex. (1978): *Ambrozie şi nectar. Culegere de aforisme, reflecţii, versuri, anecdote, curiozităţi privind via şi vinul.* Bucureşti: Ceres

Voncu, Răzvan (2013): *O istorie literară a vinului în România*. Bucureşti: Curtea Veche

Corpus littéraire

Călinescu, George (1988): *Enigma Otiliei*. Bucureşti: Cartea Românească

Negruzzi, Constantin (1996): *Negru pe alb*. Chişinău: Litera

Papadat-Bengescu, Hortensia (1994): *Concert din muzică de Bach*. Bucureşti: Albatros

Petrescu, Camil (2012): *Ultima noapte de dragoste, întâia noapte de război*. Bucureşti: Agora

Crédits : Cette recherche a été financée par le Ministère de la Recherche et de l'Innovation, Programme 1 « Development of the national RD system, Subprogram 1.2. Institutional Performance RDI », Contrat no 34PFE/ 19.10.2018 UAIC.

Liliana FOSALAU,

Université « Alexandru Ioan CUZA » de Iasi, Roumanie

Bd. Carol I, 11, Iaşi, Roumanie

liliana.fosalau@uaic.ro

3. Autres produits: Pain

Yasmine Barsoum

Terminologie et alimentation locale : le cas des pains en Égypte

Résumé :

De tout temps, le pain a été un aliment de base chez les Anciens Égyptiens. Sa fabrication remonte donc à l'époque pharaonique. Contrairement aux stéréotypes selon lesquels le pain n'est pas une spécialité égyptienne, la diversité et la pluralité de ses types prouvent qu'il s'agit d'un produit auquel les Égyptiens accordent beaucoup d'intérêt.

En effet, l'Égypte connaît une large gamme de pains, dont les moyens de fabrication et les ingrédients utilisés sont diversifiés. En témoignent la terminologie riche employée pour les désigner et les particularités syntaxiques et sémantiques de cette terminologie.

À partir de ces constats, nous formulons la problématique suivante : comment démontrer, à travers la diversité terminologique des pains, que ces derniers occupent une place majeure dans la vie des Égyptiens ?

Dans la présente recherche, un petit aperçu historique et culturel sera donné sur le pain en Égypte. Ensuite, nous nous focaliserons sur une analyse étymologique, morpho-sémantique et terminologique des appellations ou des désignations des différents types de pains en Égypte. Cette analyse sera basée sur l'étude des origines et des facteurs externes influençant ces désignations, qui ont parfois des structures morphologiques et syntaxiques ajoutant une charge sémantique particulière à ce produit. Dans ce contexte, les adjectifs ont, par exemple, une fonction descriptive pour le pain. En outre, l'histoire du pain retrace, en quelque sorte, celle de l'Égypte, puisque chaque période ou époque a eu son influence sur la fabrication de ce produit, qui s'avère être un aliment qui revêt plusieurs caractères : interculturel, religieux, local, etc. La dernière partie de la recherche sera consacrée aux constatations terminologiques concernant les résultats de l'analyse, par exemple les différents usages internationaux des termes désignant les pains en Égypte. Enfin, des recom-mandations seront données en guise de conclusion.

Mots-clés : terminologie, alimentation locale, analyse morpho-sémantique, désignations des pains en Égypte, usages internationaux des termes

Abstract:

Bread has always been considered as a basic food by the Ancient Egyptians. That is why the process of manufacturing bread dates back to the Pharaonic era. However, in contrast to the common belief according to which bread is not an Egyptian speciality, the diversity and plurality of the types of breads prove that it is a product of major importance for the Egyptian people.

In fact, Egypt offers a wide range of breads with diverse ingredients and means of production. As a result, the terminology used to name those breads is very rich and has some syntactic and semantic specificities.

These observations give rise to the following research problem: how can we demonstrate, through the terminological diversity of the breads, that they play an important role in the life of the Egyptian people?

In this study, a brief historic and cultural overview of bread in Egypt will be given. Afterwards, we will provide an etymological, morpho-semantic, and terminological analysis of the designations of the different types of bread in Egypt. This analysis will be based on the study of the origins and the external factors affecting these designations, that can sometimes have morphological or syntactical frameworks adding a particular semantic implication to this product. In this context, adjectives, for instance, can have a descriptive function for the bread. Moreover, the history of the bread can, to a certain extent, trace the history of Egypt, since each period or era has influenced the manufacturing of the bread. This product has therefore several dimensions: intercultural, religious, local, etc. The last part of the research is devoted to the terminological findings regarding the results of the analysis, for instance the different international uses of the terms designating breads in Egypt. Finally, some recommendations will be provided as a conclusion.

Keywords: terminology, local food, morpho-semantic analysis, designations of bread in Egypt, international use of terms

1.   Introduction

La terminologie est une science qui s'intéresse à tous les domaines de spécialité et à tous les secteurs d'activité professionnels, dont la gastronomie locale. Celle-ci revêt un caractère interculturel, puisqu'elle est influencée par les communautés vivant dans un pays à une époque donnée. En effet, la terminologie s'intéresse à cet aspect interculturel qui a un impact sur les désignations et les discours des spécialistes et des non spécialistes.

Il faut noter que le caractère local peut être reflété par des produits comme le fromage, le chocolat, l'huile d'olives, les épices, les boissons chaudes et froides, rarement étudiés du point de vue linguistique et terminologique. Parmi les éléments essentiels de la gastronomie locale en Égypte, figure le pain qui fera l'objet de la présente recherche.

De tout temps, le pain a été un aliment de base chez les Anciens Égyptiens. Sa fabrication remonte donc à l'époque pharaonique. Contrairement aux idées reçues selon lesquelles le pain n'est pas une spécialité égyptienne, la diversité et la pluralité de ses types prouvent qu'il s'agit d'un produit auquel les Égyptiens continuent à accorder beaucoup d'intérêt.

En effet, l'Égypte connait une large gamme de pains, dont les moyens de fabrication et les ingrédients utilisés sont diversifiés. En témoignent la terminologie riche employée pour les désigner et les particularités syntaxiques et sémantiques de cette terminologie.

À partir de ces constats, nous formulons la problématique suivante : comment démontrer, à travers la diversité terminologique des pains, que ces derniers occupent une place majeure dans la vie des Égyptiens ?

Dans la présente recherche, un bref aperçu historique et culturel sera donné sur le pain en Égypte. Ensuite, nous nous focaliserons sur une analyse étymologique, morphosyntaxique, sémantique et terminologique des appellations ou des désignations des différents types de pains en Égypte. Cette analyse sera basée sur l'étude des origines et des facteurs externes influençant ces désignations, qui ont parfois des structures morphologiques et syntaxiques ajoutant une charge sémantique particulière à ce produit. Dans ce contexte, les adjectifs ont, par exemple, une fonction descriptive pour le pain. En outre, l'histoire du pain retrace, en quelque sorte, celle de l'Égypte, puisque chaque période ou époque a eu son influence sur la fabrication de ce produit, qui s'avère être un aliment qui revêt plusieurs caractères : interculturel, religieux, local, etc. La dernière partie de la recherche sera consacrée aux constatations terminologiques concernant les résultats de l'analyse, par exemple les différents usages internationaux des termes désignant les pains en Égypte. Enfin, des recommandations seront données en guise de conclusion.

2. Aperçu historique et culturel du pain en Égypte

Le pain est un aliment qui existe dans toutes les cultures et qui est consommé lors de diverses occasions et dans des contextes différents.

Le pain a ce pouvoir exceptionnel d'être rassembleur. De la modeste table aux grands festins, du goûter entre amis aux offices religieux, le pain se partage et, avec lui, ses valeurs nutritives et symboliques. (Dufresne 2004, 10)

L'histoire de l'Égypte, considérée comme un pays partageant la civilisation méditerranéenne de par son emplacement géographique, a influencé celle du pain. En effet, l'Égypte est un pays connu pour sa richesse culturelle de par la diversité des communautés étrangères qui y ont vécu et qui y vivent encore aujourd'hui. Ces communautés ont eu une très forte influence sur la gastronomie et l'alimentation égyptiennes.

Par ailleurs, il faut noter que le pain est un aliment sollicité par toutes les classes sociales pour son intérêt nutritionnel puisqu'il est riche en glucides, fibres et protéines. Sa qualité de fabrication diffère d'un boulanger à l'autre, ce qui se répercute sur les prix. Par exemple, la classe pauvre achète un type de pain dont la qualité est médiocre à moitié prix, tandis que les classes moyenne et aisée achètent des pains à un prix un peu plus élevé, mais dont la qualité est meilleure.

Il serait donc pertinent de remonter dans l'histoire de l'Égypte, afin de mieux comprendre les spécificités de cet aliment. En effet, le développement de la culture du pain remonte à l'Égypte ancienne, où le pain était fabriqué sous une forme très élémentaire, à savoir une pâte fermentée au levain et cuite au four.

De plus, les Pharaons sacralisaient le pain, qui symbolisait beaucoup de valeurs positives, telles que la fertilité, le don et la vie éternelle. Le pain avait donc une importance toute particulière dans l'Ancienne Égypte. Le processus de panification en Égypte est né grâce au blé tendre, fourni de façon quotidienne au boulanger par le « directeur du grenier ». À cette époque, les pains avaient des formes diverses ; ils pouvaient être carrés, ronds, ovales et étaient fabriqués dans des moules. En outre, l'Égypte pharaonique est une des premières civilisations ayant inventé les moyens de fabrication des pains. La production du pain est d'ailleurs représentée sur les peintures funéraires des anciens Égyptiens.

Dans cette première partie, nous tenterons d'étudier les aspects historique et culturel du pain en Égypte et d'en établir une typologie, afin de servir nos objectifs de recherche terminologique, sans nous attarder sur les ingrédients ou les modes de fabrication de chaque type de pain (nous mentionnerons uniquement les ingrédients de base de chaque type de pain, puisque chaque boulanger a sa propre façon de les préparer en ajoutant ou en modifiant un élément de la fabrication). Par exemple, les termes désignant les pains eux-mêmes reflètent les habitudes et rituels propres aux communautés ayant vécu en Égypte. Ces communautés ont également influencé la fabrication du pain en Égypte.

Qui dit fabrication du pain dit boulangeries et donc différents types de boulangeries. Ainsi, une distinction entre boulangeries locales artisanales et boulangeries dépendant des chaînes internationales s'avère importante. En effet, pour bien analyser les types de pains répandus en Égypte, nous nous focaliserons sur les boulangeries locales qui se basent sur des moyens de fabrication simples et sur des méthodes artisanales et non pas sur les chaînes internationales ou les boulangeries à caractère international (comme Paul), ou celles ayant des modes de fabrication modernes, grâce à des équipements industriels sophistiqués.

Après avoir effectué une recherche documentaire et sur le terrain, plusieurs types de pains en Égypte ont été retenus pour notre étude terminologique. Dans cette partie, nous présenterons des exemples des principaux types de pains – à titre d'illustration et de manière non exhaustive – répandus dans la culture égyptienne. Nous proposons, ci-après, un classement conceptuel des pains en fonction de trois catégories : locale, interculturelle et religieuse.

2.1. Catégorie locale

- العيش الشمسي (āl ʿīš al-šmsī), traduit littéralement par *pain solaire*, est fabriqué à partir de farine de blé et de levure, exclusivement en Haute-Égypte (rarement vendu au Caire) grâce aux températures élevées des régions situées dans le Sud de l'Égypte. La fabrication de ce type de pain, de forme ronde, est particulière étant donné qu'il n'est pas fabriqué dans les boulangeries : il est exposé aux rayons du soleil durant deux heures pour cuire et n'est pas mis dans un four. Notons que les Égyptiens ont hérité ce type de pain des Pharaons, qui dépendaient du soleil pour la cuisson de leurs pains.

- عيش بلدي (ʿīš baladī) ou pain *Baladi*, traduit littéralement par *pain de mon pays* mais voulant dire *pain du peuple* ou *pain populaire*, est assimilé, par erreur, au *pain pita* par les non-égyptiens. Il est fabriqué à partir de farine complète et de levure (note : toutes les photos ont été prises par l'auteur, Y.B.).

- قرص فلاحي (qurṣ falāḥī), pouvant être traduit littéralement par *pain rond paysan*, est fabriqué à partir de farine, de levure, de matière grasse et de lait. À remarquer que dans la culture musulmane, lors de la visite des morts aux cimetières, les proches distribuent ce pain aux pauvres y habitant en tant qu'aumône et offrande pour l'âme du défunt.

- فطير مشلتت مصري (fiṭīr mišaltit maṣrī), équivalent à *pain feuilleté* et qui peut également être appelé *crêpe feuilletée*, est fabriqué à partir de farine et de matière grasse. Ce type de pain remonte à l'époque des Anciens Égyptiens qui le présentaient comme offrande aux dieux dans les temples. Il est mangé avec un accompagnement sucré comme le miel ou salé comme le fromage blanc.

2.2.   Catégorie interculturelle

- عيش السن (ʿīš al-sin), équivalent à *pain au son,* est consommé surtout par les personnes suivant un régime alimentaire pour maigrir. Ce type de pain est fabriqué à partir de blé complet. Son caractère interculturel résulte du fait que le mot arabe السن est une translittération du terme français *son.*

- عيش الفينو أو العيش الصامولي) *(ʿīš al-fīnū),* traduit littéralement par *pain fino,* ou plus rarement par *pain semoule,* est fabriqué à partir de farine de semoule (farine fino), de levure et de lait. Ce type de pain revêt un aspect interculturel, puisque nous supposons que la deuxième partie des deux syntagmes nominaux est une translittération des termes italiens *fino* et *semolina* qui décrivent le type de farine *semolina* extrêmement fine issue du blé dur. Remarquons que ce type de pain avait autrefois un mode d'achat particulier différent de celui adopté de nos jours. Cela est dû aux types de consommateurs étrangers qui vivaient en Égypte et qui ont influencé le mode d'achat du produit, d'où la charge culturelle de ce type de pain. En effet, la première boulangerie fabriquant ce type de pain était située dans la ville d'Ismaïlia, où la plupart des consommateurs étaient issus des communautés étrangères qui y vivaient. Par exemple, à Alexandrie, les Grecs achetaient le pain fino à la découpe et au poids, alors que de nos jours, ce pain est vendu à l'unité.

- العيش الكيزر (āl'īš al-kīzr) ou *pain kaiser*, est fabriqué à partir de farine blanche, de levure et de lait. De forme ronde et bombée, ce type de pain est utilisé dans la confection des hamburgers. Ce type de pain, ayant un aspect interculturel, est différent de par sa forme, sa texture et ses ingrédients, du pain autrichien *Kaiser semmel*.

- عيش الصاج السوري *(īš al-ṣāǧ al-sūrī) ou pain syrien, est fabriqué à partir de farine* blanche et de levure instantanée. Ce type de pain revêt un caractère interculturel, puisqu'il a été créé en Syrie et a ensuite été pleinement intégré aux habitudes de consommation de la société égyptienne et a même trouvé sa place dans la plupart des restaurants, y compris les restaurants égyptiens. Cette intégration est due à la présence des Syriens dans la vie quotidienne et professionnelle des Égyptiens. Leur présence a donc influencé les habitudes alimentaires en Égypte.

- عيش فرنساوي ('īš frnsāwy) ou *pain français*, est fabriqué à partir de farine, de levure instantanée et d'œufs. L'adjectif *français* ajouté au terme *pain* dénote son caractère interculturel. Cependant, malgré cette appellation, il n'existe qu'une analogie de forme entre ce type de pain et la baguette française, puisque ce pain est allongé, mais n'a aucune ressemblance concernant la texture, les ingrédients et les modes de fabrication.

- عيش شامي ('īš šāmī) ou *pain levantin,* est fabriqué à partir de farine blanche, de levure instantanée et de lait en poudre. Ce type de pain a un caractère interculturel, puisqu'il est consommé dans toute la région du Proche-Orient.

- سميط (smīṭ) ou *simit,* est fabriqué à partir de farine, de levure instantanée, de lait, de blancs d'œufs et de sésame pour la décoration. Son caractère interculturel réside dans ses origines, puisque ce type de pain a été créé en Turquie et s'est répandu en Égypte sous l'Empire ottoman.

2.3. Catégorie religieuse

Il s'agit, dans cette catégorie, de pains consommés dans les églises de confession orthodoxe et revêtant un caractère religieux. En effet, il existe trois types de pains dans le contexte religieux : البرشان (al-bršān) ou *pain eucharistique*, لقمة البركة (lqmï al-brkï), littéralement *bouchée bénie*, et خبز القربان (qrbān), littéralement *pain d'offrande* ou *pain sacré*. Ces trois types de pains sont fabriqués à partir des mêmes ingrédients de base, à savoir la farine de blé blanche et la levure.

Le premier type, appelé *pain eucharistique* ou البرشان et désigné par « pain de vie », est transformé en corps du Christ au cours de la messe et est consommé par les croyants lors de la communion dans les églises. Bien que les termes *pain* et *vin* (corps et sang du Christ) soient des appellations prononcées pendant les messes dans toutes les confessions, celles-ci ont chacune leur forme de pain. Par exemple, pour les catholiques et les rites latins, il s'agit de l'hostie qui est une petite rondelle croquante de pain non fermenté, alors que chez les coptes et les orthodoxes, en général, il s'agit du pain fermenté coupé en petits morceaux (البرشان).

Le deuxième type de pain, لقمة البركة ou *bouchée bénie*, est, dans le rituel orthodoxe, béni par le prêtre sur l'autel, mais constitue un surplus du pain utilisé pour l'Eucharistie. En effet, au début de la messe, le prêtre choisit un pain parmi ceux qui sont proposés. Les pains restants sont ensuite découpés en petits morceaux, bénis et distribués aux fidèles après la communion ou à la fin de la messe ; ils constituent ainsi les « bouchées bénies ».

Quant au troisième type de pain, خبز القربان , traduit par *pain d'offrande* ou *pain sacré*, il est vendu aux croyants, chez certaines confessions, en dehors des églises après les messes. Ces pains ronds sont fabriqués dans les boulangeries des églises, selon un processus complexe de préparation effectué par les prêtres eux-mêmes, et portent au milieu un cachet constitué d'un cercle où est inscrit en grec

« Saint Dieu, Saint tout puissant, Saint immortel » et au centre duquel existe une grande croix (symbolisant le Christ) entourée de douze petites croix (symbolisant les douze apôtres). Ces motifs et ces dessins constituent un aspect sémiotique très riche, puisqu'ils reflètent la perception d'une communauté qui a choisi une représentation spéciale de ses objets de pensée. Il est à noter que de nos jours, ce type de pain ne dispose plus de tous ces motifs qui ont été simplifiés au fil du temps.

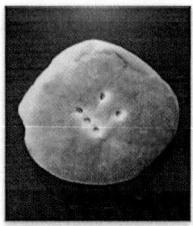

Tous ces rituels montrent l'importance majeure du pain dans le domaine religieux. Il est également à noter que le terme عيش, l'équivalent de *pain*, signifie aussi *vie* en arabe dialectal égyptien, ce qui révèle l'importance de cet aliment dans la culture égyptienne.

Lors de l'établissement de cette typologie, nous avons pu constater que la plupart de ces types de pains ne sont pas connus en dehors de l'Égypte, même si certains d'entre eux ont emprunté leur appellation aux pains étrangers (comme le *pain syrien* et le *pain français*). Ces pains n'ont donc pas de visibilité internationale, puisqu'ils sont inexistants à l'étranger sous leur forme égyptienne.

Une des preuves culturelles révélant l'importance du pain dans la société égyptienne réside dans l'usage de proverbes populaires arabes et surtout égyptiens où la valeur sémantique du pain est exprimée de façon flagrante. À titre d'exemple, le proverbe نأكل عيش وملح مع بعض, traduit littéralement par « *Mangeons ensemble du pain et du sel* » et signifiant *faisons un pacte de loyauté*, met en valeur le pain qui est considéré comme l'essence de la vie. En effet, dans ce proverbe, le pain combiné au sel aide les personnes qui les mangent à continuer de vivre, car selon la mentalité égyptienne, le pain et le sel sont considérés comme des aliments de base essentiels à la survie. Au sens figuré, ce proverbe signifie donc l'engagement et la fidélité ou la loyauté des personnes qui ont partagé des aliments nécessaires à la vie. Un autre proverbe, إدي العيش لخبازه، ولو أكل نصفه ,

traduit littéralement par « *Il faut laisser le soin au boulanger de fabriquer le pain même s'il en mange la moitié* » et signifiant *à chaque métier son spécialiste*, valorise le pain qui est considéré comme un produit difficile à fabriquer et mérite donc un spécialiste (dans ce cas, le boulanger) pour bien le confectionner. En effet, le proverbe signifie qu'il faut toujours avoir recours aux experts pour réaliser un travail de qualité, même si cela implique des coûts plus élevés. Un troisième proverbe, الجعان يحلم بسوق العيش, traduit littéralement par « *Celui qui a faim rêve du marché aux pains* » et signifiant *Qui a faim rêve de manger du pain*, met en relief l'importance du pain dans la vie surtout pour les personnes qui n'ont pas les moyens de se nourrir. Ce proverbe signifie donc que les rêves émanent des besoins essentiels de l'être humain (ici l'exemple de l'affamé qui a besoin de survivre).

Dans la présente partie, la description historique et culturelle a été effectuée à partir de nos hypothèses basées sur une logique de terminologue. Ces hypothèses culturelles et historiques nous aideront à mener notre analyse étymologique et morphologique dans la partie suivante.

3. Analyse étymologique, morphosémantique et terminologique des désignations des différents types de pain

Dans cette partie, nous mènerons une analyse étymologique, morphosyntaxique, sémantique et terminologique des différentes appellations des types de pain. L'intérêt de cette analyse réside dans le fait d'être conscient des enjeux socio-culturels motivant ces appellations. En effet, le terminologue effectue, en permanence, même inconsciemment, une analyse étymologique des termes qu'il étudie dans un domaine de spécialité donné.

Avant de mener cette analyse étymologique et terminologique des désignations des pains en Égypte, et pour mieux comprendre les documents spécialisés dans ce domaine, nous avons jugé indispensable de faire une extraction des termes décrivant le processus de fabrication des pains ainsi que les ingrédients utilisés dans cette fabrication. Cette extraction a été établie à partir de textes spécialisés rédigés en langue française dans ce domaine. À partir des termes extraits, nous avons établi des équivalences avec les termes arabes décrivant les pains, afin de pouvoir rédiger notre analyse en français. À titre d'exemple, dans cette liste, figurent les termes décrivant le processus de panification comme *pétrissage, fermentation* et *cuisson*, les ingrédients comme *blé tendre, farine blanche, farine complète, pain blanc, pain complet, levure instantanée*, ou la texture du pain comme les adjectifs *granuleux, croustillant, sec, hydraté, humide, aéré, pâteux*.

Afin de mener une étude étymologique des termes qui font l'objet de notre étude, il est essentiel de remonter à leur histoire, leur création et leur contexte d'apparition.

> Faire l'étymologie d'un mot aujourd'hui, ce n'est pas seulement trouver son origine, mais c'est aussi mettre en évidence le « milieu créateur » dans la description de la vie du mot et des mécanismes de sa transmission. (Andronache 2008, 1092)

Avant de réaliser cette analyse étymologique, il serait pertinent de faire la distinction entre l'étymologie populaire et l'étymologie scientifique ou savante, puisque l'objet de notre étude, à savoir le pain, revêt un caractère socio-culturel et ethnique. Nous avons donc cherché à trouver l'étymologie scientifique des termes désignant les pains en Égypte. En cas d'absence de cette étymologie, nous avons eu recours à l'étymologie populaire.

L'étymologie scientifique est effectuée en fonction d'une étude diachronique du terme basée sur l'analyse des relations entretenues par un terme avec une racine ou un mot historiquement plus ancien (étymon) qui a donné lieu au terme actuel en usage.

Quant à l'étymologie populaire, elle se base sur une étude synchronique et est considérée comme étant un procédé spontané émanant du choix d'un peuple ou d'une ethnie. En effet, dans ce type d'étymologie, les locuteurs ou les sujets parlants ne basent pas leur choix sur une démarche scientifique.

> Traditionnellement, le terme d'étymologie populaire qualifie le fait de rapprocher – consciemment ou non – deux unités lexicales entre lesquelles il n'existe pas de lien morphologique et sémantique historiquement avéré. (Béguelin 2002, § 1)

Pour mener à bien l'analyse étymologique des termes de cette étude, nous avons tenté de remonter à leurs origines les plus anciennes et à chercher ainsi les premières dates auxquelles les termes ont été attestés ou employés dans des textes spécialisés, autrement dit la date d'émergence de ces termes dans les textes et les discours spécialisés. Nous avons donc suivi une approche diachronique pour étudier l'étymologie des termes de cette étude, considérés pour la plupart comme des appellations terminologiques. Toutefois, le manque de références arabes et françaises à ce sujet a constitué une difficulté empêchant la datation de la naissance de ces termes. Seuls des textes non spécialisés (forums et sites généraux décrivant les recettes) ont été trouvés sur les modes de fabrication du pain. Nous avons donc dû, à maintes reprises, mener notre propre analyse terminologique, tout en l'étayant par les documents vulgarisés, une enquête de terrain dans les boulangeries locales et des recueillis auprès de membres de la société égyptienne. Ce processus a débouché sur les hypothèses formulées dans la partie précédente, émises à partir d'une analyse étymologique populaire des origines des appellations terminologiques des pains.

Malgré ces difficultés, nous avons veillé à la vérification de la continuité de ces termes, considérée comme une étape indispensable dans une analyse étymologique, en cherchant à confirmer qu'ils continuent à être employés.

> En effet, établir l'étymologie d'un mot est un processus complexe : fournir une première attestation doit s'accompagner d'une enquête minutieuse sur les attestations intermédiaires pour témoigner des circonstances qui ont favorisé après sa création, sa transmission et sa continuité. (Andronache 2008, 1094)

Il se peut donc qu'un terme soit lexicalisé pour une certaine période ou synchronie et ensuite disparaisse de la terminologie d'un domaine de spécialité. Ce type d'analyse pourrait s'inscrire dans le domaine de la terminologie historique.

Nous avons vu que les appellations terminologiques des différents pains représentent le phénomène terminologique qui fait l'objet de cette étude. Mais ces appellations peuvent-elles être considérées comme des termes ? Cette question controversée divise les différents courants linguistiques, mais revêt une importance majeure surtout dans le domaine de la traduction spécialisée où les appellations sont traduisibles ou non en fonction du contexte.

Les courants linguistiques sont divisés sur le fait de considérer ou pas les appellations terminologiques comme des noms propres. Il faudrait donc d'abord définir ces deux notions de nom propre et d'appellation terminologique.

D'un point de vue terminologique, Dancette cite la définition très claire de Humbley du nom propre (Dancette 2013, 456) :

> Dans notre définition, le nom propre est le nom qu'on attribue à un être, un lieu, un organisme ou tout objet (document, théorie) afin de le désigner de façon exclusive pour le distinguer d'autres êtres ou objets de la même classe. Il est donc monoréférentiel puisqu'il renvoie à un concept individuel. (Humbley 2006, 108)

Dans ce contexte, il est important d'admettre que les noms propres constituent une question éternelle perturbant également les écoles de lexicographie et de terminographie. En témoignent les dictionnaires des langues qui font la distinction entre noms propres et noms communs, même dans la description des unités lexicales et terminologiques. C'est pour cela qu'il existe deux types de dictionnaires : dictionnaires de langue (noms communs) et dictionnaires des noms propres. Cette perturbation résulte du fait que les noms propres n'ont pas d'identité ou de statut terminologique clair, alors qu'elles désignent des concepts très précis. Dans chaque domaine de spécialité, ces appellations existent sous différentes formes, par exemple sous forme de noms de lois, d'accords, d'organisations ou d'institutions. Dans notre recherche, il s'agit des noms donnés aux différents types de pains. Il faut noter que les appellations terminologiques sont considérées comme des moyens d'identification, puisqu'ils dénotent les caractères du concept qu'ils désignent.

Dans certains sous-domaines comme l'alimentation – surtout le cas du pain – les appellations terminologiques sont données aux concepts, suite à un consensus de la part de la communauté concernée qui a la même perception de l'objet désigné. Pour comprendre une appellation, elle doit donc être connue et comprise par la communauté qui l'emploie.

Dans ce contexte, il convient de rappeler la distinction entre référent et objet, que Depecker définit comme suit :

> La distinction entre référent et objet, essentielle en terminologie, permet de comprendre le sens dans les langues (le signe renvoyant à un référent aléatoire et imaginaire) et le sens en

terminologie (l'unité terminologique renvoyant de façon dénotative à un concept subsumant un objet ou une catégorie d'objets). Cette distinction entre référent et objet apparaît d'ailleurs dès qu'on constate que, si je peux toucher un objet, je ne peux toucher un référent. (Depecker 2009, 98)

En effet, chaque appellation terminologique se classe sous une catégorie générale ou un générique qui contient ses propriétés communes avec d'autres appellations. Par exemple, le *pain fino* se classe sous le générique *« pain »,* puisqu'il comprend des sèmes communs avec les autres types de pains comme les ingrédients impliqués dans leur fabrication (farine, levure, lait). Ce générique est considéré comme un nom commun duquel découle l'appellation terminologique qui devrait désigner une entité unique.

En outre, les ingrédients impliqués dans la fabrication des pains sont inclus parfois dans leurs appellations. À titre d'exemple, les appellations عيش السن qui comprend une unité terminologique السن désignant l'ingrédient (*le son*), et عيش الفينو qui comprend l'unité الفينو désignant l'ingrédient (farine fino).

Suite à une observation des moyens de communication entre les fabricants du pain et les consommateurs, il s'est avéré que les deux parties, spécialistes et large public, utilisent les mêmes appellations terminologiques des pains. Il s'agit donc, dans ce secteur d'activité, d'une terminologie vulgarisée, puisqu'il s'agit d'un produit destiné au large public. En effet, le phénomène de la vulgarisation fait partie des phénomènes terminologiques, puisque les termes sont, dans certains domaines de spécialité, destinés à des non-spécialistes à des fins de communication. Ce constat est confirmé par Valérie Delavigne :

Cependant, à partir du moment où l'on s'attache à décrire la réalité des usages des terminologies, on ne peut limiter l'analyse aux discours produits et destinés à des cercles étroits de « spécialistes ». Les termes ne s'arrêtent pas aux seules communications entre pairs, mais circulent, que ce soit vers d'autres « spécialistes » (discours d'interface) ou des « non-spécialistes » (discours de vulgarisation ou autres). (Delavigne 2003, 80-81)

Cette communication entre spécialistes et large public se concrétise surtout à travers les échanges quotidiens qui se déroulent pour acheter le produit, ainsi que les textes vulgarisés. Elle revêt donc à la fois un aspect socio-commercial, à travers la vente du produit, et une signification symbolique, à travers l'imaginaire social ou populaire représenté dans les proverbes égyptiens sur le pain et lui attribuant des images qui lui donnent un sens particulier reconnu dans la communauté concernée.

Lors de l'observation de cette communication, il s'est avéré également qu'une seule appellation terminologique peut désigner plusieurs concepts. En effet, dans ce secteur d'activité, certains types de pain déjà mentionnés peuvent désigner des concepts à caractères différents. Par exemple, le pain français عيش فرنساوي peut ressembler tantôt à la baguette française, tantôt à un pain français à l'égyptienne. Il s'agit donc ici de deux concepts, voire même de deux dénotations différentes. Cette pluralité conceptuelle et référentielle est considérée comme un phénomène résultant du fait que les normes ISO contrôlant la qualité du pain (comme l'Appellation d'origine protégée AOP en Europe) ne sont pas tellement appliquées dans les petites boulangeries locales et artisanales égyptiennes. Il n'existe pas, dans ce cas, un savoir-faire commun à toutes les boulangeries locales dans la production du pain, mais plutôt une tradition gastronomique propre à chaque boulanger. Cela débouche donc sur une diversité des modes de fabrication du pain et sur diverses nuances gustatives.

En outre, à l'échelle internationale, les différents types de pain exposés dans la première partie et appartenant à la catégorie interculturelle, n'ont aucune analogie avec les pains étrangers auxquels ils renvoient. Cet aspect a été constaté suite à une analyse des sèmes couverts par ces appellations égyptiennes et la comparaison de ces sèmes avec ceux couverts par les produits étrangers à l'origine. À titre d'exemple, le *pain kaiser* en Égypte n'a qu'une petite ressemblance de forme avec le *Kaisersemmel* autrichien, alors qu'il n'est pas fabriqué selon les mêmes normes ou avec les mêmes ingrédients. De même, le *pain syrien* d'Égypte n'est pas identique à celui de la Syrie. Nous ne pouvons donc repérer dans le produit final qu'une analogie linguistique (appellations) et formelle (forme du pain) et non pas conceptuelle ou sémantique.

Sur le plan morpho-sémantique et syntaxique, les appellations des pains présentent des structures bien particulières. Suite à l'observation de l'échantillon des types de pains déjà mentionnés, nous avons remarqué que le procédé dominant dans leur désignation est la composition, qui est un processus morphologique fréquent dans la formation des termes, défini par Moharram comme suit :

La composition se fait par la juxtaposition de deux unités (simples ou dérivées), exemples : N+N ; N+adj. ; adj.+N ; V+N ; ou par la liaison de deux unités par une préposition, exemples : N+de+N ; N+à+N ; N+en+N. (Moharram 1985)

En effet, la plupart des appellations sont des syntagmes nominaux formés par composition et sont constitués d'un substantif et d'un adjectif (n+adj.). La première unité de ces syntagmes est la même pour la plupart d'entre eux : un substantif عيش (équivalent de *pain*) suivi d'un adjectif comme شمسي *(solaire)*, بلدي *(baladi* ou *du pays), فرنساوي (français), شامي (levantin),* ou de deux adjectifs comme dans l'appellation فطير مشلتت مصري ou *pain feuilleté égyptien*. D'autres types de pain sont composés d'un substantif suivi d'un autre substantif (n+n) comme عيش السن ou *pain au son* ou encore d'un substantif suivi d'un substantif et d'un adjectif (trois unités) عيش الصاج السوري ou *pain saj syrien*.

Un autre phénomène a été observé lors de l'analyse morphosyntaxique et sémantique des appellations des pains : l'influence étrangère sur les désignations du pain. En effet, certaines appellations des pains sont formées à partir de la composition et du recours aux ressources étrangères comme les autres langues, en translittérant l'adjectif étranger (par exemple : *pain fino* et *pain kaiser*). Il s'agit donc d'un emprunt de forme ou emprunt morphologique, et non pas d'un emprunt externe, puisqu'une nouvelle unité terminologique étrangère est intégrée dans la terminologie de la langue et que cette unité est translittérée pour répondre à des besoins d'une communauté vivant en Égypte au moment où elle a été créée. Deux processus morphologique et terminologique se sont donc combinés pour former les appellations des pains.

Dans ce cas, il s'agirait également d'une interférence terminologique, puisqu'une unité terminologique étrangère fait partie de la composition d'un syntagme formé de deux ou de trois unités : une unité locale de la langue source et une autre étrangère translittérée d'une autre langue que l'arabe. Cette interférence est due à l'influence des communautés étrangères qui ont vécu en Égypte et qui font partie de son histoire.

Dans cette partie, une analyse morphosyntaxique, sémantique et terminologique a été menée concernant les appellations des pains en Égypte. Cette analyse nous permettra d'émettre des constatations terminologiques à ce sujet.

4.   Constatations terminologiques

L'aperçu historique et culturel sur le pain, ainsi que les analyses étymologique, morphosyntaxique et sémantique nous ont permis de tirer certaines constatations d'ordre terminologique.

Tout d'abord, on a constaté que le pain est un aliment très riche dans le patrimoine gastronomique égyptien, puisqu'il revêt différents caractères et couvre plusieurs aspects : interculturel, religieux et local. Malgré cette richesse, un obstacle à la recherche a été détecté au cours de l'analyse : la quasi-absence de références spécialisées en arabe analysant l'étymologie et l'histoire du pain en Égypte. En outre, cette richesse est méconnue dans le monde, vu l'absence de transmission de la culture égyptienne du pain aux autres pays. Cela est dû également à la différence évidente des techniques de panification entre l'Orient, surtout en Égypte, et l'Occident.

Pourtant, l'influence des origines et des facteurs externes est considérable sur les différentes désignations des types de pain, tel qu'on l'a démontré dans la partie précédente. Ces types de pains ont parfois des structures morphologiques et syntaxiques ajoutant une charge sémantique particulière à ce produit. En effet, la structure morphosyntaxique des appellations constituées d'un substantif et d'un ou de deux adjectifs est très riche au niveau sémantique. Par exemple, les adjectifs, constituant une unité essentielle dans la composition des appellations des pains, ajoutent une charge sémantique au terme, remplissant une fonction descriptive et distinctive des types de pains. Cela prouve le lien entre les structures morphosyntaxique et sémantique des unités terminologiques.

En effet, les adjectifs descriptifs ont pour rôle de décrire les caractéristiques d'un objet particulier ici représenté par le pain. Dans ce cas, il s'agit d'une description qui fait partie du monde référentiel du locuteur.

> Les seconds (adjectifs descriptifs) permettent souvent de dire des propriétés visibles. Ils peuvent exprimer la taille, la forme, la couleur, et même l'âge qui, s'il est intérieur au référent, se traduit néanmoins par des signes extérieurs. (Mignot 2006, 455)

Notons que les adjectifs dénotant la nationalité comme dans عيش سوري *(pain syrien)* ou عيش فرنساوي *(pain français)* sont des adjectifs descriptifs identifiant le type de pain, puisqu'ils font référence à une catégorie donnée.

Par ailleurs, il a été constaté que les types de pains pourraient constituer, à leur tour, des sous-types. Par exemple, on pourrait imaginer une subdivision des types de pain en fonction de leur utilité. Le *pain fino*, le *pain kaiser*, le *pain syrien* et le *pain français* sont des types de pain pour faire des sandwichs dans les restaurants et dans les maisons. Ces sous-types ont chacun un sème différent qui le distingue des autres. Il s'agit, dans ce cas, d'une relation taxinomique entre un hyperonyme (type de pain) supérieur hiérarchiquement par rapport aux autres sous-types. Ces sous-types partagent une relation de cohyponymie puisqu'ils partagent des caractères communs ou des composantes communes (sèmes communs), tout en ayant chacun un ou plusieurs traits différents (sèmes distinctifs). Cette taxinomie est présente dans la pensée de la communauté utilisant ces pains et existe dans son univers de références.

En effet, le monde référentiel des interlocuteurs contrôle la désignation des objets en général et les appellations des pains dans la présente recherche. Cela correspond à la définition de Pottier :

> Le « monde référentiel » désigne aussi bien ce que je vois réellement par mes yeux, ce que j'entends réellement par mes oreilles, que ce à quoi je me réfère dans ma mémoire ou dans mon imagination. À tout moment de mon fonctionnement linguistique, je suis en prise directe avec du référentiel vu, rappelé ou imaginé. (Pottier 1992, 61)

Suite à l'observation des types de pains, une réflexion a été menée sur la question d'équivalence des appellations terminologiques, puisque la terminologie est censée servir les besoins de la traduction spécialisée. Nous avons vu que les types de pains égyptiens, énumérés dans la première partie, n'existe pas dans la culture occidentale. Cela se traduit terminologiquement par une absence des concepts dans la culture cible, et par conséquent, une absence d'équivalents, lors de la traduction, aux appellations de la langue de départ. Ce problème pourrait être résolu à travers des tentatives de traduction, comme nous l'avons fait dans les exemples *pain baladi* ou *pain du pays, pain solaire, bouchée bénie*, ou par la translittération de l'appellation comme dans l'exemple *simit*.

Enfin, il serait pertinent de souligner que l'appellation terminologique fait partie intégrante des discours spécialisé et vulgarisé propre à un domaine de spécialité ou à un secteur d'activité donné.

5. Conclusion

Dans la présente recherche, nous avons établi que le pain est considéré comme un des produits locaux primordiaux en Égypte. En effet, la diversité des types de pains témoigne de l'importance de cet aliment dans la société égyptienne, étant donné qu'il est fabriqué à partir d'étapes caractéristiques des boulangeries locales en Égypte.

En outre, les appellations terminologiques du pain ont été étudiées sous leurs divers aspects : social, culturel et historique, et selon différents points de vue liés à la terminologie : étymologique, morphosémantique et syntaxique. Même le côté sémiotique a été étudié, concernant les signes dessinés sur le pain d'offrande par exemple. A noter que la sémiotique aide, dans certains cas, à comprendre l'importance d'un objet de pensée (le pain dans la présente recherche) dans la vie d'une communauté.

Ces analyses ont débouché sur la confirmation d'un phénomène terminologique contesté : les appellations terminologiques font partie de la terminologie d'un domaine de spécialité. En effet, dans la présente recherche, nous nous sommes située du côté des terminologues qui affirment que les appellations sont bel et bien des termes à part entière, puisqu'elles répondent aux critères reconnus selon lesquels une unité est un terme. Ces critères sont bien définis par Depecker comme suit : « […], le terme, élément fondamental de la terminologie, est pris entre : la pensée constituée (le concept), la langue (le signe linguistique), le réel (l'objet) » (Depecker 2002, 22).

L'analyse menée dans la présente recherche nous a permis de formuler certaines recommandations à ce sujet. D'abord, il faudrait accorder plus d'importance à l'étymologie des termes en arabe dans certains domaines de spécialité (comme l'alimentation et la gastronomie) négligés par les spécialistes. Cette valorisation pourrait se concrétiser à travers la production scientifique d'ouvrages ou d'articles portant sur les analyses étymologiques des termes propres à ces domaines. En effet, les analyses étymologiques étudiant les origines des termes pourraient aider à préserver le patrimoine alimentaire et gastronomique égyptien, en gardant une trace écrite de l'histoire des pains.

En outre, tel que nous l'avons exposé dans le développement, le terminologue est par essence étymologue, puisque l'étude des origines des termes fait partie intégrante de la terminologie. Il serait donc utile d'intégrer les terminologues dans la sauvegarde du patrimoine culturel d'un pays, puisqu'ils sont capables de remonter dans l'histoire des termes pour les décrire.

Par ailleurs, la typologie des pains, établie dans la première partie de la présente recherche, pourrait servir à la confection de fiches terminologiques destinées aux traducteurs dans ce domaine. En effet, dans cette typologie, nous avons étudié brièvement le terme arabe, sa transcription en latin, son équivalent proposé en français et des notes encyclopédiques le concernant.

Une autre recommandation consiste à intégrer les appellations terminologiques dans les dictionnaires spécialisés de tous les domaines, en les considérant comme des unités terminologiques à part entière.

D'un point de vue didactique, il serait pertinent d'intégrer l'étude de l'aspect étymologique et morpho-sémantique dans l'enseignement de la terminologie, pour garantir une bonne formation des terminologues, cela étant indispensable dans l'analyse des termes de tous les domaines spécialisés.

Enfin, il serait recommandé de sensibiliser les étrangers à la culture du pain égyptien à partir des études terminologiques. En effet, un des objectifs de cette recherche serait de faire circuler et de faire connaître la culture d'un produit local à des étrangers en les sensibilisant à sa terminologie.

En conclusion, l'Égypte, comme la plupart des pays méditerranéens, sacralise le pain, en le chargeant de valeurs symboliques respectueuses. Nous pouvons donc considérer que le pain est un produit qui reflète bien le passé de toute la région méditerranéenne, et est donc considéré comme un objet unificateur de ces populations. Ainsi, « la fabrication du pain, au cœur de la civilisation méditerranéenne depuis l'Antiquité, est aujourd'hui un élément indispensable à la reconnaissance d'un passé commun. » (Matvejević 2004, 46)

Bibliographie

Andronache, Marta (2008): *Le problème de la continuité en lexicologie historique. Réflexions à partir de la pratique lexicographique dans le cadre du projet DETCOL.* Dans: Durand / Habert / Lacks, 1091-1104

Béguelin, Marie-José (2002): Étymologie « populaire », jeux de langage et construction du savoir lexical, Dans: *Semen* 15, http://journals.openedition.org/semen/2414 (15/08/2019)

Bracops, Martine / Dalcq, Anne-Élizabeth / Goffin, Isabelle et al. (éds.) (2006): *Des arbres et des mots. Hommage à Daniel Blampain.* Bruxelles: Éditions du Hazard

Dancette, Jeanne (2013): Le vocabulaire économique et social: entre termes, formules discursives et noms propres. Dans: *Meta* 58/2, 449-466

Delavigne, Valérie (2003): Quand le terme entre en vulgarisation. *5ème conférence internationale Terminologie et Intelligence Artificielle, Strasbourg.* https://hal.archives-ouvertes.fr/hal-00920636:, 80-91 (14/11/2020)

Depecker, Loïc (2002): *Entre signe et concept, éléments de terminologie générale.* Paris: Presses Sorbonne Nouvelle

Depecker, Loïc (2009): La terminologie: ouverture d'un champ disciplinaire. Dans: Willems, 91-106

Dufresne, Sylvie (2004): Au carrefour des cultures et des échanges: le pain de Montréal. Dans: *Cap-aux-Diamants* 78, 10-14

Durand, Jacques, J. / Habert, Benoît / Laks, Bernard (éds.) (2008): *Congrès Mondial de Linguistique Française – CMLF.* Paris: Institut de Linguistique Française

Humbley, John (2006): Terminologie et nom propre. Dans: Bracops / Dalcq / Goffin et.al., 107-124

Matvejević, Predrag (2004): Le pain. Dans: *La pensée de midi* 13/3, 46-48

Mignot, Élise (2006): Les adjectifs: entre déterminant et nom. Dans: *Études anglaises* 59, 453-465

Moharram, Sahar (1985): *Étude d'un vocabulaire du tourisme et de l'hôtellerie, application à l'enseignement/apprentissage du français langue étrangère.* Thèse de doctorat d'État en terminographie, Paris: Université Sorbonne Nouvelle

Pottier, Bernard (1992): *Sémantique générale.* Paris: PUF

Willems, Martine (éd.) (2009): *Pour l'amour des mots: Glanures lexicales, dictionnairiques, grammaticales et syntaxiques. Hommage à Michèle Lenoble-Pinson.* Saint-Louis : Presses de l'Université Saint-Louis

Dr. Yasmine Barsoum

Professeur adjoint (HDR)
Faculté des Langues Appliquées
Université Française d'Égypte
Mél : yasmine.barsoum@ufe.edu.eg

Corinne Pouyade

Les valeurs symboliques et culturelles des céréales dans la mythologie grecque

Résumé :

Cette communication traitera des valeurs culturelles dans l'antiquité du pain et des céréales à travers la mythologie et ses personnages. Pelagos, Triptolème, Démophon, Ploutos et sans oublier Déméter seront plus particulièrement étudiés. Il s'agira d'établir comment la mythologie associe le développement de l'agriculture et la naissance de la civilisation. Entreprendre de découvrir les valeurs symboliques et culturelles des céréales, c'est aussi se plonger dans les racines de la mythologie grecque à travers les poèmes dit homériques ou l'œuvre d'Hésiode. Ainsi l'objectif sera de mettre en évidence le lien qui unit, dans la mythologie, la nourriture et la notion d'humanité en montrant que les fondements de la civilisation sont au centre de la question des céréales. Au-delà de la dimension symbolique, cette communication aura pour objectif de sensibiliser à la réintroduction des aspects culturels des métiers dans la formation professionnelle des jeunes.

Mots clés : pain, mythologie, culture, céréales

Abstract:

This paper discusses the cultural values in the antiquity of bread and cereals through mythology and its characters. A particular focus will be placed on Pelasgus, Triptolemus, Demophoon, Plutus and Demeter. I will attempt to establish how mythology associates the development of agriculture and the birth of civilization. Discovering the symbolic and cultural values of cereals is also to immerse oneself in the roots of Greek mythology through the Homeric poems or the work of Hesiod. The aim is to highlight the link that unites food and the notion of humanity in mythology by showing that the foundations of civilization are at the center of the question of cereals. Beyond the symbolic dimension, this paper will aim to raise awareness for the reintroduction of the cultural aspects of professions in the vocational training of young people.

Keywords: bread, mythology, culture, cereals

1. Introduction

Le pain n'est pas qu'une préparation déjà répandue dans la Grèce antique sous le terme ἄρτος, il représente également tout un univers culturel et symbolique. C'est cet univers que la communication explorera à travers des auteurs antiques de l'époque homérique jusqu'à l'époque romaine. La bibliographie privilégiera des textes facilement accessibles afin de permettre aux jeunes en formation professionnelle d'appréhender les aspects culturels liés à leur métier. C'est pour cette raison, d'ordre pédagogique, que le site de Philippe Remacle a été privilégié. Il offre en effet pléthores de textes et très souvent dans leur version bilingue.

2. Mythologie et céréales, une filiation très ancienne

2.1. La céréale comme marqueur de la civilisation

Pélasgos, le premier roi d'Arcadie, est né directement de la terre selon Hésiode, mentionné chez Apollodore (1805, livre II, 1,1). Comme souvent dans la mythologie, la naissance du roi est envisagée de différentes manières suivant les auteurs. Acousilaos, toujours chez Apollodore (1805, livre II, 1,1), prête à Zeus une union avec Niobé (la première femme mortelle à laquelle s'unit Zeus), de laquelle naîtra Pélasgos. Ce dernier établit une sorte de proto-civilisation, pas encore totalement civilisée, dans laquelle Pausanias (1821, livre VIII, chap.1) précise que

> Pélasgos pendant son règne enseigna aux hommes, soit l'art de se construire des cabanes [...]. Les hommes vivaient encore de feuilles vertes, d'herbes et de racines [...] ; Pélasgos les fit renoncer à cette nourriture, et il découvrit que les glands, [...]. Cette manière de se nourrir, trouvée par Pélasgos, se conserva si longtemps chez quelques peuples de l'Arcadie, que la Pythie, lorsqu'elle défendit aux Lacédémoniens d'envahir le pays des Arcadiens, leur dit les vers suivants : Il y a dans l'Arcadie beaucoup de mangeurs de glands, [...].

Le texte de Pausanias nous décrit un environnement dans lequel les humains n'ont pas encore accès aux secrets des céréales et sans ces céréales, la société des hommes n'est pas encore complètement humaine. La question de l'humanité sera très vite posée par le fils de Pélasgos, Lycaon. Cet enfant, qui régna sur l'Arcadie, est le fruit de l'union, comme le précise Apollodore (1805, livre III, 8,1) pour les uns, de Pelasgos avec la fille d'Océan, Méliboia, ou, pour les autres, avec la Nymphe Cyllènè.

2.2. Un repas monstrueux intimement lié à la culture des céréales

Lycaon s'enfonce progressivement dans un ordre plus culturel, mais le partage d'un repas monstrueux avec Zeus, mêlé de chair humaine et d'autres viandes, interdit alors toute civilisation. Apollodore (1805, III, 8, 1) retrace ce repas monstrueux en ces termes :

> Ils étaient d'une insolence et d'une impiété que rien ne pouvait égaler. Jupiter voulant s'en assurer par lui-même, vint à eux sous la forme d'un manouvrier. Ils lui offrirent l'hospitalité, et ayant tué un des enfants du pays, ils mêlèrent ses entrailles avec celles des victimes, et les lui offrirent à manger, par le conseil de Mænalus l'un d'eux. Jupiter indigné, renversa la table dans l'endroit qui porte maintenant le nom de Trapézonte, et foudroya Lycaon et ses enfants.

Ce repas est une rupture, l'homme ne peut s'inscrire dans l'humanité sur ces bases monstrueuses et le coupable doit être puni. Une fois ce repas pris et les enfants de Lyacon tués, Pausanias (1821, Livre VIII, chapitre IV) précise que

> Lycaon eut une fille nommée Callisto. Jupiter étant devenu amoureux de Callisto eut commerce avec elle. Junon l'ayant découvert la changea en ourse, et Diane, pour satisfaire Junon, la tua à coups de flèches. Jupiter envoya Mercure en lui enjoignant de sauver l'enfant dont Callisto était enceinte.

Ainsi pour Pausanias (1821, livre VIII, chapitre IV), Arcas est le fils de Callisto, donc un descendant par sa mère de l'infâme Lycaon et de son repas abject. A la mort de Callisto, Zeus enlève son nourrisson et le donne à élever à Maia, en Arcadie, en lui donnant le nom d'Arcas. Ce personnage d'Arcas est fondamental, car c'est lui qui introduit « dans l'Arcadie l'art de cultiver le blé, qu'il avait appris de Triptolème. Il enseigna aussi à ses sujets à faire du pain, à filer et à tisser des étoffes pour en faire des vêtements, arts dont il devait la connaissance à Aristée » (Pausanias 1821, livre VIII, 4). Ainsi céréales et humanité sont étroitement liées, la mythologie enseigne que l'un ne va pas sans l'autre et que l'un ne peut exister sans l'autre. Arcas fonde la première culture pleinement humaine, caractérisée par l'agriculture, qui rompt avec la société de cueillette de Pélasgos ou celle du repas monstrueux de Lycaon. Ce parallélisme entre céréales et humanité n'est pas seulement présent dans la mythologie grecque ; la mythologie égyptienne, rapportée par Diodore de Sicile (1846, livre 1 chapitre 14 section 1 ligne 3) nous rappelle également qu'« Osiris fit perdre aux hommes la coutume de se manger entre eux, après qu'Isis eut découvert l'usage du froment et de l'orge », ainsi « Il y a quelques villes où, pendant les fêtes d'Isis, on porte avec pompe, parmi d'autres objets, des corbeilles chargées de froment et d'orge, en mémoire des bienfaits de cette déesse » (Diodore de Sicile, 1846).

Même si Arcas, fonde la transmission des céréales aux hommes, il ne peut, pour autant, se substituer à la déesse Déméter et à son rôle dans la dimension symbolique du pain.

3.   Déméter, une relation aux céréales aux multiples facettes

3.1.   Ploutos, un premier enfantement symbolique

Entreprendre de découvrir la Déesse Déméter, c'est aussi se plonger dans les racines de la mythologie grecque. En effet, les plus anciens témoignages relatifs à la déesse apparaissent à la fois dans les poèmes dit homériques (1817, Cérès) et dans l'œuvre d'Hésiode (1928). Ce dernier (Hésiode, 1928, 453-457 et 969-974)[1] rappelle la filiation de la déesse, elle est en fait la fille de Rhéa et de Cronos et sœur de Hestia, Hadès, Zeus. Elle enfanta, plus tard, Ploutos, la richesse, qu'elle conçut avec Iason dans un champ « trois fois retourné » (Hésiode 1928). Il apparaît clairement, dans la conception de Ploutos, que la semence d'Iason et la préparation du champ sont à comprendre dans une parabole plus générale sur le thème de la fertilité. Ainsi la richesse (Ploutos) s'inscrit dans le labour d'un champ

---

[1]   Respectivement *des travaux et des jours, la Théogonie.*

220

et métaphoriquement identifie fertilité, richesse et culture. Le champ, et plus tard les céréales qui y poussent, sont assimilés à la richesse. Celle-ci s'entend, à la fois, comme une richesse culturelle, car l'homme s'est détaché de la monstruosité, mais aussi comme une richesse purement nourricière et vitale.

3.2. Un couple mère-fille lié à la terre

Dans *les travaux et les jours* (Hésiode 1928, 32, 300, 391, 465), les nombreuses références à la déesse insistent sur la relation qu'entretient Déméter à la terre ; c'est elle en effet qui est la garante d'une bonne récolte et que les hommes doivent prier afin que le fruit saint devienne mature. Déméter, chez Hésiode, est clairement liée au blé et à la réussite de sa culture. C'est aussi dans le « couple » qu'elle forme avec sa fille Perséphone que les valeurs symboliques des céréales se révèlent. Hésiode (1928, 895) nous dit que Perséphone est le fruit des amours entre Déméter et Zeus. Dans *l'hymne à Déméter* (1817), la déesse est celle qui affronte l'enlèvement de sa fille Perséphone par Hadès et qui, par conséquent, prive la terre de ses semences durant l'absence de sa fille. Hadès subjugué par la beauté de Perséphone, décide d'en faire sa reine et enlève la jeune fille. Sa mère Déméter ne peut se résoudre à cette absence et décide de priver la terre de ses récoltes pendant sa quête. Zeus ne voulant froisser ni Déméter ni Hadès accepte un compromis (8 mois sur Terre et 4 mois avec son mari). Ce n'est qu'à son retour sur terre qu'elle accepte de lui redonner vie. Ainsi Déméter, dès les mythes fondateurs, est liée à la culture des fruits de la terre et à l'alternance des saisons. Sa fille la quitte et les graines sont enfouies sous la terre, sa fille revient auprès d'elle, les graines sortent de terre et nourrissent les hommes. La tristesse d'une mère, sa mort symbolique interdit toute vie alors que la joie des retrouvailles, sa renaissance, redonne vie sur terre. Déméter laisse mourir la terre tant qu'elle ne revoit pas sa fille, mais c'est aussi pendant la quête de sa fille qu'interviennent les rencontres avec les autres personnages mythologiques qui fonderont le culte à mystères. Le culte de Déméter est très vite associé aux saisons et à l'espoir de voir renaître les fruits sacrés.

3.3. Entre Démophon et Triptolème, une initiation fondatrice

La longue quête de Déméter pour retrouver sa fille sera également l'occasion de transmettre ses secrets lors de différentes rencontres. Dans les hymnes homériques (1817, 190-211), Méténaire souhaite la bienvenue à Déméter et lui offre l'hospitalité. Elle lui demande de prendre soin de son fils. La déesse lui promet de le protéger et accepte de devenir la nourrice de Démophon : elle le cache dans le feu, la nuit, l'oint d'ambroisie pour le rendre immortel, jusqu'au moment où sa maman la surprend et crie. Démophon ne sera donc pas immortel. Mais, dans les vers 256-274, Déméter demande qu'on lui bâtisse un temple et qu'on célèbre en son honneur une cérémonie annuelle. Elle promet de leur enseigner ses rites sacrés. L'hymne (1817, 459-482) se termine sur le consentement de Déméter de ramener la vie sur terre et elle s'engage à enseigner ses rites aux princes d'Éleusis. Déméter confie à Triptolème, à Polyxène et à Dorlé la charge des mystères sacrés. Le personnage de Démophon est également présent chez Apollodore (1805, livre I, 5, 1-3), à la différence toutefois que ce dernier introduit le personnage de Triptolème comme frère de celui-ci, pour autant la transmission des secrets des céréales est toujours la même et encore liée à un double drame, celui de l'enlèvement de Perséphone et celui de l'initiation manquée de Démophon.

Une autre version, celle d'Ovide (1857, IV, 550) substitue Triptolème à Démophon ; malgré cette substitution, Déméter, déesse de l'agriculture, est la personne qui instruit Triptolème aux mystères sacrés, c'est-à-dire à l'agriculture. La même initiation interrompue par la maman sera à l'origine de la transmission des secrets de la culture des céréales. Le personnage de Triptolème est également présent chez Callimaque (1842, III), Diodore de Sicile (1846, livre V), Ovide (1806, 642) et Pausanias (1821, livre VII, chap XVIII) en tant qu'intermédiaire à la déesse dans la transmission des secrets des céréales.

Triptolème ou Démophon par l'intermédiaire de la Déesse sont indissociables de la transmission du secret de la culture des céréales aux hommes. Ainsi il y a, dans la transmission du blé aux hommes, quelque chose de mystérieux et de divin, un don sacré que le boulanger fait vivre au quotidien dans son fournil, marqué par les amours de Déméter et Iasion, l'enlèvement de Perséphone et l'arrachement de Démophon ou Triptolème à la quête initiatique.

Les Dieux et les personnages mythologiques ne sont pas, pour autant, les seuls instigateurs de la valeur symbolique des céréales et du pain dans l'antiquité grecque ; les mises en scène de la vie quotidienne des héros, dans les épopées, sont également une source intéressante dans la découverte de ces valeurs.

4. Le pain au cœur de la table des héros

Les épopées homériques sont des sources fondamentales pour comprendre les valeurs symboliques et culturelles des céréales. En effet l'œuvre d'Homère recense un nombre important (104 occurrences) de références aux céréales. Malgré tout, il faut être vigilant quant aux termes présents chez Homère. Les termes présents dans le texte d'Homère sont variés mais font référence principalement à des espèces de blés de qualités différentes et les occurrences relatives au pain sont très peu nombreuses. Il n'est pas question dans cette communication d'insister sur la différenciation des espèces de céréales ni sur leur traduction, mais bien sur leur valeur symbolique, c'est pour cela que nous analyserons le contexte dans le lequel ces termes sont utilisés au-delà de la terminologie grecque et de sa traduction française. Pour autant, il est nécessaire d'établir une liste des termes présents dans le texte grec ainsi qu'une traduction en langue française issue du dictionnaire Liddell / Scott (1996) ou d'une interprétation issue des recherches plus spécialisées en histoire des céréales d'Amouretti (1986) ou de Jardé (1925).

Tableau 1 : Terminologie des céréales présentes dans l'œuvre d'Homère

Terminologie grecque	Traduction ou interprétation
τίφη	blé dur vêtu, engrain (source Amouretti 1986)
ζειά	blé vêtu, amidonnier (source Amouretti 1986)
Ὄλυρα	blé vêtu, amidonnier (source Amouretti 1986)
ζεόπῡρον	blé vêtu épeautre (source Amouretti 1986)
σῖτος	céréales, parfois blé (source Amouretti 1986)
ἄλφιτον	farine d'orge (source Liddell / Scott 1996)

Terminologie grecque	Traduction ou interprétation
ἄλευρον	farine de blé (source Liddell / Scott 1996)
Πυρός	blé dur nu (source Amouretti 1986)
ἄρτος	pain (source Liddell / Scott 1996)
κριθή	orge (source Liddell / Scott 1996)

4.1. De la nourriture animale aux libations

Les contextes de la consommation des céréales sont variés. Il y a tout d'abord la nourriture animale, celle-ci permet dans l'*Iliade* (Homère 1843) de nourrir surtout les chevaux avec des céréales comme l'orge ou le blé. Les occurrences faisant référence à l'alimentation animale sont au nombre de sept et se concentrent dans l'Iliade. La récompense des chevaux qui se tuent au labeur se mesure dans les céréales qu'ils mangent. Il est vrai que la terminologie des céréales employée dans le texte grec fait davantage référence à des céréales de mauvaise qualité, à la différence des céréales réservées aux hommes. En effet, les blés avec lesquels on nourrit les animaux sont des amidonniers, des céréales dites « vêtues » qui ne sont pas satisfaisantes dans l'exploitation culinaire à cause de leur écorce épaisse. Le tableau ci-dessous liste avec précision le nombre et la terminologie désignant les céréales comme nourriture animale.

Tableau 2 : Les occurrences faisant référence à la nourriture animale dans l'Iliade

Terminologie grecque	Traduction ou interprétation	Nombre d'occurrences (nourriture animale)	Total des occurrences
Πυρός (Ce terme a été recensé dès qu'il était entouré par d'autres termes de céréales)	blé dur nu	1 occurrence	3 occurrences
Ὄλυρα	blé vêtu amidonnier	2 occurrences	2 occurrences
σῖτος	céréales, parfois blé	1 occurrence	13 occurrences
ORGE/κριθή	orge	3 occurrences	3 occurrences

Cette alimentation animale ne permet pas toutefois de déduire une réelle valeur culturelle. Afin de comprendre davantage la valeur culturelle des céréales, il est

224

nécessaire d'explorer l'utilisation des céréales dans une autre perspective. Les céréales, dans l'Odyssée (Homère 1842)[2], sont également présentes pour les offrandes religieuses, c'est surtout l'orge et sa farine qui sont utilisées dans diverses libations.

Tableau 3 : Les occurrences faisant référence aux offrandes religieuses dans l'Odyssée

Terminologie grecque	Traduction ou interprétation	Nombre d'occurrences (offrandes religieuses)	Nombre total d'occurrences
ἄλφιτον	farine d'orge	4 occurrences	12 occurrences
σῖτος	céréales, parfois blé	2 occurrences	52 occurrences
ORGE/κριθή	orge	1 occurrence	4 occurrences

Les céréales, qu'elles soient orge ou blé sous sa terminologie la plus large, font partie du rituel religieux. Elles sont répandues sur les libations ou servent dans la fabrication, pour Circé, d'une préparation qui fera perdre la tête aux hommes. La présence des céréales dans la sphère religieuse marque leur importance dans la société archaïque et l'environnement mythologique, en effet seul un présent rare peut être offert aux Dieux. Le rituel religieux étant un acte fondamental dans la société grecque archaïque, il traduit ainsi de la valeur réservée aux céréales dans la société.

4.2. Le repas quotidien

Mais c'est surtout dans le partage des repas que les céréales prennent toute leur dimension symbolique. Dans *l'Iliade* (Homère 1843), à 16 reprises, le partage est célébré, sous des termes faisant référence au terme générique de céréales[3] mais aussi à celui de la farine d'orge[4]. Les termes faisant référence aux céréales sont toujours présentés de manière positive et mettent en valeur les notions de partage et de force « Et Patroklos, ayant rôti les chairs et les ayant posées sur la table,

---

[2] Livre 6 ligne 99, livre 20 ligne 313, livre 10 ligne 234, livre 10 ligne 520, livre 11 ligne 28, livre 14 ligne 429, livre 12 ligne 358.
[3] Sous le terme de σῖτος.
[4] Sous le terme ἄλφιτον.

distribua le pain dans de belles corbeilles » (Homère 1843, livre IX). La consommation de céréales marque d'ailleurs la différence essentielle entre les humains et les Dieux « car ils ne mangent point de pain, ils ne boivent point le vin ardent, et c'est pourquoi ils n'ont point notre sang et sont nommés Immortels » (Homère 1843, livre IX). Dans l'Odyssée (Homère 1843, livre IX), les céréales sont mises en valeur dans le partage des repas, que ce soit au moment du retour d'Ulysse sur Ithaque « Les serviteurs lui présentent des viandes et la vénérable intendante lui apporte du pain » (Homère 1843, livre 17), ou dans les plats préparés par Circé « les suivantes de Circé apportèrent du pain » (Homère 1843, livre 12), ou encore par Calypso « Elle me fit de nombreux présents, me donna du pain » (Homère 1843, livre 7). A la table des héros, le pain[5] c'est surtout ce qui est partagé, offert par les servantes aux invités. Le pain est présent sur les tables, dans les corbeilles, et la farine est appelée « la moelle des hommes ». C'est surtout dans ce second volet que les céréales, sous la terminologie de σῖτος, se trouvent au cœur des repas partagés entre tous (52 occurrences au total dont 38 se référant directement à un repas) ; même si les termes font davantage référence aux céréales en général plutôt qu'au pain en particulier, force est de constater que les valeurs liées au partage sont déjà très présentes chez Homère. Les tableaux ci-dessous présentent la terminologie utilisée dans texte grec, lorsqu'il s'agit de décrire les repas.

Tableau 4 : Les occurrences faisant référence au repas dans l'Iliade[6]

Terminologie grecque	Traduction ou interprétation	Nombre d'occurrences (repas)	Total d'occurrences
ἄλφιτον	farine d'orge	3 occurrences	3 occurrences
Πυρός	blé dur nu	1 occurrence	3 occurrences
σῖτος	céréales, parfois blé	12 occurrences	13 occurrences

---

[5] Le terme ἄρτος est très peu présent dans le texte grec, pourtant de nombreuses traductions françaises proposent le terme de « pain » pour traduire des termes faisant référence aux céréales et exprimant le partage autour d'une table.

[6] Le recensement a été fait grâce au TLG, trésor de la langue grecque.

Tableau 5 : Les occurrences faisant référence au repas dans l'Odyssée

Terminologie grecque	Traduction ou interprétation	Nombre d'occurrences (repas)	Total d'occurrences
ζειά	blé vêtu amidonnier	1 occurrence	2 occurrences
Πυρός	blé dur nu	2 occurrences	6 occurrences
σῖτος	céréales, parfois blé	38 occurrences	52 occurrences
ἄλφιτον	farine d'orge	6 occurrences	12 occurrences
κριθὴ	orge	1 occurrence	4 occurrences
ἄρτος	pain	2 occurrences	2 occurrences

Il faut toutefois noter que le terme « ἄρτος », pain dans sa traduction française, n'est utilisé que 2 fois dans le texte grec ancien de l'Odyssée ; même si les termes grecs utilisés font davantage référence aux céréales, leur contexte d'utilisation et leur traduction française ont participé à l'élaboration de la valeur de partage et d'esprit de vie de cet aliment. En effet, les traductions françaises utilisent le terme de « pain » pour traduire cette notion de partage qui est transmise, dans le texte grec, par une terminologie faisant référence à différentes céréales. Au-delà de l'utilisation du terme « pain », qui sera plus tardive, c'est bien la naissance d'une notion de partage qui se construit dans les œuvres homériques et qui marquera à jamais la valeur symbolique de cet aliment si particulier.

5. Conclusion

Même si cela peut paraître surprenant, le pain qui symbolise encore le partage dans la plupart des familles, s'ancre tout d'abord dans une succession d'événements mythologiques tragiques, du repas monstrueux offert à Zeus par Lycaon, à l'enlèvement de Perséphone, puis à la mort de Démophon, originellement liée à la transmission aux hommes des mystères de la culture des céréales par Déméter. Enfin délivrée de cette transmission douloureuse, les céréales sont ensuite, dans le quotidien d'Homère, le moment de partage qui rassemble, qui confère à l'homme son humanité. S'interroger sur les valeurs mythologiques des céréales, dans la mythologie grecque, s'intègre dans un projet plus global de la réintroduction des aspects culturels du métier de boulanger dans la formation professionnelle des jeunes. En effet, fabriquer du pain n'est pas simplement un acte technique par lequel le boulanger façonne le pain quotidien, c'est aussi une transmission de valeurs qui s'ancrent au plus profond de l'histoire de l'humanité ; et faire vivre cette histoire, c'est aussi la transmettre aux jeunes boulangers afin qu'ils puissent enfin prendre conscience que travailler cette matière, c'est aussi faire de l'histoire.

Bibliographie

Amouretti, Marie-Claire (1986): *le pain et l'huile dans la Grèce antique. De l'araire au moulin.* (Annales littéraires de l'université de Besançon, centre de Recherche d'histoire ancienne). Paris: Éditions les belles lettres

Apollodore (1805): *Bibliothèque:* site l'Antiquité grecque et latine du moyen âge, [en ligne], disponible à l'adresse http://remacle.org/, page consultée en juillet 2019

Callimaque (1842): *Les hymnes*: site l'Antiquité grecque et latine du moyen âge, [en ligne], disponible à l'adresse http://remacle.org/, page consultée en juillet 2019

Diodore de Sicile (1846): *Bibliothèque:* site l'Antiquité grecque et latine du moyen âge, [en ligne], disponible à l'adresse http://remacle.org/, page consultée en juillet 2019

Hésiode (1928): *Des travaux et des jours: La Théogonie* (traduction P. Mazon), site l'Antiquité grecque et latine du moyen âge, [en ligne], disponible à l'adresse http://remacle.org/, page consultée en juillet 2019

Homère (1817): *Hymnes homériques (Cérès):* site l'Antiquité grecque et latine du moyen âge, [en ligne], disponible à l'adresse http://remacle.org/, page consultée en juillet 2019

Homère (1843): *Iliade:* site l'Antiquité grecque et latine du moyen âge, [en ligne], disponible à l'adresse http://remacle.org/, page consultée en juillet 2019

Homère (1842): *Odyssée:* site l'Antiquité grecque et latine du moyen âge, [en ligne], disponible à l'adresse http://remacle.org/, page consultée en juillet 2019

Jardé, Auguste (1925): *Les céréales dans l'antiquité grecque: la production.* Thèse, faculté des Lettres de Toulouse

Liddell, Henri / Scott, Robert (1996): *A Greek-English Lexicon*, 9ᵉ éd. Oxford, [en ligne], disponible à l'adresse http://stephanus.tlg.uci.edu.www.ezp.biumontpellier. Fr/lsj/#eid=1&context=lsj, page consultée le 30 avril 2013

Ovide (1806): *Métamorphoses:* site l'Antiquité grecque et latine du moyen âge, [en ligne], disponible à l'adresse http://remacle.org/page, consultée en juillet 2019

Ovide (1857): *Fastes:* site l'Antiquité grecque et latine du moyen âge, [en ligne], disponible à l'adresse http://remacle.org/page, consultée juillet 2019

Pausanias (1821): *Description de la Grèce:* site l'Antiquité grecque et latine du moyen âge, [en ligne], disponible à l'adresse http://remacle.org/, page consultée en juillet 2019

Corinne Pouyade
Chambre de Métiers du Val d'Oise (centre de formation d'apprentis)
1 avenue du parc, 95000 Cergy
corinne.pouyade@orange.fr
https://www.ima95.fr/

Denis Delville

Une approche gustative et qualitative du pain par la fermentation

Résumé :

La culture du pain se retrouve dans le monde entier, avec souvent ce même intérêt pour le partage. Le pain est, pour nous Français, ancré dans nos repas quotidiens, et les boulangers ne cessent, dans leurs fabrications, de redécouvrir l'art de la fermentation. Cette fermentation, souvent sous-estimée, a pourtant pour objectif, par la dégradation des sucres, d'exalter les arômes des céréales, de garantir la conservation du pain. Le boulanger, pour maîtriser son art, doit être capable de choisir, de manière appropriée, la meilleure fermentation. La fermentation, ce ne sont pas simplement des ornements de fabrication, mais des techniques très précises qui permettent l'obtention de saveurs, d'arômes et de conservations différentes. Le boulanger développe son art en maîtrisant les levures sauvages et les bactéries de la pâte. Cette maîtrise permet à la fois de développer des saveurs très subtiles et variées et également de garantir une meilleure assimilation du pain par notre organisme. Ainsi en choisissant sa fermentation et en la maîtrisant, le boulanger affine, sans cesse, de nouvelles saveurs, mais lutte également pour un pain bon pour l'organisme.

Mots clés : pain, fermentation, céréales, goût, qualité

Abstract:

The culture of bread is found all over the world, often with the same interest in sharing. Bread is, for us French, anchored in our daily meals and the baker continues to rediscover the art of fermentation in his work. The often underestimated process of fermentation aims to enhance the aromas of the cereals by breaking down the sugars, thus guaranteeing the preservation of the bread. The baker, to master his art, must be able to choose the best fermentation. Fermentation is not simply an ornament of the manufacturing process but consists of precise techniques which make it possible to obtain different flavors, aromas and preservation. The baker develops his art by mastering the dough's wild yeasts and bacteria. This mastery enables the development of very subtle and varied flavors but also allows better digestibility of bread by our body. So by choosing the right fermentation and mastering it, the baker constantly refines new flavors but also struggles for bread that is good for the body.

Keywords: bread, fermentation, cereals, taste, quality

1. Le goût par la fermentation et l'influence des industriels

Après la seconde guerre mondiale et jusqu'aux années 2000, le boulanger avait surtout pour objectif professionnel d'augmenter son chiffre d'affaires plutôt que de travailler avec sérieux le goût de son produit. Kaplan (2010) nous montre qu'avec la complicité des meuniers, qui voulaient également vendre du quintal de farine, le boulanger des années 80 a eu des difficultés à se remettre en question, et ils avoueront même avoir des problèmes dans la qualité de leur panification. Ce problème de panification est visible dans le travail de la levure de boulanger : ainsi, les boulangers, en réduisant les temps de fermentation, ont réduit leur temps de travail, mais ils ont également perdu le « bon goût du pain ». La devise du boulanger était devenue « produire davantage en travaillant moins ». L'action de la fermentation joue un rôle essentiel dans la fabrication du pain. Ce phénomène naturel est dû à des micro-organismes vivants dans l'air et se déposant sur les céréales et les ustensiles, ou se développant à partir même des souches présentes dans les céréales. Ces micro-organismes, connus par les scientifiques sous le nom de Saccharomyces, ont la propriété de transformer les sucres (Fould Springer 1998, 10) de la pâte en gaz carbonique et alcool, ce qui permet à la pâte de lever. Ainsi le micro-organisme, lorsqu'il est privé d'oxygène et emprisonné dans la pâte, utilise le sucre de la céréale pour survivre, et ainsi celui-ci est transformé en alcool et gaz carbonique (fermentation alcoolique) au bout de trente minutes si les conditions de reproduction sont réunies (chaleur, humidité, nourriture). C'est pendant le pointage (première période de fermentation après le pétrissage) et l'apprêt (deuxième période de fermentation de la pâte, du façonnage à la mise au four) que la pâte se développe sous l'action des ferments et emmagasine tous ses arômes. Ces réactions se font principalement au cours du pointage, car il y a une constance d'humidité et de température. Plus le pointage sera long, plus il y aura d'acides produits, d'où l'obtention d'un pain goûteux. Même si la pénibilité du métier de boulanger n'est plus à démontrer, l'enjeu du goût relatif à cette mauvaise panification a d'autant plus de conséquences que, dans le même temps, l'industrie alimentaire a produit du pain en utilisant des additifs, de la levure de boulanger et de la congélation. Cette utilisation combinée a eu pour conséquence d'obtenir un pain INSIPIDE, INODORE, SANS CROUSTILLANT ; il faut ajouter à cela une forte incorporation de sel dans le pain. Le boulanger s'est trouvé alors devant l'alternative suivante : prendre conscience des enjeux techniques ou mourir.

2. La réaction des boulangers

Progressivement, dans les années 1990, les boulangers ont réagi en travaillant des pré-fermentations de types pâtes fermentées ou travail sur poolish (pré-fermentation liquide qui vient d'Autriche). Ces méthodes nécessitent une étape de fermentation supplémentaire. Elles ont pour but d'apporter de l'acidité, ce qui améliore la force des pâtes, le goût et la conservation des pains. La pré-fermentation se fait en général la veille, à température ambiante ou réfrigérée, selon la dose en levure. Les levures industrielles sont incorporées dans les pré-fermentations, puis au pétrissage. Ces fermentations permettent d'obtenir un pain développé, à mie irrégulière, goûteux et de bonne conservation mais sans formation d'acidité, elles n'optimisent pas encore en bouche le goût du pain.

3. Vers une redécouverte du goût du pain

En septembre 1997,[1] un décret pain impose une fabrication du pain de tradition française, en interdisant les additifs et la congélation et en imposant la fabrication sur place. Cette réglementation a fait réagir des professionnels qui ont su faire renaître de ses cendres le travail du levain naturel.

La fermentation se fait à partir de micro-organismes présents naturellement dans la farine et sur le lieu de travail. Les ferments étant variés, on obtient simultanément des fermentations différentes. Les levures « sauvages » sont responsables de la pousse des pâtons (morceaux de pâte), et les bactéries produisent des acides qui vont aromatiser le pain. Les quantités de ferments sont faibles ; il est donc nécessaire d'en faire une culture. La multiplication des ferments se fait par apports successifs de nourriture, d'eau et d'air, espacés par des temps de repos : c'est la technique des rafraîchis. Il faut observer le

---

[1] Décret n°93-1074 du 13 septembre 1993 pris pour l'application de la loi du 1er août 1905 en ce qui concerne certaines catégories de pains (modifié le 08 octobre 1997).

comportement et changer le processus afin de modifier l'activité fermentaire et la flaveur[2] du levain. Pour maintenir une qualité de levain, la réglementation est assez stricte, il est en effet interdit d'utiliser de la levure industrielle pour élaborer le levain, mais il est possible d'incorporer un maximum de 0,2% de levure par rapport à la farine mise en œuvre dans la pétrissée finale. Pour la dénomination de vente « au levain », l'acidité du pain est réglementée : pH maximal de 4,3 et une teneur en acidité acétique endogène de la mie d'au moins 900 ppm (partie par million, 1 ppm = 1mg par kg).

Il existe différents types de levains : le levain dur qui a pour avantage de développer une fermentation acétique, un goût plus prononcé, plus fort, plus acide, plus « agressif en bouche » et un pain de très bonne conservation. En revanche, ce levain développe moins les produits et est donc destiné à une clientèle avertie, le résultat est aléatoire et dépend de la qualité du levain, une surveillance des levains est nécessaire et les recettes doivent être adaptées en permanence selon les résultats obtenus.

Le levain liquide est utilisé depuis peu de temps en France ; son développement correspond à la commercialisation d'un matériel appelé « fermenteur ». Les avantages du levain liquide sont nombreux, il permet le développement d'une fermentation lactique due à la consistance molle du levain et à la température élevée, d'un goût moins agressif (acidité lactique « douce en bouche »), il permet la fabrication de pains destinés à tous les consommateurs, il peut être utilisé dans toutes les fabrications, en pourcentage variable, et il en résulte une souplesse de la pâte, un toucher agréable et des produits plus développés, à croûte fine et mie alvéolée et fondante.

4.   De la nécessité de la formation

Le levain est obtenu par des micro-organismes « sauvages ». Cette méthode demande beaucoup d'observation et d'adaptation. Une matière vivante qu'il faut savoir maîtriser : trouver un bon compromis entre la culture des levures sauvages et les bactéries qui composent le levain. La quête du goût ne s'improvise pas en

---

[2] Sensation provoquée conjointement par le goût et l'odeur d'un animant.

boulangerie et demande patience et compétence. C'est sûrement le défi que devra relever le boulanger du XXIème siècle. Pour ce faire, le boulanger de demain devra allier la connaissance des aspects technologiques de son métier, une philosophie du bon et une pratique professionnelle irréprochable ; c'est l'enjeu des centres de formation d'apprentis qui, malgré un manque de reconnaissance certain dans la société française, forment les futurs boulangers. On le voit à travers cet article, la formation s'inscrit dans un militantisme plus large du bon ; mettre au rebut l'exigence de cette formation, c'est aussi accepter de prendre les éléments qui font à la fois vibrer nos papilles et notre reconnaissance dans le monde.

Bibliographie

Fould Springer (1988): *Levure et panification*. Paris: Nathan
Kaplan, Steven (2010): *La France son pain : histoire d'une passion : entretiens avec Jean-Philippe de Tonnac*. Paris: Albin Michel

DELVILLE Denis
Enseignant en boulangerie, maître boulanger
Chambre de Métiers du Val d'Oise (centre de formation d'apprentis)
1 avenue du parc, 95000 Cergy
denis.delville09@orange.fr
https://www.ima95.fr/

4.   Autres produits : Café et thé

Nadine Rentel

Narrations autour du café sur le site web de Nespresso France.
Exclusivité, exotisme et durabilité

Résumé :

Tout comme le vin, le café est considéré par les connaisseurs comme un produit haut de gamme, voire de luxe, ce qui se reflète dans le discours autour de ce produit. Ce phénomène de valorisation linguistique qui caractérise assez souvent le discours portant sur le vin se manifeste de manière prononcée au niveau de la stratégie de communication de la marque Nespresso. Aujourd'hui, un nombre croissant d'entreprises sont conscientes de l'importance de la durabilité pour leurs activités et en particulier pour leurs stratégies de communication. La marque Nespresso a souvent été critiquée pour l'usage de capsules en aluminium, cette critique obligeant l'entreprise à mettre en place des stratégies de recyclage. À part cela, la culture du café est parfois considérée comme une sorte d'esclavage moderne. S'y ajoute la question de savoir si la culture du café est nuisible à l'environnement en raison de la consommation d'eau et de la déforestation. Nous partons donc de l'hypothèse que le concept de durabilité joue un rôle-clé dans la stratégie marketing de l'enseigne, non seulement dans la présentation de la gamme Master Origin, mais de manière générale dans leur campagne de communication. Dans le cadre de notre analyse, nous nous pencherons donc sur la thématique de la durabilité, en essayant d'identifier les traces discursives du concept. L'objet de notre analyse du discours médiatique portant sur le café est de décrire la stratégie du storytelling autour de la marque Nespresso telle qu'elle est réalisée sur le site web français. Notre analyse se base sur les sous-pages du site web Nespresso France, décrivant les cafés « Master Origin » qui y sont offerts à la clientèle. Les pages analysées ont été sélectionnées en mars et en novembre 2019. La description des sites web se fonde sur les méthodes de la linguistique textuelle, tout en prenant en compte la complexité sémiotique des textes. Nous considérons la définition du genre textuel (analyse « externe ») comme base nécessaire de notre étude. Cette analyse externe sera complétée par l'analyse interne, focalisée sur a) la structure, b) la relation entre le verbal et le visuel et c) le style.

Mots clés : discours du café, discours médiatique, expériences gustatives, Nespresso, storytelling

Abstract:

Like wine, coffee is considered by connoisseurs as a luxury product. This is reflected in the discourse centered around this product category. The phenomenon of linguistic revaluation which is characteristic for the discourse focussed on wine may also be observed concerning the communication strategy of the brand Nespresso. Currently, a growing number of companies is aware of the importance of the concept of sustainability with regard to their business activities, concerning to a great extent their communication strategy. The Nespresso company has often been criticized for the use of aluminium capsules, having forced them to implement recycling strategies. Furthermore, the cultivation of coffee is considered by some people as a form of modern slavery. Another issue is the potential contribution of the coffee industry to damaging nature, as the cultivation of coffee consumes a lot of water and is responsible for deforestations. Therefore, we start from the hypothesis that the concept of sustainability plays a central role for the marketing strategy of Nespresso, not only in the presentation of the Master Origin varieties, but also on the general level of their communication campaign. In our analysis, we will concentrate on the topic of sustainability, in order to identify traces of the concept in the discourse. The aim of our study of the mediatised „coffee discourse" is to describe the strategy of storytelling centered around the brand Nespresso as it is realized on the French website. Our analysis is based on the parts of the website underlining the advantages of the Master Origin varieties. The website was accessed in march and in november 2019. The description of the website is based on the methods of text linguistics, taking into account the semiotic complexity of texts. We consider the definition of the text type (the so-called „external" analysis) an essential starting point for our analysis. The external analysis will be completed by the internal analysis, focusing on the structure, the relationship between verbal and visual elements, and on the style.

Keywords: coffee discourse, media discourse, gustative experiences, Nespresso, storytelling

1. Introduction

Tout comme le vin, le café est considéré par les connaisseurs comme un produit haut de gamme, voire de luxe, ce qui se reflète dans le discours (tant dans sa réalisation écrite qu'à l'oral) autour de ce produit. A travers le lancement de sa campagne publicitaire, en 2006, dans laquelle George Clooney consomme du café Nespresso dans des endroits de luxe, la marque met en scène son produit et crée l'impression que les clients acquièrent une certaine joie de vivre en buvant ce café et qu'ils peuvent se sentir privilégiés par rapport aux consommateurs d'autres marques. Ce phénomène de valorisation linguistique qui caractérise assez souvent le discours portant sur le vin se manifeste donc de manière prononcée au niveau de la stratégie de communication de la marque Nespresso. La commercialisation du café semble donc d'une certaine manière être comparable à celle du vin.

Aujourd'hui, un nombre croissant d'entreprises sont conscientes de l'importance de la durabilité pour leurs activités et en particulier pour leurs stratégies de communication. La marque Nespresso a souvent été critiquée pour l'usage de capsules en aluminium, cette critique obligeant l'entreprise à mettre en place des stratégies de recyclage. À part cela, la culture du café est parfois considérée comme une sorte d'esclavage moderne, les caféiculteurs souffrant de conditions de travail problématiques et touchant des salaires médiocres. S'y ajoute la question de savoir si la culture du café est nuisible à l'environnement en raison de la consommation d'eau et de la déforestation. Nous partons donc de l'hypothèse que le concept de durabilité joue un rôle-clé dans la stratégie marketing de l'enseigne, non seulement dans la présentation de la gamme Master Origin, mais de manière générale dans leur campagne de communication. Dans le cadre de notre analyse, nous nous pencherons donc sur la thématique de la durabilité, en essayant d'identifier les traces discursives du concept. Dans ce contexte, nous mettrons en relief, d'un côté, la responsabilité environnementale de l'entreprise et, de l'autre, la gestion des ressources humaines.

L'objet de notre analyse du discours médiatique portant sur le café est de décrire la stratégie du storytelling autour de la marque Nespresso telle qu'elle est réalisée sur le site web français. Par conséquent, nous ne prenons pas en compte d'autres supports comme par exemple les catalogues ou les publipostages envoyés régulièrement aux clients. Notre analyse se base sur les sous-pages du site web Nespresso France, décrivant les cafés « Master Origin » qui y sont offerts à la clientèle. Ce choix est motivé par le fait que la stratégie marketing portant sur la gamme des Master Origin se distingue nettement de celle orientée vers la gamme traditionnelle, étant encore plus centrée sur l'exclusivité, l'exotisme et la durabilité que les autres sortes de café Nespresso, ce qui se reflète probablement dans la stratégie communicative. Les pages analysées ont été sélectionnées en mars et en novembre 2019.

Dans la partie théorique sera abordé le concept de durabilité. Dans ce contexte, nous mettrons en avant les facteurs de ce concept qui nous semblent les plus pertinents pour notre analyse. La description des sites web se fonde sur les méthodes de la linguistique textuelle, tout en prenant en compte la complexité sémiotique des textes. Nous considérons la définition du genre textuel (l'analyse « externe ») comme base nécessaire de notre étude. Il s'agit donc de discuter a) la fonction du texte, b) les partenaires de la communication, c'est-à-dire l'auteur et le destinataire, c) le médium et d) la modalité. Cette analyse externe sera complétée par l'analyse interne, focalisée sur a) la structure, b) la relation entre le verbal et le visuel et c) le style. Pour décrire les stratégies servant à construire l'image de la marque à travers la commercialisation des Master Origin, nous prendrons en considération, entre autres, les aspects suivants : les modalités d'adresse à la clientèle, la présentation des lieux et des terroirs où l'on cultive le café, la narration autour des caféiculteurs considérés comme partenaires de l'entreprise, la description du processus de production du café, la présentation des expériences organoleptiques, l'usage de la terminologie portant sur le café, les analogies (implicites et explicites) avec la viticulture comme domaine de référence, et la relation entre le verbal et le visuel, le site web étant un texte multimodal.

2. Le concept de durabilité

La durabilité est un concept relevant de la discussion de l'usage durable de ressources (pour une théorie du concept de durabilité, voir, entre autres, Carnau 2011, Hardtke / Prehn 2001, 58, Pufé 2014 ou Vivien et al. 2013). Le concept est orienté, en même temps, vers le présent et l'avenir, la génération actuelle étant responsable de prendre en compte les besoins des générations futures (cf. Hauff 1987, 46). Par leur comportement responsable, les gens contribuent à garantir les mêmes conditions de vie à leurs successeurs. Bien qu'on pense très souvent à la durabilité dans le contexte de la préservation de l'environnement, le concept s'avère plus complexe, comprenant trois dimensions ou notions. Dans la littérature, on trouve en effet une différenciation en trois domaines-clés, à savoir la durabilité sociale (*sociologie*), économique (*économie*) et environnementale (*écologie*). La dimension de la durabilité sociale est centrée autour de l'être humain en tant qu'acteur social ; elle prend en compte des facteurs comme les conditions de vie (est-ce qu'elles permettent aux individus de mener une vie en dignité ?), les droits de l'homme, la diversité ou bien la particicaption sociale. La dimension écologique implique une réflexion sur les effets de la pollution sur le fondement de la vie et sur la manière dont les matières premières renouvelables peuvent contribuer à conserver les écosystèmes du monde. La troisième dimension, économique, concerne des questions telles que le niveau de vie, le taux d'activité de la population ou la situation sur les marchés financiers. Les trois dimensions faisant partie du concept de durabilité ne peuvent pas être envisagées de manière isolée car elles se trouvent dans une relation d'interdépendance mutuelle. Le défi est donc de comprendre et de décrire cette interdépendance afin de garantir une vie durable à chacun sans trop de sacrifices à ces trois niveaux. L'analyse empirique montrera la pertinence en particulier des dimensions environnementale et sociale de durabilité, tout en mettant au jour les ressources linguistiques permettant à l'enseigne de convaincre le consommateur qu'elle prend au sérieux les impératifs de la durabilité.

3. Analyse externe

Sur le site web de Nespresso France (tout comme sur les sites de la marque dans d'autres pays, par exemple en Allemagne), les auteurs (soit les spécialistes de marketing à l'intérieur de l'entreprise, soit des experts externes) décrivent le café comme un produit haut de gamme, voire de luxe. Le site web appartient à l'enseigne même – contrairement à un site web qui regrouperait des cafés de plusieurs marques différentes.

L'objectif central de la présentation du café est de le vendre, donc un but commercial et publicitaire ; la communication avec la clientèle sur le site web n'est cependant qu'un élément d'une vaste campagne de marketing effectuée par Nespresso (voir les remarques dans l'introduction) : les clients fidèles reçoivent régulièrement des messages publicitaires par voie postale ; s'y ajoutent des démarches de marketing direct comme par exemple la dégustation dans les boutiques Nespresso. S'agissant des habitudes d'achat, il y a probablement des clients qui combinent différents modes d'acquisition : ils commandent en ligne, mais se rendent aussi dans une boutique Nespresso.[1]

Dans les textes décrivant les différents types de café sur le site web Nespresso, on peut, de manière générale, identifier des parties informatives ainsi que des parties appellatives ou persuasives qui s'adressent de manière plus ou moins directe au consommateur, cherchant à le convaincre d'acheter le café Nespresso. Au niveau de la fonction des textes, les efforts en vue d'une auto-présentation positive jouent également un rôle important ; cela s'inscrit dans le contexte de la discussion de l'importance de la durabilité pour la campagne marketing de l'enseigne.

En ce qui concerne le consommateur, on peut retenir qu'il s'agit d'« un client aisé, raffiné, sophistiqué, non exempt de préoccupations éthiques » (Lavric et al. à paraître). Le site web combine des eléments verbaux et visuels, chaque code sémiotique contribuant de manière spécifique à la constitution de sens (cf. Holly 2004, Luginbühl 2007, Stöckl 2010, 43).

Lorsqu'on clique sur le volet « café », s'ouvre une gamme de différents types de café qu'on peut choisir selon ses préférences (voir figure 1). À part la gamme classique de Nespresso, sont offerts les « Master Origin », les cafés provenant de certaines régions dans le monde et qui se distinguent du programme traditionnel par leur plus haut degré d'exclusivité (certains Master Origin ne sont disponibles que pour une durée limitée) et par un contexte de production spécifique – la majorité des régions sont considérées comme des pays en voie de développement. Au moment de la consultation du site web en mars 2019, Nespresso offrait cinq variantes à sa clientèle. De manière générale, la stratégie de communication des Master Origin se focalise sur la production du café ainsi que sur les caféiculteurs ; on verra dans ce qui suit si cette hypothèse se confirme dans notre corpus.

---

[1] Au début, le canal de distribution de Nespresso était strictement exclusif et limité à la vente sur internet ; après avoir acheté une machine à café à un prix relativement bas, les clients devenaient membres du Club Nespresso. Dans un deuxième temps, l'enseigne a instauré la vente directe dans les boutiques.

Figure 1 : La gamme des cafés Nespresso

3.1. L'exclusivité et l'exotisme de la gamme Master Origin

Les variétés du café Master Origin jouent encore plus sur l'idée d'exclusivité que les autres variétés de café Nespresso (cela se reflète aussi dans le prix plus élevé des capsules), ce qui se manifeste dans une conception multimodale focalisée sur l'idée d'« exotisme », mettant en avant l'origine « exotique » et « exclusive » des cinq variétés Master Origin. Il nous semble donc pertinent, avant de passer à l'analyse interne se basant sur la description verbale des variétés, de regarder de plus près cette stratégie de storytelling multimodal et ses relations avec la représentation verbale de cette variété de café.

Sur la page d'accueil qui regroupe les cinq Master Origin, chaque capsule (plus le nom du café, le degré d'intensité et une courte description organoleptique) est présentée devant un arrière-plan qui reprend la couleur de la capsule (voir figure 2). Ce principe de conception multimodale permet de créer une certaine cohésion visuelle. Les photos montrent des lieux lointains évoquant l'exotisme, comme par exemple la forêt tropicale, la savane africaine ou l'océan. Selon nous, le choix des éléments visuels a une double fonction : d'un côté, l'enseigne cherche à informer le consommateur, à l'aide d'exemples, sur l'origine du café ; de l'autre, il s'agit de créer des associations positives (par exemple l'exotisme et l'exclusivité). Cette dernière fonction s'inscrit plutôt dans le but commercial et publicitaire de la campagne marketing.

Figure 2 : Les cinq variétés Master Origin

Au niveau du texte verbal, on note des références intertextuelles, faisant allusion à la gamme des cafés Nespresso (« Indonesia. Pour les amateurs de Indirya from India »), faisant ainsi le lien avec d'autres variétés de café. La fonction de cette intertextualité réalisée par les ressources verbales est d'aider le consommateur à s'orienter dans l'univers des variétés de café Nespresso. Par la mise en relation du nouveau (une variété Master Origin) avec le connu (une variété classique de la gamme Nespresso), on cherche à aider la clientèle dans sa décision d'achat. On peut également émettre l'hypothèse que l'enseigne veut confirmer l'image des clients comme connaisseurs des variétés Nespresso, les intégrant ainsi dans un cercle exclusif d'experts.

3.2. La durabilité sur le site web de Nespresso France

En dehors de l'analyse focalisée sur les stratégies de communication pour les Master Origin, nous tenons à donner quelques exemples illustrant de quelle manière Nespresso se montre conscient de l'idée de durabilité et intègre ce concept sur son site web.

Figure 3 : La durabilité environnementale

Nespresso, qui, dans son slogan, se désigne comme une « Entreprise durable », fait référence sur sa page d'accueil au facteur de la durabilité environnementale. La figure 3, comprenant deux messages bimodaux, met en avant, à gauche, le fait que Nespresso, avec ses clients, s'occupe du recyclage des capsules en aluminium. Par l'appel « Ensemble, recyclons », Nespresso souligne la responsabilité de la clientèle : la durabilité environnementale ne peut fonctionner que si tous les acteurs, tant l'entreprise que les clients, participent aux activités en question. Sur le plan visuel, la poubelle jaune est le symbole du recyclage des capsules. À droite, Nespresso aborde l'aspect de la durabilité environnementale à travers l'idée de la reforestation : l'entreprise plante des arbres pour neutraliser les émissions de carbone résultant de la culture du café (« Des arbres pour un café neutre en carbone »). En dessous de cette affirmation, on voit le dessin de trois arbres servant de « preuve », suivi de l'information que Nespresso « plante 500 000 arbres par an sur les fermes de café ».

Sur la page d'accueil (consultée le 13 novembre 2019), Nespresso table sur l'aspect de la durabilité environnementale. Cependant, concernant la durabilité, l'entreprise couvre un vaste champ allant de l'environnement aux collaborateurs. Le client peut cliquer sur les onglets « Sous les arbres/ Dans le monde/ Dans les fermes/ Dans nos ateliers/ En France ». L'enseigne met en avant le fait qu'elle prend en compte le concept de durabilité à tous les niveaux. La description de la stratégie de communication portant sur les activités durables serait le sujet d'un autre projet de recherche, mais comme la présentation des caféiculteurs joue un rôle important dans le contexte de la présentation des Master Origin, nous tenons à montrer, à l'aide d'un exemple, comment Nespresso communique sa responsabilité face au facteur humain sur son site web.

Figure 4 : La responsabilité sociale de Nespresso

Pour les caféiculteurs

PUR Projet propose aux producteurs de café des arbres locaux à planter sur leur ferme. Ils peuvent choisir des arbres fruitiers, ou des arbres précieux, dont ils pourront revendre les fruits ou le bois et **diversifier ainsi leurs revenus**. Ainsi, ils ne dépendent plus uniquement de la culture de café pour faire vivre leur famille.

Planter des arbres pour compenser notre empreinte carbone ne nous dédouane pas de poursuivre nos efforts pour **réduire notre impact environnemental**. C'est pourquoi nous continuons à travailler sur la réduction de nos emballages, notre consommation d'énergie etc. Entre 2009 et 2013, nous avons déjà **réduit de 20% l'empreinte carbone par tasse au niveau mondial**. Conservant ce cap, nous avons pour objectif de la réduire encore de 8% d'ici 2020.

La figure 4 montre de quelle manière Nespresso met en avant sa responsabilité sociale pour les caféiculteurs (l'entreprise le fait d'ailleurs également pour les salariés en Europe/en France, étant un employeur responsable). Le rôle des caféiculteurs est crucial dans le débat portant sur la responsabilité sociale et environnementale de Nespresso, car pour l'entreprise, la durabilité par rapport à la protection de l'environnement, d'un côté, et concernant le « capital humain », de l'autre, vont de pair. Sur son site web, Nespresso souligne le fait que les caféiculteurs travaillant pour l'enseigne restent indépendants grâce à la diversification de leurs activités agricoles, encouragée par Nespresso : « Ainsi, ils ne dépendent plus uniquement de la culture de café pour faire vivre leur famille. » En même temps, Nespresso se montre sensible face à sa responsabilité de protéger l'environnement: « Planter des arbres pour compenser notre empreinte carbone ne nous dédouane pas de poursuivre nos efforts pour **réduire notre impact environnemental** », et la marque annonce des mesures concrètes, tout en se fixant des objectifs: « C'est pourquoi nous continuons à travailler sur la réduction de nos emballages, notre consommation d'énergie etc. Entre 2009 et 2013, nous avons déjà **réduit de 20% l'empreinte carbone par tasse au niveau mondial**. Conservant ce cap, nous avons pour objectif de la réduire encore de 8% d'ici 2020. »

Figure 5 : Témoignages / caféiculteurs

Voici quelques-uns de nos héros :

Cultivateur : Alejandro De Felipe Rendón
Agronome : José Rafael Hernández Marini

Sur le site web, on trouve la présentation de caféiculteurs sélectionnés travaillant pour Nespresso. Sous la forme de courts témoignages, l'entreprise montre son respect pour ces individus, ce qui se reflète également dans l'usage du substantif « héros » (voir figure 5).

Nous verrons dans les lignes qui suivent si la préoccupation de la durabilité avec ses deux facettes-clés (environnementale et sociale) se manifeste également dans les présentations des variétés Master Origin dont l'objectif est de vendre à la clientèle une gamme plus exclusive, plus exotique et plus chère.

4. Analyse interne

Tandis que l'analyse externe se focalise sur les critères externes au texte, comme ses fonctions ou les partenaires de communication, nous nous pencherons, dans le contexte de l'analyse interne, sur les facteurs internes au texte, c'est-à-dire qui se manifestent au niveau du texte. Dans le cadre de notre analyse, il s'agira du style, de la structure du texte et du caractère multimodal des textes. En ce qui concerne la structure du texte, nous identifierons différentes parties du texte et leur éventuel ordre séquentiel (pour une description détaillée de l'analyse interne du texte en linguistique textuelle, voir, entre autres, Gansel / Frank 2007, Heinemann / Viehweger 1991 et Spillner 1981).

4.1.   La structure et la relation entre le verbal et le visuel

Dans notre analyse « interne » des pages portant sur les Master Origin, nous nous concentrerons sur leur structure en prenant la variété Indonesia comme exemple. Nous aborderons également des stratégies assurant la cohésion entre le verbal et le visuel.

La présentation de chaque variété Master Origin commence par une photo d'une tasse transparente (voir figure 6), permettant de voir le contenu (le café et sa mousse), avec une capsule Master Origin placée devant la tasse. Le client perçoit donc la boisson avant et après sa préparation. S'y ajoute le symbole « Fairtrade », la durabilité étant l'argument de vente majeur des variétés Master Origin. À droite, on voit une courte description des particularités des Master Origin, suivie du nom de la variété, une information concernant le degré d'intensité et le prix par capsule. La présentation se termine par une option d'achat (« ajouter au panier »).

Figure 6 : Schéma de présentation Master Origin

La présentation de chaque variante de la gamme Master Origin est complétée par des informations concernant la taille de la tasse, le degré d'intensité, les notes aromatiques, la famille aromatique, l'amertume, le corps, l'acidité, la torréfaction, le prix de vente par 100 g, la certification « Fairtrade », le nom du café – et par un élément visuel : la capsule présentée devant un arrière-plan faisant référence à l'origine géographique du café. Le choix des couleurs crée une certaine cohésion entre le verbal et le visuel : dans l'exemple choisi (voir figure 7), le bleu de la capsule est repris sur la photo de la forêt tropicale. En ce qui concerne les éléments visuels, l'enseigne joue avec des stéréotypes pour évoquer chez les consommateurs les idées qu'ils se font des pays lointains et parfois inconnus où est produit le café. La présentation du café suit donc un schéma conventionnalisé, voire standardisé, de sorte que l'on pourrait parler d'une structure de texte « préfabriquée », facilitant la reconnaissance et la compréhension. La question de savoir en détail comment les informations sont transmises à l'intérieur de ces parties du texte sera abordée dans la section suivante, au cours de l'analyse stylistique, à partir de quelques exemples.

Figure 7 : La variété Indonesia

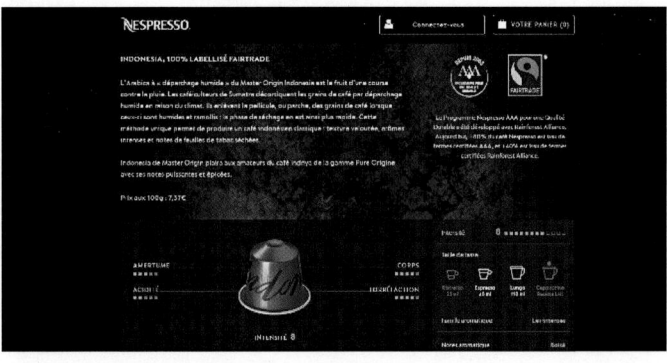

4.2. Analyse stylistique des variétés Master Origin

Pour la description stylistique de la présentation des variétés Master Origin de Nespresso, nous avons adopté les critères développés par Lavric et al. (à paraître) pour la description du thé et du café. Leur analyse porte sur les éléments textuels figurant dans les descriptions des cafés de la gamme traditionnelle sur le site web de Nespresso. La description des variétés Master Origin qui se trouve au centre du présent article diffère cependant de celle des variétés classiques Nespresso s'agissant des parties du texte (mentionnées dans la section précédente) et également concernant le style. Tandis que l'assemblage et l'origine, la torréfaction et la description organoleptique semblent être des sujets abordés aussi bien dans la description des cafés de la gamme classique que dans celle des Master Origin, la présentation détaillée de la mousse et du café au moment de la consommation ne sont pas pertinentes pour les variétés Master Origin qui font l'objet de cette étude. Notre analyse des stratégies linguistiques portera donc sur l'assemblage, la description organoleptique, la torréfaction, le profil aromatique et la recommandation d'autres variétés Nespresso. Lors de la discussion de nos exemples, nous porterons un intérêt particulier à la manière dont la durabilité se réflète dans les extraits de texte.

4.2.1. L'assemblage

Dans l'exemple (1), on remarque l'usage de la terminologie de l'assemblage du café, marquée par des guillemets, et l'introduction des termes après les mots de la langue courante (« la pellicule, ou parche »).

1) *L'Arabica à « **déparchage humide** » du Master Origin Indonesia est le fruit d'une course contre la pluie. **Les caféiculteurs de Sumatra décortiquent les grains** de café par **déparchage humide** en raison du climat. **Ils enlèvent la pellicule, ou parche**, des grains de café lorsque ceux-ci sont humides [...]. **Cette méthode unique permet de produire un café indonésien classique** [...]. (Variété Indonesia)*

2) *Dans le Sud-Ouest éthiopien se perpetue **un savoir-faire ancestral** exigeant. [...] Pour obtenir un séchage régulier, **les caféiculteurs retournent les cerises de café à la main**, un travail de longue haleine nécessitant un grand soin. **Les caféiculteurs éthiopiens sont les précurseurs de cette méthode, qu'ils emploient depuis longtemps**. (Variété Éthiopia)*

*3)   Cette sensation unique, la variété la doit à **ses caféiculteurs qui attendent**
patiemment le bon moment avant de récolter leur café. (Variété Colombia)*

*4)   En Inde, la technique de moussonnage, directement **inspirée du XIXᵉ siècle à**
l'époque où le café voyageait par voie maritime, est pratiquée de main de maître
par les caféiculteurs. [...] Les cafés traités par « **moussonnage** » sont typiques
de la côte sud-ouest de l'Inde. Le café est exposé des mois durant aux vents de
la mousson, ce qui fait gonfler et sécher les grains. Ils sont ainsi soumis aux
conditions qu'ils ont connues autrefois lors des traversées à destination de
l'Europe. [...] Le grain de café est séché avec son **mucilage (substance végétale**
qui l'entoure). (Variété India)*

Par l'usage d'un mot de la langue courante, les auteurs garantissent la bonne
compréhension du texte par les consommateurs, mais en même temps, ils mettent
en avant l'expertise de l'enseigne Nespresso en matière de café. Dans ce même
exemple, on trouve une référence linguistique explicite aux individus qui sont
responsables de l'assemblage du café : les auteurs font référence aux « caféiculteurs de Sumatra » qui, grâce à leur expertise, leur savoir-faire et leur ancrage
local, contribuent à la bonne qualité de cette variété Nespresso. La mise en avant
de leur origine géographique joue un rôle primordial lorsqu'il s'agit d'évoquer
l'idée d'un pays lointain et exotique. Mais les caféiculteurs ne sont pas seulement
introduits dans le discours, les auteurs du texte décrivent aussi leurs activités de
manière détaillée (« décortiquent les grains », « Ils enlèvent la pellicule »). À cette
description des activités s'ajoutent des valoriations positives, comme par exemple
« Cette méthode unique permet de produire un café indonésien classique ». Une
fois de plus, ce sont les caféiculteurs travaillant à l'autre bout du monde et traités
avec respect qui sont les garants de la qualité exceptionnelle du café Nespresso.

Dans l'exemple (2), les auteurs du texte procèdent à une spécification géographique en mentionnant les « caféiculteurs éthiopiens » qui « retournent les cérises
de café à a main ». On met donc en relief l'assemblage méticuleux, dans lequel
les individus s'impliquent à cent pour cent (« de longue haleine », « un grand soin
»). Le texte met également en avant la longue tradition de culture du café («
méthode ancestrale ») et comme résultat la grande expérience des Éthopiens qui
sont même « les précurseurs de cette méthode, qu'ils emploient depuis longtemps
». Le respect et la maintenance de ces processus de culture du café s'inscrit

parfaitement dans la stratégie de durabilité de Nespresso, car l'entreprise respecte en même temps le savoir-faire des individus et les processus employés depuis longtemps, en équilibre avec la nature, adaptés aux spécificités de la région.

La patience, évoqúee par la « longue haleine » dans l'exemple précédent, et qui joue un rôle-clé pour l'assemblage d'un bon café, est reprise dans l'exemple (3), dans lequel les auteurs décrivent les caféiculteurs qui « attendent patiemment le bon moment avant de récolter leur café ». Par l'usage de l'adjectif possessif « leur », les auteurs renforcent l'idée que les personnes travaillant sur les champs de café se sentent vraiment responsables de la qualité du produit. Ces efforts sont valorisés au début de la phrase (« Cette sensation unique, la variété la doit à ses caféiculteurs »).

Comme l'exemple (1), l'extrait (4) contient deux termes relevant du domaine de l'assemblage du café. Tandis qu'à la première ligne on évoque le « moussonnage » (entre guillemets), caractéristique de la production du café indien, le terme de « mucilage » sert à décrire le processus du séchage du café. Contrairement au premier terme utilisé dans cet extrait de texte, ce mot n'est pas souligné par des guillemets, mais il est suivi d'une explication entre parenthèses. Dans l'exemple (4), nous constatons une référence exacte concernant la tradition de moussonnage, datant du XIXe siècle, que Nespresso, dans un souci de produire un café de très bonne qualité, utilise toujours.

Dans tous les exemples focalisés sur l'assemblage du café et faisant donc référence à la toute première étape de la chaîne de valeur du café Nespresso, nous constatons des stratégies de personnalisation qui servent en même temps à augmenter le degré d'authenticité des narrations. Cette stratégie se fonde sur la description détaillée des activités des caféiculteurs, fortement valorisées, ce qui permet à l'enseigne de communiquer son idée de durabilité au niveau des ressources humaines (Nespresso en tant qu'entreprise responsable) et, en même temps, l'importance d'un usage raisonnable et équilibré des ressources naturelles. Qualités assurées par la longue expertise des caféiculteurs et par la mise en place de méthodes de culture traditionnelles.

4.2.2. La description organoleptique

Dans le contexte de la description organoleptique, nous constatons l'usage d'adjectifs et de noms qui réfèrent soit à l'intensité (*grand, intense, puissants, riches*), soit à des arômes concrets (*feuilles de tabac séchées, fleur d'oranger, saveurs de marmelade, fruits rouges, notes de vin, céréales sucrées*).

5)   Texture **veloutée**, arômes **intenses** et **notes de feuilles de tabac séchées**. (Variété Colombia)

6)   Il s'agit d'un **grand** Arabica éthopien aux arômes **puissants**. *Si ce café exhale des **fragrances de fleur d'oranger**, les riches **saveurs de marmelade** de ce Master Origin Ethopia avec un Arabica traité à sec lui sont en revanche conférées par le séchage au soleil. (Variété Èthiopia)*

7)   Il se distingue par sa texture **satinée** et **soyeuse**, ainsi que ses **notes de céréales sucrées**. (Variété Nicaragua)

8)   Quelle sensation résolument **acidulée** ! Et quelle **explosion aromatique** de **fruits rouges**, agrémentée de **notes de vin** ! (Variété Colombia)

Dans les exemples cités ci-dessus, les auteurs décrivent la texture, les arômes et les saveurs du café Nespresso. Il est intéressant de noter la référence explicite au vin dans l'exemple (8), qui sert à mettre en avant l'effet de la dégustation du café sur le consommateur (contrairement aux descriptions de l'assemblage du café présentées dans la section précédente, les exemples ci-dessous portent sur le café au moment de la consommation). L'enthousiasme du consommateur fictif se manifeste à travers des ellipses, des exclamations et l'usage d'une métaphore (« quelle explosion »). Observons, pour finir, la personnification du café dans l'exemple (6) : « le café exhale des arômes […] ».

   Le profil aromatique contient des descriptions organoleptiques, réalisées par l'usage de noms et d'adjectifs comme « un corps onctueux et velouté » ou « Les notes de feuilles de tabac ». Les « nuances de bois tropical » s'insèrent dans le contexte de l'exotisme et correspondent à la particularité géographique du Master Origin Indonesia. Il est intéressant de noter que le profil aromatique du café n'est jamais entièrement caractérisé par des arômes dominants, mais par de petites quantités d'un certain arôme (« les notes », « les nuances »).

9)   *L'Arabica à déparchage humide de Master Origin Indonesia présente* **un corps onctueux et velouté**, *d'une grande richesse, fruit de* **la spécificité des méthodes de récolte et de production locales.** **Les notes de feuilles de tabac séchées** *ainsi que* **les nuances de bois tropical** *confèrent à ce café un caractère* **sauvage.**

10) *Le Master Origin Colombia avec un Arabica à récolte tardive est aussi* **doux que fruité.** *Prenez le temps d'apprécier* **le bouquet aromatique de fruits rouges et noirs, en particulier le cassis et le canneberge.** *(Variété Colombia)*

Les auteurs (exemple (9)) décrivent les activités et les méthodes de l'assemblage, tout en mettant l'accent sur l'expertise locale des caféiculteurs (« la spécificité des méthodes de récolte et de production locales »), qui assure un profil aromatique spécifique et attrayant. Cette stratégie de se référer aux méthodes locales et, souvent, ancestrales s'inscrit dans les efforts de l'enseigne de mettre en avant la durabilité de la production du café. Par l'usage d'un adjectif valorisant (« sauvage »), on met en avant le caractère exotique du café. Dans l'exemple (10), à part la description très détaillée des fruits qui composent le profil aromatique spécifique de la variété Colombia, les auteurs du texte s'adressent directement aux consommateurs (« Prenez le temps d'apprécier le bouquet aromatique […]. »), les invitant à la dégustation du café.

4.2.3. La torréfaction

Dans l'exemple (11), le pronom personnel à la première personne du pluriel (« Nous ») fait référence à l'enseigne Nespresso. L'entreprise s'identifie avec les caféiculteurs auxquels elle confie le processus de torréfaction. À travers la valorisation des activités de torréfaction dans les exemples (11) et (12), Nespresso met en avant la durabilité environnementale au niveau du produit ou de la matière première elle-même : en appliquant des processus de torréfaction spécialement conçus, l'entreprise garantit le meilleur résultat, tout en évitant trop de déchets.

11)   *Nous pratiquons une torréfaction séparée, l'une de durée moyenne, et l'autre, légèrement plus courte. Ce processus de torréfaction séparée permet d'apprécier, dans ce café de Sumatra, une palette aromatique complexe. (Variété Indonesia)*

12)   *Une courte torréfaction à des températures moyennes permet d'équilibrer l'intensité et la délicatesse des arômes du Master Origin Colombia avec un Arabica à récolte tardive. (Variété Colombia)*

4.2.4. La recommandation d'autres variétés de café Nespresso

Dans la partie de texte dans laquelle d'autres variétés Nespresso sont recommandées, nous constatons une forte orientation vers le consommateur, ce qui se reflète dans l'usage du pronom à la 2ème personne du pluriel (« vous ») ou dans le fait de lui poser des questions fictives. Il s'agit d'une stratégie d'authentification, orientée vers l'interaction fictive avec la clientèle. Son objectif consiste en une réduction du caractère anonyme d'un texte relevant de la communication de masse, en le personnalisant. On remarque également la mise en avant de l'expertise de la clientèle qui, se fondant sur son expérience avec d'autres variétés Nespresso, est capable de choisir la bonne variante Master Origin. La recommandation d'autres variétés Nespresso se réalise à travers l'usage du futur composé (« Vous allez aimer […] », exemple (13)), du futur simple (« Ce café plaira aux amateurs […] », exemple (14)) et de constructions hypothétiques (« Si vous aimez Indriya de la gamme Pure Origine, vous allez apprécier les notes intenses et épicées du café India de Master Origin. », exemple (15)). La réalisation linguistique de la recommandation d'une autre variété Nespresso à la clientèle se situe dans un champ de tensions entre le but commercial qui consiste à faire de la publicité pour d'autres produits de la même marque et l'objectif de réduire le risque de traiter les consommateurs de manière paternaliste par des recommandations d'achat trop explicites. C'est pour cette raison que Nespresso se place modestement derrière les consommateurs, espérant que leur expertise et leurs expériences de dégustation de café suffiront pour les inciter à l'achat.

13)   ***Vous avez apprécié Rosabaya de la gamme Pure Origine ? Vous** allez aimer Colombia de Master Origin avec ses notes vives et fruitées.*

14) *Ce café plaira aux amateurs* des notes florales du Bukeela de la gamme Pure Origine.

15) *Si vous aimez Indriya de la gamme Pure Origine, vous allez apprécier* les notes intenses et épicées du café India de Master Origin.

5. Conclusion et perspectives

Pour la description de la stratégie de communication de Nespresso France, tant sur le plan général que concernant la gamme Master Origin, ce sont, à notre avis, surtout les dimensions de la durabilité sociale et environnementale ou écologique qui sont mises en avant sur le site web de l'enseigne. Dans un souci de créer une image de marque positive, Nespresso se présente comme un employeur qui prend en considération les conditions de vie des caféiculteurs, qui vivent en général dans des pays pauvres, en leur offrant des conditions de travail équitables. Pour ce faire, Nespresso souligne, dans les textes décrivant les variétés de café, que l'entreprise apprécie beaucoup le savoir-faire des caféiculteurs, qu'ils sont traités avec respect et qu'on leur offre un prix juste pour leur production. Ces efforts se manifestent, entre autres, à travers de longs récits détaillés (des témoignages) décrivant le travail quotidien des caféiculteurs qui garantit l'excellente qualité du café offert à la clientèle. De la même manière, Nespresso est soucieux de donner l'impression d'une entreprise qui est consciente de sa responsabilité au niveau de la protection de l'environnement. Comme le café Nespresso est vendu en capsules en aluminium, ce qui non seulement implique une exploitation de matières premières, mais pose aussi un problème au niveau du traitement des déchets, l'enseigne met en avant qu'elle est impliquée dans le recyclage des capsules.

Ce qui est caractéristique de la présentation des Master Origin, c'est la mise en avant de la responsabilité de l'entreprise qui s'engage à produire un café durable. S'y ajoute la discussion éthique dans le contexte de la culture du café en général, qui est souvent considérée comme une forme d'esclavage moderne. De plus, on peut émettre l'hypothèse que la clientèle de Nespresso fait tout particulièrement attention à ce que le café qu'elle consomme soit produit en respectant les principes de durabilité. Pour prôner sa responsabilité éthique et environnementale, la marque Nespresso fait donc des efforts dans sa campagne marketing.

En ce qui concerne la responsabilité sociale de l'entreprise pour son capital humain, l'on observe, dans les extraits de texte analysés, la mise en relief de l'importance des individus qui cultivent le café pour Nespresso (désignés, par exemple, comme « les hommes » et « les fermiers »), et de leur savoir-faire (quand les auteurs parlent de « leurs traditions agricoles » ou des « gestes caractéristiques des fermiers »). Dans les textes, leurs activités sont décrités de manière très détaillée, évoquant leur travail quotidien et les soins qu'ils y apportent. Parfois Nespresso s'identifie avec ses caféiculteurs, ce qui se manifeste à travers l'usage du « nous » inclusif. Nespresso met à chaque fois en avant les spécificités géographiques et culturelles des différents terroirs. Es respectant des processus d'assemblage employés depuis longtemps, Nespresso s'engage pour la durabilité tant sur le plan social que sur le plan environnemental.

On constate également de nombreuses références au processus de production du café, contenant une terminologie spécifique (« la récolte », « le stockage », « le dépulpage », « le séchage »). L'usage de cette terminologie de l'univers du café renforce l'image des clients comme experts ; dans ce contexte, les auteurs des textes procèdent parfois à un marquage typographique des termes ou proposent aux consommateurs une courte explication pour assurer la bonne compréhension. Les adjectifs et les noms utilisés pour la description organoleptique du café sont tantôt valorisants, tantôt descriptifs. En même temps, Nespresso évoque l'exclusivité à travers la description détaillée de l'assemblage, et l'exotisme à travers de nombreuses références verbales et visuelles aux spécificités des pays et des régions où le café est cultivé. C'est tout particulièrement la description du profil aromatique qui contient de nombreuses références à l'origine du café. Parfois, Nespresso utilise des descripteurs connus depuis l'univers du vin. Pour communiquer avec sa clientèle, Nespresso utilise, dans les textes portant sur les Master Origin, des stratégies d'interaction fictive.

L'analyse montre que la construction verbale et visuelle des notions d'exclusivité et d'exotisme, d'un côté, et la communication de l'idée de la durabilité, de l'autre, ne s'excluent pas dans le corpus. Dans ce contexte, la conception multimodale contribue à l'efficacité de la stratégie marketing (« durabilité visuelleverbale » et « exotisme visuel-verbal »). Les résultats ne concernent que le site web français, mais comme Nespresso est une marque globale, il est fort probable que les stratégies identifiées sont aussi mises en œuvre dans les stratégies marketing visant d'autres contextes culturels. La vérification de cette hypothèse serait donc l'objectif d'une étude ultérieure. Pour une recherche future, il serait également intéressant d'effectuer une comparaison avec d'autres marques de café dans l'espace francophone, pour voir ce que les différentes stratégies de marketing ont en commun et ce qui est, en revanche, caractéristique de la marque Nespresso.

Bibliographie

Carnau, Peter (2011): *Nachhaltigkeitsethik – Normativer Gestaltungsansatz für eine global zukunftsfähige Entwicklung in Theorie und Praxis.* München: Rainer Hampe

Diekmannshenke, Hajo / Klemm, Michael / Stöckl, Hartmut (éds.) (2010): Bildlinguistik. Berlin: Erich Schmidt

Gansel, Christina / Jürgens, Frank (^{2}2007): *Textlinguistik und Textgrammatik. Eine Einführung.* Göttingen: Vandenhoek & Ruprecht

Gautier, Laurent (éd.) (à paraître): *Actes du colloque international « Discours sensoriels croisés: cacao, café, thé et vin. Entre langue(s) et culture(s) »*, Dijon, 9-10 juillet 2018

Hardtke, Arnd / Prehn, Marco (2001): *Perspektiven der Nachhaltigkeit – Vom Leitbild zur Erfolgsstrategie.* Wiesbaden: Gabler

Hauff, Volker (1987): *Unsere gemeinsame Zukunft – Der Brundtland-Bericht der Welkommission für Umwelt und Entwicklung.* Greven: Eggenkamp

Heinemann, Wolfgang / Viehweger, Dieter (1991): *Textlinguistik: Eine Einführung.* Tübingen: Niemeyer

Holly, Werner (2004): *Fernsehen* (Grundlagen der Medienkommunikation 15). Berlin et al.: De Gruyter

Kühlwein, Wolfgang / Thome, Gisela / Wilss, Wolfram (éds.) (1981): *Kontrastive Linguistik und Übersetzungswissenschaft. Akten des Internationalen Kolloquiums Trier/Saarbrücken 25.-30.9.1978.* München: Wilhelm Fink

Lavric, Eva / Egger, Vanessa / Massoudy, Jasmina (à paraître): Café et thé: A quel point leurs descriptions sensorielles et leur mise en scène sur internet sont-elles calquées sur le vin? Dans: Gautier

Luginbühl, Martin (2007): Textdesign in Fernsehnachrichten. Multimodale Bedeutungskonstitution durch Sprache, Bild und Geräusche. Dans: Roth / Spitzmüller, 203-223

Pufé, Iris (2014): Was ist Nachhaltigkeit? Dimensionen und Chancen. Dans: *Bundeszentrale für politische Bildung: Aus Politik und Zeitung - Nachhaltigkeit (APuZ)* 64, 16

Roth, Kersten S. / Spitzmüller, Jürgen (2007): *Textdesign und Textwirkung in der massenmedialen Kommunikation*. Konstanz: UVK

Spillner, Bernd (1981): Textsorten im Sprachvergleich. Dans: Kühlwein / Thome / Wilss, 239-250

Stöckl, Hartmut (2010): Sprache-Bild-Texte lesen. Bausteine zur Methodik einer Grundkompetenz. Dans: Diekmannshenke / Klemm / Stöckl, 43-70

Vivien, Franck-Dominique / Lepart, Jacques / Marty, Pascal (éds.) (2013): *L'évaluation de la durabilité*. Paris: Quae

Prof. Dr. Nadine Rentel
Westsächsische Hochschule Zwickau
Fakultät Angewandte Sprachen und Interkulturelle Kommunikation
Scheffelstr. 39
D-08066 Zwickau
nadine.rentel@fh-zwickau.de

Eva Lavric / Vanessa Egger / Jasmina Massoudy

Café et thé : A quel point leurs descriptions sensorielles et leur mise en scène sur internet sont-elles calquées sur le vin ?[1]

Résumé :

La description et la mise en scène du vin (sur internet et sur d'autres médias) ayant fait l'objet de recherches poussées, on peut s'intéresser à d'autres boissons/produits et à leur présentation sur des sites spécialisés. Dans cette étude, nous présupposerons connu le genre textuel de la description de vin, sa structure, son style et sa terminologie, et nous nous pencherons sur le café et le thé :

- Comment se présentent les discours descriptifs et promotionnels qui entourent ces produits ?
- Existe-t-il un genre textuel « description de [produit xy] sur internet » pour chacune de ces deux boissons (pour la structure, mais aussi pour la langue, le style) ?
- Comment s'expriment leurs cultures respectives, les lignes de force des différents discours de la qualité ?
- Qu'est-ce qui les rapproche des discours du vin, et qu'est-ce qui les en distingue ?

Nous avons entrepris l'étude des sites web d'entreprises spécialisées, qui nous a révélé dès l'abord qu'il faut aller chercher dans le haut de gamme pour tomber sur des descriptions détaillées et (plus ou moins) standardisées telles qu'on a l'habitude d'en trouver pour le vin. Si l'on s'en tient à ce segment, on trouve cependant des présentations complexes, voire sophistiquées, tant du point de vue linguistique que sémiotique, coulées dans des moules textuels émergents au degré de standardisation relativement avancé.

Pour les deux produits étudiés, une importance significative est accordée à la description organoleptique, et l'on retrouve toute la gamme de descripteurs connue à travers le vin, avec, pour chaque produit, des accents et des ajouts spécifiques – ce qui se traduit par une « roue des arômes » spécifique pour le café et pour le thé.

Mais chaque produit a aussi ses spécificités : le café s'échelonne selon son intensité, et l'on décrit systématiquement l'aspect de la mousse ; le thé est toujours présenté à travers son origine, et sa description organoleptique, en général très complexe, comporte trois phases : la feuille sèche, la feuille infusée ou infusion, et enfin la liqueur. L'analyse linguistique a montré que la

---

[1] Cette étude a été réalisée dans le cadre d'un séminaire de linguistique française à l'université d'Innsbruck sous la direction d'Eva Lavric. Vanessa Egger s'était intéressée au café, et Jasmina Massoudy, au thé. Eva Lavric a révisé, revu et corrigé les résultats ; c'est elle qui a rédigé le présent texte.

valorisation caractérise les descriptions du café, et la description organoleptique celles du thé. Par ailleurs, les préoccupations éthiques et environnementales sont bien plus présentes pour le thé que pour le café ou pour le vin.

Mots clé : genre textuel, site web, vin, café, thé, discours descriptifs, discours promotionnels, description organoleptique, valorisation, roue des arômes

Abstract:
Extensive research has been carried out about how wine is described and showcased (on the web and in other media); therefore, time is ripe to take an interest in other beverages/products and in their presentation on specialized websites. In this study we assume readers are familiar with the text genre of wine description regarding its structure, style and terminology, and we address the subject of coffee and tea:

- What does the descriptive and promotional discourse surrounding these products look like?
- Is there something like a text genre "description of [product xy] on the web" for each of the two beverages (concerning structure, but also language and style)?
- How can their cultures be described, i.e. the main thrust of their respective quality claims?

From the outset, the study of company websites specializing in tea and coffee revealed that one has to target upmarket products in order to find detailed and (more or less) standardized descriptions like those we know from wine discourses. Sticking to this segment, however, one can find rather complex if not sophisticated presentations, both linguistically and semiotically speaking, cast into newly emerging text models with a relatively high degree of standardization.

For both products we analyzed, considerable attention is being given to organoleptic descriptions, where the whole range of descriptors known from the wine sector appears; additionally, each beverage is given its own specific emphases and specialties; for both products, this translates into their very own "aroma wheel".

But coffee and tea each also have their own specificities: coffee typically spreads over a fine-tuned intensity scale, and the foam's color is described systematically; tea is always presented through its geographical origin, and its usually very complex organoleptic description comprises three phases: dry leaves, infused tea, and finally "liquor". Our study shows that coffee descriptions are mostly characterized by valorization and tea descriptions by organoleptic analysis. Moreover, ethical and environmental considerations are much more present for tea than for coffee or wine.

Keywords: text genre, website, wine, coffee, tea, descriptive discourse, promotional discourse, organoleptic description, valorization, aroma wheel

1. Introduction

La description et la mise en scène du vin (sur internet et sur d'autres médias) ayant fait l'objet de recherches poussées,[2] on peut s'intéresser à d'autres boissons/ produits et à leur présentation sur des sites spécialisés. C'est là l'idée du colloque qui a donné lieu à la présente contribution. Dans cette étude, nous présupposerons connu le genre textuel de la description de vin, son style, sa terminologie et ses métaphores – nous ne ferons que le rappeler à travers un exemple – et nous nous pencherons avec plus de détail sur le café et le thé. Voici les questions qui nous guideront :

- Comment se présentent les discours descriptifs et promotionnels qui entourent ces produits ?
- Existe-t-il un genre textuel « description de [produit xy] sur internet » pour chacune de ces deux boissons (au niveau de la structure, mais aussi de la langue, du style) ?
- Comment s'expriment leurs cultures respectives, les lignes de force des différents discours de la qualité ?
- Qu'est-ce qui les rapproche des discours du vin, et qu'est-ce qui les en distingue ?

Nous avons entrepris l'étude des sites web d'entreprises spécialisées, qui nous a révélé dès l'abord qu'il faut aller chercher dans le haut de gamme pour tomber sur des descriptions détaillées et (plus ou moins) standardisées telles qu'on a l'habitude d'en trouver pour le vin.

1.1. Un exemple de description de vin ; et une roue des arômes

Il s'agit en réalité (fig. 1 et 2) de deux descriptions différentes d'un même vin, toutes les deux très standardisées, mais comportant également des parties qui ne sont pas en style télégraphique.

---

[2] Voir p.ex. Blumenthal 1979, Coutier 1994 et 2007, Peynaud 1980 et Peynaud/Blouin [5]2013, Rossi 2009a, 2009b et 2015 ainsi que Gautier/Lavric 2015, Vion 2015 et Zangerle-Willingshofer 2016, pour ne donner que quelques exemples.

Fig. 1 et 2 : Deux descriptions d'un même vin trouvées sur internet

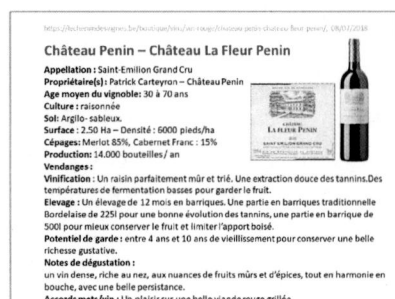

La première description (fig. 1) est plutôt valorisante, publicitaire (puisqu'on y trouve même une citation tirée du Gault Millau), avec un minimum de rubriques (les obligatoires : œil, nez, bouche, et pas grand-chose d'autre) dont les dénominations sont en langage général ; alors que la deuxième (fig. 2) est plus technique, donnant beaucoup de détails sur la production (sol, cépages, vinification, élevage), et avec une partie « note de dégustation » qui regroupe les trois éléments organoleptiques. À remarquer dans la deuxième la rubrique « potentiel de garde » (qui correspond dans la première description à « boire avant »[3]), et à la fin l'« accord mets/vin », alors que la première se termine par la température conseillée pour servir le vin – autant d'éléments facultatifs de la description. À retenir pour les deux, les adjectifs et noms de la description organoleptique, tantôt valorisants (*fine et élégante, harmonie*), tantôt descriptifs (*arômes vanillés, notes de fruits rouges, nuances de fruits mûrs et d'épices*).

Pour compléter cette partie « vin », nous donnerons un exemple de roue des arômes du vin (fig. 3) ; cette forme de représentation graphique, développée dans les années 80 par des œnologues californiens, fournit un cadre standardisé pour la description organoleptique des vins, mais aussi d'autres aliments (voire de produits non alimentaires).[4] Remarquons que l'on trouve sur internet un choix très vaste de roues des arômes pour le vin, dans toutes les langues, que ce soient des roues uniques comme notre exemple, ou bien des paires de roues, une pour le vin

---

[3] Cette différence de dénomination correspond bien à la différence terminologie vs. vulgarisation qui caractérise les deux textes.

[4] Elle est critiquée pour donner une impression de continuum, là où que les goûts et les parfums forment tout au plus des petits groupes (agrumes, épices, herbes…).

blanc et l'autre pour le vin rouge. L'exemple que nous donnons est très complet, puisqu'il comprend aussi une rubrique « défauts ».

Aujourd'hui, beaucoup de produits alimentaires différents, et jusqu'aux cigares, font l'objet de descriptions organoleptiques détaillées, qui émulent celle du vin. Nous verrons à l'exemple du café et du thé qu'on y retrouve des descripteurs connus à travers le vin, avec, pour chaque produit, des accents et des ajouts spécifiques – ce qui se traduit par une « roue des arômes » spécifique pour tous ces produits,[5] qui cependant n'existe souvent qu'en une seule variante (par opposition à la variété des roues pour le vin) et quelquefois vient juste d'être développée par un comité d'experts.

Fig. 3 : La roue des arômes du vin

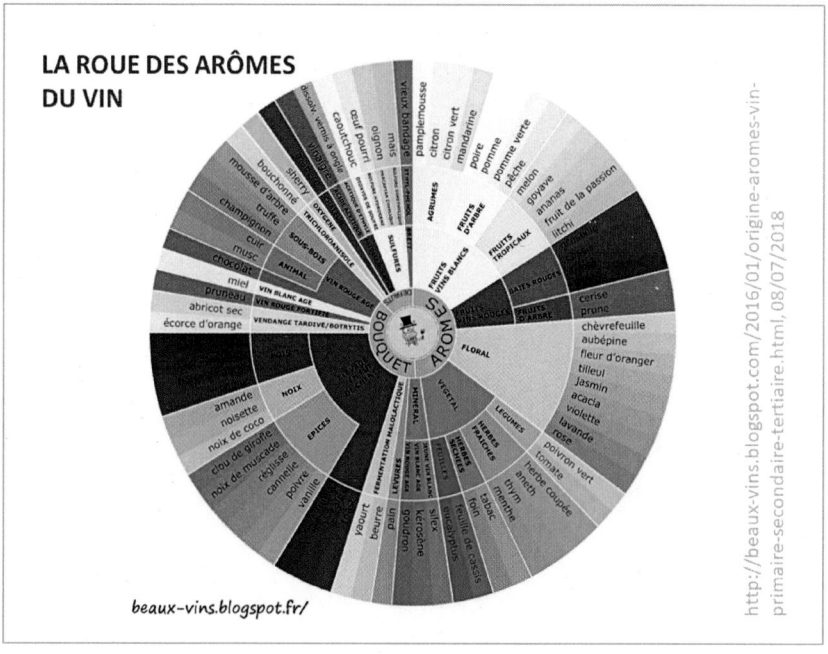

http://beaux-vins.blogspot.com/2016/01/origine-aromes-vin-primaire-secondaire-tertiaire.html, 08/07/2018

---

[5] On trouve du côté des liquides : café, thé, bière, cognac, whisky, gin, saké, eaux de vie de pomme (calvados & co.), cidre / jus de pomme, sirops, rhum, armagnac, eau minérale, huile d'olive, champagne, sirop d'érable et parfums ; et du côté des solides : fromage, plus particulièrement comté, chocolat (en tablette et comme boisson), miel, pain, pommes, légumes, cigares, cannabis.

1.2. Le genre textuel « description de café / de thé » – corpus et plan de nos analyses

Après ce bref rappel des descriptions de vins, nous passons donc au cœur de notre sujet en présentant ce que nous voulons décrire et comment nous nous y prendrons.

1.2.1. Nos deux corpus

Nous avons fait remarquer dès l'introduction que pour le café et le thé, si l'on veut trouver des descriptions organoleptiques détaillées et (plus ou moins) standardisées telles qu'on a l'habitude d'en avoir pour le vin, il faut aller chercher dans le haut de gamme.

De plus, nous avons voulu constituer deux corpus comparables, qui correspondent au même genre textuel. Voici ce que nous avons trouvé (voir aussi la partie « corpus » de notre bibliographie) :

- Corpus café :

  Les sites web des cafés en capsule à l'exemple de deux marques très connues :

  o L'OR© : Jacobs Douwe Egberts Trading FR

  o NESPRESSO© : Nestlé Nespresso S.A.

  10 exemples de L'OR, 10 exemples de NESPRESSO et 4 exemples de cafés décaféinés (L'OR et NESPRESSO)

- Corpus thé :

  Les sites web de thés à l'exemple de deux marques françaises très connues :

  o PALAIS DES THÉS : François-Xavier Delmas, 1986

  o MARIAGE FRÈRES : Auguste et Aimé Mariage, 1854

  Les deux marques sont aujourd'hui des marques de luxe dans le monde entier du thé. Nous étudierons 10 exemples de chaque marque, uniquement de thés portant la mention Grand Cru.

1.2.2. Comment décrire un genre textuel – analyses « externe » et « interne »

Pour décrire un certain genre textuel, nous pensons qu'il convient de combiner deux types d'analyse :

(1) l'analyse « externe » qui comprend tout ce que l'on peut dire des textes d'un certain genre sans être entré dans le détail de la lecture – ce que l'on pourrait dire du texte, même sans comprendre sa langue. Il s'agit de la fonction du texte dans sa situation (temporelle, géographique, culturelle…), de l'auteur, du destinataire, du médium et de la modalité.

(2) l'analyse « interne » pour laquelle il faut lire et étudier le texte en détail, cela à deux niveaux :

(2a) au niveau de la structure, des parties du texte (parties obligatoires et facultatives, ordre des parties, rapport texte-images), et

(2b) au niveau de la langue et du style propres au texte entier et/ou à chacune de ses parties.

Les deux types d'analyse devraient s'éclairer l'une l'autre, puisqu'on trouvera par exemple, dans le style, des éléments qui permettront de cerner le public cible (usage ou non-usage de termes spécialisés, procédés publicitaires comme les impératifs ou les expressions valorisantes…), et dans l'analyse externe, des explications pour certaines particularités stylistiques, linguistiques et graphiques (p.ex. thèmes d'actualité qui se retrouvent dans le texte).

1.2.3. La description de café / de thé sur internet – analyse « externe »

Le genre textuel qui fera l'objet de cette étude se définit comme la description d'un café / d'un thé placée sur le site web de l'entreprise qui le produit. L'analogie se fera avec les descriptions de vins placées dans des contextes analogues, donc sur des sites liés à la production et la vente de certains vins particuliers. Nous précisons cela parce que l'on trouve pour le vin des sites web « objectifs » ou « non commerciaux » d'orientation des consommateurs, qui correspondent à un autre genre textuel ; ni pour le café ni pour le thé nous n'avons trouvé de sites similaires. Si l'on décrit un café ou un thé sur internet, c'est parce qu'on cherche à le vendre. Le vendre en ligne, puisque les descriptions comprennent toutes un volet « achat », mais pas uniquement : il n'est pas exclu en effet que le client s'informe sur le site web de l'entreprise pour ensuite acquérir le produit dans une boutique. La fonction du texte est donc commerciale, publicitaire si l'on veut, mais pas au sens étroit du terme : on perçoit en effet dans ces descriptions une volonté d'information, un effort de description détaillée et factuelle, qui s'allie bien sûr à un désir de charmer, de faire rêver, d'entourer le produit d'un halo d'exclusivité et de séduction. Donc une fonction d'information et une fonction d'appel qui se complètent et qui se font en quelque sorte concurrence.

Deuxième point important de la situation, le médium : il s'agit de sites web commerciaux d'entreprises spécialisées, donc il convient de placer la description d'un café ou d'un thé particulier dans le contexte de ce site web et des autres pages que celui-ci peut offrir. Selon les entreprises, certaines informations (responsabilité sociale et environnementale…) pourront être placées soit immédiatement dans la description, soit sur une page à part (voir ci-dessous, 3.4.2.). Faisant partie d'un hypertexte, la description de café ou de thé est fondamentalement un texte multimodal, assorti d'images et d'une présentation graphique complexe et soignée. Autre caractéristique importante de la vente en ligne : le fait pour l'entreprise et pour le produit de se trouver *in absentia* par rapport au client. Ce dernier ne pourra ni s'entretenir avec un employé de l'entreprise, ni toucher, sentir ou goûter le produit. C'est là un désavantage d'envergure auquel il faudra pallier avec des moyens linguistiques et picturaux. L'imagination remplace l'expérience sensorielle : d'où une nécessité de soigner les descriptions organoleptiques, mais aussi les images réelles et linguistiques : évoquer des sensations que le client a stockées dans sa mémoire olfactive et gustative, mais aussi le faire rêver à travers des évocations qui placent le produit dans un environnement de production et de consommation idéal. Nous verrons tout cela dans nos analyses.

Restent à évoquer dans cette analyse externe l'auteur et le destinataire de notre type de texte. Il est facile de répondre à cette question d'une manière banale, en désignant comme « auteur » l'entreprise et comme « destinataire » le client potentiel qui navigue sur la toile. Mais c'est bien là l'occasion d'évoquer Goffman (1979, 16-18) et sa déconstruction de la figure du locuteur, puisqu'il distingue trois instances :

- le « principal » = celui dont les idées sont énoncées
- l'« author » = celui qui a rédigé le texte
- l'« animator » = celui qui prononce le texte

Il convient donc de se demander : à qui remonte le contenu de la description ? Qui a rédigé et formaté la page web ?[6] Le contenu du message a l'air de bien remonter à l'entreprise, mais il n'est pas sûr que celle-ci ait rédigé le texte et conçu le site web. Il faut supposer qu'elle a coopéré avec une agence spécialisée dans la rédaction de tels textes, d'où la question de savoir jusqu'à quel point les contenus et la structure des descriptions sont bien le fait de l'entreprise.[7]

Voyons la même chose pour le destinataire : selon Goffman (1979, 8-9), celui-ci peut être

- soit un « ratified hearer », donc un participant de plein droit à la communication, avec les deux variantes
    - « addressed hearer », celui auquel le locuteur s'adresse tout particulièrement, et
    - « unaddressed hearer », celui qui est là de plein droit sans être dans le focus du locuteur ;
- soit un « eavesdropper » : c'est celui qui ne fait pas partie de l'événement communicatif, mais qui néanmoins prête l'oreille et essaie d'écouter et de comprendre ;
- soit un « overhearer » : un passant qui n'a pas l'intention d'écouter, mais qui se trouve là par hasard et qui entend ce qui se dit.

Comme dans notre cas l'événement communicatif est la consultation d'un site web, on pourrait penser qu'il ne peut y avoir que des « ratified readers ». Cependant, le langage et les contenus des descriptions laissent deviner à qui celles-ci s'adressent tout particulièrement : nous sommes dans le segment de luxe pour les deux produits, et l'image du consommateur potentiel qui se dégage du texte est celle, nous le verrons, d'un client aisé, raffiné, sophistiqué, non exempt

---

[6] Comme le texte n'est pas lu à haute voix, il n'y a pas d'« animator ».

[7] Je (E.L.) ne puis m'empêcher d'évoquer ici le témoignage d'un collègue linguiste qui m'a approchée à l'issue de ma présentation de cette étude pour me confier qu'il lui était arrivé de devoir rédiger les descriptions des produits alimentaires pour la page web d'une chaîne de supermarchés. On ne lui avait fourni pour ce faire ni un échantillon de chaque produit, ni une description, ni même une photo…

de préoccupations éthiques. Et puis, il n'est pas exclu de considérer le ou la linguiste qui consulte le site web à des fins de recherche comme une sorte d'« eavesdropper », puisqu'il/elle n'a aucune intention d'acheter le produit et agit donc comme un/une pique-assiettes linguistique et sémiotique.

1.2.4. Plan de nos analyses « internes »

Les deux analyses « internes » des descriptions de café d'abord, et de thé ensuite, se feront strictement en parallèle, mais l'une après l'autre. En voici le plan :

- Structure du texte
- Présentation de chacune des parties du texte
- Analyse linguistique de la partie « description » au sens strict, avec accent mis sur les moyens de la description organoleptique d'une part, et les moyens linguistiques valorisants de l'autre.
- Conclusion pour la boisson en question

Il va sans dire que nous comparerons entre elles nos observations pour chacune des deux boissons, et toutes les deux avec ce que nous savons des descriptions de vin. Une conclusion générale résumera les résultats de nos analyses. Nous commençons donc par le café.

2. Le café – analyse interne[8]

2.1. Deux exemples et leur structure

Comme notre corpus café englobe des descriptions de deux entreprises différentes de café en capsules, nous commencerons par donner un exemple de chacune des deux marques (CAFÉ – Ex. 1 et 2) :

---

[8] Pour les sources de nos exemples, voir la partie « corpus » de notre bibliographie. Une excellente introduction à la « science du café » sous forme de diaporama se trouve sous Éducation Nationale s.a. Voir aussi De Longhi s.a.

CAFÉ – Exemple 1 : L'OR©

CAFÉ – Exemple 2 : NESPRESSO

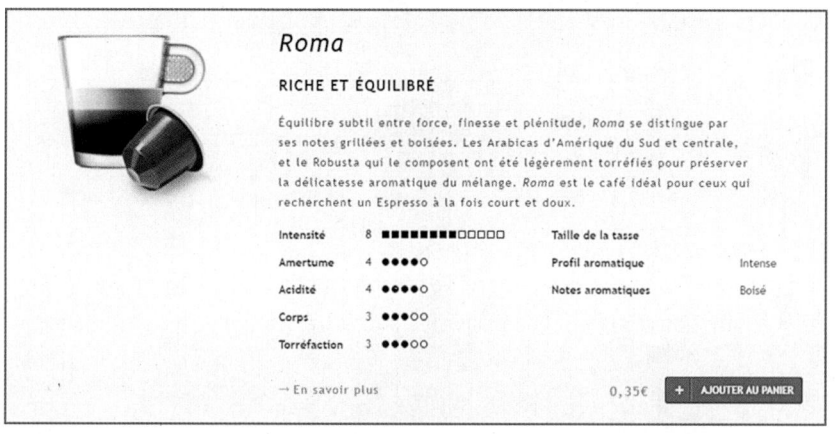

Café – Ex. 1
Structure

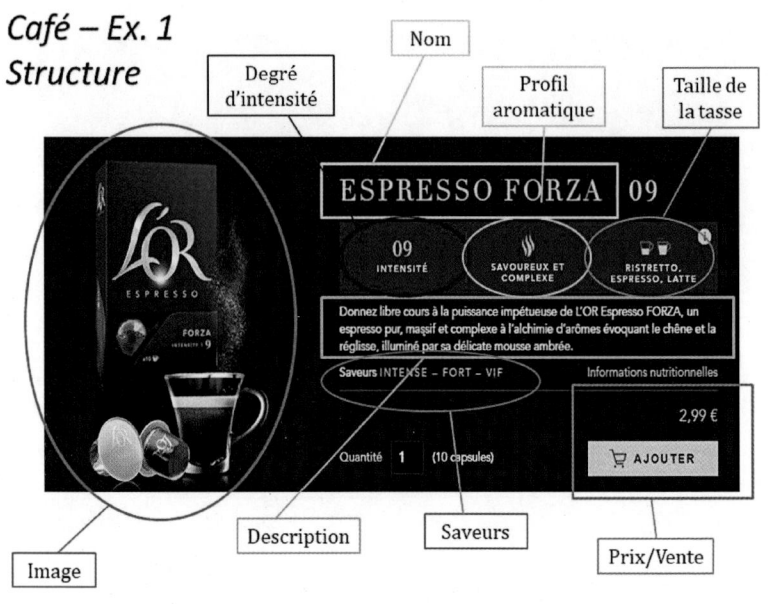

Nom

Degré d'intensité

Profil aromatique

Taille de la tasse

ESPRESSO FORZA 09

09 INTENSITÉ

SAVOUREUX ET COMPLEXE

RISTRETTO, ESPRESSO, LATTE

Donnez libre cours à la puissance impétueuse de L'OR Espresso FORZA, un espresso pur, massif et complexe à l'alchimie d'arômes évoquant le chêne et la réglisse, illuminé par sa délicate mousse ambrée.

Saveurs INTENSE – FORT – VIF

Informations nutritionnelles

2,99 €

Quantité 1 (10 capsules)

🛒 AJOUTER

Description

Saveurs

Prix/Vente

Image

Café – Ex. 2
Structure

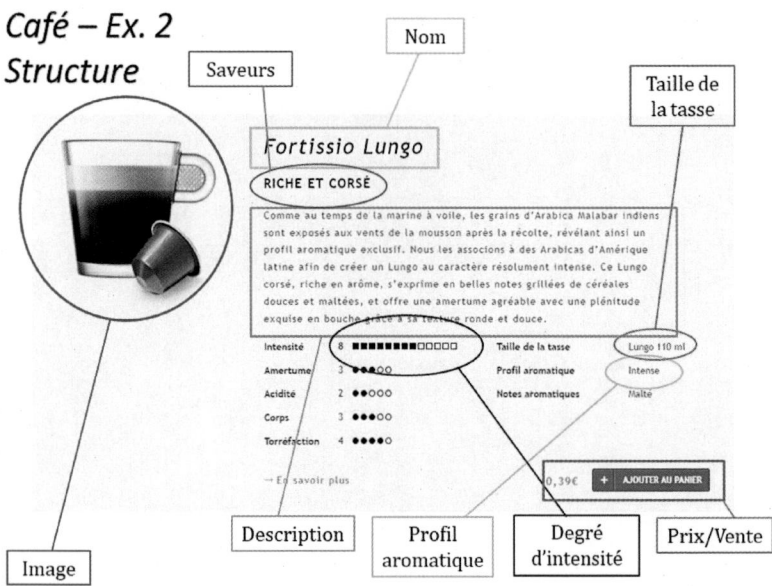

Nom

Saveurs

Taille de la tasse

Fortissio Lungo

RICHE ET CORSÉ

Comme au temps de la marine à voile, les grains d'Arabica Malabar indiens sont exposés aux vents de la mousson après la récolte, révélant ainsi un profil aromatique exclusif. Nous les associons à des Arabicas d'Amérique latine afin de créer un Lungo au caractère résolument intense. Ce Lungo corsé, riche en arôme, s'exprime en belles notes grillées de céréales douces et maltées, et offre une amertume agréable avec une plénitude exquise en bouche grâce à sa texture ronde et douce.

Intensité	8 ■■■■■■■■□□□□	
Amertume	3 ●●●○○	Taille de la tasse	Lungo 110 ml
Acidité	2 ●●○○○	Profil aromatique	Intense
Corps	3 ●●●○○	Notes aromatiques	Malté
Torréfaction	4 ●●●●○		

→ En savoir plus

0,39€ + AJOUTER AU PANIER

Description

Profil aromatique

Degré d'intensité

Prix/Vente

Image

Nous enchaînons tout de suite avec la structure pour chacun des deux exemples. Il s'avère qu'ils comportent en principe les mêmes parties, mais on ne pourra guère parler de l'ordre dans lequel interviennent les éléments, puisqu'ils sont insérés dans une structure graphique qui couvre exactement une page d'écran. Cependant la « lecture » commence en général en haut à gauche, où se trouve l'image, pour terminer en bas à droite, avec la rubrique « prix/vente ».

Voici donc les parties que nous retrouvons dans les deux textes, et dont le parallélisme confirme un degré de standardisation très poussé :

- Nom
- Image
- Saveurs
- Degré d'intensité
- Profil aromatique
- Taille de la tasse
- Description
- Prix/Vente

Nous pouvons en conclure qu'il existe un moule textuel assez fixe pour les descriptions de café. Par ailleurs, on reconnaît de nombreux éléments qui interviennent dans les présentations de vin, surtout la description organoleptique. D'autres éléments sont spécifiques du café : le degré d'intensité, la taille de la tasse. Par rapport au vin, il manque des éléments comme le millésime, le potentiel de garde, l'accord mets-vin, mais la production et le cépage ont peut-être des équivalents qui se retrouvent dans la partie « description », surtout pour l'exemple (2), voir ci-dessous.

2.2. Analyse des différentes parties du texte

Nous commencerons par les parties les plus simples, pour consacrer ensuite une analyse plus poussée aux noms, aux saveurs, et surtout à la partie « description (organoleptique) ».

2.2.1. Image

On constate que, mis à part le contraste entre le fond sombre pour L'OR et le fond clair pour NESPRESSO, les images des deux exemples sont presque identiques : on voit le café dans une tasse de verre, qui laisse donc entrevoir les différentes couches du liquide, leur couleur et leur consistance. L'image accorde une grande importance à la mousse qui couronne le café, ce que nous retrouverons également dans les textes des descriptions. Placée(s) devant la tasse, on voit une ou deux capsule(s) avec leur forme et leurs couleurs caractéristiques. Seul L'OR ajoute en arrière-plan le paquet, c'est-à-dire l'emballage, qui constitue donc une partie optionnelle de l'image. En général, mise à part la couleur de fond, l'effort pour se démarquer du concurrent sur le plan visuel est assez limité.[9]

2.2.2. Degré d'intensité

Le degré d'intensité du café a bien l'air d'être sa caractéristique la plus saillante. Il est indiqué à travers des chiffres, qui forment un système normé (il coïncide en tous cas pour nos deux entreprises). La présentation de L'OR se fait à travers des symboles (pour cette rubrique et pour les deux suivantes), mais celle de NESPRESSO est plus transparente, puisque la visualisation donne également l'échelle sur laquelle s'inscrit le chiffre en question et dont le maximum est 13. Les cafés les plus forts des deux marques sont *Espresso Onyx* pour L'OR et *Kazaar* pour NESPRESSO, dont l'intensité est 12.

À remarquer que NESPRESSO ne s'en tient pas au degré d'intensité, mais que cette entreprise a également un système de notation numérique pour les critères « amertume », « acidité », « corps » et « torréfaction ». L'acidité et le corps ressemblent à des caractéristiques importantes aussi pour le vin, alors que l'amertume et la torréfaction – et bien entendu le degré d'intensité – sont propres uniquement au café.

---

[9] On peut se demander si ce n'est pas la même agence qui a conçu les deux sites ; ou bien, si celle qui est arrivée en deuxième ne s'est pas beaucoup inspirée du site qui existait déjà…

2.2.3. Profil aromatique

Le profil aromatique est une mention qui s'exprime sous forme d'adjectifs en style télégraphique, qui visent une information rapide du client. On pourra avoir par exemple :

L'OR :   *(1) Intense et épicé*
            (2) Savoureux et complexe
            (3) Subtil et équilibré
            (4) Fleuri et fruité
NESPRESSO :*(1) Intense*
            (2) Équilibré
            (3) Fruité

NESPRESSO rajoute en plus une rubrique « notes aromatiques », qui vient compléter le profil.

2.2.4. Taille de la tasse

Les variantes de ce critère, qui indique les types de café (café comme boisson) que l'on peut préparer avec la capsule en question, sont : *Ristretto, Espresso, Lungo,* et *Latte.* L'exemple (1) montre qu'il peut y avoir plusieurs possibilités pour un même café ; mais les descriptions organoleptiques associent en général une taille de tasse caractéristique à chaque type de café. Là encore la description se fait en style télégraphique, soutenu, chez NESPRESSO, par un symbole spécifique. Ce type de présentation permet au client une orientation rapide.

2.2.5. Prix/Vente

Cette rubrique se trouve toujours en bas à droite de la page, pour donner au lecteur bien informé – et bien séduit après la lecture de la page – la possibilité de passer à l'action, c'est-à-dire à l'achat. On a donc obligatoirement une indication du prix ainsi qu'un lien vers le panier.

2.2.6. Noms de cafés

Voici la liste (tableaux 1 et 2) des noms des cafés que nous avons étudiés, qui est donc en même temps la liste de notre corpus (mis à part les cafés décaféinés), classée par intensité décroissante.

Tableau 1 : Les noms de la marque L'OR   *Tableau 2 : Les noms de la marque NESPRESSO*

N°	Intensité	Nom
L1	12	Espresso Onyx
L2	11	Ristretto
L3	10	Espresso Supremo
L4	10	Espresso Fortissimo
L5	9	Espresso Forza
L6	8	Lungo Profondo
L7	8	Espresso Sontuoso
L8	7	Espresso Splendente
L9	6	Espresso Satinato
L10	6	Lungo Elegante

N°	Intensité	Nom
N1	12	Kazaar
N2	10	Ristretto
N3	9	Envivo Lungo
N4	9	Arpeggio
N5	8	Roma
N6	8	Fortissio Lungo
N7	6	Livanto
N8	5	Cappriccio
N9	4	Volluto
N10	3	Cosi

Nous voyons que les deux entreprises adoptent des stratégies un peu différentes, mais qui se ressemblent : un nom de café doit a priori être ou sonner italien ![10] Tous les noms des deux marques correspondent à ce cliché. Sauf – et là aussi les deux marques sont d'accord – pour le café le plus fort. Dans les deux listes, le café d'intensité 12 porte un nom qui n'est pas italien : *Onyx* pour L'OR, et *Kazaar* pour NESPRESSO. *Onyx* est une pierre précieuse de couleur noire, mais *Kazaar* a bien l'air d'être un nom imaginaire. Cette exception onomastique souligne la place à part des champions de l'intensité.

Sinon, L'OR a des noms doubles, chaque café porte en quelque sorte un nom de famille qui correspond à la taille du café (*Espresso, Lungo*), plus un prénom

---

[10] Pour les noms pseudo-italiens de produits alimentaires cf. Lombardi 2015, Rieger 2009 et 2013. Il existe même un terme technique anglais pour désigner cette pratique : « Italian Sounding », cf. Autentico 2015 :

La definizione dell'**Istituto Nazionale del Commercio Estero** è la seguente. Per **Italian sounding** si intende il processo di diffusione di prodotti che presentano nomi, luoghi, colori o slogan riconducibili all'Italia ma che di fatto non hanno nulla a che vedere con l'autenticità dei prodotti "made in Italy". L'obiettivo dei prodotti Italian Sounding è quello di richiamare l'attenzione del consumatore su un prodotto che evochi la qualità e l'appeal del prodotto italiano attraverso l'utilizzo di parole italiane o altri richiami più espliciti al nostro paese.

évocateur, le plus souvent un adjectif valorisant. Seul le *Ristretto* correspond, pour les deux marques, à la simple dénomination « *Ristretto* ». NESPRESSO, de son côté, adopte la double dénomination pour ses « *Lungo* », et des noms simples pour tous les types d'*Espresso*. Les termes sont italiens, ce sont tantôt des adjectifs tantôt des noms, et ils ont pour but d'évoquer l'Italie (*Roma, Capriccio*). C'est chez NESPRESSO que l'on trouve aussi des pseudo-italianismes (*Envivo, Fortissio*).

2.2.7. Saveurs

À présent nous compléterons notre liste par celle des saveurs indiquées pour chaque café :

Tableau 3 : *Les saveurs des cafés L'OR*

N°	Intensité	Nom	Adjectifs
L1	12	Espresso Onyx	Intense – **puissant** – amer
L2	11	Ristretto	**Puissant** – expressif – absolu
L3	10	Espresso Supremo	**Riche – épicé – puissant**
L4	10	Espresso Fortissimo	**Épicé** – intense – **exaltant**
L5	9	Espresso Forza	Intense – **fort – vif**
L6	8	Lungo Profondo	Intense – **épicé** – enivrant
L7	8	Espresso Sontuoso	Fleuri – **aromatique – exaltant**
L8	7	Espresso Splendente	Élégant – **équilibré**
L9	6	Espresso Satinato	**Acidulé** – fleuri – **singulier**
L10	6	Lungo Elegante	Fruité – fleuri – élégant

Tableau 4 : *Les saveurs des cafés NESPRESSO*

N°	Intensité	Nom	Adjectifs
N1	12	Kazaar	Dense - **puissant**
N2	10	Ristretto	**Puissant** – contrasté
N3	9	Envivo Lungo	**Puissant** – caramélisé
N4	9	Arpeggio	Intense – **crémeux**
N5	8	Roma	**Riche – équilibré**
N6	8	Fortissio Lungo	**Riche – corsé**
N7	6	Livanto	**Rond – équilibré**
N8	5	Cappriccio	**Riche – singulier**
N9	4	Volluto	**Doux** – léger
N10	3	Cosi	Doux – **délicatement grillé**

On voit que ces adjectifs emblématiques se correspondent plus ou moins pour les deux marques, qui sont d'accord pour qualifier d'*intenses* et de *puissants* les cafés du haut de la liste ; dès le milieu, les similitudes diminuent, puisque L'OR continue à parler d'*intense*, en y ajoutant *épicé* et *exaltant*, là où NESPRESSO préfère *riche* et *équilibré*. Vis-à-vis des cafés les moins forts, les politiques diffèrent : la gamme de L'OR s'arrête aux cafés d'intensité 7 et 6 (qualifiés d'*élégants* et de *fleuris*), tandis que celle de NESPRESSO descend jusqu'à 5, 4 et 3, où l'on trouve *doux* comme adjectif caractéristique.

2.3. La partie « description »

2.3.1. Éléments de contenu

Nous consacrerons ci-dessous (2.4.) un chapitre spécial à l'analyse linguistique de l'aspect « description organoleptique » de cette partie, mais nous voudrions d'emblée attirer l'attention sur quelques éléments de contenu particulièrement caractéristiques des descriptions de café, que nous avons soulignés en couleur dans notre choix d'exemples (3) :

- assemblage (sortes) et origine
- torréfaction
- mousse
- moment de consommation

CAFÉ – choix d'exemples 3 :

NESPRESSO

(N3) Envivo Lungo *a été spécialement conçu pour le matin par les Experts Café* Nespresso. *Consommé en longue tasse, il stimule les sens grâce à son caractère intense et généreux. Ce café de torréfaction noire est un assemblage issu d'un Arabica typique d'Inde et d'un Robusta du Mexique. Dans la tasse, il dévoile un caractère puissant et une plénitude de corps, des notes torréfiées et des parfums riches évoquant les bois aromatiques et le pain d'épice.*

(N7) *Ce mélange d'Arabicas d'Amérique du Sud et centrale est moyennement torréfié afin de faire ressortir un bouquet rond et très équilibré. Il évoque le parfum d'un café fraîchement torréfié qui s'échappe des brûleries : notes grillées et caramélisées.* (Livanto)

(N8) Capriccio *est un Espresso au bouquet harmonieux avec une fine acidité et une note céréale très caractéristique. Il est composé d'Arabicas d'Amérique du Sud, dont le Brésil, idéalement dosé, et d'une touche de Robusta légèrement torréfié.*

(N9) *Un mélange d'Arabicas purs et légèrement torréfiés d'Amérique du Sud,* Volluto *déploie des notes douces et biscuitées, renforcées par une légère acidité et une note fruitée.*

(N10) Cet assemblage d'Arabicas d'Afrique de l'Est, d'Amérique Centrale et du Sud a été torréfié légèrement pour créer un mélange délicat et équilibré aux notes céréales légèrement grillés soutenues par une subtile note fruitée. (Cosi)

L'OR

(L1) Donnez libre cours à la puissance impétueuse de L'OR Espresso FORZA, un espresso pur, massif et complexe à l'alchimie d'arômes évoquant le chêne et la réglisse, illuminé par *sa délicate mousse ambrée.*

(L2) L'OR Espresso SONTUOSO est un espresso exaltant composé de notes d'amandes grillées et de notes florales, le tout couronné par *l'éclat ambré d'une mousse riche et soyeuse.*

(L3) L'OR Espresso SPLENDENTE est un espresso d'une qualité incomparable avec des arômes prononcés et *une élégante mousse dorée.* Son goût irrésistible est couronné de légères notes de noisettes finissant sur un zeste d'agrumes.

(L4) L'intense et corsé L'OR Espresso FORTISSIMO allie des arômes exaltants d'épices à la force de *grains de café Arabica et Robusta profondément torréfiés* pour créer une expérience de dégustation particulièrement stimulante.

(L9) Délicat et raffiné, L'OR Espresso SATINATO est un espresso velouté aux arômes riches et uniques et au caractère acidulé, *s'appréciant tout au long de la journée.*

On voit que la mention des sortes (à de très rares exceptions près, tous les cafés sont des assemblages) et celle de la torréfaction sont obligatoires, mais uniquement chez NESPRESSO. L'OR, par contre, donne presque toujours une indication valorisante sur la couleur, et quelquefois la consistance, de la mousse. (D'ailleurs, la mousse apparaît comme le seul élément pour lequel on s'intéresse à l'aspect visuel.) Le moment de consommation est un élément facultatif dans les deux cas, et ce qui est remarquable, c'est qu'il est mentionné uniquement pour les cafés les plus forts (*le matin*) et les plus faibles (*n'importe quel moment de la journée*).

2.3.2. Aperçu de quelques procédés publicitaires

Nous avons vu en 1.2.3. que les descriptions de café/thé sont des textes publicitaires, avec un côté appellatif important. Nous avons cherché par conséquent dans la partie « description » des éléments qui correspondent à cette fonction. Nous en avons trouvé, tout d'abord, sous la forme des sempiternels

impératifs publicitaires, qui enjoignent au consommateur un certain comportement et lui promettent certains effets (ex. 4) :[11]

CAFÉ – choix d'exemples 4 :

> *(L5)* **Donnez libre cours** *à la puissance impétueuse de L'OR Espresso FORZA, un espresso pur, massif et complexe à l'alchimie d'arômes évoquant le chêne et la réglisse, illuminé par sa délicate mousse ambrée.*
>
> *(L10)* **Découvrez** *le caractère tendre de L'OR LUNGO ELEGANTE, un espresso fruité et fleuri, dominé par des notes d'agrumes et de baies noires. Sa délicate mousse dorée parfait son élégance et sa grâce.*

De purs échantillons de langage publicitaire ! Mais il faut avouer que ce sont là
les deux seuls exemples d'une démarche publicitaire directe que nous avons
trouvés dans notre corpus. Les auteurs de nos descriptions optent plutôt pour des
procédés indirects, comme les métaphores qui font rêver et les promesses
d'expériences inédites (ex. 4 suite) :[12] [13]

CAFÉ – choix d'exemples 4 (suite) :

> *(L2)* *Composé avec soin, RISTRETTO <u>éblouit les sens</u> grâce à son caractère expressif et <u>vivifiant</u> et ses puissantes notes épicées. Un ristretto idéal pour un* **voyage intense inoubliable.**
>
> *(L4)* *L'intense et corsé L'OR Espresso FORTISSIMO allie des arômes <u>exaltants</u> d'épices à la force de grains de café Arabica et Robusta profondément torréfiés pour* **créer une expérience de dégustation particulièrement stimulante.**

À remarquer également, dans les deux exemples ci-dessus, les expressions
verbales et participiales qui décrivent ce que fait le café avec le consommateur :
il *éblouit les sens*, il est *vivifiant* et *exaltant*. Nous avons traité ici ces expressions

---

[11] De tels impératifs foisonnent, par exemple, dans le corpus publicitaire (annonces pour automobiles et pour produits cosmétiques, tirées de magazines masculins et féminins) analysé par Schöpf (2016).

[12] Ces métaphores-là – le voyage, l'expérience inoubliable – se retrouvent en grand nombre dans les publicités d'automobiles étudiées par Schöpf (2016).

[13] Pour ce qui est des métaphores, il faut bien évidemment distinguer celles qui sont figées, terminologiques, et celles qui sont originales, qui sont des métaphores vives (à différents degrés). Vu qu'il existe un certain nombre d'études sur les métaphores du vin (cf. p.ex. Coutier 1994 et 2007, Rossi 2009a et b et 2015, Zangerle-Willingshofer 2016), une analyse des métaphores du café ou du thé permettrait d'opérer des comparaisons intéressantes – cependant, une telle analyse dépasserait le cadre de notre modeste étude.

verbales, parce que notre analyse linguistique ne portera que sur les adjectifs et les noms. En effet, les verbes, mis à part quelques exemples comme ceux que nous venons de voir, sont assez insignifiants en comparaison. C'est souvent le verbe *être*, ou des verbes de relation qui remplacent une conjonction *et* : *allier, associer, composé de, accompagné de...*, ou bien des variantes originales équivalentes à *avoir* ou à *il y a* : *s'exprimer, offrir, dévoiler, révéler...*

Avant de passer à cette analyse détaillée des noms et des adjectifs, nous traiterons encore un cas particulier : les cafés décaféinés.

2.3.3. Le cas particulier des cafés décaféinés

Les décaféinés font l'objet en principe de descriptions similaires à celles des autres cafés, à une exception près (exception significative !) (5) :

CAFÉ – choix d'exemples 5 (ils viennent tous de la marque NESPRESSO):

> *(D1)* *Intensément torréfié et riche en arôme,* **Ristretto Decaffeinato possède le même caractère puissant et le même goût contrasté que le Ristretto original.** *Une sélection des meilleurs Arabicas d'Amérique latine et d'Afrique de l'Est, avec une touche de Robusta, assemblés avec élégance et torréfiés séparément pour créer la note fruitée subtile de cet Espresso corsé et intense.*

> *(D2)* *Torréfié foncé et riche en arôme,* **Arpeggio Decaffeinato dévoile le même caractère fort, le même corps intense et les mêmes notes agréables de cacao que le Grand Cru Arpeggio original.** *Une sélection des meilleurs Arabicas d'Amérique du Sud et centrale enrichit ce mélange de notes intenses, cacaotées. Une torréfaction séparée révèle les spécificités de chaque origine,* **soigneusement protégées pendant le processus de décaféination, qui respecte la vraie nature du grain de café, permettant de maintenir la force aromatique et la richesse du mélange.**

> *(D4)* *Délicieusement doux et léger,* **Volluto Decaffeinato a les mêmes arômes riches et corps rond que le Grand Cru Volluto original.** *Les grains d'Arabica pur d'Amérique du Sud sélectionnés sont légèrement torréfiés séparément pour accentuer leurs spécificités et révéler les notes douces biscuitées, fraîches et fruitées.* **Le profil aromatique de ces cafés est soigneusement préservé pendant le processus de décaféination, qui respecte la vraie nature du grain de café, permettant de préserver la force et la richesse de ses arômes.**

Il semble bien que l'assertion la plus importante que les producteurs s'empressent de faire à propos de leurs cafés décaféinés, c'est qu'ils sont absolument égaux en goût et en arôme à leurs équivalents « caféinés » ; l'expression linguistique qui revient dans tous les exemples est *le même... que.* Si chaque café décaféiné se rattache à un original dont il porte le nom, (assorti d'une mention *décaféiné*), c'est pour bien montrer cette équivalence totale. La description organoleptique est reprise sur celle de l'original, et la dernière phrase rassure sur le processus de décaféination. On traite donc le client qui s'intéresse au décaféiné comme un amateur de café tout court, qui a les mêmes exigences et préférences que n'importe quel autre consommateur. Pourtant, le fait qu'on insiste tant sur cette similitude laisse deviner qu'elle n'est pas évidente, et en termes de polyphonie on pourrait dire qu'un tel discours présuppose l'existence d'un lieu commun qui voudrait que le « décaf » soit un café de deuxième choix, moins fort et moins aromatique.

2.4. Descriptions organoleptiques du café : adjectifs et noms descriptifs et valorisants

Nous ouvrons ici un chapitre à part pour une analyse détaillée des descriptions organoleptiques, à travers l'étude des **adjectifs** et des **noms** que nous classerons en deux catégories : les « **descriptifs** » et les « **valorisants** ». Nous opérons cette distinction pour obtenir, d'une part, une vision claire du répertoire linguistique employé pour la description organoleptique du café, dans le but d'opérer une comparaison avec les descripteurs du vin, et plus tard, ceux du thé ; et, d'autre part, de faire la part du lexique descriptif et du lexique valorisant, ce dernier étant indirectement publicitaire, bien que, en comparaison avec les impératifs cités ci-dessus (CAFÉ – choix d'ex. 4), il s'agisse de procédés relativement discrets.

Comme troisième catégorie, que nous n'avions pas prévue mais qui s'est imposée à nous dans le courant de notre analyse, nous repérerons également **les noms de catégories organoleptiques**, comme *bouche, goût, arôme*, mais aussi *note, nuance, caractère* : ils désignent les entités décrites plus concrètement par les adjectifs organoleptiques.

2.4.1. Analyse linguistique

Les détails de notre analyse linguistique seront présentés ici de deux manières : d'abord de manière qualitative, sous la forme de notre corpus annoté en couleurs

(CAFÉ – choix d'ex. 6) ; puis de manière quantitative, sous la forme d'un tableau (tab. 5) classé par ordre de fréquence pour chaque catégorie.

CAFÉ – choix d'exemples 6 (totalité du corpus) **: Analyse linguistique**

Adjectifs et noms organoleptiques
Adjectifs et noms valorisants
Noms de catégories organoleptiques

L'OR

(L1)   **L'OR Espresso ONYX NOIR** *est un hymne à l'essence ultime du pur espresso :* **noble, noir** *et* **racé.** *Sa* **torréfaction poussée** *et sa* **mouture fine** *dévoilent un mélange typé et* **épicé,** *relevé d'une* note **suprême** *de* **cacao amer** *qui révèle le* caractère *le plus* **puissant** *de l'espresso.*

(L2)   *Composé avec soin,* **RISTRETTO** *éblouit les sens grâce à son* caractère **expressif** *et* **vivifiant** *et ses* **puissantes** notes **épicées.** *Un ristretto idéal pour un voyage intense inoubliable.*

(L3)   *L'*arôme **vigoureux** *et* **épicé** *de* **L'OR Espresso SUPREMO** *est inimitable grâce à ses* notes **complexes** *de* **chocolat noir,** *de* **chêne** *et de* **noix,** *agrémenté d'une* **généreuse** mousse *pour un plaisir intense. Toute la puissance de l'espresso.*

(L4)   *L'intense et* **corsé L'OR Espresso FORTISSIMO** *allie des* arômes **exaltants** *d'épices à la force de grains de café Arabica et Robusta* **profondément torréfiés** *pour créer une expérience de dégustation particulièrement stimulante.*

(L5)   *Donnez libre cours à la puissance impétueuse de* **L'OR Espresso FORZA,** *un espresso pur, massif et complexe à l'alchimie d'*arômes *évoquant le* **chêne** *et la* **réglisse,** *illuminé par sa délicate* mousse **ambrée.**

(L6)   **L'OR LUNGO PROFONDO** *monte en puissance avec des* arômes **intenses** *et* **épicés** *et des* notes *d'*amandes **grillées** *et de* **réglisse,** *accompagnés d'une* mousse **chatoyante** *aux* nuances *de* **bronze.**

(L7)   **L'OR Espresso SONTUOSO** *est un espresso exaltant composé de* notes *d'*amandes **grillées** *et de* notes **florales,** *le tout couronné par l'*éclat **ambré** *d'une* mousse **riche** *et* **soyeuse.**

(L8)   **L'OR Espresso SPLENDENTE** *est un espresso d'une* qualité **incomparable** *avec des* arômes **prononcés** *et une* **élégante** mousse **dorée.** *Son* goût **irrésistible** *est couronné de légères* notes *de* **noisettes** *finissant sur un* **zeste d'agrumes.**

(L9)   *Délicat et raffiné,* **L'OR Espresso SATINATO** *est un espresso* **velouté** *aux* arômes **riches** *et* **uniques** *et au* caractère **acidulé,** *s'appréciant tout au long de la journée.*

(L10) *Découvrez le* caractère **tendre** *de* **L'OR LUNGO ELEGANTE,** *un espresso* **fruité** *et* **fleuri,** *dominé par des* notes *d'*agrumes *et de* **baies noires.** *Sa délicate* mousse **dorée** *parfait son élégance et sa grâce.*

NESPRESSO

(N1)   *Mélange **audacieux** de Robustas du Brésil et du Guatemala spécialement préparés pour Nespresso et d'un Arabica d'Amérique du Sud **torréfié** séparément, **Kazaar** est un café d'une exceptionnelle **intensité**. Ce Ristretto **corsé est riche en** notes **grillées**. En tasse, il se développe une puissante **amertume** et des notes **poivrées**, équilibrées par une* texture *dense et **crémeuse**.*

(N2)   **Intense en** goût **et en** corps, *ce **Ristretto** allie les meilleurs Arabicas d'Amérique du Sud provenant de pays tels que la Colombie ou le Brésil, de grands Arabicas d'Afrique de l'Est finement **acidulés**, et une* touche *de Robusta plus **nerveux**. La **torréfaction lente** séparée des grains crée un* bouquet **contrasté**, *associant de subtiles* notes **fruitées** *et acides à des* notes **intensément torréfiées** *et chocolat.*

(N3)   ***Envivo Lungo** a été spécialement conçu pour le matin par les Experts Café Nespresso. Consommé en longue tasse, il stimule les sens grâce à son* caractère **intense et généreux**. *Ce café de **torréfaction noire** est un assemblage issu d'un Arabica typique d'Inde et d'un Robusta du Mexique.* Dans la tasse, *il dévoile un* caractère **puissant** *et une plénitude de* corps, *des* notes **torréfiées** *et des* parfums *riches évoquant les **bois aromatiques** et le **pain d'épice**.*

(N4)   ***Arpeggio** tient son* caractère **puissant** *et son* corps **dense** *d'un mélange d'Arabicas d'Amérique du Sud et centrale. Une **torréfaction soutenue** met en valeur le* tempérament *de chaque origine et développe un* bouquet *intense, combinant des* notes **cacaotées et grillées**.*

(N5)   *Équilibre subtil entre force, finesse et plénitude, **Roma** se distingue par ses* notes **grillées et boisées**. *Les Arabicas d'Amérique du Sud et centrale, et le Robusta qui le composent ont été **légèrement torréfiés** pour préserver la délicatesse aromatique du mélange. Roma est le café **idéal** pour ceux qui recherchent un Espresso à la fois **court et doux**.*

(N6)   *Comme au temps de la marine à voile, les grains d'Arabica Malabar indiens sont exposés aux vents de la mousson après la récolte, révélant ainsi un* profil aromatique **exclusif**. *Nous les associons à des Arabicas d'Amérique latine afin de créer un Lungo au* caractère *résolument **intense**. Ce Lungo **corsé**, riche en* arôme, *s'exprime en belles* notes **grillées** de **céréales douces et maltées**, *et offre une **amertume agréable** avec une **plénitude exquise*** en bouche *grâce à sa* texture *ronde et douce. **(Fortissio Lungo)***

(N7)   *Ce mélange d'Arabicas d'Amérique du Sud et centrale est **moyennement torréfié** afin de faire ressortir un* bouquet **rond et très équilibré**. *Il évoque le* parfum *d'un café **fraîchement torréfié** qui s'échappe des brûleries :* notes **grillées et caramélisées. (Livanto)***

(N8)   ***Capriccio** est un Espresso au* bouquet **harmonieux** *avec une **fine acidité** et une* note **céréale très caractéristique**. *Il est composé d'Arabicas d'Amérique du Sud, dont le Brésil, idéalement dosé, et d'une* touche *de Robusta **légèrement torréfié**.*

(N9)   *Un mélange d'Arabicas purs et **légèrement torréfiés** d'Amérique du Sud, **Volluto** déploie des* notes **douces et biscuitées**, *renforcées par une légère **acidité** et une* note **fruitée**.*

(N10)   *Cet assemblage d'Arabicas d'Afrique de l'Est, d'Amérique Centrale et du Sud a été **torréfié légèrement** pour créer un mélange **délicat et équilibré** aux* notes **céréales** *légèrement **grillées** soutenues par une subtile* note **fruitée. (Cosi)***

Tableau 5 : CAFÉ – Analyse linguistique

Analyse linguistique café

Adj organoleptiques		Adj valorisants		Noms organoleptiques		Noms de catég. organol.	
grillé	6	intense	8	chocolat (noir)	2	note	23
épicé	4	riche	6	chêne	2	caractère	10
fruité	4	puissant	5	réglisse	2	arôme	7
corsé	3	délicat	4	amandes grillées	2	mousse	6
torréfié	3	pur	3	amertume	2	bouquet	4
doux	3	subtil	3	acidité	2	corps	3
légèrement torréfié	3	idéal	2	torréfaction poussée		goût	2
ambré (mousse)	2	complexe	2	torréfaction lente		texture	2
soyeux (mousse)	2	généreux	2	torréfaction noire		touche	2
velouté	2	exaltant	2	torréfaction soutenue		parfum	2
acidulé	2	couronné	2	mouture fine		dans la/en tasse	2
dense	2	rond (texture/bouquet)	2	cacao amer		en bouche	
céréal	2	équilibré	2	noix		nuance	
profondément torréfié		ultime		épices		éclat	
intensément torréfié		noble		bronze (moussse)		profil aromatique	
moyennement torréfié		typé		noisettes			
fraîchement torréfié		suprême		agrumes (zeste d')			
racé		expressif		baies noires			
vigoureux		vivifiant		intensité			
noir		inoubliable		bois aromatiques			
chatoyant (mousse)		inimitable		pain d'épice			
doré (mousse)		incomparable		céréales			
floral		irrésistible					
fleuri		agrémenté				**Noms valorisants**	
poivré		stimulant					
crémeux		impétueux				puissance	3
nerveux		massif				plénitude	3
acide		illuminé				force	2
cacaoté		prononcé				hymne	
boisé		élégant				soin	
court		raffiné				voyage	
malté		unique				plaisir	
caramélisé		tendre				alchimie	
biscuité		audacieux				qualité	
		exceptionnel				élégance	
		meilleur				grâce	
		grand				tempérament	
		contrasté				équilibre	
		typique				finesse	
		exclusif				délicatesse aromatique	
		beau					
		agréable					
		exquis					
		doux (texture)					
		harmonieux					
		fin					
		carctéristique					
		idéalement dosé					

2.4.2. Résultats

L'interprétation des résultats révèle que nous sommes en présence, pour le café, d'un système de description organoleptique complexe, avec un vocabulaire riche tant pour les adjectifs que pour les noms. Les termes ressemblent largement à ceux du vin ; si on voulait chercher des différences, il faudrait comparer les fréquences de certaines nuances aromatiques. Une seule catégorie organoleptique vient s'ajouter par rapport au vin : c'est la *mousse*, dont on décrit la couleur et aussi la texture.[14] En réalité, la mousse est le seul élément du café pour lequel on s'intéresse expressément au visuel ; tous les adjectifs de couleur que nous avons relevés dans notre corpus café se rapportent à la mousse. Les descriptions de café insistent beaucoup sur le degré de **torréfaction** (facteur de goût), l'adjectif organoleptique le plus fréquent est *grillé*, et tant l'adjectif *torréfié* que le nom *torréfaction* sont fréquents.[15] En fait, la *torréfaction* et la *mouture* pourraient être considérées comme des catégories organoleptiques propres au café ; mais ce ne serait pas tout à fait exact, puisqu'elles ne se révèlent pas forcément à la dégustation, elles expliquent plutôt les qualités que l'on découvre et sont donc des aspects de la production.

L'observation la plus frappante concerne le rapport description-valorisation : la catégorie de loin la mieux développée, du moins en termes de « tokens », est celle des **adjectifs valorisants**. L'adjectif valorisant le plus fréquent est *intense*. Il faut cependant remarquer que tous les consommateurs n'aiment pas le café fort. *Délicat, subtil, rond* et *équilibré* se retrouvent aussi plusieurs fois dans les textes. Côté noms, c'est *puissance* et *force* qui arrivent en premiers. Pour les « types », les noms les plus fréquents sont des catégories organoleptiques : *note, caractère, arôme*. Les noms valorisants sont un peu moins nombreux que les noms organoleptiques, mais les deux sont toujours moins nombreux que les adjectifs. On peut donc en conclure que **dans les descriptions de café, la valorisation prime de loin la description organoleptique**.

---

[14] Rappelons que cette mousse était visible également sur les images, elle était la raison pour laquelle le café était présenté dans une tasse de verre.

[15] Cela ne se traduit peut-être pas suffisamment dans notre comptage, qui sépare les différentes variantes de la torréfaction.

2.5. Conclusion café

En conclusion du chapitre « café », nous pouvons dire qu'il existe un moule textuel et une rhétorique spéciales pour les cafés (en capsule). En effet, les deux entreprises que nous avons analysées, présentes toutes les deux sur le segment de luxe, utilisent un schéma et un langage très similaires. Les parties des textes sont les mêmes : nom, image, saveurs, degré d'intensité, profil aromatique, taille de la tasse, description, prix/vente. Les noms des produits sont en majorité italiens ou pseudo-italiens et donnent souvent une première information sur l'intensité ou le goût. Dans la partie « description », les auteurs décrivent le goût et l'effet du produit, mais aussi l'origine, l'assemblage, le degré de torréfaction ; quelquefois aussi le moment de la journée pour consommer le café. Dans la partie « description », nous avons trouvé quelques rares procédés typiquement publicitaires (impératifs, métaphores), mais l'appel direct au client reste marginal. L'analyse linguistique a étudié la gamme de trois types d'éléments lexicaux : les adjectifs et noms organoleptiques, les noms de catégories organoleptiques, et les adjectifs et noms valorisants. Les termes organoleptiques ressemblent beaucoup à ce que l'on trouve pour le vin – sauf les indications sur la torréfaction et sur la mousse. Mais la fonction publicitaire du texte se révèle à travers une multitude inattendue de noms et surtout d'adjectifs valorisants, ces derniers constituant clairement la catégorie la plus nombreuse parmi les moyens linguistiques étudiés.

Et nous terminerons ce chapitre par la meilleure roue des arômes du café (fig.4) que nous ayons pu trouver sur internet (il y en a deux ou trois, et bien plus si on inclut d'autres langues) :

Fig. 4 : La roue des arômes du café

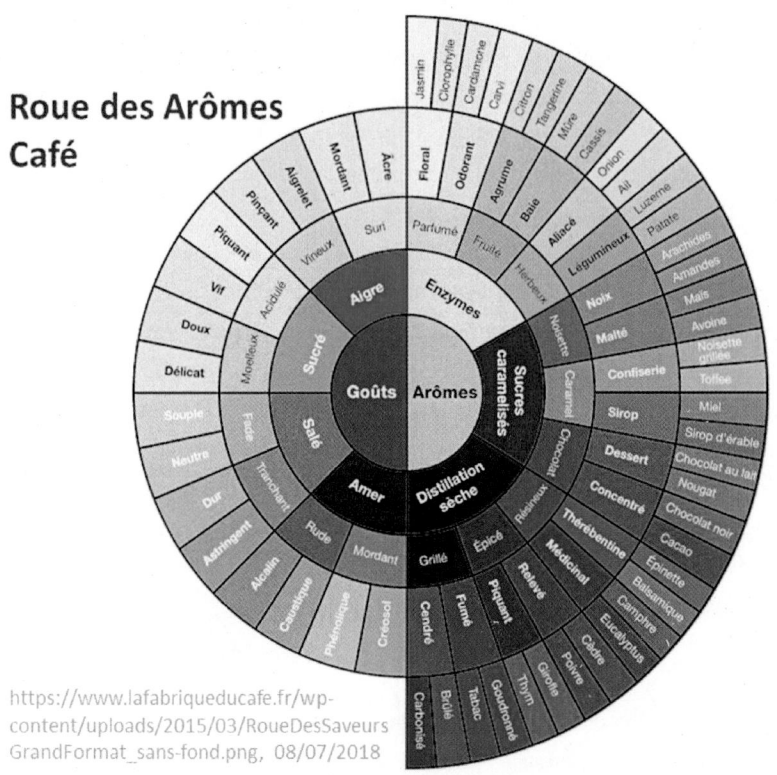

Roue des Arômes Café

290

3. Le thé – analyse interne

3.1. Deux exemples et leur structure *(THÉ – ex. 1 et 2)*

THÉ – Exemple 1 : PALAIS DES THÉS
https://www.palaisdesthes.com/fr/kahangi-green.html, 08/07/2018

KAHANGI GREEN

Thé vert de Kabarole, Ouganda, Afrique

Grand Cru de thé vert aux notes végétales, vanillées, animales et fruitées

Pochette vrac 100g

16,00 €
Réf. DS018AM

- 1 +   ✓ EN STOCK

AJOUTER AU PANIER

Livraison Colissimo offerte en France dès 49€
d'achat *   PARTAGER SUR

Le choix de François-Xavier Delmas

EXPERT TEA SOMMELIER ET FONDATEUR DE PALAIS DES THÉS

Un beau thé vert ougandais. Il provient d'une plantation certifiée organique qu'il faut encourager pour inciter aussi les plantations voisines à cesser l'utilisation des pesticides qui nuisent à la population de primates – la plus importante au monde – qui vit en lisière de ces champs de thé.

Spécificités

Origine :
Ouganda, Afrique

Couleur :
Thé Vert

Suggestion de préparation

Au set à déguster : 4 minutes dans une eau à 75°C

Description

L'introduction du thé en Afrique remonte à la fin du XIXème siècle où les Anglais développèrent l'athéiculture pour s'assurer de nouvelles ressources d'approvisionnement. Au cours du XXème siècle, de nombreux pays se sont également convertis à cette culture et le continent est aujourd'hui un acteur majeur sur le marché mondial du thé. Mais depuis quelques années, certaines plantations cherchent à gagner en qualité et de grands thés commencent à apparaître au Rwanda, au Kenya, au Burundi ou encore en Ouganda.

Pour la première fois au Palais des thés, voici un Grand Cru en provenance du district de Kabarole, situé à l'Ouest de l'Ouganda, à 1500 mètres d'altitude environ. Cette plantation cultive d'excellents thés dans le respect de la nature et de l'environnement. Ce thé vert légèrement astringent est marqué par un bel équilibre entre les notes végétales, vanillées, animales et fruitées.

Palais des Thés s'engage avec Sabrina Krief, Professeur au Muséum National d'Histoire Naturelle de Paris, pour la protection des grands singes d'Ouganda : en soutenant la plantation Kahangi Estate dont la culture biologique, respectueuse de l'environnement permet la protection de la faune locale et en reversant 1€ au Projet pour la conservation des grands singes pour chaque vente de 100 g du thé vert d'Ouganda, Kahangi Green.

Si vous souhaitez faire une donation pour soutenir ce projet, rendez-vous sur le site internet suivant :
www.helloasso.com/associations/projet-pour-la-conservation-des-grands-singes

Notes de dégustation

Feuille sèche

Aspect : très belles feuilles entières délicatement roulées, présence de bourgeons
Couleur : brun foncé et bourgeons argentés
Parfums : fruité, végétal, boisé, animal

Infusion

Parfums : végétal, fruité (nectarine, rhubarbe), légèrement boisé, métallique, animal.

Liqueur

Couleur : écrue
Texture en bouche : liqueur agréablement lisse puis très légèrement astringente
Saveurs : subtilement sucrée
Arômes : minéral, métallique, vanillé (sucre vanillé), légèrement lacté, animal, fruité (nectarine, noyau de pêche)
Profil aromatique et longueur en bouche : bel équilibre entre les arômes, longueur agréable marquée par les notes fruitées

THÉ – Exemple 2 : MARIAGES FRÈRES

https://www.mariagefreres.com/FR/2-sencha-nara-the-vert-japonais-organique-T4270.html, 08/07/2018

SENCHA NARA
Thé vert - Jardin Organique*
Japon

Notre Sencha Nara est issu d'un petit jardin de thé organique et familial du village de Tsukigase à Nara.
Ce joyau inestimable composé exclusivement de jeunes bourgeons récoltés un à un par des cueilleuses aux gestes précis s'épanouit au cœur de temples bouddhistes aux bienfaits infinis sur les âmes, et selon la tradition locale, sur le Terroir. Quelques heures à peine séparent la récolte d'un délicat et succinct flétrissage dans l'atelier familial, avant la cuisson douce à l'aide d'une vapeur d'eau pure. Les jeunes aiguilles lustrées parées de leur habit vert flamboyant exhalent mille et une fragrances magiques, propices à l'évasion mais aussi et surtout aux plaisirs infinis de la dégustation d'un cru confidentiel en quantité très limitée.

Feuilles sèches : Les bourgeons émeraudes livrent une note fruitée-fleurie de mirabelles suivie d'une onde lactée de figue blanche sur un filigrane vanillé irrésistible.

Feuilles infusées : Vert nacré lumineux. Le parfum des feuilles évoque un sablé au beurre, rejoint par la douceur parfumée des fleurs de cerisiers et de nashis rôtis.

Liqueur : Jade aux reflets dorés. Le palais est enveloppé d'une intense saveur umami au parfum hespéridé, puis par la texture moelleuse et liquoreuse, privilège des seuls Grands Crus. Des effluves de bigaradiers en fleurs magnifiés de notes d'abricot cuit ponctuent le final couronné de noix d'arganier grillées et de fleurs d'osmanthus odorantes.

Magie d'une nuit de pleine lune.

*Ce thé est issu d'un jardin qui a obtenu des certifications organiques dans son Pays ou qui utilise des méthodes de culture organique.
Pour des raisons administratives, ce thé n'est pas certifié bio en France.

CONSEILS DE PRÉPARATION :
5 g / 20 cl - 65°C - 2 min

Le choix de François-Xavier Delmas

EXPERT TEA SOMMELIER ET FONDATEUR DE PALAIS DES THÉS

Un beau thé vert ougandais. Il provient d'une plantation certifiée organique qu'il faut encourager pour inciter aussi les plantations voisines à cesser l'utilisation des pesticides qui nuisent à la population de primates – la plus importante au monde – qui vit en lisière de ces champs de thé.

CONSEIL DE L'EXPERT

Spécificités

COULEUR

Origine :	ORIGINE

Ouganda, Afrique

Couleur :
Thé Vert

Suggestion de préparation

Au set à déguster : 4 minutes dans une eau à 75°C

SUGGESTION DE PRÉPARATION

Description

DESCRIPTION LONGUE

L'introduction du thé en Afrique remonte à la fin du XIXème siècle où les Anglais développèrent l'athéiculture pour s'assurer de nouvelles ressources d'approvisionnement. Au cours du XXème siècle, de nombreux pays se sont également convertis à cette culture et le continent est aujourd'hui un acteur majeur sur le marché mondial du thé. Mais depuis quelques années, certaines plantations cherchent à gagner en qualité et de grands thés commencent à apparaître au Rwanda, au Kenya, au Burundi ou encore en Ouganda.

Pour la première fois au Palais des thés, voici un Grand Cru en provenance du district de Kabarole, situé à l'Ouest de l'Ouganda, à 1500 mètres d'altitude environ. Cette plantation cultive d'excellents thés dans le respect de la nature et de l'environnement. Ce thé vert légèrement astringent est marqué par un bel équilibre entre les notes végétales, vanillées, animales et fruitées.

Palais des Thés s'engage avec Sabrina Krief, Professeur au Muséum National d'Histoire Naturelle de Paris, pour la protection des grands singes d'Ouganda : en soutenant la plantation Kahangi Estate dont la culture biologique, respectueuse de l'environnement permet la protection de la faune locale et en reversant 1€ au Projet pour la conservation des grands singes pour chaque vente de 100 g du thé vert d'Ouganda, Kahangi Green.

Si vous souhaitez faire une donation pour soutenir ce projet, rendez-vous sur le site internet suivant :
www.helloasso.com/associations/projet-pour-la-conservation-des-grands-singes

Notes de dégustation

NOTES DE DÉGUSTATION

Feuille sèche

Aspect : très belles feuilles entières délicatement roulées, présence de bourgeons

Couleur : brun foncé et bourgeons argentés

Parfums : fruité, végétal, boisé, animal

Infusion

Parfums : végétal, fruité (nectarine, rhubarbe), légèrement boisé, métallique, animal.

Liqueur

Couleur : écrue

Texture en bouche : liqueur agréablement lisse puis très légèrement astringente

Saveurs : subtilement sucrée

Arômes : minéral, métallique, vanillé (sucre vanillé), légèrement lacté, animal, fruité (nectarine, noyau de pêche)

Profil aromatique et longueur en bouche : bel équilibre entre les arômes, longueur agréable marquée par les notes fruitées

*THÉ – Exemple 2 : MARIAGES FRÈRES – **STRUCTURE***
https://www.mariagefreres.com/FR/2-sencha-nara-the-vert-japonais-organique-T4270.html, 08/07/2018

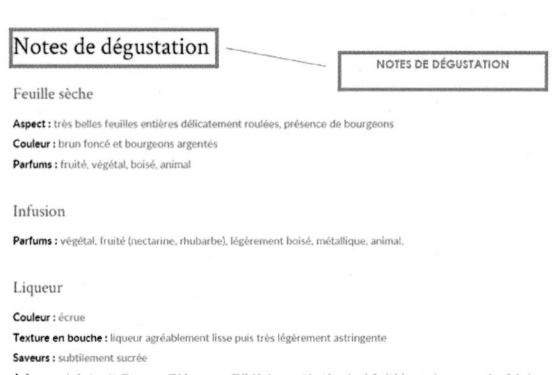

IMAGE

PRIX/VENTE

Caractéristiques : #Thé vert #Japon #Nouveau Jardin #Grand Cru #Jardin Organique
Sachet noir Mariage Frères, au poids

Réf : T4270 - Prix : 50€ / 100g

100 g ▾ X − 1 + 🎁 bientôt disponible

COULEUR

SENCHA NARA
Thé vert - Jardin Organique*
Japon

NOM

ORIGINE

DESCRIPTION (LONGUE)

Notre Sencha Nara est issu d'un petit jardin de thé organique et familial du village de Tsukigase à Nara.
Ce joyau inestimable composé exclusivement de jeunes bourgeons récoltés un à un par des cueilleuses aux gestes précis s'épanouit au cœur de temples bouddhistes aux bienfaits infinis sur les âmes, et selon la tradition locale, sur le Terroir. Quelques heures à peine séparent la récolte d'un délicat et succinct flétrissage dans l'atelier familial, avant la cuisson douce à l'aide d'une vapeur d'eau pure. Les jeunes aiguilles lustrées parées de leur habit vert flamboyant exhalent mille et une fragrances magiques, propices à l'évasion mais aussi et surtout aux plaisirs infinis de la dégustation d'un cru confidentiel en quantité très limitée.

NOTES DE DÉGUSTATION

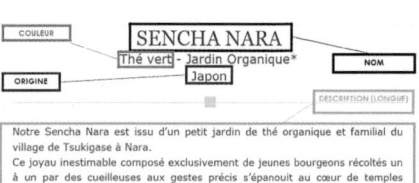

Feuilles sèches : Les bourgeons émeraudes livrent une note fruitée-fleurie de mirabelles suivie d'une onde lactée de figue blanche sur un filigrane vanillé irrésistible.

Feuilles infusées : Vert nacré lumineux. Le parfum des feuilles évoque un sablé au beurre, rejoint par la douceur parfumée des fleurs de cerisiers et de nashis rôtis. QUALITÉ

Liqueur : Jade aux reflets dorés. Le palais est enveloppé d'une intense saveur umami au parfum bucolique, puis par la texture moelleuse et liquoreuse, privilège des seuls Grands Crus. Des effluves de bigaradiers en fleurs magnifiés de notes d'abricot cuit ponctuent le final couronné de noix d'arganier grillées et de fleurs d'osmanthus odorantes.

Magie d'une nuit de pleine lune.

*Ce thé est issu d'un jardin qui a obtenu des certifications organiques dans son Pays ou qui utilise des méthodes de culture organique.
Pour des raisons administratives, ce thé n'est pas certifié bio en France.

3.2. Comparaison des structures : café et thé

Tableau 6 : Structures café et thé en comparaison

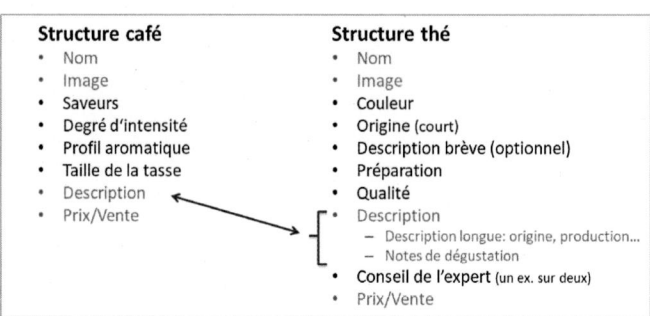

Les structures se ressemblent (cf. tableau 6), partiellement seulement, mais il est clair que des différences de structure peuvent masquer des contenus semblables ; et inversement, que des structures parallèles peuvent fort bien cacher des contenus différents. Par exemple, la partie « description » côté café correspond en gros à la partie « description » côté thé, mais cette dernière se décompose en deux sous-parties, dont les très importantes « notes de dégustation » ; leur équivalent pour le café (la description organoleptique) est nettement moins riche. Et l'origine, qui constitue un point à part pour le thé, se trouve intégrée dans la partie « description » pour le café ; d'ailleurs, pour le thé aussi, elle se retrouve avec plus de détails dans la description.

Ayant analysé les structures textuelles côté café et côté thé, il peut être intéressant de les comparer avec celles des descriptions de vin : on retrouve pour le vin les parties « nom », « image », « description » et « prix/vente », où l'image montre en général la bouteille, quelquefois la bouteille plus un verre. Mais il y a des éléments obligatoires et facultatifs pour le vin qu'on ne retrouve ni pour le café, ni pour le thé : le millésime d'abord, le cépage (mais on a dans les descriptions de thé et de café les sortes employées), le degré d'alcool, la température pour le servir, les mariages avec différents mets. Quant à la description organoleptique, la couleur est presque totalement absente des descriptions de café (sauf pour la mousse), on la retrouve cependant pour le thé, mais avec un sens un peu différent, nous y reviendrons (3.3.3.). Et l'odeur et le goût sont décrits séparément pour le vin et pour le thé, mais ensemble pour le café.

3.3. Analyse des différentes parties du texte

3.3.1. Noms de thés

Tableau 7 : Noms de thés (ensemble du corpus « Thé »)

Palais des Thés	Mariage Frères
(P1) La Mandala Silver Needles	(M1) Thé sous les nuages
(P2) Jin zhen « Aiguilles d'Or »	(M2) Pandam
(P3) Nepal Arya Tara Wonder AT60	(M3) Namring Upper
(P4) Kahangi Green	(M4) Sencha Nara
(P5) La Mandala Ruby	(M5) Moondakotee
(P6) Népal Pathivara White Forest	(M6) Yin Zhen Suprême
(P7) Qingshan Dark Tea Brick	(M7) Blanc Royal®
(P8) Pathivara Premium Gold	(M8) Lung Ching Suprême
(P9) Darjeeling Puttabong Dj 12 S.F.T.G.F.O.P.1 Clonal Queen	(M9) Gyokuro Kagoshima
(P10) Queen of Pu Erh	(M10) Le Plus Précieux des Gyokuro du Japon

Comme pour le café, notre liste de noms de thés (tableau 7) donne en même temps une vue d'ensemble de notre corpus.[16] Une analyse intéressante peut être celle des langues qui interviennent dans les dénominations, puisque presque tous les noms de notre corpus combinent plusieurs langues. Pour cette analyse, nous adoptons à nouveau un code couleurs (tab. 8) :

- anglais
- français
- langue du pays d'origine

---

[16] Sur les noms de thés, il existe la publication de Schweikart s.a., qui explique que pour les thés de Chine les noms sont construits en deux parties : la région de culture et une description de l'aspect du thé (cf. notre ex. P7).

Tableau 8 : Noms de thés avec indication des langues

Palais des Thés	Mariage Frères
(P1) La Mandala Silver Needles	(M1) Thé sous les nuages
(P2) Jin zhen « Aiguilles d'Or »	(M2) Pandam
(P3) Nepal Arya Tara Wonder AT60	(M3) Namring Upper
(P4) Kahangi Green	(M4) Sencha Nara
(P5) La Mandala Ruby	(M5) Moondakotee
(P6) Népal Pathivara White Forest	(M6) Yin Zhen Suprême
(P7) Qingshan Dark Tea Brick	(M7) Blanc Royal®
(P8) Pathivara Premium Gold	(M8) Lung Ching Suprême
(P9) Darjeeling Puttabong Dj 12 S.F.T.G.F.O.P.1 Clonal Queen	(M9) Gyokuro Kagoshima
(P10) Queen of Pu Erh	(M10) Le Plus Précieux des Gyokuro du Japon

Les noms de thés sont très souvent composés d'éléments en deux, voire trois (P6), langues différentes. Ceci est dû à la présence massive d'indications renvoyant aux pays et cultures d'origine – voir ci-dessous, tableau 9. Pour ce qui est de la concurrence entre le français et l'anglais, on remarque que la maison « Mariage Frères » se donne une identité française, alors que « Palais des Thés », à travers un usage assez massif de l'anglais, vise plutôt l'international. Bien évidemment, l'anglais est aussi la « lingua franca » du thé.

La question qui se pose après cette analyse linguistique encore superficielle est celle des éléments « exotiques » que l'on retrouve dans les noms de thés : toponymes, noms de sortes, descriptions… Nous avons cherché à comprendre tous ces éléments a priori opaques. Les indications ci-dessus nous permettent à présent d'analyser les noms d'après la sémantique des éléments qui les composent (t. 9) :

- nom du jardin
- nom de la région/du pays
- type de thé / couleur
- éléments valorisants / métaphores transparentes[17]

---

[17] Nous n'avons pas tenu compte des métaphores présentes dans les noms des types de thés, car elles ne sont pas transparentes pour le consommateur international.

Tableau 9 : Noms de thés + explications + composantes en couleurs

Palais des Thés	Mariage Frères
(P1) La Mandala Silver Needles *(La Mandala = nom du jardin) (thé blanc du Népal, région d'Ilam et Dhankuta)*	**(M1) Thé sous les nuages** *(région : Yunnan, Chine ; Yunnan = littéralement « Sud des nuages »)*
(P2) Jin zhen « Aiguilles d'Or » *(jin=or zhen=aiguille) (thé noir, région : Yunnan, Chine)*	**(M2) Pandam** *(Pandam = nom du jardin) (région : Darjeeling, Inde)*
(P3) Nepal Arya Tara Wonder AT60 *(Arya = prénom féminin valorisant ; Tara = nom de déesse) (Népal, région d'Ilam et Dhankuta)*	**(M3) Namring Upper** *(dans la description : Thé d'« Au-delà du ciel ») (Namring = nom du jardin) (région : Darjeeling, Inde)*
(P4) Kahangi Green *(Kahangi = nom du jardin) (Ouganda, région de Kabarole)*	**(M4) Sencha Nara** *(Sencha = thé vert du Japon très connu) (Nara = région)*
(P5) La Mandala Ruby *(La Mandala = nom du jardin) (thé noir du Népal, région d'Ilam et Dhankuta)*	**(M5) Moondakotee** *(= littéralement « Le refuge de la lune ») (région : Darjeeling, Inde)*
(P6) Népal Pathivara White Forest *(Pathivara = nom du village où est situé le jardin)*	**(M6) Yin Zhen Suprême** *(yin=argent, zhen=aiguille, thé blanc de Chine)*
(P7) Qingshan Dark Tea Brick *(Quingshan = montagne située dans la région du Hunan en Chine) (tea brick = thé compressé)*	**(M7) Blanc Royal®** *(thé blanc, pays : Écosse !!!)*
(P8) Pathivara Premium Gold *(Pathivara = nom du village où est situé le jardin) (thé du Népal)*	**(M8) Lung Ching Suprême** *(Lung Ching = puits du dragon, thé vert chinois) (Chine, région de Zhejiang)*
(P9) Darjeeling Puttabong Dj 12 S.F.T.G.F.O.P.1 Clonal Queen *(Darjeeling = région en Inde ; Puttabong = nom du jardin)*	**(M9) Gyokuro Kagoshima** *(Gyokuro = type de thé vert du Japon, littéralement « rosée précieuse », un thé d'ombre ; Kagoshima = région : île de Kyushu)*
(P10) Queen of Pu Erh *(Pu Erh = une sorte d'appellation d'origine, thé produit dans le Yunnan avec des feuilles du théier Da Ye et suivant une méthode déterminée)*	**(M10) Le Plus Précieux des Gyokuro du Japon** *(Gyokuro = type de thé vert du Japon, littéralement « rosée précieuse », un thé d'ombre)*

La mention la plus fréquente est le type de thé (qui intervient dans 13 noms sur 20), suivi du nom du jardin (8/20), puis de la région/du pays (7/20) ; au total les indications d'origine (jardin ou région) se retrouvent dans 13 noms sur 20. Les éléments valorisants, le plus souvent en anglais, interviennent 11 fois sur 20 ; Mariage Frères se sert du français pour faire de la poésie (M1), ou plutôt pour traduire et rendre ainsi accessible la poésie qui se trouve dans les noms exotiques.[18]

3.3.2. L'image

Après ce long chapitre sur les noms, le sous-chapitre sur les images qui accompagnent les descriptions de thé peut rester très succinct : nos exemples ont montré que l'on voit le thé sous forme de feuilles sèches (en petit tas ou éparpillées), c'est-à-dire sous la forme que prend la marchandise lorsqu'elle est vendue. Mariage Frères ajoute à cette image une sorte de label avec – à peine visible – le logo de la marque et – en rouge – la mention « nouveau ».

3.3.3. Couleur, origine, et description brève

La couleur et l'origine du thé, ainsi qu'une description brève chez Palais des Thés, constituent des mentions très courtes, mais qui sont mises en valeur par la présentation de la page. Ce sont des indications pour lesquelles un ou deux mots suffisent, à la rigueur un syntagme nominal, mais il n'y a pas dans ces parties de phrases entières ; elles visent une orientation rapide du client. Voici quelques exemples de descriptions brèves (thé – ex. 3), qui montrent que l'on mentionne la qualité, la couleur et l'origine[19] du thé et qu'on en donne une caractérisation organoleptique sommaire (toutes ces informations seront reprises en général, avec une syntaxe plus complète, au début de la partie « description longue ») :

THÉ – Exemple 3 : descriptions brèves chez Palais des Thés

> *(P1)   Grand Cru de thé blanc du Népal aux notes végétales, florales, fruits à coques, miellées et lactées.*
> *(P2)   Grand Cru de thé noir de Chine aux notes fruitées, boisées, cacaotées qui évoluent vers un fond plus doux avec des notes épicées.*
> *(P3)   Grand Cru de thé noir du Népal aux notes citronnées, végétales et pyrogénées.*

---

[18] Les métaphores et autres procédés poétiques sont des stratégies de valorisation qui interviennent également dans les noms de plats sur les cartes des restaurants, cf. Lavric 2017 et 2019.

[19] La couleur et l'origine sont ainsi mentionnées deux fois chez Palais des Thés, puisque la description brève reprend ce qui a été dit dans les rubriques correspondantes, immédiatement avant.

Par ailleurs, il convient de préciser ici ce que l'on entend par « les couleurs du thé ». On trouve par exemple sur le site de Palais des Thés l'image suivante, qui en donne une vue d'ensemble :

Fig. 5 : Les couleurs du thé
https://www.palaisdesthes.com/fr/comprendre/ (18/06/2018)

| THÉ VERT | THÉ NOIR | OOLONG | THÉ BLANC | PU ERH | ROOIBOS | MATCHA |

Cette liste (fig. 5) comprend sept couleurs (thé vert, thé noir, oolong, thé blanc, pu erh, rooibos, matcha) ; d'autres sites[20] n'en proposent que cinq. Dans toutes les énumérations, le nombre de couleurs est restreint, et bien qu'il y ait une correspondance assez claire avec l'aspect de la liqueur, lorsqu'on parle de la couleur d'un thé, il ne s'agit pas de décrire objectivement cet aspect. (La preuve : le thé « noir » est rouge en réalité, et en Chine il s'appelle réellement « thé rouge ». C'est comme le vin blanc qui est en réalité jaune.) Ce que l'on entend par « couleur », c'est en réalité le type de thé, qui est déterminé partiellement par l'origine et par la plante, mais surtout par la fermentation plus ou moins poussée, donc par le procédé de production. Si on le compare au vin, la couleur du thé correspondrait à la catégorisation en vin blanc, vin rouge et vin rosé.

Cette classification par les couleurs n'empêche pas les viticulteurs et les sommeliers de décrire la couleur à l'intérieur de la couleur, toutes les nuances de jaune pour le vin blanc et les nuances de rouge pour le vin rouge, etc. Il en va de même pour le thé : en plus de la « couleur » comme type, on trouve dans les notes de dégustation (voir ci-dessous, 3.4.3.) des indications de couleurs beaucoup plus précises.

---

[20] Par exemple, Sumiko37 (2013) sur le site « La Passion du Thé » donne la liste suivante : *blanc, vert, oolong, noir (= rouge), pu erh* ; ceci uniquement pour les thés de Chine. Pour une image illustrant les couleurs des thés, avec commentaire et explications, voir aussi mayrie28 (s.a.).

3.3.4. La préparation du thé

La préparation du thé est une rubrique où les informations sont données sous forme d'indications télégraphiques : chez Mariage Frères on se borne au strict minimum – quatre chiffres : *5g / 20 cl – 65°C – 2 min.* Palais des Thés a modifié cette rubrique depuis notre première consultation du site : aujourd'hui elle s'intitule « Suggestion de préparation » et comprend un tout petit texte qui possède même une syntaxe sommaire : *Au set à déguster : 4 minutes dans une eau à 75°C.* La version antérieure que nous avions saisie le 18 juin 2018 est différente. Voici comment se présentaient alors les conseils de préparation (fig. 6) :

Fig. 6 : La rubrique « Préparation du thé » chez Palais des Thés en juin 2018

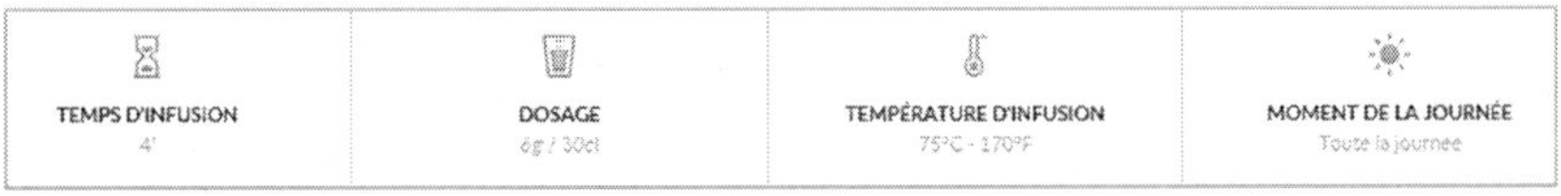

TEMPS D'INFUSION	DOSAGE	TEMPÉRATURE D'INFUSION	MOMENT DE LA JOURNÉE
4'	6g / 30cl	75°C - 170°F	Toute la journée

Par rapport au minimalisme de Mariage Frères, cette version est plus explicite, elle nomme les rubriques et les assortit chacune d'un symbole : *temps d'infusion, dosage, température d'infusion*, et (est-ce que cela fait réellement partie de la préparation ?) *moment de la journée.* Cette dernière indication, on s'en souvient, était donnée aussi, optionnellement, pour le café. Quel est l'intérêt de la nouvelle version, celle de juillet 2018 ? Nous pensons que les auteurs du site voulaient placer la référence au *set à déguster*, qui figure parmi les articles offerts par l'entreprise (cf. https://www.palaisdesthes.com/fr/set-a-deguster-5348.html, 17/08/2018). Mais côté information, le dosage surtout a été perdu.

La présentation de la préparation du thé à travers des chiffres et des symboles rappelle celle des rubriques « degré d'intensité », « profil aromatique » et « taille de la tasse » des descriptions de café ; il s'agit de permettre au client une orientation rapide. Par ailleurs, on pourrait percevoir un certain parallélisme entre le « dosage » du thé et la « taille de la tasse » du café.

3.3.5. La qualité : *Grand Cru*

La rubrique « qualité » correspond à une seule mention : *Grand Cru*. Rappelons (voir 1.2.1.) que nous avons fait exprès de choisir pour notre corpus uniquement des thés qui portent cette mention. Sur les sites web des deux entreprises que nous étudions, la mention de qualité *Grand Cru* constitue un onglet à part, qui conduit le client exigeant directement vers les descriptions des meilleurs thés de la marque. Dans les présentations individuelles de chaque thé, la mention de *Grand Cru* n'existe comme partie du texte que chez Palais des Thés, qui lui assigne une place de choix, immédiatement au-dessus de l'image ; elle est reprise d'ailleurs au début de la description brève. Cela ne signifie pas pour autant que Mariage Frères ne s'en sert pas, mais la mention de qualité y occupe une place nettement moins voyante, tantôt mise en exergue au début de la partie « description » (*Voici un Grand Cru*… ; *Ce Grand Cru*…), mais tantôt aussi « cachée » au milieu des notes de dégustation.

Cette mention de qualité *Grand Cru* étant un point saillant qui relie les descriptions des thés à celles des vins, il convient de s'interroger sur les critères pris en compte dans chacun des cas. Voici deux définitions du terme *Grand Cru* pour les vins :

> La notion de Cru
> Appliqué au vignoble, le terme dérive du verbe « croître » et désigne un terroir particulier, l'endroit où croît la vigne. Il correspond au meilleur terroir en termes de qualité du raisin sur une zone de production. Les mentions « grands crus » « premier cru » « cru classé » qui accompagnent certaines appellations sont définies par décret et s'appuient sur des critères précis. (Œnologie.fr s.a.)

Et voici un texte qui précise de quels types de critères il peut s'agir :

> Pour mériter le titre de Grand Cru, le vin doit avoir une combinaison harmonieuse de plusieurs éléments. L'enracinement et l'âge des vignes définissent la longueur des arômes et du corps du vin lui-même. À ceci doivent également être ajoutées l'élévation et la quantité de lumière naturelle à laquelle les raisins ont été exposés, ce qui varie bien sûr d'une année sur l'autre.
> Mais le facteur le plus déterminant est le terroir : un Grand Cru est l'expression d'un terroir. (Catawiki 2017)

Et voici la description du Grand Cru telle qu'on la trouve sur le site web de Palais des Thés :

Grand Cru : le goût de l'exceptionnel
Rares et éphémères, les Grands Crus de thé naissent de l'alchimie entre une variété de théier, un terroir et le talent d'un artisan-producteur. Issus des jardins les plus réputés, récoltés puis travaillés avec passion, chaque Grand Cru Palais des Thés affirme une personnalité gustative unique, qui dévoile toute la subtilité de ses origines.
(https://www.palaisdesthes.com/fr/grands-crus/) (17/08/2018)

Cette description très poétique et valorisante laisse deviner ce qui est exprimé sans ménagement sur Wikipedia (food and drink) :

The term grand cru is used in a non-official context in the names of some products, particularly beer, chocolate, whiskey and cognac, to denote a high-quality product. While the term grand cru is well defined with respect to vineyards, its use with respect to other products is unregulated. (Grand Cru s.a.)

L'intérêt de cette citation consiste aussi en une liste de produits qui ont adopté la même mention de qualité, et qu'il conviendrait de compléter par le thé. Le même site ajoute par ailleurs, vers la fin de la page :

The term "Grand Cru" is also used by Nespresso to refer to the flavours of its coffee capsules.

Poussées par la curiosité, nous sommes allées voir, et voici ce que nous avons trouvé :

ALTO INTENSO
Le grand cru à partager
ALTO DOLCE
Le grand cru à partager
(https://www.nespresso.com/fr/fr/order/capsules/vertuo) (17/08/2018)

3.3.6. Le conseil de l'expert

Cette rubrique n'existe que pour les thés de Palais des Thés. On cherche à personnaliser le rapport au client en donnant à l'entreprise un « visage humain » : il s'agit de l'expert fondateur de la marque, qui s'exprime à travers une sorte de témoignage et explique les raisons qui l'ont conduit à intégrer ce thé à son assortiment. Assez curieusement, ce sont des raisons éthiques : l'encouragement d'une agriculture organique dans une région où il s'agit de préserver une population de primates en danger. Cet aspect éthique est mentionné à plusieurs endroits de la description du thé Kahangi Green (nous y reviendrons, voir 3.4.2.), mais le « conseil de l'expert » permet de le mettre en avant dans une rubrique spéciale, où l'on ne s'y attendait pas. Il se crée ainsi une sorte de complicité entre l'entrepreneur et sa clientèle, qui partagent le même souci de l'avenir de la planète.

3.3.7. La rubrique « Prix/Vente »

Cette rubrique offre, comme pour le café, l'indication du prix pour telle quantité, un compteur d'unités, une indication de la disponibilité et un lien vers le panier. Ce à quoi Mariage Frères ajoute une brève description du thé sous forme de hashtags, et Palais des Thés, un lien vers les réseaux sociaux.

3.4. La partie « description »

Comme pour le café, pour le thé aussi nous consacrons un chapitre spécial (3.4.) à cette partie « description », qui est plus longue et plus complexe encore pour le thé que pour le café. Ce chapitre sera suivi d'un autre, intitulé « analyse linguistique » (3.5.), qui s'appuie également sur la partie « description » pour en examiner plus précisément les noms et adjectifs descriptifs et valorisants (et quelques autres aspects encore).

La partie « description » se divise en deux sous-parties nettement différentes : une première sous-partie « origine / production », et une deuxième sous-partie « notes de dégustation ».

3.4.1. Sous-partie « origine / production »

La première sous-partie de la description ne porte en général pas de titre à part, et elle est écrite « en prose », c'est-à-dire constituée d'un texte suivi et bien rédigé, en un style souvent poétique. Pour le contenu, elle parle de l'origine du thé et des particularités de sa production. On y trouve souvent aussi une brève caractérisation organoleptique du thé, qui reprend avec une phrase entière les indications qui ont déjà été données sous forme nominale dans la description brève. Mais cette dernière partie est facultative, elle n'existe pas pour tous les thés. Reprenons nos deux exemples (*THÉ – ex. 1 et 2*) pour examiner en détail cette sous-partie :

THÉ – exemple 2 (M4): Sancha Nara (Mariage Frères)

Notre Sencha Nara est issu d'un petit jardin de thé organique et familial du village de Tsukigase à Nara.
Ce joyau inestimable composé exclusivement de jeunes bourgeons récoltés un à un par des cueilleuses aux gestes précis s'épanouit au cœur de temples bouddhistes aux bienfaits infinis sur les âmes, et selon la tradition locale, sur le Terroir. Quelques heures à peine séparent la récolte d'un délicat et succinct flétrissage dans l'atelier familial, avant la cuisson douce à l'aide d'une vapeur d'eau pure. Les jeunes aiguilles lustrées parées de leur habit vert flamboyant exhalent mille et une fragrances magiques, propices à l'évasion mais aussi et surtout aux plaisirs infinis de la dégustation d'un cru confidentiel en quantité très limitée.

Dès la première phrase, le terme emblématique *organique* est brandi. Il est complété par *familial*, qui signale une production artisanale et non-industrielle. Le deuxième paragraphe détaille cette impression, en décrivant non seulement la région mais encore les processus de production et les personnes qui y participent ; la mention du bouddhisme classe le thé dans la rubrique « zen », celle du terroir lui confère une authenticité de tradition locale. La dernière phrase allie le sensuel et le spirituel, qui représentent bien deux aspirations majeures de nos sociétés stressées. Le luxe consiste à avoir le temps de bien faire les choses…

Cet exemple est très typique pour les descriptions de pratiquement tous les thés de notre corpus, dont nous citons plusieurs ici à titre d'illustration :[21]

---

[21] Nous nous concentrons ce faisant sur le petit sous-corpus de six descriptions qui nous servira pour l'analyse linguistique, voir ci-dessous, 3.5.1.

THÉ – *choix d'exemples 4 : La partie « description : origine, production »* (obligatoire)

(P1 et P3) Depuis quelques années, certaines plantations népalaises s'éloignent des traditions et se laissent guider par leur passion pour proposer des thés nouveaux, de grande qualité et véritablement hors du commun. Ilam et Dhankuta, à l'est du Népal, se démarquent de ces grandes plantations. Là-bas, on produit un sixième du thé népalais en suivant le procédé orthodoxe : les feuilles de thé sont gardées entières, ce qui garantit une grande richesse aromatique.

(P2) Le Yunnan est une province qui abrite la forêt où naquirent les premiers théiers, aux portes du Laos et de la Birmanie. Point de départ des premières routes du thé et des chevaux, le Yunnan reste fidèle à son histoire et est par ailleurs l'un des plus gros producteurs de thé noir chinois.

(P3) (1ᵉʳ paragraphe identique à celui de P1)
Ce thé a été réalisé à partir du cultivar « Ambari Vegetative 2 », plus connu sous le nom de AV2 qui donne des thés d'excellente qualité. Un cultivar est le résultat d'une sélection, d'une hybridation ou d'une mutation spontanée chez les végétaux. Ses caractéristiques uniques ne sont généralement pas transmissibles d'une génération à l'autre par la semence. Ces théiers doivent donc être reproduits par bouturage.

(M1) Irrigué par les eaux pures des montagnes et entouré de forêts tropicales, ce jardin organique étend ses théiers centenaires au cœur du Yunnan, province fertile du sud-ouest de la Chine. La récolte est réalisée dans les brumes cotonneuses et persistantes des hauts-plateaux. Le travail minutieux dans la maison familiale du planteur permet l'obtention d'un cru savoureux et agréable à déguster tout au long de la journée.

(M2) Le jardin confidentiel de Pandam non loin de Darjeeling Town se situe à 1790 m d'altitude. Les magnifiques théiers centenaires alignent leurs tables de cueillette qui inondent le panorama de vert aux mille nuances. Mariage Frères a contribué à la renaissance de ce jardin dans lequel année après année, le planteur s'est orienté vers une méthode de culture biodynamique, en harmonie avec la nature et les Hommes. Aujourd'hui, cette récolte fabuleuse donne à juste titre ses lettres de noblesse à ce grand thé.

(M3) Les parcelles travaillées sur le jardin de Namring créé en 1855 par les Britanniques sont celles de Jhinglam et Poomong entre 1220 et 1370 mètres d'altitude. Une taille en juillet, un bon ensoleillement et une irrigation maitrisée de théiers centenaires résistants au froid et aux altitudes hautes ont permis une pousse très précoce des bourgeons et la confection de ce grand cru. Le caractère remarquable du Terroir de Namring et le travail admirable des planteurs associés au savoir-faire unique de Mariage Frères donnent naissance à une splendeur riche de mille nuances veloutées et lunaires.

On retrouve dans toutes ces descriptions une évocation de la région et du terroir, avec accent mis sur la tradition, mais aussi sur des innovations et des efforts vers le biologique. Sont mentionnés également le travail des producteurs et le savoir-faire de la maison de thé qui les soutient dans leurs efforts.

La partie « description : origine, production » de notre exemple 1 nous réserve cependant une surprise, qu'il convient de commenter à travers une digression spéciale :

3.4.2. Digression : engagement éthique et écologique

THÉ – exemple 1 (P4): Kahangi Green (Palais des Thés)

L'introduction du thé en Afrique remonte à la fin du XIXème siècle où les Anglais développèrent l'athéiculture pour s'assurer de nouvelles ressources d'approvisionnement. Au cours du XXème siècle, de nombreux pays se sont également convertis à cette culture et le continent est aujourd'hui un acteur majeur sur le marché mondial du thé. Mais depuis quelques années, certaines plantations cherchent à gagner en qualité et de grands thés commencent à apparaître au Rwanda, au Kenya, au Burundi ou encore en Ouganda.

Pour la première fois au Palais des thés, voici un Grand Cru en provenance du district de Kabarole, situé à l'Ouest de l'Ouganda, à 1500 mètres d'altitude environ. Cette plantation cultive d'excellents thés dans le respect de la nature et de l'environnement. Ce thé vert légèrement astringent est marqué par un bel équilibre entre les notes végétales, vanillées, animales et fruitées.

Palais des Thés s'engage avec Sabrina Krief, Professeur au Muséum National d'Histoire Naturelle de Paris, pour la protection des grands singes d'Ouganda : en soutenant la plantation Kahangi Estate dont la culture biologique, respectueuse de l'environnement permet la protection de la faune locale et en reversant 1€ au Projet pour la conservation des grands singes pour chaque vente de 100 g du thé vert d'Ouganda, Kahangi Green.

Si vous souhaitez faire une donation pour soutenir ce projet, rendez-vous sur le site internet suivant : www.helloasso.com/associations/projet-pour-la-conservation-des-grands-singes

On commence par un historique du thé en Afrique ; le fait que ce thé ait été produit en Afrique constitue donc une caractéristique spéciale, son introduction dans l'assortiment de Palais des Thés doit être spécialement justifiée. En effet, le premier paragraphe suggère ou implique que les thés africains n'ont pas en général une réputation de qualité. À remarquer le *mais* qui introduit la phrase qui parle des efforts de certains producteurs africains pour produire des thés de très haute qualité. Le deuxième paragraphe présente la région de production et avance les arguments de la qualité (*d'excellents thés*) et de l'écologie (*dans le respect de la nature et de l'environnement*).

Mais c'est le troisième paragraphe qui s'écarte des schémas conventionnels, puisqu'il délaisse l'origine et la production, pour parler d'un projet de protection de la faune dans la région de ce thé : c'est une plus-value éthique et écologique qui constitue pour le client potentiel – que l'on imagine inquiet de l'avenir de la planète et de ses milieux naturels – un argument supplémentaire pour l'achat. Le projet est garanti par une scientifique française (parisienne !), et le lien avec le thé est double, une certaine part du bénéfice qui va à un projet pour les singes, et le principe de la culture biologique qui permet de protéger l'espace vital de ceux-ci.

L'idée est d'inciter le lecteur à essayer ce thé, non pas uniquement parce qu'il est bon, mais aussi pour aider l'Afrique à protéger son environnement et à s'orienter vers des cultures écologiques.[22]

Il s'avère donc que les deux entreprises mettent l'accent sur leur engagement éthique et environnemental. Ceci est lié à l'image que l'on se fait des consommateurs, une clientèle aisée, très consciente des enjeux environnementaux et prête à payer plus cher un produit muni d'une « revendication éthique ». Il est étonnant cependant de voir cet aspect envahir jusqu'à la rubrique « description » d'un produit. On s'attendrait plutôt à une page spéciale sur le site web, et celle-ci est bien présente chez les deux entreprises. Mariage Frères a un bouton intitulé « Jardin organique », où on explique à quoi correspond cette mention, qui est présente dans la description d'un grand nombre de leurs thés (fig. 7) :

Fig. 7: La rubrique « Jardin organique » de la page web de Mariage Frères
https://www.mariagefreres.com/FR/1-the_jardin_organique.html, 26/08/2018

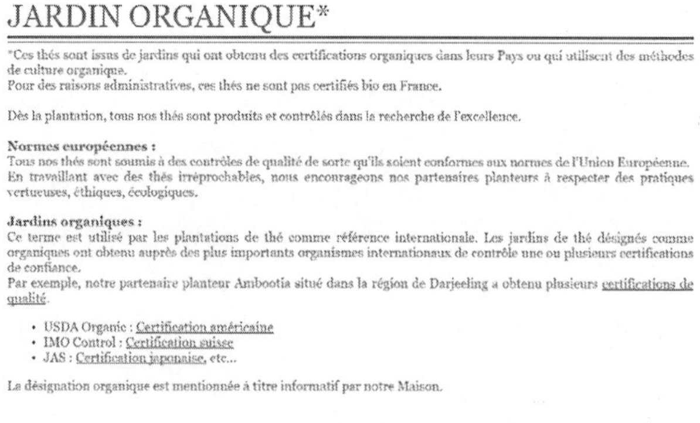

JARDIN ORGANIQUE*

*Ces thés sont issus de jardins qui ont obtenu des certifications organiques dans leurs Pays ou qui utilisent des méthodes de culture organique.
Pour des raisons administratives, ces thés ne sont pas certifiés bio en France.

Dès la plantation, tous nos thés sont produits et contrôlés dans la recherche de l'excellence.

Normes européennes :
Tous nos thés sont soumis à des contrôles de qualité de sorte qu'ils soient conformes aux normes de l'Union Européenne. En travaillant avec des thés irréprochables, nous encourageons nos partenaires planteurs à respecter des pratiques vertueuses, éthiques, écologiques.

Jardins organiques :
Ce terme est utilisé par les plantations de thé comme référence internationale. Les jardins de thé désignés comme organiques ont obtenu auprès des plus importants organismes internationaux de contrôle une ou plusieurs certifications de confiance.
Par exemple, notre partenaire planteur Ambootia situé dans la région de Darjeeling a obtenu plusieurs certifications de qualité.

- USDA Organic : Certification américaine
- IMO Control : Certification suisse
- JAS : Certification japonaise, etc...

La désignation organique est mentionnée à titre informatif par notre Maison.

L'engagement éthique de Palais des Thés est plus complet encore, et surtout, plus personnalisé (fig. 8), il s'exprime dans une rubrique « engagement éthique » du site web :

---

[22] Nous ne sommes pas sûres que les Africains apprécient cette approche qui les place dans la position du plus faible, de celui qu'il faut aider et former…

Fig. 8 : La rubrique « Engagement éthique » du site web de Palais des Thés
https://www.palaisdesthes.com/fr/engagement/, 26/08/2018

ENGAGEMENT ÉTHIQUE

Soucieux de réduire l'impact de son activité sur l'environnement, Palais des Thés s'est engagé depuis 2008 dans une démarche générale éco-responsable. Cette approche globale amène à évaluer toutes les actions de l'entreprise, qu'elles concernent les pratiques de ses collaborateurs, le choix de ses fournisseurs ou les habitudes de ses clients...

Sélectionner les meilleurs thés

François-Xavier Delmas

Palais des Thés a la volonté de communiquer sa passion pour le thé et de faire connaître sa richesse gastronomique, laquelle a été trop longtemps ignorée en Occident.

Aussi, chaque année, François-Xavier Delmas et ses équipes parcourent les plantations de thé.

L'achat en direct sur place nous offre la possibilité de découvrir des crus rares en sortant des circuits d'approvisionnements traditionnels, de goûter et faire partager les récoltes de petites plantations, souvent confidentielles.

Rencontrer fréquemment les planteurs permet d'assurer un contrôle-qualité régulier des thés que nous achetons en vérifiant périodiquement sur le lieu même de production la façon dont ils sont cueillis, travaillés, conditionnés...

D'après un rapport de Global 2000 (Unterkircher 2017), la culture et la production du thé sont un thème contesté depuis quelques années. Les pesticides et résidus toxiques présents dans le thé sont non seulement un sujet de discussion, mais une réalité que l'on peut prouver. Ils nuisent aux consommateurs, et encore plus aux travailleurs employés dans la production. Il est donc compréhensible que certaines maisons de thé dans le segment de luxe fassent campagne avec leur engagement éthique et biologique. Ce qu'il faudrait y ajouter d'après le rapport mentionné, ce serait un engagement social en faveur de meilleures conditions de travail pour les cueilleurs et les cueilleuses, tel qu'il se traduit par le label « Fair Trade ».

3.4.3. Sous-partie « notes de dégustation »

La deuxième sous-partie de la description est nettement plus structurée, et affiche partiellement un style télégraphique. Elle s'intitule « notes de dégustation » et donne la description organoleptique à proprement parler. Celle-ci comporte obligatoirement trois sous-points (1- feuille/s sèche/s, 2- feuilles infusées/infusion, 3- liqueur). Re-voici les rubriques en question de nos deux exemples-clé :

Notes de dégustation

Feuille sèche

Aspect : très belles feuilles entières délicatement roulées, présence de bourgeons
Couleur : brun foncé et bourgeons argentés
Parfums : fruité, végétal, boisé, animal

Infusion

Parfums : végétal, fruité (nectarine, rhubarbe), légèrement boisé, métallique, animal.

Liqueur

Couleur : écrue
Texture en bouche : liqueur agréablement lisse puis très légèrement astringente
Saveurs : subtilement sucrée
Arômes : minéral, métallique, vanillé (sucre vanillé), légèrement lacté, animal, fruité (nectarine, noyau de pêche)
Profil aromatique et longueur en bouche : bel équilibre entre les arômes, longueur agréable marquée par les notes fruitées

Feuilles sèches : Les bourgeons émeraudes livrent une note fruitée-fleurie de mirabelles suivie d'une onde lactée de figue blanche sur un filigrane vanillé irrésistible.

Feuilles infusées : Vert nacré lumineux. Le parfum des feuilles évoque un sablé au beurre, rejoint par la douceur parfumée des fleurs de cerisiers et de nashis rôtis.

Liqueur : Jade aux reflets dorés. Le palais est enveloppé d'une intense saveur umami au parfum hespéridé, puis par la texture moelleuse et liquoreuse, privilège des seuls Grands Crus. Des effluves de bigaradiers en fleurs magnifiés de notes d'abricot cuit ponctuent le final couronné de noix d'arganier grillées et de fleurs d'osmanthus odorantes.

Expliquons d'abord les trois sous-points conventionnels des notes de dégustation de thés : le sous-point « feuille sèche » décrit, comme son nom l'indique, les feuilles de thé sèches, telles qu'on les achète. Quand on parle de l'« infusion », il s'agit à la fois de l'acte d'infuser et des feuilles mouillées que l'on récupère ensuite. Pour le thé, l'infusion n'est jamais le liquide obtenu par infusion, car celui-ci est appelé la « liqueur ». Donc quand on parle de l'infusion, on parle des feuilles mouillées et quand on parle de liqueur, on parle du thé lui-même, du liquide obtenu par infusion des feuilles de thé.

Nos deux exemples montrent que les « notes de dégustation » constituent bien la partie la plus technique de la description de thé, où foisonnent les termes spécialisés, qui se recoupent d'ailleurs fortement avec ceux du vin. Mariage Frères continue cependant à « faire du style », à donner une certaine note poétique à son texte qui est écrit sous forme de phrases entières.

Palais des Thés, pour sa part, s'adonne au style télégraphique. Ses notes de description sont hyper-structurées, puisque chacun des trois points a plusieurs sous-points (et nous reconnaissons les aspects organoleptiques qui sont connus pour le vin) : seule la liqueur sera bue, donc c'est le seul point où interviennent les « saveurs » et la « texture en bouche ». Les « parfums » et « arômes » sont observés pour les trois phases, tandis que la « couleur » ne se retrouve que pour les feuilles sèches et pour la liqueur, et l'« aspect », uniquement pour les feuilles sèches. (On remarque cependant que Mariage Frères décrit bien la couleur des feuilles infusées.) Palais des Thés a aussi, dans la partie « liqueur », une rubrique « profil aromatique et longueur en bouche », ce qui implique une attention portée aux saveurs et parfums dans leur développement temporel. Mais c'est Mariage Frères qui décrit une évolution des parfums non seulement pour la liqueur, mais aussi pour les feuilles sèches ; même la texture en bouche y connaît plusieurs phases.

Au total, ces descriptions organoleptiques sont on ne peut plus détaillées et raffinées, elles peuvent facilement faire concurrence aux meilleures descriptions de vins. Nous verrons dans le chapitre qui suit que les parallèles concernent également le vocabulaire employé.

3.5. Descriptions organoleptiques du thé : adjectifs et noms descriptifs et valorisants

3.5.1. Analyse linguistique

L'analyse linguistique détaillée se fera sur les notes de dégustation et (le cas échéant) les caractérisations organoleptiques courtes (comprises dans la partie description) d'un sous-corpus de six exemples (tab. 10 et ex. 5) :

Tableau 10 : Sous-corpus pour l'analyse linguistique des descriptions de thé

Palais des Thés	Mariage Frères
(P1) La Mandala Silver Needles	**(M1)** Thé sous les nuages
(P2) Jin zhen « Aiguilles d'Or »	**(M2)** Pandam
(P3) Nepal Arya Tara Wonder AT60	**(M3)** Namring Upper

Nous analyserons les adjectifs et les noms, répartis en deux sous-catégories principales:

adjectifs et noms organoleptiques (vue/aspect, parfum/odeur, goût/saveur, texture)

adjectifs et noms valorisants.

À cela s'ajoutent les

noms de catégories organoleptiques (au sens large: *vue / parfum / saveur*, mais aussi tout ce qui est susceptible d'être le support d'un adjectif organoleptique: *feuille, bourgeon, liqueur*…),

et aussi deux sous-catégories moins fréquentes, mais intéressantes

adjectifs et noms d'évolution (du goût en bouche)

adjectifs et noms d'intensité (plus ou moins intense).

Les résultats numériques de nos analyses seront présentés à travers le tableau 11.

THÉ – *choix d'exemples 5 (sous-corpus de 6 thés) : Analyse linguistique*

(P1) La Mandala Silver Needles
https://www.palaisdesthes.com/fr/la-mandala-silver-needles.html

Ample et velouté en bouche, **ce beau** thé blanc développe une *douce attaque* végétale et zestée *avec de délicates notes de fond vanillées lactées.*
Feuille sèche
- *Aspect :* très belle *récolte composée presque uniquement de bourgeons duveteux*
- *Couleurs :* argenté, brun et vert clair
- *Parfums :* paille, fruité, amandé

Infusion
- *Parfums :* floral, fruité (poire, pomme verte), doux vanillé, lacté (lait d'amande), végétal, *nuance* épicée

Liqueur
- *Couleur :* limpide, jaune clair
- *Texture en bouche :* ample et veloutée
- *Saveurs :* sucré subtile
- *Arômes :* douce attaque végétale (artichaut, céleri) et zestée, pic floral (rose, lys) et champignon de Paris, puis viennent des *notes* fruitées (pomme verte, rhubarbe, noyaux de pêche), pour terminer sur un fond *doux* vanillé, lacté (lait d'amande) avec une *nuance* épicée (coriandre graine)
- *Profil aromatique et longueur en bouche :* dégustation tout en douceur révélant des *parfums* délicats et harmonieux portés par une subtile *saveur* sucrée

(P2) Jin zhen « Aiguilles d'Or »
https://www.palaisdesthes.com/fr/jin-zhen-aiguilles-dor.html

Voici une récolte exceptionnelle **du Yunnan, composée uniquement de longs** *bourgeons recouverts d'un duvet doré et façonnés en fines aiguilles. À l'infusion, les feuilles dégagent un puissant parfum* **fruité et miellé laissant place à une** *belle liqueur* **acajou.** *La texture* **veloutée de ce Grand Cru soutient de** *délicieuses notes* **fruitées, boisées, cacaotées qui évoluent vers un** *fond* **plus** *doux* **avec des** *notes* **épicées.**
Feuille sèche
- *Aspect :* récolte *exceptionnelle* composée uniquement de longs *bourgeons* façonnés en fines aiguilles
- *Couleur :* les *bourgeons* sont recouverts d'un duvet doré et brillant
- *Parfums :* fruité (abricot sec, mirabelle, pomme), miellé, paille, *nuance* animale

Infusion
- *Parfums :* fruité (abricot sec, mirabelle, pomme), miellé, cuir, nuance noisette fraîche, *pic* vanillé (gousse de vanille), truffe

Liqueur
- *Couleur :* acajou
- *Texture en bouche :* souple **en bouche, très** *fine astringence en fin de dégustation* **apportant une** *belle persistance* **des arômes**
- *Saveurs :* légère amertume et *pointe* acidulée
- *Arômes :* cuir, animal, boisé (bois sec), miellé, cire, *nuances* pyrogénées (pain grillé) et fruit à coque (noisette fraîche), fruité (abricot sec, mirabelle), épicé (muscade, gousse de vanille)

- *Profil aromatique* **et longueur en bouche : liqueur douce et riche en** arômes **avec une** attaque **très fruitée et boisée évoluant vers un** fond **plus doux aux** notes **épicées qui perdurent en** longueur

(P3) Nepal Arya Tara Wonder AT60
https://www.palaisdesthes.com/fr/nepal-arya-tara-wonder-at60.html

Voici une belle *récolte d'automne dotée d'un* bouquet *floral très ample avec des* notes *citronnées, végétales et pyrogénées qui persistent longtemps* en bouche.
Feuille sèche
- Aspect : **très belle cueillette,** feuille **peu roulée**
- Couleurs : **vert-olive et vert pâle**
- Parfums : **boisé, brioché, amandé, herbes aromatiques**

Infusion
- Parfums : **végétal, beurré, fruité (fruits frais)**

Liqueur
- Couleur : **paille**
- Texture en bouche : **soyeuse et ample**
- Saveurs : **délicatement sucrée**
- Arômes : bouquet **floral très ample (rosé), fruité (agrume),** pic **végétal, pyrogéné, fruit à coque (amande),** nuance **briochée**
- Profil aromatique **et longueur en bouche : explosion** florale d'une belle **longueur soutenue par des** notes **citronnées, végétales et pyrogénées**

(M1) THÉ SOUS LES NUAGES
https://www.mariagefreres.com/FR/2-the-sous-les-nuages-gfop-the-noir-organique-yunnan-chine-T2008.html

Feuilles sèches : *Les* sublimes bourgeons *dorés et leurs* jeunes feuilles *couleur ébène exhalent un* parfum *envoûtant de cerise acérola et de cacao pure origine.*

Feuilles infusées : *Drapées d'un voile couleur marron glacé, les* feuilles *livrent une* mélodie *chyprée rehaussée de fleurs de carthame et rejointe par une* note *suave de cire d'abeille.*

Liqueur : *Ambre rouge lumineux. Les* effluves *maltés et chocolatés se métissent de volutes d'encens précieux. La* liqueur *vibre de mille* nuances, *alternant entre le fruité des myrtilles et la fraîcheur fleurie de bourgeons de rose et de fleurs de vanille.*

Un équilibre *chatoyant.*

(M2) PANDAM
https://www.mariagefreres.com/FR/2-pandam-ftgfop1-dj1-2017-darjeeling-first-flush-en-conversion-organique-T1027171.html

Feuilles sèches : *Les* bourgeons *et jeunes* feuilles *évoquent une porcelaine 'biscuit' au vert poudré, ponctuées de* pointes *argentées. Une* délicieuse note *de fleurs de carthame est ciselée d'une* note *de sablé à la fleur d'oranger.*

Feuilles infusées : *De lumineux* parfums *d'amande verte se métissent au fleuri-fruité de fougères et de muscat doré.*

Liqueur : *La* liqueur *ambre drape le* palais *d'un voile parfumé admirablement* persistant. *Le délice sucré d'une annone se marie à la fraîcheur des fleurs blanches de magnolias. La* texture *soyeuse, très* agréable, *est soutenue par le crémeux d'une noix de pécan vivifié d'un* souffle *d'orange verte.*

So chic!

(M3) NAMRING UPPER

https://www.mariagefreres.com/FR/2-namring-upper-ftgfop1-ex133-2016-darjeeling-summer-flush-T1135.html

Thé d'« Au-delà du Ciel *»*

Feuilles sèches : *Les voluptueux* bourgeons *et les jeunes* feuilles *délicatement récoltés à l'aube s'entrelacent dans un* jeu de lumière de lune *aux* reflets *jade argentés. S'en exhalent un* parfum *de cèdre et de sève de bambou avec un soupçon d'encens.*

Feuilles infusées : *D'un vert moiré, les* feuilles *livrent une* fragrance *poudrée ciselée de variations savoureuses d'annone et de lichee rejoint par un* parfum *gourmand de vanille* précieuse.

Liqueur : *Dans sa* magnifique robe *d'or, la* liqueur offre *sa poésie gourmande sublimée par une* note *fraîche d'amande verte. D'agréables* parfums *de muscat et de yuzu se métissent harmonieusement. Les* saveurs *sans cesse* renouvelées *amènent tasse après tasse de* nouveaux bouquets *fruités de grenade et de pêche blanche. Une longue sensation umami signe cette* liqueur *d'exception.*

Thé au Paradis !

Tableau 11 : THÉ – Analyse linguistique

Analyse linguistique thé

Adj organoleptiques		Adj valorisants		Noms organoleptiques		Noms de catég. organol.		Adj d'évolution	
fruité	14	beau	7	vanille (gousse/fleur de)	4	parfum	14	persistant	
végétal	7	ample	5	abricot sec	3	note(s)	11	long	
doux	5	velouté	3	mirabelle	3	bourgeon	8		
floral	5	jeune	3	pomme verte	2	feuille	7		
épicé	5	exceptionnel	2	lait d'amande	2	nuance	7	**Noms d'évolution**	
vanillé	4	délicieux	2	amande verte	2	liqueur	6		
sucré	4	précieux	2	rose (bourgeons de)	2	couleur	6	fond	4
doré	4	gourmand	2	pomme verte	2	texture (en bouche)	5	attaque	3
miellé	4	agréable	2	pomme	2	saveur	5	longueur en bouche	3
boisé	4	harmonieux		cuir	2	arômes	5	pic	3
pyrogéné	4	riche		cire (d'abeille)	2	infusion	4	longueur	2
frais	4	sublime		fruit à coque	2	en bouche	3		
lacté	3	envoûtant		noisette fraîche	2	feuille sèche	3		
argenté	3	mille		encens	2	feuilles infusées	3	**Adj d'intensité**	
paille	3	magnifique		muscat	2	aspect	3		
zesté	2	sublimé		annone	2	profil aromatique	3	doux (attaque)	2
amandé	2	chic		amande	1	bouquet	3	délicat	2
acajou	2	voluptueux		poire		aiguille	2	subtil	2
animal	2	savoureux		artichaut		pointe	2	puissant	
brioché	2	renouvelé		céleri		mélodie		suave	
soyeux	2	nouveau		lys		effluve			
ambre	2			champignon de Paris		robe		**Noms d'intensité**	
lumineux	2			rhubarbe		palais			
fleuri	2			noyaux de pêche		souffle		douceur	
duveteux				pêche blanche		reflet		explosion	
brun				coriandre graine		fragrance		soupçon	
vert clair		**Noms valorisants**		duvet					
vert-olive				bois sec					
vert pâle		poésie		pain grillé					
vert moiré		délice		muscade					
vert poudré		équilibre		herbes aromatiques					
vert		jeu de lumière de lune		fruits frais					
limpide		d'exception		agrume					
jaune clair				cerise acérola					
cacaoté				cacao pure origine					
brillant				fleurs de carthame					
citronné				sablé à la fleur d'oranger					
beurré				myrtilles					
rosé				fraîcheur					
couleur ébène				d'or					
couleur marron glacé				fougère					
chypré				fleurs blanches de magnolias					
rouge				noix de pécan					
malté				orange verte					
chocolaté				cèdre					
fleuri-fruité				sève de bambou					
parfumé				lichee					
crémeux				yuzu					
chatoyant				grenade					
jade									
poudré									
umami									

3.5.2. Résultats

Pour le thé, **l'organoleptique prime le valorisant**.

- L'analyse révèle une infinité de nuances, tant dans les adjectifs que dans les noms ; on reconnaît une très vaste gamme de termes utilisés aussi pour le vin.

- Ceci est lié au fait que les textes sont beaucoup plus longs que pour le café, avec une partie « notes de dégustation » importante et complexe, qui comprend trois analyses organoleptiques distinctes, pour la feuille avant l'infusion, puis après pour l'infusion, puis pour le liquide obtenu par cette infusion, la « liqueur ».

- Pour le thé, ce n'est pas la puissance qui compte, c'est la **finesse**, la subtilité, la complexité ; il y a aussi un aspect longueur, évolution et durée du goût en bouche.

- Les **adjectifs organoleptiques** les plus fréquents sont *fruité, végétal, doux, floral* et *épicé*.

- Il y a presque autant de **noms organoleptiques** que d'adjectifs ; les **adjectifs valorisants** sont nombreux, mais les noms, presque inexistants.

- Il y a une richesse aussi de noms de catégories organoleptiques, avec *feuille* et *bourgeon* qui sont très fréquents et marquent un accent par rapport au vin.

Nous avons étudié également les adjectifs et noms de l'intensité et ceux de l'évolution :

- Pour l'**intensité**, les seuls mots qui se répètent sont des adjectifs : *doux, délicat* et *subtil* (très à l'opposé de l'intensité requise pour le café ; et plus proche en cela du vin).

- Pour l'**évolution** et la durée du goût, il y a une terminologie du côté des noms : *attaque, pic, fond, longueur en bouche*.

Voici, pour clore cette analyse linguistique des descriptions organoleptiques, la roue des arômes pour le thé (fig. 9) (on en trouve plusieurs sur internet, mais celle-ci est en français) :

317

Fig. 9 : La roue des arômes du thé
(https://camellia-sinensis.com/carnet/?p=3152, 08/07/2018)

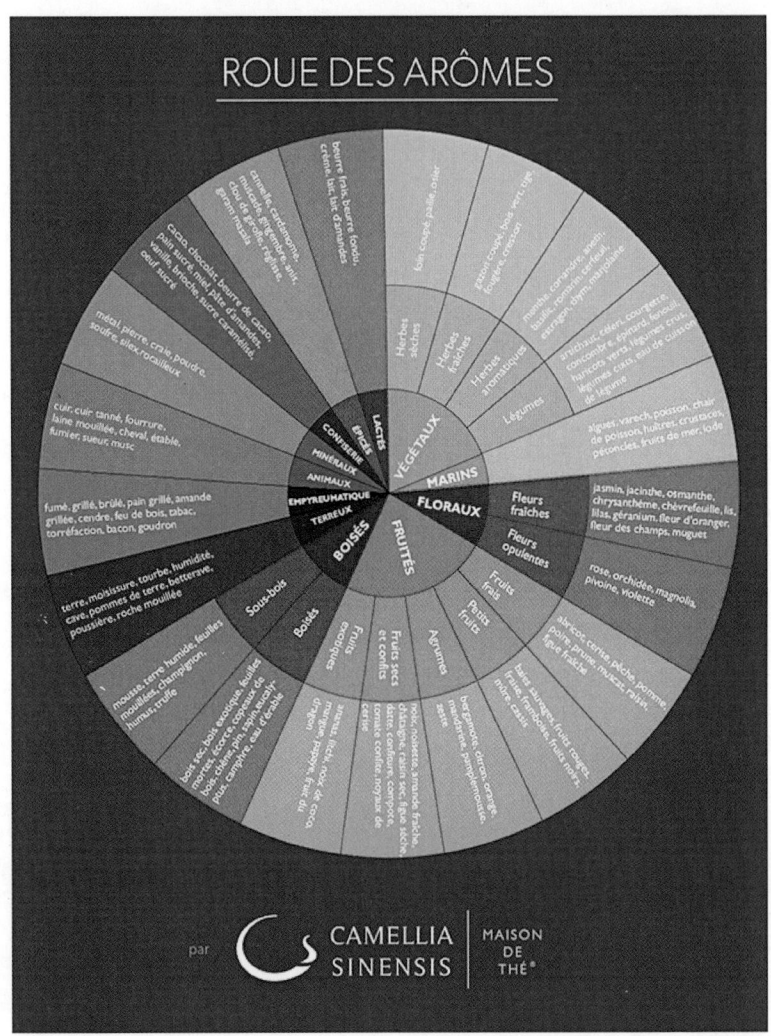

3.6. Conclusion thé

Pour le thé comme pour le café, il y a un moule textuel de description qui est suivi par les entreprises ; mais côté thé celui-ci est moins strict, il y a plus de variantes. Les textes sont plus longs et plus complexes, avec une partie « description longue : origine, production », et une partie « notes de dégustation » en trois sous-parties, très importante et tout aussi raffinée que les notes de dégustation des vins. La terminologie organoleptique du thé est vaste et subtile, elle se rapproche beaucoup de celle des vins, et elle permet, par opposition au café, de mettre en valeur le produit sans avoir recours au lexique purement valorisant.

La description insiste beaucoup sur l'origine du thé, sur les assemblages, sur le mode de production, sur les producteurs et sur le paysage d'où il est issu. Par ailleurs, le thé a un problème d'image pour ce qui est de l'éthique de la production et du respect de l'environnement. Les entreprises réagissent par des initiatives ciblées qu'elles mettent en avant dans la description du thé, voire dans une partie spéciale de leur site web. Ces préoccupations éthiques et environnementales sont bien plus présentes pour le thé que pour le café ou pour le vin.

4. Comparaison et conclusions générales

Pour nos deux produits choisis, nous avons entrepris l'étude des sites web d'entreprises spécialisées, dans le segment de luxe. Sur ce segment, on trouve des présentations complexes, voire sophistiquées, tant du point de vue linguistique que sémiotique. Les moules textuels émergents montrent un degré de standardisation moyen combiné à une recherche d'originalité.

Pour les deux boissons étudiées, une importance significative est accordée à la description organoleptique, et l'on retrouve toute la gamme de descripteurs connue à travers le vin, avec, pour chaque produit, des accents et des ajouts spécifiques – ce qui se traduit par une « roue des arômes » spécifique pour le café et pour le thé.

Mais chaque produit a aussi ses spécificités : le café s'échelonne selon son intensité, et on décrit systématiquement l'aspect de la mousse ; le thé est toujours présenté à travers son origine, et sa description organoleptique, en général très complexe, comporte trois phases : la feuille sèche, la feuille infusée ou infusion, et enfin la liqueur. L'analyse linguistique a montré que la valorisation caractérise les descriptions du café, et la description organoleptique celles du thé. Par ailleurs, les préoccupations éthiques et environnementales sont bien plus présentes pour le thé que pour le café ou pour le vin.

Le café, et encore plus le thé, sont présentés sur les sites de vente internet des meilleures maisons d'une manière très similaire à celle des présentations de vins. Ceci est valable surtout pour l'art et la terminologie de la description organoleptique : il n'y a qu'à se rappeler les trois roues des arômes que nous avons données et qui présentent des intersections très importantes.

On peut se demander d'un point de vue diachronique si le café et le thé – ou plutôt, les auteurs de leurs descriptions – sont allés à l'école du vin, ou si les moules textuels se sont développés indépendamment ? Nous avons l'impression que le vin a été le produit phare, le pionnier, qui a créé une culture raffinée et complexe que d'autres ont ensuite imitée, ou piratée, ou dont ils se sont inspirés…

Le café et le thé ne sont pas les seuls produits qui ont une roue des arômes, que ce soient des boissons comme le cognac ou le whisky, ou d'autres produits comme le chocolat, le fromage, le miel ou l'huile d'olive. La linguistique des textes de spécialité, qui a à son crédit un ample travail sur les descriptions de vins, a tout à gagner à se pencher sur ces nouvelles variantes, sur leurs filiations et leurs évolutions.

Bibliographie

Abderhalden, Sandra / Coco, Graziana / Macharis, Lorenzo / Vincenzi, Giampaolo (éds.) (2015): *Miti, triti e ritriti. Rilettura e ricezione delle mitologie.* München: Akademische Verlagsgemeinschaft

Autentico (2015): Cosa significa il termine *Italian Sounding*? Ecco la risposta di Mario. Dans: Autentico. Italian food lovers deserve only authentic products, 02.01.2015 http://www.authentico-ita.org/app-tutela-prodotti-alimentari-made-in-italy-italian-sounding-significato/ (12/08/2018)

Blumenthal, Peter (1979): Die Linguistik des Weingeschmacks. Ein deutsch-französischer Sprachvergleich. Dans: *Zeitschrift für französische Sprache und Literatur* 89/2, 97-129

Cadeddu, Joseph / Kauffer, Maurice / Keromnes, Yvon (éds.) (2019): *La gastronomie à l'ère numérique. Regards linguistiques et économiques sur l'Allemagne, la France et l'Italie* (Stauffenburg Romanistik 3). Tübingen: Stauffenburg

Catawiki (2017): Qu'appelle-t-on un *Grand Cru* et pourquoi est-ce un vin si prisé?. Dans: lefigaro.fr vin, 15.10.2017.
http://avis-vin.lefigaro.fr/catawiki/o133672-quappelle-t-on-un-grand-cru-et-pourquoi-est-ce-un-vin-si-prise (17/08/2018)

Costăchescu, Adriana / Popescu, Cecilia Mihaela (éds.) (2017): *Hommages offerts à Maria Iliescu*. Craiova: Editura Universitaria

Coutier, Martine (1994): Tropes et termes: le vocabulaire de la dégustation du vin. Dans: *META: Journal des traducteurs* 39/4, 662-675

Coutier, Martine (2007): *Dictionnaire de la langue du vin*. Paris: CNRS

De Longhi (s.a.): Le glossaire du café.
http://www.delonghi.com/fr-fr/produits/cafe/le-glossaire-du-cafe# (12/08/2018)

Dury, Pascaline / Maniez, François / Arlin, Nathalie / Rougemont, Claire (éds.) (2009): *La métaphore dans les langues de spécialité*. Grenoble: Presses universitaires de Grenoble

Education nationale (s.a.): Facteurs influençant la qualité du café-boisson. Dans: Ministère de l'Éducation Nationale. Hôtellerie-restauration. Comprendre, apprendre et enseigner.
http://www.hotellerie-restauration.ac-versailles.fr/cafeologie/diaporama/facteurs_de_qualite.pdf (12/08/2018)

Felecan, Oliviu / Bugheşiu, Alina (éds.) (2013): *Onomastics in contemporary public space*. Newcastle upon Tyne: Cambridge Scholars

Gautier, Laurent / Lavric, Eva (éds.) (2015): *Unité et diversité dans le discours sur le vin en Europe*. Frankfurt/M. e.a.: Peter Lang

Goffman, Erving (1979): Footing. Dans: *Semiotica* 25/1-2, 1-29

Grand Cru (s.a.). Dans: Wikipedia (food and drink).
https://en.wikipedia.org/wiki/Grand_cru_(food_and_drink) (17/08/2018)

Lavric, Eva / Konzett, Carmen (éds.) (2009): *Food and language. Sprache und Essen*. Frankfurt/M. e.a.: Peter Lang

Lavric, Eva (2017): Quand les chefs cuisiniers se mettent à faire de la poésie. Dans: Costăchescu / Popescu, 163-173

Lavric, Eva (2019): Pour une poétique des intitulés de plats français. Dans: Cadeddu / Kauffer / Keromnes, 55-79

Lombardi, Anna (2015): La *Dolce Vita* tra mito e stereotipo. Il potere evocativo degli italianismi nella lingua tedesca. Dans: Abderhalden e.a., 175-190

mayrie28 (s.a.): L'univers du thé – d'où viennent les couleurs et les différentes variétés du thé?. Dans: steemkr.

https://steemkr.com/fr/@mayrie28/l-univers-du-the-d-ou-viennent-les-couleurs-et-les-differentes-varietes-du-the (17/08/2018)

Œnologie.fr (s.a.): La notion de Grand Cru. Dans: Œnologie.fr.
  http://www.oenologie.fr/vigne/crus/crus_notion.shtml (17/08/2018)

Peynaud, Émile (1980): *Le goût du vin*. Paris: Dunod

Peynaud, Émile / Blouin, Jacques (^{5}2013): *Le goût du vin*, Paris: Dunod

Rieger, Maria Antoinette (2009): Hauptsache Italienisch! Die Wirkung (pseudo-)italienischer Produktnamen auf deutschsprachige Verbraucherinnen. Dans: Lavric / Konzett, 57-68

Rieger, Maria Antoinette (2013): From *Acentino* to *Villa Gusto*. Italian-sounding brand names in the German food industry. Dans: Felecan / Bugheşiu, 354-373

Rossi, Micaela (2009a): L'emploi de la métaphore comme ressource pour la néologie termino-logique: le cas du langage de la dégustation du vin. Dans: Dury e.a., 199-227

Rossi, Micaela (2009b): Langue et culture dans un verre: pour une étude multilingue du langage du vin. Dans: Lavric / Konzett, 161-170

Rossi, Micaela (2015): *In rure alieno. Métaphores et termes nomades dans les langues de spécialité*. Frankfurt/M. e.a.: Peter Lang

Schöpf, Manuela (2016): *Publicidad para Adán y Eva. El género en anuncios de la prensa española*, mémoire de maîtrise, Université d'Innsbruck

Schweikart, Jörg (s.a.): Namensgebung chinesischer Tees. Dans: Weissertee.net.
  http://www.weissertee.net/namen-chinesische-tees/ (16/08/2018)

Sumiko37 (2013): Les différentes familles de thé (en Chine). Dans: La Passion du Thé, 06.11.2013.
  http://lapassionduthe.canalblog.com/archives/2013/11/06/28376585.html (17/08/2018)

Unterkircher, Carin (2017): Global 2000 Test: Schwarztee. Dans: Global 2000.
  https://www.global2000.at/sites/global/files/Report_Schwarzteetest.pdf (06/03/2018)

Vion, Robert (2015): Les discours de la dégustation de vins – Interaction et cognition. Dans: Gautier / Lavric, 23-38

Zangerle-Willingshofer, Astrid (2016): « Il parle la fleur blanche comme sa langue maternelle »: *Étude linguistique de la métaphore dans les descriptions sensorielles du vin*, mémoire de maîtrise, Université d'Innsbruck

Corpus (consulté en juin / juillet 2018)

L'OR [https://www.lorespresso.com/fr-fr/]

NESPRESSO [https://www.nespresso.com/fr/de/home]

PALAIS DES THÉS [https://www.palaisdesthes.com/fr/]

MARIAGE FRÈRES [https://www.mariagefreres.com/FR/]

Univ.-Prof. Mag. Dr. Eva Lavric
Vanessa Egger
Jasmina Massoudy
Institut für Romanistik
Universität Innsbruck
Innrain 52, A-6020 Innsbruck
eva.lavric@uibk.ac.at
vanessa.egger@student.uibk.ac.at
jasmina.massoudy@uibk.ac.at
http://www/uibk.ac.at/romanistik/personal/lavric

Weiwei Guo

Poésie et prose : discours du thé et du vin en chinois

Résumé :
Les lettrés chinois mettaient le thé et l'alcool sur le même plan que la poésie et la prose. De nos jours, la dégustation de vin connaissant une popularité croissante, il nous paraît intéressant de faire une analyse comparative de la terminologie du thé avec celle du vin. Existe-t-il des intersections sur le plan linguistique entre une culture nouvelle souvent associée à la modernité et un art millénaire bien ancré dans la culture traditionnelle ?

Pour donner une réponse à cette question, nous nous appuierons sur un corpus comparable sur le thé et sur le vin constitué de deux parties : des publications spécialisées (revues et ouvrages) et des communications commerciales, deux types de discours parmi les plus présents dans la société chinoise. Nous commencerons par une analyse textométrique : TTR (type token ratio), fréquences, spécificité, etc. Les données quantitatives permettront de montrer la structure des deux terminologies, notamment la distribution des termes selon les sous-domaines (ex : perceptions visuelles, olfactives et gustatives).

Nous étudierons ensuite la composition des termes. Quels sont les termes communs ? Quelles sont les caractéristiques des termes respectifs du thé et du vin ? Nous observerons que peu de termes sont appliqués à la fois au thé et au vin. Les descripteurs sensoriels du thé sont généralement composés des termes génériques et d'appréciations (la persistance, la densité, la qualité, etc.), tandis que ceux du vin font souvent appel aux objets représentatifs, et les appréciations du dégustateur sont exprimées par des termes spécifiques. Cette distinction reflète deux façons très différentes de percevoir le monde.

En résumé, malgré la proximité, les deux domaines ont des caractéristiques bien distinctes, un rapport tout à fait analogue à celui entre la poésie et la prose.

Mots clés : vin, thé, analyse texométrique, descripteurs sensoriels, composition des termes

Abstract:
Chinese scholars used to rank tea and alcohol as highly as poetry and prose. Since wine tasting has been growing in popularity, it seems interesting to undertake a comparative analysis of tea and wine terminology. Are there linguistic intersections between a new culture often associated with modernity and a millennial art well anchored in traditional culture?

A corpus based comparative study will go some way in giving us an answer to this question. Our corpus is made up of two parts: specialized publications (journals and books) and commercial communications, two of the most frequent types of discourse in Chinese society.

The starting point will be a textometric analysis: TTR (type token ratio), frequencies, specificity, etc. The quantitative data will shed light on the term composition, in particular terms distribution according to the sub-domains (ex: visual, olfactory and gustatory perceptions).

We will then focus on term formation. What are the characteristics of tea tasting words and those of wine? Through our observation, we will notice that few terms are applied to both tea and wine. Sensory descriptors of tea are generally composed of generic terms and appreciations (persistence, density, quality, etc.), while those of wine often use representative objects, and the taster's appreciations are expressed by specific terms. This distinction reflects two very different ways of perceiving the world.

In summary, despite their proximity, the two domains have very distinct characteristics, a relationship quite similar to that between poetry and prose.

Keywords: wine, tea, texometric analysis, sensory descriptors, terms composition

1.   Introduction

Les lettrés chinois aimaient associer le thé et l'alcool à la littérature : rien de tel qu'une théière de pu'er fumant ou qu'un bol d'alcool de riz pour stimuler l'inspiration. Le thé et l'alcool ont fait également l'objet d'innombrables compositions littéraires. De nos jours, le vin a d'ores et déjà remplacé l'alcool traditionnel pour devenir la nouvelle star des repas mondains, et il est associé à une culture de dégustation hédoniste.[1] Nouveau produit, nouvelle méthode de dégustation, comment les discours œnologiques s'inscrivent-ils dans le contexte culturel chinois ? Quel est le rapport entre la littérature du vin et celle du thé ? Toutes ces interrogations nous conduisent à mener une étude comparative des discours portant sur ces deux boissons.

En France, la porosité entre les discours du vin et ceux du thé est bien connue. La dégustation du thé, qui a émergé très récemment, emprunte de nombreux termes à la langue du vin : on parle de cru, de terroir et de notes. On adopte le même style, à savoir la juxtaposition des syntagmes nominaux et la présence de nombreux adjectifs dérivés de noms : *velouté, fruité, boisé, beurré...* Les

---

[1]   D'après le Beijing Language and Culture University Chinese Corpus (BCC), une seule occurrence de 品酒 (déguster de l'alcool) est apparue dans *People's Daily* avant la fin des années 1970.

professionnels du thé se désignent comme des sommeliers du thé, sans parler du fait que certains experts de thé ont été précédemment sommeliers tout court. Ce phénomène est bien connu des linguistes. Ainsi, la langue de l'électricité s'est développée depuis le XVIIe siècle en Europe en empruntant sa terminologie au domaine de l'hydraulique (Soubrier 2005, 286-287). Qu'en est-il dans le contexte chinois ? Etant donné que ce pays a une culture millénaire du thé, et que cette boisson fait partie des sept denrées nécessaires pour tenir un foyer,[2] les œnologues chinois ont-ils puisé des mots, des concepts dans la littérature du thé ?

2. Corpus

Malgré l'explosion des formations œnologiques en Chine,[3] la lecture demeure un moyen important, sinon le plus important, pour s'informer sur le vin. Tous les ans, plusieurs centaines de livres grand public sur le vin sont publiés.[4] Les magazines tels que *Decanter* ou *Vin de France* sont tous proposés en version chinoise. Par ailleurs, Internet constitue une autre source d'informations.[5] Nous avons pris au hasard une présentation de vin sur le site du magazine *Taste Spirit* :[6]

Exemple 1
淡宝石红色的酒液，边缘依旧泛着紫色。烤面包的香气伴随着一丝红色果香和梗带来的青涩感，入口十分强劲。回味中青色蔬果消失，果味和烘烤的风味愈加突出，可以感觉到舌根处是满满的回香。是一款"精壮"的酒，可以陈放至少十年。
(https://tastespirit.com/p/53612.html, 20/08/2019)

Vin rubis clair, avec un reflet violet. Note toastée avec une pointe de fruit rouge et d'astringence due à la rafle. L'attaque est puissante. A l'arrière-goût, le vert disparaît pour

---

2   Il s'agit du bois de chauffage, du riz, de l'huile, du sel, de la sauce soja, du vinaigre et du thé.
3   C'est la Chine (y compris Hongkong, Macao et Taiwan) qui compte le plus grand nombre de stagiaires à Wine&Spirit Education en 2018, voir WSET 2018.
4   D'après notre recherche effectuée sur la plus grande librairie en ligne Dangdang (http://book.dangdang.com/, 20/11/2019), 495 titres ont été publiés en 2017 et 401 en 2018.
5   D'après le rapport « Tmall Wine & Spirit festival 2016 », 62% des consommateurs de vin déclarent s'informer régulièrement sur le vin en ligne.
6   Magazine en ligne et centre de formation œnologique, dans le comité d'experts duquel figurent Bernard Burtschy, Ian D'agata et Jacky Rigaux.

laisser la place à un goût fruité et toasté bien prononcé. La racine de la langue est bien embaumée. Un vin jeune et robuste. Il peut être conservé au minimum pendant 10 ans.[7]

Il sera intéressant de la comparer à une présentation de thé, prise également au hasard :

Exemple 2[8]

茶形状 :扁平挺直、光洁匀整	Apparence : (feuille) aplatie et droite, brillante et régulière
茶色泽 :翠绿鲜润	Couleur : vert émeraude vif
茶汤色 :同青色绿	Couleur (liqueur) : vert, limpide
茶香气 :馥郁清香、幽而不俗	Odeur : parfumé, délicat, hors du commun
茶滋味 :甘鲜醇和	Goût : doux, frais, corsé, équilibré
茶叶底 :嫩绿、匀齐成朵	Feuille infusée : vert jeune pousse, régulier, pousse visible

Aucune connaissance en chinois ne s'avère nécessaire pour constater le contraste stylistique. D'un côté (exemple 2), nous avons des expressions en quatre caractères, quasiment sans ponctuation. Cette régularité rappelle à un lecteur chinois la poésie ancienne. En revanche, dans l'exemple 1, le texte a une forme standard du chinois moderne : longueur variable des phrases, présence de ponctuations, etc.

S'agit-il d'un simple hasard ? Pour avoir une représentation plus proche de la réalité, les corpus nous apparaissent comme un outil intéressant. Quatre mini corpus comparables ont donc été construits en vue de cette étude.

---

[7]   Sauf indication, toutes les traductions sont réalisées par nous. Nous essayons de traduire le plus littéralement possible afin de conserver le style du texte source.

[8]   Chen et al. (2012, 44).

Contrairement aux méga-corpus qui atteignent aujourd'hui des milliards de mots, les mini corpus n'en contiennent souvent pour leur part que des milliers, centrés sur un thème précis. L'équilibre et la représentativité sont deux points cruciaux dans le design des corpus et constituent l'objectif que nous visons, mais qui s'avère difficile à atteindre. Les quatre corpus élaborés pour notre étude sont composés d'échantillons émanant de sites commerciaux et de publications telles que des ouvrages, revues, documents de communication des organismes professionnels. Nous avons fait en sorte que tous les produits soient présents, mais certains d'entre eux dans une proportion plus importante, par exemple le thé vert et le vin rouge, car il s'agit des produits les plus consommés et les plus commentés.[9] Les quatre corpus sont les suivants : Thé-sites, Thé-publications, Vin-sites, Vin-publications, ce qui nous permet de mener plusieurs types de comparaisons : selon les produits ou suivant les supports.

Une fois les corpus préparés, c'est-à-dire après la segmentation des mots et la révision manuelle, nous procédons aux analyses à l'aide d'AntConc, un outil textométrique développé par L. Anthony.

3. Analyse macro

Voici un premier aperçu quantitatif de nos corpus :

Tableau 1 : Aperçu quantitatif

Corpus	Taille (signes)	Formes	Occurrences	F/O[10]
Thé-Sites	10774	1064	2768	0.3844
Thé-Publications	10800	1144	3094	0.3697
Vin-Sites	10619	1077	3372	0.3194
Vin-Publications	10617	889	2627	0.3327

---

[9] En 2018, le thé vert représentait 65,8% de la production globale de thé en Chine (voir [Industrie théière] 2019). Les statistiques de l'International Wine & Spirits Research montrent que le vin rouge occupait 88,8% du marché chinois du vin en 2016 (Wu 2018).

[10] Ratio Formes/Occurrences (Type Token Ratio, TTR).

Les tailles des quatre corpus sont relativement homogènes avec environ 10700 signes, mais la quantité de mots varie considérablement : environ 600 de mots d'écart entre les deux extrêmes. Le corpus Vin-publications se distingue des autres par son faible nombre de formes et d'occurrences. Afin de comprendre cette situation, il faut observer l'ensemble du vocabulaire de ce corpus. En effet, il contient davantage de noms propres (zone de production, nom du vin…) en version originale, c'est-à-dire en lettres latines. Les corpus du thé ont des ratios formes/occurrences plus élevées, ce qui indique une plus grande diversité lexicale. En revanche, ces ratios sont très proches au sein d'un même produit.

Autres chiffres intéressants : les deux corpus de thé ont 798 formes en commun, soit 42,86% des formes de ce groupe, tandis que les corpus du vin partagent pour leur part un gros tiers du vocabulaire (38,27%). 392 formes figurent en même temps dans les deux catégories de produits, soit 12,83%. A titre de comparaison, dans deux corpus parallèles du même type en français, le taux des formes communes frôle les 21%.[11] Ainsi, notre première intuition, à savoir qu'il existe deux types de discours très différents concernant le thé et le vin en chinois, semble confirmée, tout du moins au niveau lexical.

4. **Fréquences**

Si les statistiques macros nous brossent le profil d'un corpus, il faut observer le contexte pour en extraire davantage d'informations. Nous relevons dans le tableau ci-dessous les dix mots les plus fréquents de chaque corpus.

---

[11] Il s'agit d'un corpus de notes de dégustation tirées du site Sommeliers International (27178 signes, 3921 occurrences) et d'un corpus composé des commentaires du site du Palais des thés (29609 signes, 4185 occurrences).

Tableau 2 : Les dix mots les plus fréquents de chaque corpus

Corpus / Rang	Thé-Publications	Thé-Sites	Vin-Publications	Vin-Sites
1	的[12] (particule grammaticale)	的 (part. gr.)	的 (part. gr.)	的 (part. gr.)
2	有 (avoir)	茶汤 (liqueur)	和[13] (particule de coordination)	香气 (arôme)
3	香气 (arôme)	色泽 (couleur et brillance)	酒 (alcool)	口感 (sensation en bouche)
4	匀整 (régulier)	有 (avoir)	香气 (arôme)	和 (part. coor.)
5	明亮 (brillant)	香气 (arôme)	风味 (saveur caractéristique)	酒体 (corps)
6	铁观音 (Tieguanyin)	汤色 (la couleur de la liqueur)	葡萄 (raisin)	气息 (odeur)
7	是 (verbe être)	明亮 (brillant)	酒庄 (vignoble)	水果 (fruit)
8	汤色 (la couleur de la liqueur)	滋味 (goût)	单宁 (tannin)	红色 (rouge)
9	滋味 (goût)	叶底 (feuille infusée)	口感 (sensation en bouche)	单宁 (tannin)
10	醇厚 (corsé)	明显 (net)	很 (très)	味道 (goût)

La particule grammaticale 的 se trouve en tête des quatre corpus, avec toutefois un écart important en termes de fréquence : 305 occurrences dans le Vin-sites, 170 dans le Vin-publications, 97 dans le Thé-publications et 52 dans le Thé-sites.

---

[12] Particule grammaticale qui marque la possession ou relie les qualificateurs à un nom.
[13] Particule grammaticale de coordination.

Figure 1 : Concordance plots 的

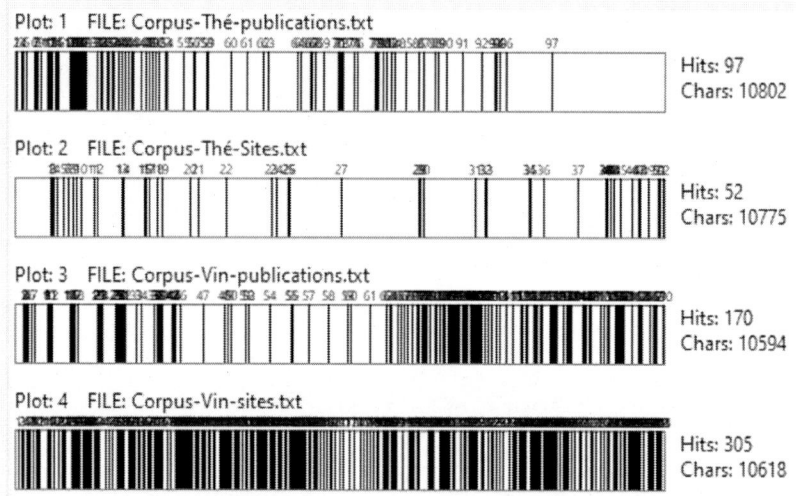

L'image ci-dessus nous offre une vision directe de la répartition de ce mot (représenté par des traits noirs) dans les quatre corpus. En chinois moderne, la particule 的 sert à relier les déterminants à un nom. Son emploi s'avère nécessaire, notamment quand il y a plusieurs déterminants ou que le déterminant comporte au moins deux caractères. Cette construction est difficilement compatible avec des phrases brèves du type quadrisyllabique, comme le montre l'extrait de l'*Atlas du thé* (exemple 2). Ainsi, les discours consacrés au thé semblent différents de ceux du vin sur le plan syntaxique.

Un autre élément vient conforter cette hypothèse : dans les deux corpus, 和 fait partie des mots les plus récurrents (respectivement rang 2 et rang 4), un mot qui joue essentiellement un rôle de coordination entre deux syntagmes nominaux. Sa présence est généralement exclue des phrases quadrisyllabiques (seulement 12 et 3 occurrences dans les deux corpus du thé).

Parmi les termes en lien avec la dégustation, nous trouvons dans la liste 香气 (arôme), 汤色 (couleur de la liqueur) et 滋味 (goût) pour le thé, et 香气, 口感 (sensation en bouche) et 单宁 (tannin) pour le vin. Ce sont les aspects organo-leptiques les plus commentés à propos des deux produits. Si les dégustateurs de thé parlent du goût, les œnophiles s'intéressent pour leur part à la sensation en bouche. Le terme « 口感 » a une extension plus large que « 滋味 ». En effet, 滋味 désigne les goûts primaires comme acide, sucré, amer, etc., ou leur intensité. Les premières occurrences remontent aux écrits anciens avant notre ère.[14] En revanche, 口感 est un mot du chinois moderne dont le champ sémantique couvre le goût, mais également la perception tactile. Dans nos corpus, la concordance de 口感 montre que ce terme est souvent suivi d'un descripteur de perception tactile : lourd (重), lisse (顺滑), arrondi (圆润), ou d'appréciation générale : élégant (优雅), équilibré (平衡), complexe (复杂)… Le fait que les occurrences de 口感 soient peu présentes dans les corpus du thé semble indiquer que la texture est moins prise en compte.[15]

Parmi les mots les plus fréquents, figurent également quelques descripteurs sensoriels : deux pour le thé (明亮 brillant et 匀整 régulier) dont un en commun entre les deux sous-corpus du thé, mais seulement un pour ceux du vin (红色 rouge). Dans la partie qui suit, nous essayerons de décortiquer la formation morphosyntaxique des descripteurs.

5.   Analyse morphosyntaxique des descripteurs

En chinois moderne, outre les mots simples qui désignent les couleurs génériques (rouge, bleu, jaune…), il existe un large éventail de mots composés permettant d'introduire toutes les nuances chromatiques. Ils revêtent généralement la forme de « modificateur + couleur générique ». Les modificateurs peuvent être aussi bien une autre couleur (红褐 rouge-marron, 黄褐 jaune-marron, etc.) qu'un adjectif (明红 rouge brillant, 深蓝 bleu foncé) qui décrit l'intensité ou la vivacité de la couleur, ou encore des objets référents (宝石红 rouge-rubis, 禾杆黄 jaune-paille) (Zeng 2018).

---

[14] Par exemple dans les *Annales du sieur Lü* (- 023) : « La recherche du goût est la faculté naturelle de la bouche. » 《吕氏春秋·适音》: "口之情欲滋味。"

[15] En revanche, la texture fait bel et bien l'objet d'une description précise chez certains experts de thé français, voir par exemple Delmas / Barbaste / Minet (2011). Il s'agit probablement d'une influence du modèle de dégustation du vin.

Tableau 3 : Mots de couleurs

	Thé	Vin
Nom de couleur + nom de couleur	翠绿 (bleu-vert), 黄绿 (jaune-vert), 红褐 (rouge-marron), 褐红 (marron-rouge), 黑褐 (noir-marron), 褐绿 (marron-vert), 青绿(bleu-vert), 黄褐 (jaune-marron), 乌绿 (noir-vert), 乌黑 (noir-noir), 朱红 (vermillon-rouge)灰绿(gris-vert), 褐黑 (noir-marron), 青翠(vert-bleu),棕褐 (marron palmier), 棕黑 (noir palmier)	紫红色 (couleur pourpre-rouge) (4)
Adj. + nom de couleur	嫩绿 (tendre + vert), 浅绿 (clair + vert), 淡绿 (clair + vert), 嫩黄 (tendre + jaune), 暗绿 (sombre + vert), 淡黄 (clair + jaune), 深红 (profond+ rouge), 鲜红 (vif + rouge), 洁白 (pur + blanc), 浓绿 (intense + vert), 深绿 (profond + vert), 深黄 (profond + jaune), 清绿 (clair + vert), 清红 (clair + rouge), 澄绿 (limpide + vert)	亮绿色 (brillant + vert + couleur), (3) 淡黄色 (clair + jaune + couleur)
Objet + nom de couleur	金黄 (or + jaune) (23), 橙黄 (orange + jaune), 砂绿 (sable + vert), 杏黄 (abricot + jaune), 橙红 (orange + rouge), 墨绿 (encre + vert), 杏绿 (abricot + vert), 蜜黄 (miel + jaune)	宝石红 (rubis + rouge), (25) 石榴红 (grenade + rouge), 禾秆黄 (paille + jaune), (6) 稻草黄 (paille + jaune), 鲑鱼桃红色 (saumon + pêche + rouge + couleur)
Objet + 色 (= couleur)	猪肝色 (couleur de foie)	树莓色 (couleur de framboise), 麦穗色 (couleur d'épis de blé), 稻草色 (couleur de paille), 铜色 (couleur de bronze)

Dans ce tableau sont recensés tous les mots de couleur de nos corpus, avec une différence saisissante de nombre entre les deux produits : 40 pour le thé contre 12 pour le vin,[16] avec cependant, une fréquence particulièrement élevée pour un descripteur : 金黄 (jaune d'or) pour le thé et 宝石红 (rouge rubis) pour le vin. La diversité des descripteurs du thé découle probablement de leur morphologie particulière. La régularité morphologique de ces descripteurs est frappante : à une seule exception près, ce sont tous des mots dissyllabiques. En ce qui concerne leur mécanisme de formation, il s'agit majoritairement de structures couleur + couleur (14 formes) ou adj. + nom de couleur (15 formes). Avec des morphèmes de couleur libres, tels que 红 (rouge), 黄 (jaune), 绿 (vert), 褐 (marron), 黑 (noir), etc., nous disposons d'une grande liberté pour former des descripteurs dissyllabiques en faisant des combinaisons : par exemple, 红褐 (rouge-marron) quand la couleur tire plus vers le rouge et 褐红 (marron-rouge) dans le cas inverse.

Par ailleurs, de nombreux synonymes sont employés, aussi bien parmi les noms de couleurs que les adjectifs : 朱-红 (rouge), 青-翠-绿 (vert), 黑-乌 (noir), 浅 -淡 (clair), 浓-深 (foncé), 清-澄 (limpide).

A contrario, les mots qui décrivent les couleurs du vin présentent majoritairement des structures objet + nom de couleur et objet + 色 (= couleur). Les objets référents sont également très variés : paille, grenade, rubis, framboise… Etant donné qu'en chinois, les noms communs sont souvent dissyllabiques, les descripteurs de cette catégorie sont pour la plupart des trinômes. Par ailleurs, le choix des objets référents est presque identique à ceux retenus par les œnologues français (voir par exemple Peynaud 1980, 36-37).

Les compositions des descripteurs de goût et d'odeur sont légèrement différentes.

---

[16] Il ne faut toutefois pas oublier que le thé possède un spectre de couleurs plus important (six catégories : thé blanc, thé jaune, thé vert, thé oolong, thé noir et thé pu'er et trois aspects : feuille sèche, liqueur, feuille infusée) que le vin.

Tableau 4 : Descripteurs olfacto-gustatifs (plus de 10 occurrences)

Thé		Vin	
Mot	Fréquences	Mot	Fréquences
回甘 (arrière-goût sucré)	43	浓郁 (fort)	38
醇厚 (corsé)	42	平衡 (équilibré)	28
清香 (parfum frais)	28	饱满 (plein)	23
鲜爽 (frais et vif)	24	优雅 (élégant)	21
岩韵 (charme de rocher)	13	樱桃 (cerise)	20
留香 (parfum persistant)	12	清新 (rafraîchissant)	20
音韵 (charme de Tie guan yin[17])	12	圆润 (rond)	19
馥郁 (intense)	12	细腻 (délicat)	17
饱满 (plein)	12	柔和 (tendre)	15
鲜 (frais)	10	甜美 (doux)	14
		复杂 (complexe)	13
		悠长 (long)	12
		奶油 (crème fraîche)	12
		柠檬 (citron)	12
		甘草 (réglisse)	12
		香草 (vanille)	12
		黑莓 (mûre)	12
		李子 (prune)	12
		橡木 (chêne)	10
		柑橘 (clémentine)	10
		香料 (épices)	10

Dans cette liste où figurent tous les descripteurs olfacto-gustatifs ayant plus de dix occurrences, ce qui nous frappe, ce n'est plus la forme des mots – ils sont tous dissyllabiques à une exception près –, mais la différence de quantités. Pouvons-nous en déduire que le vocabulaire œnologique est plus riche que celui du thé ? Rien n'est moins sûr. En effet, le tableau nous renseigne avant tout sur la

---

[17] Littéralement « Déesse en fer de la miséricorde ». C'est le nom d'un thé oolong, l'un des plus emblématiques de la Chine.

distribution des mots : moins de descripteurs font consensus chez les experts du thé que chez les œnologues. Au sein même de ces deux listes, nous pouvons remarquer une distribution par paliers pour le thé (d'une quarantaine d'occurrences à une dizaine en passant par une vingtaine) et une distribution plus uniforme dans le cas du vin. Plusieurs facteurs semblent à l'origine de ce phénomène. Tout d'abord, presque la moitié des descripteurs œnologiques (10 sur 21) sont en fait des objets qui se réfèrent au goût. Le choix de ces références est largement partagé dans le milieu œnologique, aussi bien en Chine qu'en Occident.[18] En revanche, ce type de mots est totalement absent du vocabulaire de thé.[19] Les experts de thé préfèrent avoir recours aux adjectifs, qui ont la particularité d'être composés de morphèmes libres. Autrement dit, nous disposons d'une grande liberté pour former des qualificatifs. Par exemple, le morphème 鲜 (frais) est utilisé 82 fois pour former non moins de 12 qualificatifs dissyllabiques : 鲜明 (distinct), 鲜亮 (vif et brillant), 鲜嫩 (frais et tendre), 鲜活 (frais et vif), 鲜润 (frais et onctueux), 鲜锐 (frais et ardent), 鲜灵 (frais et vif), 鲜滑 (frais et lisse), 鲜醇 (frais et corsé), 鲜雅 (frais et délicat) … Si certains sont régulièrement utilisés et retenus par les dictionnaires, d'autres relèvent de compositions *ad hoc*. Ainsi, il serait plus intéressant d'analyser les descripteurs de thé au niveau des morphèmes ; c'est précisément l'approche qui a été adoptée par le Comité national des normes de la Chine (2018) sur l'analyse sensorielle du thé GB/T 23776-2018 (Terms of tea sensory tests). Une série de morphèmes clés ont été, en effet, retenus et leurs combinaisons permettent d'exprimer les nuances gustatives : 浓厚 (heavy and thick), 醇厚 (mellow and thick), 浓醇 (heavy and mellow), 甘醇 (sweet and mellow), 鲜醇 (fresh and mellow), 甘鲜 (sweet and fresh), etc. Sur le plan stylistique, il est possible de faire le rapprochement avec la poésie ancienne, dont l'unité de base était le morphème.

Les différences entre les descriptions du thé et celles du vin s'étendent au-delà du lexique sensoriel et touchent également d'autres catégories de mots. Nous avons déjà fait le constat de l'écart des fréquences de la particule 的. L'utilisation

---

[18] Dans le corpus constitué de 105 commentaires de vin en français, toutes ces références sont présentes, « cerise » et « épices » ayant les plus grands nombres d'occurrences (15 et 17).
[19] Nos corpus comptent une seule occurrence de 炒豆香 (parfum de fève grillée).

de 的 en tant que particule grammaticale est relativement récente dans l'histoire linguistique chinoise (Qi 2008) et marque notamment le registre oral avant le XXᵉ siècle.

Parmi d'autres particules grammaticales qui distinguent ces deux types de discours, nous notons en particulier 着 (*zhe*) et 了 (*le*). La première marque une action en continu et la seconde une action accomplie. Il convient de préciser qu'en chinois le temps est exprimé lexicalement, soit par une expression temporelle (souvent un adverbe), soit par une particule grammaticale. Dans notre cas, le nombre d'occurrences de 着 et de 了 dans les corpus du vin dépasse de loin celui apparaissant dans les corpus du thé (respectivement 20 et 29 contre 7 et 19). Nous pouvons en conclure que les discours sur le thé sont, de manière générale, plus atemporels, plus statiques. En revanche, les descriptions du vin prennent plus souvent en compte le facteur temps : les caractéristiques sensorielles évoluent tout au long de la dégustation, faisant écho aux traditionnelles trois étapes d'analyse gustative du vin : attaque, milieu de bouche et finale.

Signalons un dernier point concernant cette catégorie de mots, mais qui s'avère très révélateur : le marqueur formel de la voix passive. La voix passive n'est, en effet, pas neutre en chinois. Elle possède une connotation négative : le marqueur 被 (*bei*) apparaît dans la plupart des cas pour exprimer une action subie, non désirée (AN 2007). Il est donc très peu utilisé en comparaison de la voix passive en français ou en anglais. En revanche, il apparaît plus souvent dans un texte traduit en chionis, en raison de l'influence de la langue source dans laquelle la voix passive est davantage employée (Zhang 2010). Au cours de nos analyses, nous n'avons constaté aucune présence de ce marqueur dans les corpus du thé, mais quelques occurrences dans ceux du vin. Cela est tout à fait cohérent si l'on prend en compte l'histoire de la dégustation de ces deux boissons : les premières notes de dégustation du vin étaient traduites de l'anglais ou du français. Même si, aujourd'hui, les œnologues chinois rédigent leurs notes en chinois, les influences de la culture d'origine demeurent encore visibles.

Nous avons été surprise par la grande quantité de verbes figurant dans les corpus du thé. Etant donnée la nature de ces corpus, nous nous attendions à y trouver des syntagmes nominaux avec des adjectifs. Cependant, en procédant à une analyse plus précise, nous avons constaté que cette intuition n'était pas tout à fait fausse. En effet, presque la moitié des verbes apparaissant dans les corpus du thé indiquent la présence ou l'existence, donc, décrivent un état, comme : 有 (avoir), 显 (apparaître), 带 (avec[20]), 呈 (se montrer), etc.

Outre ces verbes d'existence, il y a également des verbes d'action, que nous pouvons classer en deux catégories en fonction du sujet actant : homme ou produit. En ce qui concerne le thé, les deux catégories sont assez équilibrées. Concrètement, nous avons des actions comme infuser (泡), sentir (闻, 嗅), apprécier (赏), donc celles renvoyant au dégustateur, et montrer (呈), flotter (浮), exalter (散发), qui relèvent du produit. En revanche, dans les corpus du vin, nous trouvons bien davantage de verbes ayant pour sujet le produit, comme : plaire à (令人愉悦), surprendre (令人惊艳), etc. Afin de comprendre ce phénomène, il faudrait nous tourner vers le français, qui, comme nous l'avons déjà précisé, a une influence non négligeable sur les expressions en chinois. Néanmoins, le passage d'une langue à l'autre ne se fait pas toujours par la voie la plus directe. Comme l'ont montré de nombreux chercheurs, les notes en français se caractérisent souvent par un style télégraphique, une juxtaposition de syntagmes nominaux (Moutat 2010), à l'image du style des notes du thé en chinois. Or, un syntagme nominal en français n'est pas toujours traduit en chinois par un nom, notamment quand ce syntagme contient un participe ou une préposition. Les deux exemples ci-dessous permettraient d'illustrer notre propos :

Exemple 3
Robe rubis avec des reflets grenat. Le nez est frais, on trouve des fines notes de moka, laurier, cassis. La bouche est homogène, équilibrée. Une bonne structure tanique avec un caractère épicé. Finale complexe et fraîche.   Domaine du Reys rouge 2016
(https://www.chateau-arguin.com/catalogue.jsp?type=reys, 07/11/2020)

Dans cet exemple, la préposition « avec » marque la présence de quelque chose au second plan. Pour exprimer la même idée en chinois, nous n'avons pas d'autre choix que d'employer un verbe.

---

[20] Il n'existe malheureusement pas d'équivalence de ce verbe en français.

Exemple 4
Le cépage Gamay vinifié en rosé, […] offre un vin plaisant et fruité, rond, équilibré et souple.

Domaine Demeure-Pinet, Gamay rose
(http://www.domainedemeurepinet.fr/produits/11-gamay-
rose.html#:~:text=Le%20c%C3%A9page%20Gamay%20vinifi%C3%A9%20en,%2C%20
rond%2C%20%C3%A9quilibr%C3%A9%20et%20souple, 07/11/2020)

Dans cet exemple, nous avons affaire à deux adjectifs dérivés respectivement d'un verbe (*plaisant*) et d'un nom (*fruité*)[21]. De la même manière, dans une langue qui n'admet pas de changement morphologique comme le chinois, le seul choix est de recourir à un verbe : un verbe factitif pour le participe présent (*plaisant*) et un verbe de présence pour le second cas (*fruité*).

Le dernier point, mais non le moins intéressant, est le classificateur que certains considèrent comme une spécificité chinoise. Mais, en fait, il est aussi présent dans d'autres langues. Par exemple, en français, certains noms exigent un mot de mesure spécifique, comme « une paire de chaussures », « une paire de ciseaux » ou « une paire de lunettes », etc. En ce sens, chaussures, ciseaux et lunettes appartiennent à la même classe (apparaissent par deux). Cependant, en chinois, l'emploi d'un classificateur est presque systématique pour indiquer la quantité ou afin de démontrer. Dans la mesure où l'odeur et le goût sont difficilement quantifiables, la présence de classificateurs nous interpelle. Pour comprendre, il faut se plonger dans les textes. Le seul figurant dans les corpus du thé est 款, associé au thé : 这款茶 (ce thé), tandis que les corpus du vin contiennent davantage de variétés et les occurrences y sont significativement plus nombreuses. Ces classificateurs sont là notamment pour apporter des nuances concernant l'intensité de l'arôme. Nous retenons en particulier 丝 (une trace de) et 抹 (une teinte de). Ces deux classificateurs donnent de la profondeur à la description : tous les arômes perçus ne se situent pas sur le même plan. Certains sont plus discrets que d'autres, comme s'ils se cachaient derrière les arômes principaux. Toutefois l'absence de ce type de classificateur implique-t-elle que la description sensorielle du thé ne fait pas de distinction entre un arôme principal et un autre secondaire ?

---

[21] « Equilibré » est aussi dérivé d'un verbe (équilibrer). Ce qui est intéressant, c'est que son équivalent en chinois 平衡 pingheng peut être employé aussi bien comme adjectif, nom et verbe, donc « équilibré », « équilibre » et « équilibrer ».

Pas tout à fait, car cette nuance est exprimée par la structure adverbe + verbe de présence, comme 略带清甜 (légèrement + exister + douceur fraîche, c'est-à-dire une touche de douceur fraîche). Cette dernière a l'avantage d'être plus concise, donc mieux intégrée dans une phrase composée de quatre syllabes.

6. Au-delà du discours

Les distinctions lexicales et stylistiques des descriptions du thé et du vin ne sont, de notre point de vue, que la partie visible d'une différence beaucoup plus profonde des approches et des philosophies.

Nos travaux antérieurs (Guo / Farge 2015) montrent qu'il existe une nette divergence en ce qui concerne la perception du goût dans les cultures chinoise et française. Quand le chinois définit le goût par le rapport que le sujet sensible entretient avec l'objet, le français voit le goût comme des éléments objectifs et perceptibles. A cet égard, les descriptions gustatives du thé et du vin sont très représentatives.

L'influence de la culture poétique chinoise dépasse largement la sphère du discours, mais marque la philosophie de la dégustation du thé. La différence d'approche s'avère saisissante dans cette étude contrastive. Dans le monde du thé, le moment de la dégustation est figé. Le thé se présente à nous de façon intégrale et instantanément. En revanche, dans le monde du vin, les arômes et les goûts se dévoilent au fur et à mesure et éveillent nos mémoires gustatives. On tente de distinguer les compositions du goût en les comparant à ce que nous connaissons déjà. Un dégustateur de thé ne cherche pas à savoir à quoi ressemble le goût, mais se concentre sur la réaction de son propre corps : la gorge est-elle adoucie, le Qi, l'énergie vitale, circule-t-elle mieux, etc. ? Le nec plus ultra du thé Oolong consiste à faire pétiller le salive au fond de la gorge (舌底鸣泉, Deng 2004). Cette démarche nous rappelle que d'une façon générale, le goût est perçu dans la culture chinoise comme un rapport entre le sujet sensible et l'objet (Guo / Farge 2015). Et le rapprochement avec la littérature classique nous paraît naturel : il s'agit de ne pas parler de l'objet lui-même, mais plutôt de ce que l'on ressent, des allusions, comme *bi* (比, rapprochement) et *xing* (兴, ce qui est provoqué par les choses extérieurs et a trait aux sentiments (Cheng 1979) dans les *Odes*, premier recueil des poèmes anciens chinois (XIe – VIe siècle avant notre ère).

Ces considérations nous conduisent à aller au-delà de la langue. La façon de boire et de décrire n'est que la partie visible. Nous avons déjà perçu le décor culturel de chacune de ces deux boissons. Compagnon des lettrés chinois depuis la nuit des temps, le thé est tout au long de l'histoire associé à la spiritualité. Dès le VIIIe siècle, Lu Yu, l'auteur du *Classique du thé*, livre fondateur (Lu Yu 2004), fait déjà le lien entre le thé et l'homme vertueux, alors que le vin, venant d'Occident, est quant à lui synonyme de modernité et d'opulence. Le langage qui y est associé n'est jamais trop exubérant. Cette différence est perceptible dans les profils des consommateurs. D'après le rapport annuel (2018) du marché du thé en Chine réalisé par China Tea Marketing Association, la consommation de thé augmente avec l'âge et l'âge moyen des consommateurs est de 45 ans, avec une proportion écrasante d'hommes. En revanche, les vins sont consommés notamment par les 26 – 45 ans et il y a autant de buveuses que de buveurs (Li 2014).

Ainsi, le monde du thé et celui du vin, de par leur histoire respective, ont chacun leur identité, une identité stylistique, mais aussi philosophique et sociologique. Cependant, des rapprochements sont en marche : les producteurs de thé cherchent à capter une clientèle plus jeune en modernisant son image, tandis que certains œnologues adaptent leur vocabulaire (comme le fait Wine Australia par exemple) et leurs recommandations aux consommateurs chinois (Lee 2011). Une étude similaire effectuée dans une décennie permettrait de suivre l'évolution tout en donnant du grain à moudre.

Bibliographie

An, Fengcun (2007): A Reanalysis of the Syntactic Property of Chinese "Bei" and "Bei" Sentence. Dans: *Chinese Language Learning* 1, 52-58

Béjoint, Henri / Maniez, François (éds.) (2012): *De la mesure dans les termes*. Lyon: PUL

Chen, Zongmao / Yu, Yongming / Liang, Guobiao / Zhou, Zhixiu (2012): *Atlas du thé 品茶图鉴*. Nanjing: Yilin Press

Cheng, François (1979): Bi et Xing. Dans: *Cahiers de linguistique – Asie orientale* 6, 64-74

Comité national des normes de la Chine (2018): Terms of tea sensory tests (GB/T 23776-2018 茶叶感官审评方法)

Daniel, Yvan (éd.) (2015): *France-Chine, les échanges culturels et linguistiques : Histoire, enjeux, perspectives.* Rennes : PUR

Delmas, François-Xavier / Barbaste, Christine / Minet, Mathias (2011): *Le guide de dégustation de l'amateur de thé.* Paris: Edition du chêne

Deng, Shihai (2004): *Pu'er Cha* 普洱茶. Kunming: Yunnan Technology Publishing House

Guo, Weiwei / Farge, Sylvain (2015): La perception du « goût » en français et en chinois. Dans: Daniel, 393-400

[Industrie théière] (2019): L'analyse de big data de l'industrie théière chinoise 中国茶产业大数据分析与品牌竞争策略报告: 大数据·大趋势·大战略. Dans: *China Food*, le 10/05/2019

Lee, Jeannie Cho (2011): *Asian Palate.* Shanghai: Shanghai literature & art publishing house

Li, Jiagui (2014): *Etudes des comportements des consommateurs de vin en Chine* 我国葡萄酒消费者行为研究. Thèse de doctorat, Northwest A&F University

Lu, Yu (2004): *Le Classique du thé* 茶经, traduit par Véronique Chevaleyre. Paris: Édition Jean-Claude Gawsewitch

Moutat, Audrey (2010): Pertinence de la stylistique dans les commentaires de dégustation oenologique. Dans: Wulf / Bougault, 189-206

Peynaud, Emile (1980): *Le goût du vin.* Paris: Dunod

Qi, Hongtao (2008): L'origine de « di » dans le chinois moderne et son évolution 近代汉语中"底"字的来源及其演变. Dans: *Journal de l'Institut Longdong* 4, 16-20

Soubrier, Jean (2005): Transparence et opacité de l'anglais scientifique. Dans : Béjoint / Maniez, 280-295

WSET (Wine&Sprit Education Trust) (2018) : La Chine devenue le plus grand marché de la formation en vins et spiritueux 中国成为葡萄酒与烈酒教育需求最大的市场, https://www.wsetglobal.com/, (20/11/2019)

Wu, Sylvia (2018) : The consumption behaviour of Chinese wine consumers, https://www.decanterchina.com/en/news/understanding-the-consumption-behaviour-of-chinese-wine-consumers-part-one, (22/08/2019)

Wulf, Judith / Bougault, Laurence (éds.) (2010): *Stylistiques?* Rennes: PUR

Zeng, Qingzhu (2018): Modes and Characteristics of Interpretation of Color Words in Modern Chinese 现代汉语颜色词释义的方式和特征. Dans: *Journal of Mianyang Teachers' College* 37/1, 91-95

Zhang, Jiguang (2010): A corpus based study on the norms governing contemporary prose translation 基于语料库的当代散文翻译研究. Dans : *English Education in China* 1, 20-29

343

Weiwei Guo
Faculté des Langues
Université Lumière Lyon 2
86 rue Pasteur
69365 Lyon Cedex 07
weiwei.guo@univ-lyon2.fr
https://crtt.univ-lyon2.fr/guo-wei-wei-mcf-sinisante--657659.kjsp?RH=1412775579788

5.   Autres produits : Divers

Inga Tkemaladze / Lolita Tabuashvili

Étude contrastive des unités phraséologiques françaises et géorgiennes contenant des produits laitiers

Résumé :

Les expressions idiomatiques, les proverbes, les locutions et autres unités phraséologiques représentent un des éléments fondamentaux de toutes les langues existantes dans le monde entier. Elles donnent à la fois la particularité et la sonorité spécifique aux langages humains. Évidemment, ces expressions subissent une évolution permanente en fonction des générations, des modes, de la culture et également de la gastronomie de chaque pays. Il est à noter que ces expressions possèdent des sujets très variés et sont utilisées tant à l'oral dans le langage familier que dans le langage courant et soutenu.

Certainement, les produits laitiers sont consommés partout dans le monde, parfois depuis plusieurs millénaires. Il n'est donc pas surprenant dans ce contexte que les unités phraséologiques et les autres expressions autour du lait, du fromage ou du beurre sont assez nombreuses.

Le français et le géorgien, langues non-apparentées, sont toutes les deux très riches en unités phraséologiques, et notre recherche effectuée dans l'optique d'une étude contrastive nous donnera la possibilité de trouver certaines similitudes ainsi que les différences entre leurs expressions contenant des produits laitiers.

Notre article vise à examiner la problématique langue-culture à travers des équivalences et non-équivalences dans les unités phraséologiques françaises et géorgiennes. Pour trouver les indicateurs culturels et nationaux dans le domaine linguistique des unités phraséologiques, ainsi que dans d'autres expressions, nous avons mené une analyse contrastive de l'ensemble des variations de ce type de locutions dans chaque langue.

Sous l'angle de notre étude contrastive, nous avons analysé les unités phraséologiques/les expressions différentes contenant des produits laitiers en français (190) et en géorgien (40). Notre recherche a montré que le corpus en français est plus riche, par rapport à celui du géorgien. En français, les expressions reflètent souvent l'histoire ou les propriétés des produits laitiers et surtout la richesse et la prospérité, à l'opposé de la langue géorgienne qui a des expressions liées au processus de manger avec un sens plutôt ironique.

Mots-clés : unités phraséologiques, produits laitiers, gastronomie, analyse contrastive, langues non-apparentées

Abstract:

Idiomatic expressions, proverbs, locutions and other phraseological units represent one of the fundamental elements of all existing languages throughout the world. At the same time, they give peculiarity and distinguished sonority to human languages. Obviously, these expressions are constantly evolving, influenced by the generations, the fashions, the culture and also the gastronomy of each country. It should be noted that these expressions cover a wide variety of subjects and are often used orally in familiar language as well as in formal and informal registers.

Certainly, dairy products have been consumed all over the world, sometimes for several millennia. It is therefore not surprising that phraseological units and other expressions related to milk, cheese or butter are quite numerous.

French and Georgian, which are non-related languages, are rich in phraseological units. Our research is based on contrastive studies tending to find similarities and differences between the expressions related to the dairy products of both languages.

Our article aims to examine the linguo-culture problems through equivalences and non-equivalences in French and Georgian phraseological units and other expression. In order to find cultural and national indicators in the linguistic domain of phraseological units, we have conducted a comparative/contrastive analysis of the set of variations of this type of locutions in each language.

From the perspective of our contrastive study, we have analysed the phraseological units/different expressions containing dairy products: 190 in French and 40 in Georgian. According to our research we can point out that the French corpus is richer than Georgian. In French, such expressions often reflect the history or properties of dairy products, especially wealth and prosperity. On the contrary, Georgian, comprising expressions related to the eating process, often transport ironic meanings.

Keywords: phraseological units, dairy products, gastronomy, contrastive analysis, non-related languages

1. Introduction

On trouve des expressions idiomatiques, des proverbes, des locutions et des unités phraséologiques dans beaucoup de langues, ce sont des éléments culturels et linguistiques importants, qui évoluent en particulier avec la langue orale. De plus, elles abondent souvent dans beaucoup de langues, les textes de tous genres en regorgent. Les unités phraséologiques existent depuis toujours, et même, comme le rappelle González Rey (2015, 17), le terme de « phraséologie » se trouve déjà chez Homère.

Il faut souligner que certaines expressions vivent et meurent au gré des générations, des modes, de la culture et également de la gastronomie de chaque pays. Ces expressions ayant des sujets très variés, certaines sont utilisées tous les jours, d'autres plus rarement.

Depuis des millénaires et sûrement partout dans le monde ou presque, les produits laitiers ont inspiré la sagesse et la culture populaire pratiquement de chaque nation. Il n'est pas étonnant dans ce contexte que les unités phraséologiques, les expressions idiomatiques, les locutions, les proverbes associés au lait, au fromage ou au beurre soient assez abondants.

Comme exemples, deux langues non-apparentées, le français et le géorgien, nous offrent un grand éventail d'expressions liées aux produits laitiers et notre recherche sera effectuée dans l'optique de l'étude contrastive pour trouver certaines similitudes ainsi que les différences entre ces types d'expressions des deux langues.

Nous n'avons pas l'ambition de proposer une analyse approfondie de toutes les unités phraséologiques, expressions, locutions ou proverbes français et géorgiens, mais d'analyser 130 expressions différentes de deux langues pour mettre en évidence la problématique langue-culture à travers des équivalences et non-équivalences et pour trouver les indicateurs culturels et nationaux dans le domaine linguistique.

2.   Les unités phraséologiques : définition

Il est très intéressant de suivre les unités phraséologiques, les expressions, idiomes ou autres locutions du point de vue de leur histoire ou de leur origine. Certes, ces types d'expressions sont mémorisées et reconnues par une communauté linguistique, elles rendent nos conversations plus expressives, nos discours plus authentiques si nous les utilisons correctement. Ce sont les expressions qui représentent un outil pour saisir la réalité : la nature, l'homme, sa vie, ses mœurs, ses institutions, et aussi ses façons de sentir, de concevoir le monde. C'est donc un héritage social et culturel, mais un héritage linguistique également.

Ferdinand de Saussure a été le premier à attirer l'attention sur l'existence de combinaisons non libres, mais les particularités de ces combinaisons ont commencé à être décrites surtout par Charles Bally (1951), quand il a institué la phraséologie comme une discipline de la lexicologie.

Le nombre d'ouvrages qui traitent du sujet de phraséologie et de sa définition, le nombre de dictionnaires de locutions et d'expressions (généraux ou spécialisés) et les maintes conférences sur ce sujet témoignent de l'ampleur de cette problématique, difficile à cerner. Et également, les unités phraséologiques sont très difficiles à définir.

Dans le *dictionnaire d'expressions et locutions* d'Alain Rey et Sophie Chantreau édité par dictionnaire Le Robert, le concept de phraséologie est défini comme suit :

> Il s'agit (dans ce dictionnaire) de phraséologie, c'est-à-dire d'un système de particularités expressives liées aux conditions sociales dans lesquelles la langue est actualisée, c'est-à-dire à des usages. Ceci recouvre deux aspects d'une même réalité, expression et locution étant très généralement employées comme deux synonymes. L'un et l'autre sont indispensables à l'idée courante, concrète, pratique que nous avons du langage. (Rey / Chantreau 1989, VI)

3. Petit historique des produits laitiers

Les produits laitiers sont connus depuis des millénaires, vraisemblablement depuis le Néolithique, alors que les humains étaient encore nomades.

La domestication d'espèces pouvant produire du lait est attestée depuis 8 700 ans av. J.-C. et il semble que les hommes de cette époque aient utilisé ces animaux pour la production de lait, comme en témoignent des récipients ornés. Cependant, la date de la première transformation du lait en produits laitiers comme le beurre ou le fromage n'est pas connue.[1]

---

[1] Produits laitiers, https://fr.wikipedia.org/wiki/Produit_laitier (21/07/19).

La conservation du lait par fermentation est un procédé utilisé depuis des millénaires. On en trouve surtout trace dans des pays comme la Turquie, la Mongolie, l'Inde, le Moyen Orient et certaines parties de l'Asie.[2]

Tous les laits fermentés ne se ressemblent pas. Selon le type de fabrication et de ferments utilisés, les produits obtenus peuvent être très différents. Ainsi, **à travers le monde, il existe une très grande variété de produits ayant des saveurs bien particulières.**

Le produit laitier le plus consommé et le plus réputé, c'est sûrement le fromage, et l'histoire de ce dernier remonte vraisemblablement au néolithique. Selon l'opinion généralement répandue, les hommes ont fabriqué du fromage avant d'inventer l'écriture. La fabrication du fromage s'est répandue en Europe au moins dès l'époque du mythe hellénique et, selon Pline l'Ancien, est devenue une technique élaborée dès les débuts de l'Empire romain, quand des fromages appréciés étaient expédiés à longue distance pour satisfaire les goûts de l'élite romaine.[3]

Le mot « fromage » vient du nom du moule pour faire le fromage. À l'origine, au 13ᵉ siècle, on faisait cailler le lait dans des formes percées de trous pour qu'il s'y égoutte. Ces faisselles se nommaient « forma » en latin tandis que le nom grec « formos » désignait les récipients d'osier dans lesquels on déposait le caillé. « Forma » devient « formage » issu du latin « formaticum » qui signifie « ce qui est fait dans une forme ». Au 14ᵉ siècle, il devient « fourmage », on en retrouve la trace dans « fourme », nom régional de certaines spécialités de fromages, puis, au 15ᵉ siècle, apparaît enfin le terme « fromage »![4]

Les produits laitiers sont nombreux. Ils peuvent acquérir plusieurs titres et identités dans l'espace et le temps. Certains ont fait leur temps dans la ferme, les marchés locaux, l'industrie et les grandes distributions. D'autres ont émergé et emprunté des trajectoires différentes en qualité de produits gastronomiques, culturels, de produits de luxes, de grande consommation, de produits industriels, de produits de masse, de produits standard, de produits de marques, de produits de signes de qualités. Les produits sont des noms et deviennent des patrimoines. (Nodjirim 2014, 167)

---

[2] Le lait fermenté à travers l'histoire, http://www.doctissimo.fr/html/nutrition/mag_2000/mag0811/nu_2128_monde.htm (21/07/19).

[3] Anthropologie, https://fr.wikipedia.org/wiki/Anthropologie (09/07/19).

[4] L'histoire du fromage, http://www.histoiresdefromages.fr/histoire-fromage.html (09/07/19).

4.   Les unités phraséologiques contenant des produits laitiers en français

Depuis plusieurs millénaires, le lait et les autres produits laitiers ont été consommés presque partout dans le monde, parfois ils sont relevés au niveau national dans certains pays, étant profondément liés à la vie sociale ou culturelle de ces derniers. Il n'est donc pas surprenant que des unités phraséologiques, notamment des expressions, des locutions et des proverbes autour du lait, du beurre ou du fromage existent dans toutes les langues. Et de ce point de vue, la langue française n'est pas une exception, bien au contraire, elle est riche de ces types d'expressions nombreuses avec leurs indicateurs culturels et nationaux, par rapport aux autres langues. « *Comment voulez-vous gouverner un pays où il existe 258 variétés de fromage ?* » - Charles De Gaulle. Ce pays n'est pas le pays du fromage, ce pays est comme un fromage, d'où l'existence de beaucoup d'unités phraséologiques contenant les produits laitiers dans cette langue.

Au cours de nos recherches, nous avons analysé 190 unités phraséologiques françaises contenant les produits laitiers. Nous les avons classées selon les produits et nous donnerons 5 à 10 exemples de chaque classe.

Il est à noter que les expressions les plus nombreuses et les plus importantes en français tournent autour du fromage, par ex. :

1)   ***Pas la peine d'en faire tout un fromage !*** - *cette expression qui date du XXe siècle signifie que l'on exagère une difficulté ou un problème, ou que l'on grossit démesurément l'importance d'un fait alors qu'il n'y a pas de quoi ;*[5]

2)   ***Se retirer dans un fromage*** *ou trouver **un fromage** - le fromage désigne ici une situation lucrative et de tout repos, autrement dit une fonction nécessitant peu d'effort mais apportant une rémunération substantielle ;*[6]

3)   ***Laisser le chat aller au fromage*** - *se disait, autrefois, d'une jeune fille ayant cédé aux ardeurs de son prétendant avant le mariage ;*[7]

---

[5] Les expressions françaises décortiquées : https://www.expressio.fr/expressions/en-faire-tout-un-fromage (25/08/2019).

[6] Les expressions autour du fromage : https://www.produits-laitiers.com/les-expressions-autour-du-fromage/ (25/08/2019).

[7] Les expressions françaises : https://www.expressions-francaises.fr/expressions-l/2677-laisser-aller-le-chat-au-fromage.html (25/08/2019).

4)   *Entre la poire et le **fromage** - entre deux situations, à un instant perdu. L'expression remonte au XVIIᵉ siècle. « Entre la poire et le fromage » signifiait « vers la fin du repas » car c'était un moment plus détendu. Ce qui a donné lieu à la signification actuelle qui est « entre deux situations » ;*[8]

5)   *En faire tout un **fromage** - cette expression date du XXᵉ siècle. Faire toute une histoire pour pas grand-chose, grossir à l'extrême une difficulté'.*[9]

En français, chaque expression, locution ou proverbe a son histoire d'origine, son étymologie très intéressante. Pour Stengel (2015), toutes ces légendes autour du fromage nourrissent joliment nos imaginaires. À l'inverse, parfois, les histoires ressemblent à des légendes mais n'en sont probablement pas.

Dans l'optique de notre recherche, en même temps, nous avons relevé que les expressions françaises autour du lait sont tout aussi nombreuses que celles du fromage et très importantes quant à leur sens.

Il faut souligner qu'en français elles reflètent souvent l'histoire ou les propriétés des produits laitiers. Par ex. : *soupe au lait, vache à lait, vouloir le beurre et l'argent du beurre, avoir des yeux au beurre noir, en faire tout un fromage* et d'autres.

6)   *Blanc comme du **lait** - expression qui date de l'époque où seules les dames de la bonne société étaient pâles car elles se protégeaient du soleil avec des ombrelles. Seules les paysannes, exposées aux rigueurs du temps toute l'année, étaient hâlées. Un teint de lait, c'est donc aussi un signe de distinction sociale, désormais suranné ;*[10]

7)   *Comme du petit **lait** - pour dire qu'il se boit facilement avec grand plaisir. Mais si l'on sort du domaine de la dégustation, « boire du petit lait » ne signifie pas boire le petit lait de sa faisselle ! Boire du petit lait, c'est éprouver une vive satisfaction d'amour propre ;*[11]

---

[8]   Les expressions françaises décortiquées : https://www.expressio.fr/expressions/entre-la-poire-et-le-fromage (25/08/2019).

[9]   Expressions de la langue française : http://www.linternaute.fr/expression/langue-francaise/1819/en-faire-tout-un-fromage/ (25/08/2019).

[10] CNTRL, Ortolang : https://www.cnrtl.fr/definition/blanc (25/08/2019).

[11] Dictionnaire français : http://www.linternaute.fr/expression/langue-francaise/1836/boire-du-petit-lait/ (25/08/2019).

8) *Soupe au **lait** - qui désigne une personne s'énervant facilement et sans prévenir, impulsive et colérique. Sa colère « monte » d'un coup, comme une soupe au lait sur un feu trop vif ;*[12]

9) ***Lait** de poule - une boisson à base de jaunes d'œufs, de lait, de crème, de noix de muscade ou de cannelle et de sucre. On peut ajouter de l'alcool. Il est traditionnellement servi à Noël ;*[13]

10) *Vache à **lait** - dire qu'une personne est une « vache à lait » revient à dire que l'on peut l'exploiter à volonté pour obtenir des avantages (surtout financiers) ;*[13]

11) *Baptiser son vin, son **lait** - ajouter de l'eau dans le vin ou le lait, couper avec de l'eau. Origine inconnue pour cette expression ;*[13]

12) *Dent de **lait** - premières dents. L'origine de l'expression « dent de lait » provient du fait qu'à la fois ces premières dents apparaissent au moment où l'enfant se nourrit encore principalement de lait et aussi qu'elles sont aussi blanches que le lait;*[13]

13) *Croûtes de **lait** - dermite séborrhéique du bébé. Les croûtes de lait sont la manifestation de la dermite séborrhéique : une stimulation excessive des glandes sébacées provoquant des croûtes blanches ou jaunâtres, le plus souvent chez les bébés de huit mois. Leur nom vient de leur apparence de lait séché ;*[13]

14) *Frère, sœur de **lait** - enfant qui a été nourri du lait de la même nourrice qu'un autre'.*[14]

Un produit attaché au prestige de la gastronomie française, c'est bien le beurre. Dans certaines régions comme la Bretagne ou la Normandie, il s'agit même d'un ingrédient aussi symbolique qu'indispensable pour la cuisine festive et quotidienne. Bref, les Français adorent le beurre… et ils en parlent à toutes les sauces. Les Grecs et les Romains, par exemple, l'envisageaient surtout comme un

---

[12] Les expressions françaises décortiquées : https://www.expressio.fr/expressions/soupe-au-lait (25/08/2019).

[13] Dictionnaire français : https://www.linternaute.fr/dictionnaire/fr/definition/lait-de-poule/ (25/08/2019).

[14] Wiktionnaire, dictionnaire libre : https://fr.wiktionary.org/wiki/fr%C3%A8re_de_lait (26/08/2019).

remède cicatrisant. Au Moyen Âge, il était même considéré comme un aliment « paysan », et, à ce titre, méprisé par les classes dominantes. C'est sans doute cette connotation négative que l'on retrouve dans l'expression *« compter pour du beurre »*, qui signifie avoir peu ou pas d'importance.

Il faut souligner que même aujourd'hui les expressions avec des produits laitiers ne perdent pas leur « charme », ce que prouve l'expression suivante toute récente : *« Je ne suis pas là pour beurrer les tartines »* (Emmanuel Macron, septembre, 2016).

Les expressions autour du beurre exprimant la richesse et la prospérité sont elles aussi nombreuses en français. Voyons à présent quelques exemples d'expressions avec « beurre » :

15) *Vouloir le **beurre** et l'argent du beurre* - *On ne peut pas tout avoir ; il faut choisir dans la vie , vouloir gagner sur tous les plans, vouloir tout gagner sans rien laisser aux autres ;*[15]

16) *Compter pour du **beurre*** - *ne pas être pris en considération, être méprisé, n'avoir aucune importance ;*[16]

17) *Mettre du **beurre** dans les épinards* - *améliorer ses conditions de vie, gagner plus d'argent. La métaphore de cette expression est parfaitement compréhensible : les épinards sans beurre, c'est diététique mais nettement moins bon pour nos palais actuels qu'avec du beurre ou de la crème. Donc pour améliorer le goût de ses épinards (ses conditions de vie) mieux vaut y ajouter une bonne dose de beurre (d'argent) ;*[16]

18) *Un œil au **beurre** noir* - *un œil entouré d'une ecchymose due à un coup. Un œil poché. Cette expression est attestée en 1585, sous la forme « les deux yeux pochés au beurre noir ». D'autant plus que, dans la poêle, le blanc des œufs entourés du beurre noirci d'avoir trop cuit, peut être comparé au blanc des yeux entouré du bleu foncé qui apparaît un peu après le coup reçu ;*[16]

---

[15] Expressions françaises : https://www.expressions-francaises.fr/expressions-v/516-vouloir-le-beurre-et-l-argent-du-beurre.html (26/08/2019).
[16] Expressions françaises : http://www.linternaute.fr/expression/langue-francaise/12545/compter-pour-du-beurre/ (25/08/2019).

19) *L'assiette au **beurre** - une situation source de profits et faveurs pas toujours licites Aujourd'hui, on l'utilise plutôt rarement. Et lorsqu'elle l'est, c'est souvent pour évoquer la corruption dans le monde politique (si tant est qu'une telle déviance puisse exister, bien sûr).*[17]

Au cours de notre recherche nous avons analysé également les expressions laitières contenant le concept « crème », il faut souligner qu'en comparaison avec le fromage, le lait ou le beurre, les locutions avec « crème » sont moins nombreuses en français :

20) *C'est la **crème** des hommes - c'est le meilleur des hommes ;*[18]

21) *La **crème** de la crème - le meilleur d'une chose, l'élite ;*[19]

22) *Ça passe **crème** - cette expression veut dire que ça se passe bien ;*[19]

23) *Tarte à la **crème** - cette expression française a pour origine le jeu du corbillon de l'époque de Molière où il était question de citer le maximum de mots se terminant pas « on » comme corbillon ;*[20]

Un autre produit trouvé dans des expressions laitières, c'est le yaourt. Nous devons le nom de yaourt aux turcs. En effet, **yogmak** est le verbe signifiant coaguler / cailler en vieux turc. Le mot a évolué vers **yogurt,** traduit ensuite par « yogourt » en vieux français puis « yaourt » en français contemporain. La première utilisation du mot dans un texte français date du 15ᵉ siècle, lorsqu'un voyageur de retour de Jérusalem raconta comment les turcs conservaient leur lait

Concernant les expressions françaises avec le mot « yaourt », bien qu'elles ne soient pas nombreuses, elles sont très intéressantes avec leurs connotations, par ex. :

---

[17] Les expressions françaises décortiquées : https://www.expressio.fr/expressions/l-assiette-au-beurre (25/08/2019).

[18] Langue française : https://www.languefrancaise.net/Bob/6223 (26/08/2019).

[19] Les expressions de la langue française : http://www.linternaute.fr/expression/langue-francaise/13980/la-creme-de-la-creme/ (26/08/2019).

[20] Les expressions françaises décortiquées : https://www.expressio.fr/expressions/une-tarte-a-la-creme (27/08/2019).

*24) Chanter en **yaourt** - chanter en produisant des sons qui font penser à une langue réelle. En fait, chanter en yaourt, ça consiste à chanter dans un langage inventé ;[21]*

*25) Patauger dans le **yaourt** - chercher vainement ;[22]*

*26) Pot de **Yaourt** - petite voiture. D'autres petites voiturettes ont existé avant elle, mais l'Isetta Velam a permis aux journalistes et aux grands publics de lancer l'expression « **Pot de Yaourt** », qui s'applique maintenant dans le langage courant aux petites voitures, comme les voitures sans permis.[23]*

Dans l'optique de notre recherche, l'analyse menée sur des expressions françaises contenant des produits laitiers, notamment : le fromage, le beurre, le lait, la crème et le yaourt, permet de conclure que les mots, les expressions transportent et conservent le passé, elles témoignent à la fois un état de langue dépassé – mots parfois archaïques, associant une syntaxe désuète et une référence à des événements anciens.

5.   Les unités phraséologiques contenant des produits laitiers en géorgien

La Géorgie n'est pas seulement le pays du vin mais également celui de fromage. L'histoire de la production de fromage compte quatre mille ans dans d'autres pays du monde, alors qu'en Géorgie, la poterie de stockage du fromage est vieille de 8 000 ans. Dans ce pays, sont officiellement enregistré 14 types de fromages[24] : dambalkhacho, chogi, tenili, calti, kobi, acharuli chechili, meschuri, sulguni, megruli sulguni, svanuri sulguni, gudis, tusuri guda, imeruli et géorgien kveli.[25] Et les produits laitiers sont très populaires et bien consommés.

---

[21] Wikipédia, encyclopédie libre : https://fr.wikipedia.org/wiki/Yaourt (27/08/2019).
[22] Wikipédia, encyclopédie libre : https://fr.wiktionary.org/wiki/p%C3%A9daler_dans_le_ yaourt (27/08/2019).
[23] Wikipédia, encyclopédie libre : https://fr.wiktionary.org/wiki/pot_de_yaourt (26/08/2019).
[24] Le fromage géorgien, https://sputnik-georgia.com/reviews/20160519/231737498.html (13/07/19).
[25] Ce type de fromage porte le nom exprimé par l'adjectif qualificatif « kartuli/géorgien », contrairement aux autres types de fromages ayant les noms de régions géorgiennes.

Pourtant, il faut absolument souligner que le corpus géorgien n'est pas très riche avec ses unités, locutions et expressions phraséologiques contenant des produits laitiers. Au cours de notre recherche, nous avons trouvé et analysé seulement 40 expressions géorgiennes contenant des produits laitiers. Nous les avons classées selon les produits et nous donnerons 5 à 10 exemples de chaque catégorie avec la traduction française.

Toutes les expressions et les proverbes géorgiens sont recherchés et précisés dans les dictionnaires suivants : 1. Bibileishvili, T., Darashvili, L., Gatchava, R. (2010): *Dictionnaire des Locutions Français-Géorgien* ; 2. Gvardjaladze, I., Mikeladze, K. (1981): *Proverbes et dictons français et leurs traductions équivalentes géorgiennes.* 3. Oninai, A. (1966): *Les idiomes géorgiens.*

Les unités phraséologiques contenant le concept « lait », sont les plus nombreuses en géorgien :

27) განათლება დედის **რძესთან** ერთად შეიწოვება - *L'éducation est absorbée avec le **lait** maternel ;*

28) **რძით** შეშინებული, ღოს უბერავდაო - *Qui s'est brulé avec du **lait**, souffle sur le « do »*[26] / *On craint jusqu'à l'apparence de ce qui fait souffrir / Toute expérience malheureuse doit servir de leçon de prudence / Chat échaudé craint l'eau froide ;*

29) ტკბილი სიტყვით მთას ირემი **მოიწველაო**[27] - *Avec les mots doux il est possible de **traire** des biches dans les montagnes / Les mots doux ont leur force / Douce parole rompt grande ire (colère) / Plus fait douceur que violence ;*

30) სუფრას ჩიტის **რძეც** არ აკლდაო - *Il avait tout sur la table même **du lait** d'oiseau / Avoir le pain et le couteau / Ne manquer de rien ;*

31) ტუჩებზე დედის **რძე** არ შეშრობია (ძალიან ახალგაზრდაა) - *Il a encore du **lait** maternel sur la bouche / Il est trop jeune, pas assez expérimenté / Il est trop jeune dans le métier ;*

---

[26] Voir ci-dessous.
[27] Le verbe signifiant « traire » qui est associé au lait.

32) ქვას **რძეს** გააღებს გადაჰ. ძალიან ღონიერია - Il fait sortir du **lait** de la pierre / Il tirerait de l'huile d'un mur / fort comme un bœuf / fort comme un bûcheron / fort comme un buffle / fort comme un chêne / fort comme un cheval ;

33) ნუ სძღები სხვისი **რძითა,** ნუ იმოსები სხვისი მატყლითა - Ne boit pas le **lait** d'autrui, ne mets pas la laine d'autrui / Il ne faut pas mettre la faucille dans la moisson d'autrui ;

34) პატარძალმა დროხა ვერ **მოწველა**[27], ბაგა მრუდეაო - La mariée ne sachant pas **traire**, reprochait la forme courbée de la crèche / Rejeter la faute sur un autre ;

35) შორიდან დროხას საკმაო **რძე** აქვს (დაკარგული დროხა ცხრა ლიტრს იწველიდა, დაუკარგავი ერთ ჭრექსაც არაო) - Vache vue de loin a assez de **lait** ;

36) დაღვრილ **რძეს** ტირილი აღარ შველის - Il est inutile de pleurer sur le **lait** renversé / Ce qui est fait est fait / Il est impossible de changer la situation / Les carottes sont cuites.

Le produit laitier très important pour les géorgiens c'est le Matsoni, c'est-à-dire le yaourt nature, auquel on associe l'hypothèse de la longévité si on le consomme régulièrement :

37) **მაწონს** ვთხოვდი და ღოს მაყლაპებდაო - Je demandais du **yaourt**, il m'offrait le « do » / Je demandais une chose mais on m'en offrait une autre ;

38) ერთი რძიდან ყველი და **მაწონი** ერთდროულად არ გამოვა - Il est impossible de faire simultanément du fromage et du **yaourt** du même lait / Ne pas pouvoir être (à la fois) au four et au moulin / Ne pas pouvoir faire plusieurs choses en même temps ;

39) ჩემი ურგები ქოთანი - ქვასა, **მაწონი** - ძაღლსა - ძალღლსა - Le pot qui n'est pas pour moi, qu'il se casse et que le **yaourt** soit mangé par le chien / N'attendez pas ! / sans moi vous n'arriverez à rien ! / ;

40) დამწვარ ბავშვს **მაწონიც** ცხელი ეგონაო - *L'enfant brûlé a peur même du* **yaourt** / *Chat échaudé craint l'eau froide ;*

41) თუ **მაწონი** ძაღლმა შეჭამა ქოთანი რაღა იქნაო - *Si le chien a mangé du* **yaourt**, *où est le pot de ce dernier / le mensonge se découvre toujours.*

Concernant les locutions, les unités phraséologiques contenant le concept de « fromage », elles sont fréquentes aussi en géorgien.

42) **ყველი** და პური კეთილი გულითო - *Du* **fromage** *et du pain à bras ouverts /* *Paix et peu ;*

43) დოჭამიას დო აგონდება **ყველი**ჭამიას **ყველი**თო - *Le mangeur de « do » ne* *pense qu'au «do », le mangeur de* **fromage** *ne pense qu'au* **fromage** / *Homme* *affamé ne pense qu'au pain ;*

44) **ყველი** და პურის მჭამელმა ღმერთს აღარ შეხედაო - *Le mangeur de* **fromage** *et de* **do** *ne se souvient plus de Dieu, ingratitude ;*

45) **ყველის** ვაჭარივით იცინის, **ყველის** ვაჭრის მსგავსად ეცინება, ერთითავად სიცილი, უმიზეზოდ სიცილი - *Rire comme le marchand de* **fromage** / *rire sans sujet, sans cause, sans raison ;*

46) **ყველის** გუდასებრ გატენა / გავსება, პირთამდე მოჭრა ომ ე მეტის ჭამა - *Faire remplir comme la gouda*[28] *de* **fromage** / *manger comme un ogre / manger* *comme quatre / manger énormément .*

Un autre produit laitier est le « do », un liquide fermenté acidulé, ce qu'il reste du lait après la préparation du beurre :

47) არმინდამ ცხრა ჯამი **დო** შეჭამაო - *Tout en refusant de manger, il a pris neuf* *assiettes de « do » / L'envie d'une chose vient en la pratiquant / L'appétit vient* *en mangeant ;*

---

[28] En montagne, un sac en peau de mouton pour la conservation des fromages.

48) ვინ იტყვის, ჩემი **დო** მჟავეაო - Qui peut avouer que son « *do* » a le goût acide / Qui peut avouer sa faute / Rejeter la faute sur les autres ;

49) **დო** იყოს, ბუზი მაღლ მოვაო - Si on avait du « *do* », les mouches pourraient apparaître bien vite / Où il y a des abeilles, il y aura du miel ;

50) მიზეზ მიზეზ **დოს** მარილი აკლიაო - Sous le prétexte de la dispute, il lui paraissait que le « *do* » manquait de sel / Coupable sans l'être, comme toujours lui le fautif /Qqui veut noyer son chien, l'accuse de rage ;

51) ფაფისგან პირდამწვარი **დოსაც** სულს უბერავდაო - Qui s'est brulé avec de la bouille, souffle sur le « *do* » / Chat échaudé craint l'eau froide.

Il faut absolument souligner qu'à l'époque le beurre clarifié,[29] « erbo », nommé ainsi en géorgien, était plus populaire que le beurre ; c'est probablement la raison pour laquelle en géorgien il y a plus d'expressions contenant le mot « erbo» / « beurre clarifié » que d'expressions avec « beurre (classique) » :

52) **ერბო** რომ გადმოვა, ციცხსა და ჩამჩს ფასი დაეკარგებაო - Si l'**erbo** monte du chaudron, plus besoin de louche / Plus besoin de prendre des précautions ;

53) ზედმეტი **ერბო** ფაფას არ წააბდენს - Si on ajoute plus d'**erbo**, cela ne va pas pourrir la bouillie / L'abondance ne nuit pas.

54) ვისაც ბევრი **ერბო** აქვს ის კომბოსტოსაც ერბოში მოხარშავსო - Si on a beaucoup d'« **erbo** », on fait même bouillir le chou dedans / Avec de la richesse on se procure toutes choses / Qui a de l'argent a des pirouettes ;

55) **ერბოში** ცურავს, ყველაფერი თავზე საყრელი აქვს, მდიდრულად, შეძლებულად ცხოვრობს - Nager dans le **beurre** cuit / Il a tout, riche comme Crésus ;

---

[29] Le beurre clarifié, une matière grasse animale couleur jaune or, parfois aussi appelé beurre purifié.

56) კარაქის მიღება თუ გინდა უნდა დღვებო კიდევ - *Si tu veux du **beurre**, il faut en battre.*

En géorgien, il existe sûrement d'autres produits laitiers, mais au cours de notre recherche nous n'avons pas trouvé d'unités phraséologiques correspondantes, sauf certaines expressions associées aux produits laitiers suivants : ნაღული (le sérac, le petit-lait après la fabrication de fromage, avec un goût plus doux) ; არაჯანი (la crème fraiche) ; ხაჭო (le khatcho – un formage frais, type ricotta) ; კეფირი (le kéfir, une boisson issue de la fermentation du lait).

6. Analyse contrastive des unités phraséologiques contenant des produits laitiers en français et en géorgien

La partie la plus importante et intéressante de notre recherche, c'est sûrement l'analyse contrastive des unités phraséologiques contenant les produits laitiers, qui permet de montrer les indicateurs culturels et nationaux des deux langues, pour bien viser la problématique langue-culture à travers des équivalences et non-équivalences dans les unités phraséologiques, les différents types d'expressions en français et en géorgien.

Soulignons dès l'abord que le corpus en français est plus riche que celui du géorgien. Notre recherche nous a permis de trouver les expressions contenant des produits laitiers, il y en a 190 en français et 40 seulement en géorgien. De plus, en français, il existe les histoires / explications intéressantes sur l'origine des expressions contenant les produits laitiers ; pour le géorgien ce type d'explications est presque introuvable.

Pour donner une image plus claire du nombre des unités phraséologiques contenant les produits laitiers dans les deux langues, voir les deux schémas suivants :

Schéma 1 : Les unités phraséologiques contenant des produits laitiers en français

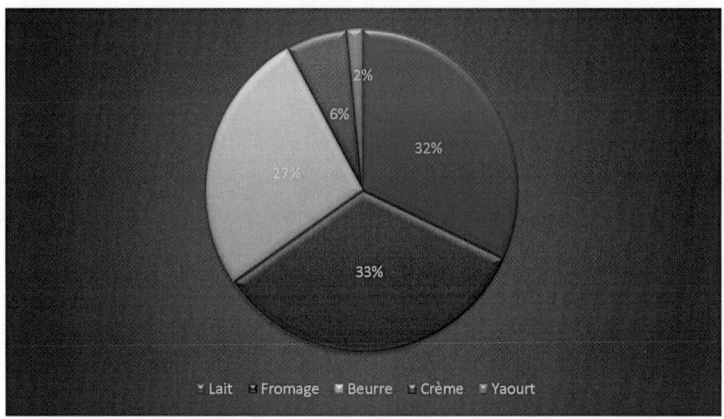

Schéma 2 : Les unités phraséologiques contenant des produits laitiers en géorgien

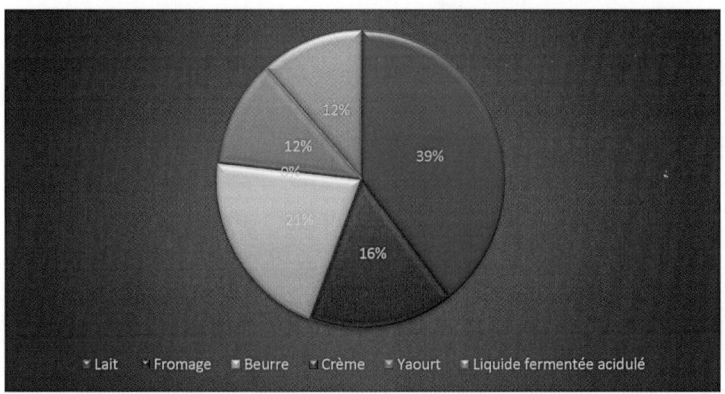

Ces deux schémas nous montrent quel produit laitier est dominant dans des expressions laitières de chacune des deux langues.

Outre cela, notre recherche nous a donné la possibilité de trouver certaines similitudes ainsi que les différences entre les expressions contenant les produits laitiers.

Les unités similaires ne sont pas nombreuses dans les deux langues cibles, pourtant nous avons réussi à trouver 7 expressions ayant le même sens :

57) განათლება დედის **რძესთან** ერთად შეიწოვება - *L'éducation est absorbée avec le **lait** maternel ;*

58) შორიდან ძროხას საკმაო **რძე** აქვს - *Vache vue de loin a assez de **lait** ;*

59) **ყველი** და პური კეთილი გულით - *Du **fromage** et du pain à bras ouverts / Paix et peu ;*

60) ტუჩებზე დედის **რძე** არ შეშრობია (ძალიან ახალგაზრდაა) - *Il a encore du **lait** maternel sur la bouche / Il est trop jeune, pas très expérimenté dans le métier ;*

61) **კარაქის** მიღება თუ გინდა უნდა დღვებო კიდევ - *Si tu veux du **beurre**, il faut en battre ;*

62) ს**არძევე** კბილი - *Dents de **lait** / Premières dents ;*

63) **ძუძუმტე** - *Frère, sœur de **lait** - Enfant qui a été nourri du lait de la même nourrice qu'un autre.*

Ni en géorgien ni en français, nous n'avons trouvé d'unités phraséologiques pour les produits laitiers suivants : **ნადუღი** (le sérac, le petit-lait après la fabrication de fromage avec le goût plus doux) ; **არაჟანი** (la crème fraiche) ; **ხაჭო** (le khatcho – un formage frais, type ricotta) ; **კეფირი** (le kéfir).[30]

En français comme en géorgien, nous avons relevé les expressions les plus nombreuses autour du lait et autour du fromage. L'analyse nous a montré que les expressions autour du beurre sont très importantes en français, contrairement au géorgien pour lequel les unités avec le beurre clarifié sont plus typiques. Contrairement à la langue géorgienne, en français il existe des expressions associées aux produits laitiers tels que la crème et le yaourt.

Les autres produits laitiers géorgiens tels que : le nadughi, le khacho, le kéfir, la crème fraiche, le beurre et même le yaourt ne figurent dans aucune expression

---

[30] Une boisson issue de la fermentation du lait.

géorgienne, ce qui nous laisse supposer que ces produits sont moins familiers aux Géorgiens, par suite probablement de l'introduction tardive de leur production.

Dans l'optique de notre recherche, avons remarqué que dans le corpus géorgien, beaucoup de mots étaient composés à l'aide du mot « lait », bien que la plupart de ces mots ne fassent pas référence à la gastronomie ni à la terminologie culinaire géorgienne, ni, non plus, aux produits laitiers, par ex. :

Verbes : გაგრძელება / *Continuer et les autres dérivés de ce verbe,* უანდერძებს / *Hériter ;*

Noms: სულგრძელობა / *L'indulgence,* კერძები / *Les plats ;* სიგრძე / *La longueur,* სადღეგრძელო / *Le toast,* დღეგრძელობა / *La longévité,* სავარძელი / *Le fauteuil,* ყურძენი / *Le raisin,* ნასწერძევი / *Le patrimoine;*

Adjectifs: ბრძენი / *Sage,* გრძელი / *Long,* ბერძენი / *Le grec, et d'autres.*

À part cela, nous avons découvert qu'en géorgien il existe beaucoup d'expressions contenant le mot « do », qui de son côté, n'a aucun lien avec les termes culinaires ou gastronomiques. Par ex. : საზოგადოება / *La société,* თვითმყოფადობა / *L'authenticité,* დადო / *Mettre,* სათანადო / *Appropriée* et d'autres.

Les unités phraséologiques sont le trésor de chaque nation car elles reflètent les caractéristiques, l'histoire ou la culture de chaque pays, à travers sa langue. La culture et la langue dépendent l'une de l'autre. À travers différents types d'expressions elles nous racontent l'histoire du pays, nous font sentir l'âme du pays en montrant les indicateurs culturels et nationaux représentés et décrits de façon très concrète.

Notre recherche nous a permis de dégager que les expressions françaises autour du fromage sont associées au problème ou à la difficulté (ex. : 1, 2, 3, 4, 5), celles du lait sont associées aux profits d'une personne, à la colère et à l'amour-propre (ex. : 6, 7, 8, 9, 10, 11, 12, 13, 14) ; les expressions autour du beurre expriment la richesse et la prospérité (ex. : 15, 16, 17, 18, 19), et les expressions autour de la crème expriment l'élite, être le meilleur (ex. : 20, 21, 22, 23).

Concernant les unités géorgiennes, il faut souligner que les unités phraséologiques contenant le concept « lait », ont le sens de conseil ou de suggestions, parfois elles sont utilisées pour souligner la force ou la naïveté d'une personne (ex. : 27, 28, 29, 30, 31, 32, 33, 34, 35, 36), alors que le concept de « fromage » est souvent utilisé soit avec un sens ironique soit avec une connotation de moquerie (ex. : 42, 43, 44, 45, 46).

7. Conclusion

L'intérêt que nous portons aux indicateurs culturels et nationaux dans le domaine linguistique des unités phraséologiques, nous a conduit à effectuer une analyse contrastive de l'ensemble de variations de ce type de locutions dans deux langues non apparentées, le français et le géorgien, et de comparer une collection représentative d'exemples pour noter leurs ressemblances et leurs différences.

Pour conclure, parmi les unités phraséologiques contenant les produits laitiers, les plus nombreux en français 'comme en géorgien tournent autour du fromage et autour du lait. Les locutions autour du fromage en géorgien sont souvent utilisées avec un sens ironique ou avec une connotation de moquerie, alors que celles de français sont associées à un problème ou à une difficulté. Les expressions autour du lait en français sont associées aux profits d'une personne, à la colère et à l'amour propre, alors qu'en géorgien elles sont associées à la force, à la richesse.

En comparant les unités phraséologiques françaises et géorgiennes contenant des produits laitiers nous avons constaté qu'elles se distinguent par leur origine et leur histoire, mais en même temps elles ont certaines ressemblances par leur structure et par leur sens.

Bibliographie

Bibileishvili, Tsisana / Darashvili, Lia / Gatchava, Rusudan (2010): *Dictionnaire des locutions Français-Géorgien.* Tbilissi: Dioguene

Bally, Charles (1951): *Traité de stylistique française.* Genève: Georg & Cie

González Rey, Isabel (2015): *La phraséologie du français.* Toulouse: Presses Universitaires du Mirail

Gvardjaladze, Isidore / Mikeladze, Kira (1981): *Proverbes et dictons français et leurs traductions équivalentes géorgiennes.* Tbilissi: Sabtchota Saqarthvelo

Nodjirim, Bollenger (2014): *Détermination des prix ou formation de la valeur économique.* Thèse doctorale, Université de Reims

Oninai, Alexandre (1966): *Les idiomes géorgiens.* Tbilissi: Nakaduli

Rey, Alain / Chantreau, Sophie (1989): *Dictionnaire des expressions et locutions.* Paris: Robert

Stengel, Kilien (2015): *Traité du fromage : Caséologie, authenticité et affinage.* Paris: Sang de la Terre

Professeur de FLE, (Ph,D) Inga Tkemaladze

Faculty of Social Sciences, Education and Humanities

Université Internationale de la Mer Noire

N2, David Agmashenebeli Alley, 13th km

0131, Tbilisi, Georgia

E-mail/mél: itkemaladze@ibsu.edu.ge

https://ibsu.edu.ge/en/

Professeur de FLE, (Ph,D) Lolita Tabuashvili

Académie de la langue anglaise

Centre des langues

21, avenue Ilia Tchavtchavadze

0179, Tbilisi, Georgia

E-mail/mél: lolitatabuashvili@yahoo.com

Machteld Meulleman

De la *morue* dans tous ses états :
l'emploi de quelques termes français, norvégiens et portugais
dans le discours gastronomique et culinaire français

Résumé :

Cette contribution a pour objectif d'étudier le champ lexical du *gadus morhua*. Un tour d'horizon lexicographique des termes trouvés dans les dictionnaires norvégien, portugais et français révèle des différences intéressantes entre les trois langues. Ainsi, le norvégien connaît un nombre relativement important de termes qui distinguent de façon claire entre différentes variétés de l'espèce *gadus morhua*, ainsi qu'entre plusieurs types de traitement de conservation. A l'opposé, le portugais ne recourt qu'au terme unique de *bacalhau* pour désigner l'espèce de poisson en question, sa variété traitée pour conservation à la portugaise (par salaison et séchage), ainsi que les préparations culinaires auxquelles il donne lieu. Le français connaît, pour sa part, plusieurs termes, qui se caractérisent tous par une ambiguïté marquée, notamment dans le cas de *cabillaud* et *morue*, tant au niveau des espèces désignées que du traitement de conservation éventuel subi par le poisson. L'analyse empirique de ces deux termes dans un corpus d'articles de vulgarisation à visée explicative dans le domaine de la gastronomie met en évidence que dans ce genre discursif, ces deux termes s'utilisent d'une façon bien plus spécifique : ils désignent exclusivement l'espèce *gadus morhua* et s'opposent de façon tranchée en fonction du traitement subi : le terme de *cabillaud* est réservé au poisson frais, alors que celui de *morue* ne désigne que sa variante traitée. Ce sont les emprunts au norvégien et au portugais qui introduisent dans ces textes des distinctions plus techniques. Ainsi, le terme norvégien de *skrei* entraîne des développements détaillés sur les qualités gastronomiques de cette variété d'excellence, alors que le *bacalhau* permet d'aborder la façon typiquement portugaise de conserver le poisson ou encore des façons traditionnelles de le préparer. Dans les recettes culinaires, relevant d'un genre informatif, les termes de *cabillaud* et de *morue* se comportent de façon encore différente : *cabillaud* sert souvent d'hyperonyme pour le poisson blanc (tel que le lieu noir), alors que *morue* désigne l'espèce *gadus morhua*, qu'il s'agisse du poisson frais ou traité. Les emprunts à l'espagnol et au portugais ne figurent que dans des titres de recettes typiquement ibériques, alors que l'emprunt norvégien apparaît dans les titres et listes d'ingrédients dans son acception originale norvégienne désignant la variété supérieure de *gadus morhua*. En conclusion, la comparaison de l'emploi des termes du champ lexical français du *gadus morhua* dans des dictionnaires, des articles explicatifs à visée vulgarisatrice et des recettes de cuisine met en lumière l'importance d'étudier les propriétés sémantiques des termes en prenant en compte les caractéristiques spécifiques des différents genres textuels dans lesquels ils apparaissent.

Mots clés : morue, emprunts, pratiques discursives culinaires et commerciales, opacité-transparence

Abstract:
The aim of this contribution is to shed light on the meaning of terms used to refer to cod fish (*gadus morhua*). A lexicographic overview of the main terms found in Norwegian, Portuguese and French dictionaries reveals interesting differences between these three languages. In Norwegian a fairly large number of terms distinguish clearly between terms referring to the fish species and different preservation treatments, while in Portuguese there is only one single term in order to refer to the cod species, their preservation treatment, and dishes involving cod as their main ingredient. In French there are several terms, which all evidence an ambiguity between several fish species and preservation treatments, especially *cabillaud* and *morue*. An empirical analysis of these two French terms in explicative texts of vulgarization on gastronomy shows that they are both used in a much more clear-cut way: they exclusively refer to the *gadus morhua* species and they are clearly distinguished according to the fish preservation treatment: *cabillaud* refers only to fresh cod, while *morue* is used for dried or salted cod. It is the Norwegian and Portuguese loanwords that allow to introduce more technical distinctions, the Norwegian *skrei* denoting the highest quality of cod in gastronomic terms and the Portuguese *bacalhau* referring to a specific preservation treatment or traditional dish. In the informative text genre of culinary recipes, however, the terms *cabillaud* and *morue* are used in yet another way: the former tends to be used as an umbrella term denoting whitefish (especially coalfish), while the latter denotes all consumable varieties of cod, be it fresh, dried or salted. Spanish and Portuguese loanwords are used as titles for typical Iberian recipes, while *skrei* appears in its original Norwegian meaning. To sum up, the comparison of the use of the French terms referring to cod in dictionaries, explicative-vulgarizing gastronomic articles and culinary recipes revealed the importance of studying the meaning of terms within the textual genres in which they occur.

Keywords: cod fish, loanwords, culinary and commercial discursive practices, opacity-transparency

1. Introduction[1]

Loin d'être le poisson banal, voire le « poisson du pauvre » d'autrefois, la morue peut aujourd'hui être considérée comme un poisson dont la réputation gastronomique n'est plus à faire. Notamment le *skrei* norvégien, roi des cabillauds, a été préparé à plusieurs reprises lors du Bocuse d'Or. Eu égard à la grande popularité de ce poisson de mer dont certaines recettes sont de grands classiques de la cuisine internationale (*brandade de morue, bacalhau à braz, bacalao al pil-pil*, etc.), il n'est pas étonnant que les termes utilisés pour désigner ce poisson souvent d'origine nordique ont voyagé et présentent une grande complexité lexicale et discursive. Celle-ci est due, d'une part, à la richesse d'espèces consommables dans la famille des gadidés autres que la *morue* (tels que l'*églefin* ou le *lieu* par exemple) et, d'autre part, au fait qu'il existe un grand nombre de façons de traiter et de préparer le poisson en question, dont certaines sont plutôt nationales et d'autres internationales, ce qui fait que les équivalences inter-linguistiques posent souvent des difficultés. Ainsi, le terme espagnol *bacalao skrei* désigne une espèce particulière de morue, alors que le terme *bacalao* apparaît dans les recettes norvégiennes pour référer à une certaine façon de préparer différentes variétés de poissons. Si le portugais oppose le *bacalhau* au *bacalhau fresco*, le français distingue traditionnellement entre *cabillaud* (frais) et *morue* (salée et séchée). Cependant, l'on voit apparaître de plus en plus l'appellation *morue fraîche* permettant d'éviter les connotations industrielles liées à l'élevage du cabillaud.

Notre contribution propose d'étudier le champ lexical français du *gadus morhua* de la classification de Linné, tout en prenant en compte les éventuels emprunts aux autres langues, notamment au norvégien (langue dont les locuteurs sont impliqués dans la pêche et production de ce poisson) et au portugais (langue dont les locuteurs sont parmi les plus grands consommateurs du monde). Notre étude se déroulera en deux étapes : après un petit tour d'horizon lexicographique des termes principaux liés à la morue, nous proposerons une modeste analyse empirique qui s'intéressera à l'emploi de ces termes en contexte, tant dans des

---

[1] Nous tenons à remercier la Professeure Françoise Canon-Roger pour nos stimulants échanges au sujet de la terminologie ainsi que pour sa lecture attentive du texte qui nous a permis de corriger plus d'une erreur.

articles de vulgarisation à visée explicative dans le domaine de la gastronomie que dans des recettes de cuisine de nature essentiellement informative-instructive.

2. Etude lexicograpique

Dans cette partie lexicographique, nous regarderons quels sont les différents termes que l'on trouve dans les dictionnaires et ce qu'ils désignent. Nous avons choisi de regarder trois langues, le norvégien, le portugais et le français.

2.1. Norvégien

En norvégien, il existe une grande variété de termes désignant le *gadus morhua* et ses produits, parmi lesquels *torsk* et *skrei* désignent l'espèce[2]. D'après le dictionnaire du Språkrådet, le premier terme désigne l'espèce en général et le second les exemplaires adultes et nomades de cette espèce, qui se sont déplacés au large des côtes.

torsk
> fisk av torskefamilien, *Gadus morhua*
> 'poisson de la famille de la morue, *Gadus morhua*'

skrei
> I flokk som farer fram
> 'ensemble qui avance'
> II gyteferdig torsk (som samler seg på kystbankene om vinteren og våren)
> 'morue prête à se reproduire (qui se rassemble au bord des côtes pendant l'hiver et au printemps)'

Ensuite, le dictionnaire contient également toute une série de termes désignant des poissons ayant subi différents processus de traitement traditionnel en Norvège qui sont applicables à différentes espèces. Ainsi, le *klippfisk* désigne le poisson ayant subi le nettoyage, salage et séchage, alors que le *tørrfisk* et le *stokkfisk* désignent

---

[2] Pour le norvégien, nous retenons la graphie du *bokmål*, qui correspond à la graphie la plus courante du norvégien.

le poisson séché au vent sans avoir été salé. Enfin, le *lutefisk* désigne du poisson séché, puis ramolli dans une solution chimique lui permettant de reprendre son volume d'avant séchage.

klippfisk
> flekt, saltet og tørket fisk, særlig torsk
> 'poisson vidé, salé et séché, en particulier la morue'

tørrfisk
> usaltet, vindtørket fisk
> 'poisson non-salé, séché au vent'

stokkfisk
> fisk som er tørket på hjell, tørrfisk
> 'poisson qui a été séché sur un séchoir, *tørrfisk*'

lutefisk
> tørrfisk som er bløtt i lut
> '*tørrfisk* qui a été ramolli dans une solution d'hydroxide de sodium'

Enfin, l'on trouve également l'emprunt espagnol *bacalao* ou *bakalao* désignant une façon particulière de préparer le poisson séché, pas nécessairement d'une espèce particulière, avec pommes de terres, tomates et oignons.

bacalao, bakalao
> (fra spansk egentlig 'torsk') matrett laget av utvannet klippfisk med poteter, løk, tomater og krydder i olje
> '(de l'espagnol désignant en fait la 'morue') plat préparé de *klippfisk* dessalé avec patates, oignons, tomates et huile pimentée'

Le norvégien connaît donc un nombre relativement important de termes dans le domaine du cabillaud-morue, tant au niveau des espèces que des traitements appliqués pour les conserver. En revanche, pour désigner des plats particuliers, l'on ne trouve qu'un emprunt à l'espagnol.

2.2. Portugais

En portugais, l'on ne trouve qu'un seul terme dans les dictionnaires, à savoir *bacalhau* qui, d'après le *Dicionário infopédia da Língua Portuguesa*, peut désigner à la fois l'espèce *gadus morhua* (1), la chair séchée ou salée du poisson telle qu'elle est utilisée dans l'alimentation (2) et les plats préparés à base de ce poisson comme ingrédient principal (3).

> 1. ICTIOLOGIA (Gadus morrhua) peixe teleósteo, demersal, da família dos Gadídeos, pode atingir cerca de dois metros de comprimento e tem coloração acastanhada ou esverdeada, com manchas no dorso e mais clara na zona ventral, boca grande, com barbilho na mandíbula inferior e três barbatanas dorsais, duas ventrais e uma caudal, sendo habitualmente encontrado nos mares frios do hemisfério norte; bacalhau-do-atlântico
> 2. a carne desse peixe, seca ou salgada, usada na alimentação
> 3. CULINÁRIA qualquer prato em que esse peixe é o ingrediente principal

> '1. ICHTYOLOGIE (Gadus morrhua) poisson téléostéen, démersal, de la famille des Gadidés, peut atteindre près de deux mètres de longueur et est de coloration marron ou verte, avec des taches sur le dos et plus claire dans la zone ventrale, bouche grande, avec barbillon sur la mâchoire inférieure et trois nageoires dorsales, deux ventrales et une caudale, se trouvant habituellement dans les mers froides de l'hémisphère nord ; morue de l'Atlantique
> 2. la chair de ce poisson, séchée ou salée, utilisée dans l'alimentation
> 3. CUISINE n'importe quel plat dans lequel ce poisson est l'ingrédient principal'

Contrairement au norvégien, le portugais ne recourt donc qu'à un seul terme pour désigner tout ce qui est en rapport avec la morue, que ce soit pour désigner l'espèce, la conservation du poisson ou les plats préparés le comprenant.

2.3. Français

Pour ce qui est du français, l'on trouve quatre termes dans les dictionnaires, à savoir *cabillaud, morue, merluche* et *stockfish*. Etant donné que notre étude empirique portera sur le français, nous nous référons dans cette partie à plusieurs dictionnaires. D'après le *Larousse en ligne*, le terme de *cabillaud* correspond au nom commercial de la *morue fraîche*. Cependant, tant *Le Nouveau Petit Robert de la Langue française* (*NPR*) que le *Trésor de la Langue Française informatisé*

(TLFi), nous apprennent que *cabillaud* désigne en principe l'églefin, espèce de poisson de mer de chair blanche de la famille des gadidés (appelé *haddock* lorsqu'il est fumé). Cette espèce de poisson n'appartient pas au *gadus morhua* mais est assez proche de lui en termes de saveur.[3] Le *NPR* donne la signification de 'morue fraîche', après celle d''églefin', alors que le *TLFi* la présente comme une remarque, suggérant ainsi qu'il s'agit d'une appellation impropre.

cabillaud (*Larousse en ligne*)
– Nom commercial de la *morue fraîche.*

cabillaud (*NPR*)
– Églefin – Morue fraîche. *Filets, œufs de cabillaud.*

cabillaud (*TLFi*)
– *ICHTYOL.* Églefin
– Rem. Désigne souvent la morue fraîche

Pour ce qui est du terme de *morue*, les trois dictionnaires mentionnés s'accordent sur le fait qu'il s'agit d'abord d'une espèce de poisson de mer particulière, sans toutefois mentionner son nom latin (*gadus morhua*)[4], avant de mentionner les différents traitements possibles avant consommation. Tous donnent le terme de *cabillaud* pour désigner sa variante fraîche, mais l'appellation *morue fraîche* ou *franche* est absente du *Larousse en ligne*. Seul le *TLFi* nous apprend à travers les exemples illustratifs qu'il s'agit traditionnellement d'un poisson de consommation populaire. Enfin, le *NPR* et le *TLFi* donnent comme seconde acception de *morue*, la possibilité de désigner d'autres espèces de poissons proches, en précisant l'espèce par l'ajout d'un adjectif qualificatif telle que *noire* ('églefin') ou *longue* ('lingue', 'molve').

morue (*Larousse en ligne*)
– Gros poisson des mers froides, consommé frais sous le nom de *cabillaud,* salé sous le nom de *morue verte,* séché sous le nom de *merluche,* et du foie duquel on tire une huile riche en vitamines A et D. (Longueur jusqu'à 1,50 m ; famille des gadidés.)

---

[3] Le même *TLFi* définit l'*églefin* comme suit : « Poisson de mer de couleur grisâtre, voisin de la morue mais plus petit, dont la chair est blanche et savoureuse ».
[4] Nous reproduisons ici exclusivement les acceptions relevant du domaine ichtyologique, en excluant les usages populaires et péjoratifs liés à la prostitution notamment féminine.

morue (*NPR*)

– 1. Grand poisson (*gadidés*), qui vit dans les mers froides. *Banc de morues. Pêche à la morue.* [...] – *Morue fraîche, franche* > **cabillaud.** *Morue séchée* > **merluche, stockfisch.** *Morue verte,* salée mais non séchée. *Dessaler de la morue. Huile de foie de morue. Brandade de morue. Beignets de morue* > **acra.** – *Morue noire* > **églefin.** [...]

morue (*TLFi*)

– 1. Grand poisson de mer du genre gade, vivant dans les eaux froides et faisant l'objet d'une pêche intensive et d'un commerce important. *Un banc de morues; morue fraîche, salée; morue séchée* (synon. *merluche, stockfisch*)*; filets de morue; brandade de morue. D'autres (...) tâchent d'attraper dans leurs filets des saumons pour les gourmets et de la morue pour les pauvres* (FLAUB., *Corresp.*, 1846, p.360). *À la campagne et même dans bien des villes éloignées des centres de production, les seules espèces* [*de poissons*] *consommées régulièrement étaient le hareng saur ou la morue salée* (BOYER, *Pêches mar.*, 1967, p.103): [...]

  – COMM., PÊCHE

♦ *Morue franche.* Morue fraîche, cabillaud. (Dict. XIXe et XXe s.).

♦ *Morue sèche.* Morue salée et séchée. *On donne souvent le nom de merluche à la* morue sèche *et à la* morue salée (BAUDR. *Pêches* 1827, p.316).

♦ *Morue blanche.* Morue séchée rapidement et salée (d'apr. *Ac. Gastr.* 1962).

♦ *Morue noire.* Morue séchée lentement (d'apr. *Ac. Gastr.* 1962).

♦ *Morue verte.* Morue simplement salée et non séchée. [...].

♦ *Poignée de morues.* « Deux morues attachées ensemble » (*Lar. 19e-Lar. encyclop.*).

– 2. [Suivi d'un adj. ou d'un compl. déterminatif pour désigner, dans la lang. commune, diverses espèces de poissons]

Morue longue. Lingue, molve (*infra* rem. 2).

Morue noire, morue de saint-Pierre. Églefin. *Sur nos côtes on pêche aussi la morue ou* églefin (*Lar. mén.* 1926).

Quant au terme de *stockfisch*, les trois dictionnaires pris en considération donnent une même définition, « morue séchée à l'air », suivie d'une extension à d'autres types de poissons. Là où dans le *Larousse en ligne* et le *TLFi*, le traitement de séchage sans salaison correspond à la définition du *stokkfisk* norvégien, le *NPR* s'écarte de cette définition d'origine pour désigner le poisson « salé et séché » (traitement habituel du *bacalhau* à la portugaise).

stockfisch (*Larousse en ligne*)
- Morue séchée à l'air.
- Poisson séché, en général.

stockfisch (*NPR*)
- Morue séchée à l'air. Poisson salé et séché. *Un, des stockfisch ; du stockfisch.*

stockfisch (*TLFi*)
- Morue séchée à l'air ; *p. ext.*, poisson séché. [...].
  Rem. Le mot est surtout en usage, de nos jours, en Provence, notamment sous la var. *stoquefiche* [...].

Enfin, pour ce qui est du terme de *merluche*, les dictionnaires consultés insistent avant tout sur un traitement de séchage, subi soit spécifiquement par la morue (*Larousse en ligne*), soit par différentes espèces de poisson appartenant aux gadidés (*NPR* et *TLFi*). A la différence du *stockfisch*, il n'est pas précisé que le séchage de la *merluche* doive se faire à l'air (donc au vent comme en Norvège), seul le *TLFi* spécifiant que celui-ci se fait « au soleil ». Pour le *Larousse en ligne* et le *TLFi*, le terme de *merluche* peut également désigner d'autres poissons, notamment le *merlu(s)*, sans que ceux-ci aient subi de traitement de séchage, alors que le *NPR* mentionne bien le merlu mais uniquement sous sa variante séchée.

merluche (*Larousse en ligne*)
- Nom commercial commun à divers poissons de la famille des gadidés, notamment au merlu et à la lingue.
- Morue séchée, mais non salée.

merluche (*NPR*)
- Morue, merlu ou poisson du genre gade, vendus séchés et non salés.

merluche (*TLFi*)
- A. Préparation alimentaire consistant en merlus, morue ou poisson du même genre, séchés au soleil et non salés. *Brandade de merluche.* [...]
- B. Synon. de *merlus* [...] la merluche G[adus] merluccius (CUVIER, *Anat. comp.*, t.5, 1805, p.275).

En conclusion, face à une certaine profusion de termes assez clairement définis en norvégien ou au contraire l'existence d'un seul terme hautement polysémique en portugais, le français recourt à quatre termes désignant différentes espèces de poisson de la famille des gadidés, ayant subi ou non différents traitements de conservation possibles. Il en résulte une certaine ambiguïté générale. Aucun des termes relevés ne désigne toutefois des plats spécifiquement préparés à base de morue.[5] Dans ce qui suit, nous allons nous concentrer sur la terminologie française, en nous demandant si et comment ces termes sont utilisés dans le discours gastronomique et culinaire. Sont-ils employés de façon confuse ou y-a-t-il au contraire des distinctions habituellement opérées ? Les termes norvégiens et portugais sont-ils employés dans la langue française pour désambiguïser des termes ambigus ? Ce sont ces questions-là qui guideront notre analyse empirique.

3.   Analyse de corpus

Dans cette partie empirique, nous analyserons l'usage des différents termes désignant le *gadus morhua* dans un corpus français. En accord avec les recommandations de Gautier (2018), qui souligne la nécessité d'étudier les termes de la gastronomie dans leur « ancrage textuel », nous nous intéresserons à deux genres discursifs divers, à savoir le discours explicatif, que nous pourrions qualifier de vulgarisateur, visant à informer consommateurs et gourmets des caractéristiques spécifiques de l'espèce de poisson de mer en question, et le discours culinaire à visée informative-instructive des recettes de cuisine. Dans cette optique, nous baserons notre étude sur un corpus bipartite composé fin août 2019 et constitué d'une part d'articles vulgarisateurs (3.1.) et d'autre part de recettes culinaires (3.2.). Le premier corpus réunit un ensemble de onze textes explicatifs à dominante gastronomique issus de sites français et publiés entre janvier 2013 et juillet 2019, alors que le second corpus comprend 333 recettes du Marmiton, le premier site de cuisine en France avec plus de 60 000 recettes dont

---

[5]   L'on pourrait se poser la question pour *brandade* et *acra*, mais un rapide survol des définitions révèle que là aussi la morue ne constitue qu'un ingrédient possible, même si prototypique, de ces préparations.

la plupart sont des recettes publiées par des internautes particuliers et certaines sont des recettes marquées comme sponsorisées (seules deux dans notre cas).[6]

3.1. Discours explicatif

Dans notre corpus de vulgarisation à visée explicative, l'on peut trouver de nombreux commentaires sur l'équivalence entre les termes de *cabillaud* et de *morue* au moment de désigner l'espèce du *gadus morhua* à laquelle appartient le cabillaud-morue. Ainsi, en (1) et (2), le terme de *cabillaud* est expliqué par celui de *morue* entre parenthèses ou dans une apposition respectivement, en (3) les deux termes se retrouvent dans un seul nom composé *cabillaud – morue* et en (4) les deux noms sont coordonnés devant le groupe verbal *ne font qu'un* :

1) **CABILLAUD (Morue** de l'Atlantique - Gadus morhua)
   (https://www.loceanalabouche.com/pages/poissons/poissons/cabillaud.html)

2) *Ce n'est pas le cas pour le* **cabillaud***, autre nom de la* **morue***, qui est au bord de l'effondrement.* (https://www.consoglobe.com/cabillaud-morue-un-poisson-a-eviter-cg)

3) *Le* **cabillaud – morue** *reste l'espèce de poisson la plus consommée au monde, l'un des poissons les plus célèbres et les plus courants dans nos assiettes.* (https://www.consoglobe.com/cabillaud-morue-un-poisson-a-eviter-cg)

4) *Au niveau des espèces,* **morue** *et* **cabillaud** *ne font qu'un : il s'agit d'un poisson de la famille des gadidés* **(Gadus morhua)** *vivant en Atlantique Nord, du Canada à la mer de Barents.*
   (https://www.futura-sciences.com/planete/questions-reponses/morue-cabillaud-morue-difference-11167/)

---

[6] Le corpus vulgarisateur a été obtenu à partir d'une recherche Google réalisée à partir des termes de *cabillaud, morue, skrei* et *bacalhau*. Les onze articles retenus sont de longueur très variable pour un total de 7257 mots. Pour ce qui est du corpus culinaire, il comprend l'ensemble des recettes du Marmiton dont le titre incluait au moins l'un des six termes sous étude, à savoir *morue, cabillaud, merluche, stockfisch, bacalhau* ou *skrei*, au moment de notre requête, ce qui correspond à un total de 50498 mots.

L'on observe la même tendance dans le cas de certaines reprises anaphoriques lexicales, comme en (5) et (6), où les deux termes semblent alterner dans un souci de variation. Ainsi, dans les deux exemples en question, le nom *cabillaud* apparaît dans le titre et est repris par celui de *morue* au début du paragraphe qui le suit immédiatement. En (6), la troisième désignation du poisson passe à nouveau par le terme de *cabillaud*.

5) *Le drame du* **cabillaud** *de Terre-Neuve*
   De 1550 à 1950, la **morue** *de Terre-Neuve a été exploitée à hauteur de 200 à 300.000 tonnes par an. Mais dans les 20 années qui ont suivi, on en a pêché jusque 800.000 tonnes jusqu'à le faire disparaître. Résultat, plus de pêche et des milliers de pêcheurs au chômage.* (https://www.consoglobe.com/cabillaud-morue-un-poisson-a-eviter-cg)

6) *Habitat du* **cabillaud**
   Les principaux stocks de **morue** *de l'Atlantique se trouvent dans le nord de la mer Baltique, en mer du Nord et autour de l'Islande. Les principaux producteurs mondiaux de* **cabillauds** *sont : Norvège, Islande, Irlande, Royaume-Uni.* (https://www.consoglobe.com/cabillaud-morue-un-poisson-a-eviter-cg)

Cependant, la raison d'être affichée de ces articles réside précisément dans l'idée de lever le voile sur la confusion qualifiée de compréhensible (7), voire d'« aimable » (8) entre l'emploi des deux termes qui se distinguent dès lors qu'il ne s'agit plus de l'espèce mais du produit consommable. De plus, la distinction à opérer ne serait pas la même dans le domaine de la pêche et dans celui de la gastronomie. C'est précisément cette tendance marquée vers la « mono-sémisation » des termes qui serait le propre des discours spécialisés (Peytard 1984). Ainsi, en (7) et (8), l'on apprend que dans le discours gastronomique, le terme de *cabillaud* sert à désigner le poisson frais non traité, alors que celui de *morue* est réservé au poisson traité. Dans l'extrait (7), l'on observe par ailleurs clairement les opérations de reformulation typiques du discours vulgarisateur (Mortureux 1995, Vargas 2009) dans « La morue est donc du cabillaud ayant été salé et séché ». En revanche, l'extrait (8) semble moins vulgarisateur, dans la mesure où plutôt que de reformuler les distinctions opérées, il continue en complexifiant : dans le cas du terme de *morue*, l'on pourrait également trouver la dénomination équivalente de *stockfish*, alors qu'au lieu du terme de *cabillaud* l'on pourrait également trouver la synapsie[7] *morue fraîche*.

> 7) *[...] les termes **morue** et **cabillaud** sont souvent confondus. Une inversion qui peut se comprendre puisque ces deux termes sont utilisés différemment selon les domaines dans lesquels ils sont utilisés.*
>
> *Dans le monde de la pêche, le terme "**cabillaud**" est utilisé pour désigner les "**morues**" d'âge adulte. Le terme "**morue**" est utilisé pour désigner le poisson lorsqu'il est jeune.*
>
> *Dans l'univers de la gastronomie, La **morue** et le **cabillaud** sont différenciés selon leur traitement. Le **cabillaud** est le nom donné au poisson lorsqu'il est frais et sans traitement. La **morue** est le nom donné au poisson lorsqu'il est coupé en filets, salé et séché. La **morue** est donc du **cabillaud** ayant été salé et séché.* (https://testavis.fr/difference-morue-cabillaud/)

> 8) ***Cabillaud** ou **morue** ? Ces deux noms désignent un même poisson qui appartient à la famille des gadidés. Une aimable confusion règne à ce sujet, essentiellement en France. En matière de gastronomie, le terme « **cabillaud** » s'applique au poisson frais (ou surgelé), et il devient « **morue** » quand il est salé et parfois séché (il peut aussi s'appeler « **stockfish** » dans ce cas). Mais... le **cabillaud** se nomme aussi souvent « **morue fraîche** ». En matière de pêche, le nom de « **cabillaud** » désigne parfois les grosses **morues** qui ont survécu à la pêche intensive, tandis que le terme « **morue** » s'applique à des poissons plus jeunes et plus petits.*
> (https://www.academiedugout.fr/ingredients/cabillaud_838)

Dans d'autres sources expliquant l'emploi gastronomique de *cabillaud* et de *morue*, l'on retrouve la nécessaire distinction entre les deux termes, mais les synapsies de *morue fraîche* et *morue verte* sont qualifiées d'appellations « trompeuses » (9) ou « abusives » (10), ce qui confirme d'une part la tendance vers la monosémisation et donc le caractère vulgarisateur de ces discours et d'autre part le fait même que ces appellations sont assez courantes dans le discours gastronomique pour être explicitement condamnées.

---

[7] Le terme de *synapsie* a été introduit par Benvéniste (1966, 172) pour désigner des unités de signification composées de plusieurs morphèmes lexicaux (N + Adj. ou N + prép. + N, par exemple), qui permettent la spécification et la classification des noms désignés par leur trait distinctif (exprimé par l'adjectif ou le complément du nom) seraient particulièrement caractéristiques du discours technique.

9) *Pour faire simple, le **cabillaud** se mange frais ou après décongélation, tandis que la **morue** est salée et séchée. **Morue fraîche** ou **morue verte** sont donc des appellations trompeuses.* (https://www.futura-sciences.com/planete/questions-reponses/morue-cabillaud-morue-difference-11167/)

10) *L'appellation « **morue** » exige un mûrissement dans le sel de vingt et un jours au minimum. Le **cabillaud** (le même poisson mais frais), que les restaurateurs laxistes sur les mentions et les origines appellent abusivement « **morue fraîche** » quand ils le salent au dernier moment, a, lui, la cote.*
(A La Une Gastronomie, https://www.sudouest.fr/2013/06/06/mangez-de-la-morue-1076058-3.php)

Avant de clore cette partie, regardons brièvement l'emploi dans notre corpus des termes français de *stockfisch* et de *merluche*, ainsi que des emprunts au norvégien et au portugais.[8]

Quant au terme de *merluche*, il n'apparaît nulle part dans nos articles vulgarisateurs, alors que celui de *stockfisch* apparaît à plusieurs reprises, tout en restant globalement rare. Tout d'abord, il est frappant que dans trois occurrences sur trois il s'orthographie *stockfish* à l'anglaise (comme en 8) et non tel qu'il apparaît dans les dictionnaires français. Ensuite, il est intéressant de noter que les textes vulgarisateurs s'écartent clairement des dictionnaires. Ainsi, l'extrait (11) donne une origine allemande, alors que d'après le *Larousse en ligne* et le *TLFi* le terme serait un emprunt au moyen néerlandais *stocvisch*, ce qui n'exclut toutefois pas une influence orthographique de l'allemand mais également de l'anglais (cf. *TLFi*). Par ailleurs, dans l'extrait (8) *supra*, l'emprunt anglais semble assez mal utilisé, étant donné qu'il s'agirait de morue « salée et parfois séchée » : d'une part, il ne s'agit pas nécessairement de morue et, d'autre part, le traitement consiste

---

[8] Etant donné que nous abordons ces termes exclusivement du point de vue de leur emploi en français, il n'est pas évident de savoir s'il s'agit d'emprunts ou d'internationalismes, deux phénomènes très fréquents dans le champ lexical de la nourriture (cf. Lavric / Konzett (2009) avec plusieurs chapitres sur l'emploi d'emprunts allemands dans les recettes croates et Turska (2009) pour une analyse sémantique comparée de 681 internationalismes culinaires en allemand, anglais, espagnol, polonais et russe).

nécessairement en un séchage sans salaison.[9] L'on trouve toutefois également des explications très précises comme en (12).

11) *On trouve parfois le terme de* **stockfisch***, de l'allemand stock (bâton) et fisch (poisson), car ce dernier est souvent suspendu sur des treillages en bois. Ce terme indique plus généralement que le* **cabillaud** *a été séché à l'air libre.* (https://www.futura-sciences.com/planete/questions-reponses/morue-cabillaud-morue-difference-11167/)

12) *Il y a plusieurs façon [sic] d'obtenir de la* **morue***. La* **morue fraîche** *est la plus consommée en France. Salée à bord aussitôt le* **cabillaud** *pêché, rincée et resalée ensuite. La* **morue verte***, très présente au Portugal. Salée mais non séchée. Elle est assez forte. Reste la méthode norvégienne : le* **stockfisch***, de la* **morue** *séchée en plein air. On peut donc faire soi-même sa* **morue** *à la maison en achetant du* **cabillaud** *que l'on sale. Il faudra juste bien le rincer dans plusieurs eaux claires avant de le cuisiner.* (https://www.francetvinfo.fr/replay-radio/a-toutes-saveurs/cabillaud-et-morue-ne-font-qu-un_1737835.html)

Pour ce qui est des emprunts au norvégien, le seul terme relevé est celui de *skrei*, qui comme nous l'avons vu *supra* désigne une variété spécifique de l'espèce *gadus morhua*, pêchée aux îles Lofoten. Il est intéressant de noter que dans notre corpus le terme de *skrei* est toujours utilisé à proximité du terme de *cabillaud* et jamais de *morue*. Ainsi, en (13), le *skrei* est qualifié de « meilleur des cabillauds », de « plus célèbre des cabillauds » et de « vrai cabillaud » (ce qui pourrait suggérer qu'il existe également de faux cabillauds, un point sur lequel nous reviendrons *infra*). L'emploi exclusif du terme de *cabillaud* pourrait nous interroger, étant donné qu'en (14) l'on apprend que le *skrei* peut être consommé aussi bien sans qu'après traitement, mais s'explique sans doute par le fait qu'en (13) il semble toujours s'agir du poisson vivant (cf. « finit ses jours »), ce qui exige l'emploi de *cabillaud*, en tant que terme désignant les exemplaires adultes de l'espèce dans le domaine de la pêche. Puisque le *skrei* est en outre porteur d'un « label de qualité », comme on l'apprend en (13), il n'est pas étonnant que lorsque les chefs préparent le *gadus morhua*, ils recourent exclusivement au *skrei*, comme il est suggéré en

---

[9] Tout comme en norvégien (et en néerlandais), le terme anglais désigne du poisson séché à l'air libre, le plus souvent mais pas nécessairement de l'espèce du *gadus morhua* (cf. la définition du *Oxford Learner's Dictionaries* : « *cod or similar fish that is dried without salt* »).

(14). La préférence pour le terme norvégien dans ce contexte de haute gastronomie pourrait être due à son aspect clairement étranger et non transparent pour le lecteur francophone. En effet, Mortureux (1995, 10) a montré que, dans le discours publicitaire, l'opacité du signifié contribue à « garantir la sophistication du produit à propos duquel il est proféré ».

13) **Skrei**, *le meilleur des* **cabillauds**
     Dépêchez-vous de savourer le **skrei**, *le plus célèbre des* **cabillauds** *: sa saison ne dure que trois mois, de février à fin avril. Nos reporters ont rencontré les pêcheurs dans les Lofoten en Norvège, au nord du cercle polaire. Avec des milliers de kilomètres au compteur, le* **skrei** *est athlétique, et ça se ressent lorsque l'on déguste sa chair. Œufs, joues, langues, foie, filets... Rien ne se perd, tout se mitonne chez le* **skrei** *! Alors si vous cherchez une recette de* **skrei** *pour profiter des saveurs d'un vrai* **cabillaud**, *Régal est votre guide.*
     Mais n'est pas **skrei** *qui veut : le label de qualité est si exigeant que seuls 30 % de la pêche portent l'appellation* **skrei**. *Le reste finit ses jours sous le simple nom de* **cabillaud**.
     Grand, fin, musclé voire athlétique... Le **skrei** *cumule bien des attraits. Comparé aux* **cabillauds** *« sédentaires », ce voyageur tire de son mode de vie nomade une chair beaucoup plus fine et délicate.*
     (https://www.regal.fr/inspiration/saveurs-du-monde/skrei-le-meilleur-des-cabillauds-10224)

14) *Les chefs cuisinent le* **skrei**
     Les meilleurs chefs connaissent depuis longtemps les qualités exceptionnelles du **skrei**, *qui a été le « poisson officiel » des épreuves du trophée culinaire le Bocuse d'Or en 1997. Spécialiste du* **skrei**, *le chef Roy-Magne Berglund va ouvrir une école de cuisine à Ballstad, au sud des Lofoten, dans quelques mois. « En dehors des abats, que nous mangeons frais, la chair du* **skrei** *est souvent cuisinée mijotée, car une grande majorité des poissons étaient traditionnelle-ment séchés afin de se conserver plus longtemps*, explique le chef Roy-Magne Berglund. *Or cette façon de cuisiner permet de les réhydrater au mieux, tout doucement. Après la pêche, exposés en plein vent sur des séchoirs en bois, ils acquièrent en quelques jours une peau si dure que même les mouettes n'essayent pas de s'y attaquer! Ils peuvent ensuite se garder jusqu'à 3 ou 4 ans en conservant toutes leurs vitamines et leurs minéraux. Mais le mieux, c'est encore de le consommer frais, de février à la toute fin du mois d'avril. On ne peut pas se tromper: un label très sérieux garantit ses critères de qualité: un délai*

maximum de 12h entre la pêche et le conditionnement, une peau intacte, une traçabilité parfaite... Vous voulez des recettes? Venez chez moi! Ou lisez Régal: *j'ai vu que vous en aviez d'excellentes... »* Merci, chef !
(https://www.regal.fr/inspiration/saveurs-du-monde/skrei-le-meilleur-des-cabillauds-10224)

L'emploi du terme portugais de *bacalhau* est plus rare dans notre corpus explicatif : il n'y apparaît qu'à deux reprises. En (15), l'emprunt au portugais doit permettre d'identifier le poisson-ingrédient tel qu'il est vendu dans les commerces portugais, c'est-à-dire après avoir subi le traitement précis de salage et séchage tel qu'il est pratiqué dans les *secas*, entreprises spécifiquement dédiées à cet effet au Portugal. La seconde occurrence du terme est tout autre, puisque le terme y est utilisé pour désigner un plat spécifique de la cuisine portugaise (16), ce qui semble absurde étant donné que dans la cuisine portugaise on dit volontiers qu'il y a plus de 365 façons de préparer la morue, soit une recette pour chaque jour de l'année.[10]

15)   *En matière culinaire, "**cabillaud**" désigne le poisson frais ou surgelé alors que "**morue**" indique la version séchée ou salée (la fameuse **bacalhau** portugaise !). Cependant, le **cabillaud** est toujours au centre d'une polémique sur la surpêche (à l'exception du **skrei** norvégien).*
(https://www.lexpress.fr/styles/saveurs/recette/recettes-au-cabillaud-et-a-la-morue_1652144.html)

16)   *Nombre de plats traditionnels sont à base de **morue**, surtout au Portugal où, en dehors du fameux **bacalhau**, il existe des centaines de recettes.*
(https://www.papillesetpupilles.fr/2016/12/morue-cabillaud-skrei-stockfish-comment-sy-retrouver.html/)

En conclusion, dans le discours gastronomique à visée vulgarisatrice, les termes de *cabillaud* et de *morue* s'utilisent soit l'un pour l'autre, soit en association pour désigner l'espèce de poisson du *gadus morhua*. Dès lors qu'il s'agit d'un produit consommable, les articles insistent généralement beaucoup sur la nécessité de

---

[10] Cf. entre autres, « *O Bacalhau e as suas 365 receitas ! É bem conhecido em Portugal, disse que existem tantas receitas de bacalhau do que dias num ano.* 'La morue et ses 365 recettes ! Il est bien connu au Portugal, que l'on dit qu'il existe autant de recettes de morue que de jours dans l'année.' », https://chavesandaround.wordpress.com/2016/01/08/o-bacalhau-e-as-suas-365-receitas/ (consulté le 15 mars 2020).

distinguer entre les deux termes, *cabillaud* et *morue*, noms qui sont, paraît-il, souvent confondus dans le langage courant, alors que le premier doit référer au produit non traité et le second au même produit après traitement (salage et/ou séchage). En général, dans les textes de genre vulgarisateur, les deux noms en question semblent donc correspondre à des significations bien plus précises que dans les dictionnaires, puisqu'ils ne montrent plus d'ambiguïté entre plusieurs espèces et que leur extension respective est clairement délimitée dans le domaine gastronomique. En revanche, l'emprunt *stockfisch* donne lieu à des commentaires moins nets, à la fois pour ce qui est de sa graphie que pour ce qui est de sa signification, ce qui suggère qu'il ne s'agit que d'un terme secondaire dans le discours gastronomique vulgarisateur. Il en va différemment de l'emprunt norvégien de *skrei*, dont les spécificités biologiques et gastronomiques donnent lieu à des développements détaillés. Pour sa part, l'emprunt portugais de *bacalhau* est présent dans toute son ambiguïté, mais sa mention est toujours liée à sa sphère culturelle d'origine portugaise, que ce soit en termes de traitement ou de préparation traditionnelle.

La question se pose donc de savoir si dans les recettes de cuisine, relevant en principe d'un usage courant, (a) l'on observe effectivement une certaine confusion entre *cabillaud* et *morue*, (b) si les termes de *merluche* et de *stockfisch* y apparaissent et (c) quel est le rôle éventuel des emprunts norvégien et portugais.

3.2. Discours culinaire

Dans ce second volet de notre étude empirique, nous regarderons de plus près l'emploi des termes de *cabillaud, morue, merluche, stockfisch, skrei* et *bacalhau* dans des recettes françaises. D'après Adam (2001, 19), les « recettes de cuisine comportent une très forte caractérisation planifiée », dans ce sens qu'elles donnent lieu à des plans de textes très précis, où la présence d'un thème-titre, d'une liste d'ingrédients et d'une description des actions à réaliser pour la préparation du plat sont des éléments quasi indispensables. Au niveau textuel, les recettes relèveraient d'un discours particulier qui se caractérise par une organisation essentiellement descriptive. Ainsi, le nom de la recette correspondrait au « lexème superordonné » permettant d'ancrer les séquences descriptives à suivre, la liste d'ingrédients constituerait une opération descriptive d'aspectualisation, caractéristique des développements descriptifs, en énumérant les composants « encore épars et crus » dans un processus de démultiplication lexicale et la description de la préparation consisterait en une énumération de la « suite d'actions à exécuter correctement pour parvenir au but espéré » (Adam 2001, 21-22). Dans ce qui suit, nous nous pencherons systématiquement sur les trois éléments discursifs principaux des recettes selon Adam, à savoir les titres, les listes d'ingrédients et les descriptions des préparations.

3.2.1. Titre

Sur les 333 recettes, 209 ont un intitulé comprenant le terme de *cabillaud*, 120 celui de *morue*, et 3 combinent les deux termes. Ces proportions reflètent le fait que la consommation de la *morue* se limite généralement à la préparation de quelques recettes régionales, telles que la *brandade de morue de Nîmes*, les *accras antillais* ou encore des recettes d'origine portugaise (la première communauté étrangère en France). Le fait que seules trois recettes contiennent les deux termes, suggère une distinction assez nette entre les recettes à base du poisson frais et celles à base du poisson traité (salé et/ou séché). Signalons finalement qu'une seule recette de notre corpus ne contient aucun des termes français mais recourt à l'emploi exclusif de l'emprunt *bacalhau*, alors que les termes de *merluche* et *stockfisch* ne figurent dans aucun titre de recette.

Tableau 1. Distribution des termes de cabillaud *et* morue
dans les titres de recettes sur le Marmiton

cabillaud	209
morue	120
cabillaud & morue	3
néant	1
	333

Dans les trois cas de cooccurrence de *cabillaud* et *morue*, il s'agit en fait de recettes de cabillaud, c'est-à-dire préparé à base du produit frais. En (17) et (18), l'apparition de *morue* entre parenthèses pourrait permettre de renforcer la précision de l'espèce, alors qu'en (19) l'antéposition du terme de *morue* pourrait s'interpréter comme une identification de l'espèce avant de préciser la forme du produit consommable. Si l'association de *cabillaud* et de *morue* suggère bien une certaine confusion entre les deux termes, telle que signalée dans notre corpus explicatif, la relative rareté des occurrences permet de qualifier celle-ci comme étant peu généralisée, voire plutôt marginale.

17) *Filets de **cabillaud** (morue) à la tomate*

18) ***Cabillaud** (morue) en papillote à l'italienne*

19) *Lasagnes de **morue** (cabillaud)*

Pour ce qui est des emprunts, notre corpus compte dix recettes (sur 333) incluant l'emprunt portugais de *bacalhau* dans leur titre, dont une où le terme apparaît seul. Deux titres de recettes comprennent le terme de *bacalao*, toujours accompagné de *morue*, alors que celui de *skrei* figure dans une seule recette, à côté de *cabillaud*.

Tableau 2. Distribution des emprunts dans les titres de recettes sur le Marmiton

Bacalhau (morue)	4
Morue (bacalhau)	5
Bacalhau	1
Morue (bacalao)	1
Bacalao (morue)	1
Cabillaud (ou skrei)	1
	13

Comme il ressort des chiffres présentés dans le tableau 2, dans la quasi-totalité des occurrences des emprunts dans les titres de recettes, ceux-ci sont accompagnés d'un terme français. Celui-ci peut soit suivre l'emprunt en apparaissant entre parenthèses comme en (20) et (22), soit le précéder comme en (21), (23) et (24). Dans le cas des recettes portugaises dont le nom original complet est présent dans sa totalité, la traduction française est très approximative, alors que l'équivalent français de l'*esqueixada* catalane (dont *esquizada* est la variante espagnole) est plus spécifique, indiquant qu'il s'agit d'une salade. Pour ce qui est du titre comprenant *skrei*, l'emploi de la conjonction de coordination *ou* (24) suggère qu'il peut s'agir d'une alternative plutôt que d'une équivalence, ce qui sera confirmé dans la liste d'ingrédients.

20) **Bacalhau** *a bras (**morue** à la portugaise)*

21) **Morue** *à la mode de Porto (**Bacalhau** a congregado)*

22) *Esqueixada de **bacalao** (salade de **morue** crue Catalane)*[11]

23) *Salade de **morue** à la Catalane / Ezquizada de **bacalao***

24) *Cabillaud (ou skrei) à l'orange*

En conclusion, l'on peut déduire de nos données chiffrées que dans le domaine des recettes de cuisine, il n'existe pas de réelle confusion entre les termes de *cabillaud* et *morue*. Au contraire, il semble qu'à quelques exceptions près, les internautes n'ont pas forcément conscience du fait qu'il s'agit d'un seul et même poisson au niveau de l'espèce désignée. Pour leur part, les emprunts ont besoin d'être expliqués et ils le sont toujours par le terme de *morue* dans le cas de *bacalhau* et *bacalao* et par celui de *cabillaud* dans le cas de *skrei*, ce qui confirme l'absence de confusion entre *cabillaud* et *morue*, étant donné que dans le cas des recettes ibériques il s'agit toujours de recettes à base de poisson traité, alors dans le cas du *skrei*, la recette se prépare à base de poisson frais.

3.2.2. Ingrédients

Afin d'analyser de façon qualitative l'emploi des termes désignant le poisson dans les listes d'ingrédients de nos recettes, nous distinguerons entre celles comprenant

---

[11] La présence de l'adjectif *crue* semble suggérer qu'il s'agit ici d'une recette à base de poisson frais, mais dans la liste des ingrédients on trouve *morue fraîchement désalée*, donc la variante traitée. L'emploi de *crue* correspond ici au fait que dans cette préparation le poisson se mange froid.

dans leur titre les termes de *cabillaud* et de *morue*[12] respectivement. Dans le premier cas de figure, les données des listes d'ingrédients sont intrigantes : on n'y retrouve le terme de *cabillaud* que dans 9 occurrences sur 212, dont deux dans les deux recettes sponsorisées de notre corpus.[13] C'est le *lieu noir* qui le remplace dans 201 recettes, soit dans près de 95 pour cent des occurrences. Le terme de *morue* n'apparaît qu'une seule fois, dans la synapsie *morue fraîche*, dans laquelle le terme *morue* semble désigner l'espèce et l'adjectif indiquer l'absence de traitement subi. Si dans les recettes de cabillaud l'on peut bien observer une confusion lexicale, il ne s'agit pas d'un manque de distinction entre *cabillaud* et *morue*, mais plutôt entre *cabillaud* et d'autres poissons blancs à chair ferme. L'apparition du lieu noir ne relève pas du hasard, puisqu'il s'agit d'une espèce de poisson appartenant aux gadidés, tout comme le cabillaud, dont il est toutefois considéré comme une variante moins chère et plus durable au niveau de la surpêche. Il semble donc que si le terme de *cabillaud* figure dans le titre de la recette, il y fonctionne comme un genre d'hyperonyme désignant tout poisson blanc à chair ferme. Que ce soit précisément le terme de *cabillaud* qui ait subi une évolution d'hyponyme à hyperonyme n'est guère étonnant, si l'on considère que d'un point de vue culinaire l'espèce du *gadus morhua* est considérée comme le meilleur exemplaire de la famille des gadidés ou le poisson blanc par excellence, soit le « parangon » dans les termes de Rastier (1991). Cette évolution de *cabillaud* vers un statut d'hyperonyme pourrait d'une part expliquer l'usage (condamné dans les articles vulgarisateurs) de la synapsie *morue fraîche*, qui

---

[12] La recette contenant le seul terme de *bacalhau* a été analysée avec le groupe de recettes comprenant le terme de *morue*.

[13] Sur le Marmiton, les ingrédients sont systématiquement accompagnés d'une image. Nous avons écrit au Marmiton pour demander s'il ne pouvait pas s'agir d'une erreur technique. Voici la réaction du Marmiton (19 septembre 2019) : « La plupart des recettes de notre site sont écrites par les internautes eux-mêmes. Il est donc probable qu'ils aient été nombreux à choisir le lieu noir plutôt que le cabillaud dans les ingrédients. Après d'autres critères sont à prendre en compte : peut-être que lorsqu'ils ont publié leurs recettes, le « cabillaud » n'était pas encore proposé sur notre site et qu'ils ont dû choisir un substitut. » Nous avons ensuite tenté de créer une recette nous-même et il n'est pas question de choisir les ingrédients dans une liste quelconque, l'on doit renseigner des cases vides et c'est le site qui sélectionne ensuite l'image correspondante. Même si cela ne nous permet pas d'écarter complètement l'éventualité que nos données soient faussées par un problème technique, celle-ci ne semble donc pas très probable, d'autant plus que la complexité de nos données semble difficilement compatible avec une éventuelle erreur technique, dont on peut supposer le caractère systématique.

devient nécessaire pour préciser l'espèce de poisson blanc visée, et d'autre part avoir un impact sur l'évolution du terme de *morue* qui pourrait en venir à désigner l'espèce de poisson et non seulement la variante traitée.

Tableau 3. Distribution du terme de cabillaud *dans les listes d'ingrédients sur le Marmiton*

cabillaud	9
morue fraîche (cabillaud)	1
cabillaud ou dos	1
lieu noir	190
lieu noir ou autre poisson blanc	10
lieu noir (ou skrei, cabillaud norvégien proposé en février sur nos étals)	1
	212

Pour ce qui est des recettes comprenant le terme de *morue* dans leur titre, l'on constate que sur les 124 recettes concernées, 120 recettes précisent que le plat doit être préparé à base du poisson traité. Dans un peu plus de la moitié des occurrences, le terme *morue* suffit (*morue* ou *morue dessalée*)[14] et dans l'autre moitié le traitement est précisé (*morue salée, séchée* ou *salée et séchée*), ce qui suggère que le terme de *morue* désigne l'espèce et que le modifieur adjectival précise le trait distinctif du traitement formant ainsi des synapsies plus ou moins figées (cf. Benveniste 1966). Pour ce qui est des cinq cas d'exception, il s'agit toujours de poisson frais : trois fois *morue fraîche*, deux fois *lieu noir*, mais jamais *cabillaud* tout seul, ce qui suggère que le terme *morue* dans le titre des recettes peut désigner non seulement le poisson traité, mais également l'espèce en question. Celui-ci pourrait donc se trouver dans un processus de généralisation où il évolue vers un hyperonyme désignant l'espèce du *gadus morhua* indépendamment du traitement. Par ailleurs, deux recettes signalent la possibilité de préparer la recette à base de poisson traité ou non, au choix du cuisinier ou de la cuisinière. Etant donné que le titre-thème des recettes en question ne contenait que le terme de *morue*, l'alternative laissée confirme que *morue* peut servir d'hyperonyme. Ceci est particulièrement clair dans la recette où l'on trouve dans

---

[14] Le groupe nominal *morue dessalée* indiquant que la morue a été dessalée préalablement à la préparation décrite, l'on peut considérer que l'emploi du terme de *morue* suffit dans ce contexte pour indiquer qu'il s'agit de la variante traitée du poisson.

les ingrédients *morue fraîche (ou salée)*. L'absence du terme de *cabillaud* dans les listes d'ingrédients suggère que, tout comme dans les titres des recettes, on n'observe qu'une confusion plutôt marginale entre *cabillaud* et *morue* dans les recettes du Marmiton. En revanche, plusieurs éléments indiquent que le terme de *morue* révèle une ambiguïté entre l'espèce du *gadus morhua* et l'exemplaire traité : la fréquence relative des modifieurs spécifiant le traitement (tels que *salée* ou *séchée*) d'une part et l'occurrence de la synapsie *morue fraîche* pour désigner le poisson frais de l'autre.

Tableau 4. Distribution du terme de morue *dans les listes d'ingrédients sur le Marmiton*

morue	43
morue salée	40
morue dessalée	26
morue séchée / sèche	3
morue salée et séchée / séchée salée	2
morue séchée et trempée	1
morue (bacalhau)	1
morue fraîche	2
morue fraîche (cabillaud)	1
lieu noir	2
morue fraîche (ou salée)	1
morue sèche / poisson blanc frais	1
néant[15]	1
	124

En conclusion, l'analyse des listes d'ingrédients des recettes de *cabillaud* et de *morue* révèle que les deux termes tendent à évoluer vers des hyperonymes, le *cabillaud* indiquant le poisson blanc frais en général et la *morue* le poisson de l'espèce du *gadus morhua*, indépendamment du traitement éventuel subi.

---

[15] Il s'agit d'une recette où la liste d'ingrédients ne comprend que des légumes et des épices, le poisson ayant été oublié.

3.2.3. Préparation

Pour finir notre analyse empirique, nous examinerons brièvement les descriptions des préparations, notamment quant à la fréquence de reprises anaphoriques lexicales par le nom générique *poisson*. Il ressort de données quantifiées présentées dans le tableau 5 que dans les recettes comprenant le terme de *cabillaud* dans leur titre, l'ingrédient correspondant au poisson est désigné au moins une fois par le nom *poisson* dans 115 recettes sur 212, soit dans environ 54 pour cent des cas. Dans les recettes dont le titre affiche qu'il s'agit d'une préparation de *morue*, ce genre de reprises anaphoriques est nettement moins fréquent, ne concernant que 15 recettes sur 121, soit environ 12 pour cent des cas.

Tableau 5. Distribution du terme générique de poisson
dans les préparations de recettes sur le Marmiton

	poisson	
cabillaud	115	212
morue	15	121
		333

Ainsi, en (25), dans une recette intitulée *filet de cabillaud aux poivrons*, la préparation mentionne l'ingrédient principal trois fois, dont deux fois sous la forme de *poisson* et une fois sous la forme de *poisson blanc*. Aucune mention n'est faite du terme de *cabillaud* figurant dans le titre, ni de celui de *lieu noir* apparaissant dans la liste d'ingrédients. En revanche, en (26), dans une recette de *brandade de morue*, seules les deux occurrences du terme de *morue* réfèrent au poisson.

25) 1) *Éplucher et enlever les pépins de la courgette*
2) *Enlever les pépins du poivron et le laver*
3) *Tailler la courgette et la moitié du poivron en fines lamelles*
4) *Les faire revenir dans de l'huile d'olive en y ajoutant de l'ail et du basilic.*
Réserver
5)*Mixer le reste du poivron avec de l'ail et du basilic. Rajouter la crème fraîche*
et les épices. Réserver

6)*Rincer le* **poisson** *à l'eau claire. Le fariner et le faire cuire dans du beurre. Attention, le* **poisson blanc** *à tendance à se détacher à la cuisson.*

7) *Faire chauffer la crème de poivron et la verser sur le* **poisson**.

(https://www.marmiton.org/recettes/recette_filet-de-cabillaud-aux-poivrons_343307.aspx)

26)   1) *Faire dessaler la* **morue** *en la faisant tremper dans l'eau 36 à 48 heures avant le moment de préparer la brandade (en changeant l'eau régulièrement).*

2) *Faire cuire les pommes de terres et les écraser à la fourchette.*

3) *Émietter la* **morue** *dessalée et mélanger avec les pommes de terre écrasées, l'ail pilé et le persil haché.*

4) *Ajouter petit à petit l'huile d'olive (plus il y en a plus c'est bon).*

5) *Poivrer. Goûter et ajouter éventuellement un peu de sel.*

6) *Mettre la purée dans un plat allant au four et faire cuire 15 à 20 min. Passer sous le grill avant de servir.*

(https://www.marmiton.org/recettes/recette_brandade-de-morue_12736.aspx)

Cette différence de fréquence des anaphores lexicales génériques confirme une fois de plus que le *cabillaud* est ressenti comme un poisson (blanc) quelconque alors que la *morue* est un produit spécifique, typiquement associé à des plats caractéristiques tels que la brandade.

4.   Conclusion

D'un point de vue lexicographique, les termes français relevant du champ lexical du *gadus morhua* présentent une grande complexité sémantique. Ainsi, les noms *cabillaud, morue, merluche* et *stockfisch* peuvent tous désigner différentes espèces de poissons (appartenant à la famille des gadidés ou non). De plus, pour les trois premiers, il peut s'agir tant de poisson frais que traité, alors que pour *stockfisch* les dictionnaires ne s'accordent pas sur le type de traitement désigné.

En revanche, dans les textes explicatifs à visée vulgarisatrice, l'on observe une forte tendance vers la réduction de cette complexité : seuls les termes de *cabillaud* et *morue* sont employés et commentés abondamment, ils ne désignent plus que le *gadus morhua* et s'opposent nettement en termes de traitement. Il en résulte une condamnation des emplois « abusifs » qui ne correspondraient pas aux distinctions opérées entre ces deux termes dans ce genre textuel. La simplification en question est contrebalancée par l'introduction de plusieurs emprunts permettant de commenter les spécificités des produits norvégiens et portugais.

L'analyse détaillée d'un corpus de recettes de cuisine révèle toutefois que dans ce genre descriptif plus représentatif de l'usage culinaire courant, il n'existe pas de vraie confusion commune entre *cabillaud* et *morue*, à tel point que l'on pourrait même se demander si la plupart des locuteurs ont bien conscience du fait qu'il s'agit en principe d'une même espèce de poisson. En effet, nombreux sont ceux qui dans les ingrédients remplacent volontiers le *cabillaud* par le *lieu noir*, autre espèce moins noble et moins chère des gadidés. Le terme de *cabillaud* se trouve ainsi vidé de sa signification et dévalorisé. C'est sans doute la confusion entre *cabillaud* et *poisson blanc* qui fait que les gourmets éclairés le nomment volontiers *morue fraîche* par opposition à *morue salée*. Il ne s'agirait donc pas là d'une appellation « abusive », mais plutôt d'une exigence gastronomique, le terme de *morue* désignant l'espèce de poisson, que ce soit sous une forme traitée ou non. Les emprunts portugais et espagnol sont réservés à la préparation de plats d'origine ibérique, tout comme l'emprunt *bakalao* ne réfère qu'à des plats espagnols en norvégien. En revanche, l'emprunt norvégien *skrei* désigne un représentant de l'espèce de qualité supérieure indépendamment de sa préparation.

En conclusion, notre contribution montre que, même pour des lexèmes communs tels que ceux qui désignent les poissons de mer de consommation courante, l'étude des lexèmes (ou termes) ne peut s'envisager qu'en prenant en compte les différents genres discursifs dans lesquels ils sont utilisés ainsi que la dimension interculturelle dans laquelle ils s'inscrivent.

Bibliographie

Adam, Jean-Michel (2001): Types de textes ou genres de discours ? Comment classer les textes qui 'disent de et comment faire' ? Dans: *Langages* 141 (Les discours procéduraux), 10-27
Benveniste, Emile (1966): Formes nouvelles de la composition nominale. Dans: *Bulletin de la Société de Linguistique de Paris* 6/1, 82-95
Bokmålsordboka, Universitetet i Bergen og Språkrådet, 2018, https://ordbok.uib.no/, (29/08/2019)

Dicionário infopédia da Língua Portuguesa [em linha]. Porto: Porto Editora, 2003-2019, https://www.infopedia.pt/dicionarios/lingua-portuguesa, (29/08/2019)

Gautier, Laurent (2018): La sémantique des termes de dégustation peut-elle être autre chose qu'une sémantique expérientielle ou expérimentale ? Dans: Verdier / Parizot, 321-336

Larousse en ligne, https://www.larousse.fr/dictionnaires/francais-monolingue/, (29/08/2019)

Lavric, Eva / Konzett, Carmen (éds.) (2009): *Food and Language. Sprache und Essen* (InnTrans. Innsbrucker Beiträge zu Sprache, Kultur und Translation 2), Frankfurt a.M. et al.: Lang

Le Nouveau Petit Robert de la Langue française (*NPR*), Le Robert, 2007, (29/08/2019)

Mortureux, Marie-Françoise (1995): Les vocabulaires scientifiques et techniques. Dans: *Les Carnets du Cediscor* 3, 13-25

Oxford Learner's Dictionaries, https://www.oxfordlearnersdictionaries.com/, (29/08/2019)

Peytard, Jean (1984): Problématique de l'altération des discours: reformulation et transcodage. Dans: *Langue française* 64 (Français technique et scientifique: reformulation, enseignement), 17-28

Rastier, François (1991): *Sémantique et recherches cognitives.* Paris: Presses Universitaires de France

Trésor de la langue Française informatisé (TLFi), ATILF - CNRS & Université de Lorraine, http://www.atilf.fr/tlfi, (29/08/2019)

Turska, Marta (2009): *Internationalismen in der Fachsprache der Gastronomie und Kochkunst im fünfsprachigen Vergleich* (Danziger Beiträge zur Germanistik 28). Frankfurt a.M. et al.: Lang

Vargas, Elodie (2009): Discours de vulgarisation à travers différents médias ou les tribulations des termes scientifiques. Dans: *ILCEA* [En ligne] 11 ; http://journals.openedition.org/ilcea/217 (28/03/2020)

Verdier, Benoît / Parizot, Anne (éds.) (2018): *Du sens à l'expérience: gastronomie et œnologie au prisme de leurs terminologies.* Reims: EPURE

Machteld Meulleman
Laboratoire CIRLEP EA 4299
Université de Reims Champagne-Ardenne
57, rue Pierre Taittinger
F-51096 Reims Cedex
E-mail/mél: machteld.meulleman@univ-reims.fr
https://cv.archives-ouvertes.fr/machteld-meulleman

6.   Vin : Lexicologie et phraséologie

Laetitia Gonon / Julie Sorba

Phraséologismes autour du vin et du champagne dans le roman contemporain

Résumé :

Notre étude en linguistique de corpus et en stylistique propose une analyse des phraséologismes construits autour des noms *vin* et *champagne* dans le roman contemporain français. Nous avons extrait ces séquences avec des méthodes statistiques adaptées à la fouille de corpus syntaxiquement arborés. Nous montrons tout d'abord comment la phraséologie permet de caractériser les romans de littérature générale ou « blanche » par rapport aux romans « populaires » (policier, de science-fiction, sentimental, fantasy, historique). Nous mettons ensuite en évidence les caractéristiques de ces deux manières de boire (du vin et du champagne) en étudiant différents indices linguistiques et stylistiques concernant le profil de chaque buveur, les lieux et les temporalités privilégiés par ceux-ci, leur manière de boire et les qualités de l'alcool bu.

Mots clés : linguistique de corpus outillée, stylistique, phraséologie, romans français, lexique de la boisson

Abstract:

Our study deals with corpus linguistics and stylistics to offer an analysis of the phraseological units with the French nouns *vin* 'wine' and *champagne* 'champagne' in the contemporary French novel. These lexical sequences have been extracted using statistical methods for text mining into syntactically annotated corpora. We first show how phraseology allows us to characterize general fiction compared to 'popular' novels (detective, science fiction, sentimental, fantasy, historical). We then highlight the characteristics of these two ways of drinking (wine and champagne) by studying various linguistic and stylistic clues concerning the profile of each drinker, the places and times they prefer, their drinking habits and the qualities of the alcohol they drink.

Keywords: corpus linguistics, computer-assisted linguistics, stylistics, phraseology, French novels, words for drinks

1. Introduction

Notre contribution, qui s'inscrit dans le double cadre de la linguistique de corpus outillée et de la stylistique, interroge l'apport de la phraséologie à la caractérisation de la langue littéraire et plus particulièrement à la distinction des genres romanesques[1]. Selon notre hypothèse de départ, la langue littéraire se caractérise par la surreprésentation statistiquement significative de phraséologismes (Siepmann 2015 et 2016). Notre question de recherche est donc de savoir si les unités phraséologiques, extraites par des méthodes statistiques, permettent de contraster les sous-genres romanesques en distinguant les romans de la littérature générale ou « blanche » des autres romans dits « populaires »[2]. Des travaux antérieurs ont permis de montrer l'intérêt de cette approche par l'étude de phraséologismes spécifiques au roman policier (*scène de crime*, Kraif et al. 2016), au roman sentimental (*froncer les sourcils*, Gonon et al. à paraître), au roman historique (*donner l'ordre*, Gonon / Sorba 2020) ou au roman de littérature générale (*marcher dans la rue*, Sorba 2020).

Nous poursuivons ici cette recherche en étudiant les phraséologismes autour du vin et du champagne. Ce choix est fondé sur le fait que « les modes de consommation et le regard que l'on porte sur l'alcool dans la littérature sont liés à des pratiques sociales, des habitudes culturelles. » (Montémont 2009, §2). Que nous disent les romans précisément sur les modes de consommation du vin et du champagne ? Ce discours est-il propre au genre romanesque dans son ensemble, ou chaque sous-genre se distingue-t-il des autres sur ce point ? Afin de mener à bien notre recherche et de répondre à ces questions, nous présenterons tout d'abord notre cadre théorique et notre démarche méthodologique (section 2) avant de commenter nos résultats (section 3).

---

[1] Ce travail bénéficie d'une aide de l'État gérée par l'Agence Nationale de la Recherche au titre du programme franco-allemand portant la référence ANR-15-FRAL-0009 (projet PhraseoRom : https://phraseorom.univ-grenoble-alpes.fr).
[2] Ces distinctions sont fréquentes lorsqu'on étudie les littératures « populaires » (voir par ex. Lits 2014-3 | 2015).

2. Cadre théorique et démarche méthodologique

2.1. Une approche phraséologique du genre

À la suite de Grossmann et al. (2017a, 7), nous définissons la phraséologie comme
« [l]a congruence à la fois syntaxique et sémantique qui lie les unités lexicales
entre elles pour donner lieu à des unités polylexicales qui se distinguent par une
fixité d'emploi conditionnant leur fonctionnement interne et leur combinatoire
externe. » L'étude de la combinatoire lexico-syntaxique des unités phraséologiques et de leur emploi discursif permet ainsi de décrire leur fonctionnement
dans le texte et de saisir leur rôle à l'intérieur du genre romanesque. En effet, selon
Hoey (2005, 13), l'emploi d'un mot est amorcé par ses emplois antérieurs et la
contrainte du genre textuel y occupe une place essentielle. Le genre est alors
conçu comme un « cadre » (Adam 2011, 17), responsable d'opérations descen-
dantes de sélection et d'agencement de différentes unités linguistiques puisque
l'appartenance d'un texte à un genre conditionne les variations lexicales,
morphosyntaxiques et discursives qui s'y trouvent, en comparaison avec d'autres
genres (voir par exemple Malrieu / Rastier 2001 ; Stubbs / Barth 2003).

Dans notre étude, les unités phraséologiques ont été repérées grâce à des
méthodes statistiques (section 2.3.) car à la suite de Viprey (2006), nous considérons la cooccurrence comme un aspect central de la textualité. Nous avons ensuite
sélectionné les séquences dans lesquelles apparaissaient les mots clés *vin* et
champagne puis les avons analysées à différents niveaux. Au sein du syntagme,
nous avons étudié leurs accompagnateurs spécifiques (collocatifs) sur les plans
lexical et grammatical ; sur le plan phrastique, nous avons observé leurs préférences syntagmatiques (temps verbaux, circonstants, construction syntaxiques).
L'ensemble de ces éléments linguistiques nous permet de révéler les profils des
buveurs de vin et de champagne dans le genre romanesque.

2.2. Présentation du corpus

Le corpus de notre étude est constitué de romans français contemporains
postérieurs à 1950. Le tableau 1 présente les caractéristiques des six sous-genres :

roman de littérature générale ou blanche (GEN), roman policier (POL), historique (HIST), de fantasy (FY), de science-fiction (SF) et sentimental (SENT).

Tableau 1 : Présentation du corpus romanesque

	auteurs	textes	tokens
GEN	170	445	34 334 554
POL	83	193	17 806 356
HIST	39	114	14 868 273
FY	43	105	13 323 976
SF	39	147	13 173 618
SENT	39	112	9 802 410

Cette répartition des romans dans les six sous-genres repose sur des critères éditoriaux. L'apport de notre travail dans le cadre du projet PhraseoRom est précisément de faire émerger des indices phraséologiques pour distinguer les sous-genres romanesques et affiner ces classements à partir d'observables linguistiques. À la lecture du tableau 1, on peut constater que le sous-corpus GEN comporte beaucoup plus de tokens que les autres sous-corpus. L'approche outillée spécifique que nous mettons en œuvre lors de la comparaison de corpus non équilibrés permet cependant de ne pas biaiser les résultats.

2.3. Une approche outillée

Le repérage des unités phraséologiques repose sur une démarche inductive ou *corpus-driven* (Tognini-Bonelli 2001, 84-100). À partir de corpus annotés syntaxiquement[3], les données sont extraites par le Lexicoscope[4], un outil d'extraction des séquences phraséologiques basé sur des corpus arborés (Kraif 2016). Sur la base du calcul de spécificité[5] Loglikelihood Ratio (LLR, Dunning

---

[3] L'annotation syntaxique consiste à « identifier les relations de dépendance fonctionnelle, du type verbe → sujet, verbe → objet, nom → déterminant, etc. entre les mots de l'énoncé. » (Kraif 2019, 70). Elle a été réalisée ici au moyen de l'annotateur XIP (Aït Mokhtar et al. 2001).

[4] Le Lexicoscope est librement consultable à l'adresse suivante http://phraseotext.univ-grenoble-alpes.fr/lexicoscope/.

[5] Le calcul de spécificité est une mesure d'association statistique qui permet de mesurer la force de l'association entre un pivot et son collocatif.

1993), celui-ci extrait des Arbres Lexicosyntaxiques Récurrents (ALR, Tutin / Kraif 2016). La figure 1 ci-dessous représente graphiquement l'ALR <il boire du vin>[6].

Figure 1 : L'ALR de <il boire du vin>.

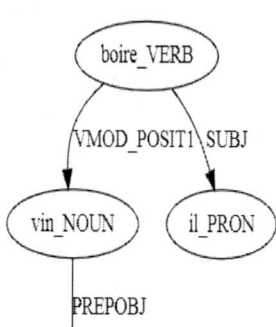

Dans la figure 1, les flèches indiquent les relations syntaxiques entre les différents tokens étiquetés morphologiquement (VERB, PRON, NOUN, PREP) organisées autour du pivot verbal : *il* est repéré comme le sujet (SUBJ) et *vin* comme le premier modifieur du verbe (VMOD_POSIT1).

Grâce au Lexicoscope, nous pouvons comparer automatiquement les sous-corpus deux à deux pour extraire les ALR spécifiques à un sous-genre en regard d'un autre sous-genre, c'est-à-dire les ALR dont la fréquence relative dans un sous-corpus est significativement supérieure à leur fréquence dans un autre sous-corpus. Nous nous sommes intéressées ici au contraste entre la littérature générale (GEN) et les autres sous-genres romanesques. Afin de procéder automatiquement à un premier filtrage des ALR, nous avons appliqué les critères suivants :

---

[6] En langage formel, cette représentation graphique correspond à la requête avancée <l=vin,c=NOUN,#1>&&<l=de,c=PREP,#2>&&<l=boire,c=VERB,#3>&&<l=il,c=PRON, #4>::(VMOD_POSIT1,3,1) (PREPOBJ,1,2) (SUBJ,3,4).

- Un LLR supérieur ou égal à 10,83, seuil à partir duquel la surreprésentation de l'ALR dans un corpus peut être considérée comme statistiquement significative ;
- Un critère morpho-syntaxique : la présence d'un verbe dans l'ALR, pour éviter les expressions purement référentielles ;
- Un critère de dispersion : les ALR sont présents chez au moins 20 auteurs différents dans chacun des deux corpus. Le nombre minimal d'auteurs est fixé à l'identique pour les deux corpus comparés et permet d'isoler des ALR caractéristiques d'un sous-genre et non ceux seulement caractéristiques d'un auteur ou d'une œuvre.

Le tableau 2 présente les résultats de ces extractions à l'issue du filtrage. La première colonne indique les sous-corpus contrastés, la deuxième colonne mentionne le nombre total d'ALR extraits à l'issue du premier filtrage pour chaque comparaison de sous-corpus, et la troisième colonne indique entre < > les ALR contenant les lexies *vin* et *champagne* accompagnés de leur LLR entre parenthèses (plus le LLR est élevé plus l'association des termes est spécifique).

Tableau 2 : Présentation des ALR extraits par le Lexicoscope.

corpus contrastés[7]	ALR extraits (total 5489)	ALR vin/champagne (LLR)
GEN *vs.* HIST	1038	\<boire du vin\> (LLR 14,34) \<boire du champagne\> (LLR 24,18)
GEN *vs.* POL	406	\<boire du vin\> (LLR 41,85)
GEN *vs.* SF	840	\<boire du vin\> (LLR 52,87), \<il boire du vin\> (LLR 13,23), \<boire du champagne\> (LLR 10 000)
GEN *vs.* SENT	119	\<boire du vin\> (LLR 29,87)
GEN *vs.* FY	1148	\<boire du vin\> (LLR 12,46) \<boire du champagne\> (LLR 34,87)
HIST *vs.* GEN	78	0
POL *vs.* GEN	725	0
SF *vs.* GEN	247	0
SENT *vs.* GEN	315	0
FY vs. GEN	573	0

---

[7] Les sous-corpus et les abréviations sont présentés au début de la section 2.2. (tableau 1).

À la lecture du tableau 2, nous constatons tout d'abord un contraste flagrant entre les résultats de la comparaison GEN *vs.* les sous genres et les sous-genres *vs.* GEN : aucun ALR contenant les lexies *vin* ou *champagne* n'a été extrait quand on contraste les autres sous-genres romanesques avec GEN. De plus, *boire* est le seul verbe attesté avec *vin* et *champagne* dans les ALR spécifiques. Si l'on observe dans le Lexicoscope les associations statistiquement privilégiées par les lexies *vin* et *champagne* (voir figure 2), le verbe *boire* est le quatrième collocatif après *coupe*, *bouteille* et *de* pour *champagne*, et derrière *de*, *verre*, *bouteille* pour *vin*.

Figure 2 : Les associations privilégiées de 'vin' et de 'champagne' dans le corpus GEN.

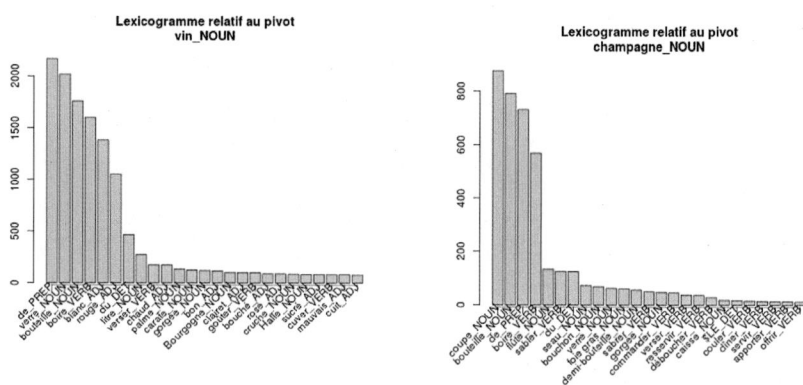

Nous avons choisi ces ALR parmi d'autres qui touchaient la consommation de boissons et de nourritures (thé, cocktails, café, etc.) parce qu'ils nous paraissaient intéressants à étudier dans une perspective contrastive : les connotations liées au champagne ne sont évidemment pas les mêmes que celles liées au vin dans l'imaginaire collectif occidental, et nous voulions voir quelles différences de traitement les romans contemporains faisaient de ces deux alcools. L'intérêt de notre contribution est ainsi de combler une lacune, car peu de travaux ont été consacrés à cette question dans la fiction contemporaine (voir Montémont 2009 ; Grossmann et al. 2020). Or, comme le soulignent Ancel / Gaussot (1998, 17), « tout discours sur l'alcool est un discours sur la société » et, dans toute société, « la consommation des boissons, alcoolisées ou non, singularise selon les temps et les lieux. » (Nourrisson 2013, 11). Que nous dit donc le roman contemporain de littérature générale à ce sujet ?

3. Analyse des ALR spécifiques à GEN <(il) boire du vin> et <boire du champagne>

Dans le sous-corpus GEN, notre étude porte sur 200 occurrences des ALR <boire du vin> et <il boire du vin> et sur 66 occurrences de l'ALR <boire du champagne>. Afin de mener à bien notre enquête sur les pratiques de consommation de ces deux alcools, nous étudierons les indices linguistiques et stylistiques sur l'identité des buveurs (section 3.1.), sur les lieux et les moments où l'on boit (section 3.2.), sur les manières de boire (section 3.3.) et sur les propriétés des alcools ainsi consommés (section 3.4.).

3.1. Qui boit du vin et du champagne ?

Pour déterminer l'identité des buveurs de vin et de champagne dans GEN, nous avons tout d'abord comparé les collocatifs pronominaux extraits par le Lexicoscope (voir figure 3).

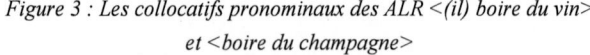

Figure 3 : Les collocatifs pronominaux des ALR <(il) boire du vin>
et <boire du champagne>

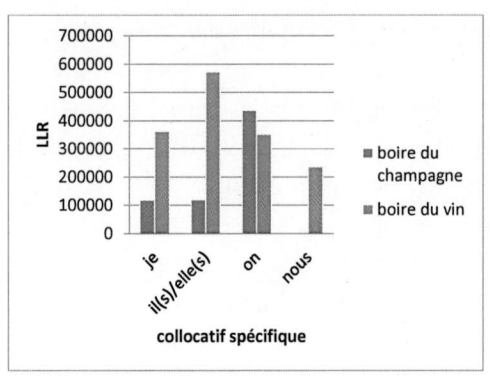

Comme le montre la figure 3, ce ne sont pas les mêmes collocatifs pronominaux qui sont privilégiés : <boire du champagne> apparaît préférentiellement avec *on* (LLR 438 640, ex. 1), puis *il(s)* (LLR 120 748) et *je* (LLR 119 372) tandis que <(il) boire du vin> privilégie les pronoms *il(s)* (LLR 574 093, ex. 2), *je* (LLR 362 806) puis *on* (LLR 353 924) et *nous* (LLR 237 332).

1) **On** *buvait du champagne, et il y avait des petits toasts triangulaires.* (D. Foenkinos, *Nos Séparations*, 2008)

2) *Thomas se taisait,* ***il*** *buvait son vin.* (J. Littell, *Les Bienveillantes*, 2006)

La dimension collective de la consommation de champagne est soulignée par la prééminence du collocatif pronominal *on*. Ce résultat est confirmé par l'observation des variations syntagmatiques de la personne verbale pour les deux constructions (voir figure 4).

Figure 4 : Répartition des personnes verbales pour les deux constructions

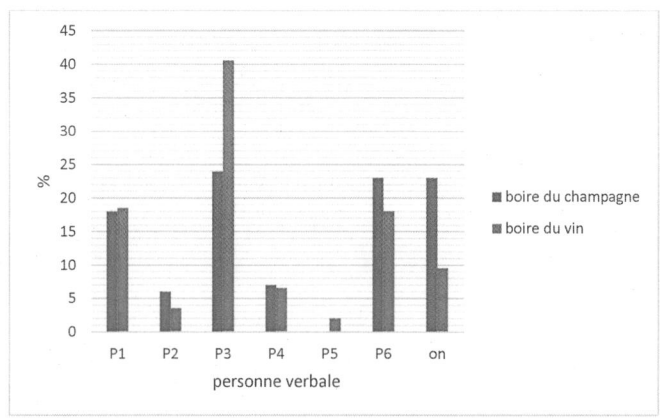

Les réalisations de l'ALR <boire du champagne> dans GEN privilégient majoritairement les P4, P6 et *on* (53%), ce qui traduit un mode de consommation plutôt collectif. De son côté, <(il) boire du vin> se rencontre massivement avec P1, P2 et P3 (62,5%), ce qui indique que la consommation individuelle est davantage représentée dans GEN. Néanmoins, comme la présence du collocatif *nous* dans la figure 3 le révèle, boire du vin peut être un acte réalisé à plusieurs (ex. 3) :

> 3) **Nous** *buvions du vin, nous étions devenus graves.* (C. Ono-dit-Biot, *Plonger*, 2013)

À la différence du collectif *on* qui désigne plutôt une foule indifférenciée qui boit le champagne en toute légèreté dans une réception huppée (ex. 1), le collectif *nous* qui boit du vin incarne des personnages bien identifiés et octroie une gravité particulière à l'acte. Dans les deux cas, la consommation d'alcool est associée à la thématique de la « sociabilité » (Montémont 2009).

3.2. Où et quand boit-on du vin / du champagne ?

3.2.1. Analyse des temps verbaux

Intéressons-nous tout d'abord aux variations temporelles du verbe *boire*, représentées quantitativement dans la figure 5 ci-dessous :

Figure 5 : Répartition des temps verbaux pour les deux constructions

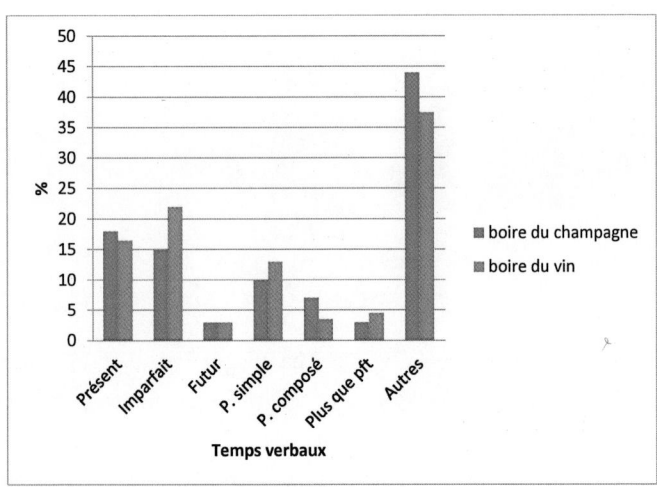

On constate que *boire du champagne* privilégie légèrement le présent, tandis que *boire du vin* se fait plus souvent à l'imparfait. Il n'est pas sûr que l'emploi du présent soit très significatif : parfois présent de narration, il peut également être employé dans une perspective de caractérisation générique, qui témoigne d'une réflexivité sur la pratique (ex. 4) :

4)   – *Être deux filles qui ne pensent plus à rien, s'écria Juliette en remplissant les verres, et qui boivent du champagne frais dans un bain brûlant, c'est le nirvana !* (J. Laurent, *Les Sous-Ensembles flous*, 1981).

En revanche, il est intéressant de constater que l'imparfait est davantage utilisé pour *boire du vin*, car en tant que geste quotidien, moins marqué socialement et festivement que la consommation de champagne, il permet de caractériser des personnages dans le déroulement de l'action (aspect sécant), voire dans sa répétition (l'aspect est alors en plus itératif), ou comme un arrière-plan de l'action principale (ex. 5) :

5)   *Nous buvions du vin blanc, elle en était à son troisième verre, j'orientais son récit par des questions ou des encouragements affectueux.* (É. Reinhardt, *L'Amour et les forêts*, 2014)

C'est l'échange des personnages qui constitue le premier plan de l'action ; mais il est facilité par l'alcool, consommé en arrière-plan. Ainsi la consommation de vin ou de champagne s'accompagne-t-elle souvent de détails temporels et locatifs.

3.2.2. Analyse des circonstants

Les ALR <boire du vin> et <boire du champagne> s'accompagnent de compléments circonstanciels qui précisent le lieu et le moment de la consommation. Les usages sociaux représentés dans les romans diffèrent : on peut *boire du champagne* dans une grande variété de lieux, qu'ils soient publics (*au Café anglais, sur la Grand-Place de Lille, sous les sunlights de l'Arizona* [une boîte de nuit]) ou privés (*à la cuisine, dans un bain brûlant*), voire dans des endroits plus incongrus, traduisant le caractère *select* des buveurs (*dans l'avion, en skiant*). En revanche, *boire du vin* se fait dans des lieux moins nommés, plus quotidiens (*dans notre villa, dans les cafés, dans le car*).

La consommation du vin étant plus fréquente, il y a davantage d'heures pour en boire, et l'on *boit du vin* le jour (ex. 7) comme la nuit (ex. 6) :

6) *La machine à écrire restait entre eux comme un chaperon vigilant. Toute la nuit, ils buvaient du vin rouge.* (É. Orsenna, *Deux étés*, 1997).

7) *– Qu'est-ce qu'on fait ? me dit Agustin à la terrasse d'un café où, sous un soleil encore brûlant, nous buvions du vin blanc, on reste ici ou on s'en va ?* (J. d'Ormesson, *Tous Les Hommes en sont fous*, 1986).

Ce dernier exemple illustre parfaitement une situation présente dans plusieurs ouvrages : les personnages boivent pendant les vacances, dans un pays ensoleillé. Ici, l'Italie est le cadre narratif, et elle est associée de la sorte dans 8 autres romans avec la consommation de vin, et dans 8 autres encore, il s'agit du Sud de la France ou de l'Europe – par exemple en Espagne, comme dans *Dix heures et demie du soir en été* de Duras (1960), dont le titre pourrait être le cadre de nombreuses scènes où apparait <boire du vin>. Cependant, la consommation du vin se fait autant en vacances que durant le quotidien travaillé, et elle se fait aussi pour supporter les travaux manuels pénibles, ouvriers ou agricoles. Ainsi des propos d'Ugolin sur Jean de Florette (ex. 8) :

8) *– Je sais pas ce qu'il mange, mais en tout cas il continue à boire du vin, et il est maigre comme un pregadiou de rastoubles, et il pioche comme un forçat.* (M. Pagnol, *Jean de Florette*, 1963)

Dans cet autre extrait (ex. 9), le jeune narrateur imagine les ragots dont il pourrait être l'objet :

9) *– Mais oui, ma chère, le petit Rezeau, celui qui fait son Droit... Marie l'a vu au bord de la Maine. Vu, je vous dis, ce qui s'appelle vu... Au bord de la Maine, en train de pelleter du sable. Et il buvait du vin rouge, glou-glou, au goulot, avec la canaille du quai !* (H. Bazin, *La Mort du petit cheval*, 1950)

Le narrateur reproduit le discours social des bourgeois sur les ouvriers qui boivent pour mieux supporter le labeur : *boire du vin*, et en particulier du vin rouge, est mis en abyme comme un stéréotype de classe. C'est ainsi que les bourgeois bien-pensants, dans ce roman, se représentent les ouvriers : sur le plan des imaginaires, l'alcool participe à la construction d'une identité sociale (Castelain 1989).

Au contraire, le champagne est traditionnellement lié à une consommation oisive (on ne travaille plus quand on le consomme – soit parce qu'on est en vacances, soit parce qu'on a assez d'argent pour ne pas travailler). Dans l'exemple 10, l'opposition entre les travailleurs et le narrateur buveur de champagne (jusqu'à la cuite) est nettement présente :

10)   *Fin juillet, début de soirée, on y voyait aussi clair qu'en plein jour. C'était la canicule, les gens avaient sué et peiné, tandis que moi j'étais resté au frais dans la villa, à boire du champagne frappé. Je n'avais pas souffert de la chaleur, pas même une seconde.* (A. Nothomb, *Le Fait du prince*, 2008)

Le champagne est donc essentiellement consommé lorsque le soir tombe, et quand les fêtes commencent : « le champagne, en s'imposant dans les pratiques festives du corps social, en France et à l'étranger, est devenu par là même fait de littérature » (Bonal 1990, 5). Dans de nombreux cas, c'est une consommation ponctuelle, marquée par la tradition commune, par exemple lors du réveillon du Nouvel An (ex. 11) :

11)   *Quand retentirent les douze coups fatidiques, on but du champagne Baron Fuente.* (A. Nothomb, *Pétronille*, 2014)

L'un des *topoi* de la consommation du champagne est donc d'en faire un accessoire ritualisé, accompagnant les célébrations collectives partagées ; un autre cependant est de représenter une consommation déviante par rapport à cette norme, afin de signaler l'élection du buveur (sociale, en général), qui boit quotidiennement ce qui d'ordinaire est réservé aux grandes occasions :

12)   *Mais je vis à ma guise, personne ne me donne d'ordres, tous les matins on m'apporte mon petit-déjeuner sur ma terrasse, où j'entends effectivement le chant des oiseaux ; et tous les soirs je bois du champagne.* (A. Maalouf, *Les Désorientés*, 2012)

Pour ce personnage féminin, boire du champagne au quotidien est une manifestation de liberté. La locution adverbiale *à ma guise*, la négation des *ordres*, et le balancement *tous les matins / tous les soirs* contribuent à la mise en scène d'un quotidien de richesse et de privilèges. L'alcool est donc « aussi un marqueur de classe » (Montémont 2009, §10), sur le plan économique (le champagne coûte cher) et par conséquent par connotation : « certains breuvages renvoient à des goûts populaires, tandis que d'autres suggèrent l'élitisme et le luxe » (Montémont 2009, §10) :

13)   *On domine le bois de Boulogne. Il fait chaud. On boit du champagne. On écoute des sonates de Scarlatti, la Kirkpatrick 209...* (Ph. Sollers, *Femmes*, 1983)

Le *on* enveloppe ici le narrateur et son objet de désir dans le même singulier d'élite culturelle – « Le champagne saute en fait sur les seules tables de l'aristocratie » (Nourrisson 2013, 92), mais de l'aristocratie au sens culturel, ici distinguée par la localisation géographique – le bois de Boulogne – et ses goûts musicaux – puisque le narrateur sait identifier précisément la musique classique qu'il entend. Ainsi le champagne « est le signe de l'arrogance bourgeoise et la métaphore du luxe » (Nourrisson 2013, 216), quand il se consomme ainsi, sans raison particulière, juste parce qu'on peut :

14)   *Aujourd'hui le monde était à lui. Il avait envie de Champagne, c'était idiot le Champagne avec la choucroute mais ils burent du Champagne.* (F. Sagan, *Un peu de soleil dans l'eau froide*, 1969)

Le champagne est donc souvent lié à la transgression : d'une part, des règles petites-bourgeoises, les plus riches le consommant non pas pour des occasions particulières mais quand bon leur semble ; d'autre part, des règles que l'on pourrait appeler morales. En effet, on le boit volontiers en boîte de nuit, et/ou en compagnie de prostituées (alors que la bienséance le fait consommer surtout en famille pour les fêtes). C'est la situation du narrateur Jean et de Cora, une vieille chanteuse qui tente de le séduire dans un cabaret nommé le Slush, dans *L'Angoisse du roi Salomon* (É. Ajar, 1979), ou de Ruth, entraîneuse puis prostituée, au Coach and Horses dans *La Pendue de Londres* (D. Decoin, 2013), ou d'un Italien racontant sa virée dans un bordel slovène (L. Mauvignier, *Autour du monde*, 2014), ou des personnages invités dans « un bar à putes » où on « leur offrit immédiatement une bouteille de champagne » (J. Ferrari, *Le Sermon sur la chute de Rome*, 2012).

Ainsi les connotations liées aux moments et aux lieux où l'on boit du champagne sont-elles plus nombreuses que celles liées à la consommation du vin : dans les exemples précédents, ce sont les connotations de légèreté et de fête, mais aussi d'argent et de prostitution qui sont privilégiées. Les circonstants temporels et locatifs sont donc fréquents pour caractériser ces consommations alcoolisées ; mais la question de la manière est également intéressante à examiner.

3.3. Comment boit-on du vin / du champagne ?

3.3.1. Analyse des modes verbaux

Dans le graphique présenté ci-dessus (figure 5), les formes verbales « Autres » de *boire* sont l'infinitif et la forme en *–ant*, essentiellement le gérondif (44% pour <boire du champagne>, 37,5% pour <boire du vin>). Le gérondif, comme l'imparfait, a un aspect sécant, et il accompagne donc bien souvent une action de premier plan, ou un discours direct, représentés, eux, à un mode personnel :

> 15)   *Assise à l'angle du foyer, je l'attends en buvant du vin chaud que Danièle m'a préparé.* (F. Tristan, *Le Dieu des mouches*, 1959)

Cette forme en *–ant* représente 8,5% des emplois de l'ALR <boire du vin> ; son collocatif privilégié est le verbe *manger*, mais elle accompagne d'autres actions, individuelles (comme *attendre*, ex. 15, mais aussi *penser, lire le quotidien*, etc.), ou sociales (*parler, écouter, chanter, jouer aux cartes, tirer des plans*, etc.). En revanche, *(en) buvant du champagne* représente moins de 5% des formes de l'ALR et n'a pas de collocatif spécifique. Il accompagne des verbes comme *plaisanter* ou *rire*, et très peu dénotent des activités individuelles. La diversité d'emplois est en ce sens plus forte pour <boire du vin> : les scénarios sont moins figés, et davantage ancrés dans la diversité de la vie quotidienne. Par ailleurs, le champagne étant cher, et donc plus rare, sa dégustation tend à se suffire à elle-même, quand le vin peut être bu plus machinalement, et par une personne seule.

Le mode infinitif est finalement le plus employé pour les deux ALR :

Tableau 3 : Constructions introductrices des infinitifs boire

	***boire du champagne* (34%)**	***boire du vin* (27%)**
Causatif-Injonctif	*faire, forcer à, inviter à*	*conseiller de, empêcher de, contraindre à, convoquer pour, être obligé de*
Modaux	*devoir, pouvoir, vouloir,*	*ne pas devoir, falloir, pouvoir, (ne pas) vouloir*
Aspectuels	*venir de, être en train de,*	*passer la nuit/son temps à, ne pas avoir l'habitude de, ne pas cesser, essayer de, se mettre à, continuer à*
Autres	Structure attributive/finale	

C'est encore l'ALR <boire du vin> qui représente le plus de diversité pour ces usages de l'infinitif. Que ce soit *boire du vin* ou *du champagne*, on pourrait s'étonner des constructions avec l'infinitif dénotant la contrainte : *faire boire, forcer à boire, contraindre à boire, convoquer pour boire, être obligé de boire, devoir boire, falloir boire*. Mais après examen des occurrences, la plupart de ces constructions apparaissent dans un cadre amical, comme des défis lancés par les personnages, des plaisanteries, etc. : ces représentations correspondent aux rituels sociaux qui tendent à faire de la consommation d'alcool « un rituel coercitif », que ce soit dans « le repas d'affaires, la soirée entre copains » (Ancel / Gaussot 1998, 83). Si l'on fête quelque chose, il est donc attendu qu'on consomme de l'alcool, pour se conformer aux rituels d'une part, et être plus détendu et convivial d'autre part. Ainsi de ce passage au cours duquel une serveuse, Sarah, fête son départ :

16)   *il était impossible de deviner à quel moment, et par quels moyens, il avait bien pu nouer une idylle avec Sarah qui se pendait maintenant à son cou et le couvrait de baisers en le forçant à boire du champagne.* (J. Ferrari, *Le Sermon sur la chute de Rome*, 2012)

414

Mais au-delà du mode verbal, on peut s'intéresser à l'entourage de l'ALR : avec quelles autres activités celle de *boire du vin / du champagne* est-elle associée ?

3.3.2. Analyse des constructions syntaxiques

Lorsque ces ALR se trouvent dans des phrases complexes, ou même au sein d'un paragraphe, les activités sociales associées sont les plus fréquentes : ainsi *boire du champagne* s'accompagne de *parler, rire, bavarder, converser, faire l'amour, plaisanter, dire, baratiner.* Les verbes dénotant des activités, sociales ou individuelles qui accompagnent *boire du vin* sont plus variés : *faire la fête, citer une phrase, se déclarer flatté, échanger des propos ressassés, se battre, tenir compagnie, faire l'amour, fumer, s'arrêter au bord de la route.* Pour ce dernier ALR également, *manger* – déjà relevé comme collocatif privilégié de la forme au gérondif – ou des verbes synonymes sont souvent associés à la consommation d'alcool. Ils dénotent alors la diversité des situations, du repas le plus quotidien (ex. 17) au repas chic dans un bon restaurant (ex. 18) :

17) *Plus tard, avec les autres, ils taillèrent dans le pain, le jambon, le saucisson. Ils burent du vin. Olivier regarda sa paume où deux ampoules s'étaient formées.* (P. Sabatier, *Les Trompettes guerrières*, 2007)

18) *Des mojettes fraîches et une embeurrée, dit Pierre. Nous boirons du vin blanc de l'île bien frais, et du Cheval Blanc 1955 comme s'il en pleuvait.* (K. Haedens, *L'Été finit sous les tilleuls*, 1966)

Dans l'exemple 17, le repas des maquisards se fait après un travail physique (creuser la tombe de l'un des leurs). Dans le second cas, les personnages commandent à manger et à boire dans un restaurant en Charente, et le vin est lié à la typicité de la cuisine : on choisit sa couleur en fonction de ce qu'on mange, ici du vin blanc. Le roman perpétue alors les règles de consommation du vin dans la bonne société : le vin blanc accompagne la langouste (P. Roze, *Le Chasseur Zéro*, 1996 ou J. Ferrari, *Le Sermon sur la chute de Rome*, 2012) ou le homard (J. Littell, *Les Bienveillantes*, 2006), plus largement le poisson, mais le vin rouge se boit avec de la viande, comme le rumsteck ou le steack (J. Littell, *Les*

Bienveillantes ; G. Perec, *Un homme qui dort*, 1967), quelle que soit leur qualité (le vin n'ayant pas de lui-même, comme le champagne, une connotation de luxe).

Dans la majorité des occurrences, *boire du vin* accompagné de *manger* se fait en communauté. Cependant, les propositions juxtaposées ou coordonnées dénotent aussi des activités cognitives individuelles comme *ne pas savoir, ne pas croire*, ou *ne pas avoir l'habitude*, qui associent *boire du vin* avec l'expression d'un doute. Un cas particulièrement intéressant est celui de la construction infinitive *ne pas avoir l'habitude de boire du vin*, qui se trouve surtout prononcée par des personnages féminins.

> 19) – *Avec un verre de riesling, ce sera Byzance.*
> – *Oh* **je n'ai pas l'habitude de boire du vin**. (H. Jaouen, *Les Sœurs Gwenan*, 2010)

Parallèlement, la construction infinitive *empêcher quelqu'un de boire du vin* a surtout pour complément des personnages féminins, quel que soit leur âge. Ici un mari en empêche sa femme, dans le discours rapporté de celle-ci :

> 20) *Au restaurant, il* **m'empêchait de boire du vin***, il prétextait que ça allait encourager mon alcoolisme naissant. En réalité, il faisait encore des économies. En outre, en bon Marocain convaincu de la supériorité de l'homme sur la femme, il ne supportait pas de me voir boire, pensant que c'était là un signe de désobéissance, un geste de libération.* (T. Ben Jelloun, *Le Bonheur conjugal*, 2012)

Cette citation est intéressante car elle reflète un imaginaire de la consommation d'alcool liée aux stéréotypes du genre féminin : une femme ne doit pas se saouler, ni même boire beaucoup de vin. Ici l'époux, mais parfois aussi le père, posent volontiers les limites (voir par exemple H. Bazin, *Au nom du fils*, 1960, ex. 22 ci-dessous, ou M. Duras, *Dix heures et demie du soir en été*, 1960). Ce rejet de l'alcoolisation au féminin est ancien : au XIXᵉ siècle par exemple, « [i]l n'y a pas de femme alcoolique parce qu'en s'alcoolisant on abdique sa féminité » (Salle 2015, 36), et malgré l'évolution des mœurs et des pratiques, en particulier depuis quelques décennies, aujourd'hui « on considère toujours que boire, pour une femme, ce n'est pas pareil » (Pentecouteau / Zanna 2015, 67). C'est pareil en revanche, et alors le sujet est au pluriel, lorsque l'homme et la femme sont engagés dans une relation amoureuse passionnelle : alors *boire du vin / du champagne* est parfois associé à *faire l'amour*, comme une manière de célébrer diversement la passion. Mais quand celle-ci tourne à la routine, l'alcool se boit alors en famille élargie, ou tout seul, parce que la relation s'est dégradée (voir G. Delacourt, *On ne voyait que le bonheur*, 2014).

Pour finir sur les propositions associées à *boire du vin*, revenons sur celles qui évoquent une action cognitive exprimant le doute, et plus précisément une perte de repère, dans cet exemple *ne pas savoir ce qui arrive* :

21)   – *Papet, aujourd'hui j'ai pris un coup de soleil, je viens de boire beaucoup de vin, et je ne sais pas ce qui m'arrive.* (M. Pagnol, *Manon des sources*, 1963)

La construction infinitive *boire beaucoup de vin* est encadrée par une proposition de sens causal, et une de sens consécutif : le vin et le soleil ont eu raison de la clarté d'esprit d'Ugolin. Dans l'exemple 21, l'ALR est modifié par le déterminant complexe de la quantité. Cette mention est également importante quand on parle de consommation d'alcool.

3.3.3. Analyse des modifieurs

Le verbe *boire* peut s'accompagner d'adverbes, ou les noms *vin* et *champagne* peuvent être actualisés par des déterminants complexes, ces modifieurs indiquant la quantité ou l'intensité. On en trouve à hauteur de 12% des occurrences pour *boire du champagne* (*trop, beaucoup, encore, jamais autant de* vs *un peu de* 4 fois), et de 19% pour *boire du vin* ; les modifieurs d'intensité sont dans ce cas des collocatifs spécifiques, indiquant une faible quantité *un peu* (LLR 1 199 969), mais soulignant surtout l'excès : *beaucoup* (LLR 557 792), *trop* (LLR 459 473), *encore* (LLR 188 249).

22)   *M. Lebleye, d'une lèvre grasse, conseillait à sa fille de **boire très peu de vin*** (H. Bazin, *Au nom du fils*, 1960)

23)   – *Non. Buvons encore un peu de vin.*
        *Elle but, **toujours à petites gorgées**, il but à son tour.* (M. Duras, *Moderato Cantabile*, 1958).

Les modifieurs expriment dans les deux cas la faible quantité, mais dans l'exemple 23, le complément circonstanciel *à petites gorgées* s'accompagne d'adverbes indiquant la répétition (*encore, toujours*), si bien qu'il traduit en réalité une consommation excessive. D'autres compléments circonstanciels de manière sont utilisés avec *boire du vin* : *à petites gorgées tremblantes ; tranquillement ; les yeux fermés ; avidement ; glou-glou, au goulot ; à la même bouteille ; au pichet ; à une bouteille ouverte ; en trois coups.* Certains d'entre eux, de fait, expriment l'intensité.

La consommation d'alcool, lorsqu'elle est quantifiée, se situe donc aux deux extrêmes, *beaucoup* s'opposant à *un peu.* Si la consommation excessive de vin et de champagne est également dépeinte dans les romans, en revanche l'alcoolisme dans notre corpus est surtout évoqué autour de la consommation de vin, et à travers des personnages masculins (sauf dans deux romans de M. Duras). Il est souvent associé à des désastres, des échecs, et plus largement à une thématique de la destruction : « boire est aussi un acte existentiel, qui constitue, dans ses excès, l'épiphénomène d'une souffrance » (Montémont 2009, §23).

Ces représentations de la consommation permettent ce faisant de décrire les comportements des personnages, et participent d'une fonction descriptive. Plus largement, préciser quel vin ou quel alcool est consommé entre dans une stratégie référentielle, de représentation du réel.

3.4. Quel vin / champagne boit-on ?

Pour finir, penchons-nous donc sur les expansions des noms *vin* et *champagne* : la disproportion est assez flagrante, puisque 36% des occurrences de *boire du vin* s'accompagnent d'une épithète ou d'un complément déterminatif, alors que c'est le cas pour seulement 1,5% des occurrences de *boire du champagne* : ce dernier ALR n'a pas de collocatif adjectival spécifique, et les épithètes qui très rarement caractérisent le nom signalent sa qualité (et cela surtout dans les romans d'Amélie Nothomb) : *tiède, frappé, excellent, Baron Fuente, frais, français.* Ainsi, *le champagne* semble représenter à lui seul toutes ses variétés : c'est un type de vin qui renvoie à la fête et au luxe (dans *Les Bienveillantes* de J. Littell, 2006, on boit du « vin de Champagne »[8]).

Le vin en revanche reçoit plusieurs collocatifs adjectivaux : *blanc* (LLR 1 230 066), *rouge* (LLR 662 513), *chaud* (LLR 479 809) l'accompagnent de façon privilégiée. Si *blanc* et *rouge* renvoient surtout à des choix liés à la cuisine (voir 3.3.2.) et au goût personnel, voire au moment de la journée (voir ex. 7), *chaud* permet de rendre l'atmosphère festive de la fin de l'année, et parfois de façon stéréotypée : ainsi de ce personnage qui se rappelle le marché de Noël où elle emmenait ses enfants « boire du médiocre vin chaud » (M. Ndiaye, *Ladivine*, 2013). L'adjectif antéposé indique ici la qualité du vin : c'est fréquent dans d'autres romans, avec *mauvais, bouché, bien frais, épais, aigre, doux, jaune, de cuisine, pur,* etc. Les compléments déterminatifs, eux, indiquent plutôt la provenance géographique (*Espagne, Hongrie, Bourgogne, Savoie* etc.) ou le cépage (*vigne, muscat, gris-meunier*).

Concluons avec ce bref passage d'un roman de Foenkinos : le narrateur va se marier, mais fuit ; dans le train, il rencontre un inconnu, qu'il suit en Bretagne. Ils s'attablent dans une petite maison, sur une toile cirée :

24)   *La nuit allait tomber sur nous, et **je buvais du vin rouge d'une qualité moyenne** ce jour où **j'aurais dû boire du champagne**.* (D. Foenkinos, *Nos séparations*, 2008)

Les représentations liées aux deux alcools sont ici très fortement affirmées : la modalité déontique de *j'aurais dû* renvoie aux usages sociaux, le champagne étant généralement bu aux mariages ; en revanche, le *vin rouge d'une qualité moyenne* est consommé au quotidien, ici avec un quasi-inconnu, dans une vieille maison de province[9].

---

[8] « Au XVIIIe et XIXe siècles, "vin de Champagne" et "champagne" étaient employés indifféremment pour désigner le vin effervescent, la première version n'étant plus guère en vigueur de nos jours que dans le style précieux de rares écrivains » (Bonal 1990, 10).

[9] Notons cependant que, dans les trois romans de Foenkinos de notre corpus, l'ALR <boire du champagne> est plus représenté que <boire du vin> : ses personnages gravitent dans des sphères où le champagne est plus commun que le vin (de même chez Nothomb d'ailleurs, alors que le rapport est clairement inversé chez Duras et Giono par exemple).

4. Conclusion

Cette étude linguistique et stylistique, appuyée sur des méthodes statistiques permettant de fouiller de grands corpus romanesques, représentatifs du roman depuis 1950, a montré que *boire du vin* et *boire du champagne* étaient des phraséologismes spécifiques du roman de littérature blanche lorsqu'on le compare au roman « de genre » (policier, historique, etc.) : la mimesis du quotidien contemporain y est de fait plus importante, l'action stéréotypée (une enquête policière, une quête fantastique, un complot historique…) des romans populaires empêchant généralement le développement récurrent de scènes quotidiennes. À ce titre, il pourrait être intéressant d'élargir la perspective historique, et d'aller explorer ces phraséologismes liés à la boisson dans des romans des siècles passés puisque « le boire est un acte social qui varie dans le temps et dans l'espace » (Déroff / Fillaut 2015, 8).

La consommation d'alcool représentée dans le roman participe donc d'un « effet de réel » (Bentolila 2016, 56) : « By virtue of being part of social rituals, smoking and drinking typically serve to create a mood or an atmosphere in a literary text. » (Grossmann et al. 2020, 120). De fait, les romans de littérature générale fonctionnent souvent comme des miroirs des représentations sociales, « les consommations d'alcool […] étant révélatrices de normes, d'idéologies, de formes singulières de structuration sociale, de conceptions symboliques » (Obadia 2004, §36, cité par Déroff / Fillaut 2015, 6). On a pu voir comment s'opposaient volontiers pour le vin et le champagne une consommation collective et individuelle, festive et quotidienne, populaire et élitiste, oisive ou sur la journée de travail. Ainsi « un roman peut aussi renseigner sur des comportements collectifs, dont il contribue en partie à fixer les codes. » (Montémont 2009, §25). En effet, le roman n'est pas seulement le miroir d'une pratique sociale : les romans de notre corpus ont été couronnés par des prix, sont parus en poche, ont été lus par des milliers de lecteurs ; on peut donc supposer qu'ils contribuent à forger chez les lecteurs – autant qu'ils le représentent – un imaginaire de la consommation de l'alcool, ici du vin et du champagne.

Roland Barthes avait bien montré comment la consommation du vin est intimement liée aux représentations : « Le vin est socialisé parce qu'il fonde non seulement une morale, mais aussi un décor ; il orne les cérémoniaux les plus menus de la vie quotidienne française » (1970, 71). Le roman de littérature blanche est bien l'une de ces représentations des cérémoniaux de la vie quotidienne, qu'il reflète autant qu'il les infléchit.

Bibliographie

Adam, Jean-Michel ([3]2011): *Les Textes: types et prototypes.* Paris: A. Colin

Aït Mokhtar, Saïd / Chanod, Jean-Pierre / Roux, Claude (2001): Robustness beyond shallowness: incremental deep parsing. Dans: *Natural language engineering* 8, 121-144

Ancel, Pascale / Gaussot, Ludovic (1998): *Alcool et alcoolisme. Pratiques et représentations.* Paris: L'Harmattan

Barthes, Roland (1970): *Mythologies.* Paris: Seuil

Bentolila, Éric (2016): *Le roman policier français de 1970 et 2000: une analyse littéraire.* Thèse de doctorat. Grenoble : Université Grenoble Alpes

Bonal, François (1990): *Anthologie du champagne : le champagne dans la littérature universelle.* Langres: D. Guéniot

Buffard-Moret, Brigitte / Mejri, Salah / Meneses-Lerín, Luis (éds.) (à paraître): *La Phraséologie française en questions.* Paris: Hermann

Castelain, Jean-Pierre (1989): *Manières de vivre, manières de boire. Alcool et sociabilité sur le port.* Paris: Imago

Déroff, Marie-Laure / Fillaut, Thierry (éds.) (2015): *Boire: une affaire de sexe et d'âge.* Rennes: Presses de l'EHESP

Dunning, Ted (1993): Accurate methods for the statistics of surprise and coincidence. Dans: *Computational linguistics* 19/1, 61-74

Fesenmeier, Ludwig / Novakova, Iva (éds.) (2020) : *Phraséologie et stylistique de la langue littéraire / Phraseology and Stylistics of the Literary Language*, Berlin : Peter Lang

Gonon, Laetitia / Goossens, Vannina / Novakova, Iva (à paraître): Les phraséologismes spécifiques à deux sous-genres de la paralittérature : le roman sentimental et le roman policier. Dans: Buffard-Moret et al.

Gonon, Laetitia / Sorba, Julie (2020): Phraséologismes spécifiques dans les romans historiques et les romans de littérature blanche. Dans: *Journal of French language studies* 30/1, 1-20. DOI : https://doi.org/10.1017/S0959269519000140

Grossmann, Francis / Gymnich, Marion / Siepmann, Dirk (2020): Alcohol and tobacco consumption in English and French novels since the 1950s: A corpus-stylistic analysis. Dans: Siepmann / Novakova, 115-150

Grossmann, Francis / Mejri, Salah / Sfar, Inès (2017a): Présentation: Phraséologie : sémantique, syntaxe, discours. Dans: Grossmann et al., 8-12

Grossmann, Francis / Mejri, Salah / Sfar, Inès (éds.) (2017b): *La phraséologie: sémantique, syntaxe et discours*. Paris: H. Champion

Hoey, Michael (2005): *Lexical priming: a new theory of words and language*. Londres et al.: Routledge

Kraif, Olivier (2016): Le lexicoscope : un outil d'extraction des séquences phraséologiques basé sur des corpus arborés. Dans: *Cahiers de lexicologie* 108, 91-106

Kraif, Olivier (2019): Explorer la combinatoire lexico-syntaxique des mots et expressions avec le Lexicoscope. Dans: *Langue française* 203, 67-82

Kraif, Olivier / Novakova, Iva / Sorba, Julie (2016): Constructions lexico-syntaxiques spécifiques dans le roman policier et la science-fiction. Dans: *LIDIL* 53, 143-159. DOI: https://doi.org/10.4000/lidil.3976

Lits, Marc (2014-3 | 2015): De la « Noire » à la « Blanche »: la position mouvante du roman policier au sein de l'institution littéraire. Dans: *Itinéraires* 21. DOI : https://doi.org/ 10.4000/itineraires.2589

Malrieux, Denis / Rastier, François (2001): Genres et variations morphosyntaxiques. Dans: *Traitement automatique des langues* 42/2, 547-577

Montémont, Véronique (2009): Queneau, Perec, Duras: Trois manières de boire dans le roman français. Dans: *Co(n)textes* 6. DOI : https://doi.org/10.4000/contextes.4525

Nourrisson, Didier (2013): *Crus et cuites : histoire du buveur*. Paris: Perrin

Obadia, Lionel (2004) : Le « boire ». Dans: *Socio-anthropologie* 15. DOI : https://doi.org/ 10.4000/socio-anthropologie.421

Pentecouteau, Hugues / Zanna, Omar (2015): Le genre de l'abstinence. Dans: Déroff / Fillaut, 63-74

Salle, Muriel (2015): 2 – La nature féminine, entre boire et déboires. L'alcoolisme féminin sous le regard médical au XIXe siècle. Dans: Déroff / Fillaut, 31-40

Siepmann, Dirk (2015): A corpus-based investigation into key words and key patterns in post-war fiction. Dans: *Functions of language* 22/3, 362-399

Siepmann, Dirk (2016): Lexicologie et phraséologie du roman contemporain: quelques pistes pour le français et l'anglais. Dans: *Cahiers de lexicologie* 108, 21-41

Siepmann, Dirk / Novakova, Iva (éds.) (2020): *Phraseology and style in subgenres of the novel. A synthesis of corpus and literary perspectives*. Cham: Palgrave Macmillan

Sorba, Julie (2020): Les expressions spatiales: des unités phraséologiques pour distinguer les genres romanesques? Dans Fesenmeier / Novakova, 31-48

Stubbs, Michael / Barth, Isabel (2003): Using recurrent phrases as text-type discriminators: A quantitative method and some findings. Dans: *Functions of language* 10, 65-108

Tognini-Bonelli, Elena (2001): *Corpus linguistics at work*. Amsterdam et al.: John Benjamins

Tutin, Agnès / Kraif, Olivier (2016): Routines sémantico-rhétoriques dans l'écrit scientifique de sciences humaines: l'apport des arbres lexico-syntaxiques récurrents. Dans: *LIDIL* 53, 119-141. DOI: https://doi.org/10.4000/lidil.3966

Viprey, Jean-Marc (2006): Structure non séquentielle des textes. Dans: *Langages* 163, 71-85

Dr. Laetitia Gonon
CÉRÉdI EA3229
Université Rouen Normandie
1 rue Thomas Becket
F-76130 Mont-Saint-Aignan
E-mail/mél: laetitia.gonon@univ-rouen.fr
http://ceredi.labos.univ-rouen.fr/main/?laetitia-gonon.html

Dr. Julie Sorba
LIDILEM & Litt&Arts UMR 5316
Université Grenoble Alpes
CS 40700
F-38058 Grenoble cedex 9
E-mail/mél: julie.sorba@univ-grenoble-alpes.fr
https://lidilem.univ-grenoble-alpes.fr/membre/julie-sorba

Maurice Kauffer

La « fine fleur » des vins.
Le caractère floral des vins en allemand et en français

J'aime le vin d'ici mais pas l'eau de là
Pierre Dac

Résumé :

Il s'agit ici d'une analyse contrastive allemand/français de la langue des vins, et notamment de son lexique. Nous étudierons le caractère *floral* des vins, un élément important de l'analyse sensorielle résultant de la dégustation méthodique des vins par les œnologues, viticulteurs, sommeliers et amateurs de vins. Par exemple, un riesling se caractérise par un « nez vif de citron vert *nuancé de fleurs blanches* » ou bien par « rassige Fruchtaromen, die an Aprikosen, Honigmelonen und Zitrusfrüchte erinnern, *sowie ein dezenter Blumenduft* ». Pourquoi la dégustation du vin fait-elle appel à des désignations de fleurs ? Quels sont les moyens lexicaux utilisés ? Avec quels procédés ? Quelles sont les ressemblances et les différences en allemand et en français et pourquoi ? Pour cela, nous nous concentrerons sur les vins blancs, dont le goût et l'arôme sont souvent comparés aux fleurs, et nous analyserons en particulier le célèbre cépage de riesling, cultivé à la fois en Allemagne et en France, pour pouvoir mener une étude parallèle, qui sera qualitative mais aussi quantitative.

Mots clés : vins blancs ; caractère floral ; lexique ; contrastivité français-allemand ; textes sensoriels

Abstract:

This paper presents a contrastive (French-German) analysis of the language of wine. It focuses on the *floral* character of wines as an important element of the sensorial analysis made by oenologists, wine producers, wine waiters or wine drinkers when tasting wines. For example the taste and aroma of a riesling wine can be described as follows: « un nez vif de citron vert *nuancé de fleurs blanches* » or « rassige Fruchtaromen, die an Aprikosen, Honigmelonen und Zitrusfrüchte erinnern, *sowie ein dezenter Blumenduft* ». Which flower designations are necessary to describe the aroma of wines? Which lexical items can be used? Are there differences between descriptions of floral wines in French and German? We will present both a quantitative and qualitative analysis of white wines, especially the riesling wine, which is grown in France as well as in Germany.

Keywords: white wines, floral character, lexicon, constrasting German and French, sensory texts

1. Préalables théoriques et sensoriels

1.1. Objectifs

Cet article se propose d'analyser, dans une perspective contrastive allemand/ français, certains aspects du lexique utilisé pour décrire les vins. Nous nous baserons pour cela sur l'analyse sensorielle qui résulte de la dégustation méthodique des vins par les professionnels du domaine : viticulteurs, œnologues, sommeliers, dégustateurs, etc. Un aspect particulier des arômes du vin sera examiné, à savoir leur caractère **floral**, c'est-à-dire l'odeur ou le goût de fleurs que le vin évoque à celui qui le goûte. Pourquoi la dégustation du vin fait-elle appel à des désignations de fleurs ? De quelles fleurs s'agit-il ? Quels sont les moyens lexicaux et plus généralement les procédés linguistiques utilisés à cet effet ? Quelles sont les ressemblances et différences en allemand et en français ? Nous nous placerons donc aux niveau référentiel, lexical et discursif, dans une approche contrastive.

1.2. Littérature secondaire

Dans la littérature secondaire sur la langue des vins, on peut grossièrement distinguer d'une part un nombre relativement important d'encyclopédies sur les vins, de dictionnaires et glossaires plus ou moins spécialisés (en général monolingues) et d'autre part des ouvrages et articles plus théoriques, ces derniers étant beaucoup moins fréquents. La plupart des dictionnaires et encyclopédies s'adressent aux amateurs de vins : on peut se fier aux différentes éditions de l'*Encyclopédie des vins et des alcools* de Lichine (1998), du *Larousse des vins* (Naudin / Flavigny 1997), du *Dictionnaire des noms de cépages de France* de Rézeau (2014) pour le français, mais aussi à Supp (2011), Sautter (2011) pour l'allemand, sans oublier les guides des vins habituels, à visée pratique, par exemple les éditions du guide de Parker (2009). Les ouvrages de Coutier (2007) et Althaus (2006) ont une approche lexicographique rigoureuse et davantage linguistique, voire terminologique.

Pour les publications plus théoriques sur la langue des vins, on consultera avec profit les monographies et actes de colloque suivants : Breitschädel (1986), Goded Rambaud / Poves Luelmo (2010) – avec entre autres l'article d'A. Lehrer –, Gautier / Lavric (2015), ainsi que les articles de Blumenthal (1979) et Kauffer (2015, 2019 et à paraître).

La dégustation des vins dans sa dimension technique est abordée d'une part dans les introductions de Lichine (1998, 92 et s.) et Naudin / Flavigny (1997, 83 et s.), dans Moisseef / Casamayor (2018), mais surtout dans la somme monumentale du grand œnologue bordelais Emile Peynaud (Peynaud / Blouin 2006). Beaucoup d'ouvrages d'autres auteurs s'en inspirent plus ou moins explicitement. Bielefeld (1996), Klenk (1972), Jakob (1972) et Daepp (1968) sont également assez fiables. Ces publications présentent quelques remarques, voire des paragraphes sur le caractère floral des vins, mais il y a peu d'analyses linguistiques sur cet aspect (voir cependant le mémoire de Zangerle-Willingshofer 2016).

Les ouvrages de Fleischer / Barz (2012) pour la formation lexicale, Trost (2006) pour l'adjectif, Schanen / Confais (1986) pour la théorie des groupes syntaxiques constituent le cadre théorique pour notre analyse linguistique.

1.3. Caractère floral des vins

Nous avons choisi d'analyser le caractère floral des arômes des vins blancs et tout particulièrement celui du riesling.

Pourquoi se consacrer aux arômes floraux du vin ? Les arômes sont en fait un élément essentiel de l'analyse sensorielle des vins, qui distingue en général (Peynaud / Blouin 2006, 109 et s.) les arômes primaires, préexistants dans le raisin, qui sont des arômes de fruits, les arômes secondaires issus de la fermentation et des levures, et les arômes tertiaires – parfois appelés *bouquet* – des vins vieux. Les arômes sont perçus à la fois par voie nasale et également rétro-nasale, c'est-à-dire par la bouche. Lichine (1998, 95-96) remarque que la dégustation en bouche fait appel aussi bien à l'odorat qu'au goût et même au toucher. Les œnologues (Peynaud / Blouin 2006, 182 et s., Lichine 1998, Naudin / Flavigny 1997, 84) distinguent, avec quelques variantes selon les auteurs, dix familles aromatiques qui regroupent les très nombreux arômes pouvant être perçus dans le vin : série végétale, florale, fruitée, épicée, boisée, empyreumatique (odeurs de brûlé), animale, minérale, confiserie et odeurs « anormales »[1]. Nous avons déjà étudié le fruité pour le riesling et le pinot noir (Kauffer 2019), la série minérale a aussi fait l'objet d'analyses (voir en particulier Gautier / Le Fur / Robillard 2015). Nous nous attacherons donc ici à étudier le caractère **floral** du riesling, qui est une composante aromatique essentielle des vins blancs, avec le fruité et le minéral. Ce caractère floral est constitué par des arômes de fleurs[2] (par exemple violette, acacia, fleur d'oranger, jasmin, sureau), mais nous y inclurons aussi les arômes rappelant des herbes aromatiques (menthe, citronnelle, estragon etc.) et les rares arômes herbacés (foin, tabac), tous ces arômes apparaissant en tant que composante olfactive ou gustative du riesling.

Pourquoi le riesling ? Ce sont en général les vins blancs, beaucoup plus que les rouges, qui développent des arômes floraux. Le riesling est un vin blanc de cépage (et non un assemblage de différents cépages) prestigieux, qui est cultivé en Allemagne, d'où il est originaire, et où il représente le vin blanc le plus important en qualité et en quantité[3]. C'est en effet un vin d'une très grande qualité aromatique. Peynaud / Blouin (2006, 117) le considèrent comme « le cépage roi des terrasses et des vallées du Rhin et de ses affluents, (…) un type de vins exquisément parfumé ». Pour la *Revue du Vin de France*[4], « beaucoup de dégustateurs professionnels considèrent le riesling comme le plus passionnant des cépages blancs : à cause de l'insurpassable finesse aromatique de ses raisins ». En outre, le riesling est également cultivé en France, tout particulièrement en Alsace. Notre choix permet donc d'analyser de façon contrastive un vin élaboré en Allemagne et aussi en France.

---

[1] Klenk (1972, 59) distingue 7 odeurs de base, dont le floral (*blumig*), mais son analyse paraît moins exhaustive.

[2] Quelquefois d'ailleurs sous la forme d'arôme de *miel* de fleurs.

[3] Voir l'article « Rebsorten » sur le site du *Deutsches Weininstitut* (*http://www. deutscheweine.de/wissen/rebsorten*), page consultée le 01/10/2020.

[4] *Revue du Vin de France* (1992), n° 363, p. 26-27, citée (sans nom d'auteur) par Rézeau (2014, 315).

1.4. Corpus

Une étude du lexique utilisé dans la description des arômes du vin est impensable sans le recours à un corpus. Nous avons donc constitué un corpus électronique de 149 textes sensoriels de rieslings, textes collectés sur les sites internet de 13 viticulteurs allemands et 17 viticulteurs français[5]. Ces viticulteurs produisent tous du riesling de niveau très élevé : ils ont eu une médaille d'or au concours international « Riesling du monde » entre 2016 et 2019[6], ou ont obtenu de multiples prix et récompenses pour leurs vins[7].

Les textes sensoriels de ces sites sont les résumés des dégustations de rieslings faites par les viticulteurs ou les œnologues attachés à ces viticulteurs. Ces textes ont un niveau de spécialisation moyen[8], car ils sont rédigés par les viticulteurs ou leurs œnologues à l'intention de leurs (futurs) clients. Ces textes sensoriels décrivent essentiellement les caractéristiques organoleptiques, c'est-à-dire sensorielles, des vins proposés, à savoir couleur, odeur et goût, mais on y trouve bien sûr des informations sur d'autres aspects du goût (teneur en alcool et sucrosité, accords entre mets et vins, service des vins), voire sur le terroir, la culture de la vigne, les vendanges, la vinification, etc. Ces textes peuvent être constitués pour chaque vin par un ou plusieurs GN (groupes nominaux) plus ou moins complexe(s), muni(s) de Gadj (groupe adjectivaux) et de GP (groupes prépositionnels), comme dans l'exemple (2). Mais ce sont le plus souvent des textes complexes avec plusieurs phrases (1), voire plusieurs paragraphes (3). Voici donc trois exemples de ces textes sensoriels, en nous limitant à ce qui concerne les arômes des rieslings concernés ; nous y avons souligné les descriptions d'arômes floraux :

---

[5] Du côté français, ce sont des viticulteurs alsaciens, sauf le domaine Vinsmoselle, situé au Luxembourg. Les sites allemands sont ceux de viticulteurs de différentes régions viticoles : Baden, Mosel, Rheinhessen, Franken etc. La plupart des producteurs sont des domaines familiaux, mais on compte aussi quelques coopératives viticoles : 2 en Allemagne, 4 en France. Il y a 41 textes français et 108 allemands, cette différence étant due au fait que les textes sensoriels allemands sont en général beaucoup plus courts que les textes français et qu'ils ne comportent pas toujours des indications sur le caractère floral du riesling.

[6] Voir les résultats du concours sur *http://www.portail-vins-du-monde.com* (page consultée le 01/07/2019). Les sites des viticulteurs se trouvent dans notre bibliographie.

[7] Certains viticulteurs allemands se consacrent même exclusivement à la production de riesling.

[8] Voir dans Althaus (2006, 28 et s.) le débat sur la langue des vins, qui est certes une langue de spécialité, mais en partie seulement.

1)   *RIESLING Grand Cru HENGST – L'Exception 2006*
       Dégustation :
       Le nez s'ouvre sur des <u>arômes de miel de fleurs</u> avec des légères notes citronnées. Bouche riche, tendre et aérienne. (DJ[9])

2)   *2017 FRÜHLINGSPLÄTZCHEN Riesling Auslese*
       Reife Pflaume, <u>Holunderblüten</u>. Glasklar, *schwerelos. (WES)*

3)   *Riesling grand cru Muenchberg 2016*
       Le nez : Vin aérien et d'une belle fraîcheur, où <u>les notes florales</u> dominent. La bouche : Un vin voluptueux et charpenté. Les <u>arômes</u> de fruits et <u>de fleurs</u> se <u>mêlent aux notes d'aneth et de romarin</u>. Le caractère fin et fumé est typique d'un élevage sur lies fines. Belle longueur. (RS)

2.   Arômes floraux en allemand et en français

2.1.   Arômes floraux

De façon générale, dans une analyse sensorielle, les odeurs et les arômes peuvent faire l'objet de deux types de description, comme le précisent Peynaud / Blouin (2006, 181 et s.)[10]. D'une part en donnant le nom de la « substance chimique pure de référence », autrement dit de la molécule correspondant à l'odeur ou au goût donné. Mais c'est une indication utile seulement si le lecteur a des notions de chimie. D'autre part, « par analogie avec une odeur connue, à laquelle elle s'identifie, ou ressemble, ou qu'elle évoque » (Peynaud / Blouin (2006, 181)). Dans ce deuxième cas, on donnera à l'odeur ou au goût le « nom de son origine naturelle » (Peynaud / Blouin 2006, 181) : la rose, la pêche, le citron, le chèvrefeuille, la mélisse etc. Ce processus analogique se fait par rapport à des odeurs qui sont « abstraites, stylisées » (Peynaud / Blouin 2006, 181). En effet,

---

[9]   Les sigles sont l'abréviation du nom des domaines viticoles (cf. bibliographie).
[10] Voir d'autre part la réflexion théorique de Kleiber / Vuillaume (2011) sur la « linguistique des odeurs », en particulier sur deux points. Le premier est la difficulté à déterminer s'il convient de parler de dénomination ou de désignation des arômes. Le deuxième est le fait qu'en général les odeurs (et les goûts) « n'ont pas de noms », contrairement aux couleurs, et qu'on les désigne à l'aide d'analogies et de comparaisons.

toutes les roses n'ont pas le même parfum, mais on décide de retenir un parfum *abstrait* de rose.

2.2. Analyse contrastive des arômes français et allemands

Examinons donc tout d'abord dans le tableau suivant les « origines naturelles » qui sont évoquées dans les textes sensoriels de notre corpus, à savoir au niveau référentiel les fleurs et herbes servant de base à ces désignations d'arômes floraux.

Tableau 1 : Arômes floraux des vins blancs (riesling)

Textes allemands		Textes français	
Désignation	*Nombre d'occurrences*	*Désignation*	*Nombre d'occurrences*
Kräuter	26	herbes	3
Blume / Blüte	13	fleurs	19
weiße Blüten	1	fleurs blanches	11
Honig	8	miel	4
Holunder (= sureau)	3	/	
(Zitronen)melisse	2	mélisse / citronnelle	3
Thymian (= thym)	1	/	
Orange	1	oranger	1
Kamille (= camomille), Tabak, Brennnessel (= ortie)	1 pour chaque	/	
/		menthe	5
/		tilleul, anis, acacia, verveine	3 chacun

Textes allemands		Textes français	
Désignation	*Nombre d'occurrences*	*Désignation*	*Nombre d'occurrences*
/		jasmin	2
/		chèvrefeuille	2
/		aneth, cumin, estragon, fenouil, foin coupé, fougère, molène, romarin, sauge, troène, violette	1 chacun
Total	*58*		*73*

Le tableau 1 liste les désignations de fleurs et d'herbes, avec leurs occurrences, telles qu'elles apparaissent dans les textes sensoriels allemands et français sur les rieslings[11]. Il y a des désignations précises qui indiquent le nom de la fleur (*d'élégants arômes de fleur de molène et miel d'acacia ; notes de fleur d'oranger ; mit Noten von Orangenblüten* (= avec des notes de fleurs d'oranger); *etwas Zitronenmelisse* (= un peu de mélisse). D'autres désignations sont plus générales : *notes florales, arômes de fleurs, notes herbacées* ou *verschiedene Blüten* (= diverses fleurs), *florale Anklänge* (= notes florales), *frische Kräuter* (= herbes fraîches). Que résulte-t-il de ce tableau ?

Remarquons tout d'abord qu'il y a un nombre assez réduit de désignations dans les textes allemands aussi bien que français : 73 pour les textes français, ce qui fait en moyenne 4,29 désignations d'arômes floraux pour les rieslings par site de viticulteur, ce qui est assez peu. Il y a 58 désignations de fleurs pour 13 sites allemands, donc une moyenne presque identique de 4,46. En fait les situations sont assez tranchées : certains sites en ont très peu, d'autres en utilisent très volontiers quand ils décident de faire une analyse détaillée des arômes du vin.

---

[11] Les données quantitatives n'étant pas les mêmes pour les textes français (73 occurrences) et allemands (58), seule une comparaison des ordres de grandeurs est possible.

C'est là le seul point commun entre textes sensoriels français et allemands, car il y a par ailleurs beaucoup de différences. Quelles sont-elles ?

La première différence est **l'originalité** des désignations et cela du côté français aussi bien qu'allemand. Il n'y a que très peu de désignations communes au français et à l'allemand : seulement *mélisse, fleurs d'oranger, miel,* toutes les autres sont originales au riesling allemand (*Brennnessel, Holunder, Kamille, Tabak, Thymian*) ou bien au riesling français (*acacia, aneth, anis, chèvrefeuille, cumin, estragon, fenouil, foin coupé, fougère, jasmin, menthe, molène, romarin, sauge, tilleul, troène, verveine, violette*).

La deuxième différence est la **variété** des désignations de fleurs et d'herbes, qui est beaucoup plus importante du côté français : 22 arômes floraux (sans compter les désignations génériques) contre 9 en allemand. En outre, les désignations génériques (*Kräuter, Blume / Blüte*) sont au nombre de 39 sur 58 en allemand (soit 67,2 % des désignations) et de 22 (*herbes, fleurs*) sur 73 en français, ce qui ne représente que 30,1% des désignations. Les arômes de fleurs sont donc décrits de façon beaucoup plus variée et plus précise en français qu'en allemand.

Il y a d'autres différences entre désignations françaises et allemandes. D'une part, l'importance des herbes aromatiques en français (*aneth, cumin, estragon, menthe, romarin, sauge*), contrairement à l'allemand, où une seule herbe aromatique (*Thymian*) est mentionnée. Inversement, les désignations génériques d'herbes (*Kräuter* et les créations *kräutrig, Kräutrigkeit*) sont très nombreuses en allemand (26 occurrences), contrairement au français (3 occurrences). D'autre part, mentionnons le fait que les textes sensoriels français utilisent volontiers (11 occurrences) le terme de *fleurs blanches,* qui est un terme non pas de botanique mais de parfumerie, désignant une famille olfactive provenant de fleurs certes de couleur blanche mais caractérisées aussi par un parfum fort et entêtant (chèvre-feuille, gardénia, jasmin, muguet, fleurs d'oranger, ylang-ylang etc.)[12]. Les textes allemands n'utilisent que rarement (1 occurrence) le terme correspondant (*weiße Blüten*).

---

[12] Voir l'encyclopédie de parfums en ligne : *https://www.fragrantica.fr/notes*, page consultée le 01/10/2020.

Les grandes différences entre désignations d'arômes floraux des rieslings français et allemands sont étonnantes, car il s'agit du même cépage. Pourquoi les arômes du riesling sont-ils décrits par des désignations florales si radicalement différentes ? Deux raisons peuvent expliquer ces différences.

La première serait le fait que l'analyse sensorielle des arômes n'est pas la même dans les deux pays[13], hypothèse peu vraisemblable, car les analyses sensorielles des œnologues et dégustateurs sont relativement standardisées au niveau national et international.

La deuxième raison est que les rieslings allemands et français sont certes un seul et même cépage dans les deux pays, mais sont cultivés dans des terroirs bien différents et sont également vinifiés autrement, ce qui entraîne des arômes très divers entre les rieslings de régions viticoles différentes et même de la même région. Il s'y ajoute une particularité notable du riesling : il a des arômes d'une infinie variété, car c'est « le cépage le plus sensible à la composition du sous-sol » (Parker 2009, 54)[14]. Dès que le sous-sol change, et c'est le cas dans beaucoup de vignobles et tout particulièrement en Alsace, le riesling développe des arômes très diversifiés.

Ces différences franco-allemandes sont d'autant plus intéressantes qu'elles sont exactement inverses de celles de l'autre grande famille aromatique des vins blancs : les arômes de **fruits**[15]. Nous avons en effet montré (Kauffer 2019) que les désignations relatives au fruité des rieslings sont quantitativement beaucoup plus nombreuses du côté allemand (177 occurrences pour 7 viticulteurs) que français (44 occurrences pour également 7 viticulteurs). D'autre part les désignations de fruits de ces arômes fruités sont beaucoup plus variées et plus originales pour les rieslings allemands.

On peut donc résumer les choses en remarquant que les rieslings sont décrits du côté allemand essentiellement par des arômes de fruits et en revanche du côté français par des arômes de fleurs et d'herbes. En d'autres termes, dans les deux

---

[13] Peynaud / Blouin (2006, 170) constatent aussi : « il existe un goût national, et même régional, et une terminologie propre ». Voir la discussion, toujours d'actualité, dans Blumenthal (1979).

[14] Pour le riesling, « on ne connaît pas d'autre variété blanche [= de vin blanc : MK] ayant une telle plasticité aromatique en fonction des sols où elle est cultivée » (Peynaud / Blouin 2006, 117).

[15] La troisième grande famille d'arômes pour le riesling est celle des arômes minéraux.

cas, les arômes de fruits et de fleurs ont des rôles très différents, mais complémentaires.

3. Moyens linguistiques de la sensorialité : les adjectifs

Les adjectifs sont une classe grammaticale très utile pour décrire et évaluer les caractéristiques des arômes des vins. Nous avons déjà abordé ce problème, que ce soit pour les vins en général (Kauffer 2015) ou pour le fruité des vins blancs et rouges (Kauffer 2019). Quelles sont les caractéristiques des adjectifs se trouvant dans les expressions décrivant les arômes floraux et herbacés des vins ? Ces adjectifs confirment-ils les résultats précédents sur le fruité des vins ou non ?

Nous ne pourrons faire une analyse quantitative digne de ce nom, car les adjectifs sont relativement peu nombreux : 21 types d'adjectifs avec 45 occurrences en allemand, 13 types et 38 occurrences en français[16]. La plupart des adjectifs utilisés ont une fréquence faible (1 ou 2 occurrences). En fait, le seul adjectif à être employé massivement en allemand est *fein* (8 occurrences)[17]. En français c'est *floral* (14 occ.), ce qui paraît logique pour des arômes de fleurs. Les catégories sémantiques d'adjectifs utilisées (Trost 2006) sont fort intéressantes et dignes d'être comparées avec celles des adjectifs décrivant le fruité du riesling. Quels sont les types d'adjectifs employés dans notre corpus ?

3.1. Adjectifs d'arôme[18]

Nous avons affaire tout d'abord aux adjectifs servant à désigner le caractère floral des arômes.

---

[16] Nous verrons ci-dessous que d'autres moyens lexicaux sont également utilisés pour décrire les arômes floraux.

[17] Nous avions déjà constaté dans notre analyse sensorielle des vins allemands (Kauffer 2015, 56) que *fein* est de loin l'adjectif le plus utilisé. Selon Althaus 2006, 161, *fein* est même le plus courant des *Weinwörter* (mots du vin) sur les cartes de vins.

[18] On peut les considérer comme des adjectifs relationnels dans la mesure où il existe « un rapport entre le nom auquel l'adjectif est joint et le nom dont l'adjectif est dérivé » (Dubois et al. 1994, 409 et aussi les *Relationsadjektive* de Trost 2006, 124). Ainsi *anisé* signifie 'qui a un goût d'anis'.

En français c'est *floral*, très fréquent comme nous l'avons vu, et *herbacé*, ou, de façon plus précise, des adjectifs désignant l'arôme lui-même : *anisé, mentholé*. En revanche, *herbacé* est peu utilisé, sans doute parce qu'il désigne seulement l'herbe et non les herbes aromatiques. Pratiquement tous les adjectifs français sont des dérivés.

En allemand, nous avons aussi *floral*, mais qui est moins employé que son homologue français. En revanche, *kräutrig* (= herbacé)*,* dérivé pour l'occasion à partir de *Kraut(ër)*, est très utilisé, y compris pour former à son tour le substantif *Kräutrigkeit* (= caractère herbacé). L'allemand utilise aussi le procédé de la composition pour former *expressiv-floral* (= d'un caractère floral expressif) dans *expressiv-florales Bouquet*.

3.2. Adjectifs positifs

Ce sont des adjectifs qui ont comme point commun d'émettre un jugement de valeur positif, car il s'agit bien sûr de mettre en avant les qualités du vin et de ses arômes et non ses défauts. Ce sont en général des adjectifs qualificatifs, mais quelquefois des adjectifs relationnels. En français on trouve *élégant, flatteur* et *frais*, ce dernier exprimant un jugement positif dans *notes (...) d'herbes fraîches* et *arômes de fleurs frais*. En allemand, des adjectifs qualificatifs sont utilisés avec un sens positif : *frisch* dans *frische Kräuter* (= herbes fraîches), *wild* dans le composé *Wildkräuter* (= herbes sauvages) servant à former *Wildkräuteraromatik* (= arômes d'herbes sauvages). Mais c'est surtout *fein* (et sa forme au degré II *feinst*), qui est l'adjectif le plus employé. D'autres jugements positifs sont portés par des adjectifs relationnels : *rassig* (= puissant, avec du corps) dans *rassige Kräuterwürze* (= arômes puissants d'herbes), *typisch* voire *jahrgangstypisch* (= typique de ce millésime) dans *fast jahrgangstypische leicht kräutrige Nuancen* (= nuances légères d'herbes, presque typiques de ce millésime). *Typisch* et *jahrgangstypisch* marquent le caractère typique de l'arôme, ce qui ne peut que paraître positif pour les amateurs.

3.3. Adjectifs d'intensité

Il s'agit ici d'adjectifs ayant comme point commun de désigner une intensité, un degré plus ou moins élevé de l'arôme, cette intensité se combinant en général à une évaluation positive[19]. L'intensité est en général peu élevée et sert à marquer la finesse, la légèreté de l'arôme : *subtil, discret* en français et *delikat, dezent* (= discret), *subtil, zart* (= délicat) en allemand. Il y a au contraire un seul adjectif indiquant un degré élevé : *marqué* dans *attaque marquée de cassis et de citronnelle*.

3.4. Adjectifs synesthésiques[20]

Cette catégorie exprime le lien entre les arômes de fleurs et d'autres indications sensorielles (olfactives, gustatives, visuelles) et crée donc une combinaison de plusieurs sens. Cette catégorie est peu représentée ici. On ne trouve que *duftend* (= parfumé) et *salzig* (= salé) en allemand, *citronné* en français. Cette catégorie d'adjectifs est très employée pour le fruité des vins, mais on verra plus loin que la combinaison floral / fruité se fait surtout par d'autres moyens lexicaux et syntaxiques que les adjectifs.

3.5. Adjectifs structurels

Cette dernière catégorie regroupe en général des adjectifs qui servent à structurer le lexique et les textes sensoriels. Dans notre corpus, ils structurent plutôt le lexique. On trouve *weiß* qui sert à former *weiße Blüten*, phraséologisme désignant une catégorie de fleurs (les fleurs blanches), *grün* dans *grüne Kräuter* (= fines herbes[21]). En français, ce sera *blanc* formant le phraséologisme *fleurs*

---

[19] La distinction entre adjectifs évaluatifs et d'intensité est donc quelquefois délicate.

[20] Trost (2006, 106) les appelle *Geruchsadjektive* et/ou *Geschmacksadjektive* (adjectifs olfactifs ou gustatifs).

[21] Les *grüne Kräuter* correspondent à peu près aux *fines herbes* (terme aussi utilisé en allemand, cf. Duch (1985, 29)), qui désignent des « herbes aromatiques qui entrent dans l'assaisonnement de certains mets » (Petit Robert, 2001, entrée *herbe*) à savoir l'omelette, le fromage frais, la *Frankfurter grüne Sauce*. La liste de ces herbes est pourtant variable selon les locuteurs, les cuisiniers, voire les recettes : en général on y inclut le persil, le cerfeuil, la ciboulette, l'estragon, la menthe, la bourrache, voire d'autres plantes.

blanches et *poivré,* composante de *menthe poivrée,* une espèce de menthe. On pourrait donc même considérer *weiß, grün et blanc* comme des adjectifs synesthésiques, car ils désignent des catégories de fleurs qui se caractérisent non pas seulement par leur couleur mais aussi par leur parfum (*fleurs blanches, weiße Blüten)* ou par leur emploi culinaire, c'est-à-dire leur contribution au goût du plat (*grüne Kräuter).*

4. Autres moyens linguistiques

Examinons à présent les procédés linguistiques et discursifs les plus utilisés dans les textes sensoriels pour décrire le caractère floral et herbacé des vins et le mettre en valeur.

4.1. Construction de l'analogie

L'analogie est un procédé bien connu dans le cadre de l'analyse sensorielle des vins. Nous avons vu ci-dessus qu'une odeur ou un goût peut être désigné(e) par la molécule chimique qui lui correspond ou alors par une odeur connue, à laquelle elle ressemble, ou qu'elle rappelle : par exemple on parlera d'un arôme de rose, de jasmin ou de chèvrefeuille dans le cas des arômes floraux. Les moyens linguistiques utilisés pour cette analogie florale sont variés et diffèrent selon qu'il s'agisse de textes sensoriels allemands ou français. Comment se construit cette analogie ?

4.1.1. Analogie directe

C'est le moyen le plus direct : indiquer d'emblée la ou les fleurs rappelant le parfum ou le goût en question. Par exemple le texte sensoriel comprend les groupes : *menthe, estragon, anis* ou *fleurs de troène* ou *de la fleur blanche.*

L'allemand, de par sa capacité à former facilement des substantifs composés, se prête bien à une désignation directe de ce type : *Wiesenkräuter* (= herbes des prés)*, Holunderblüten* (= fleurs de sureau), *Blumenduft* (= parfum floral). Il n'y a qu'un seul exemple où le processus d'analogie est explicitement nommé à l'aide du verbe *évoquer* : *Son bouquet est fin et très expressif évoquant la fleur d'acacia.* Pour le fruité du riesling, nous avions en revanche remarqué l'emploi des verbes *rappeler* et *erinnern* (= rappeler) avec cette fonction.

4.1.2. Degré d'analogie

Le moyen le plus fréquent de construire l'analogie est d'utiliser des groupes syntaxiques qui indiquent l'intensité, le degré de l'analogie, ceci pour montrer que le riesling rappelle une fleur ou une herbe, mais de façon subtile, tout en finesse. En français on emploiera très fréquemment la construction : *notes + X* (où X est la fleur ou l'herbe en question et le signe + exprime un lien syntaxique à l'aide de la préposition *de*, d'un adjectif etc.).

> 4)   *notes + X : notes de citronnelle et de verveine ; des notes florales (tilleul, jasmin, chèvrefeuille)*

Mais on trouve aussi d'autres groupes à base de substantifs, adjectifs ou participes de sens proche et ayant la même fonction :

> 5)   *touche + X : petite touche herbacée*
> *pointe + X : une pointe anisée*
> *nuancé + X : au nez vif (...) nuancé de fleurs blanches*

En allemand, on aura des constructions très proches, mais un nuancier plus riche. *Noten + X* (= des notes de) est le GN le plus utilisé, mais on trouve aussi d'autres groupes (surtout des GN) : *eine Spur + X* (= une trace de), *ein Hauch + X* (= un 'souffle' de), *Anklänge + X* (= des notes de), *Nuancen + X* (= des nuances de), *etwas + X* (= un peu de). La syntaxe est plus variée qu'en français grâce à l'emploi de la préposition *von*, de substantifs composés (*Kräuternote*), d'adjectifs qui peuvent désigner l'arôme (*kräutrig, floral*), de quantificateurs comme *etwas* :

6) *Noten + X : zarte Noten von weißen Blüten ; typische Kräuternote ; leicht*
    kräuterige und apfelige[22] Noten
    eine Spur + X : mit einer Spur Brennnesseln
    ein Hauch + X : ein Hauch von Tabak
    Anklänge + X : Anklänge von Melisse ; sehr florale Anklänge
    Nuancen + X : feine Nuancen von frischem Thymian ; fast jahrgangstypische
    leicht kräutrige Nuancen
    etwas + X : etwas Zitronenmelisse ; etwas Kräuter.

4.1.3. Abstraction

Le recours à l'abstraction est églament un moyen apprécié, mais surtout en allemand et tout particulièrement pour décrire les arômes d'herbes aromatiques. C'est par exemple la formation du dérivé *Kräutrigkeit* (= caractère herbacé) dans *feine Kräutrigkeit* ou *leicht salzige Kräutrigkeit* (= caractère herbacé légèrement salé). La construction de collectifs comme *Kräuterwelt* (= monde d'herbes), *Aromatik* (= les arômes) va dans le même sens. On trouve même *kräutrige Eleganz* (= élégance des herbes). En français il n'y a guère de constructions de ce type.

4.1.4. 1ᵉʳ type de structuration organoleptique

Pour préciser l'analogie, certains locuteurs mettent en place une sorte de structuration organoleptique. Il s'agit d'indiquer si le caractère floral concerne le nez ou le palais (même si les deux sont liés), autrement dit s'il s'agit d'un **parfum** ou bien d'un **goût** de fleurs. Contrairement aux arômes de fruits, qui peuvent être appréciés par le nez ou par le palais, les arômes floraux sont souvent (mais pas exclusivement) de nature olfactive. Lorsqu'on parle d'*arômes* (*d'élégants arômes de fleur de molène et miel d'acacia ; arômes de fleurs blanches*), il peut s'agir d'arômes olfactifs ou gustatifs. Mais comme les fleurs développent surtout des arômes olfactifs, il y a plusieurs façons de le faire comprendre dans les textes sensoriels. Dans les textes où le compte rendu de dégustation est approfondi et

---

[22] On remarquera la dérivation originale de l'adjectif *apfelig* à l'aide de *Apfel* (= pomme) et du suffixe *-ig*, pour indiquer « relatif à la pomme ».

bien organisé, il y a des paragraphes différents sur l'olfactif etle gustatif. C'est souvent le cas dans les textes français. Sinon, le viticulteur précise parfois qu'il s'agit d'un *nez floral.*

Dans les textes allemands, l'ambiguïté du terme *Aroma* est également présente, mais elle est levée par d'autres moyens que dans les textes français. Il y a peu de textes sensoriels allemands avec une structuration en paragraphes différents pour les arômes olfactifs et gustatifs. La distinction, lorsqu'elle existe, se fait grâce à des indications comme :

- *Bouquet* : en allemand, *Bouquet / Bukett* désigne (Althaus 2006, 75) au sens large l'ensembles des arômes olfactifs et gustatifs, mais au sens étroit seulement les odeurs*,*
- *Duft von X* (= parfum de X), *Blumenduft* (= parfum de fleurs)
- le verbe correspondant, *duftet nach X* (= a un parfum de) ou le participe I *duftend* (= parfumé)
- lorsqu'il s'agit du goût, le texte peut préciser *am Gaumen* (= au palais), par exemple *Kräuteraromen am Gaumen.*

4.1.5. 2ᵉ type de structuration organoleptique

Un autre paramètre de la structuration organoleptique est de nature **chrono-logique** : il précise à quel moment de la dégustation apparaît l'arôme :
- au début de la dégustation : *attaque marquée de cassis et de citronnelle*
- à la fin : *des notes mentholées en finale de bouche ; une petite touche herbacée en finale après aération : fougère, verveine, foin coupé et menthe*
- au début et à la fin : *on retrouve les arômes du nez, de l'attaque à la finale.*

Une chronologie d'apparition des arômes selon leur nature (caractère fruité ou floral) peut aussi se mettre en place. Dans l'exemple suivant, les arômes fruités apparaissent en premier, puis les arômes floraux : *il* [= le vin : MK] *dégage des arômes typiques d'écorce d'agrume suivi de notes florales plus discrètes comme la violette* (…).

Soulignons que la structuration chronologique et la structuration textuelle (en paragraphes), sont des caractéristiques des textes sensoriels français. Elles sont rares dans les textes allemands.

4.1.6. 3ᵉ type de structuration organoleptique : la combinaison aromatique

Les arômes floraux sont liés aux arômes d'autre nature, surtout à ceux décrivant le fruité. Mais cette combinaison se fait différemment en français et en allemand. Dans les textes sensoriels français, les deux types d'arômes sont étroitement liés, souvent à l'intérieur du même GN ou GAdj. Ceci se produit quand la description est générique :

> 7) arômes de _fruits_ et de _fleurs_
>   mélange d'arômes _floraux_ et _fruités_
>   Les arômes sont parfois _floraux_ ou _fruité_ (sic)

Mais c'est aussi le cas quand des arômes fruités et floraux sont nommés plus précisément :

> 8) attaque marquée de _cassis_ et de _citronnelle_
>   de subtils _arômes fruités (citron, citronnelle, pamplemousse, poire)_ et _floraux_
>   _(fleurs blanches, tilleul)._
>   arômes de _fleurs blanches, citronnés, d'acacia_
>   aux arômes de _fruits exotiques_ et de _menthe poivrée_

En allemand, ces combinaisons d'arômes floraux et fruités se font certes aussi de façon étroite, dans le même groupe syntaxique :

> 9) delikate Komposition von _exotischen Früchten_ und _Holunderblüte_
>   dezente _Frucht-_ und _Kräuteraromen_
>   feine Aromen nach _Pfirsich, Citrus_ und _Kräutern_[23].

Mais elles sont plus souvent distinctes syntaxiquement, dans des groupes, voire des phrases successives :

> 10) 2016 „Frühtau" Monzinger Riesling trocken − _Apfel, Limone, Weinbergs-_
>   _pfirsich, frische Wiesenkräuter_

---

[23] Traductions respectives (MK) : _composition délicate de fruits exotiques et de fleur de sureau ; arômes discrets de fruits et de fleurs ; arômes subtils de pêche, d'agrumes et d'herbes._

442

Rassige Fruchtaromen, die an Aprikosen, Honigmelonen und Zitrusfrüchte
erinnern, sowie ein dezenter Blumenduft und mineralische Noten[24]

Ce dernier exemple nous montre qu'une autre famille aromatique importante, celles des arômes minéraux, se joint souvent aux arômes floraux et fruités. En voici deux autres exemples : *Sa finale est minérale et florale ; notes minérales et d'herbes fraîches.*

4.2. Mise en œuvre textuelle des arômes floraux

Pour présenter et décrire les arômes floraux, les rédacteurs des textes sensoriels recourent à des moyens lexicaux et discursifs variés.

4.2.1. Reprises lexicales

Pour présenter les arômes floraux, il est possible de répéter des lexèmes voire des composants de lexèmes dans le même texte sensoriel ou bien de les reprendre à l'aide de synonymes ou de termes sémantiquement proches. En français les répétitions sont peu fréquentes à l'intérieur du même texte sensoriel, à l'exception du substantif *arôme*, souvent répété. Il y a plus souvent des reprises *d'arôme* par *notes* ou inversement, de *notes* par *touche* etc.

> 11) *arômes de fleurs blanches, citronnés, d'acacia (…) arômes de fleurs frais*
> *des notes épicées et herbacées ainsi qu'une touche de fleurs blanches*
> *notes florales (…) arômes de fruits et de fleurs (…) notes d'aneth et de romarin.*

Dans les textes allemands, les répétitions sont à la fois plus faciles et moins « visibles », pour plusieurs raisons. D'une part on peut sous-entendre un constituant commun à deux composés à l'aide d'un tiret :

> 12) *Aroma* dans : *Frucht- und Kräuteraromen*
> *Welt* dans : *Blüten- und Kräuterwelt.*

---

[24] Traductions : *Riesling Monzinger 2016 "Rosée matinale" sec – pomme, citron vert, pêche des vignes, herbes fraîches des prés ; Arômes puissants de fruits, qui rappellent les abricots, les melons jaunes et les agrumes, ainsi qu'un parfum discret de fleurs et des notes minérales.*

D'autre part il est possible de répéter ou de reprendre par un mot de sens proche uniquement le déterminant ou le déterminé d'un composé :

13)   *Note* et *Aromatik* dans : *die typische Kräuternote und die Blüten-Aromatik Nuance* et *Aroma* dans : *Kräuter- und Kandisnuancen* (…) *Kräuteraromen am Gaumen*

Plus subtile est la possibilité de reprises à l'intérieur du même champ lexical : Par exemple, un adjectif dérivé est repris par le substantif à la base de la dérivation : *kräutrige Nuancen* → *Kräuteraromatik*. Ou bien un substantif dérivé est repris par le substantif de la base de dérivation : *Kräutrigkeit* → *Kräuterwelt*.

4.2.2. Double désignation

Un procédé très courant est également le suivant : une désignation générique du ou des arômes floraux (en petites capitales dans l'exemple suivant) précède une deuxième désignation (soulignée), qui est plus détaillée. Cette deuxième désignation peut être juxtaposée à la première (ex. 14a), ou bien intégrée syntaxiquement dans la même phrase (14b) ou dans une phrase qui suit (14c). C'est un moyen très utilisé dans les textes français, mais relativement peu dans les textes allemands :

14)   *a.* NOTES FLORALES *(tilleul, jasmin, chèvrefeuille)*
        b. Les ARÔMES (…) DE FLEURS *se mêlent aux notes d'aneth et de romarin*
        c. ce vin nous offre un MÉLANGE D'ARÔMES FLORAUX *et fruités. Des notes de jasmin et de chèvrefeuille mais aussi des fruits (…) sont présents.*
        d. TRÈS FLORAL, *avec une dominance du fruité Riesling. En fin de nez, on trouve une note de fleurs de vignes.*

5.   Conclusion

Par cet article, nous avons voulu apporter notre contribution à l'analyse des descripteurs du vin et en particulier de ses arômes. Il y a d'ailleurs encore beaucoup de travail à réaliser sur les problèmes théoriques concernant le statut linguistique de la désignation / dénomination des arômes et sur la représentation linguistique des impressions sensorielles (olfactives et gustatives). La contrastivité des analyses sensorielles s'est également révélée particulièrement riche. Il y a beaucoup de différences entre l'analyse sensorielle des vins en français et en allemand : choix des arômes à décrire (le français ayant recours de préférence aux arômes fruités, l'allemand aux arômes floraux), désignations des arômes floraux très différentes dans les deux langues, et surtout emploi de moyens linguistiques bien différents, que ce soit le lexique, les groupes syntaxiques ou le texte sensoriel lui-même. En effet, l'allemand recourt souvent à l'abstraction, à des constructions syntaxiques plus variées, à de multiples répétitions et reprises et à une nette séparation des descriptions des types d'arômes. Les textes français en revanche tendent à être bien structurés chronologiquement et textuellement.

Bibliographie

Althaus, Hans-Peter (2006): *Kleines Wörterbuch der Weinsprache*. München: Beck

Bielefeld, Jochen G. (1996): *Wein für Einsteiger – Deutschland*. München: Gräfe und Unzer

Blumenthal, Peter (1979): Die Linguistik des Weingeschmacks. Ein deutsch-französischer Sprachvergleich. Dans: *Zeitschrift für französische Sprache und Literatur* 89, 97-129

Breitschädel, Wilhelm (1986): *Die romanische Terminologie der Weinbeurteilung. Beiträge zu ihrer Entstehung und Entwicklung*. Köln: Phil. Dissertation

Calderón, Marietta / Konzett-Firth, Carmen (éds.) (2019): *Dynamische Approximationen. Festschriftliches pünktlichst zu Eva Lavric 62,5. Geburtstag*. Berlin: Lang

Coutier, Martine (2007): *Le dictionnaire de la langue du vin*. Paris: CNRS Éditions

Daepp, H.U. (1968): Zur Weinbeurteilung mittels Sinnenprüfung – Beeinflussungsmöglichkeiten und Methoden. In: *Deutsches Weinbau-Jahrbuch* H. 19, 197-213

Dubois, Jean / Giacomo, Mathée / Guespin, Louis / Marcellesi, Christiane / Marcellesi, Jean-Baptiste / Mével, Jean-Pierre (1994): *Dictionnaire de linguistique et des sciences du langage*. Paris: Larousse

Duch, Karl ([11]1985): *Handlexikon der Kochkunst*. Linz: Rudolf Trauner

Fleischer, Wolfgang / Barz, Irmhild ([4]2012): *Wortbildung der deutschen Gegenwartssprache*. Tübingen: De Gruyter

Gautier, Laurent / Lavric, Eva (éds.) (2015): *Unité et diversité dans le discours sur le vin en Europe* (Inntrans 8). Frankfurt/M.: Lang

Gautier, Laurent / Lavric, Eva (éds.) (à paraître): *Les descripteurs du vin: regards contrastifs.* Frankfurt/M.: Lang

Gautier, Laurent / Le Fur, Yves / Robillard, Bertrand (2015): La "minéralité" du vin: mots d'experts et de consommateurs. Dans: Gautier / Lavric, 149-168

Goded Rambaud, Margarita / Poves Luelmo, Alfredo (éds.) (2010): *Proceedings of the first international workshop on linguistic approaches to food and wine description.* Madrid: Universidad Nacional de Educacion a distancia

Jakob, Ludwig (1972): *Weinbewertung und Weinansprache.* Neustadt an der Weinstraße: Meininger

Kauffer, Maurice (2015): Weißwein oder Rotwein? Zu den Adjektiven der Weinsprache. Dans: *Osnabrücker Beiträge zur Sprachtheorie* (OBST) 87, 47-67

Kauffer, Maurice (2019): Les fruits sont-ils bilingues? Le fruité des vins en allemand et en français. Dans: Calderón / Konzett-Firth, 567-584

Kauffer, Maurice (à paraître): Les adjectifs du vin en allemand et en français: le cas du riesling. Dans: Gautier / Lavric

Kleiber, Georges / Vuillaume, Marcel (2011): Pour une linguistique des odeurs : présentation. Dans: *Langages*, 181/1, 3-15

Klenk, Ernst (^{3}1972): *Die Weinbeurteilung nach Farbe, Klarheit, Geruch und Geschmack.* Stuttgart: Ulmer

Lehrer, Adrienne (2010): What's new in wine language?, Dans: Goded Rambaud, Poves Luelmo, 37-55

Lichine, Alexis (^{13}1998): *Encyclopédie des vins et des alcools.* Paris: Laffont

Moisseef, Michaël / Casamayor, Pierre (2018): *Les arômes du vin.* Paris: Hachette

Naudin, Claude / Flavigny, Aude (éds.) (1997): *Larousse des vins.* Paris: Larousse / Bordas

Parker, Robert (2009): *Guide Parker des vins de France.* Paris: Solar

Peynaud, Emile / Blouin, Jacques (^{3}2006): *Le goût du vin – Le grand livre de la dégustation.* Paris: Dunod

Petit Robert (2001): *Nouveau Petit Robert électronique*, version 2.1. Paris: VUEF

Rézeau, Pierre (2014): *Dictionnaire des noms de cépages de France.* Paris: CNRS

Sautter, Ulrich (2011): *Wein A-Z – die 400 wichtigsten Begriffe.* München: Hallwag

Schanen, François / Confais, Jean-Paul (1986): *Grammaire de l'allemand – formes et fonctions.* Paris: Nathan

Supp, Eckhard (2011): *Wörterbuch Wein.* Mannheim: Dudenverlag

Trost, Igor (2006): *Das deutsche Adjektiv – Untersuchungen zur Semantik, Komparation, Wortbildung und Syntax.* Hamburg: Buske

Zangerle-Willingshofer, Astrid (2016): *"Il parle la fleur blanche comme sa langue maternelle" – Etude linguistique de la métaphore dans les descriptions sensorielles du vin.* Mémoire de maîtrise, université d'Innsbruck

Sources (date de consultation 04/09/2019) :

AR: Domaine Regin, André, Wolxheim, *https://www.domaine-regin.fr*

BHG: Weingut Bürgerspital zum Heiligen Geist, Würzburg,
 http://www.buergerspital. de/weingut /index.html

CBB: Cave vinicole, Beblenheim, *http://www.cave-beblenheim.com*

CVC: Cave vinicole de Cleebourg, *https://www.cave-cleebourg.com*

CVT: Cave vinicole de Turckheim, *https://www.cave-turckheim.com/fr*

DHL: Domaine Hauller Louis, Dambach la Ville, *https://www.louishauller.com/fr*

DIR: Domaines Dopff et Irion, Riquewihr, *http://www.dopff-irion.com*

DJ: Domaine Josmeyer, Winzenheim, *http://www.josmeyer.com*

DKB: Domaine Klipfel, Barr, *http://www.klipfel.com*

DMP: Cave Moltes, Pfaffenheim, *https://www.vin-moltes.com/fr*

DMR: Domaine Muré, Rouffach, *http://www.mure.com*

DRF: Domaine Ruhlmann Fils, Scherwiller, *https://vinruhlmann.fr/fr*

DSP: Domaine Sparr Pierre, Beblenheim, *https://www.vins-sparr.com*

DVR: Domaines Vinsmoselle, Remich, *http://www.vinsmoselle.lu*

DWW: Domdechant Wernersches Weingut, Hochheim am Main,
 https://www.domdechantwerner.com

JBA: Adam, Jean-Baptiste, Ammerschwihr, *http://www.jb-adam.com*

JC: Cattin, Joseph, Voegtlingshoffen, *https://www.cattin.fr*

RS: Ruhlmann-Schutz, Dambach la Ville, *https://www.ruhlmann-schutz.fr*

SJ: Schloss Johannisberg, Geisenheim, *https://www.schloss-johannisberg.de*

WD: Winzerverein Deidesheim eG, Deidesheim, *http://www.winzervereindeidesheim.de*

WDBW: Weingut Dr. Bürklin-Wolf, Wachenheim, *https://www.buerklin-wolf.de/*

WES: Weingut Emrich-Schönleber, Monzingen, *https://www.emrich-schoenleber.de*

WEvB: Weingut Erben von Beulwitz, Mertesdorf, *https://www.von-beulwitz.de/*

WFF: Weingut Freiherr von und zu Frankenstein, Offenburg,
 http://www.weingut-von-franckenstein.de

WFH: Weingut Fritz Haag, Brauneberg, *https://weingut-fritz-haag.de*

WL: Weingut Leitz, Geisenheim, *https://www.leitz-wein.de*

WRS: Winzer der Rheinhessischen Schweiz eG, Wöllstein,
 http://www.winzer-der-rheinhessischen-schweiz.de

WSO: Weingut Schloss Ortenberg, Ortenberg, *http://www.weingut-schloss-ortenberg.de*

WWA: Weingut Werner Anselmann, Edesheim/Weinstraße,
 http://www.weingut-anselmann.de

XM: Muller, Xavier, Marlenheim, *http://www.vin-alsace-muller.fr*

Prof. Dr. Maurice KAUFFER
Université de Lorraine-Nancy
UFR ALL/ATILF-CNRS
23 Boulevard Albert 1er
F-54000 Nancy
Maurice.Kauffer@univ-lorraine.fr
https://perso.atilf.fr/mkauffer/

Sylvain Farge / Bertrand Milesi

Parler du goût, parler du vin : entre ressources linguistiques et pratiques discursives, une étude des adjectifs allemands *nom*_{substance} + *-ig*

Résumé :

Décrire un vin suppose de lui reconnaître des qualités intrinsèques, communément reconnaissables tout en faisant appel à des sensations profondément individuelles : de ce fait, la terminologie du vin est extrêmement changeante, à la fois précise et créative. Précisément, l'allemand dispose d'adjectifs particulièrement adaptés à ces contraintes communicationnelles, les adjectifs *nom*_{substance} + *ig*. Ces adjectifs se distinguent par leur forte productivité, puisqu'ils peuvent se former sur quasiment n'importe quel substantif exprimant une substance, mais aussi par leur sous-détermination sémantique : par exemple, un adjectif comme *erdbeerig* renvoie à ce qui présente des caractéristiques de la fraise, qu'il s'agisse du goût, de l'odeur, de la texture ou de l'ensemble de ces qualités. Ces adjectifs permettent aussi, en association, un intéressant compactage sémantique, c'est-à-dire qu'ils expriment des sensations complexes de manière « compactée », particulièrement à l'aide de moules syntaxiques de type adjectif-adverbe ou adjectif-adjectif, comme *frisch-fruchtig* (*qui a un arôme de fruits frais* ou bien *à la fois frais et fruité*). Ces moules syntaxiques bénéficient du reste de la même sous-spécification que les adjectifs dont ils sont constitués : l'ambiguïté est de rigueur (comme on le voit pour *frisch-fruchtig*), si bien que l'interprétation de la séquence est en grande partie laissée à l'appréciation du destinataire, en fonction de sa propre sensation, de son expérience des vins, de ses associations. Il en ressort donc des groupes adjectivaux à la fois précis et très plastiques, qui se prêtent précisément à la nécessité de combiner une terminologie précise à une latitude dans la présentation des expériences sensorielles.

Ces adjectifs indiquent une capacité importante de l'allemand à décrire fidèlement des sensations tout en assurant la précision nécessaire à la terminologie. À cet égard, le français est plus rigide et implique une analyse plus contraignante des sensations, susceptible, toutefois, de les figer et de réduire la nécessaire part de liberté interprétative qui permet de comprendre une description à l'aune de ses propres expériences. Pour reprendre Maurice Kauffer, ces adjectifs apportent la confirmation que l'allemand parle du vin tandis que le français parle autour du vin.

Mots clés : descripteurs sensoriels, expérience sensorielle, linguistique contrastive, morphologie, terminologie et phraséologie de l'œnologie

Abstract:

Describing wine means attributing specific and commonly recognizable properties to it while also supposedly involving deeply individual sensations: thus, wine terminology is altogether extremely variable, precise and creative. In fact, German has at its disposal a type of adjectives fitting these communicational needs: adjectives of the type *noun$_{substance}$* + *ig*. Similar to the *-y* adjectives in English, they stand out by their high productivity: in fact, they can be formed on the basis of almost any noun referring to a substance. They also are distinguished by their semantic underspecification. For instance, an adjective like *erdbeerig* refers to anything reminding of strawberries, whether through taste, olfaction, texture or any other aspect. When combined, these adjectives allow for some interesting semantic compacting, that is, they express complex sensations in a "compact" way, especially through syntactic moulds of the type adverbial adjective-adjective or adjective-adjective, such as *frisch-fruchtig* (*fresh-fruity*, i.e. either fresh and fruity or having the taste or odour of a fresh fruit). These syntactical moulds display the same underspecification as the adjectives they consist of: they are ambiguous by nature, as can be observed for *frisch-fruchtig*, and the interpretation of the sequence mostly relies of the receiver's feeling, according to their own sensations, their experience of wines, their own associations. These simultaneously extremely precise and flexible adjectival groups meet the requirement of combining a precise terminology with enough latitude in the presentation of sensory experiences.

Those adjectives account for the great capacity of German to reliably describing sensations while at the same time guaranteeing the necessary terminological accuracy. French is more rigid in that respect and implies a more constraining analysis of the sensations, which can result in freezing and a restricted scope, hence prohibiting the description of the sensation according to one's own experiences. To put it like Maurice Kauffer did, these adjectives confirm that the German language talks about wine whereas the French language merely talks around it.

Keywords: sensorial descriptors, sensorial experience, contrastive linguistics, morphology, wine terminology and phraseology

1.   Le vin, l'expérience et le discours

Par son caractère éminemment complexe et la diversité des expériences qu'elle est chargée de décrire, la terminologie du vin pose la question de la langue et de ses ressources : aussi précise soit-elle, en effet, cette terminologie ne saurait satisfaire les critères, largement remis en cause de nos jours, de l'approche biunivoque.[1] Gautier / Bach (2017), par exemple, procèdent à la remise en cause nécessaire du paradigme objectif et rappellent la nécessité de voir l'expérience dans son contexte, qui influe dans ce cas particulièrement sur l'usage, dans une approche expérientielle et expérimentale.

Peynaud / Blouin (2005, 159) expriment cette situation dans leur chapitre *Les mots du vin* et montrent par là même à quel point l'étude des discours sur le vin peut être éclairante pour la linguistique :

> Le contenu d'un mot vaut plus que son sens littéral ; il suggère, évoque, ou bien parle pour ne rien dire. L'expérience apprend que le mot ne véhicule la pensée que dans la mesure où celle-ci naît dans l'instant de son expression. Les mots improvisés, même s'ils sont maladroits, sont les plus lourds de sens. Chaque personne qui écoute reçoit du même mot une image différente. Tous les mots ne sont pas de fidèles messagers mais il est des occasions où le mot juste dévoile et engendre la sensation.

Dans la mesure, donc, où la terminologie du vin est reconnue comme telle, c'est-à-dire qu'elle n'est plus taxée de subjectivité mais qu'elle est autrement plus flexible et sujette à l'expérience d'un sujet que la terminologie, disons, de la machine-outil, dans la mesure, également, où la dégustation d'un vin fait régulièrement appel à la négociation entre dégustateurs, force est de reconnaître que la langue participe, dans sa dimension performative, à modeler l'expérience. Par conséquent, également, la langue même dans laquelle s'opère la description est susceptible d'influer sur celle-ci. Plus que jamais, la terminologie entre ici en contact avec la sémantique.

2. Discours et ressources linguistiques : les adjectifs en *-ig* dans la terminologie allemande du vin

Nous aborderons dans cet article les adjectifs de l'allemand de type $nom_{substance}$ + *-ig*, qui permettent de prendre à peu près n'importe quel nom de substance et de le transformer par suffixation en un adjectif exprimant une

---

[1] L'approche biunivoque part du principe que toute dénomination doit correspondre à un seul objet, sans risque de confusion (autrement dit, les termes d'un domaine ne sauraient être ni polysémiques, ni homonymes ou synonymes).

propriété de cette substance, qu'elle soit gustative, olfactive, tactile… Ils ont attiré l'attention de Lehrer et Kauffer. Ainsi, Lehrer, dans son ouvrage canonique (2009, 19), écrit, au sujet des adjectifs *nom*$_{substance}$ + *-y*, équivalents, en anglais, aux adjectifs qui nous intéressent en allemand :

> Morphological processes, particularly suffixation, provide a riche source of new words in the wine vocabulary. […] The commonest suffix is *-y* added to concrete nouns (count or mass) to produce adjectives. The *-y* in the words means either "having" or "resembling", and sometimes the word can mean either. Wine tasters often use equivalent expressions with "having" + noun, such as "This wine has good fruit, some wood and no sugar". However, "resembling" is the more common meaning.

Ces adjectifs ont également été remarqués et discutés par Kauffer pour l'allemand, dans des articles sur lesquels nous reviendrons. Retenons pour l'instant le flou sémantique noté par Lehrer, qui remarque que les adjectifs considérés peuvent indiquer la présence d'une sensation liée à une substance (*having*) ou bien la suggestion, la note rappelant une substance (*resembling*) : ces adjectifs, en effet, se distinguent par un flou référentiel remarquable, qui leur permet, précisément, de rendre compte de sensations personnelles, liées à une expérience donnée, sans enfermer le discours dans un carcan référentialiste inadapté. C'est d'ailleurs ce flou référentiel qui permet à Gautier / Bach (2017), en s'appuyant sur ten Hacken (2015), d'en appeler à une terminologie prototypiste : la réalité de l'expérience décrite n'est pas contenue dans un terme univoque, fixé une fois pour toutes, elle se stabilise, autour d'une structure prototypique, en contexte, soit par l'emploi de termes exprimant des qualités prototypiques, qui sont modalisées en discours (notamment par des adverbes comme *très, assez, relativement*…), soit par la comparaison d'un vin donné par rapport à un vin considéré comme typique de sa catégorie.

Pour étudier le mode de fonctionnement de nos adjectifs, nous procéderons à une analyse d'exemples sur la base d'un corpus. L'analyse consistera à observer les constructions morphologiques et syntaxiques pour montrer dans quelle mesure la description du vin profite du flou référentiel des adjectifs en *-ig*.

3.   Le corpus

Il n'est pas possible d'étudier les adjectifs en -*ig* indépendamment de leur contexte d'emploi, sur des critères purement morphologiques et sémantiques, d'une part du fait que ce sont souvent des occasionnalismes ou que, à tout le moins, ils ne sont pas lexicalisés. D'autre part, nous tenons à nous déparer d'une terminologie objectiviste et appelons, au contraire, à considérer des discours aussi authentiques que possible, puisque les discours du vin, comme tout discours sensoriel, sont profondément situés dans leur contexte d'énonciation.

Pour constituer notre corpus, nous avons eu recours au corpus de référence allemand, le DeReKo, consultable par l'outil en ligne Cosmas, et qui présente une large collection de plusieurs millions d'occurrences de textes écrits depuis le XIXe siècle, tirés, en grande majorité, de la presse germanophone actuelle. Nous nous sommes limités à l'ensemble du corpus de textes écrits entre 2000 et 2018, et nous avons utilisé les mots clés *erdbeerig* (formé sur *die Erdbeere, la fraise*) et *mandelig* (formé sur *die Mandel, l'amande*) pour formuler nos requêtes sur les adjectifs (en utilisant les différentes formes morphologiques des lemmes). Par ailleurs, pour pouvoir comparer nos adjectifs aux syntagmes équivalents faisant apparaître les substantifs *Erdbeere* et *Mandel* (cf. en français *citronné* vs au *goût de citron*), nous avons également procédé à la recherche des textes présentant dans un même paragraphe *Erdbeere* (resp. *Mandel*) et *Wein* (*vin*). Ce choix est motivé par le fait que ces deux adjectifs sont particulièrement fréquents et rendent la comparaison plus aisée, mais d'autres adjectifs auraient pu être choisis. Enfin, comme la requête faisait remonter les paragraphes entiers dans lesquels apparaissaient les adjectifs et substantifs choisis, notre corpus contient de nombreuses occurrences d'autres adjectifs en -*ig* (*kirschig*, sur *die Kirsche, la cerise*, *hefig*, sur *die Hefe, la levure*…), ce qui nous a permis de compléter notre corpus de types initialement restreint et donc d'en augmenter la pertinence au regard de la diversité des adjectifs *nom$_{substance}$ + -ig*.

4. L'analyse

Les adjectifs en -*ig* de notre corpus ne s'appliquent pas nécessairement aux vins. Nous commencerons donc notre analyse par une première observation des adjectifs *mandelig* et *erdbeerig* appliqués à d'autres aliments que le vin pour déterminer un premier panel de références possibles. Ensuite, nous nous concentrerons spécifiquement sur les adjectifs appliqués à des commentaires sur le vin, dans différentes positions syntaxiques, révélatrices de leur fonctionnement.

4.1. Première approche : emplois non appliqués au vin

Nous commençons notre analyse avec l'adjectif *mandelig* dans plusieurs emplois, qui montrent la palette d'extensions que peut recouvrir un adjectif en -*ig* dans le domaine culinaire. Cet adjectif est formé du nom *die Mandel*, *l'amande*, suffixé par -*ig*. En français, il se traduira par *au goût d'amande, qui a l'odeur de l'amande*... Comme vont le montrer les occurrences suivantes, toutefois, il est assez difficilement traduisible :

> 1)   *Touren für 59 Euro pro Person beinhalten ein „mandeliges" Mittag- oder Abendessen. (Hamburger Morgenpost, 12.03.2014 : « Ces excursions à 59 euros comprennent un dîner ou déjeuner sur le thème de l'amande. »)*

Dans la première citation, *mandelig* qualifie un repas de midi ou du soir, constitué de plusieurs plats contenant tous de l'amande. Il ne s'agit pas tant d'exprimer le goût de l'amande que le fait que les plats ont cet ingrédient pour base. L'emploi de l'adjectif est toutefois inhabituel, pour preuve les guillemets, par lesquels l'auteur reconnaît le caractère particulier de son choix. En effet, cet adjectif, comme les autres adjectifs en –*ig*, sera plutôt consacré, en règle générale, à l'expression d'une qualité perceptible, comme l'exemplifie la citation suivante :

> 2)   *[...] Was gibt es Schöneres als einen mandeligen Spekulatius in heißen Tee oder Kaffee zu tunken und dann zu essen, wenn draußen der Regen gegen die Scheibe peitscht? (Nürnberger Zeitung, 31.10.2016 : « Qu'y-a-t-il de plus beau que de tremper un spéculoos au bon goût d'amande dans un thé ou un café chaud et de le manger avec gourmandise alors que, dehors, la pluie bat contre la vitre ? »)*

Ici, l'adjectif qualifie le substantif *Spekulatius*, qui désigne un gâteau belge aux épices, le *speculoos*, qui peut également contenir des amandes. De ce fait, l'adjectif peut s'entendre comme *contenant des amandes*, ou bien *au bon goût d'amande* : la référence exacte est laissée dans le flou, à charge pour le lecteur de reconstituer le sens. Une chose est toutefois sûre, l'adjectif est, en l'état, parfaitement positif, et, de fait, point n'est besoin de préciser un sens référentiel précis : l'information essentielle est la simple promesse de gourmandise rassurante qu'apporte l'amande au cœur d'un jour d'automne pluvieux : ce plaisir assuré passe par la perception, visuelle, olfactive et gustative, sans que l'adjectif, hors contexte, ne soit à cet égard déterminé.

C'est précisément ce flou référentiel – au regard des sens impliqués dans la perception – qui permet de comprendre l'occurrence suivante :

3)   Der „Yogitee" ist feinstwürzig, sehr <u>milchig</u> und mit echtem Honig zubereitet; das „Bengen Körma" [...] ist von vollendet <u>mandeliger</u> Cremigkeit und angenehmer Schärfe, die Aubergine hat den perfekten Biss. (Die Zeit, version électronique, 26.03.2009 : « Le thé yogi est merveilleusement épicé, on y sent bien le goût du lait et du miel de qualité ; le baingan korma est un sommet d'onctuosité au goût d'amande et agréablement épicé, tandis que l'aubergine est ferme à souhait. »)

Ici, *mandelig* qualifie l'onctuosité, *die Cremigkeit*. Une qualité olfactive ou gustative est associée à une consistance. En effet, les amandes ne sont pas en soi onctueuses et il ne va pas de soi de parler d'une *mandelige Cremigkeit* alors que l'on peut rencontrer des occurrences comme *eine samtene Cremigkeit*, une onctuosité veloutée, ou bien *eine sahnige Cremigkeit*, une onctuosité crémeuse, le velours ou la crème présentant des qualités de toucher ou de consistance que l'on associe à l'onctuosité. Ici, donc, l'adjectif *mandelig* permet finalement de référer à un mets à la fois onctueux et présentant un goût ou une odeur d'amande. Le goût et l'odeur de l'amande étant considérés comme réconfortants (on l'utilise en cuisine comme en cosmétique pour ses propriétés), ils se marient avec l'idée également réconfortante d'onctuosité : il y a donc bien une isotopie sémantique, qui repose toutefois sur l'association de sensations complémentaires mais différentes. Du point de vue discursif, toutefois, cette expression présente plusieurs avantages : d'une part, elle permet un compactage sémantique qui rassemble plusieurs qualités dans une même image (on comparera : *ein Bengen Körma von mandeliger Cremigkeit* avec *ein mandeliger und cremiger Bengen Körma, un baingan korma onctueux aux saveurs d'amande*) ; d'autre part, elle permet une construction parallèle entre *von mandeliger Cremigkeit* et *von angenehmer Schärfe, agréablement relevé*, la coordination des deux groupes nominaux permettant une présentation synthétique des qualités gustatives du plat présenté. Un peu plus avant dans la phrase, le groupe *feinstwürzig, sehr milchig und mit echtem Honig zubereitet, subtilement épicé, où l'on sent bien le lait et le miel véritable*, présente d'ailleurs les mêmes qualités, *milchig*, formé sur *die Milch, le lait*, jouant le même rôle que *mandelig* un peu plus loin.

En somme, on reconnaît que *mandelig* ne renvoie pas à une qualité propre de l'amande, mais, plus ou moins sélectivement en fonction du contexte, à tout ou partie de ses qualités et de ce que le fruit peut évoquer. En somme, il s'agit d'un adjectif qui relève les qualités prototypiques de l'amande (au sujet du prototype, voir Gautier / Bach 2017, 492) : l'occurrence suivante, où il est cette fois question de fraise, illustre bien cela :

> 4) *Die Kuchen und Torten kommen aus der eigenen Backstube, wo auch Stollen, feine Pralinen und Marzipan gefertigt werden. Spezialität im Sommer: die* <u>erdbeerigste</u> *Erdbeertorte der Stadt [...]. (Hamburger Morgenpost, 20.08.2009 : « Les gâteaux sont confectionnés dans l'atelier même de la pâtisserie, où l'on prépare également* stollen*, pralines raffinées et massepain. La spécialité estivale : le meilleur fraisier de la ville [...] »).*

Ici, l'adjectif *erdbeerig*, au superlatif, qualifie un gâteau (*Torte*), présenté comme celui qui fait le plus honneur à la fraise : de fait, il indique ici la présence de fraises dans le gâteau, le fait que leur goût y est exalté, et c'est la spécialité estivale, l'été étant la saison des fraises. Ici, l'adjectif ne désigne pas d'abord le goût, ni l'odeur, ni les représentations liées à la fraise, mais l'ensemble de ces notions. Le gâteau incarne la fraise, il a valeur prototypique, l'adjectif exprime, de manière générique, une expérience, dans toutes ses dimensions, sans séparer les différentes modalités. C'est sur cette base que nous allons maintenant étudier les adjectifs de notre corpus appliqués au vin.

4.2.   Les adjectifs en -*ig* appliqués au vin

Les exemples précédents indiquent que les adjectifs qui nous intéressent ici peuvent prendre valeur de prototype, mais cela suppose *a priori* la présence de la substance visée par le radical nominal de l'adjectif dans l'objet du monde qualifié par l'adjectif : le spéculoos contient des amandes, le baingan korma des amandes et le fraisier est pour sa part à base de fraises. Qu'en est-il toutefois du vin, qui ne contient pas la substance en question ?

> 5)   *Fußball ist wie Wein. Es gibt Mannschaften, die sind ein Jahrhundert-Jahrgang, und es gibt solche, die besser weder geerntet noch vermaischt worden wären. Frankreich bietet eine vinologische Vielfalt – das EM-Turnier eine fußballerische. Da der* <u>schokoladige</u> *Merlot aus Pomerol, der* <u>erdbeerige</u> *Grenache von der Südrhone oder der Champagner mit Noten von Brioche und Honigmelone. Dort das herbe Spiel der Italiener [...] (Süddeutsche Zeitung, 21.06.2016 : « Le football est comme le vin. À côté des grands millésimes du siècle, il y a les vins tellement médiocres que l'on aurait pu se dispenser de la vendange et de la vinification. Les vins français sont aussi divers que les équipes d'une coupe du monde. Ici le Merlot de Pomerol, aux accents chocolatés, le Grenache de la vallée du Rhône, qui évoque la fraise, ou le champagne aux notes de brioche et de melon d'Espagne. Là le jeu rude des Italiens, [...] »)*

> 6)   *Ob es der* <u>traubige</u> *Muskateller ist, der distinguierte Weißburgunder, der* <u>würzige</u> *Sauvignon blanc, der* <u>rosenduftige</u> *Traminer oder der mächtige Morillon [...]: Die Welt befindet sich in Sachen Steirerwein nicht mehr im Stadium der Unwissenheit (Berliner Morgenpost, 31.08.2003 : « Que l'on parle du muscat, dans lequel on perçoit bien le goût du raisin, du pinot blanc, tout en distinction, du Sauvignon blanc, au goût corsé, du savagnin, aux odeurs de rose, ou encore du puissant morillon [...], le doute n'est plus permis quant à la qualité des vins styriens. »)*

Le merlot ne contient pas plus de chocolat que le grenache de fraise. *Schokoladig* ou *erdbeerig* doivent donc s'entendre, dans leur cas, dans le sens de « qui rappelle le chocolat / la fraise », sachant que l'on ne mentionne pas, ce faisant, la modalité sensorielle par laquelle est véhiculée la sensation : parle-t-on du goût ? du bouquet ? de l'arôme ? Ce n'est pas précisé, c'est au lecteur de reconstituer l'expérience évoquée, en fonction de sa connaissance et de son expérience des vins évoqués : l'expert saura probablement déterminer à quel niveau se situe la perception, alors que le non-expert s'appuiera préférentiellement sur son expérience plus personnelle de la fraise ou du chocolat, qu'il associera plutôt, selon les cas, à une modalité sensorielle ou à l'autre. En somme, l'adjectif en -*ig* permet de donner une dénomination unique, précise à une réalité plastique, variable d'un individu à l'autre, ce qui est essentiel dans le domaine de la terminologie du vin, où il s'agit de présenter de manière consensuelle une expérience qui repose pour partie sur des critères objectifs (roue des arômes, protocoles de dégustation…) mais également sur des critères subjectifs et des négociations.

Du reste, dans la roue allemande des arômes que nous avons consultée (il y en a de différentes)[2], plusieurs adjectifs formés sur le modèle qui nous intéresse ici sont repérables : *blumig* (floral), *fruchtig* (fruité), *würzig* (épicé) ou encore *erdig* (sous-bois, moisi-terreux, champignon), *nussig* (fruits à coque / fruits secs), *holzig* (bois). Il est intéressant de remarquer que les catégories proposées sur la roue des arômes allemande (*Aromarad*) ne correspondent pas terme à terme à celles d'Œnoflair (Pfister 2013, 42) ou aux familles aromatiques de Moisseef / Casamayor (2002, 35). De manière intéressante, le français a recours à des adjectifs de type *nom$_{substance}$* + *suffixe* pour des substances génériques, qui donnent lieu à des sous-groupes (*fleurs* >> *floral*, *fruit* >> *fruité*, *épice* >> *épicé*) mais pas pour des substances précises, contrairement à l'allemand. Le français connaît certes des adjectifs comme *citronné* ou *vanillé*, mais ils évoquent plus souvent l'adjonction de la substance que la propriété sensorielle indépendante de la présence de cette substance (à part dans *menthe citronnée*, par exemple) : là où l'allemand pourra employer l'adjectif *nussig*, le français parlera d'arôme, ou de note de noisette ou d'amande. Là où l'allemand reconnaît un goût *erdig*, qui peut être positif, recouvrant les arômes de sous-bois ou de champignon, l'arôme terreux, en français, sera nécessairement négatif, ce qui est probablement lié au suffixe -*eux*, généralement péjoratif. En somme, mais ce serait l'objet d'une autre étude, il apparaît bien que les catégories des classifications aromatiques des roues des arômes et autres classifications sont très fortement liées, au-delà des

---

[2] Roue des arômes du site Wein.plus.de (article *aromawheel* du glossaire, consulté le 02/11/2020) : https://glossary.wein.plus/uploads/editor/images/6739/59a7e437042fb_q80.jpg

paramètres sensoriels, aux ressources linguistiques. Nous nous concentrerons ici spécifiquement, après cette parenthèse (que l'on souhaite éclairante), sur le cas des adjectifs *nom_{substance}* + *-ig*.

Ainsi, pour revenir à nos adjectifs *schokoladig* et *erdbeerig*, nous remarquons qu'ils permettent de renvoyer à des propriétés sensorielles des substances visées par le radical sans précision de la nature exacte de l'expérience, ce qui se traduirait en français par des périphrases comme *note de* ou *note + adjectif* (*note chocolatée / de chocolat, note de fraise*). D'ailleurs, des expressions similaires existent en allemand, comme cela apparaît dans la citation suivante :

> 7) *Typisch der kraftvoll-runde Duft nach Muskattrauben, der volle Geschmack nach Rosen und Honig, die kleine frische Schlussnote nach Grapefruit. (Sonntagsblick, 24.01.2010 : « On reconnaît le nez à la fois rond et puissant de muscat, le goût développé de roses et de miel ainsi que la légère note finale de pamplemousse. »)*

Dans cette citation, il est question d'une note finale de pamplemousse (*Schlussnote nach Grapefruit*). En contexte, il apparaît que l'allemand ne permet pas de former *grapefruitig, la combinaison entre un radical issu de l'anglais et le suffixe pouvant paraître incongru, et qu'il a donc recours à un syntagme nominal. Toutefois, la référence change par rapport à l'adjectif qualifiant le vin : d'une part, parler d'une note, c'est déjà extraire une qualité, un goût, une saveur, un arôme du vin lui-même, cela revient à donner à cette expérience une existence propre. L'adjectif, à l'inverse, décrit la présence de telle ou telle nuance comme inhérente au vin lui-même : là où l'allemand insiste de préférence sur l'expérience telle qu'elle se déroule *hic et nunc*, le français insiste sur l'existence propre de ce qui est perçu ; en allemand, l'objet de la perception naît de la perception elle-même alors qu'en français, la perception consiste à recueillir un objet qui existe déjà en dehors du sujet percevant (Farge / Depierre 2008 ; Farge 2015). Ainsi, l'adjectif en *-ig* invite plus à considérer une qualité inséparable d'un vin (comme on ne peut pas séparer la couleur d'un objet de l'objet lui-même) alors que le syntagme nominal présente la note comme un objet à part entière présent dans le vin.

Cela étant, alors que la note est par définition subtile et positive, la sensation exprimée par l'adjectif en -*ig* peut être considérée comme trop forte. Ainsi, l'opposition est particulièrement flagrante dans la citation suivante :

> 8) *Kräuter und vegetabile Noten lassen <u>erdbeerige</u> Rosés vergessen. (Berliner Morgenpost, 28.06.2008 : « Les notes herbacées et végétales font oublier les rosés dominés par la fraise. »)*

Ici, l'adjectif *erdbeerig* présente implicitement la présence de la fraise comme trop forte, dans la mesure où elle s'oppose à des notes plus subtiles. On comprend que cette présence marquée nuit à la qualité des rosés en question sans qu'il soit nécessaire de modifier l'adjectif par un adverbe exprimant cet excédent (*trop, passablement...*). Cette propriété s'explique précisément par le flou sémantique de l'adjectif : il renvoie à la présence de qualités prototypiques d'une substance, sans en préciser la modalité ni l'intensité. Inversement, la modalité sensorielle peut tout à fait être précisée en allemand, bien entendu, comme ici, avec le verbe *schmecken, avoir un goût* :

> 9) *Dass Sinneswahrnehmungen subjektive Eigenschaften sind, steht dabei nicht zur Diskussion. Weine <u>schmecken</u> eben manchmal <u>wie</u> Schokolade, Erdbeeren oder Toastbrot. (Die Presse, 28.11.2009 : « Personne ne remet en cause le caractère subjectif des perceptions sensorielles. C'est ainsi, les vins présentent parfois le goût du chocolat, de la fraise ou du pain grillé. »)*

Nous retenons donc de ces analyses que l'allemand peut plus aisément que le français présenter, grâce aux adjectifs *nom*$_{substance}$ + -*ig* la présence perceptible d'une qualité liée à cette substance comme une qualité du vin, inséparable, dans l'expérience de dégustation, des autres qualités du vin, comme il peut mentionner la modalité perceptive. L'adjectif en -*ig*, parce qu'il renvoie à une qualité prototypique non explicitement spécifiée, paie toutefois le prix de ce flou référentiel par une ambiguïté quant à l'intensité de la perception et à sa qualité propre.

Cela étant, l'adjectif en -*ig* présente, de manière constante, la qualité sensorielle comme qualité propre de l'objet perçue par un récepteur, c'est un adjectif caractérisant qui évoque certes le résultat d'une perception mais permet de placer en retrait le récepteur pour insister sur la propriété du vin. La comparaison des citations suivantes permet de mieux comprendre ce point :

10) *13 Prozent dunkles Rubingranat, violette Reflexe, zarter Wasserrand. In der Nase zart <u>blättrig-würzig</u> unterlegte Zwetschkenfrucht, ein Hauch von Orangenzesten. Mittlere Komplexität, eher <u>rotbeeriges</u> Konfit, zarte Süße im Abgang. (Niederösterreichische Nachrichten, 30.12.2010 : « Un rouge profond de grenat, des reflets violets, une larme délicate. Au nez, des arômes de quetsches avec une nuance épicée de feuille, et un soupçon de zeste d'orange. Structure moyennement complexe, plutôt confit de fruits rouges, une note délicatement sucrée en arrière-bouche. »)*

11) *Bei Ahrweinen würde ich Erdbeeren assoziieren, bei Weinen aus Neuseeland eher dunkle Beeren. (Rhein-Zeitung, 24.02.2012 : « J'associe plutôt les vins de l'Ahr avec les fraises, les vins de Nouvelle Zélande avec les baies noires. »)*

Dans la citation (10), contrairement aux cas étudiés précédemment, la modalité sensorielle est indiquée, puisqu'il s'agit du nez, donc d'une propriété olfactive : l'odeur est celle de fruits rouges confits. Cette odeur est toutefois présentée comme intrinsèque au vin, c'est une qualité qu'il possède. Dans la citation (11), à l'inverse, le locuteur explique qu'il associe les baies noires (cassis, myrtille, mûre) aux vins de Nouvelle Zélande, les fraises aux vins de l'Ahr : la différence fondamentale tient à l'effacement énonciatif du récepteur-locuteur dans la citation (10) et son intervention assumée dans la (11), avec, dans les deux cas, précision de la modalité sensorielle engagée.

Ces données peuvent paraître contradictoires avec les données de nos études précédentes (Farge 2015 ; Farge / Depierre 2008) mais, en fait, elles les complètent plutôt : en effet, nous avons tenté de montrer que la langue allemande présentait la perception d'un trait sensoriel (goût, odeur…) comme le fruit d'une interaction entre un émetteur et un récepteur, supposant que ce trait n'ait pas d'existence propre, alors que le français présente le trait perçu comme un objet en soi du monde, que la perception permet de (re)cueillir. Comment les adjectifs en *nom*$_{substance}$ +*ig* pourraient-ils alors exprimer une propriété intrinsèque ? La contradiction est seulement apparente : le fait, en effet, que l'allemand permette la création *ad hoc* de ces adjectifs, en concordance avec une situation perceptive, indique que ces formations suivent l'usage et s'y adaptent. À l'inverse, en français, les adjectifs sont plus contraints et lexicalisés quand ils renvoient à une perception très stéréotypée (*vanillé, citronné, poivré, pimenté…* mais **cassissé, *fraisé…*), ce qui impose, le cas échéant, la dénomination de la source réelle (*notes de fraise, de cassis…*), alors que l'adjectif en -*ig*, nous l'avons vu, exprime une perception analogique, qui ne suppose pas la présence de la substance caractéristique dans l'objet goûté, ici un vin. Ainsi, *ein erdbeeriger Wein* ne contient pas nécessairement de *fraise* mais il présente, intrinsèquement, des qualités associées à la fraise.

Ainsi, revenant sur ce que nous avons écrit par ailleurs (Farge 2014 et 2015), nous dirons que l'allemand n'implique pas nécessairement de voir la qualité perceptible, par exemple le goût ou l'odeur, comme étant nécessairement le résultat d'une perception individuelle *hic et nunc*, dans la mesure où les adjectifs en -*ig* permettent précisément de présenter la qualité perçue comme intrinsèque, opérant ainsi un possible effacement énonciatif. En d'autres termes, à un niveau sémantique structurel, on peut reconnaître la tendance de l'allemand à présenter la perception comme un acte individuel mais cela n'empêche pas, en discours, de construire la perception comme qualité intrinsèque de l'objet. Ceci est d'ailleurs une nécessité dans la terminologie de l'œnologie, qui s'attache à catégoriser et systématiser les notes aromatiques : il faut bien établir pour cela un socle commun ; il faut donc distinguer, concrètement, ce qui relève de l'étude de la langue hors contexte (en lexicologie) de ce qui relève de son emploi en discours.

Dans l'ordre du discours, précisément, les adjectifs en -*ig* se prêtent à des constructions syntaxiques spécifiques, que le français ne permet pas, ou difficilement, reposant sur un compactage sémantique qui permet de préciser *ad libitum* les caractéristiques propres d'une expérience gustative donnée. Ceci est clairement perceptible dans les citations suivantes :

12)   *Mächtige <u>rotbeerig-würzige</u> Nase, weich, <u>weinig</u>, gut eingebettetes Holz, reife Tannine, druckvoll, lang. (Sonntagsblick, 30.12.2018 : « Un nez puissant de baies rouges et d'épices, sans dureté, un bel arôme vineux, le bois est présent sans exagération, les tanins sont mûrs, caractère et longueur en bouche. »)*

13)   *Dieser Rosé-Sekt aus klassischer Flaschengärung steigt mit <u>frisch-fruchtigem</u> Aroma in die Nase. Trocken, ein bisschen <u>erdig</u> und dennoch spritzig beim ersten*

Schluck. (Die tageszeitung, 15.12.2001 : « Ce mousseux rosé issu d'une fermentation en bouteille classique monte au nez avec ses arômes de fruits frais. Sec, un peu terreux et néanmoins vivement pétillant à la première gorgée. »)

14) *Mit dieser Traube werden Weine von heller Farbe produziert, die zwar <u>saftig erdbeerig</u> sind, aber wenig Tanningerüst und Säure haben und schnell oxidieren können. (Berliner Zeitung, 23.03.2013 : « On produit, à partir de ce raisin, des vins d'une couleur claire, qui présentent certes des arômes puissants de fraise mais également une faible structure tanique, peu d'acidité et une oxydation rapide. »)*

Dans la citation (12), l'adjectif *rotbeerig-würzig* associe l'arôme de fruits rouges au caractère épicé, cet adjectif parataxique étant complété par l'adjectif en apposition *mächtig, puissant*. En soi, les fruits rouges ne sont pas nécessairement associés à une odeur épicée, et il est plus logique de supposer que le vin présente un nez à la fois de fruits rouges et épicé. En français, on aura tendance à séparer les deux alors qu'en allemand, l'adjectif permet d'associer les deux, et, en quelque sorte, de « mimer » la fusion de ces deux odeurs, telle qu'elle se présente dans la perception olfactive du vin.

La composition parataxique de *frisch-fruchtig* dans la citation (13) est également intraduisible en l'état en français : doit-on comprendre cet adjectif comme le dérivé hypotaxique du syntagme nominal *frische Früchte, des fruits frais*, ou bien comme une formation parataxique, indiquant que le vin est à la fois frais et fruité ? Le français imposera un choix, et nous avons, dans la traduction, fait celui de la première proposition mais en allemand, l'ambiguïté est constitutive de la formation et laisse donc une certaine latitude interprétative à la personne qui reçoit le discours. La situation est enfin différente, du point de vue syntaxique, dans la citation (14), mais elle aboutit à un même compactage sémantique particulièrement apte à rendre l'expérience sensorielle : cette fois, un adjectif, *saftig, savoureux, intense*, qualifie un adjectif en *-ig, erdbeerig*. Ici, on peut comprendre *saftig* de deux manières : soit il peut être compris comme adjectif-adverbe, et à ce moment-là, il intensifie *erdbeerig*, exprimant de la sorte que le vin présente de puissants arômes de fraise. L'adjectif *saftig* est d'ailleurs polysémique et renvoie aussi bien à ce qui est *juteux, succulent (der Saft, le jus, le suc)*, qu'à ce qui est exagérément fort *(saftige Prügel, des coups nourris, saftige*

Preise, des prix éhontés) ; la polysémie est particulièrement expressive dans la formation repérée ici. L'autre lecture consiste à considérer les deux adjectifs en position d'attributs comme apposés : les vins (des grenache) sont à la fois gouleyants (*saftig*) et présentent des arômes de fraise (*erdbeerig*). Là encore, la langue allemande n'impose pas d'interprétation et la formation syntaxique se prête, par là même, à l'expression d'une expérience complexe, dont les éléments n'ont pas nécessité d'être analysés, séparés, discernés.

On reconnaît clairement, dans les analyses des trois dernières citations, ce que Kauffer (à paraître) identifie comme des moules syntaxiques : ce sont des formes syntaxique routinisées, ici de type *adjectif-adverbe + adjectif*, ou bien *adjectif + adjectif* (apposés, donc sans tiret, ou composés en formation para-taxique, avec tiret), aisément reconnaissables et fréquentes dans la phraséologie de la dégustation des vins. Ces moules syntaxiques présentent de manière concentrée des informations sémantiquement sous-déterminées (flou référentiel) quant à, notamment, la modalité perceptive, ou bien qui pourraient sembler incompatibles car relevant de modalités différentes (gustative et tactile : par exemple *prickelnd erdbeerig*, pétillant et au goût de fraise) : ce sont des instruments d'un compactage sémantique qui rend justice aussi bien au caractère à la fois personnel (sinon subjectif) qu'au caractère complexe de l'expérience sensorielle de dégustation. D'ailleurs, les conclusions de Kauffer (à paraître) à ce sujet vont exactement dans la même direction, dans le cadre d'une comparaison entre le français et l'allemand :

> Les adjectifs dérivés allemands sont donc originaux dans la mesure où ils sont employés de préférence pour décrire des goûts complexes. Ils s'y prêtent d'ailleurs mieux que les adjectifs dérivés français. [...] [I]l n'est que rarement possible de les traduire par des adjectifs dérivés français, on est souvent obligé de recourir à une périphrase. C'est le cas de *apfelig*, *kräuterig*, *tabakig* etc., à plus forte raison des adjectifs dérivés à base complexe, par exemple *grün-tabakig*, *gelbfruchtig*.

Compactage sémantique et flou référentiel, finalement, se prêtent particulière-ment bien au style télégraphique assez typique des discours de dégustation et description des vins, avec une nuance créative (beaucoup des adjectifs en -*ig* sont des occasionnalismes), qui rend dans sa complexité l'impression en bouche. Ces adjectifs en -*ig* et ces moules syntaxiques représentent ainsi une véritable ressource lexicale correspondant à un besoin de communication.

Nous terminerons enfin cette réflexion en revenant sur l'analyse éclairante de Kauffer (à paraître) sur les adjectifs descripteurs des vins en allemand et français, puisqu'il considère que « les textes sont nettement plus "sensoriels" en français qu'en allemand. Tous les sens (vue, odorat, goût) sont plus détaillés, plus souvent mis en avant en français. » Nous considérons à l'inverse que les textes allemands sont plus sensoriels que les français, précisément parce qu'ils laissent une plus grande place à un flou référentiel qui donne plus d'espace d'interprétation, qui permet mieux au lecteur de ces textes de se représenter, sur la base de son expérience propre, l'expérience décrite dans le texte. En fait, Kauffer arrive à sa conclusion en remarquant que les organes et modalités sensoriels sont plus présents, mais en fait, cela tient avant tout, selon nous, au fait que le français est plus contraint que l'allemand d'indiquer s'il s'agit du goût, de l'arôme, du nez… alors que l'allemand, nous l'avons vu, peut s'en dispenser. Certes, donc, les organes sensoriels sont moins évoqués, mais la description de l'expérience n'en est que plus synesthésique et n'en laisse que plus de liberté pour imaginer la sensation. Nous rejoignons toutefois, par un chemin un peu différent, sa conclusion, quand il estime que l'allemand propose plutôt un discours sur le vin et le français un discours autour du vin. L'allemand rend la perception au plus proche de l'expérience, tandis que le français l'analyse.

5.   Conclusion : La structure des adjectifs en -*ig* et la terminologie du vin en allemand

Il ressort de cette analyse que la structure même de la langue allemande, entre autres à travers les adjectifs étudiés dans cette contribution mais également grâce à sa capacité à composer les adjectifs ou à déterminer un adjectif par un adjectif-adverbe, se prête à une fine description du caractère synesthésique de la dégustation de vin, avec des adjectifs sous-spécifiés au regard des modalités sensorielles, qui permettent de décrire une expérience sensorielle avec grande précision, notamment quant aux goûts, saveurs ou notes, mais sans obligation de déterminer la modalité : à cet égard, français et allemand sont profondément différents, le français imposant bien plus que l'allemand la précision de la modalité sensorielle. Kauffer (à paraître), dans son étude sur le riesling, énonce, au sujet de l'impression d'ensemble, comprenant le caractère floral, fruité et minéral, que les « adjectifs indiquant cette impression d'ensemble sont plus nombreux et nettement plus variés en allemand qu'en français. »

Ceci permet de revenir sur une conclusion que nous avons portée sur le lexique allemand de la gastronomie (Farge 2014) à propos de la traduction, en allemand, d'un roman français. Nous avions déduit de l'analyse que le français se prêtait mieux que l'allemand à l'expression du plaisir gustatif, du fait, entre autres, de la polysémie des termes d'expression du goût et de la saveur mais également de l'étendue des termes familiers et du jeu possible sur les registres. Sans renier cette conclusion, on remarquera que cette analyse était partielle, dans la mesure où elle semblait indiquer une capacité particulière du français à exprimer le plaisir gustatif et une lacune de l'allemand dans ce domaine. À l'inverse, nous voyons dans cette contribution que l'allemand présente un avantage certain sur le français dans la description du goût, ici des vins,[3] quand il s'agit de rendre le caractère synesthésique de l'expérience sensorielle.

Est-ce à dire, dans une perspective de relativisme culturel, que l'expérience sensorielle, dans son ontologie, est déterminée par la langue ? Une telle conclusion serait par trop audacieuse et ferait fi de l'inscription de toute expérience dans un entour social et culturel qui dépasse la dimension linguistique. L'expérience de la dégustation de vin, toutefois, est reconnue tellement intimement liée à son expression, la capacité à exprimer des nuances de goût est tellement déterminante dans la capacité à les discriminer, comme l'on montré les expériences en analyse sensorielle, qu'il n'est pas interdit de penser que les ressources linguistiques exercent une influence notable dans ce domaine précis.

---

[3] Nous tenons ici à remercier Eva Lavric pour sa lecture critique et ses propositions éclairantes.

Bibliographie

Chantegrel, Géraldine / Ramakrishnan Iyer, Lakshmi (éds.) (2014): *À table = Revue Traduire* 231

Farge, Sylvain (2014): Réflexions sur la traduction d'Une gourmandise, de Muriel Barbery. Dans: Chantegrel / Ramakrishnan Iyer, 60-73

Farge, Sylvain (2015): Riecht der Franzose gleich wie der Deutsche? Dans: Lavric / Pöckl, 167-178

Farge, Sylvain / Depierre, Amélie (2008): Sensorialités et différences culturelles: l'influence des structures linguistiques. Dans: Giboreau, 24-27

Gautier, Laurent / Bach, Matthieu (2017): La terminologie du vin au prisme des corpus oraux de dégustation/présentation (français-allemand): entre émotions, culture et sensorialité. Dans: *Ela. Etudes de linguistique appliquée* 188, 485-509

Gautier, Laurent / Lavric, Eva (éds.) (à paraître): *Les descripteurs du vin : regards contrastifs* (collection InnTrans). Frankfurt/Main, et al.: Peter Lang

Giboreau, Agnès (éd.) (2008): *Actes de la 6ème journée du Sensolier, Diversités culturelles et sensorialités, 9 octobre 2008*. Paris: Le Sensolier. Site internet: www.lesensolier.com/ (21/11/2020)

Kauffer, Maurice (à paraître): Les adjectifs du vin en allemand et en français : le cas du Riesling. Dans: Gautier / Lavric

Kockaert, Hendrik J. / Steurs, Frieda (éds.) (2015): *Handbook of Terminology, Vol 1*. Amsterdam: Benjamins

Lavric, Eva / Pöckl, Wolfgang (éds.) (2015): *Comparatio delectat II. Akten der VII. Internationalen Arbeitstagung zum romanisch-deutschen und innerromanischen Sprachvergleich*. Frankfurt/M. et al.: Peter Lang

Lehrer, Adrienne (2009): *Wine and Conversation*. Oxford / New York: Oxford University Press

Moisseef, Michaël / Casamayor, Pierre (2002): *Les livrets du vin: Arômes du vin*. Paris: Hachette

Peynaud, Emile / Blouin, Jacques (2005): *Découvrir le goût du vin*. Paris: Dunod

Pfister, Richard (2013): *Les parfums du vin: Sentir et comprendre le vin*. Paris: Delachaux & Niestlé

ten Hacken, Pius (2015): Terms and specialized vocabulary: Taming the prototypes. Dans: Kockaert / Steurs, 3-13

Corpus

Deutsches Referenzkorpus, DeReKo:
https://www1.ids-mannheim.de/kl/projekte/korpora/verfuegbarkeit.html
(Dernière consultation le 16 novembre 2020)

Logiciel de consultation et traitement du corpus : Cosmas II web :
https://cosmas2.ids-mannheim.de/cosmas2-web/

Dr. Sylvain Farge
Université Lumière Lyon 2, UFR des Langues, CRTT
86, rue Pasteur
F-69365 Lyon Cedex
E-mail : Sylvain.Farge@univ-lyon2.fr
https://crtt.univ-lyon2.fr/farge-sylvain-mcf-germaniste--582960.kjsp

Bertrand Milesi
Laboratoire Natoli & associés
425, avenue de Saint-Sauveur
34980 Saint-Clément de Rivière
E-mail : bertrand.milesi@labonatoli.fr
http://www.labonatoli.fr

7.   Vin : Terminologie et lexicographie

Maria Koliopoulou / Pius ten Hacken

La conception d'une terminologie œnologique en grec

Résumé :

Le domaine de la terminologie œnologique est intéressant pour l'étude de l'échange lexical entre le grec et le français, deux langues avec des différences typologiques et morphologiques importantes et un contact direct limité à cause de la distance géographique. Malgré cela, la tradition œnologique forte dans les deux cultures a créé la base pour des emprunts dans les deux directions. Les origines de la culture du vin en Grèce datent de l'Antiquité. La terminologie œnologique française, qui a intégré des éléments grecs dans son vocabulaire (p. ex. *œnologie* de *οίνος* 'vin' et *λόγος* 'parole'), a une position prépondérante dans le domaine au niveau international à l'époque moderne. Le français a actuellement le rôle d'une langue d'origine pour la terminologie du vin dans les autres langues. L'importation de beaucoup de termes français en grec montre un échange lexical intéressant entre deux langues qui représentent chacune une forte tradition vinicole.

Dans cet article, nous présentons un aperçu de l'importance des emprunts du français en grec et des différents degrés d'adaptation de ces termes. Après une description de la théorie terminologique adoptée et de la place de la culture du vin en Grèce par rapport à son origine, nous examinons des exemples des différents types d'emprunts de termes œnologiques français en grec. Sur la base de nombreux exemples, nous discutons les degrés d'adaptation orthographique, phonologique et morphologique qu'on peut observer. Enfin, nous présentons des cas de traduction empruntée (calques) du français en grec. Cet article montre que les barrières linguistiques n'empêchent pas l'échange de terminologie entre des langues qui réprésentent une culture forte dans un domaine spécifique.

Mots-clés : terminologie œnologique, emprunt, adaptation, grec, français

Abstract:

The domain of wine terminology presents an interesting case of lexical exchange between Greek and French, two typologically and morphologically different languages with limited signs of direct language contact because of geographical distance. However, the strong wine tradition in these cultures enabled an exchange in terms of borrowing between the two languages. The origins of the Greek wine culture date back to ancient times. In modern times, French wine terminology, which has integrated Greek elements in its vocabulary (e.g. *œnologie* from *οίνος* 'wine' and *λόγος* 'speech, talk, say'), has an internationally recognized leading position within this domain. French is nowadays a donor language of wine terminology for other languages. The importation of many French terms in Greek shows an interesting lexical exchange between two different languages that each represent a strong wine tradition.

In this paper, we give an overview of the importance of French borrowings in Greek and the various degrees of adaptation. After establishing the theoretical background we assume in terminology and giving some information about the origins of the wine culture and of how much they are related to Greek culture, we move to a detailed discussion of various types of borrowings of French wine terms in Greek. Based on numerous examples, we discuss the different degrees of orthographic, phonological, and morphological adaptation. Finally, we discuss cases of French loan translations in Greek. This paper shows that the exchange of terminology between languages representing a strong culture in a specific domain is not prevented by linguistic barriers.

Keywords: wine terminology, borrowing, adaptation, Greek, French

1.   Termes et mots

Une question centrale de la terminologie concerne la relation entre les termes et les mots. Dans son œuvre classique, Wüster (1979, 1-5) fait un effort pour séparer clairement la terminologie de la linguistique. Une différence évidente est que la linguistique s'occupe du langage en général, tandis que la terminologie concerne seulement des expressions qui servent comme appellations de certains concepts. C'est pourquoi la terminologie correspond plutôt à la lexicographie qu'à la linguistique (1979, 2). Wüster (1979, 1-2) identifie deux différences entre la description terminologique et la description lexicographique : d'abord, la terminologie travaille d'une façon onomasiologique, c'est à dire que le point de départ est un concept plutôt qu'une expression. Puis, la terminologie a une orientation exclusivement synchronique. En élaborant la méthode onomasiologique, Wüster (1979, 1) souligne que le but de la terminologie est une distinction nette entre les concepts.

En effet, la discussion de la nature de la terminologie ne conduit pas à une réponse à la question de départ. Wüster décrit comment la terminologie se distingue de la lexicographie, mais il ne traite pas directement la distinction entre termes et mots. Ce ne sont pas les termes qui sont onomasiologiques ou synchroniques, mais seulement la façon de les décrire envisagée par Wüster. Si on suit Saussure (1981 [1916]) pour représenter un mot comme un signe qui se compose d'un signifié et d'un signifiant, on peut appliquer ce type de représentation aux termes également. La différence principale au niveau des signes, c'est que pour un terme il est nécessaire de spécifier un domaine. Sur la base de ces considérations, on peut représenter un terme comme un triangle (Fig. 1).

Fig. 1 : Triangle terminologique

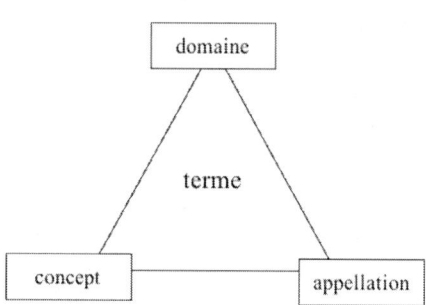

Dans la fig. 1, le concept et l'appellation correspondent au signifié et au signifiant du signe saussurien, respectivement. Le domaine est ajouté à un plan supérieur, ce qui correspond à l'observation qu'il a un rôle nettement différent de celui du concept et de l'appellation. On peut identifier le terme à partir du concept ou à partir de l'appellation, mais pas à partir du domaine. Une autre observation qui est incorporée dans le triangle est la façon dont nous employons le mot *terme*. On trouve parfois que *terme* est utilisé comme un synonyme d'*appellation*. Pour nous, par contre, *terme* désigne le triplet {concept, appellation, domaine}.

La méthode onomasiologique prônée par Wüster (1979) a eu une grande influence dans la pratique terminologique parce qu'elle a été adoptée par les organisations internationales de standardisation. Néanmoins, elle a été critiquée de la part de plusieurs domaines de la linguistique, pour avoir négligé des méthodes et des découvertes théoriques des dernières décennies. D'abord, il y a la linguistique de corpus. Bien que l'idée d'un corpus informatisé ait été réalisée dès les années 1960, des corpus de langue spécialisée pour l'extraction de la terminologie sont un phénomène beaucoup plus récent. Puis, il y a la théorie de la sémantique des prototypes. Cette théorie, proposée par Rosch (1978), prône que le sens d'un mot a la structure d'un prototype avec des divergences sans qu'il y ait des limites naturelles claires. Si on prend, par exemple, le mot *chaise*, il y a des instances évidentes comme le meuble sur lequel je suis assis en écrivant ces lignes et il y a des choses qui, tout aussi évidemment, ne sont pas des instances, par exemple le bureau sur lequel j'ai posé mon ordinateur. On peut trouver ou imaginer des meubles qui constituent une transition parfaitement graduelle entre les deux. Il n'y a pas de limite naturelle en évidence entre les deux concepts.

On peut visualiser la différence entre la méthode de Wüster et celle qui se base sur l'analyse d'un corpus à l'aide de la fig. 1. Pour Wüster, le point de départ est le domaine. La première étape est d'établir les concepts dans le domaine. Avec la délimitation des concepts et avec les relations entre les concepts, on construit une ontologie. Une deuxième étape est d'attribuer des appellations aux concepts pour créer des termes.

Dans la terminologie de corpus, le point de départ est le corpus. La compilation d'un corpus se rapporte à une analyse du domaine, mais cette analyse est fondamentalement différente de celle de la méthode onomasiologique. Au lieu d'identifier des concepts, il faut plutôt identifier des textes qui peuvent servir comme source de termes. L'étape suivante est d'extraire des appellations du corpus. Dans la littérature, on trouve souvent l'assertion qu'à ce point on a une collection de termes, mais par rapport à la terminologie de la fig. 1, on ne peut pas trouver de termes dans un corpus. Ce n'est que par l'interprétation des appellations qu'on peut arriver à des termes. Puisqu'on a l'appellation avant de trouver le concept, c'est une méthode sémasiologique. En effet, ce changement de perspective peut aider les travaux terminologiques et dans les manuels de terminologie modernes, p. ex. Wright / Budin (1997), les perspectives onomasio-logique et sémasiologique sont présentées comme complémentaires.

Le défi de la sémantique des prototypes est d'une autre nature. Tandis que la méthode sémasiologique parvient à des termes similaires par une route différente, la sémantique des prototypes s'attaque à l'idée de concepts bien délimités. Ainsi le but de la terminologie de Wüster risque de devenir une chimère. En effet, Temmerman (2000) affirme que l'idéal de termes bien délimités l'un de l'autre, prôné par Wüster, n'est pas réaliste.

Pour incorporer la conception centrale de la sémantique des prototypes dans un cadre théorique proche de celui de Wüster, ten Hacken (2015) propose la distinction entre deux types de termes, le *vocabulaire spécialisé* et le *terme au sens étroit*. D'un part, il y a des termes dont l'appellation doit être standardisée dans le but d'une communication effective dans un domaine spécialisé. Tant qu'il n'y a pas de discussions sur l'étendue exacte de la désignation, il n'y a pas de raison de spécifier des limites précises du concept. Ces termes appartiennent au vocabulaire spécialisé. D'autre part, il y a des termes dont l'introduction est nécessaire pour appliquer des règles ou pour indiquer des conditions de falsification d'une affirmation théorique. Ce sont là des termes au sens étroit qui ont besoin d'une délimitation exacte du concept. En somme, pour le vocabulaire spécialisé la standardisation ne concerne que l'appellation mais pour les termes au sens étroit elle concerne aussi le concept. Ten Hacken / Koliopoulou (2015) appliquent cette distinction de façon illustrative à la terminologie des échecs.

De cette façon nous avons mis en évidence la notion de *terme* que nous adoptons. Le but de la terminologie est de trouver des termes comme triplets au sens de la fig. 1. En principe, il n'est pas important si on commence par une analyse ontologique du domaine ou par la compilation d'un corpus, si à la fin on aboutit à une collection systématique de termes avec des définitions qui sont adéquates pour leur statut de vocabulaire spécialisé ou terme au sens étroit.

2. Le vin en Grèce et la langue

Depuis son origine dans le Caucase, le vin s'est répandu en Europe pendant l'Antiquité. La Grèce a été importante dans ce procès comme une des premières étapes sur la route vers l'ouest.

Les indices les plus anciens de la production de vin ont été trouvés en Géorgie et datent du 6ème millénaire avant notre ère. Traditionnellement, le vin a mûri dans des ქვევრი [kvevri], des jarres de terre cuite enfoncées dans la terre. Selon l'histoire mythique, Dionysos a apporté la culture du vin en Grèce (Della Bianca / Beta 2015). En effet, les rives de la Mer Noire avaient été colonisées par les Grecs et il est probable que la Colchide, aujourd'hui la région de Batoumi, a fonctionné comme une terre de rencontre entre les Grecs venants de l'ouest et la culture du vin originaire de Kacheti, à présent dans l'est de la Géorgie.

Le vin a une présence remarquable dans la littérature grecque ancienne, à commencer par Homère. Tout un vocabulaire s'est développé pour décrire les objets, les rites et les occasions liés à la consommation de vin. Le récipient utilisé pour boire du vin était le κύλιξ [kylix], un vase large où le vin était mélangé à de l'eau.

Au cours de l'histoire, une grande partie du vocabulaire ancien s'est perdu. D'une part, la culture du vin s'est développée. Ce ne sont plus les hommes seulement qui se rassemblent dans un συμπόσιον [symposion], un banquet public pour boire le vin mélangé à l'eau d'un κύλιξ. D'autre part, la langue a évolué. La Grèce a connu une longue histoire de conquêtes à partir de la bataille de Corinthe qui en 146 avant notre ère marque le début de la domination romaine. Le rayonnement culturel du grec n'était plus fondé sur une organisation étatique jusqu'à la déclaration d'indépendance de la Grèce en 1821.

Mackridge (2009) décrit les mouvements pour arriver à une langue grecque standardisée qui se nourrit d'une part de la langue parlée à l'époque, d'autre part de la langue classique. Le résultat des discussions, qui se sont prolongées de la fin du XVIIIème siècle jusqu'á leur résolution politique en 1976, est qu'il y a beaucoup de doublets comme (1) :

> 1) a. οίνος [oinos]('vin')
>   b. κρασί [krasi] ('vin')

Le grec a deux mots pour *vin*. Celui en (1a) est la réinstauration du mot classique οἶνος. La forme la plus ancienne reconstruite *ϝοῖνος [woinos] est apparentée au latin *vinum*. En (1b) il y a un mot byzantin, apparenté à κράσις [krasis] ('mélange'). Le mot (1a) appartient à la καθαρεύουσα [katharevousa], la langue classiciste, tandis que (1b) fait partie de la δημοτική [dimotiki], la langue démotique.

C'est dans ce contexte qu'il faut placer les efforts de former une terminologie œnologique moderne en grec. Il y a d'une part la tradition ancienne du vin dont la technologie a été surpassée par celle d'autres pays au cours des siècles. D'autre part il y a une histoire complexe de la langue dont la situation actuelle, malgré la

« victoire » de la langue démotique après la fin de la dictature en 1976, est toujours chargée de conflits potentiels.

3. L'emprunt de terminologie

Dans toutes les langues, l'emprunt est une méthode importante pour l'extension du vocabulaire, surtout dans les cas où un concept d'une autre culture est adopté (cf. Poplack 2018). En grec, l'utilisation d'un alphabet propre a des effets qui marquent l'emprunt d'une façon différente de l'emprunt entre deux langues d'alphabet latin. Un exemple en est (2) :

> 2)   *Θα βρείτε τραγανά κρασιά κάθε φορά που θα ανοίξετε ένα μπουκάλι Sauvignon Blanc, Pinot Grigio, Ασύρτικο, Albariño, Μοσχοφίλερο, Torrontes και ακόμη και ένα νεαρό trocken Riesling.*
> *'Vous trouverez des vins croustillants chaque fois que vous ouvrez une bouteille de Sauvignon Blanc, Pinot Grigio, Assyrtiko, Albariño, Moschofilero, Torrontes et même un jeune Riesling sec.'*

La page web dont (2) a été tiré (Oinos 2019a) explique le terme τραγανό [tragano] ('croustillant'). Ce qui est intéressant, c'est la façon dont les noms des cépages ont été écrits. Les cépages grecs ont leurs noms écrit en caractères grecs et les cépages d'autres pays en caractères latins. Ces cépages ont des noms relevant de plusieurs langues, le français (*sauvignon blanc*), l'italien (*pinot grigio*), l'espagnol (*albariño, torrontes*) et l'allemand (*trocken riesling*). Entre ces langues, l'emprunt est beaucoup plus facile. En effet, en italien *pinot grigio* est un emprunt adapté du français *pinot gris*, ou *pinot* a été écrit avec un -*t* final muet qui ne serait jamais écrit si c'était un mot italien d'origine ; et *gris* a été traduit. Ce type d'adaptation partielle est exclus en grec, ce qui marque l'emprunt d'une façon beaucoup plus emphatique qu'en italien.

Un autre exemple de ce phénomène est (3), tiré de Oinos (2019b) :

> 3)   *Πολλά αλσατικά grand crus δίνουν στο Gewurztraminer την ευκαιρία να εκφράσουν τον διακριτικό τους χαρακτήρα. Ασβεστολιθικά terroirs όπως τα grands crus Hengst, Florimont, Mambourg ή Marckrain παράγουν βαθιά,*

πλούσια και πικάντικα κρασιά με μια πολύ καλή υποστηρικτική οξύτητα.

'De nombreux grands crus d'Alsace donnent au Gewurztraminer l'occasion d'exprimer son caractère distinctif. Les terroirs calcaires tels que les grands crus Hengst, Florimont, Mambourg ou Marckrain produisent des vins profonds, riches et épicés avec une très bonne acidité de support.'

Une catégorie de mots écrits en caractères latins est celle des noms propres (*Hengst*, etc.). L'écriture de noms propres en caractères latins est très répandue en grec. Dans les journaux grecs, seuls les noms de villes bien connues et les noms de personnes fameuses sont transcrits. En effet, on pourrait interpréter les noms de cépages, *Gewurztraminer* en (3), comme proches des noms propres. Ce n'est pas le cas pour *grand cru* et *terroir* en (3). Ces expressions, qui sont généralement très répandues comme emprunts dans d'autres langues, appartiennent au vocabulaire technique vinicole sans se rapporter à des régions spécifiques. À noter que le suffixe du pluriel *-s* du français a été retenu, même s'il n'a pas de place dans la morphologie grecque.

Tandis que les noms de cépages et *terroir* en (3) sont plutôt des termes du vocabulaire spécialisé, en (4) nous trouvons des termes au sens étroit :

4) *Η ένδειξη Reserve αναφέρεται σε παλαίωση 1 χρόνου συνολικά για τα λευκά κρασιά και 2 για τα ερυθρά. Αντίστοιχα τα κρασιά που φέρουν την ένδειξη Grande Reserve, αυτά έχουν παλιώσει:[...]*

'L'indication réserve est autorisée après un an de vieillissement pour les vins blancs et deux ans pour les rouges. Respectivement, les vins portant la marque de grande réserve ont vieillis comme suit : [...]'

Le texte de (4) a été tiré du site web de la Fédération Hellénique du Vin (s. d.). Malgré son nom officiel en français (à côté de celui en grec), son site web est seulement en grec et en anglais. Le page dont (4) a été tiré est une explication précise des catégories de vins grecs. Pour *Réserve* et *Grande Réserve*, on donne les règles qui gouvernent leur emploi légal. Pour cela, il est évident qu'il s'agit ici de termes grecs au sens étroit. Pour *grand cru* en (3), on pourrait aussi réclamer ce statut, mais les règles sont celles de la terminologie française. Notons qu'en (4) l'accent de *réserve* a été perdu. Comme on peut le voir avec *albariño* en (2), ou le diacritique a été retenu, ce n'est pas une règle générale.

Un cas un peu spécial est celui de *bouquet*. D'une part on trouve des exemples comme (5) :

5)   *Αντικειμενικά κριτήρια της οσμής του κρασιού είναι το άρωμα και το bouquet.*
       'Les critères objectifs pour l'odeur du vin sont l'arôme et le bouquet.'

Repris sur Makris (2020), (5) montre le même phénomène que (2-4). Ce qui distingue la situation de *bouquet*, c'est que ce mot a un autre sens, 'assemblage de fleurs', qui a été emprunté en grec au XIXème siècle. Robert (1986) donne une date de 1798 pour la première attestation du sens vinicole, tandis que le sens floral est attesté dès le XVème siècle. Au sens floral, le mot est écrit μπουκέτο en grec. Le digraphe μπ correspond au <b> français, parce que la prononciation de β a évolué vers un fricatif bilabial, un peu comme le <b> en espagnol. Le suffixe -o marque le nominatif singulier de la classe la plus grande de noms neutres en grec. Nous avons aussi trouvé des cas comme (6) :

6)   *Όσο μένει το κρασί στην κάβα [...] αποκτά μια ευωδία, που με την πάροδο του χρόνου γίνεται περισσότερο σύνθετη και ονομάζεται μπουκέτο (bouquet).*
       'Tant que le vin reste dans la cave [...] il acquiert un parfum qui au fil du temps devient plus complexe et s'appelle un bouquet.'

En (6), tiré de newwinesofgreece (s. d.), la forme française est donnée comme une explication de la forme transcrite en grec. De cette façon l'auteur peut montrer qu'il connaît le terme vinicole comme un emprunt du français mais qu'il le lie à la forme intégrée. On pourrait interpréter la forme double comme une étape vers l'intégration du terme en grec. À noter que l'assemblage de fleurs est toujours μπουκέτο en grec, jamais *bouquet*.

Jusqu'ici, seuls des exemples d'emprunts français en grec ont été présentés. Il est évident que le prestige de la France dans le domaine œnologique est à l'origine de ces emprunts. D'autre part, on a vu que la culture œnologique grecque a une tradition qui remonte bien plus loin que la culture du vin en France. C'est pourquoi il ne peut surprendre qu'il y ait aussi des emprunts dans l'autre direction. En effet, on en a vu un premier exemple en (5). Le mot άρωμα ('arôme') dérive du mot grec hellénistique ἄρωμα, motivé par le fait que les Araméens étaient des marchands de parfums. La nature terminologique du mot est mise en évidence par l'opposition à οσμή [osmi] ('odeur') (cf. Holley 2006, 37-58).

Un type d'emprunt qui est très répandu en terminologie est illustré par ἄμπελος ('vigne'). Ce mot grec, attesté dès Homère (Mehler 1919 : ἄμπελος), est à la base de plusieurs formations néoclassiques. Robert (1986) en donne huit, dont *ampélographie* ('étude scientifique de la vigne') est attestée dès 1845. Pour l'anglais, ten Hacken (2012) montre que la formation néoclassique constitue un système spécial de formation de mots. Pour la terminologie, les formations néoclassiques constituent une composante importante dans certains champs. Un tel système s'est développé dans la plupart des langues de l'Europe occidentale au cours du XIXème siècle. De cette façon, une seule formation peut être à l'origine d'une pléthore de formations dans plusieurs langues. La formation d'*ampélographie*, qui se compose de *ampélo* et *graph(o)*, introduit un nouveau radical *ampélo* avec un sens déterminé par le mot grec. Souvent, c'est l'emprunt à l'aide d'un dictionnaire grec qui est à l'origine de tels mots. Dès que le mot est établi, le radical peut être utilisé dans d'autre formations. La similitude entre les systèmes néoclassiques des langues différentes rend l'emprunt entre ces langues extrêmement facile, parce qu'il semble que la formation se fait dans sa propre langue.

En dehors des formations néoclassiques, on peut aussi observer des emprunts de mots pour des notions culturelles. Un trajet intéressant, mais pas du tout unique, peut être retracé pour συμπόσιο [symposio]. Le mot ancien συμπόσιον a une étymologie qui se réfère à σύν ('avec') et πόσις ('boireₙ'), c'est-à-dire 'une occasion où on boit [du vin] ensemble, un banquet'. Ce mot est passé en anglais, d'abord comme titre d'un dialogue platonique. OED (2020 [1919] : *symposium*) donne une première attestation dans ce sens en 1711. Puis le sens a évolué vers 'réunion où on discute d'un thème spécifique en présence de plusieurs personnes'. OED donne une première attestation de ce sens en 1784. Le premier exemple, où le sujet est explicitement de nature scientifique, est de 1877. Robert (1986 : *symposium*) ne donne que les sens de 'réunion philosophique' et 'congrès scientifique réunissant un nombre de restreint de spécialistes et traitant un sujet particulier', avec une date de 1857 pour la première attestation. Comme avec les formations néoclassiques, il est difficile d'établir dans quelle langue le sens de réunion scientifique sans aucune association à la consommation de vin est apparu plus tôt. Il faut noter, par ailleurs, que ce sens s'est établi ensuite comme le mot ordinaire pour 'colloque' en grec moderne.

En somme, on observe une grande perméabilité à l'emprunt de mots français en grec, qui ne semble guère être freinée par la différence des alphabets. Ces emprunts sont aussi bien des termes au sens étroit que des éléments du vocabulaire spécialisé. Dans le sens inverse, c'est surtout dans les formations néoclassiques qu'on trouve des emprunts du grec en français.

4. L'intégration de terminologie

Dans la discussion de l'emprunt de terminologie, on a constaté qu'il y a une certaine barrière à l'intégration de termes d'origine française dans le système de la langue grecque. La différence des alphabets est la partie la plus évidente de cette barrière. Seront présentés ici des cas où cet obstacle à l'intégration a été franchi. Un premier exemple en est (7) :

7) *Ένα δροσερό ροζέ είναι επίσης καλό.*
    'Un rosé frais est également bon.'

La phrase en (7), tirée de Oinos (2019c), fait partie d'une recommandation de l'accord des mets et des vins. Le mot ροζέ ('rosé') a été transcrit phonologiquement. Il faut noter que le ζ correspond à <z>, mais le σ <s> entre deux voyelles se prononce /s/ plutôt que /z/. En (7), ροζέ apparaît comme un nom. On le trouve aussi dans l'expression ροζέ κρασί ('vin rosé'), où il est un adjectif. Ce type de transposition est fréquent en grec. Si on part de l'hypothèse que l'adjectif est à l'origine de la paire, il n'est donc pas nécessaire d'attribuer cet usage à un emprunt au français.

Avec la transcription, l'intégration n'est pas encore complète, comme l'illustrent les exemples (8) et (9) :

8) *Το αρωματικό Gewurztraminer σε ενδιαφέρουσες ροζέ οινοποιήσεις το συναντάμε επίσης στον Λίγηρα*
    'Nous trouvons le gewurztraminer aromatique vinifié en des rosés intéressants également dans la Loire'

481

9) *Τα τελευταία χρόνια οι πωλήσεις των ροζέ κρασιών αυξάνονται με ραγδαίους*
   ρυθμούς
   '*Au cours des dernières années, les ventes de vins rosés ont augmenté*
   rapidement'

En (8), tiré d'une critique d'un vin publiée par Oinos (2019b) suivant le modèle des critiques de livres, ροζέ est accompagné de l'adjectif pluriel ενδιαφέρουσες [endiaferouses] ('intéressants'). Seul l'adjectif montre que le nom ροζέ doit être un pluriel. L'exemple (9) apparaît en Oinos (2019d), une présentation générale des vins rosés comme genre de vin. Ici, ροζέ est un adjectif dans la phrase nominale των ροζέ κρασιών [ton roze krasion] ('des vins rosés'). On notera que l'article των et le nom κρασιών sont au génitif pluriel. Quoique le système des cas se soit simplifié depuis le grec ancien, le génitif est toujours marqué. Dans le cas de noms et adjectifs empruntés, par contre, il y a une classe importante de mots non déclinés, dont ροζέ.

Un problème qui dans ce cas s'est résolu quasi automatiquement par l'ambiguïté de la catégorie syntaxique, c'est l'attribution d'un genre. La forme de l'article et celle de l'adjectif modifiants ροζέ en (7) sont neutres, ce qui correspond au genre de κρασί.

Une autre classe de mots qui résolvent la question du genre d'une façon naturelle est celle des désignations de personnes. Il y a cependant des cas qui montrent une intégration partielle. Considérons le cas de *sommelier*. Pour le français, Larousse (s.d. : *sommelier*) donne la forme comme « sommelier, sommelière ». Pour l'allemand, Duden (2020) a deux entrées pour *Sommelier* et *Sommelière*. En grec, on trouve des cas comme (10) :

10) *σύμφωνα με την πιστοποιημένη sommelier, συγγραφέα και ιδρυτή του Wine for*
    Normal People, την Elizabeth Schneider
    '*selon la sommelière certifiée, auteur et fondatrice de Wine for Normal People,*
    Elizabeth Schneider'

En (10), tiré de Oinos (2019e), on se réfère à une femme qui a une certification de sommelier. L'article την et le participe attributif πιστοποιημένη [pistopoiemene] ('certifiée') ont la forme féminine, mais en grec, *sommelier* ne change pas de forme. Apparemment, la forme *sommelière* n'a pas été empruntée et on emploie la forme qui marque le genre masculin en français aussi pour le féminin.

Un exemple d'un mot emprunté qui s'est intégré dans le système morphologique grec est *champagne*. On le trouve en (11) :

11)   *H Dom Pérignon είναι η σαμπάνια που δεν χρειάζεται εισαγωγή.*
        '*Dom Pérignon est le champagne qui n'a pas besoin d'introduction.*'

En (11), tiré de Oinos (2019f), *champagne* apparaît comme σαμπάνια [sampania]. Avec la translitération, la forme s'est adaptée à la prononciation grecque, où le /ʃ/ initial du français est devenu /s/. Pour la consonne finale, /ɲ/ en français, l'approximation avec νι en grec est plus proche, mais elle entraîne l'addition d'une voyelle α. Avec cette voyelle, l'intégration morphologique est déjà déterminée. En effet, la terminaison -α marque le genre féminin, comme attesté par l'article η en (11). Elle marque aussi la déclinaison, comme l'illustrent les exemples (12) et (13) :

12)   *Τα τρία ξεχωριστά περιβάλλοντα ωρίμανσης που ενέχονται σε κάθε επίπεδο της MCIII - μέταλλο, ξύλο και γυαλί - είναι ζωτικής σημασίας για την επιτυχία της σαμπάνιας.*
        '*Les trois environnements de maturation distincts impliqués à tous les niveaux de MCIII – métal, bois et verre – sont essentiels au succès du champagne.*'

13)   *H Moët & Chandon MCIII 001.14, που δοκιμάσαμε είναι μια από τις πιο πολύπλοκες σαμπάνιες που έχουμε δοκιμάσει ποτέ!*
        '*Le Moët & Chandon MCIII 001.14 que nous avons essayé est l'un des champagnes les plus complexes que nous ayons jamais goûté !*'

En (12) et (13), tirés de Oinos (2018), on trouve des formes fléchies de σαμπάνια, le génitif singulier σαμπάνιας en (12) et le nominatif/accusatif pluriel σαμπάνιες en (13). Notons que ce sont exclusivement des facteurs phonologiques qui sont responsables de ce phénomène. En effet, l'attribution du genre féminin est plutôt inattendue par rapport aux données françaises et ne s'accorde pas avec les mots pour 'vin' en grec en (1), dont (1a) est masculin et (1b) neutre.

Les exemples considérés dans cette section montrent qu'il y a plusieurs barrières à une intégration complète d'un terme emprunté en grec. La transcription en alphabet grec entraîne une adaptation à la prononciation grecque. Puis, pour les noms, il faut choisir un genre. Enfin, une classe nominale doit être attribuée.

On a vu trois facteurs qui influencent le choix d'un genre. D'abord, il y a le genre naturel, qui peut s'imposer même en l'absence de marqueurs morpho-phonologiques, cf. (10). Ensuite, il y a des facteurs sémantiques qui jouent quand le nom peut être interprété comme une réduction d'un syntagme A+N, comme dans le cas de ροζέ. Enfin, l'adaptation phonologique peut résulter dans l'attribution d'un nom à une déclinaison grecque associée à un genre spécifié, comme dans le cas de σαμπάνια.

Beaucoup de termes empruntés ne sont jamais intégrés dans le système grec de classes nominales. Une portion importante de noms reste indéclinable. Pour une intégration dans le système, le nom doit avoir une terminaison qui s'accorde avec celle de mots grecs de souche.

5.   La traduction de terminologie

Jusqu'ici nous avons montré comment le grec a emprunté des termes du français et comment ces termes peuvent être intégrés dans le système de la langue. Il y a plusieurs barrières à cette intégration, et pour un terme donné le degré d'intégration peut se déduire des barrières qu'il a franchi. À côté des termes empruntés comme formes françaises, il y a aussi des termes qui suivent une route différente vers l'intégration. À présent, on se tournera vers les termes qui entrent dans la langue par la traduction.

Un exemple d'un groupe de termes où la traduction a été à l'origine de leur forme est celui des classifications d'appellations. Un système de classification donne deux types d'informations sur un vin, sa région d'origine et sa classe de qualité. Les plus anciens systèmes de classification, comme par exemple le classement des vins de Bordeaux de 1855, prennent comme objet de classification des producteurs. C'est avec la fondation de l'INAO en 1935 que naît le système des appellations d'origine contrôlées. Ce système, développé par Joseph Capus (1867-1947) et Pierre Le Roy Boiseaumarié (1890-1967), est original en tant qu'il donne de règles générales à deux niveaux. D'abord, il y a des règles pour les vins d'une appellation, qui donnent les conditions pour un vin portant cette appellation, le *cahier des charges*. Ensuite, il y a des règles pour la création d'une appellation, spécifiant comment les vignerons d'une certaine région géographique peuvent obtenir une appellation pour leur région. Humbert (2011) décrit l'histoire de la création de l'INAO et les discussions sur le mode d'opérer à la période initiale. De tels systèmes ont ensuite été introduits dans d'autres pays, surtout en Europe, où le vin est associé à la culture régionale et locale de la zone de production. Depuis les années 1990, l'Union Européenne s'est efforcée de garantir la compatibilité mutuelle entre la législation nationale des états membres.

Le système de classifications en vigueur en Grèce depuis le 1er aout 2009 et expliqué par KEOSOE (s.d.) connaît les classes énumérées en (14) :

14) a. *Προστατευόμενη Ονομασία Προέλευσης (Π.Ο.Π.)*
   [Prostateuomeni Onomasia Proeleusis (P.O.P)]

b. *Προστατευόμενη Γεωγραφική Ένδειξη (Π.Γ.Ε.)*
   [Prostateuomeni Geografiki Endeixi (P.G.E.)]

Le participe προστατευόμενος, qui apparaît au féminin dans les deux désignations en (14), signifie 'protégé'. En (14a), ονομασία προέλευσης est 'appellation d'origine' et en (14b) γεωγραφική ένδειξη est 'indication géographique'. On reconnaît alors les expressions françaises d'*appellation d'origine protégée* et d'*indication géographique protégée*. Dans ce cas, le fait que les expressions grecques soient des traductions d'expressions françaises n'est pas une surprise, parce que les classifications proviennent de l'Union Européenne.

Tournons-nous maintenant vers les dénominations en vigueur jusqu'en 2009, qui sont celles données en (15) :

15) a. *Ονομασία Προέλευσης Ελεγχόμενη*
   [Onomasia Proeleusis Elenchomeni]

b. *Ονομασία Προέλευσης Ανωτέρας Ποιότητας*
   [Onomasia Proeleusis Anoteras Poiotitas]

c. *Τοπικός Οίνος*
   [Topikos Oinos]

En (15a) et (15b), on reconnaît ονομασία προέλευσης ('appellation d'origine') de (14a). En (15a) cette expression est complétée par le participe ελεγχόμενος ('contrôlé') au féminin, ce qui en fait une traduction directe d'*appellation d'origine contrôlée*. En (15b), la suite est le génitif du nom ποιότητα ('qualité') et de l'adjectif ανώτερος ('supérieur'). En France, il y avait la catégorie des *vins délimités de qualité supérieure* (VDQS). Le nom officiel d'origine de cette catégorie, utilisé rarement, était *appellation d'origine vin délimité de qualité supérieure*. Ce que nous trouvons en (15b) est donc la traduction d'une autre forme réduite du nom français officiel. En (15c), le nom de (1a) est modifié par un adjectif relationnel de τοπός [topos] ('lieu'). C'est en effet un équivalent assez fidèle de *vin de pays*.

Il est intéressant de voir dans quelle mesure d'autres systèmes auraient donné des catégories différentes. En Allemagne, les catégories en vigueur avant la réforme par l'Union Européenne étaient celles données en (16) et en Italie, celles énumérées en (17) :

16) a. *Qualitätswein mit Prädikat*
       '*Vin de qualité avec prédicat*'
    b. *Qualitätswein eines bestimmten Anbaugebietes*
       '*Vin de qualité d'une zone de viticulture déterminée*'
    c. *Landwein*
       '*Vin de pays*'

17) a. *Denominazione di Origine Controllata e Garantita*
       '*Appellation d'origine contrôlée et garantie*'
    b. *Denominazione di Origine Controllata*
       '*Appellation d'origine contrôlée*'

Le système allemand a le même nombre de catégories, mais les noms de (16a-b) contiennent *Qualitätswein* comme base, tandis qu'en grec il y a ονομασία προέλευσης ('appellation d'origine'). Le *Prädikat* en (16a) n'a pas d'équivalent en grec. Le système italien a la même base que (15a-b) en grec, mais la troisième catégorie manque. En plus, au lieu de *garantito* en (17a) il y a ελεγχόμενος ('contrôlé') en (15a). On peut donc en conclure que le système de classification des vins grecs avant 2009 était un transfert des catégories du système en vigueur en France avec une traduction des noms des catégories. Le choix des noms n'est pas déterminé par l'objet et aurait été différent si le système allemand ou celui de l'Italie avait été la source.

6. Conclusion

Pour la terminologie du grec moderne et pour les relations linguistiques entre le grec et le français, l'œnologie est un domaine intéressant. C'est à partir de la Grèce que la culture vinicole s'est répandue en Europe dans l'Antiquité. Par contre, c'est à partir de la France que la culture raffinée du vin à l'époque moderne s'est répandue dans le monde.

Comme on pouvait s'y attendre, il y a des emprunts dans les deux directions. D'une part, il y a des termes avec des appellations néoclassiques en français, d'autre part, il y a des concepts qui se sont développés à l'époque moderne et dont l'appellation française a été empruntée en grec. On a vu cependant que la nature des emprunts en grec montre une influence d'un ordre différent de celles des emprunts en direction inverse.

Comme le grec a un alphabet propre, pour chaque instance d'emprunt il faut prendre une décision sur l'alphabet à employer. En français, les emprunts du grec sont toujours translitérés. En grec, la translitération constitue une première barrière à l'intégration. Dans des textes du domaine de l'œnologie, il est tout à fait normal de trouver des termes français non-translitérés. Avec la translitération, c'est aussi la prononciation en grec qui est représentée. Pour les noms, qui constituent la majorité des termes, un genre doit être choisi. Il y a plusieurs considérations dans ce choix. D'une part, il y a le genre du mot français, d'autre part, on peut se rapporter au genre du mot correspondant en grec. Enfin, dans certains cas, le genre est déterminé par la déclinaison en grec. Cependant, la déclinaison est elle-même une barrière supplémentaire à l'intégration d'un emprunt, parce que la plupart des emprunts restent indéclinés en grec.

Tandis que toutes ces considérations se rapportent aux cas où l'emprunt commence par la forme, on a vu aussi des cas où le concept constitue le point de départ. Dans ces cas, le terme grec se présente comme une traduction du terme français.

En passant de revue un certain nombre d'exemples, on a pu constater que la barrière de l'alphabet propre n'empêche pas les emprunts du français en grec. Dans les textes grecs spécialisés, il y a beaucoup d'expressions en alphabet latin. L'intégration successive semble moins fréquente. Pour la différence entre les termes au sens étroit et les termes du vocabulaire spécialisé, on a constaté qu'ils sont tous attestés à toutes les étapes. Pour une évaluation quantitative, il faudrait disposer de plus de données que celles que nous avons pu recueillir.

Bibliographie

Della Bianca, Luca / Beta, Simone (2015): *Il dono di Dionisio: Il vino nella letteratura e nel mito in Grecia e a Roma*. Roma: Carocci

Duden (2020): *Duden online*. Berlin: Bibliographisches Institut, https://www.duden.de

Fédération Hellénique du Vin (s.d.): Οι κατηγορίες των ελληνικών κρασιών. http://greekwinefederation.gr/gr/content/show/&tid=35 (06/10/2020)

Gavriilidou, Zoe / Efthymiou, Angeliki / Thomadaki, Evangelia / Kambakis-Vougiouklis, Penelope (éds.) (2012): *Selected Papers of the 10th International Conference of Greek Linguistics*. Komotini: Democritus University of Thrace

ten Hacken, Pius (2012): Neoclassical Word formation in English and the Organization of the Lexicon. Dans: Gavriilidou et al., 78-88

ten Hacken, Pius (2015): Terms and Specialized Vocabulary: Taming the Prototypes. Dans: Kockaert / Steurs, 3-13

ten Hacken, Pius / Koliopoulou, Maria (2015): Three Types of Terminology in Chess. Dans: Valeontis, 63-75

Holley, André (2006): *Le cerveau gourmand*. Paris: Jacob

Humbert, Florian (2011): *L'INAO, de ses origines à la fin des années 1960: Genèse et évolutions du système des vins d'AOC*. Thèse de doctorat, Université de Bourgogne, Dijon

KEOSOE (s.d.): Ετικέτα, η « ταυτότητα » των κρασιών. Athènes: Κεντρική Συνεταιριστική Ένωση Αμπελοοινικών Προϊόντων (ΚΕΟΣΟΕ). https://www.keosoe.gr/ethniki-nomothesia/etiketa.html (06/10/2020)

Kockaert, Hendrik J. / Steurs, Frieda (éds.) (2015): *Handbook of Terminology: Volume 1*. Amsterdam: Benjamins

Larousse (s.d.): *Dictionnaire de français*. Paris: Larousse, https://www.larousse.fr/dictionnaires/francais

Mackridge, Peter (2009): *Language and National Identity in Greece, 1766-1976*. Oxford: Oxford University Press

Makris, Giorgos (2020): Οινοτουρισμός - Δοκιμή & αξιολόγηση οίνων, *Οινικές εξερευνήσεις*. https://winesurveyor.weebly.com/tour5.html (06/10/2020)

Mehler, Jakob (1919): *Woordenboek op de gedichten van Homèros*. 's-Gravenhage / Rotterdam: Nijgh & van Ditmar

newwinesofgreece (s.d.): Το κρασί στην κάβα, *newwinesofgreece*. http://www.newwinesofgreece.com/to_krasi_sto_kelari/el_to_krasi_stin_kaba.html (06/10/2020)

OED (2000-2020): *Oxford English Dictionary*, Third edition, edited by Michael Proffitt. Oxford: Oxford University Press, www.oed.com[1]

Oinos (2018): Moët & Chandon MCIII 001.14 Τρία διαφορετικά «σύμπαντα» σε μια αριστουργηματική σαμπάνια, le 21 décembre 2018, http://www.krasiagr.com/moet-chandon-mciii-001-14-tria-diaforetika-sympanta/ (06/10/2020)

Oinos (2019a): Τί είναι τραγανό κρασί, *Oinos*, le 5 septembre 2019, http://www.krasiagr.com/ti-einai-tragano-krasi/ (06/10/2020)

Oinos (2019b): Lenga Pink 2018 Avantis Estate, *Oinos*, le 3 juillet 2019, http://www.krasiagr.com/lenga-pink-2018-avantis-estate/ (06/10/2020)

Oinos (2019c): Ιταλικό κρασί & ζυμαρικά: ποιοι είναι οι ιδανικοί συνδυασμοί, *Oinos*, le 16 août 2019, http://www.krasiagr.com/zymarika-kai-italiko-krasi-syndyasmoi/ (06/10/2020)

Oinos (2019d): Ροζέ κρασί: βασικά πράγματα που πρέπει να γνωρίζετε, *Oinos*, le 24 juin 2019, http://www.krasiagr.com/rose-wine-basika-pragmata-pou-prepei-na-gnwrizete/ (06/10/2020)

Oinos (2019e): Γιατί τα βιδωτά πώματα μπορεί να είναι καλύτερα από τους φελλούς, σύμφωνα με μια sommelier, *Oinos*, le 8 juillet 2019, http://www.krasiagr.com/ta-bidota-pwmata-einai-kalytera-apo-tous-felous/ (06/10/2020)

Oinos (2019f): Η Dom Perignon cuvee 2008 είναι η σαμπάνια που θέλουν οι σοβαροί συλλέκτες στο κελάρι τους, *Oinos*, le 12 juin 2019, http://www.krasiagr.com/%ce%b7-dom-perignon-cuvee-2008/ (06/10/2020)

Poplack, Shana (2018): *Borrowing: Loanwords in the Speech Community and in the Grammar*. New York: Oxford University Press

Robert, Paul (éd.) (1986): *Dictionnaire alphabétique et analogique de la langue française*, 2ᵉ éd. (Alain Rey). Paris: Le Robert

Rosch, Eleanor (1978): Principles of Categorization. Dans: Rosch / Lloyd, 27-48

Rosch, Eleanor / Lloyd, Barbara B. (éds.) (1978): *Cognition and Categorization*. Hillside NJ: Lawrence Erlbaum

Saussure, Ferdinand de (1981 [1916]): *Cours de linguistique générale*, édité par Charles Bally et Albert Sechehaye; Édition critique préparée par Tullio de Mauro. Paris: Payot

---

[1] Les révisions de la troisième édition sont publiées de façon progressive à partir de 2000. Les dates pour les articles individuels du dictionnaire sont indiqués dans le texte en crochets.

Temmerman, Rita (2000): *Towards New Ways of Terminology Description: The Sociocognitive Approach*. Amsterdam: Benjamins

Valeontis, Kostas (éd.) (2015): *Hellenic Language and Terminology*. Athens: ELETO

Wright, Sue Ellen / Budin, Gerhard (éds.) (1997): *Handbook of Terminology Management, Volume 1: Basic Aspects of Terminology Management*. Amsterdam: Benjamins

Wüster, Eugen (1979): *Einführung in die allgemeine Terminologielehre und terminologische Lexikographie*, édité par L. Bauer. Wien: Springer

Maria Koliopoulou, Pius ten Hacken
Institut für Translationswissenschaft
Leopold-Franzens-Universität Innsbruck
maria.koliopoulou@uibk.ac.at, pius.ten-hacken@uibk.ac.at

Franca Bosc / Bettina Mottura[1]

Le Dictionnaire des vins et des cépages d'Italie, une œuvre terminographique italo-chinoise

Résumé :

Le Dictionnaire bilingue des vins et des cépages (italien-chinois), qui a paru en Italie en 2019, est le résultat d'un projet de recherche développé par un groupe international de chercheurs de l'Université de Milan et de L'Université Normale du Liaoning (Chine) avec le support de l'Institut Confucius de l'Université de Milan.

A partir d'une analyse des normes qui règlent le secteur œnologique dans le contexte italien et européen, des experts d'œnologie, de viticulture et de la langue italienne ont identifié les dénominations des vin produits en Italie et des noms des cépages qui y sont cultivés et ont développé les définitions standard de ces termes en Italien. L'effort principal de cette première phase a été concentré sur la vulgarisation du langage scientifique. Ensuite, des experts de la langue et de la culture Chinoise, en puisant dans une base plutôt limitée de sources sur l'œnologie italienne disponibles en Chine, ont sélectionné ou élaboré les équivalents des entrées (vins et cépages) et en ont traduit les définitions. La rédaction en chinois à confronté le groupe de recherche à des questions de standardisation des termes, de traduction italien-chinois et de médiation culturelle visant un public de lecteurs italiens et chinois, experts et profanes.

Cet article retracera les origines et la méthodologie du projet de recherche et illustrera le processus de rédaction du texte bilingue du Dictionnaire des vins et des cépages d'Italie. L'objectif de l'article est de mettre en évidence les principaux obstacles de nature linguistique rencontrés pendant l'élaboration de cette œuvre terminographique bilingue et les stratégies adoptées pour les résoudre.

Mots clés : définition des termes, œnologie, viticulture, traduction, chinois, standardisation des termes

Abstract:

The bilingual dictionary of wines and grape varieties (Italian-Chinese) that was published in Italy in 2019 is the result of a research project developed by an international group of researchers from the University of Milan and the Liaoning Normal University (China) with the support of the Confucius Institute of the University of Milan.

---

[1] Franca Bosc est autrice des § 1, 2 et 3 de l'article, Bettina Mottura est autrice des § 4, 5 et 6.

Starting from an analysis of the norms and standards regulating the œnological sector in the European context, experts in oenology, viticulture, and Italian language have identified a list of wines and grape varieties produced in Italy and have developed standard definitions of these terms in Italian. The first phase of the research project concentrated on the popularization of scientific language. Subsequently, experts of Chinese language and culture, drawing from a rather limited base of sources on the Italian œnology sector available in China, selected or created Chinese equivalents for wines and grape varieties and translated the definitions. In the second phase the research group was confronted with tasks such as the standardization of terms, Italian-Chinese translation and cultural mediation.

This article will retrace the origins and methodology of the research project and illustrate the process of drafting the bilingual text of the Dictionary of Italian wines and grape varieties. The objective of the article is to highlight the main linguistic obstacles encountered during the development of this terminographic work and the strategies adopted to overcome them.

Keywords: définition of terms, œnology, viticulture, translation, Chinese, standardization of terms

1.   Introduction

Le Dictionnaire bilingue des vins et des cépages (italien-chinois) qui a paru en Italie en 2019 est le résultat d'un projet de recherche développé par un groupe international de chercheurs de l'Université de Milan et de L'Université Normale du Liaoning (Chine) avec le support de l'Institut Confucius de l'Université de Milan.[2]

Cet article retracera les origines et la méthodologie du projet de recherche et illustrera le processus de rédaction du texte bilingue du Dictionnaire des vins et des cépages d'Italie. L'objectif de l'article est de mettre en évidence les principaux obstacles de nature linguistique rencontrés pendant l'élaboration de cette œuvre terminographique bilingue et les stratégies adoptées pour les résoudre.

---

[2] Les membres du groupe de recherche appartiennent aux Départements de Sciences de la Médiation Linguistique et d'Études interculturelles, de Sciences pour les Aliments, la Nutrition, l'Environnement et de Sciences Agricoles et Environnementales – Production, Territoire, Agroénergie ainsi que du Contemporary Asia Research Centre de l'Université de Milan, et de l'Université Normale du Liaoning.

492

2. De l'alimentation à l'œnologie : les origines de deux dictionnaires

Le travail de recherche et la publication du Dictionnaire des vins et des cépages d'Italie italien-chinois (2019) représente la suite idéale du projet qui a conduit à la parution en 2015 d'un Dictionnaire de l'Alimentation (ci-après DA), italien-anglais-chinois (Garzone et al. 2015).[3] Au sein du projet terminologique "Parole per mangiare/ Words for food", le DA se voulait un produit terminographique. Le point de départ avait été le constat qu'il ne faut pas nécessairement penser à la terminologie comme à une discipline aseptique, répertoriant les concepts et leurs nomenclatures, voire indépendante vis-à-vis de la linguistique, comme elle a été traditionnellement conçue (Wüster 1991 ; Felber 1984). Cette attitude a permis l'ouverture à des idées différentes et plus dynamiques qui ont contribué à une conception plus flexible et plus intégrée dans la perspective de la linguistique et de l'analyse du discours. Il s'agit donc d'une conception qui vise à considérer également le niveau de la *parole*, replaçant la terminologie dans le milieu communicatif de l'information textuelle (Garzone 2016, 216-218). On allait vers le dépassement de l'approche onomasiologique pure qui, après l'organisation des concepts, se réduit à un processus nomenclatoire, en soutenant l'exigence de prendre en compte le contexte communicatif et linguistique dans lequel la terminologie est utilisée (Sager 1990, 56-58). Par conséquent les termes ne sont plus considérés comme univoques, mais plutôt comme des entités polyédriques (Cabré 2000, 48-49) qui dialoguent avec la langue commune, puisqu'ils sont aptes à exprimer en même temps la connaissance spécialisée et la connaissance générale (Cabré 2000, 54). Pour les domaines traités par le DA cette approche s'est révélée fondamentale car les thèmes de la gastronomie et de la cuisine prévoient des éléments à forte connotation culturelle. Le DA avait pour but général, en fait, d'étudier dans le détail la langue de la nourriture, de la cuisine et de la nutrition sous tous ses aspects, dans la perspective d'EXPO 2015.

Au départ, afin de définir de manière exacte l'objet d'étude du projet, nous avions fait référence aux sept sous-thèmes annoncés par EXPO 2015 : la science au service de la sécurité et de la qualité alimentaire ; l'innovation dans la filière

---

[3] Le projet a été lancé par le Département de Sciences de la Médiation Linguistique et d'Études Interculturelles de l'Université des Études de Milan et a été soutenu scientifiquement et financièrement par l'Institut Confucius et par Autogrill S.P.A à l'occasion d'Expo 2015.

alimentaire ; la technologie au service de l'agriculture et de la biodiversité ; l'éducation alimentaire ; la solidarité et la coopération alimentaire ; l'alimentation pour améliorer les modes de vie ; l'alimentation dans les cultures et dans les ethnies. Par la suite, nous avons choisi de focaliser le travail sur quatre domaines qui ont l'avantage de correspondre à autant de domaines scientifiques et professionnels, avec leurs répertoires terminologiques : nutrition et éducation alimentaire ; sécurité alimentaire ; science et technologie pour l'alimentation ; nourriture, préparations et techniques de cuisine (ce dernier domaine intitulé, pour simplifier, "gastronomie"). Trois de ces domaines ont un caractère nettement spécialisé, tandis que la "gastronomie" d'une part se qualifie comme un secteur d'activité professionnelle, mais d'autre part est une matière qui comprend des activités et des objets à forte portée culturelle.

Au niveau de la recherche, les objectifs fondamentaux du projet étaient les suivants : produire en plusieurs langues une carte conceptuelle et terminologique des savoirs liés aux quatre domaines choisis ; étudier la structure de cette carte conceptuelle et le lexique qui en dérive, tout en gardant à l'esprit qu'il est spécialisé mais qu'il appartient en même temps à la langue commune ; contribuer, là où cela était possible, à la normalisation de la terminologie au sein des domaines disciplinaires étudiés; explorer les procédures à adopter dans la traduction des termes culturellement déterminés, en utilisant la langue de la nourriture et de la cuisine comme cas d'étude.

En même temps nous avions décidé d'organiser la recherche de façon à ce qu'elle puisse être utile à des objectifs plus concrets, en envisageant des produits terminographiques dérivant du travail terminologique qui puissent servir à tous ceux qui, à différents niveaux, s'occupent des disciplines et des activités visées par l'étude, à savoir les travailleurs et les professionnels à différents titres, traducteurs, journalistes, rédacteurs scientifiques, professeurs et étudiants. Concrètement, les produits d'utilité pratique réalisés grâce aux projets ont été deux :

- Le DA en trois langues, l'italien, l'anglais et le chinois
- Une base de données terminologique électronique en neuf langues (arabe, chinois, français, anglais, portugais, russe, espagnol et allemand, en plus de l'italien)[4]

2.1. Le Dictionnaire de l'Alimentation (2015)

Le DA est un outil de consultation rapide : y sont enregistrés – pour chaque entrée – des mots et des syntagmes en italien, et on en donne la traduction en anglais et en chinois, avec la transcription phonétique des entrées et des mots-traduction et l'indication dans chaque cas du domaine de compétence, grâce à l'introduction d'étiquettes de secteur, utiles surtout en cas d'homonymie ou d'homographie des mots. Les index en anglais et en chinois permettent de repérer rapidement le mot italien correspondant.

Dans un premier temps le groupe de recherche a travaillé dans une perspective onomasiologique, en développant une carte conceptuelle des quatre domaines. Par exemple, pour les ingrédients, nous avons procédé à une répartition en 'produits naturels' et 'produits travaillés' et nous avons créé un arbre conceptuel pour chacune des deux sous-catégories, obtenant ainsi un recensement complet des ingrédients de cuisine. Pour 'remplir' les nœuds de l'arbre, nous avons utilisé une procédure de type sémasiologique : nous avons extrait les termes d'un corpus de textes authentiques comparables en différentes langues. C'étaient des textes indépendants mais comparables sur la base de caractéristiques similaires en termes de domaine, sujet, fonction communicative, style, genre etc… (Peters / Picchi 1997, 254), sélectionnés parmi les genres textuels qui, même en termes de différenciation verticale (Cortelazzo 1990/1994), étaient considérés représentatifs des domaines communicatifs les plus importants et de différents niveaux de spécificité linguistique.

---

[4] Chaque terme étant associé à l'indication du domaine, la partie du discours, la définition du terme relative à ce domaine, l'enregistrement de la prononciation et l'illustration de l'utilisation du terme en contexte, tirée de textes authentiques.

Tableau 1 : Arbre conceptuel des produits naturels, en langue anglaise
(Garzone 2016, 220)

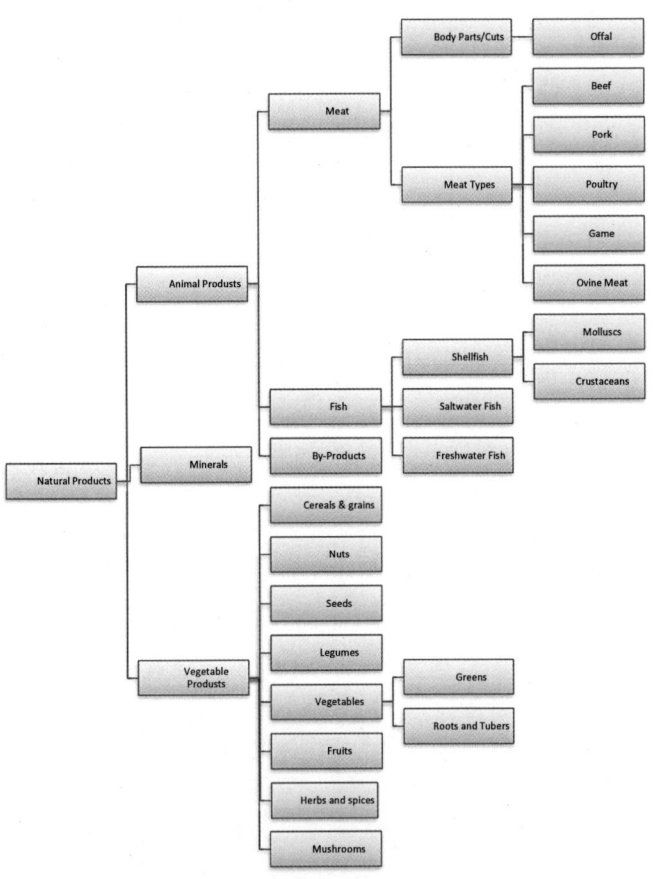

Dans la phase qui a suivi l'élaboration des arbres conceptuels, nous avons procédé au rassemblement des corpora en format électronique, afin de pouvoir les interroger à l'aide de logiciels spécifiques (notamment *Wordsmith Tools*, Scott 2011) pour l'extraction des termes.

Après avoir sélectionné les termes à insérer dans le dictionnaire, nous les avons classés dans l'arbre conceptuel, de façon à le remplir, car c'était un instrument fondamental pour l'élaboration des définitions.

Au moment de la rédaction du DA, pour chaque terme nous avons proposé les abréviations de caractère grammatical, la transcription phonétique, le domaine d'appartenance et les mots-traduction avec leurs transcriptions phonétiques. Pour le chinois nous avons préféré la transcription en Pinyin (système de romanisation du chinois), et l'ajout d'éventuelles gloses explicatives, là où elles paraissaient nécessaires.

Exemple 1 : Page d'exemple (DA, 190)

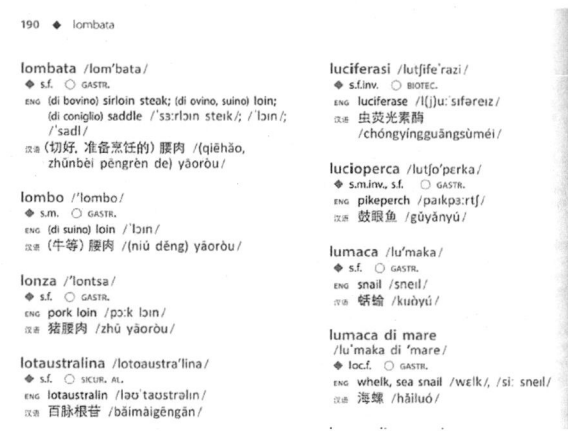

2.2. Le Dictionnaire des vins et des cépages (2019)

Quelques années plus tard, forts de l'expérience accumulée avec la publication du Dictionnaire de l'Alimentation (2015), une partie des auteurs du DA a coordonné un nouveau projet de recherche qui vise à combler une lacune dans les contextes éditoriaux italien et chinois. Le Dictionnaire des vins et des cépages d'Italie italien-chinois (Bosc et al. 2019) (ci-après DVC) est lui aussi le résultat d'un travail capillaire de recherche interdisciplinaire d'un groupe d'experts et d'expertes italiens et chinois spécialisés dans des disciplines telles que la viticulture et l'œnologie, la lexicographie, la traduction italien-chinois et la standardisation des transcriptions de dénominations et de noms.

L'Italie a une tradition vinicole très ancienne – comme l'atteste le nom Enotria (*Terre du vin*) utilisé par les Grecs pour qualifier le Sud du pays – et répandue sur tout le territoire. Chaque région italienne a trouvé sa propre "vocation œnologique" : quoiqu'il existe des terroirs plus propices à la viticulture, du fait de leur territoire et des dimensions, chaque région a néanmoins au moins un vin qui la distingue, qui parle d'elle et représente une partie intégrante de la tradition locale. L'Italie est le pays des 123 DOCG, des 526 DOC, des 144 IGT et des 666 cépages.[5] Tel est l'éventail des termes définis dans le DVC.

Pour la rédaction nous avons suivi la démarche de la terminographie communicativiste et sociocognitiviste qui préconise la combinaison entre approches sémasiologiques et onomasiologiques déjà appliquée au DA. Cette alliance permet en fait de concilier la rigueur et la précision conceptuelle de la théorie traditionnelle avec l'exigence de considérer les termes dans leurs contextes réels d'utilisation :

> The onomasiological aspect resides in the treatment of a set of related terms. The semasiological aspect provides information on polysemy and diachronic changes in understanding. The data for a combined onomasiological and semasiological description are available in the textual archives of special language. (Temmerman 2000, 221)

Une langue de spécialité est une variété de langue utilisée dans le cadre de certains secteurs de la communauté linguistique et caractérisée par l'utilisation d'une terminologie plus ou moins spécialisée par rapport au lexique commun et par la présence de structures morphosyntaxiques spécifiques (Cortelazzo 1990/1994, Prada 2003, Gualdo / Telve 2012). Dans un dictionnaire bilingue spécialisé, en général, les termes sont univoques avec un seul mot-traduction et représentent une entrée lexicographique très courte : les comparaisons précises avec des sources fiables et attestées règlent tout problème d'ambiguïté (Marello 1989). Tout autre est le contexte d'un dictionnaire d'œnologie et viticulture où déjà dans la langue de départ s'ouvre un univers caractérisé par la culture, la géographie et les toponymes (*Colli bolognesi, Langhe*) et les choronymes (*Sicilia, Friuli-Venezia Giulia*), par les géo-synonymes (*Calabrese* et *Nero d'Avola, Zibibbo* et *Moscato di Pantelleria*), par les innombrables influences dialectales (*Sfursatt, Arneis*). Ainsi, le choix des termes scientifiques ou spécialisés qui vont paraître dans un

---

[5] Puisque le travail lexicographique que nous présentons naît dans le contexte œnologique italien qui en fait l'objet, nous préférons faire référence au système de classement italien des vins ; d'où les acronymes de l'Appellation d'Origine Contrôlée et Garantie (DOCG), de l'Appellation d'Origine Contrôlée (DOC) et de l'Indication Géographique Typique (IGT).

dictionnaire bilingue peut souvent paraître subjectif. Ce qui n'est pas forcément vrai, puisqu'il ne faut pas négliger le type de culture qui réside derrière chaque paire de langues (Kromann et al. 1984) : le lexique concernant les vins et les cépages a de fortes connotations culturelles, géographiques et linguistiques, à partir de la langue d'entrée, c'est-à-dire l'italien. Travailler pour l'internationalisation du secteur vinicole italien à travers un dictionnaire signifie beaucoup plus que "vendre un produit", cela veut dire apporter au monde une image géographique et linguistique de l'Italie.

3. Sources et méthode pour la rédaction du Dictionnaire des vins et des cépages : la rédaction du texte italien

L'étude des sources a permis d'abord l'identification de la liste des entrées du dictionnaire et ensuite l'élaboration des définitions bilingues. Le travail de rédaction a requis une collaboration dialectique et une profonde synergie entre lexicographes, œnologues, experts en viticulture, spécialistes du vin italiens et chinois, responsables de la normalisation des termes et traducteurs.

En ce qui concerne la partie italienne du texte, pour éviter tout excès de subjectivité et, en même temps, préserver la densité culturelle dont la langue du secteur œnologique est vectrice, nous avons donc consulté plusieurs sources.

Pour les dénominations des vins et leurs définitions, nous avons pris la décision de suivre principalement les indications des cahiers des charges des vins italiens publiées sur le site du Ministère des Politiques Agricoles, Alimentaires, Forestières et du Tourisme.[6] Le cahier des charges est un document normatif qui définit les critères productifs et commerciaux d'un vin ; il est proposé par un consortium de producteurs et doit être autorisé par le Ministère de l'Agriculture du pays de production.

Afin de rendre les définitions du DVC uniformes, nous avons élaboré un modèle standard qui permette d'encadrer chaque produit, en donnant les informations principales afin de pouvoir les différencier, et en même temps de rendre les définitions plus claires et facilement compréhensibles pour un lecteur

---

[6] Ministero delle politiche agricole alimentari e forestali (2019).

chinois. Nous avons également pris en compte la dimension verticale de la langue utilisée (Cortelazzo 1990 / 1994), dans le but de l'adapter aux destinataires finals. Nous sommes partis de la rédaction de l'entrée lexicographique qui demande au rédacteur de bonnes capacités d'écriture et de transparence, et une approche méthodique (Landau 2001). Afin de garantir cohérence et cohésion, pour les vins et les cépages nous avons créé un profil de l'entrée avec – à son intérieur – les termes, strictement en ordre alphabétique, nécessaires pour compléter la définition spécifique de chaque produit. Seule la longueur de la définition propre à chaque vin ou cépage varie en raison de la quantité d'information qu'elle doit contenir. Cette approche systématique a été transférée au chinois qui a repris la même configuration de l'entrée.

L'entrée de chaque terme est constituée d'une partie invariable ainsi que d'une partie qui varie en fonction du vin défini. Voici les caractéristiques retenues pour la définition de chaque vin et vignoble :

Typologie : qualités sensorielles – couleur (blanc, rosé, rouge), sucre résiduel (*amabile, dolce, passito, liquoroso*), présence de mousse (*frizzante, spumante*) ;

Version : vinification et techniques œnologiques (*classico, gran selezione, metodo classico, novello, riserva, superiore, vendemmia tardiva, Vin Santo, Occhio di Pernice*) ;

Spécification : Indications géographiques plus limitées

Exemple 2 : La structure des définitions (à l'exemple du vin 'Bagnoli di Sopra')

Vino prodotto nelle tipologie bianco, anche nella versione classico / spumante bianco, anche nella versione metodo classico / rosato, anche nella versione classico / spumante rosato, anche nella versione metodo classico / rosso, anche nelle versioni classico e riserva / liquoroso rosso, detto Vin da Viajo, anche nelle versioni classico e riserva, in provincia di Padova (regione Veneto), ottenuto da uve provenienti dai vitigni Chardonnay (min. 30%), Tocai Friulano e/o Sauvignon (min. 20%), Raboso Piave e/o Raboso Veronese (min. 10%) per la tipologia bianco; dal vitigno Raboso Piave (min. 90%) per le tipologie spumante bianco, spumante rosato e rosso liquoroso; dai vitigni Raboso Piave e/o Raboso Veronese (min. 50%), Merlot (max. 40%) per la tipologia rosato; dai vitigni Merlot (dal 15% al 60%), Cabernet Franc e/o Cabernet Sauvignon e/o Carménère (min. 25%), Raboso Piave e/o Raboso Veronese (max. 15%) per la tipologia rosso. Il disciplinare prevede anche la produzione di vini monovarietali a base di Cabernet Franc e/o Cabernet Sauvignon e/o Carménère, Cavrara, Corbina, Marzemina Bianca, Merlot, Refosco dal Peduncolo Rosso, Turchetta.

Les termes concernant les cépages ont été sélectionnés en consultant le Registro nazionale delle Varietà di Vite,[7] mis à jour le 21 novembre 2018. Pour des informations sur la provenance et le génotype, nous avons utilisé le Catalogue de variétés Vitis International VIVC – Institut Julius Kühn.[8] Aux noms énumérés dans le registre nous avons ajouté des synonymes locaux, mais uniquement s'ils étaient mentionnés dans les cahiers des charges italiens.

Pour la définition des cépages, nous avons également élaboré une partie invariable concernant l'origine (autochtone, international, mélange), la couleur de la baie, la zone de production et les synonymes régionaux.

Afin de faciliter la consultation de la part des destinataires finals de l'ouvrage, on n'y trouvera ni de transcription IPA (Alphabet Phonétique International) ni d'abréviations grammaticales : consulter le DVC, c'est aller directement au cœur de la définition.

4. Sources et méthode pour la standardisation des noms et des dénominations en langue chinoise dans le Dictionnaire des vins et des cépages

A partir du texte italien élaboré par le processus décrit, le groupe de recherche a procédé à la rédaction de la partie chinoise du Dictionnaires des vins et des cépages. Le texte chinois du DVC est le résultat de deux processus différents : la standardisation en chinois des noms des cépages et des dénominations des vins, et la traduction des définitions.

4.1. A la recherche des mots existants

Premièrement il a été nécessaire de vérifier l'état de la diffusion en République populaire de Chine des connaissances sur le secteur et les produits œnologiques italiens. Plus précisément, la sélection des sources visait à identifier l'existence même de noms, d'une terminologie et d'un lexique attestés, afin de pouvoir y puiser au moment de la rédaction des entrées du dictionnaire et de respecter les

---

[7] Ministero delle politiche agricole alimentari e forestali (2018).
[8] Julius Kühn Institut – Federal Research Centre for Cultivated Plants (JKI), Institute for Grapevine Breeding (2020).

formes linguistiques déjà cristallisées à l'usage. La recherche a conduit à une quantité plutôt limitée de sources sur l'œnologie italienne disponibles en Chine, la plupart étant des œuvres de vulgarisation ou des règlements pour la normalisation des échanges commerciaux internationaux.

Deuxièmement, l'existence d'un patrimoine d'usages linguistiques figés dans le domaine objet de cette recherche a été vérifié sur trois sources faisant autorité : deux normes publiées par la République populaire de Chine (Zhonghua Renmin Gongheguo Shangwubu 2015 ; Zhonghua Renmin Gongheguo Zhiliang Jiandu Jianyan Jianyi Zongju / Zhongguo Guojia Biaozhunhua Guanli Weiyuanhui 2005)[9] et un dictionnaire spécialisé en ligne (Yi Xiang Guoji Putaojiu Yu Liejiu Jiaoyu 2004-2012), rédigé par nombreux organismes internationaux actifs dans le secteur de la commercialisation des vins, entre autres l'Institut italien du commerce extérieur.[10] Ces textes avaient été identifiés comme sources primaires, puisqu'ils sont publiés par des institutions publiques directement impliquées dans l'importation de vins en Chine.

Nous avons effectué le même processus de sélection de noms existants pour les toponymes. La source faisant autorité que nous avons consultée tout au long du travail était une carte géographique d'Italie publiée par Sinomaps Press en 2016. Toutefois, l'échelle 1:1780000 de la carte ne permettait pas toujours de retrouver en langue chinoise les toponymes insérés dans les dénominations des vins ou dans les noms des cépages en italien, car souvent la production œnologique est enracinée dans des lieux trop marginaux pour être représentés sur une carte internationale ou encore elle garde mémoire de toponymes ancien désormais inutilisés.

Un examen ponctuel de sources chinoises mentionnées a montré que du point de vue linguistique, la représentation du secteur du vin italien en Chine dépend

---

[9] Ces deux documents font partie chacun d'une catégorie du système chinois de normes nationales (guójiā biāozhǔn tǐxì 国家标准体系). Celui publié en 2005 par la *State General Administration of the People's Republic of China for Quality Supervision and Inspection and Quarantine* et la *Standardization Administration of the People's Republic of China*, enregistré avec un code GB, et qui est donc une des normes nationales (guójiā biāozhǔn 国家标准) ; l'autre publié en 2015 par le *Ministry of Commerce of the People's Republic of China*, enregistré avec un code SB, qui est par conséquent une des normes industrielles (hángyè biāozhǔn 行业标准) (Yang et al. 2015).

[10] En cas d'ambiguïté entre les sources, les données ont été vérifiées sur un site internet pour le commerce du vin qui contient des informations en chinois sur 924 238 vins (Wine World 2012).

souvent de traductions d'œuvres publiées à l'origine dans des langues autres que l'italien. La plupart des données linguistiques en langue chinoise, même dans les sources institutionnelles, semblaient dériver de la langue anglaise, probablement utilisée comme langue véhiculaire de médiation entre chinois et italien. Par conséquent, la terminologie et le lexique attestés dans le domaine de notre étude ne puisaient pas directement à une traduction du patrimoine linguistique italien. En outre, la quantité des éléments collectés dans les sources existantes paraissait en tout cas faible par rapport à la richesse et la complexité des entrées et des définitions du DVC.

Les lacunes mises en évidence par la recherche des sources ont donc montré l'intérêt et l'originalité du projet de recherche et les principales difficultés à surmonter.

4.2. La standardisation des noms des cépages et des dénominations des vins en chinois

La première étape du procès de rédaction du texte chinois du DVC, probablement la plus complexe et importante, a été la normalisation en langue chinoise des noms des cépages et des dénominations des vins DOCG, des DOC, des IGT produits en Italie. Cette phase du travail de recherche s'est développée en deux étapes.

L'examen systématique des sources chinoises mentionnées nous a permis d'identifier les traductions existantes des noms des vin et des noms de cépages et de vérifier que les noms existants étaient des emprunts créés par transcription phonétique à partir des sons de la langue prêteuse (Alleton 2001).[11]

Parmi les données extraites, la sélection des formes à adopter dans le dictionnaire s'est fondée sur le principe de la cohérence entre les sources, interprétée comme démonstration de l'acquisition du nom dans la langue de spécialité de l'œnologie. Tous les noms qui étaient présents dans plus d'une des sources sélectionnées, ont donc été adoptés pour le DVC, quelle que soit leur forme ou leur rapport avec la phonétique originale du terme. *Nebbiolo* par

---

[11] La transcription phonétique est contemplée comme un des mécanismes de production des emprunts lexicaux en langue chinoise à partir de l'œuvre de Gao Mingkai et Liu Zhengdan (Gao / Liu 1958). Elle est par ailleurs souvent utilisée pour reproduire en chinois les noms propres ou les marques (Xinhua Tongxunshe Yiming Shi 2007 ; Xinhua Tongxunshe Yiming Shi 2012).

exemple est un nom de cépage dont la transcription était cohérente dans nos sources, qui proposaient : nèibǐ'àoluó 内比奥罗. Par contre, dans le cas d'une identité seulement partielle des noms reportés par différentes sources, par exemple à cause de choix de sinogrammes différents pour annoter le même son, nous avons privilégié la transcription phonétique plus adhérente au nom dans la langue d'origine.

Accueillir dans le DVC les usages établis avait comme but de lier le dictionnaire au contexte linguistique cible et peut-être de pouvoir contribuer à sa future diffusion en Chine. Par ailleurs, après la première étape du travail de recherche, nous avions encore d'énormes lacunes de traduction : par rapport aux entrées du DVC en langue italienne, il manquait en chinois de nombreuses dénominations de vins et presque tous les noms des cépages. Deux raisons en étaient probablement les facteurs principaux : la pénurie de sources de viticulture et d'œnologie chinoises focalisées sur le patrimoine italien ; les traductions existantes non suffisamment cohérentes ou dérivées d'une langue source qui n'était pas l'italien, et qui étaient par conséquent inutilisables pour le DVC. En outre, cette analyse minutieuse de sources chinoises a mis en évidence les limites de la terminologie e du lexique chinois du domaine de l'œnologie en termes de richesse de mots et de standardisation des usages.

Le travail est donc passé à la deuxième étape, les experts italiens et chinois de la langue chinoise du groupe de recherche ont travaillé côte à côte pour élaborer des équivalents chinois des entrées (vin et cépages) nécessaires pour compléter le dictionnaire. Le mécanisme principal étant – en cohérence avec toutes les sources institutionnelles que nous avions consultées – la transcription phonétique en chinois du nom originaire italien. Pour chaque entrée du DVC, nous avons donc procédé à une sélection des sinogrammes les plus appropriés pour reproduire la prononciation des noms italiens, tout en respectant la portée graphique et symbolique des caractères dans le contexte culturel chinois.

Pendant ce procès de transcription phonétique, les difficultés principales étaient d'un côté la différence de structure phonétique entre les deux langues, de l'autre la densité culturelle de la tradition viticole et œnologique, éléments qui rendaient difficile d'identifier une transcription en même temps fidèle à la langue prêteuse et légitime dans la langue d'accueil, de façon à être utile au destinataire. Nous avons donc adopté des stratégies pour surmonter ces obstacles et défini des principes généraux pour assurer la cohérence entre les entrées du dictionnaire.

Tout d'abord, en absence de traductions existantes cohérentes, par exemple dans le cas du vin *Franciacorta*, nous avons procédé à une adaptation phonétique à partir des dénominations du vin italien : en chinois fúlǎngqiàkètǎ 佛朗恰克塔. Comme nous avons dit, c'était la transcription phonétique des syllabes du nom originaire par des sinogrammes ayant un son le plus proche possible de la prononciation du son italien.

Ce procès a produit souvent, comme dans l'exemple mentionné, des noms de plus de trois sinogrammes, une longueur qui n'est pas caractéristique des mots de la langue standard en Chine (Packard 2004). Cet aspect était encore plus évident lorsque la dénomination contenait en italien plusieurs mots, ce qui rendait le nom traduit plus long et difficile à lire pour un locuteur natif chinois. Par conséquent, là où les chaînes de caractères traduisant une dénomination devenaient trop longues par rapport à la norme appliquée aux mots plus fréquents dans la langue cible, nous avons segmenté la chaîne en ajoutant un tiret afin de rendre l'entrée du dictionnaire plus lisible. C'est le cas du vin *Teroldego Rotaliano* : tèluòdígē—luótǎyànuò 特洛迪歌—罗塔亚诺.

Nous avons aussi créé des hybrides, par exemple : là où les noms de cépages ou de vins contenaient des toponymes ou des adjectifs qui en dérivent, ces éléments ont été placés à gauche du nom, en position de déterminant.[12] Par exemple le vin *Cannonau di Sardegna* a été transcrit : sādīngdǎo—kǎnuònà 撒丁岛—卡诺娜, où sādīngdǎo 撒丁岛 est le toponyme.

Parallèlement, si le nom contenait la mention d'une couleur (rouge, blanc, rose, jaune, etc.), celle-ci était traduite par son équivalent chinois, placé à gauche, en position de déterminant. Par exemple dans les deux cépages : *Trebbiano Giallo*, trancrit huáng tǎbǐ'ānnuò 黄塔比安诺, où 'giallo', jaune, est huáng 黄 ; ou *Trevisana Nera*, transcrit hēi tèléiwéisuǒ 黑特雷维索 où 'nera', noire, est hēi 黑 . Cependant nous avons dû examiner chaque entrée avec prudence, comme la montrent les deux exemples suivants, où le nom du vin contient 'bianco' dans une

---

[12] Une règle générale de la langue chinoise place le déterminant à gauche du déterminé (Hédelin 2008).

acception différente dans chaque cas. *Greco di Bianco* est un vin de Calabre, ce 'Bianco' est un toponyme, d'où la transcription bǐ'ānkē—géláikè 比安科—格莱 克 ; par contre dans *Bianco dell'Empolese*, ēnbōlì—báipútáojiǔ 恩波利—白葡萄 酒, 'bianco' signifie vin blanc, pour cette raison il a été traduit par l'équivalent chinois báipútáojiǔ 白葡萄酒.

De la même façon, les mots liés au contexte géographique insérés dans les noms de vin ont été traduits per leur équivalents chinois, tels que qiūlíng 丘陵 pour les 'collines', húpàn 湖畔 pour la 'côte d'un lac', etc.

La plupart des choix opérés dans le domaine linguistique avaient pour objectif de réduire autant que possible les aspérités dérivant de la distance entre les langues, à la recherche d'une médiation qui rendrait le DVC concrètement utilisable pour le lecteur, afin de pouvoir garantir une intégration du point de vue linguistique et culturel. Ayant choisi une méthode de production des noms centrée sur la transcription phonétique, qui favorise surtout la conservation du son des noms d'origine, on ne peut qu'imaginer une intégration qui serait probablement basée sur le charme de l'exotisme du produit, de son identité 'autre' du point de vue culturel, de son goût à découvrir.

5. La traduction en chinois des définitions du Dictionnaire des vins et des cépages

La deuxième étape du processus de rédaction du texte chinois du DVC a été la traduction du texte italien des définitions en langue chinoise par un groupe d'experts de la langue chinoise italiens ou chinois, en constante interaction avec les collègues experts de la langue italienne ou de la viticulture et œnologie.

À partir du début de l'élaboration du texte chinois, nous considérions essentiel de reproduire l'approche systématique adoptée dès la rédaction des définitions en italien et de garantir une rigueur et une cohérence élevées dans la traduction des contenus, afin de respecter les voix compétentes et spécialisées qui avaient coopéré à l'élaboration des définitions dans la langue d'origine. En dépit de notre volonté de rester fidèles au texte italien, il a tout de suite été clair que la traduction rendrait indispensable d'adapter la structure de la définition aux caractéristiques syntaxiques de la langue cible – les nœuds de la question étant liés à la longueur des phrases, à la ponctuation, à la terminologie et au lexique. En fait, nous avons abouti à l'élaboration de nouvelles structures pour les définitions chinoises, appliquées systématiquement à toutes les entrées.

En même temps, il a été très utile de pouvoir puiser les termes techniques qui apparaissaient dans les définitions dans un glossaire chinois de de la viticulture et de l'œnologie, que nous avons développé en collaboration avec des experts en viticulture et œnologie résidents en République populaire de Chine.

Voici, par exemple, la liste des types (en chinois lèixíng 类型, tableau 2) : caractéristiques des vins liées aux propriétés sensorielles du produit (couleur ; sucre résiduel ; présence de mousse).

Tableau 2 : Glossaire des types

	Types	类型
Couleur	Blanc	bái pútáojiǔ 白葡萄酒
	Rosé	táohóng pútáojiǔ 桃红葡萄酒
	Rouge	hóng pútáojiǔ 红葡萄酒
Sucre résiduel	Doux moyen	bàn tián pútáojiǔ 半甜葡萄酒
	Doux	tián pútáojiǔ 甜葡萄酒
	Sucré	fēnggān pútáojiǔ 风干葡萄酒
	Liqueur	likǒu pútáojiǔ 利口葡萄酒
Présence de mousse	Vins pétillants	wēi qǐpào pútáojiǔ 微起泡葡萄酒
	Vins mousseux	qǐpào pútáojiǔ 起泡葡萄酒

Ou encore, le glossaire des versions (en chinois kuǎn 款, tableau 3), caractéristiques liées à la vinification et aux techniques œnologiques. Enfin, des questions comme celle de 'spécification', définie comme une indication géographique délimitée désignant des produits historiques ou de haute qualité, et traduit finalement par zhǒnglèi 种类.

Tableau 3 : Glossaire des versions

Versions	款
Classique	jīngdiǎn 经典
Grande sélection	tè xuǎn 特选
Réserve	zhēncáng 珍藏
Supérieur	chāojí 超级
Vendanges tardives	wǎn shōu 晚收
Méthode classique	chuántǒng shì 传统式
Nouveau	xīn jiǔ 新酒
Vin Santo	shèng jiǔ 圣酒
Œil de perdrix	zhègū zhī yǎn 鹧鸪之眼

Dans le cas des cépages (exemple 3), les définitions sont plutôt courtes et le texte n'a pas subi beaucoup de variations lors de la traduction. La phrase mentionne : origine et génotype, couleur des baies, zone de culture.

Exemple 3 : Les définitions des cépages

Abrusco
阿布鲁斯科
ābùlǔsīkē
Vitigno autoctono a bacca nera coltivato in Toscana.
此种葡萄品种为意大利本地葡萄品种，浆果颜色为黑色。种植于托斯卡纳大区。

Glera
歌蕾拉
gēlěilā
Vitigno autoctono a bacca bianca coltivato in Friuli-Venezia Giulia, Sicilia e Veneto.
此种葡萄品种为意大利本地葡萄品种，浆果颜色为白色，种植于弗留利－威尼斯朱利亚、西西里、威尼托大区。

Primitivo
普里米蒂沃
pǔlǐmǐdìwò
Vitigno internazionale di origine balcanica a bacca nera coltivato in gran parte del Centro e del Sud Italia.
此种葡萄品种为国际葡萄品种，起源于巴尔干半岛，浆果颜色为黑色，种植于意大利中部和南部大部分地区。

Sennen
赛南
sàinán
Incrocio italiano a bacca nera coltivato in Trentino-Alto Adige e Veneto.
此种葡萄品种为意大利杂交葡萄品种，浆果颜色为黑色，种植于特伦蒂诺－上阿迪杰、威尼托大区。

Par contre, dans les définitions des vins, qui en italien étaient composées d'une phrase très longue et complexe, elles ont forcément dû être fragmentées en segments plus courts et plus directs, tout en préservant en chinois l'ordre de base des informations contenue dans la définition originaire.

Exemple 4 : Les définitions des vins

Cerasuolo di Vittoria
维多利亚一切拉索罗
wéiduōlìyà—qièlāsuōluó

SICILIA 西西里大区

Vino prodotto nella tipologia rosso, anche nella versione classico, in provincia di Ragusa, Caltanissetta e Catania (regione Sicilia), ottenuto da uve provenienti dai vitigni Nero d'Avola (dal 50% al 70%), Frappato (dal 30% al 50%).

此款酒为红葡萄酒（也有经典款）。该酒产于西西里大区拉古萨、卡尔塔尼塞塔、卡塔尼亚省，由黑达沃拉（50%至70%）、弗莱帕托（30%至50%）葡萄品种酿造而成。

Frusinate
弗罗西诺内
fúluóxīnuònèi

LAZIO 拉齐奥大区

Vino prodotto nelle tipologie bianco / frizzante bianco / rosato / frizzante rosato / rosso, anche nella versione novello / passito rosso / frizzante rosso, in provincia di Frosinone (regione Lazio), ottenuto da uve provenienti dai vitigni a bacca bianca e nera idonei alla coltivazione in Lazio. Il disciplinare prevede anche la produzione di vini monovarietali e bivarietali a base di Bellone, Bombino, Cabernet Franc, Cabernet Sauvignon, Capolongo, Lecinaro, Malvasia, Maturano, Merlot, Moscato Bianco, Olivella, Pampanaro, Passerina, Pinot Bianco, Sangiovese, Syrah.

此款酒有白葡萄酒、微起泡白葡萄酒、桃红葡萄酒、微起泡桃红葡萄酒、红葡萄酒（也有新酒款）和风干甜红葡萄酒，以及微起泡红葡萄酒七种类型。该酒产于拉齐奥大区弗罗西诺内省，由适合种植在拉齐奥大区的白色、黑色浆果的葡萄品种酿造而成。根据葡萄酒法定条例，该酒也可由贝朗尼、博比诺、品丽珠、赤霞珠、卡波龙格、莱齐纳洛、玛尔维萨、玛图拉诺、美乐、白麝香、欧利维拉、潘帕纳罗、帕斯琳娜、白皮诺、桑娇维赛、西拉等单一或两种葡萄品种酿造而成。

Erbaluce di Caluso
卡卢索一艾伯卢切
kǎlúsuǒ—àibólúqiè

PIEMONTE 皮埃蒙特大区

Vino prodotto nelle tipologie bianco / passito bianco, anche nella versione riserva / spumante bianco, in provincia di Torino, Biella e Vercelli (regione Piemonte), ottenuto da uve provenienti dal vitigno Erbaluce (100%).

此款酒有白葡萄酒、风干甜白葡萄酒（也有珍藏款）、起泡白葡萄酒三种类型。该酒产于皮埃蒙特大区都灵、比耶拉、韦尔切利省，由艾伯卢切（100%）葡萄品种酿造而成。

Riviera del Garda Bresciano
布雷西亚一加尔达湖畔
bùléixīyà—jiā'ěrdá húpàn

LOMBARDIA 伦巴第大区

Vino prodotto nelle tipologie bianco / rosato / spumante rosato / rosso, anche nella versione novello, in provincia di Brescia (regione Lombardia), ottenuto da uve provenienti dai vitigni Riesling Italico e/o Riesling Renano (max. 100%) per le tipologie bianco; dai vitigni Groppello Gentile e/o Groppello Mocasina e/o Groppello S. Stefano (dal 30% al 60%), Sangiovese (dal 10% al 25%), Marzemino (dal 5% al 30%), Barbera (dal 10% al 20%) per le tipologie rosato, spumante rosato e rosso. Il disciplinare prevede la produzione di vini monovarietali a base di Groppello.

此款酒有白葡萄酒、桃红葡萄酒、起泡桃红葡萄酒和红葡萄酒（也有新酒款）四种类型。该酒产于伦巴第大区布雷西亚省。白葡萄酒由意大利一雷司令、莱茵河一雷司令（可选择任意品种或搭配，最多100%）葡萄品种酿造而成；桃红葡萄酒、起泡桃红葡萄酒、红葡萄酒由软格罗派洛、摩卡西娜一格罗派洛、圣斯蒂法诺一格罗派洛（可选择任意品种或搭配，30%至60%），桑娇维赛（10%至25%）、玛泽米诺（5%至30%）、巴贝拉（10%至20%）葡萄品种酿造而成。根据葡萄酒法定条例，该酒也可由格罗派洛单一葡萄品种酿造而成。

Comme on voit dans les exemples de définitions de vins ci-dessus (exemple 4), la structure chinoise affiche des phrases courtes séparées par des points. La première est dédiée à la liste des typologies et des versions existantes du vin. A noter que la définition emploie le verbe wéi 为 dans la première phrase pour les vins qui ont une seule typologie, lorsqu'il y en a plusieurs ce verbe est remplacé par yǒu 有. La deuxième phrase indique la zone de production. Enfin la troisième contient la liste des cépages utilisés (avec pourcentages) pour la production de chaque typologie du vin.

Cette partie de la définition a rendu nécessaire de réfléchir minutieusement sur la ponctuation : le choix de la virgule renversée chinoise, de la virgule, du point-virgule et du point pour mettre en évidence l'ordre hiérarchique et les liens entre les cépages dans la production du vin. La logique à appliquer dans chaque cas a fait l'objet de discussions parmi les membres du groupe de recherche.

A la fin du travail de rédaction, toutes les solutions adoptées dans la traduction des définitions, ainsi que la fragmentation de la phrase, les choix de la ponctuation et du lexique, ont été finalement discutés avec des locuteurs natifs chinois, experts de la didactique de leur langue. Le but étant, une fois de plus, la rigueur scientifique ainsi qu'une possibilité concrète d'un usage quotidien du diction-naire.

6. Remarques conclusives

Le Dictionnaire des vins et des cépages (italien-chinois) publié début 2019 est le produit d'une synergie persévérante et fortunée entre les compétences de différents secteurs de connaissance. L'apport des très nombreux auteurs[13] s'est cristallisé, à travers un processus original, dans un effort pour la création d'un

---

[13] Le projet de recherche du DVC a été coordonné par Jin Z. 金志刚 et A.C. Lavagnino, avec F. Bosc responsable du côté lexicographique. Les membres du comité scientifique ont été O. Failla, R. Foschino, Jin Z. 金志刚, A.C. Lavagnino, S. Morgana, B. Mottura, C. Sorlini. Les auteurs du texte italien du DVC ont été F. Bosc, F. Filippone, R. Foschino, T. Maccarini, B. Mazzinghi, M. Valentini. Responsables de la traduction, standardisation et rédaction des entrées en chinois ont été C. Bertulessi, E. Lupano, B. Mottura, N. Riva, Shi G. 史官圣, M. Valentini, Zhou Y. 周蕴琦.

outil linguistique qui puisse être au service de plusieurs catégories hétérogènes de lecteurs, tous intéressés par les secteurs de la viticulture ou de l'œnologie en Italie et en Chine.

Une année s'est écoulée depuis la publication de cet ouvrage et nous avons eu plusieurs occasions de présenter en public les acquis de la recherche, ce qui nous a donné des occasions de nous confronter avec nos collègues, des protagonistes de la production de vin italiens, des importateurs et le public. Pour donner quelques exemples, nous avons présenté le Dictionnaire des vins et des cépages d'Italie à Vinitaly 2019 à Vérone, au Centre culturel italien à Pékin, dans le contexte de plusieurs conférences auprès d'universités nationales ou internationales et de rencontres en librairie. Ces rencontres nous ont donné un premier aperçu de la réception du DVC et ont été de précieuses occasions de vérifier l'intérêt de l'auditoire et d'élaborer quelques réflexions ultérieures sur le travail accompli.

Plusieurs coopératives vinicoles italiennes nous ont sollicité des conseils et d'autres nous ont fait des remarques, tous engagés dans l'effort d'acquérir une visibilité sur le marché chinois, ayant donc besoin d'enregistrer le nom des vins et de promouvoir leurs produits. D'autres producteurs ont témoigné de leurs projets dans le secteur du tourisme œnologique. Des importateurs chinois ont souligné la nécessité de se concentrer davantage sur une logique de marketing et d'éducation au goût des consommateurs chinois. Nous avons échangé des idées avec des collègues internationaux qui travaillent sur le vin en Chine, les uns sur des aspects linguistiques, tels que le lexique de la dégustation par exemple ; les autres qui utilisent des perspectives méthodologiques différentes pour étudier le marché, les habitudes de consommation, etc. La vivacité de ces contextes a montré que le DVC suscite l'intérêt des lecteurs et la variété des thèmes laisse supposer que, pour l'avenir, notre groupe de recherche pourrait s'orienter vers de nouveaux projets sur la base de l'expérience acquise.

Bibliographie

Alleton, Viviane (2001): Chinese Terminologies: On preconceptions. Dans: Lackner et al., 15-34

Bosc, Franca / Failla, Osvaldo / Foschino, Roberto / Valentini, Marta / Riva, Natalia (éds.) (2019): *Dizionario dei vini e vitigni d'Italia (italiano-cinese) – Yidali putaojiu he putao pinzhong cidian* 意大利葡萄酒和葡萄品种词典. Roma: Gambero rosso

Cabré, Maria Teresa (2000): *Elements for a Theory of Terminology*. Dans: Terminology 6/1 (Towards an Alternative Pradigm), 35-57

Cortelazzo, Michele A. (1990/1994): *Lingue speciali: la dimensione verticale*. Padova: Unipress

Felber, Helmut (1984): *Terminologie Manual*. Paris: Infoterm

Gao, Mingkai 高名凯 / Liu, Zhengdan 劉正埈 (1958): *Xiandai hanyu wailaici yanjiu* 現代漢語外來詞研究. Beijing: Wenzi Gaige Chubanshe

Garzone, Giuliana (2016): *Cibo, terminologia, terminografia: il progetto «Parole per mangiare/ Words for food»*. Dans: Morgana et al., 213-224

Garzone, Giuliana / Bosc, Franca / Bulfoni, Clara (éds.) (2015): *Dizionario dell'alimentazione: italiano-inglese-cinese*. Milano: Academia Universa Press

Gualdo, Riccardo / Telve, Stefano (2012): *Linguaggi specialistici dell'italiano*. Roma: Carocci

Hédelin, Jean-Jacques (2008): *Guide grammatical du chinois*. Paris: Edition You Feng

Julius Kühn-Institut – Federal Research Centre for Cultivated Plants (JKI), Institute for Grapevine Breeding (2020): *Vitis International Variety Catalogue* http://www.vivc.de/index.php?r=cultivarname%2Findex (20/04/2020)

Kromann, Hans Peder / Riber, Theis / Rosbach, Paul (1987): *Überlegungen zu Grundfragen der zweisprachigen Lexikographie*. Hildesheim: Olms

Lackner, Michael / Amelung, Iwo / Kurtz, Joachim (2001): *New Terms for New Ideas: Western Knowledge and Lexical Change in Late Imperial China*. Leiden et al.: Brill

Landau, Sidney (2001): *Dictionaries. The Art and the Craft of Lexicography*. Cambridge: Cambridge University Press

Marello, Carla (1989): *Dizionari bilingui*. Bologna: Zanichelli

Ministero delle politiche agricole alimentari e forestali (2018): *Registro nazionale delle varietà di vite*. http://catalogoviti.politicheagricole.it/catalogo.php (20/04/2020)

Ministero delle politiche agricole alimentari e forestali (2019): *Disciplinari dei vini DOP e IGP italiani.* https://www.politicheagricole.it/flex/cm/pages/ServeBLOB.php/L/IT/IDPagina/4625 (20/04/2020)

Morgana, Silvia / De Martino, Domenico / Stanchina, Giulia (éds.) (2016): *L'italiano del cibo*. Firenze: Accademia della Crusca

Packard, Jerome L. (2004): *The Morphology of Chinese. A Linguistic and Cognitive Approach*. Cambridge: Cambridge University Press

Peters, Carole / Picchi, Eugenio (1997): *Reference Corpora and Lexicons for Translators and Translation Studies*. Dans: Trosborg, 247-274

Prada, Massimo (2003): *Scrittura e comunicazione. Guida alla redazione di testi professionali*. Milano: LED

Sager, Juan C. (1990): *A practical course in terminology processing*. Amsterdam & Philadelphia: John Benjamins

Scott, Mike (2011): *Wordsmith Tools 5.0*. Oxford: Oxford University Press

Sinomaps Press 中国地图出版社 (2016): *Yidali ditu* 意大利地图. Beijing: Zhongguo Ditu Chubanshe

Temmerman, Rita (2000): *New Ways of Terminology Description. The Socio-cognitive Approach*. Amsterdam & Philadelphia: John Benjamins

Trosborg, Anna (éd.) (1997): *Text Typology and Translation*. Amsterdam: John Benjamins

Wine World (2012): *Hongjiu Shijie* 红酒世界. https://m.wine-world.com (20/04/2020)

Wüster, Eugen (1991): *Einführung in die allgemeine Terminologielehre und terminologische Lexikographie*. Bonn: Romanistischer Verlag

Xinhua Tongxunshe Yiming Shi 新华通讯社译名室 (2007): *Shijie renming fanyi da cidian* 世界人名翻译大辞典. Shanghai: Zhongguo Duiwai Fanyi Chuban Gongsi

Xinhua Tongxunshe Yiming Shi 新华通讯社译名室 (2012): *Yidali xingming yiming shouce* 意大利姓名译名手册. Beijing: Shangwu Yinshuguan

Yang, Hecai 杨和财 / Li, Hua 李华 / Li, Jiagui 李甲贵 / Wang, Yabin 王亚宾 / Zhang, Yulin 张予林 (2015): Zhongguo putaojiu fagui tixi bu shiyong xiang fenxi yu tiaoshi jianyi 中国葡萄酒法规体系不适用项分析与调适建议. Dans: *Shipin yu faxiao gongye* 食品与发酵工业 41/10, 226-229

Yi Xiang Guoji Putaojiu Yu Liejiu Jiaoyu 逸香国际葡萄酒与烈酒教育 (2004-2012): *Yi Xiang putaojiu cidian* 逸香葡萄酒词典 v.1.0.0. http://d.wine.cn/ (20/04/2020)

Zhonghua Renmin Gongheguo Shangwubu 中华人民共和国商务部 (2015): *Zhonghua Renmin Gongheguo guonei maoyi hangye biaozhun – jinkou putaojiu xiangguan shuyu fanyi guifan* 中华人民共和国国内贸易行业标准—进口葡萄酒相关术语翻译规范 *Norm on Terminology of Imported Wines SB/T11122—2015*. Beijing: Zhonghua Renmin Gongheguo Shangwubu

Zhonghua Renmin Gongheguo Zhiliang Jiandu Jianyan Jianyi Zongju 中华人民共和国质量监督检验检疫总局 / Zhongguo Guojia Biaozhunhua Guanli Weiyuanhui 中国国家标准化管理委员会 (2005): *Zhonghua Renmin Gongheguo guojia biaozhun – putaojiu* 中华人民共和国国家标准—葡萄酒 *Wines, GB 15037—2005*. Beijing: Zhonghua Renmin Zhiliang Jiandu Jianyan Jianyi Zongju

Franca Bosc
Lingua italiana per Stranieri – Linguistica italiana
Département de Sciences de la Médiation Linguistique
et d'Études Interculturelles – Université de Milan
franca.bosc.nuovo@mail.com

Bettina Mottura
Langue et culture chinoise
Contemporary Asia Research Centre – Département de Sciences
de la Médiation Linguistique et d'Études Interculturelles – Université de Milan
bettina.mottura@unimi.it

Laurent Gautier / Anne Parizot

Terroir peut-il être un terme en œnologie ? Exploitation sémantique de données situées en contexte viti-vinicole

Résumé :

Ce chapitre interroge la place du lexème *terroir* dans les discours français sur le vin, en posant la question de son statut de terme. Il part de la constatation selon laquelle ces discours sont le plus souvent abordés à travers le prisme d'une conception réductrice de la terminologie aboutissant à une fétichisation naïve du mot, sorti de son contexte et de toute l'écologie du discours nécessaire à sa saisie véritablement pragma-sémantique. Après une mise en contexte intégrant les acquis de la recherche en communication-marketing sur cette question, le terme *terroir* est positionné à l'intersection entre les trois catégories que nous postulons pour le lexique œnologique en général. S'ensuit une présentation du corpus inédit qui se trouve à la base de l'étude de cas et est constitué d'entretiens semi-directifs de viticulteurs en Bourgogne et dans le Jura. Sur la base d'une analyse outillée, le corps du chapitre est consacré à la mise au jour de trois scénarios structurant, dans ce corpus, les représentations mentales associées, dont l'articulation avec une relecture critique de la définition « officielle » de l'Organisation Internationale de la Vigne et du Vin permet de mesurer la pertinence.

Mots clés : linguistique située, sémantique discursive, terminologie, terroir, vin

Abstract:

This chapter discusses the role of the word *terroir* in French discourses on wine, by challenging its status as a term. It is based on the observation that these discourses are most often approached through a reductive conception of terminology, leading to a naive fetishization of the word, taken out of its context and out of the whole ecology of discourse necessary for a truly pragmatic-semantically informed description. After contextualizing the issue by integrating the results of research in communication-marketing on this topic, *terroir* is positioned at the intersection between three categories postulated for oenological vocabulary in general. This is followed by a presentation of the unpublished corpus that forms the basis of the case study and consists of semi-directive interviews with winegrowers in Burgundy and the Jura. Based on a semi-automatic analysis, the main section of the chapter is devoted to the discussion of three scenarios structuring the associated mental representations, the relevance of which can be measured by a critical discussion of the "official" definition of the term of the International Organisation of Vine and Wine.

Keywords: situated linguistics, discursive semantics, terminology, *terroir*, wine

1.   Contexte et problématique

Les domaines de la gastronomie et de l'œnologie n'échappent ni aux modes langagières, ni aux « éléments de langage »[1] : qui imaginerait un restaurateur aujourd'hui ne pas présenter sa carte comme articulée sur les « produits de saison » ou les « producteurs locaux » ? Qui imaginerait un viticulteur ne pas qualifier sa conduite de vigne de « respectueuse de l'environnement » ou ses vins de « vins de terroir » ?

Les syntagmes ici entre guillemets connaissent une telle fréquence d'emploi – même s'ils apparaissent dans des types de discours finalement le plus souvent fondamentalement différents – qu'ils finissent par être attendus et, dans une certaine mesure, par passer inaperçus. Ils sont tout au plus repérés, comptabilisés dans des études statistiques souvent dépourvues d'outillage sémantique et pris pour ainsi dire pour argent comptant quand, et ce sera l'objet de ce chapitre, ils ne sont pas tout simplement élevés au rang de termes – sans la moindre analyse de ce statut terminologique. C'est en effet une caractéristique majeure des vocabulaires œnologiques et gastronomiques que d'être systématiquement abordés en termes…de termes – au sens du terme technique associant une dénomination à un concept spécialisé – ce qui, pour le linguiste, ne manque pas de conduire à deux raccourcis qui méritent d'être interrogés :

- D'une part, on en arrive à une fétichisation des mots en question (Gautier 2018, 2020) livrés à des approches le plus souvent intuitives, voire introspectives, de type *folk linguistics* (Wilton / Stegu 2011), ou étymologiques, méconnaissant le rôle joué par l'usage et les usages attestés dans toute tentative de délimitation sémantique du sens d'un terme.

---

[1]   Temmerman (2017) le démontre magistralement à partir de deux études de cas : *minéralité* pour les vins et *smoothie* pour les boissons. Pour une analyse plus approfondie du descripteur *minéralité*, nous renvoyons aux travaux de l'équipe dijonnaise : Le Fur / Gautier (2013) ; Deneulin et al. (2014) ; Gautier / Deneulin et al. (2015), Gautier / Robillard et al. (2015) ; Domont-Lévêque (2019).

- D'autre part, et les études marketing sur ces objets – en premier lieu ici celle de Parizot (2019) – le montrent bien, le terme, qui ne l'était peut-être pas vraiment, voire ne l'a jamais été – redevient simplement un mot-signal, rejoignant par-là la problématique des « éléments de langage ».

Cet état de fait place le linguiste, surtout s'il s'intéresse de près à la sémantique et ne se satisfait pas de l'astuce consistant à postuler des « effets de sens » sans cesse renouvelés, devant des questions théoriques et méthodologiques fondamentales. Théoriques, car elles concernent bien la théorie sémantique et terminologique elle-même et ne peuvent être balayées d'un revers de la main sous couvert d'une querelle d'école. Méthodologiques, car elles touchent le mode de collecte, d'analyse et de description de données **authentiques** sans lesquelles on peut difficilement quitter le niveau méta (-lexicologique, -lexicographique, -terminologique). Ces questions sont au moins au nombre de trois :

(i)   Tous les termes œnologiques « se valent-ils » ?

(ii)   Les termes œnologiques sont-ils définissables en termes de conditions nécessaires et suffisantes ?

(iii)   Où les termes œnologiques « vivent-ils » ? C'est-à-dire, où le linguiste peut-il les examiner *in situ* ?

Ce sont ces questions – qui continuent de constituer des défis sérieux dans la construction d'une théorie de la terminologie *a minima* de l'œnologie, mais sans doute plus généralement du sensoriel[2] – que ce chapitre souhaite aborder à propos du terme *terroir* en capitalisant sur des travaux méthodologiques antérieurs (Parizot 2015, 2019, 2020 ; Gautier / Bach 2017 ; Gautier 2018, 2019, 2020 ; Domont-Lévêque 2019 ; Mancebo 2019 ; Gautier / Bach 2020).

Avant que d'être potentiellement un terme technique, *terroir* est un concept aux dimensions non figées et relève sans doute d'une approximation globale qui pourtant tend à se réduire selon les domaines de spécialité. En effet, le terroir est un élément de la langue courante qui n'a de réalité qu'en France (Parizot 2015, 2019, 2020), puisque dans les autres langues il n'existe pas sous cette dénomination *terroir* et est verbalisé par des synonymes ou des équivalents plus ou moins approximatifs comme *prodotti tipici, prodotti della terra* pour rester

---

[2]   Sur ces aspects, cf. les p(rop)ositions du collectif dijonnais « Discours du sensoriel » réunies dans Bach (2020a).

dans le domaine alimentaire ou encore *rural accent* pour traduire une caractéristique sociologique liée à une identité géographique *accent de terroir*. Thomas Parker (2017) revisite le concept de terroir dans son ouvrage traduit en français sous le titre *Le goût du terroir. Histoire d'une idée française.* Il analyse les comportements alimentaires des Français et retrace son apparition en le considérant comme une mythologie culturelle nationale, apparue entre la Renaissance et la Révolution française. Il insiste sur les domaines hétéroclites concernés, dont l'œnologie, et souligne que l'idée de terroir est tantôt positive, tantôt négative. Il insiste dans une interview sur le fait qu'il « ne signifiait pas tout à fait la même chose à l'origine : c'était un territoire autour d'un village. Mais ce n'était pas un concept isolé c'était toujours lié aux gens et à la société[3] ». De même, Hervé This[4] dans son ouvrage *Le terroir à toutes les sauces*[5] dont le titre est révélateur, souligne les différentes définitions du terroir, mais s'accorde à dire que si *le repas gastronomique des Français* est inscrit au patrimoine immatériel de l'humanité, le terroir est, quant à lui, immatériel. Aussi chaque communauté de spécialistes ou de non spécialistes (amateur ou total profane) envisage le terroir selon son point de vue, et construit un imaginaire spécifique autour de *storytelling* dans les communications marchandes ou autour d'une histoire plus intime liée à une culture ou une façon de s'inscrire dans le réel qui lui est personnel. Ainsi, le terroir se revendique pour sa relation à un territoire, à un goût, voire à des identités (viticulteurs, producteurs, etc.) et caractérise ainsi celui qui en fait usage.

L'homophonie entre *terroir, terre* et *territoire* entretient de fait cette superposition de(s) sens et des utilisations sans jamais totalement s'exclure ou se superposer (Parizot 2015). Il est d'autant plus malléable qu'il s'applique à différents produits solides ou liquides. Le terroir semblerait donc recouvrir tout à la fois une dimension territoriale à laquelle serait attachée une dimension culturelle et historique. Il relève également d'une esthétisation globale du monde et sans aucun doute de la « fétichisation » au sens évoqué précédemment. La quête

---

[3] Cité sur https://www.franceculture.fr/emissions/les-nuits-de-france-culture/la-nuit-du-terroir-salon-de-lagriculture-2018-entretien-13-avec-thomas-parker-1ere-diffusion, consulté le 19 juin 2019.

[4] Inventeur de la gastronomie moléculaire.

[5] Parker Thomas https://www.franceculture.fr/emissions/les-nuits-de-france-culture/la-nuit-du-terroir-salon-de-lagriculture-2018-entretien-13-avec-thomas-parker-1ere-diffusion, consulté le 12 juin 2019.

de sens et au-delà d'existence nécessite un ancrage particulier qui se caractérise notamment par la reconnaissance de « racines », au sens propre comme au figuré, que le terroir semble à lui seul bien incarner de façon consciente ou inconsciente.

Les communications marchandes l'ont bien compris et se sont largement orientées ou inspirées de l'expérience et de l'émotion qui en découle. En effet, comme l'ont démontré Leroyer / Parizot (à paraître), le terroir est souvent associé à la minéralité dans le *branding* du vin, au point d'ailleurs d'en prendre presque toutes les caractéristiques, comme la présence d'intensifieurs, comme dans cet énoncé choisi à titre d'exemple « *ce vin est très terroir* » soulignant une certaine typicité et le fait qu'il soit particulièrement goûteux. Comme la minéralité, le terroir a également cette fonction valorisante et esthétisante, puisque le produit – et qui plus est le vin qui peut se définir comme *un vin de terroir* (Parizot 2020) – renvoie à une réalité et à une sensorialité affirmée.

Elément qui contribue à la trame narrative dans le secteur marchand, le terroir devient un axe exploitable par le *storytelling* qui crée du lien avec le client-consommateur (Cadoux 2013) en s'appuyant sur un imaginaire construit. Il fait alors le lien dans un univers sémantique large entre la notion de métier qui renvoie au savoir-faire et à la passion du viticulteur. Il inscrit celui-ci dans un contexte familial et générationnel auquel le consommateur n'est pas insensible dans la mesure où il recherche lui-même cet ancrage fort. Il permet également de relier les notions de tradition et d'innovation dans un contexte d'authenticité, l'ensemble de ces éléments traduisant ou conférant une fonction identitaire qui là encore correspond aux attentes plus ou moins diffuses de la société, signe identitaire revendiqué par les viticulteurs, mais aussi largement par les consommateurs. Il peut même être le « garant » de ces valeurs.

Dans ce contexte global de tension entre terminologisation et fétichisation (impliquant la déterminologisation), et pour tenter de répondre aux trois questions posées précédemment, il s'agira dans ce qui suit de positionner le lexème *terroir* à la place qui lui revient potentiellement dans notre proposition de structuration de la terminologie de la dégustation (section 2), avant de présenter le corpus d'étude (section 3). La partie centrale de l'argumentation sera alors consacrée à une discussion des données analysées à la croisée entre approches quantitative et qualitative (section 4).

2. Terme(s) et terminologie(s) œnologiques : principes et réalité(s)

L'étude proposée ici du lexème *terroir* repose donc sur l'esquisse de structuration de la terminologie œnologique – plus précisément celle de la présentation/dégustation de vins (au sens de Gautier / Bach 2017) – présentée en détails dans Gautier (2018). Cette proposition part du postulat qu'il y a, dans ce qui est communément conçu comme une « terminologie » au sens a-théorique du terme, des termes et des non-termes de la dégustation, nécessitant un traitement différencié des sources. La question centrale de ce chapitre est ainsi celle du positionnement, sur la base des données interrogées (cf. section 3), du lexème étudié, sans doute à l'intersection entre les trois catégories postulées :

- Termes susceptibles d'une description objectiviste, dénommant des propriétés définitoires du vin en tant qu'objet physique, *grosso modo* de la vigne à la mise en bouteille. Les cépages en constituent le meilleur exemple, dans la mesure où leur saisie scientifique, par exemple par l'Organisation Internationale de la Vigne et du Vin dans ses nomenclatures, repose précisément sur une caractérisation extralinguistique de leurs propriétés intrinsèques débouchant, au niveau des définitions et en droite ligne des sémantiques objectivistes (Lakoff 1987, 157-218), sur une saisie en termes de conditions nécessaires et suffisantes.

- Termes sensoriels – les fameux « descripteurs » au sens strict – dont le sens se construit à la fois dans l'expérience de dégustation et par le discours produit ancré dans une/des culture(s) protéiforme(s), qu'il convient de saisir sur un mode constructiviste et en termes de prototypes. Le rôle de discipline de référence revenant à la sémantique cognitive dans leur saisie ne fait plus aucun doute, ainsi que le montre magistralement la monographie de Caballero et al. (2019), justifiant du même coup l'émergence récente d'une linguistique sensorielle (Winter 2019) ou, dans la perspective dijonnaise, *du* sensoriel (Bach 2020a).

- Descripteurs hédoniques, sur le statut desquels (mots ou termes ?) il est difficile de se prononcer à l'heure actuelle faute d'études systématiques et sémantiquement fondées sur grands corpus, et ayant une dimension évaluative verbalisant un jugement de valeur du locuteur sur le vin dégusté.

Ces lexèmes mettent en jeu des aspects émotionnels, expressifs et subjectifs dans un entrelacs qu'il conviendra, à l'avenir, de démêler (Gautier à paraître) et que le discours commercial tend à exploiter en les mettant en scène (Parizot 2019, 2020 ; Leroyer / Parizot à paraître).

Comme nous le laissions entendre en introduction à cette section, le lexème au centre de ce chapitre peut, selon les usages et l'écologie des discours, entrer facilement dans chacune des trois catégories et ne se laisse réduire, même au niveau le plus abstrait, à aucune d'entre elles.

Accepter cette structuration a des conséquences méthodologiques importantes pour la suite du traitement de ce lexique. Elle rend en effet nécessaire un triple décentrage, *a minima* pour les groupes deux et trois.

- Il s'agit tout d'abord, à la suite des travaux pionniers de Danièle Dubois, synthétisés et mis en perspective dans Dubois (2017), de recourir à des modèles sémantiques constructivistes donnant une place de choix à la donnée authentique avec toutes les difficultés de collecte que cela entraîne[6]. C'est en particulier la dimension interactionnelle de la construction de ces descripteurs, versant pragma-sémantique de l'entraînement de panels en analyse sensorielle (Dacremont 2009), qui doit passer au premier plan. Pour le dire de façon apodictique en résumant l'étude de Gautier (2020), ces descripteurs ne vivent ni dans les dictionnaires, ni dans les glossaires, ni dans les lexiques de tous ordres, mais bien dans l'usage authentique.

- Il s'agit ensuite, et de manière naturelle par rapport au point précédent, de privilégier les usages complexes : la note de dégustation, si elle peut constituer un corpus de départ intéressant à condition de dépasser la constatation-description d'évidences, ne peut à elle seule représenter l'unique source de travail. Comme le remarquait déjà Baldy-Moulinier dans sa thèse (Baldy-Moulinier 2003), c'est à l'oral, dans des interactions libres ou semi-dirigées, que le fonctionnement du discours de dégustation de vin, qui constitue l'environnement naturel des termes, se révèle. Aujourd'hui, les progrès méthodologiques faits dans le traitement des données multimodales

---

[6] Cf. Gautier / Hohota (2014) concernant la production de corpus oraux expérimentaux ou Bach (2020b) sur les défis posés par les corpus numériques natifs dans ce domaine.

permettent aussi d'intégrer très avantageusement le non-verbal dans l'analyse (Mondada 2018, 2019).

- Il s'agit enfin, et ce sera particulièrement le cas pour *terroir*, de reconnaître et accepter le potentiel statut de non-terme de tous ces lexèmes. Nous renvoyons sur ce point à la discussion du rôle de la sémantique du prototype dans le lexique de dégustation présentée dans Gautier / Bach (2017, 2020) à la suite des propositions de ten Hacken (2010, 2015). Dans cette optique, il s'agit tout autant de stratégies de **catégorisation** que de simple dénomination, remettant au premier plan les trois termes clefs de notre approche : cognition, expérience et culture.

3. Données

Au vu de ce qui précède, il n'est pas question d'envisager le lexème qui nous occupe dans ce chapitre à partir de ses saisies lexicographiques plus ou moins réussies (Gautier 2020), ni à partir de données normalisées – type notes de dégustation – mais dans des contextes aussi riches que possibles en segments de savoir associés spontanés, permettant ainsi la mise en œuvre de méthodologies propres à la sémantique cognitive comme les *frames* ou la sémantique du prototype déjà évoquée. En conformité avec les principes d'approche située et intégrative des discours spécialisés présentés dans Gautier (2012, 2019), les analyses qui suivent reposent donc sur l'exploitation d'un corpus « préparé » à la croisée entre socio-, ethno- et pragmaterminologie, où une attention toute particulière est portée aux relations identifiables entre le lexème et ses utilisateurs, ici un groupe homogène de producteurs francophones, français et suisses.

Dans le sillage des liens désormais largement mis en évidence entre *terroir* et *minéralité* (Domont-Lévêque 2019 ; Leroyer / Parizot à paraître), les données interrogées ci-après ont été compilées dans le cadre du projet pluridisciplinaire sur la construction cognitive et sensorielle de la minéralité des vins blancs ayant donné lieu aux publications mentionnées en note 1. Il s'agit des *verbatims* de séances d'interviews avec un panel de viticulteurs des deux pays ayant, dans une première étape du projet, fourni un/des vin(s) ayant fait l'objet d'une évaluation sur un continuum +/- minéral. Choisis sur la base du résultat de cette tâche de bipolarisation, mais sans en connaître le « verdict », ils ont été rencontrés individuellement pour un entretien semi-directif comportant, entre les questions 2 et 3, un questionnaire abordant un certain nombre d'items techniques concernant tout à la fois le parcours viticole et la caractérisation œnologique du vin en question. Le guide complet d'entretien de la partie semi-directive est reproduit ci-dessous :

1) Parlez-moi de l'histoire de ce vin ? Quelle est votre manière de travailler spécifiquement pour ce vin (si particulier) ou en général sur le domaine ? Comment est sa parcelle, le climat dans lequel il a poussé (millésime 2012), comment avez-vous mené la vigne et le vin en cave ? Tout son parcours…

2) Que recherchez-vous en particulier pour ce vin ? Est-ce que vous aviez un objectif produit spécifique ? <Passage au questionnaire technique fermé>

3) D'après vous, quels sont les éléments clés de ce questionnaire qui ont permis d'obtenir le vin dont nous parlons aujourd'hui ? Pensez-vous à autre chose d'important auquel nous n'avons pas pensé ? Pensez-vous que l'objectif produit que vous vous étiez fixé a été atteint ?

4) Vous nous avez parlé de ce vin, mais au fond, ce vin a-t-il été pensé pour être minéral (ou pas) ? Pourquoi ?

Comme on le voit, il n'est jamais question du lexème *terroir* : toutes ses mentions dans les réponses pourront donc être considérées comme spontanées. Par ailleurs, les questions ont été formulées pour permettre aux répondants de parler le plus librement possible et donc de livrer un corpus de paroles sans restriction aucune en matière de contenu. Enfin, aucune recommandation n'a été faite sur la forme prétendument attendue des réponses : il s'agissait de pouvoir observer *in situ* l'usage du lexique fait par les viticulteurs interrogés sans aucun rapport « de pouvoir » entre intervieweur chercheur et interviewé[7].

---

[7]   Sans vouloir ici forcer la comparaison, l'esprit est en quelque sorte celui déployé, à grande échelle et avec une puissante réflexion épistémologique, dans la « méthode repère » mise en œuvre avec des producteurs alsaciens par Jean E. Masson (Moneyron / Masson 2015 ; Moneyron et al. 2017).

Les données quantitatives de description du corpus analysé ici, représentant environ le premier tiers déjà traité de l'intégralité des données collectées, sont résumées dans le tableau ci-dessous :

Tableau 1 : Durée et nombre de mots des entretiens utilisés

Région	Durée	Nombre de mots
Jura	03:06:00	34468
Bourgogne	00:55:19	9568
Total	04:01:19	44036

Ces données ont été analysées de façon semi-automatique avec l'outil SketchEngine, en recourant en particulier aux fonctions *Keywords, Thesaurus, Concordance* et *Wordsketch*.

4. Discussion

L'objectif est de discuter ici les analyses quantitatives et qualitatives des données présentées, autour de quatre scénarios saillants (section 4.2.). Avant d'en arriver là – et pour illustrer concrètement la tension évoquée en introduction – le point de départ de la réflexion nous est fourni par une définition « officielle » du lexème.

4.1. La définition de l'OIV comme point de départ

L'Organisation Internationale de la Vigne et du Vin est une organisation internationale, souvent comparée à une sorte d'ONU du vin, gérant tout ce qui touche, à l'échelle de la planète, au vin et aux spiritueux dans toutes leurs dimensions. Elle effectue en particulier un important travail réglementaire à travers la publication de « résolutions » dont la portée est souvent définitoire et qui intéressent donc au plus haut point, comme source primaire, le terminologue ou le linguiste.

Le lexème *terroir* a ainsi fait l'objet d'une résolution en 2010 (résolution OIV/VITI 333/2010) qui le définit ainsi :

Le « terroir » vitivinicole est un **concept** qui se réfère à un 1) **espace** sur lequel se développe 2) un **savoir collectif** des 3) **interactions** entre 4) un **milieu physique et biologique** identifiable et 5) les **pratiques vitivinicoles** appliquées, qui confèrent des caractéristiques distinctives aux produits originaires de cet espace.

Le « terroir » inclut des caractéristiques spécifiques du sol, de la topographie, du climat, du paysage et de la biodiversité. (Les numéros et les soulignements sont de notre fait, LG/AP)

A première vue, il s'agit là d'une définition en intension – en ce qu'elle fournit la liste des traits définitoires distinctifs – du concept en question. On remarquera d'ailleurs qu'en partant précisément du concept, la définition se situe expressément dans la tradition terminologique. Le renvoi à l'*espace*, au *milieu physique et biologique* et aux *pratiques vitivinicoles* semble faire du terme un candidat idéal pour rejoindre la première des trois catégories présentées en section 2 à travers une définition objectiviste. L'illustration suivante donne une lecture pour ainsi dire à rebours de cette définition telle que peut la faire le sémanticien :

Illustration 1 : Relecture « sémantique » de la définition de l'OIV

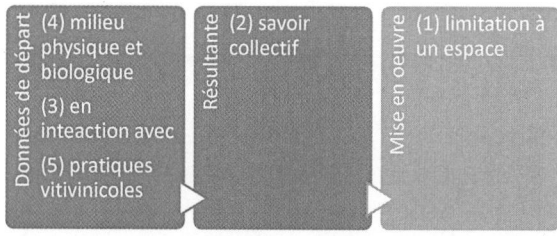

Cette relecture a pour avantage de mettre en lumière deux difficultés de taille pour l'application concrète de la définition :

- Quelle est l'extension de cette définition ? En d'autres termes : où se fait la ligne de partage entre le terroir et le non-terroir et comment, partant, identifier les entités (ici : les vins) qui satisfont à la définition ?
- Comment gérer le transfert final vers le *produit* qui en fait un potentiel descripteur sensoriel (catégorie 2) ouvrant du même coup la porte au marqueur hédonique (catégorie 3) où *vin de terroir*, marketing et *storytelling* aidant, deviendra un marqueur évaluatif forcément positif ?

Des éléments de réponse à ces questions – et donc des « justificatifs » – sont fournis par l'OIV elle-même à travers la liste de considérants sur lesquels s'ouvrent la résolution et qui préparent la définition :

1) CONSIDERANT qu'une définition du « terroir » vitivinicole aiderait à la mise en œuvre de la Résolution VITI/04/2006 et améliorerait la communication au sein du secteur vitivinicole,

2) CONSIDERANT les retombées économiques et culturelles liées au zonage vitivinicole et à l'utilisation du concept de « terroir » ;

3) CONSIDERANT que cette définition est destinée à être utilisée à des fins descriptives par le secteur vitivinicole,

4) CONSIDERANT qu'une fois qu'un « terroir » est décrit, il peut contribuer à la reconnaissance des produits vitivinicoles issus de ce « terroir »,

5) CONSIDERANT le besoin de prévenir la confusion entre la définition descriptive de « terroir » et la définition juridique d'une Indication Géographique (soulignés par nous, LG/AP)

Les éléments mis en gras dans ces considérants préparent en quelque sorte la mise en circulation non terminologique du terme et sa mise en œuvre / en scène dans les discours commerciaux (*retombées économiques et culturelles*), publicitaires (*reconnaissance des produits*) ou encore touristiques. Bien sûr, rien ne s'y oppose et il n'est pas du ressort du linguiste de s'ériger en censeur des usages. En revanche, et c'est ce qui compte pour lui, le lexème change là de statut sémiotique et passe de terme à non-terme, ce qui n'est pas sans conséquence sur la construction de son sens en discours.

4.2. La « mise en scénario » du *terroir*

Le recours à la formule de « mise en scénario » est ici volontaire : elle fait écho à celle de « mise en scène » relevée en introduction dans les approches marketing. Elle s'en distingue toutefois à la fois par son ancrage langagier – il s'agit bien de partir ici de la langue en « usage préférentiel » et d'un usage mesuré quantitativement – et par sa dimension éminemment cognitive : le paradigme sous-jacent est celui de la sémantique des scénarios (*frame semantics*) qui permet, à partir d'observables linguistiques, de reconstruire les scènes dans lesquelles telle ou telle unité se meut dans les représentations du locuteur. Faute de place, nous nous en tiendrons à la reformulation que propose Goldberg (1995) du point de départ fillmorien et présenterons directement les résultats de l'analyse à travers les trois scénarios repérés dans cet échantillon du corpus[8] :

It has been argued that meanings are typically defined **relative to some particular background frame or scene**, which itself may be **highly structured**. I use these terms in the sense of Fillmore (1975, 1977b) to designate an idealization of 'a coherent individuatable perception, memory, experience, action, or object'. (Goldberg 1995, 25, souligné par nous, LG/AP)

Le premier de ces scénarios peut être qualifié de « bourguignon ». C'est celui qui correspond au niveau super-ordonné de la définition discutée précédemment où le terme désigne un « espace délimité ». Au niveau sémantique, il fonctionne sur la base d'un prédicat de genre en posant l'équivalence *terroir* = parcelle de vigne (1) pouvant être associée aux pratiques de culture auxquelles elle donne lieu (2). C'est le scénario le plus basique qui reflète strictement l'approche objectiviste du premier groupe de vocabulaire défini en section 2. Il représente une saisie pour ainsi dire physique du contexte tout en intégrant une large part de savoirs partagés spécialisés : l'exemple (1) n'est soluble que par rapport au système des Climats de Bourgogne et leur association entre le vin et la parcelle[9].

1) *Ouais pour situer un petit peu la la (inaudible) bah la euh le **Clos** du Vignon c'est déjà **un terroir***

2) *donc c'est donc c'est **une vigne** dont voilà qu'est vraiment emblématique du domaine c'est son histoire elle est assez liée à l'histoire des des **Hautes-Côtes** en général donc voilà c'est un **terroir de 7 hectares** qui est planté pour euh un hectare et demi en Chardonnay*

---

8 Pour une application systématique au concept de minéralité, cf. la thèse de Domont-Lévêque (2019, 210-217).

9 On comprend ainsi concrètement la portée du dernier considérant dans la résolution de l'OIV (cf. supra).

Le deuxième scénario est celui, prototypique du discours de la minéralité, qui repose sur une chaîne de causalités conduisant du sol au vin, en passant par la vigne et le raisin, avec un accent tantôt mis sur l'origine physique (3), tantôt sur le processus qui va conduire au vin (4). Dans le premier cas, le scénario sous-jacent est implicitement convoqué et constitue même une valeur par défaut : sans poser en effet l'existence préalable du lien consubstantiel entre le vin et la parcelle, il ne fonctionne plus. Par ailleurs, ce scénario ouvre la voie au glissement relevé en début de chapitre de la première à la deuxième catégorie, c'est-à-dire du concept physique au concept sensoriel – dans la droite ligne de ce que prévoit la définition de l'OIV à travers le « transfert » au produit :

3) *Ah oui oui oui bien sûr puisque un **terroir** a une minéralité particulière qui vient de sa **géologie** ah cela il n'y a aucun doute hein bon **le terroir** c'est pas un un nom à la mode bon qui voudrait dire quelque chose*

4) *euh je pense qu'on réfléchit pas assez au fait que le **terroir** doit **passer la barrière de la fermentation** si vous voulez vous avez un moût quand vous faites du jus une fois que **le terroir vous l'avez dans votre jus de raisin au départ** vous l'aurez jamais après sinon vous pouvez pas amener ça enfin peut-être que ça existe moi je sais pas faire mais euh et la fermentation*

Le dernier scénario quantitativement saillant est celui de la comparaison entre terroirs. C'est une instanciation particulière d'un scénario prototypique de la dégustation / présentation de vins discuté en détails dans Gautier / Bach (2017) et qui en semble cognitivement fondateur. Il mobilise ici, comme instances participatives / *frame elements*, les deux scénarios analysés ci-dessus. L'opération de dégustation reposant sur une comparaison entre vins (soit deux ou plusieurs vins en cours de dégustation, soit entre un vin dégusté et des prototypes stockés en mémoire), le terroir comme dimension sensorielle n'échappe pas à cette dernière : il y a « son » terroir et celui des autres, comme en (5) et (6) :

5) *c'est un euh il y a à peu près 60 % de vendange manuelle 40 % de vendange mécanique euh ça vient de Pupillin ça vient de **différents terroirs** mais en majorité quand même des **argiles argilo-calcaires***

6) *si y a de la minéralité dans ce vin c'est quand même euh y a une part importante qui est due aux **cépages** Chardonnays en tout cas par rapport à ce que je connais sur les sur des **terroirs proches** euh sur les cépages euh Pinots Blancs et Pinots Gris euh*

L'analyse, sur les mêmes bases méthodologiques, de la suite du corpus et, ensuite, une partition fine des sous-corpus potentiels sur la base des deux critères extra-linguistiques de départ (région de l'interview et reconnaissance du vin dégusté comme minéral ou non) devra permettre à la fois d'affiner ces trois premiers scénarios et, le cas échéant, d'en mettre au jour de nouveaux. Il n'en demeure pas moins déjà clair que la question posée dans le titre de ce chapitre ne peut se satisfaire d'une réponse désincarnée, déconnectée de l'emploi et des locuteurs et ne saurait donc être trouvée dans les dictionnaires.

5. Conclusion

Ce chapitre visait à situer les limites entre terme et non-terme, mot-signal ou pseudo-terme en étudiant le cas de *terroir*, notamment dans la dégustation/présentation de vins.

Comme nous l'avons largement souligné, le *terroir* sous son apparente simplicité apparaît comme une unité sémiotique complexe. Cette complexité est directement en relation avec le phénomène de contextualisation qui intervient à chaque modalité et qu'il convient de mettre rapport avec la sphère d'utilisation et le degré de spécialisation, le statut « spécialisé » ou non du locuteur et le genre de discours, ce que nous subsumons sous la notion d'écologie du discours spécialisé (Bach 2020a). Chacun de ces contextes permet de définir des types d'emploi spécifiques et dissociables : terme technique, descripteur hédonique ou mot-signal marketing.

Si le lexème *terroir* a été si largement utilisé dans les discours et qu'il est relativement présent dans l'imaginaire français, c'est sans doute pour partie parce que le pays lui-même est largement vinicole. Il détermine des régions spécifiques qui lors de la dégustation viennent livrer des contrastes, le terroir servant d'étalon de comparaison. Ainsi selon Parker (2017, 11-24), dans son introduction intitulée

Le terroir et les racines gastronomiques de l'identité française, la confrontation des perceptions autour des goûts met « en valeur un cadre mental particulier » (Parker 2017, 19). Il poursuit, en écho à l'exemple (7) ci-dessous issu du corpus :

> Il est assez facile de comprendre que le goût d'un aliment puisse être déterminé et apprécié d'après son origine. Mais au fil de leur histoire, les Français sont allés au-delà. Ils ont postulé que le terroir affecte non seulement le fromage, mais aussi le fromager, et le paysan en même temps que sa récolte. (Parker 2017, 13)

Sur la base de Fischler (1988, 275) postulant que

> Food is also central to individual identity, in that any given human individual is constructed, biologically, psychologically and socially by the foods he/she chooses to incorporate

nous pouvons faire un parallèle avec le domaine œnologique : en buvant et en dégustant un vin on boit aussi tout ce qui le construit.

> 7)   *moi je suis persuadé qu'il y a une influence du quand on **quand on déguste un terroir** on déguste euh **on déguste aussi un vigneron** quoi hein un terroir pour moi enfin un grand cru un terroir c'est bon un seul particulier une climatologie particulière une exposition particulière c'est sûr si on n'a pas ça on fait des carottes ou on fait des machins mais on fait pas du vin mais en plus il y a des gens qui bossent dessus c'est pour ça que **le vin c'est culturel et pas que naturel** mais alors comment et ça effectivement on arrive pas à le mettre dans un questionnaire quoi si vous voulez*

Loin de se réduire à une définition si complète soit-elle, le terroir reste autant que le vin quelque chose de vivant qui ne s'accommode qu'avec ceux qui le font ou le boivent et donc en parlent. Il reste donc provisoirement quelque chose d'insaisissable dans l'approche linguistique du domaine de l'immatériel.

Enfin, si le terroir renvoie à la notion d'expérience, notamment par l'intermédiaire des termes sensoriels dans la dégustation, il peut également traduire un « au-delà de l'expérience », et s'inscrire plus particulièrement dans un style de vie qui caractérise ou catégorise à la fois les vini-viticulteurs mais aussi les consommateurs. L'expérience gustative est alors transcendée au profit d'une certaine philosophie, une approche du réel…

Bibliographie

Achard-Bayle, Guy / Durieux, Christine (éds.) (2020): *Cognitivisme et traductologie. Approches sémantiques et psychologiques* (Translatio. Série Problématiques de traduction 5). Paris: Classiques Garnier

Ait-Heda, Abedllatif / Meyer, Vincent (éds.) (2015): *La valorisation de patrimoines. Authenticité et communication.* Taroudant: Université Ibn Zohr

Bach, Matthieu (éd.) (2020a): *Discours du sensoriel. Cognition, expérience, texte* (Forum für Fachsprachen-Forschung). Berlin: Frank & Timme

Bach, Matthieu (2020b): Sensorial discourse and corpus in the digital humanities era: The example of the wine language. Dans: *Digital Scholarship in the Humanities* 35/1, 1-16

Baldy-Moulinier, Florence (2003): *Analyse pragmatique des interactions au cours des dégustations de vins: Les négociations sur les odeurs et les goûts.* Thèse de doctorat en sciences du langage, Lyon: Université Lyon 2

Barbe, Noël / Reichvarg, Daniel (éds.) (2015): *Les vies de la pasteurisation. Récits, savoirs, actions (1865-2015)* (Art, Archéologie et Patrimoine). Dijon: EUD

Beltran-Vidal, Danièle (éd.) (2009): *Les mots de la santé (2): Affaire(s) de goût(s).* (Travaux du CRTT). Lyon: Centre de Recherche en Terminologie et Traduction

Caballero, Rosario / Suarez-Toste, Ernesto / Paradis, Carita (2019): *Representing wine – Sensory percpetions, communication and cultures* (Converging evidence in language and communication research 21). Amsterdam: Benjamins

Cadoux Marie (2013): Le terroir et l'authenticité dopent le frais dans la crémerie. http//:www.lsa-conso.fr/le-terroir-et-l-authenticite-dopent-le-frais-et-la-cremerie,138343, (08/06/2019)

Calderon, Marietta / Konzett-Firth, Carmen (éds.) (2019): *Dynamische Approximationen. Festschriftliches püntlichst zu Eva Lavrics 62,5. Geburtstag* (Kontraste/Contrastes 3). Berlin: Peter Lang

Dacremont, Catherine (2009): Analyse descriptive: Comment le praticien de l'évaluation sensorielle construit-il une terminologie sensorielle? Dans: Beltran-Vidal, 163-174

Deneulin, Pascale / Le Bras, Guillaume / Le Fur, Yves / Gautier, Laurent (2014): Minéralité du vin: représentations mentales de consommateurs suisses et français. Dans: *Revue suisse Viticulture Arboriculture Horticulture* 46/3, 174-180

Domont-Lévêque, Ludivine (2019): *Minéral/minéralité: Étude diachronique de la construction discursive d'un descripteur sensoriel dans les textes prescriptifs et descriptifs de la filière vitivinicole.* Thèse de doctorat en sciences du langage, Dijon: Université de Bourgogne

Dubois, Danièle (2017): How words for sensory experiences become terms. A cognitive approach. Dans: *Terminology* 23/1, 9-37

Dykstra, Anne / Schoonheim, Tanneke (éds.) (2010): *Proceedings of the xiv Euralex International Congress.* Ljouwert: Fryske Akademy

Fischler, Claude (1988): Food, self and identity. Dans: *Social Science Information* 27, 275-292

Gautier, Laurent (2012): *Pour une approche linguistique intégrative des discours spécialisés.* Document de synthèse pour l'habilitation à diriger des recherches, Paris: Sorbonne-Université

Gautier, Laurent (2018): La sémantique des termes de dégustation peut-elle être autre chose qu'une sémantique expérientielle et expérimentale? Dans: Verdier / Parizot, 343-358

Gautier, Laurent (2019): La recherche en « langues-cultures-milieux » de spécialité au prisme de l'épaisseur socio-discursive. Dans: Calderon / Konzett-Firth, 369-387

Gautier, Laurent (2020): Initier à la dégustation... ou enseigner une terminologie de dégustation? Les termes de la dégustation dans les outils en ligne. Dans: Stengel, 137-156

Gautier, Laurent (à paraître): Émotions, expressivité et évaluation. La triple face (cachée ?) des descripteurs sensoriels: L'exemple du discours de présentation/dégustation de vins. Dans: Gautier / Guo / Veleanu

Gautier, Laurent / Bach, Matthieu (2017): La terminologie du vin au prisme des corpus oraux de dégustation/présentation (français-allemand): Entre émotions, culture et sensorialité. Dans: *Etudes de Linguistique Appliquée* 188, 484-509

Gautier, Laurent / Bach, Matthieu (2020): Les descripteurs sensoriels d'une langue à l'autre. Enjeux cognitifs pour la traduction. Dans: Achard-Bayle / Durieux, 59-76

Gautier, Laurent / Deneulin, Pascale / Le Fur, Yves (2015): Levons un voile sur la minéralité des vins blancs du Jura: Discours, sémantique, sensorialité. Dans: Barbe / Raichvarg, 159-170

Gautier, Laurent / Guo, Weiwei / Veleanu, Corina (éds.) (à paraître): *Affects, émotions et expressivité dans les discours sociétaux* (Sprache, Kultur, Gesellschaft 23). Berlin: Peter Lang

Gautier, Laurent / Hohota, Valentin (2014): Construire et exploiter un corpus oral de situations de dégustation: L'exemple d'Oenolex Bourgogne. Dans: *Studia Universitatis Babes-Bolyai, Philologia* 59/4, 157-173

Gautier, Laurent / Lavric, Eva (éds.) (2015): *Unité et diversité dans le discours sur le vin en Europe* (Inntrans 8). Frankfurt/Main: Peter Lang

Gautier, Laurent / Robillard, Bertrand / Le Fur, Yves (2015): La « minéralité » du vin : Mots d'experts et de consommateurs. Dans: Gautier / Lavric, 149-168

Goldberg, Adele (1995): *Constructions: A Construction Grammar approach to argument structure.* Chicago: University of Chicago Press

Hennebert, Jérôme (éd.) (à paraître): Actes du Colloque de Lille *Senteurs.* Lille: Presses universitaires du Septentrion

Kockaert, Hendrik J. / Steurs, Frieda (éds.) (2015): *Handbook of terminology. Volume 1.* Amsterdam: Benjamins

Lakoff, George (1987): *Women, fire, and dangerous things: What categories reveal about the mind.* Chicago: University of Chicago Press

Le Fur, Yves / Gautier, Laurent (2013): De la minéralité dans les rosés? Dans: *Revue française d'œnologie* 260, 40-43

Leroyer Patrick / Parizot Anne (à paraître): La minéralité: Histoire de sentir et ressentir le vin. Dans: Hennebert

Mancebo, Mariele (2019): *Terminologie et discours au sein d'une filière viti-vinicole: Le cas des Crémants de Bourgogne*. Thèse de doctorat en sciences du langage, Dijon: Université de Bourgogne

Mondada, Lorenza (2018): The multimodal interactional organization of tasting: Practices of tasting cheese in gourmet shops. Dans: *Discourse Studies* 20/6, 743-769

Mondada, Lorenza (2019): Contemporary issues in conversation analysis: Embodiment and materiality, multimodality and multisensoriality in social interaction. Dans: *Journal of Pragmatics* 145, 47-62

Moneyron, Anne / Masson Jean E. (2015): L'innovation en agroécologie dans les vignes d'Alsace. Dans: *Les vins d'Alsace* 4, non-paginé

Monyeron, Anne / LMC / Wetshalten group / Lallemand, Jean-François / Schmitt, Carine / Perrin, Mireille / Soustre-Gacougnolle, Isabelle / Masson, Jean E. (2017): Linking the knwoledge and reasoning of dissenting actors fosters a bottom-up design of agroecological viticulture. Dans: *Agronomy for Sustainable Development* 37/41, 1-14

Parizot, Anne (2015): Terroir et patrimoine alimentaire. Une expérience au goût du jour entre exception culturelle et nostalgie. Dans: Ait Heda / Meyer, 579-595

Parizot, Anne (2019): Vin de terroir(s): Une identité entre mythe et réalité. Dans : *Revue ¿Interrogations?* 29. *In Vino Humanitas. Des usages du vin dans les sociétés.* https://revue-interrogations.org/Vin-et-terroir-s-une-identite (Consulté le 14 mai 2020)

Parizot, Anne (2020): Vin de terroir et vin du terroir: Entre mythe et réalité. Dans: Yengué / Stengel, 313-331

Parizot, Anne / Combrouze Delphine / Verdier, Benoît (à paraître): La communication des vignerons champenois: Nécessaire distinction pour exister ? Dans ce volume

Parker, Thomas (2017): *Le goût du terroir. Histoire d'une idée française.* Rennes: Presses universitaires de Rennes

Stengel, Kilien (éd.) (2020): *Terminologies gastronomiques et œnologiques. Aspects patri-moniaux et culturels* (Questions alimentaires et gastronomiques). Paris: L'Harmattan

Temmerman, Rita (2017): Verbalizing sensory experience for marketing success. The case of the wine descriptor *minerality* and the product name *smoothie*. Dans: *Terminology* 23/1, 132-154

ten Hacken, Pius (2010): The tension between definition and reality in terminology. Dans: Dykstra / Schoonheim, 915-927

ten Hacken, Pius (2015): Terms and specialized vocabulary: Taming the prototypes. Dans: Kockaert / Steurs, 3-13

This, Hervé, (2017): *Le terroir à toutes les sauces. Un roman philosophique et gourmand, avec les 100 recettes d'Alsace*. Paris: Place des Victoires

Verdier, Benoît / Parizot, Anne (éds.) (2018): *Du sens à l'expérience. Gastronomie et œnologie au prisme de leurs terminologies*. Reims: ÉPURE

Wilton, Antje / Stegu, Martin (éds.) (2011): *Applied folk linguistics* (= *AILA Review* 24). Amsterdam: Benjamins

Winter, Bodo (2019): *Sensory linguistics. Language, perception and metaphor* (Converging evidence in language and communication research 20). Amsterdam: Benjamins

Yengué, Jean-Louis / Stengel, Kilien (éds.) (2020): Le terroir viticole: espace et figures de qualité (Tables des hommes). Tours: Presses universitaires François Rabelais

Pr Laurent Gautier

Centre Interlangues Texte Image Langage

Université de Bourgogne

2 boulevard Gabriel

FR-21000 Dijon

Mél: laurent.gautier@u-bourgogne.fr

Pr Anne Parizot

UFR SLHS

Université de Franche-Comté

30 rue Mégevand

FR-25000 Besançon

Mél: anne.collet-parizot@univ-fcomte.fr

Patrick Leroyer

Médiatisations lexicographiques et branding du vin

Résumé :

Cet article a pour objectif de présenter, en théorie et en pratique, les différentes formes de médiatisation lexicographique (*cf.* Leroyer / Gouws 2009) résultant d'une double évolution de la communication des organisations, qui depuis quelque temps déjà façonnent la communication marchande du vin. Dans cette optique, il démontrera en particulier comment un outil d'information lexicographique comme la plateforme *Œnolex* (Gautier / Leroyer, à paraître ; Leroyer 2018) et des plateformes digitales interprofessionnelles comme *Vins de Bourgogne* (BIVB 2020) ou des sites d'avis et de revue, comme *Decanter* 2020, revisitent et exploitent les formats lexicographiques conventionnels. Ce faisant, ils renforcent la promotion des discours marchands du vin et en assurent l'autorité et la diffusion. En se basant sur une analyse des interprétations et illustrations lexicographiques du vocable néonymique en vogue 'minéralité' et de son adjectif 'minéral', l'article fait ressortir quelques-unes des stratégies et tactiques privilégiées de médiatisation lexicographique mobilisées par les acteurs clés marchands – marques, producteurs, revendeurs, éditeurs, auteurs – sur leurs plateformes pour toucher leurs publics-clés – partenaires, concurrents, consommateurs, communautés de consommateurs. L'objectif stratégique de l'alliance entre vin et lexicographie du vin est clairement de soutenir le double branding du vin et de ses acteurs professionnels dans une perspective communicative. Il convient de préciser que la théorie de la médiatisation et du branding lexicographique présentée ici ne se limite pas aux organisations de la vigne et du vin, mais s'applique également à la communication de toutes les organisations en général, qui ont choisi d'inclure des ressources, méthodes et formats lexicographiques dans leur stratégie de communication d'entreprise.

Mots-clés : médiatisation lexicographique, branding, fonctions, numérisation, lexicographie du vin, plateformes professionnelles

Abstract:

The aim of this article is to outline in theory and in practice the various forms of lexicographic mediatisation (cf. Leroyer / Gouws 2009) resulting from a double evolution in organizational communication that for some time now have been shaping wine business communication. It will specifically show how a professional lexicographic information tool such as the *Œnolex* platform (Gautier / Leroyer forthcoming; Leroyer 2018) and interprofessional digital platforms such as *Vins de Bourgogne* (2020) or review websites such as *Decanter* (2020) rearrange and use conventional lexicographic formats in order to reinforce the promotion of wine business discourses. In doing that they ensure the authority and dissemination of these discourses. Based on an analysis of lexicographic interpretations and illustrations of the buzz word 'mineral' and its adjective 'mineral', the article outlines a number of favoured strategies and tactics of lexicographic mediatisation used by key actors in the wine business – brands, producers, distributors – on their platforms to engage with their primary stakeholders – consumers and consumer communities. The strategic aim of the alliance between lexicography and wine is clearly to support the branding of wine and wine business actors in a communicative perspective. It should be stressed that the theory of lexicographic mediatisation and branding presented here is not limited to organizations in the field of vine and wine, but also applies to the communication of all organizations that have chosen to include lexicographic resources, methods and formats in their corporate communication strategy.

Keywords: lexicographic mediatisation, branding, functions, business strategies, digitalization, wine lexicography, professional platforms

1. Introduction

Il y a peu encore, la lexicographie du vin et de la vigne exploitait avec succès le format papier pour construire des outils d'information lexicographique conventionnels autonomes – des ouvrages de consultation 'stand-alone' – tels que dictionnaires, lexiques, glossaires, guides, atlas etc., qui exploitaient et reproduisaient avec succès la forme du livre, dans des versions monolingues ou bilingues, et moins souvent, multilingues. Corollaire du succès du vin dans nos cultures de consommation et de quête sensorielle de l'hédonisme, ces ouvrages proliféraient, et on peut sans craindre avancer que le domaine du vin et de la vigne était atteint d'une boulimie lexicographique aiguë (Leroyer 2013b). Les lexicographes sélectionnaient les termes propres à la culture de la vigne et à la fabrication et à la dégustation du vin – les descripteurs du vin et leurs évaluateurs hédoniques – les indexaient, et élaboraient ensuite des articles lexicographiques élucidant le sens des unités par le biais de courtes définitions ou d'explications. L'accès à l'information était le plus souvent assuré par une macrostructure de type alphabétique, sémasiologique. Rares étaient les ouvrages lexicographiquement parlant plus élaborés qui, comme le *Dictionnaire de la langue du vin* (Coutier 2007), se doublaient d'un accès systématique, onomasiologique, ou proposaient

536

d'autres types de données, citations, illustrations, cartes, notes culturelles ou encyclopédiques. Le plus souvent, la lexicographie du vin se contentait d'expliquer les termes les plus courants, et, pour les ouvrages bi- ou multilingues, d'en proposer les équivalents (Glatre 2014).

Quoiqu'il en soit, la numérisation de la lexicographie n'a dans un premier temps guère modifié les méthodes utilisées, et les outils d'information lexicographique en ligne ont continué de reproduire peu ou prou les recettes consacrées de la lexicographie papier. De tels ouvrages en ligne continuent d'être configurés comme des outils autonomes, consultables indépendamment, tout comme leurs cousins papier, et font plutôt figure de copiés-collés. Pour l'utilisateur consultant ces ressources, l'accès aux données en est certes facilité et accéléré, mais les potentiels du numérique restent le plus souvent inexploités, ne serait-ce qu'au niveau de données plus versatiles, des données multimédia par exemple, qui sont à même d'apporter une vraie plus-value lexicographique.

Si cette situation perdure aujourd'hui, la formidable poussée des technologies numériques issues des nouvelles technologies de l'information et de la communication tend à redessiner le paysage de la communication lexicographique, en particulier celle qui s'intègre à communication spécialisée des organisations-clés du secteur : producteurs, négociants, courtiers, organismes de régulation, interprofessions, sites de vente en ligne, cavistes, applications itinérantes, éditeurs de guides œnologiques. C'est en effet de la communication numérisée marchande du vin, et de la communication de ses organisations (voir Cornelissen (2017, 36-52) pour une vue d'ensemble des enjeux médiatiques de la communication des organisations sous la poussée de la numérisation de la communication) que pointe la révolution lexicographique, avec la progression d'une lexicographie qui se parcellise en composantes lexicographiques et se médiatise au contact des différentes plateformes médiatiques (sites web, forums, blogs, applications, réseaux sociaux), un phénomène que nous nommerons 'médiatisation lexicographique', qui tend à transformer la communication des organisations et des cultures organisationnelles œnologiques. Désormais, la lexicographie se décline en composantes lexicographiques qui ne sont plus simplement autonomes mais viennent se greffer à la communication marchande des nouveaux médias œnologiques et participent à la logique de 'branding' des organisations œnologiques impliquées, le terme de branding, couramment usité dans les champs du marketing et de la communication d'entreprise, faisant référence à une communication de construction d'image de marque, voir Bathelot (2019/2020) pour une définition de cette logique.

Nous présenterons dans la section deux ci-dessous la théorie centrale de la médiatisation lexicographique et de son branding intégré et l'appliquerons dans la section trois aux fonctions spécifiques que remplit la lexicographie auprès de ses utilisateurs, avec à la clé un modèle théorique de la communication des plateformes œnologiques à composantes lexicographiques intégrées.

La quatrième section montrera comment la plateforme Œnolex (Gautier / Leroyer, à paraître ; Leroyer 2018) a été conçue pour assurer le branding des vins de Bourgogne et de son interprofession.

La cinquième section sera consacrée à l'analyse de six scénarios représentatifs de la communication lexicographique médiatisée, qui par le biais de l'unité terminologique néonymique en vogue 'minéralité' et de son qualificatif inséparable 'minéral' dévoilent les mécanismes de médiatisation mobilisés autour du branding du vin et de ses organisations.

En conclusion, nous proposerons une synthèse de l'étude théorique et empirique, et esquisserons les potentiels de développement de la lexicographie dans la perspective communicative des organisations qui font appel à ses méthodes, ressources et formats pour se différencier, et sont contraints de faire face aux enjeux de société qui menacent le secteur tout en offrant de nouvelles opportunités.

2. Théorie centrale

La théorie centrale que nous développerons ici est que la lexicographie œnologique, par le biais de sa numérisation marchande, s'est transformée en média de communication organisationnelle distinct, avec ses stratégies de communication idoines, ses messages, ses objectifs, ses parties prenantes et son branding communicatif. Cette médiatisation de la lexicographie a un double effet : une lexicographisation de la communication organisationnelle, et une méta-lexicographisation de la communication lexicographique elle-même :

1) Lexicographisation :

En vue de renforcer son éthos, la communication des organisations marchandes du vin emprunte à la lexicographie spécialisée de la vigne et du vin des formats de représentation des connaissances et de médiation linguistique qui jusque-là lui étaient réservées, tout en poursuivant ses objectifs stratégiques de vente et de renforcement d'image et de réputation dans la construction des marques. En d'autres termes, son branding. Ce faisant, la communication des organisations du vin développe de nouvelles stratégies de communication explicatives, plus didactiques et pédagogiques, plus communautaires, et plus axées sur l'échange, le partage, et la collaboration avec ses parties prenantes prioritaires, les consommateurs ;

2) Métalexicographisation :

Dans ce contexte de discours de marques, la communication de la lexicographie œnologique se transforme elle-même et développe de nouveaux formats inédits, dans lesquels la dimension métalexicographique tend à prendre le dessus. Ce faisant, elle change de statut. De normative ou descriptive, elle devient réflexive et coactive. On ne construit plus simplement des glossaires, on discute de la construction des glossaires, du design, des objectifs ; on ne se contente plus de rédiger des définitions, on discute des principes de rédaction des définitions ; on ne propose plus simplement des composantes multimédia, on en explicite les objectifs pédagogiques, didactiques ou ludiques. Le questionnement de la communication et des connaissances œnologiques devient une entreprise dynamique coactive dans laquelle les acteurs clés renégocient le sens des unités terminologiques existantes et introduisent de nouveaux sens et connaissances motivés par les mutations du secteur, changement climatique et transition écologique par exemple.

Plusieurs formes de médiatisation lexicographique façonnent ainsi la communication du vin et en transforment les stratégies. Les plateformes interprofessionnelles numériques détournent la lexicographie pour promouvoir les discours marchands du vin tout en s'accaparant une autorité lexicographique. Les consommateurs participent activement pour co-construire et échanger de nouvelles cultures du vin et ouvrent le champ à de nouvelles médiatisations sociales. C'est donc bien de la communication marchande du vin que vient l'innovation lexicographique sur les plateformes et les réseaux. Car les composantes lexicographiques, en s'y intégrant, poursuivent de nouvelles missions. Simultanément, les formats de la lexicographie sont en mutation, avec en particulier la multiplication des données multimédia : images, animations, films, graphiques, bandes son, jeux interactifs, etc. Le mariage du vin et de la lexicographie est devenu une clé d'expérience. Une profusion de sites sont jalonnés de ressources lexicographiques qui sont appelées à devenir des clés d'expérience au travers de l'exploration des mots du vin et de la vigne. Ainsi, le site interprofessionnel *Vins de Bourgogne* (BIVB 2020), sur lequel nous reviendrons plus bas, s'ouvre à la navigation expérientielle en proposant des parcours ludiques au moyen de données multimédia qui peuplent des univers de découverte œnologique conçus non seulement pour savoir mais aussi se divertir. Par exemple, des vidéos et des animations graphiques éducatives remplacent les traditionnelles définitions et illustrations des termes de vinification utilisés par la profession et élucident de manière ludique les processus de 'foulage', 'éraflage', 'encuvage', 'pigeage', 'remontage', 'fermentation alcoolique', 'écoulage', 'décuvage', etc. ainsi que leurs relations chronologiques (figure 1 ci-dessous). Les données mobilisées par la lexicographie n'y sont plus recherchées ou consultées, mais explorées selon des schémas de découverte et de modalités sérendipitives (Leroyer / Gouws 2009).

Figure 1 : Vins de Bourgogne (BIVB 2020) : vinification du vin rouge de Bourgogne

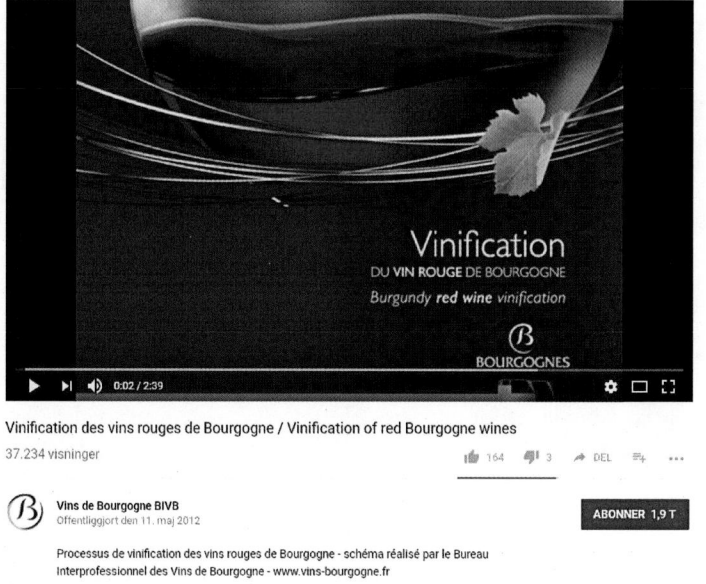

3.   Fonctions, missions et médiatisations de la lexicographie

Les outils d'information lexicographiques consacrés à la vigne et au vin, quelle
que soit l'architecture du support utilisé, numérique ou analogique, sont fondamentalement définis par l'utilité qu'ils visent auprès des utilisateurs potentiels, et
qui constitue leur raison d'être. Selon la théorie fonctionnelle de la lexicographie
(Tarp 2018), les outils sont dotés d'une ou plusieurs fonctions lexicographiques
qui les déterminent et les définissent, et ont pour but de remplir aussi précisément
que cela puisse être les besoins d'information des utilisateurs auxquels ils sont
destinés et pour lesquels ils ont été conçus (Tarp 2018, 247). L'outil peut être
autonome ou intégré, mais est forcément doté d'un certain nombre de composantes lexicographiques obligatoires, pour le moins une liste lemmatique ou un
glossaire doté d'explications, définitions, ou traductions. Appelons-le, pour
simplifier les choses, 'dictionnaire', terme dont la définition reste redoutablement

complexe, mais que pourtant tout le monde saura du moins reconnaître et interpréter (Tarp 2018).

Jusqu'à présent, les fonctions lexicographiques des dictionnaires ont été canoniquement catégorisées en trois catégories de fonctions et situations d'utilisation correspondantes : les situations cognitives, axées sur l'acquisition et la réappropriation des savoirs, les situations communicatives, servant à résoudre directement des problèmes de réception ou de production de texte, ou bien de traduction entre deux ou plusieurs langues, et les situations opératives, instruisant et guidant l'utilisateur à réaliser des actions physiques. Mais le dictionnaire est plus que cela. Il est utilisé par ses auteurs, ses éditeurs, les organisations qui l'hébergent, les plateformes qui le diffusent en interne et en externe, pour assumer des missions répondant à des logiques de branding. Il remplit de ce fait plusieurs missions de communication au sein des organisations. Tout dépendant de la configuration des fonctions voulues et poursuivies par ses architectes, et des objectifs de communication poursuivis, les données y seront sélectionnées, structurées et manipulées différemment pour mieux atteindre ces objectifs.

Dans le domaine du vin, il y a d'abord la mission lexicographique de médiation et de communication des connaissances spécialisées qui consiste à collecter, représenter et fournir l'accès à des savoirs professionnels, par exemple dans des bases de données terminologiques destinées aux professionnels de la filière et intégrées à la plateforme (SAWIS 2020), en vue de soutenir sa communication nationale et internationale. Pour SAWIS, il s'agit bien de branding collaboratif des vins d'Afrique du Sud, de branding des acteurs de la filière, et de branding de l'organisme ayant pour mission de collecter et partager les informations de l'industrie. L'industrie du vin a aussi des missions et objectifs de formation en interne et en externe, et les bases de données apportent des éléments didactiques précieux aux programmes de formation.

Dans le même ordre d'idées, il y a ensuite la mission lexicographique, dans des outils à visée grand public plus indifférenciés, de faciliter la diffusion et la réappropriation de savoirs œnologiques vulgarisés au travers des mots du vin et des illustrations qui les accompagnent, la réception et la compréhension de la langue du vin, la connaissance encyclopédique du domaine du vin, et la faculté de pouvoir verbaliser et mettre les connaissances et appréciations personnelles en discours (Leroyer 2013a), qui sont un facteur clé du succès des motivations, des comportements d'achat et de la consommation de la boisson vin, y compris la construction et le partage des cultures œnologiques qui l'enrichissent. Le besoin de s'approprier des connaissances œnologiques pour enrichir les expériences de dégustation et qualifier les décisions d'achat comprend ainsi la connaissance des vins spécifiques, que l'on réalisera le plus souvent avec des guides du vin dotés de structures directement empruntées à la lexicographie, et qui au fil des ans font l'objet de réactualisations ou de rééditions répétées (Hachette 2020). La connaissance s'applique aussi à celle de la langue du vin dans des dictionnaires de langue (Coutier 2007), y compris celle de ses terminologies sur des traits définitoires particuliers. De fait, les exemples lexicographiques à l'appui des unités et termes sélectionnés en illustrent le sens et la mise en discours tout en véhiculant inévitablement des logiques de branding des vins et de leurs qualités. Guides et dictionnaires se transforment dès lors, sous la pression des modèles de business des maisons d'édition, en instruments de branding avides de s'établir comme la référence des connaissances spécialisées, qui multiplient les commentaires, exemples et explications vantant la qualité des vins décrits dans leurs entrées, tout en soignant leur utilisabilité d'instrument de consultation et de recherche de l'information.

Parallèlement à la diffusion des savoirs œnologiques, il existe la mission plus étroitement ciblée d'inspirer et de guider les actions de dégustation, évaluation, et consommation au travers d'instructions de dégustation, formulation d'avis etc., qui est particulièrement prégnante sur les applications œnologiques dotées de composantes lexicographiques (glossaires, lexiques, notes encyclopédiques, notes culturelles, etc.).

Outre ces missions en quelque sorte régaliennes et constitutives de l'essence-même de la lexicographie dans les organisations, il en existe deux autres, dont l'importance va croissante, qui viennent se greffer naturellement à la numérisation des espaces d'information et de communication.

La première est la mission de créer des espaces d'expérience et de plaisir. Une lexicographie du vin sans translation et transmission de l'expérience sensorielle du plaisir du vin n'a pas de sens. Il s'agit de faire découvrir et de faire aimer le vin au travers des mots du vin, au travers des connaissances que les mots du vin véhiculent. Pareillement, il s'agit au moyen de données multimédia et multi-modales – illustrations, vidéos, animations, graphiques, quizz, etc. – de peupler des espaces d'expérience multi-sensoriels, avec de nouveaux modes d'exploration à caractère sérendipitif et une forte prédominance des données multimodales et des parcours de navigation interactifs. La plateforme lexicographique mobilise des sémiotiques de l'expérience devenant un but en soi, dans laquelle la fonction expérienciation conditionnée par la recherche permanente de l'expérience est constitutive de la médiatisation lexicographique de la communication œno-logique. Ces médiatisations exploratoires deviennent des espaces de construction d'une culture de l'expérience œnologique.

La seconde est la mission lexicographique de mettre en place une logique de branding, qui chapeaute et irrigue toutes les fonctions lexicographiques, et qui consiste à promouvoir les domaines, les vignerons, les cavistes, les inter-professions, l'industrie, les éditeurs, les collections d'ouvrages réédités chaque année, comme les guides, les auteurs (Parker 2009), etc., dans le but de construire, entretenir ou faire évoluer l'image de marque des vins et d'en motiver l'achat, et parallèlement de promouvoir, entretenir ou faire évoluer l'image de marque des acteurs et organisations du vin. De très nombreux sites web sont ainsi dotés de ressources lexicographiques intégrées plus ou moins développées, le plus souvent sous forme de glossaires et lexiques à visée didactique et pédagogique, dont la mission est de susciter et de faciliter l'achat en formant et fidélisant les utilisateurs clients potentiels, voir par exemple pour les vins de Bordeaux, Château d'Arguin (2020) et pour le Champagne, Mater & Filii (2020), qui sont des sites canoniques représentatifs de cette intégration à logique marchande non camouflée. La composante lexicographique se greffe à l'argumentaire de vente et participe au branding de l'organisation. Dans l'exemple (1) ci-dessous, c'est un site de vente de Champagne en ligne, qui propose un commentaire métalexicographique avec une courte présentation des objectifs du glossaire en ligne :

> 1)   *Afin de bien comprendre et connaitre le champagne, nous avons pensé un glossaire / dictionnaire décrivant les termes importants du champagne.*
>
> Glossaire de *La Champagneraie* (2020)

Comme nous venons de l'expliquer, la mission branding intégrée se situe au sommet de la hiérarchie fonctionnelle des plateformes œnologiques dotées de composantes lexicographiques. Elle irrigue et détermine l'ensemble des fonctions, dont elle affecte la configuration et la structuration des données. La fonction expérienciation est directement dérivée de la logique de branding, et affecte la configuration des fonctions communication, opération et expérienciation. La figure (1) ci-dessous montre la hiérarchie fonctionnelle des plateformes œnologiques dotées de composantes traditionnelles – lexiques, glossaires, articles encyclopédiques – mais aussi de composantes numériques interactives, en particulier les champs de saisie destinés à lancer les interrogations de la base de données de la plateforme, par exemple une recherche des vins référencés sur la plateforme avec un filtrage éventuel des paramètres de recherche, et tous les éléments ludiques et multimédia destinés à faciliter le retour de l'information et l'acquisition des connaissances.

Figure 2 : Missions et fonctions des plateformes œnologiques
à composantes lexicographiques intégrées

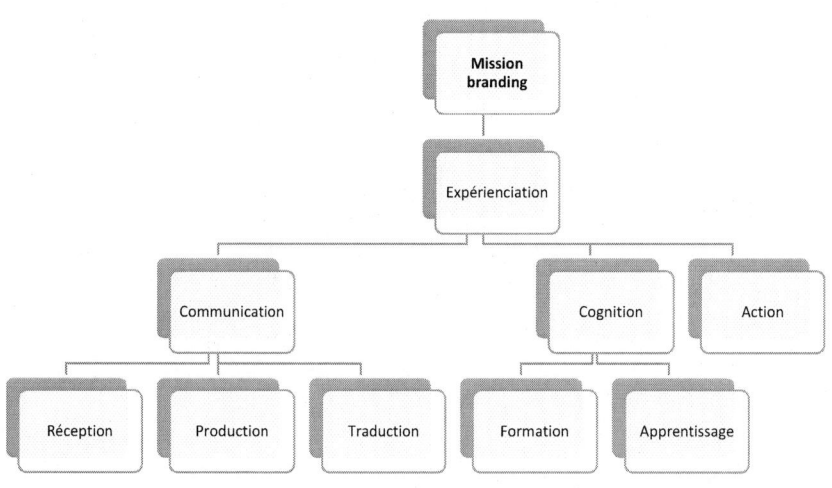

4.   Branding des vins de Bourgogne : la plateforme Œnolex

Développée conjointement par l'Université de Bourgogne et l'Université d'Aarhus en étroite coopération avec le Bureau de l'Interprofession des Vins de Bourgogne (BIVB 2020), la plateforme Œnolex (cf. Bach / Gautier 2017, pour l'exploitation des corpus oraux alimentant la plateforme, et Leroyer 2018, pour une présentation détaillée de la plateforme elle-même et de ses fonctionnalités) est un référencier lexicographique professionnel numérisé – une plateforme de stockage et d'interrogation de données hébergées en interne – qui a été spécialement conçu pour répondre aux besoins de gestion de l'information et de communication de l'interprofession.

Originellement envisagée par l'interprofession comme un *nuancier* lexicographique regroupant toute la palette et les nuances du vocabulaire de la dégustation en vue de mieux éduquer le nez et le palais des consommateurs amoureux des vins de Bourgogne, la plateforme regroupe des données terminologiques et discursives – ces dernières étant réalisées sous forme d'exemples lexicographiques textuels – utilisées par les principaux acteurs de la filière (vignerons, formateurs, négociants, cavistes, responsables des ventes) en étroite interaction avec les consommateurs en situations réelles (visites de chais, foires aux vins, cours de l'Ecole des vins), et se présente comme un cas de médiatisation professionnelle des cultures de la consommation du vin, ses objectifs étant en particulier d'appréhender les éventuels dysfonctionnements terminologiques portant préjudice à la verbalisation des sensations et appréciations émises par les consommateurs en situation de dégustation ou d'achat, et de les rectifier. La médiatisation des données de dégustation des vins de Bourgogne remplit simultanément des objectifs de documentation utiles à l'organisation en interne, de formation (pour les instructeurs de l'Ecole des vins), de communication marketing (campagnes publicitaires, évènements viticoles, relations publiques), et d'une manière générale de soutien à la construction de l'image de marque des vins de Bourgogne, et à l'entretien de leur réputation, c'est-à-dire le branding des vins de Bourgogne.

La plateforme est bâtie sur une architecture tripartite permettant de faire fonctionner trois modes d'indexation et d'interconnexion des données distincts mais complémentaires :

1. Des fiches AOC individuelles qui reprennent les données normatives déjà établies par la profession dans ses référentiels : description des domaines, des crus, des millésimes, et caractérisation organoleptiques des AOC indexées dans la base de données. Chaque AOC constitue ainsi une entrée unique.

2. Des fiches de dégustation sous formes d'enregistrements sonores qui sont directement associées aux AOC ayant fait l'objet d'une dégustation, et qui sont construites à partir de séquences d'enregistrement des séances de dégustation – au domaine ou dans le cadre d'autres évènements viticoles. Les séquences ont été analysées, balisées et segmentés, et constituent la base empirique de la sélection et de l'extraction des unités terminologiques ainsi que de la sélection et de l'extraction des exemples lexicographiques démontrant la mise en discours des unités (Leroyer / Gautier / Maazaoui 2015) et faisant simultané-ment ressortir les différents phénomènes de médiatisation et de logique de branding des vins et de la profession.

3. Des fiches terminologiques associées aux AOC et aux dégustations, structurées suivant la forme canonique de l'enregistrement terminologique : terme, définition/explication, exemples, illustrations et liens de renvoi internes et externes.

Les priorités ont été accordées à l'exploration des discours de la dégustation et de la vente du vin en interaction, et à l'oralité interpersonnelle participant à la co-construction des différentes cultures du vin. Les données lexicographiques sont plurielles, et sont constituées de données textuelles (les AOC et leurs descriptifs), de données sonores générées par des enregistrements d'interactions orales, de données lexicographiques conventionnelles (définitions reprises à Coutier 2007), et de données multimédia (images, vidéos, animations, cartes, etc.). La mission centrale de la plateforme Œnolex est de fédérer les ressources lexicales et discursives de l'interprofession et de cette manière d'appuyer le branding de l'organisation auprès de ses parties prenantes en interne comme en externe.

Dans la section suivante, nous analyserons quelques-unes des stratégies de médiatisation lexicographique privilégiées autour de la notion néonymique de 'minéralité' et de l'adjectif 'minéral' qui lui est associé, et qui en raison de son caractère définitoire contesté, et paradoxalement de son vaste succès discursif dans l'air du temps de la communication œnologique depuis quelques années déjà, se prêtent bien à l'étude des différentes modalités de médiatisation lexico-graphique au service du branding des produits et organisations de l'industrie.

5. Médiatisations terminologiques : le cas de 'minéral' et 'minéralité'

5.1. Médiatisation sémantique : branding du bon sens

La médiatisation sémantique est motivée par l'objectif central d'élicitation du sens, mais aussi de sa fixation : que signifie tel terme, telle expression ? Comment l'utiliser correctement ? La recherche du bon sens en quelque sorte. Les médiati-sations sémantiques se caractérisent comme des espaces de co-construction de la sémantique œnologique qui cherche constamment à remanier et renégocier le sens des unités lexicales et à pallier le cas échéant le déficit ou flou sémantique. Dans l'article ci-dessous, la définition circulaire de 'minéralité' – corollaire de l'adjectif 'minéral' dont le sens reste vague (*évoque*) – débouche sur une formulation de la promesse laudative de vente par le biais de l'exemple lexicographique (*harmo-nieux, remarquable, persistante, pure*), qui confirme et valorise le bénéfice consommateur (*en bouche, saveurs*) dans une pure logique de branding produit. La sémantique est sauvée par son propre branding :

> 2)   *MINÉRAL, - ALE adj. [nez et bouche (arômes)]*
> *Qui évoque l'odeur ou le goût de certains minéraux ou de roche*
>
> **minéralité** \m.ne.ʁa.li.te\ *féminin*
> *Caractère minéral de quelque chose, et particulièrement d'un vin.*
>
> *En bouche, ce vin harmonieux déploie une remarquable* **minéralité** *sous-jacente, dont les saveurs se prolongent tout au long de la finale persistante et pure.*
>
> *Guide Parker des vins de France* 2009, 7ᵉ édition, 838

5.2. Médiatisation synesthésique : branding expérientiel

Pas de vin sans prescription des accords mets-vins. La promotion de la 'minéralité' et des vins dits 'minéraux' oscille entre expérienciation à haute technicité et simple affirmation du bon sens expérientiel du type « ça ira très bien » sur ceci ou sur cela. Au travers de l'exemple lexicographique, 'minéralité' s'ouvre une culture synesthésique, comme on le constatera dans les 3 exemples lexicographiques ci-dessous, issus d'une sélection d'interactions autour des accords, enregistrés sur la plateforme Œnolex, qui permet de fusionner branding des vins et branding gastronomique comme une double expérience synesthésique :

3) *[...] que là il y a l'acidité du vin, il y a la **minéralité** qui fait que le vin il est là et en plus ça vous réveille le palais ça dégraisse on dit, dégraisser le palais.*

*[...] après sur des fruits de mer, sans problème, ou sur une charcuterie, hein ils sont pas, ils sont, du fait qu'il y ait une certaine **minéralité**, c'est, ça ira très bien.*

*[...] si vous prenez un époisse ou un fromage fort... le vin est complètement masqué, que si vous prenez du vin blanc, alors des vins blancs **minéraux** pas comme le Viré-Clessé, agrume, plutôt des vins bien droits des Pernand-Vergelesses, des Puligny, là vous avez l'acidité du vin qui va dissocier le vin côté crémeux fromage fort, mais sans masquer*

Exemples d'interactions accords mets-vins, Œnolex

5.3. Médiatisation pratique : branding des ventes

'Minéral' et 'minéralité' débouchent forcément sur des expériences de consommation et de comportements d'achat qui y sont associés. Les locuteurs professionnels fournissent des recommandations d'achat à peine déguisées. La promotion des ventes reste l'objectif ultime de la communication de la profession. 'Minéralité' reprend sa fonction primaire d'argument de vente et de promesse d'avantages produit et avantages client, comme dans les exemples ci-dessous, également issus de la plateforme Œnolex, et participe, sous forme de conseils et recommandations pratiques, au branding d'image de marque du Petit Chablis et des premiers crûs :

> 4) *Donc c'est bon les Petits Chablis, c'est des vins à 6-7 euros, assez vifs, assez* **minéraux**, *qu'ont pas un potentiel de garde très important, mais c'est de très bon vins.*
>
> *Non, quand c'est des vins qui tiennent, il faut pas aller prendre des vins trop légers, il faut pas revenir sur les appellations régionales, il faut passer sur des premiers crûs, des choses comme ça, mais* **minéraux**.
>
> *Exemples d'interactions culture marchande*, Œnolex

5.4. Médiatisation cognitive : branding du savoir

On trouvera aussi des stratégies de médiatisation et de branding moins visibles, plus subtiles, mais tout aussi prégnantes, dont la logique s'articule sur le détournement des connaissances scientifiques au profit de l'argument promotionnel. Dans l'article 'kimmeridgien' associé à 'minéralité' et publié sur le site web des viticulteurs de Chablis (2020), les professionnels exploitent une forme encyclopédique propre à la fonction cognitive de médiation des connaissances. Ils fournissent des explications géologiques établissant un lien direct entre composition du sous-sol chablisien et minéralité des vins de Chablis :

> 5) *Le kimmeridgien est un étage géologique datant du jurassique supérieur, il y a environ 150 millions d'années. A Chablis, on trouve dans le sous-sol des marnes grises qui alternent avec des bancs de calcaire parfois très riches en fossiles d'Exogyra virgula, petite huître en forme de virgule caractéristiques des marnes du kimmeridgien moyen et supérieur. C'est dans ce sous-sol particulier, affleurant par endroit, que les vins de Chablis puisent leur typicité, leur pureté, leur finesse, leur minéralité.*
>
> *Exemple 'kimmeridgien'* Chablis.fr (2020)

La nature référentielle de l'article se double d'une énonciation à visée persuasive à peine dissimulée au travers de l'association des traits caractéristiques propres à la notion de minéralité et de l'énonciation laudative des qualités de 'typicité', 'pureté' et 'finesse'. L'argument promotionnel repose sur le recours aux traits du sous-sol comme preuves scientifiques d'un phénomène organoleptique unique, et c'est la connaissance du sous-sol qui permet de reconnaître et d'établir 'minéralité' comme un trait de différenciation unique des vins de Chablis. Les auteurs de Chablis contournent la difficulté définitoire en se servant de la connaissance encyclopédique associée à la notion : sa provenance unique. Ce faisant, ils ouvrent un champ d'expérienciation enrichi par le savoir et renforcent le branding de toute la région Chablis et de ses différentes appellations.

5.5. Médiatisation ludique : branding scientifique

Il arrive que le professionnel du vin guide le consommateur potentiel sur la réappropriation de 'minéralité' dans l'acte d'achat, comme dans l'exemple de Decanter (2020) ci-dessous, avec les instructions 'look for wines…' et 'this may be a useful shorthand for finding it'. La stratégie définitoire de 'minéralité' est de type ludique et s'exprime au travers de la création de toutes pièces d'une formulation moléculaire fantaisiste, qui par son caractère humoristique ('playful formula') permet au lecteur directement impliqué ('if you enjoy') de décrypter, sous couvert de scientificité, l'opacité du concept démystifié, et de participer au travers de son action et de sa consommation au branding de toute une catégorie de vin sous couvert scientifique :

> 6) *For the time being we could express the mysteries of minerality in a playful formula: [SS+A+CC] – [E+T] – [O²] = Minerality where SS is Stony Soils, A is Acid, CC is Cool Climate, E + T are the fruity aspects of wine in Esters and Thiols, and O² is oxygen. More briefly, look for wines that come from stony soils and cool climates, have marked acidity, are not overtly fruity and have not been much exposed to oxygen. If you enjoy this style, this may be a useful shorthand for finding it.*
>
> Article *minerality*, Decanter (2020)

5.6. Médiatisation pragmatique : le branding en action

Il s'agit ici du besoin d'apprendre comment s'y prendre pour interagir sur le vin et exécuter des tâches spécifiques grâce à des instructions, des conseils, des recommandations (Leroyer / Gouws 2009). Les médiatisations pragmatiques sont dotées d'une force perlocutoire leur permettant d'agir comme des espaces interpersonnels de construction de la culture œnologique en prise directe avec la réalité vécue du vin. L'utilisateur y est instruit à agir directement sur le vin, qu'il s'agisse de l'action d'achat de la bouteille, de son ouverture et de son service, ou bien de l'acte de dégustation lui-même par la mobilisation polysensorielle et la verbalisation des impressions et évaluations qualitatives. Dans l'exemple ci-dessous, les professionnels du site œnologique *le-vin-pas-à-pas* (Rousselin 2020) communiquent des instructions directes au moyen de l'impératif, et profitent d'une analogie vantant les caractéristiques de marques d'eaux minérales :

7)   *Ainsi, la sensation de minéralité semble liée à 2 facteurs : L'acidité : la minéralité est corrélée à l'acidité du vin. Ainsi, de la fraîcheur dans le vin amplifie la sensation de minéralité perçue. La salinité, c'est-à-dire sa richesse en sels minéraux. Certes la saveur salée est quasiment inexistante dans le vin, mais la présence de certains sels minéraux donne néanmoins une « sensation salée » en bouche.*

Pour mieux comprendre cela, dégustez une eau minérale de Saint-Yorre (plutôt chlorurée), une Evian (faiblement minéralisée) et une eau de source : Vous percevrez une sensation salée sur la Saint-Yorre, due à la richesse en sels minéraux.

www.le-vin-pas-à-pas (Rousselin 2020)

6.   Conclusion

La médiatisation lexicographique de la communication œnologique repose sur l'invitation, au travers du lexique spécialisé et des connaissances qu'il véhicule, y compris son ancrage culturel, à explorer et faire l'expérience de mondes possibles, toujours mystérieux mais tentants, qui attirent notre attention, suscitent notre intérêt et alimentent notre désir, nous poussant à l'action de participation – acheter le vin, le déguster. Au travers de l'achat et de la dégustation du vin, nous nous réconcilions pleinement avec l'alchimie de mondes sensoriels possibles et accueillons à nez et papilles ouvertes la promesse de sensations de pur plaisir à découvrir ou redécouvrir, qui sont précisément au cœur de la communauté du business du vin et de sa consommation. La lexicographie œnologique s'en fait le reflet et démontre qu'elle sait bien mieux faire que *démontrer*. Elle sait aussi *montrer* les faits de langue et de discours œnologiques et permet à l'utilisateur de s'en réapproprier l'expérienciation. En même temps, elle ouvre un espace de communication interactive autour de la co-construction du sens et la représentation et médiation des connaissances. En deçà de cette expérienciation, la communication œnologique a recours à la lexicographisation pour promouvoir sa médiation marchande et renforcer son autorité, et participe pleinement à la construction des images de marque.

Les mots du vin et de la vigne lexicographisés sur les plates-formes digitales, et les données multimédia qui y sont associées, constituent autant de clés d'accès à des représentations médiatisées de situations de communication, de connaissance, d'action et d'expérienciation œnologique. Ces médiatisations sont au cœur du branding communicatif du vin et de la co-construction des cultures qui s'y échangent. La mission branding chapeaute l'ensemble des fonctions lexicographiques, dont elle constitue le dénominateur commun. En incluant des composantes lexicographiques et en exploitant de la sorte l'autorité normative dont jouit toute entreprise lexicographique à la jonction des choses du monde et du langage, entre connaissances et discours, les organisations et acteurs du vin et de la vigne invitent leurs parties prenantes prioritaires, leurs clients, leurs partenaires, leurs législateurs, à les rejoindre activement et partager leurs missions et leur visions œnologiques pour mieux promouvoir leur réputation et développer leur image de marque tout en atteignant leurs objectifs commerciaux stratégiques. Conséquemment, médiatisations lexicographiques et branding du vin se retrouvent indissociablement liés.

Il convient pour finir de préciser que le présent article n'est qu'une première exploration de ce phénomène complexe de médiatisation et branding lexicographique du vin. Il serait intéressant d'étendre l'étude à d'autres champs empiriques que les simples données terminologiques de type néonymique qui ont servi ici d'exemplification, en particulier les données multimédia interactives et les nouveaux modes dialogiques coactifs qui se multiplient sur les sites web des organisations du vin et sur les réseaux sociaux. Dans le contexte du réchauffement climatique et, dans son sillage, de la poussée de l'agrobashing stigmatisant les producteurs qui n'ont pas encore entamé leur transition écologique, il serait également intéressant d'inclure une investigation de l'impact des nouvelles politiques de responsabilité et de développement durable du secteur, qui établissent un branding militant. Elles appellent inéluctablement à la médiatisation de nouvelles composantes lexicographiques dynamiques au gré de l'évolution des nouvelles pratiques et des nouvelles connaissances, en particulier la néologie terminologique biologique qui remodèle peu à peu le paysage conventionnel de la vigne et du vin tout en redynamisant le branding du vin.

Ajoutons en point d'orgue que médiatisation lexicographique et branding du vin tels que nous les avons définis dans les cadres théoriques mis en place dans ces lignes ne sont nullement du ressort exclusif du domaine de la vigne et du vin, et de la communication de ses organisations auprès de ses publics. Ce double phénomène irrigue potentiellement la communication d'entreprise de toutes les organisations qui ont fait le choix de compléter et de renforcer leur logique de branding dans une perspective communicative impliquant directement leurs parties prenantes prioritaires par le biais d'une démarche lexicographique assumée, qui en reprend les méthodes, ressources et formats tout en les faisant évoluer.

Bibliographie

Bach, Mathieu / Gautier, Laurent (2017): La terminologie du vin au prisme des corpus oraux de dégustation/présentation (français-allemand): entre émotions, culture et sensorialité. Dans: *Etudes de linguistique appliquée* 188, 485-509

Bathelot, Bertrand (2019/2020): *Définitions marketing. L'encyclopédie illustrée du marketing.* https://www.definitions-marketing.com/definition/branding/ (05/02/2020)

BIVB = Bureau Interprofessionnel des Vins de Bourgogne (2020): www.vins-Bourgogne.fr (05/02/2020)

Chablis = Chablis.fr (2020): *Découvrez les vins de Chablis.* www.Chablis.fr (05/02/2020)

Champagneraie (2020) = *La Champagneraie.* https://www.la-champagnerie.com/le-glossaire-champenois.htm (05/02/020)

Château d'Arguin (2020): https://www.chateau-arguin.com/ (05/02/2020)

Condei, Cécilia / Gautier, Laurent / Teodorescu, Cristiana (éds.) (à paraître): *Situations professionnelles, discours et interactions en traduction spécialisée*. Berlin: Frank & Timme

Cornelissen, Joep (2017): *Corporate communication. A guide to theory and practice*. London: Sage

Coutier, Martine (2007): *Le dictionnaire de la langue du vin*. Paris: éditions du CNRS

Decanter (2020) = *Decanter Wine Reviews and News*. www.decanter.com/features/minerality-in-wine-what-does-it-mean-to-you-245668/#8kx4jrWfs4DWIbou.99 (05/02/2020)

Fuertes-Olivera, Pedro A. (éd.) (2018): *The Routledge handbook of lexicography*. London: Routledge

Gautier, Laurent / Leroyer, Patrick (à paraître): Construction, communication, représentation et réappropriation des discours vitivinicoles dans un 'nuancier' lexicographique en ligne. Dans: Condei / Gautier / Teodorescu

Glatre, Eric (2014): *Lexique multilingue de la vigne et du vin*. Paris: Dunod

Hachette = *Guide Hachette des vins* (2020). Paris: Hachette pratique. https://www.hachette-vins.com/tout-sur-le-vin/glossaire-vins/ (05/02/2020)

Kwary, Deny / Wulan, Nur / Musyahda, Lilla (éds.) (2013): *Lexicography and dictionaries in the information age*. Selected Papers from the 8th ASIALEX International Conference. Airlangga: Airlangga University Press

Leroyer, Patrick (2013a): Putting words on wine: OENOLEX Bourgogne, new directions in wine lexicography. Dans: Kwary / Wulan / Musyahda, 228-235

Leroyer, Patrick (2013b): New proposals for the design of integrated online wine industry dictionaries. Dans: *Lexikos* 23, 209-227

Leroyer, Patrick (2018): The Oenolex wine dictionary. Dans: Fuertes-Olivera, 438-454

Leroyer, Patrick / Gouws, Rufus (2009): En termes de vin – Modularisation lexicographique du guide œnotouristique en ligne. Dans: *Revue Française de Linguistique Appliquée* 14/2, 99-116

Leroyer, Patrick / Gautier, Laurent / Maazaoui, Hedi (2015): Extracting (good) discourse examples from an oral specialised corpus of wine interactions. Dans: *ENeL-working papers*, Herstmonceux. https://hal.inria.fr/halshs-01213436/document (05/02/2020)

Mater & Filii = *Champagne Mater et Filii*. https://materetfilii.fr/fr/lexique-expressions-termes-champagne/ (05/02/2020)

Parker = *Guide Parker des vins de France* (2009). Paris: Solar Editions

Rousselin, Yann (2020): *Le vin-pas-à-pas*. https://www.le-vin-pas-a-pas.com/ (05/02/2020)

SAWIS = *South African Trilingual Wine Dictionary* (2020): Sawis Winetech. www.sawis.co.za/dictionary (05/02/2020)

Tarp, Sven (2018): The concept of dictionary. Dans: Fuertes-Olivera, 237-249

Ass. Prof. Dr. Patrick Leroyer
Department of Communication and Culture
Centre for Lexicography
Aarhus University
Jens Chr. Skous Vej 4
8000 Aarhus N
Courriel : pl@cc.au.dk
http://pure.au.dk/portal/da/pl@bcom.au.dk

8. Vin : Discours et marketing

Richard Marchal

Champagne.s et Crémant.s :
les articles de presse et de vulgarisation sur internet traduisent-ils des différences techniques et sensorielles ?

Résumé :

La Champagne viti-vinicole est une région produisant presque exclusivement un vin mousseux, le champagne. Ce vin jouit d'une réputation internationale et est généralement associé à l'idée de célébrer un événement particulier de la vie d'une personne, d'un groupe ou d'une société. Comme la plupart des régions produisant un ou de nombreux types de vins, la Champagne possède un Terroir particulier, unique. De ce fait, de nombreux champagnes (mais pas tous) présentent des caractéristiques sensorielles uniques, et très en lien avec le Terroir qui inclut des conditions climatiques, pédologiques, culturales et humaines. Toutefois, et malgré son identité aux multiples facettes (dont historique et sensorielle), le champagne fait aujourd'hui face à une concurrence particulièrement dynamique de la part des autres vins effervescents, et notamment les crémants. Ainsi, de nombreux sites internet proposent de comparer le.s champagne.s et le.s crémant.s, afin d'expliquer aux lecteurs en quoi ces deux types de vins peuvent être comparables et quels sont les traits les différenciant. Nous avons donc analysé, aussi finement que possible, les corpus de cinq sites sur internet afin de voir les éléments cités et en particulier la place accordée au discours réellement sensoriel. On constate que tous ces sites reprennent des éléments de comparaison très communs, présentent les techniques, les cépages, la région de production ou encore le prix. Néanmoins, on note de manière particulièrement flagrante que ces corpus ne contiennent que très peu, voire aucun descripteur sensoriel permettant au lecteur de se faire une idée du « goût » des vins comparés dans une approche de type « champagne *vs* crémant ». L'analyse de ces corpus fait clairement ressortir une forte méconnaissance des terroirs champenois et bourguignon, et une remarquable ignorance des profils sensoriels des vins qui y sont élaborés. En conclusion, ces sites qui oscillent entre amateurisme et super-ficialité, ne font que redire ce que chacun sait globalement, à savoir que 1) le champagne est globalement plus onéreux que le crémant et que 2) ces vins sont produits dans des régions différentes avec des techniques qui présentent des similitudes.

Mots clés : champagne, crémants, vins effervescents, internet, sensoriel

Abstract:

Champagne is a region that produces almost exclusively a sparkling wine, champagne. This wine enjoys an international reputation and is generally associated with the idea of celebrating a particular event in the life of a person, group or company. Like most regions producing one or many types of wine, Champagne has a particular, unique Terroir. As a result, many (but not all) champagnes have unique sensory characteristics, and are very much related to the Terroir, which includes climatic, soil, cultural and human conditions. However, and despite its multi-faceted identity (including historical and sensory), champagne today faces particularly dynamic competition from other sparkling wines, especially crémants. In this context, many websites offer comparisons between champagnes and crémants, in an effort to explain to readers how these two types of wine can be compared and what features differentiate them. We have therefore analysed, in as much detail as possible, the corpus of five websites in order to see the elements cited and in particular the place given to truly sensory discourse. We can see that all these sites include very common elements of comparison, presenting the techniques, the grape varieties, the region of production or the price. Nevertheless, it is particularly obvious that these corpuses contain very few, if any, sensory descriptors allowing the reader to get an idea of the "taste" of the wines being compared in a "champagne vs. crémant" approach. The analysis of these corpora clearly shows a strong lack of knowledge of the terroirs of Champagne and Burgundy, and a remarkable ignorance of the sensory profiles of the wines produced there. In conclusion, these sites, which oscillate between amateurism and superficiality, only reiterate what everyone knows globally, namely that 1) champagne is globally more expensive than crémant and 2) these wines are produced in different regions with techniques that have similarities.

Keywords: champagne, crémants, sparkling wines, internet, sensory discourse

1. Questions posées et contexte de l'étude

Au moment d'acheter un vin effervescent, de nombreuses personnes se posent la question des différences entre champagne et crémant.s,[1] et en particulier des différences sensorielles. De nombreux articles publiés sur internet, plus ou moins sérieux et documentés, proposent de répondre à cette question et de guider les

---

[1] Le mot champagne est utilisé ici au singulier parce qu'il correspond à une seule Appellation d'Origine Contrôlée (AOC). Il existe en revanche dix AOC crémant, dont huit en France. Le mot crémant.s peut donc être utilisé au singulier, lorsqu'il est considéré dans sa globalité, ou au pluriel lorsqu'on vient considérer l'ensemble des AOC de cette catégorie de vins.

acheteurs. A côté de ces sites de vulgarisation, on trouve des sites de producteurs de crémants et des sites de producteurs de champagnes qui présentent leurs vins, notamment sensoriellement, et comment ces derniers sont élaborés. Ces sites ne seront pas analysés dans cet article.

Nous nous proposons ici d'analyser le contenu de cinq articles de vulgarisation publiés sur internet. Nous focaliserons notre travail sur les termes en relation avec les caractéristiques sensorielles des vins présentés, en gardant toujours à l'esprit la question : est-ce que les descriptions sensorielles et techniques des vins montrent des différences entre champagnes et crémants ? Nous porterons un regard particulier sur les crémants de Bourgogne, compte tenu de la proximité géographique avec la Champagne vinicole.

Mais avant de nous livrer à cet exercice, il convient de dire quelques mots sur chacune de ces deux AOC pour les resituer historiquement et économiquement.

2. Présentation rapide des AOC « Champagne » et « Crémant de Bourgogne »

La Champagne viti-vinicole est une région produisant presque exclusivement[2] un vin mousseux (cf. INAO s.a. a),[3] le champagne. Ce vin d'appellation d'origine contrôlée, l'AOC Champagne, est produit sur les territoires délimités par l'article V de la loi du 22 juillet 1927, selon des règles et prescriptions très précises publiées dans un décret de 1935 (cf. INAO s.a. b). Le champagne est donc un vin de terroir, dont certains savoir-faire sont plusieurs fois centenaires, et répondant à des règles de production.

Ce vin, qui porte le nom historique de la région où il est élaboré, la Champagne (disparue en 1789-1790 lors de la Révolution française), jouit d'une réputation internationale et est généralement associé à l'idée de célébrer un événement particulier de la vie d'une personne, d'un groupe, d'une société (entreprise), voire

---

[2] Il existe aussi les AOC « Rosé des Riceys » et « Coteaux-champenois » qui représentent des volumes très faibles et restent presque inconnues du grand public, y compris en Champagne.

[3] Au regard de la réglementation communautaire et nationale, le champagne et le crémant de Bourgogne entrent dans la catégorie des VMQPRD, c'est-à-dire des « Vins Mousseux de Qualité Produits dans une Région Délimitée ».

d'une nation. Comme toutes les régions produisant un ou de nombreux types de vins, la Champagne présente un Terroir particulier, en raison essentiellement de sa situation géographique septentrionale et de son sol. Ce faible ensoleillement a conduit les producteurs de vins, au cours des siècles passés, à faire des choix quant à la nature des raisins (cépages), la conduite de la vigne, le mode de pressurage, la vinification, les assemblages ou encore le vieillissement des vins en bouteille. De ce fait, de nombreux champagnes, mais pas tous, présentent des caractéristiques sensorielles uniques, et très en lien avec le Terroir qui inclut, comme nous venons de le voir, des conditions climatiques, pédologiques, culturales, vinicoles et humaines (certaines de ces conditions étant intimement liées).

Au-delà du caractère unique de son Terroir, le champagne jouit d'un modèle économique probablement unique à l'échelle mondiale, structuré autour de trois acteurs majeurs (vignerons, coopératives et maisons), protégé juridiquement, et en forte croissance depuis quarante ans. Il atteignait en 2018 4,9 milliards d'euros de chiffre d'affaires pour 307 millions de bouteilles vendues (cf. Comité Champagne 2019), ce qui correspond à environ 16 euros la bouteille.

Toutefois, et malgré son identité aux multiples facettes, dont historique et sensorielle (vendre un vin, c'est aussi vendre une histoire), le champagne fait aujourd'hui face à une concurrence particulièrement dynamique de la part d'autres vins effervescents, à l'échelle nationale (les crémants en particulier) comme à l'échelle mondiale.

On assiste en effet à une véritable explosion de certaines appellations (le prosecco italien étant le meilleur exemple) ou à l'apparition de vins dans des pays qui ne produisaient pas ou quasiment pas de vins effervescents voici vingt à trente ans. La production mondiale de vins effervescents a ainsi augmenté de 60% en 15 ans. De ce fait, le champagne, qui régnait jusqu'il y a peu sur le marché global des vins effervescents, voit aujourd'hui son segment commercial se réduire, pour des raisons variées et clairement identifiées.

Pour lutter contre cette concurrence, les Champenois développent des actions de communication pour :

- maintenir et/ou renforcer l'image d'un produit d'exception principalement consommé pour des occasions particulières, des fêtes personnelles/collectives (anniversaires, mariages, victoires...) ou des moments bien précis dans l'année (Noël, Jour de l'An...),
- banaliser la consommation, jusqu'aux événements les plus simples,
- dépoussiérer/re-travailler l'image du champagne,
- faire connaître une nouveauté,
- élargir la clientèle, en particulier les 25-40 ans (Millénnials ou génération Y) dont il faut connaître le profil, les habitudes ou les envies.

En un mot, ces diverses actions de communication visent à préserver les marchés existants et à gagner de nouveaux marchés.

Concernant les vins effervescents français concurrents du champagne, nous avons choisi de nous intéresser au.x crémant.s, et en particulier au.x crémant.s de Bourgogne, produit.s dans une région viti-vinicole juste au Sud de la Champagne (le Nord de la Bourgogne touche le Sud de la Champagne). Nous analyserons, comme nous le ferons pour le.s champagne.s, les informations relevées sur ces sites internet portant sur le sensoriel et les techniques mises en œuvre pour produire ces vins.

En Bourgogne viti-vinicole, la production de vins répondant à l'AOC Crémant de Bourgogne, définie dans un décret de 1975 (cf. Legifrance s.a.), s'élève à 20 millions de bouteilles pour 100 millions d'euros de chiffre d'affaires globalement, ce qui correspond à environ 5 euros la bouteille (cf. Hugues 2019).

Les vignes en production dédiées à l'AOC Crémant de Bourgogne représentent environ 2.900 hectares (contre 34.000 hectares pour l'AOC Champagne, soit près de 12 fois la surface en vignes d'AOC Crémant de Bourgogne).

Le Champagne est, pour le monde des producteurs de vins effervescents comme pour les consommateurs, « le » prototype jouissant d'une véritable notoriété ; c'est « la » référence dans sa catégorie (cf. Mancebo Garcia 2019). Son prix de vente moyen est élevé comparativement aux prix de vente moyens des autres vins effervescents. Aussi, de nombreux producteurs développent des actions en vue de réduire les écarts de prix entre le champagne et leurs vins effervescents. Ces actions passent par les techniques mises en œuvre pour produire les vins, lesquelles impactent les qualités sensorielles. Mais ces actions s'appuient aussi largement sur la communication et le marketing qui feront l'objet d'une autre étude à paraître.

La Champagne et la Bourgogne sont deux régions clairement identifiées, en France comme à l'international, comme productrices de vins pouvant atteindre des qualités sensorielles et des prix exceptionnels (cf. Miquel 2018). Toutefois, ces réputations ne concernent pas les mêmes types de vins : vin mousseux/ effervescent pour la Champagne et vins tranquilles (sans bulles) blancs et rouges pour la Bourgogne. Et qu'en est-il de la réputation des vins mousseux/effervescents produits en Bourgogne, à savoir les crémants de Bourgogne ? Et où se situe cette image par rapport aux champagnes ?

Pour apporter des éléments de réponse à ces questions, nous avons tenté de comprendre l'image qu'un consommateur pouvait se faire des vins présentés sur la base des informations livrées par divers sites de vulgarisation. Lorsqu'on parle d'image, on entend bien sûr l'image sensorielle, mais aussi l'image résultant des informations techniques (lesquelles impactent la composition du vin, donc son profil organoleptique), voire historique lorsque le long savoir-faire, de la région ou du producteur, est évoqué.

Nous tenterons, par cette analyse des sites internet, de voir la nature des informations livrées, d'identifier les ressemblances, les traits communs voire identiques entre ces vins à bulles, et aussi les différences permettant aux internautes (et donc aux potentiels acheteurs) de dresser des portraits robots pour les crémants, les crémants de Bourgogne et les Champagnes.

En résumé, en parcourant ces sites internet, en quoi les vins présentés répondant à deux « Appellation d'Origine Contrôlée » sont-ils différents et en quoi peuvent-ils être semblables ou comparables ?

On se posera également la question de savoir si le discours sensoriel renseigne réellement sur les qualités des vins telles que le consommateur pourra les percevoir à la dégustation. Il en va de même des moyens techniques mis en œuvre pour produire le vin et des conditions naturelles/environnementales avec lesquelles composent les producteurs. Qu'est-ce que les corpus disponibles sur les sites apportent comme informations permettant aux consommateurs de se représenter les vins qu'ils pourraient acheter ?

Précisons que nous ne partons pas du principe, dans cette étude, qu'il existe de fait des différences sensorielles entre les crémants et les champagnes. Ainsi, la question posée est bien : la communication sur internet traduit-elle « **des** » différences techniques et sensorielles ? Même si de nombreux articles affirment présenter « **les** » différences entre les vins de ces deux AOC, nous posons ici la question de savoir si, à la lecture des sites internet de vulgarisation, il existe « **des** » différences, en particulier pour la dimension sensorielle, entre crémants ou crémants de Bourgogne et champagne.s.

3. Différences entre crémant.s et champagne dans la presse et les articles de vulgarisation sur internet

Il est assez communément admis que les vins effervescents sont des vins de célébration, et la plupart des sites comparant champagne.s et crémant.s le rappellent : « *Symboles de fêtes par excellence, le champagne et le crémant sont souvent mis à l'honneur sur les bonnes tables* » (Terroir Experience 2017) ou encore « *Les fêtes de fin d'année arrivent à grand[s] pas .... On pense tout de suite au champagne et au crémant* » (Avenue des vins 2017).

Nombreux sont les auteur.e.s, dans la presse spécialisée (comme la Revue du Vin de France), dans les rubriques « Vin/Gastronomie » de la presse généraliste ou sur les blogs, qui posent la question des différences entre crémant.s et champagne.s. Ces articles traitent presque tous des crémants en général.[4]

Nous allons dans un premier temps analyser cinq exemples illustrant bien la question champagne.s *vs* crémant.s. Il s'agit de sites :

1) d'une revue spécialisée, la Revue du vin de France, où s'exprime un formateur en dégustation, sommelier et expert juré à des concours internationaux (Exemple 1),

2) proposant des informations généralistes sur les vins et la vente aussi de vins sélectionnés (Exemple 2),

3) proposant principalement des cours d'œnologie (Exemple 3),

---

[4] Les crémants sont produits dans huit régions de France (crémants d'Alsace, de Bourgogne, de Bordeaux, de Die, du Jura, de Limoux, de Loire, de Savoie), mais aussi en Belgique (Crémant de Wallonie) et au Luxembourg (Crémant de Luxembourg).

4) de l'Express diX, supplément premium de L'Express (Exemple 4) qui est l'un des cinq magazines d'actualités hebdomadaires de dimension nationale,
5) proposant gratuitement de nombreux articles assez courts (300 mots environ) répondant à plusieurs dizaines de rubriques, mais aussi (pour ne pas dire surtout) des « *cours d'œnologie et de dégustation de vin* ».

Exemple 1 : « ***Quelle est la différence entre un champagne et un crémant ?*** *Les crémants et les champagnes contiennent tous deux des bulles, mais qu'est-ce qui les différencie ? Le Pr. Fabrizio Bucella nous apporte la réponse* » (Bucella / Avé s.a.). Voici la réponse, donnée à l'écrit et en vidéo par Fabrizio Bucella (Professeur à l'Université Libre de Bruxelles, Centre de recherche en Architecture Leonardo Da Vinci, mais aussi sommelier, Juré-Expert à des concours internationaux, blogger pour le HuffPost, chroniqueur pour la Revue du vin de France) : « *La plus importante différence entre un champagne et un crémant, c'est bien sûr que le champagne est produit dans l'AOC Champagne, et que forcément, le crémant ne provient pas de la Champagne. La deuxième différence, c'est au niveau des cépages. En fonction des régions de productions des crémants, nous n'aurons pas exactement les mêmes cépages. Pour le reste, au niveau de la fermentation, de la prise de mousse, c'est sensiblement la même chose. Le champagne doit vieillir sur lattes, pour les non-millésimés, 15 mois. Les crémants, eux, doivent y vieillir 12 mois. Un micro détail ! Mais pour apprécier la différence entre un crémant et un champagne, la seule solution, c'est la dégustation !* ». De manière surprenante et évidemment décevante pour le lecteur (surtout lorsqu'on lit le *CV* de F. Bucella), que ce soit dans le texte ou dans la vidéo reprenant globalement le texte, on ne trouve absolument aucun terme sensoriel, aucun descripteur permettant de préciser les profils sensoriels de ces deux grands types de vin, et rien non plus quant à leurs possibles similitudes. Par ailleurs, on voit que les auteurs ne considèrent ici que « *les cépages* », « *la fermentation* », « *la prise de mousse* » ou le temps de vieillissement « *sur lattes* » (quels sont les lecteurs capables de comprendre cette expression de vigneron ou de caviste ?). Ce sont des aspects techniques importants, certes, mais ils ne sont pas suffisants si on se lance dans le registre technique. Le climat, l'impact du sol, les conditions de vendanges ou le pressurage ne sont nullement évoqués ; pas plus que le travail d'assemblage des vins de base ou l'élevage des vins de réserve.

Mais finalement, peu importe ces aspects purement techniques qui ne renseignent que peu sur ce que nous procurera le vin sensoriellement. Lorsqu'on lit un article comparant ces deux vins ou catégories de vins, on attend d'être guidés en s'appuyant sur les qualités organoleptiques de ces derniers : les différences, les ressemblances, les similitudes. Or, dans cet article et cette vidéo, il y a des informations relatives avec la législation, et d'autres en relation avec le travail d'élaboration des vins ; mais rien sur la dégustation.

Exemple 2 : « *Champagne VS Crémant, quelles différences ? Contrairement aux idées reçues, le Crémant n'est pas du tout un 'faux Champagne', il a quelques différences autre[s] que la provenance de celui-ci que nous allons vous dévoiler !* » (Jean 2019). L'article se compose de deux sous-parties : la première dédiée au « Champagne » et la seconde au « Crémant ». Après avoir rappelé que le champagne nécessite deux fermentations, la seconde se réalisant en bouteille (comme le crémant du reste, cette information n'est donc pas différenciante), l'auteure de ce court article précise que « *Les Champagnes, de par la similitude de leurs assemblages, peuvent représenter une assurance pour l'acheteur de la qualité de ceux-ci. Leurs qualités sont donc plus 'uniformes'* ». Là encore, quelques données techniques non expliquées, et aucune information sensorielle. De plus, même si le terme « *assemblage* » est mentionné, la longue expérience nécessaire pour construire ces assemblages n'est nullement pointée du doigt. Aussi, il est précisé que les « *assemblages* » peuvent « *représenter une assurance de la qualité* » des Champagnes. C'est faux ! L'assemblage de beaux vins de base peut donner un beau, voire un grand champagne ; mais l'assemblage de mauvais vins de base donnera toujours un mauvais champagne.

Le crémant est quant à lui présenté comme le vin permettant d'« *allier le plaisir des bulles avec la légèreté pour le portefeuille* », en précisant qu'il est « *frais et fruité* » (quels fruits ?), et produit dans huit régions vinicoles françaises. Seulement deux descripteurs sensoriels, très larges, sont mentionnés, ce qui reste incroyablement réducteur pour autant de vins d'AOC. Comme dans le premier exemple, l'auteure insiste sur le peu de différences techniques pour élaborer ces deux types de vins. Pour le crémant, c'est la « *Méthode traditionnelle, c'est la même que la méthode champenoise, sauf que cette appellation est réservée aux vins de champagne* ».[5]

En fin d'article, l'auteure revient sur cette notion de prix déjà évoquée en tout début d'article, le crémant représentant la « *légèreté pour le portefeuille* », sans perdre de vue le « *plaisir* », point essentiel, en alliant un « *rapport qualité prix très intéressant* » et accessible aux « *petits budgets* ». L'auteure nous promettait, dans l'introduction, de nous « *dévoiler* » les différences autres que la région de production entre LE champagne et LE crémant (on ne parle ici que de deux vins, dans un discours évidemment et inévitablement réducteur). Au final, les champagnes sont de qualités « *plus 'uniformes'* », et le crémant est « *frais et fruité* ». Il n'y aurait donc pas de champagnes frais et fruités ? Ces informations restent éminemment pauvres, et une fois encore n'apprennent rien ou presque des profils sensoriels de ces deux AOC.

Exemple 3 : « ***Champagne VS Crémant : connaissez-vous les différentes bulles de France ?*** » (Dégust'Émoi s.a.). On retrouve sur ce site DÉGUST'ÉMOI (site proposant des cours d'œnologie) la comparaison entre deux vins, présentés chacun au singulier et avec une majuscule leur conférant un certain statut, comme une respectabilité (voir la note (5) ci-dessus concernant la convention d'écriture). Et cette présentation se fait, comme dans l'exemple 2, au travers d'une opposition de type binaire, symbolisée par le « VS », qu'on écrit habituellement *vs*, en italique.

Dans cet article, on parle d'emblée de bulles, comme dans l'article de Bucella / Avé (exemple 1). Les bulles sont citées à deux reprises dans les deux premières phrases introductives : « *Champagne.... Crémant.... Avec l'approche des fêtes, les bulles sont de sortie sur les tables. Si le terme champagne est désormais bien connu de tous, s'y ajoute[nt] les crémants, la blanquette et toutes sortes de bulles* ». Derrière « *toutes sortes de bulles* », il faut entendre toutes sortes de vins effervescents ou mousseux, répondant pour beaucoup à des AOC qui seront

---

[5] Lorsqu'on parle de la région viti-vinicole, on écrit la Champagne, avec une majuscule (ce qui n'est pas le cas dans cet article-Exemple 2. En revanche, quand on parle du vin, le champagne, on emploie normalement une minuscule, même si le mot est souvent avec un « C » majuscule, marquant une forme de respect eu égard à sa place particulière dans le monde des vins.

présentées en dernière partie de cet article (« *Gaillac méthode ancestral* »[6], « *Blanquette de Limoux* ») du site DÉGUST'ÉMOI.

La première partie de cet article s'intéresse au crémant, et à l'origine du mot, devenu AOC en 1975 mais qui désignait auparavant les vins de Champagne qui avaient une pression réduite dans la bouteille et qui présentaient une mousse plus crémeuse. Après ce bref mais intéressant rappel historique, l'article aborde les incontournables aspects techniques et juridiques précisant que « *le terme crémant désigne un vin effervescent d'Appellation d'Origine Contrôlée (AOC), obligatoirement élaboré[...] selon la méthode traditionnelle – autrement dit, la méthode champenoise* ». Pour cet.te auteur.e, les deux méthodes sont identiques. Dans les cahiers des charges des deux AOC, on retrouve, il est vrai, de nombreux points proches, voire identiques ; mais on trouve aussi des points techniques et des règles différents (comme le rendement d'extraction au pressurage ou le temps d'élevage sur lies en bouteilles), sources, de ce fait, de différences sensorielles incontestables. Toutefois, dans la pratique, un producteur de crémant de Bourgogne peut tout à fait décider de garder son vin sur lies un temps plus long que le temps minimum imposé par l'AOC et de fractionner ses jus à la sortie du pressurage comme le font les Champenois ; les règles de l'AOC sont respectées, et le producteur peut élaborer des vins présentant d'autres profils sensoriels, plus aptes à vieillir, par exemple. L'article rappelle bien que, pour chacune des AOC de ces vins mousseux, il existe un « *cahier des charges strictes, encadrant également les cépages, la méthode d'élaboration, le temps d'élevage* ». Aussi, il est rappelé que « *Les Crémants privilégient les cépages de leur terroir* », cépages dont l'utilisation est réglementée.

Mais comme pour les autres exemples/articles analysés ci-dessus, pas un mot sur ce que cette diversité de cépages peut engendrer en termes de palettes organoleptiques. L'auteur.e opte pour une information basée sur de la réglementation, en mode super-light de plus. Peut-être est-ce la seule option possible, en l'absence de la connaissance des terroirs et des qualités sensorielles des vins présentés ? Au final, qu'importe cette réglementation quand une personne se trouve en face d'un verre et qu'elle se livre à l'acte de dégustation ? A cet instant, seules comptent les propriétés sensorielles, et ces dernières ne sont

---

[6] « *Ancestral* » est écrit ici comme dans l'article, sans « e ».

nullement abordées dans ce texte, comme pour les deux exemples précédemment analysés. Alors comment ces sites peuvent-ils guider une acheteuse ou un acheteur de vins à la recherche d'un profil sensoriel correspondant à son goût, à ce qu'il/elle aime ou aimerait découvrir ?

Exemple 4 : « *Champagne et Crémant : connaissez-vous la différence ?* » (Avenue des vins 2017). L'Express diX, supplément premium de L'Express (parution numérique), « *célèbre chaque mois le 'lifestyle' dans les domaines de la culture, du voyage, des saveurs, du design ou de la mode* ». Il s'adresse, selon le site de l'Express, à « *une communauté d'hommes et de femmes exigeants, à la recherche de sens dans leur consommation, et en quête de valeurs fortes : plaisir, partage, qualité, traçabilité, dimension humaine* ». Compte tenu des ambitions clairement affichées par ce média et du public ciblé, on s'attend à trouver dans cet article les informations qui permettront de différencier, également d'un point de vue sensoriel, champagne.s et crémant.s. Analysons donc ce texte.

On notera tout d'abord que « *Champagne* » et « *Crémant* » sont ici écrits au singulier, comme dans les trois premiers exemples, chacun avec une majuscule. Le singulier indique que pour le lecteur, pour le consommateur, on considère le produit dans sa globalité, comme ce fut le cas jusqu'à un passé récent en Champagne où il était fort mal venu, dans le monde des producteurs champenois, de communiquer sur LES champagnes, LE champagne étant alors la règle souhaitée par le plus grand nombre. On remarque aussi que cet.te auteur.e (non précisé.e) parle de « *la différence* » entre ces deux AOC/vins, ce qui laisse d'emblée imaginer que l'article va être quelque peu réducteur, voire caricatural alors même qu'il a pour vocation d'éclairer l'amateur de vins effervescents.

L'article resitue ensuite le contexte propice à l'ouverture de ce type de vins : « *Les fêtes de fin d'année arrivent à grand pas et avec elles les idées de repas et de vins pour les accompagner. On pense tout de suite au champagne et au crémant* ». Comme dans l'Exemple 3, où « *Avec l'approche des fêtes, les bulles sont de sortie* », on privilégie ici le crémant et le champagne pour les événements particuliers, comme les fêtes de fin d'année. Comme l'a souvent écrit le très renommé œnologue champenois Georges Hardy, « *la bulle, c'est la fête !* »[7]. On ne déroge donc pas, sur tous ces sites, à la règle bien établie et ancrée dans nos références collectives.

Et comme pour les autres sites analysés auparavant (Exemples 1 à 3), ce texte de l'Express mentionne les origines géographiques différentes, et le fait que les cépages, donc potentiellement les expressions aromatiques des vins, varient selon les régions viti-vinicoles. De fort nombreuses études ont démontré, depuis fort longtemps et dans de très nombreux pays, que des raisins de cépages différents donnent (ou peuvent donner) aux vins des arômes différents ; ce qui fait écrire à cet.te auteur.e : « *la plus grande différence demeure dans les raisins* ». Mais les descripteurs à l'origine de ces différences sensorielles entre crémant.s et champagne.s ne sont pas mentionnés, même pas évoqués par des termes correspondant à des familles de descripteurs larges,[8] comme *fruité* ou *floral*, par exemple.

Comme chaque fois depuis le début de notre analyse, on trouve l'incontournable comparaison méthode traditionnelle *vs* méthode champenoise : « *le crémant est élaboré selon la 'méthode champenoise', c'est-à-dire que les vignerons reproduisent le même procédé utilisé en champagne pour l'élaboration de leurs vins effervescents, bien qu'on parle de 'méthode traditionnelle' pour les crémants et de 'non de méthode champenoise' [cette mention étant réservée uniquement à l'appellation Champagne]* ».

Tous ces éléments, fête-bulles-régions-cépages-méthodes d'élaboration, sont repris de manière quasiment systématique et ne disent rien du vin sinon qu'il contient du gaz carbonique finalement (ce qui n'est même pas l'assurance de pouvoir observer une belle collerette de mousse soutenue par une effervescence continue, ces deux caractéristiques dépendant en partie du verre et de la façon de le laver). Concernant un point essentiel qui est la comparaison sensorielle champagne *vs* crémant, cet article mentionne deux points majeurs :

---

[7] Source : Journée de formation des Jurés-experts du concours international « Effervescents du Monde », qui a lieu chaque année en novembre à Dijon depuis quinze ans.

[8] On a, par opposition aux descripteurs « larges », les descripteurs dits « étroits », qui renvoient à des perceptions précises, comme *miel, vanillé, litchi, framboise*.

1) « Avec leurs fines bulles et leur robe qui scintillent de mille feux dans les flûtes, le champagne et le crémant sont parfois difficiles à distinguer au premier coup d'œil ».

2) « Il n'y a pas que la robe qui peut semer la confusion entre le champagne et le crémant, le goût se révèle aussi très similaire ».

A la lecture de ces propos, il semble que ces deux vins restent fort difficiles à différencier, tant sur le plan visuel, lorsqu'il s'agit de « *leurs fines bulles.... qui scintillent* » ou de « *la robe qui peut semer la confusion* », que sur le plan gustatif pour lequel l'article note que « *[le] goût se révèle aussi très similaire* ». Il n'est pas ici fait mention des aspects olfactifs et des perceptions « au nez », [9] probablement intégrées dans le terme « *goût* ». Il convient toutefois d'analyser plus précisément les points *1)* et *2)* repris de l'article de l'Express. Penchons-nous tout d'abord sur les aspects visuels. Scientifiquement, de nombreux travaux ont été menés par plusieurs équipes dans des centres universitaires en France, en Italie, en Espagne (les trois premiers producteurs de vins au monde) ou en Australie par exemple. Les résultats de ces études montrent les effets des pratiques œnologiques et de la qualité du raisin sur les propriétés moussantes. Néanmoins, en observant la mousse ou les bulles dans un verre de vin effervescent, il est absolument impossible de dire de quel pays vient ce vin, de quelle AOC il pourrait s'agir, avec quel cépage ou avec quelle méthode il fut élaboré.

La bulle n'est pas un marqueur d'un type de vin et lorsque cet article précise « *dans les flûtes, le champagne et le crémant sont parfois difficiles à distinguer* », cela est parfaitement vérifié, y compris par un scientifique disposant d'équipements bien plus performants que l'œil humain. Et on pourrait même aller plus loin que ce timide « *difficiles à distinguer* ».

Le Laboratoire d'Œnologie de l'Université de Reims Champagne-Ardenne a travaillé sur des vins effervescents provenant de plus de 20 pays et de presque toutes les régions de France produisant des vins mousseux (cf. entre autres Kemp

---

[9] Les perceptions « au nez » comprennent la perception des arômes au niveau de la lame olfactive, mais aussi les perceptions trigéminales dues à l'éthanol (communément appelé « alcool ») et au gaz carbonique (ou dioxyde de carbone), deux molécules majeures d'un vin effervescent et marquantes sur le plan sensoriel puisque les stimulations trigéminales modulent la perception des arômes.

et al. 2019). La distinction entre des AOC ou des pays sur la base de l'observation des bulles est statistiquement impossible, du moins dans l'état actuel de nos connaissances et de nos moyens techniques ; et il y a fort à parier que cela soit confirmé dans les études à venir : la bulle n'est pas un marqueur d'identité d'un type de vin, et bien malin l'observateur qui pourrait dire, en auscultant attentivement une flûte, si le vin effervescent vient du Pérou ou de Champagne.

Concernant maintenant « *la robe* », là encore les mesures de couleur au moyen d'appareil dédiés comme des colorimètres ou la simple observation visuelle des vins mousseux par des dégustateurs, même avertis, montrent qu'on trouve des vins très différents au sein d'une même AOC ; et à l'inverse, des vins produits dans des pays distants de 20.000 km peuvent avoir des couleurs très comparables pour ne pas dire identiques. Ainsi, la couleur n'est pas non plus une caractéristique d'un type de vin (elle dépend de la maturité du raisin, du mode de vinification, de l'âge du vin, d'un éventuel élevage en barrique, des conditions de stockage…). Dans le cas qui nous intéresse, les aspects visuels (bulles-mousse-effervescence-couleur) ne permettent nullement de dire d'où vient un vin, de la Champagne ou de la Bourgogne.

Concernant enfin les aspects olfactifs et gustatifs (on pourrait aussi dire, de manière même plus juste, les perceptions « au nez » et « en bouche » en raison de la présence du gaz carbonique ou CO_2, perçu en bouche comme au niveau des fosses nasales), la conclusion énonçant « *entre le champagne et le crémant, le goût se révèle aussi très similaire* » parait hâtive. De quels vins parle-t-on et par qui sont-ils dégustés ? Sur quels arguments cet.te auteur.e se base-t-il/elle pour affirmer cela, sur quels types d'études et à partir de quelle expérience de la dégustation ? S'agit-il d'un.e simple novice, d'un amateur averti, voire d'un.e expert.e ?

En fait, les propos sont un peu nuancés dans la suite de l'article où est posée la question « *pourquoi le goût n'est-il pas identique ?* ». Pour cet.te auteur.e, la réponse tient en deux points : « *Tout simplement parce que le processus de vinification reste tout de même plus complexe en Champagne. Le temps d'élevage est par exemple plus long. S'il est généralement compris entre 9 et 12 mois pour un Crémant, le cahier des charges de la Champagne nécessite un élevage minimum de 12 mois* ». Cet argument technique était appelé « *micro détail* » par

Fabrizio Bucella, auteur de l'article constituant notre Exemple 1. Les avis divergent donc entre ces deux sites et peuvent être de nature à semer la confusion dans l'esprit des lecteurs.

Et pour terminer cette comparaison champagne *vs* crémant, l'auteur.e aborde la notion de prix, élément clé pour de nombreux acheteurs au moment de choisir une bouteille : « *Dernier point et non des moindres qui permet de faire le distinguo entre crémant et champagne : le prix. Comme vous le savez certainement, le champagne est considéré comme le vin de luxe par excellence et il présente de fait un prix plus élevé que tous les autres vins effervescents, y compris les crémants* ». Cette phrase aborde la notion de prototype incarné par le champagne, de prix et de luxe. Le champagne n'est pas un produit de luxe au sens où l'entendent justement les industries du luxe, mais il fait rêver (cf. Champagne Market Trends 2020). En revanche, il est vrai qu'il est statistiquement bien plus cher que les autres vins effervescents (toutes AOC confondues, en France et à l'international). Pour l'acheteur, c'est donc le prix qui différencie le mieux le.s champagne.s des autres vins effervescents ; mais ça, tout le monde le sait.

En conclusion, ce quatrième exemple aborde, globalement, des données reprises dans tous les sites. Seuls changent l'organisation et le poids donné aux diverses informations. Et comme depuis le début de notre analyse, rien qui concerne ce qu'est essentiellement un vin, c'est-à-dire ce qu'il va procurer comme sensations ou comme perceptions sensorielles aux personnes qui le dégusteront. Le corpus est commun et dépourvu de termes renvoyant au sensoriel.

Exemple 5 : « *Quelle est la différence entre un champagne et un crémant ?* » Sur ce site de *TERROIR experience* (Terroir Expérience 2017), l'auteur.e (non mentionné.e) rappelle que ces deux vins sont et restent des « *Symboles de fêtes par excellence* » et que « *le champagne et le crémant sont souvent mis à l'honneur sur les bonnes tables* ». La relation entre vins à bulles et moments festifs est bien ancrée dans notre imaginaire collectif. La bulle fait rêver et les études les plus récentes le confirment (Champagne Market Trends 2020). En revanche, la réalité nous montre que ces vins restent peu « *mis à l'honneur sur les bonnes tables* », à l'inverse de ce qu'écrit l'auteur.e. Les vins mousseux ou effervescents sont principalement servis à l'apéritif et parfois encore avec les desserts ou en fin de repas. Mais ces vins entrent peu, voire pas du tout, à table. Les accords entre vins à bulles et mets n'ont pas intégré le repas à la française.

Un peu plus loin, on lit que « *Bien que fabriqué selon la méthode champenoise, le crémant se diffère du champagne de par le fait qu'il est qualitativement moins élaboré* ». L'expression « *moins élaboré* » ne veut pas dire grand-chose en soi et ne renseigne aucunement sur les possibles différences sensorielles entre ces deux vins d'AOC. L'auteur.e précise aussi, à propos des qualités sensorielles de ces deux vins : « *Ils ont souvent le même aspect et ont des goûts de plus en plus proches au point qu'il est difficile de les différencier lors de dégustations à l'aveugle* ». Là encore, rien ne justifie cette affirmation concernant la proximité « *des goûts* » entre ces deux types de vins. Est-il plus « *difficile de les différencier lors de dégustations à l'aveugle* » aujourd'hui qu'hier ? Le propos semble gratuit, ou du moins non justifié dans la mesure où il ne mentionne pas d'étude.s dont les conclusions iraient en ce sens. De plus, il est écrit, peu après dans cet article, que « *C'est ce savant mélange qui donne au champagne son goût si particulier* ». Le « *savant mélange* » correspond à l'assemblage de vins de base souvent de cépages et de millésimes différents. On voit que les deux affirmations s'opposent. D'un côté, les champagnes et les crémants sont « *difficiles à différencier* », et peu après le champagne a un « *goût si particulier* ». Si c'est réellement le cas, pourquoi cette difficulté à le différencier d'avec un crémant ?

Dans sa rubrique « *LA DIFFÉRENCE AU NIVEAU DU TERROIR* », ce site qui s'appelle pourtant « TERROIR experience » confond allégrement la notion de terroir et l'aire géographique, nommée ici « *région viticole* », où se produisent le champagne et les crémants. Une région, avec ses sols sur lesquels sont plantés des cépages sélectionnés pour leurs qualités dans ces biotopes, son climat et ses micro-climats, ne constitue qu'une partie de ce qui définit le terroir. Il manque la composante humaine, c'est-à-dire les femmes et les hommes qui travaillent la terre et la vigne, qui élaborent et façonnent les vins selon des règles souvent plusieurs fois séculaires.

Concernant les techniques de production, l'auteur.e évoque le travail d'assemblage des vins de base et considère que « *Le véritable champagne est ainsi le modèle classique duquel s'inspirent les vins mousseux* ». Cette simple phrase appelle plusieurs commentaires. Tout d'abord, parler de « *véritable champagne* » semble indiquer qu'il existe ou existerait de faux champagnes. Les Champenois, avec le soutien du Comité Interprofessionnel du Vin de Champagne (CIVC), martèlent pourtant à l'envi depuis de bien nombreuses années qu'« *Il n'est Champagne que de la Champagne* » (Comité Champagne 2019). En d'autres termes, on ne produit du champagne que dans une aire géographique clairement définie, et selon des règles aussi strictes que précises. En dehors de la région viti-vinicole de la Champagne, un vin qui se revendique « champagne » est une contrefaçon. L'auteur.e parle ensuite de « *modèle classique* ». Les champagnes produits aujourd'hui sont pour beaucoup assez différents sensoriellement de ceux qu'on produisait voici 30 ou 40 ans. Les Champenois réinventent sans cesse leurs vins et la façon de les produire (y compris lors de l'étape d'assemblage), même si des bases solides restent pour certaines inchangées. Enfin, la phrase oppose le « *champagne* » aux « *vins mousseux* ». Pour l'INAO (Institut national de l'origine et de la qualité, de son ancien nom *Institut national des Appellations d'Origine*), le champagne est un vin mousseux. Néanmoins, dans l'esprit de la plupart des consommateurs, le champagne tient une place à part dans le monde des vins effervescents. C'est ce qui ressort dans cet article « champagne *vs* crémant », malgré le manque d'arguments permettant justement d'expliquer les raisons de cette place particulière, notamment sur le plan sensoriel.

Après ce volet faussement « sensoriel » (qui une fois encore ne renseigne en rien sur les qualités précisément sensorielles des vins) et le volet technique, vient l'incontournable prix des vins : « *le crémant se diffère du champagne de par le fait qu'il est beaucoup plus abordable* ». Ce critère, le prix de la bouteille, est mentionné dans les cinq exemples analysés et peut donc être considéré comme un élément central et différenciant. C'est un fait, une donnée économique non discutable. Le prix moyen à l'achat d'un Crémant de Bourgogne (±7 €) reste très en deçà du prix moyen d'une bouteille de Champagne (±17 €). Mais le prix d'un vin ne parle pas du vin, sinon de ce qu'il en coûte au consommateur. En résumé, ce ne sont pas, pour cet.te auteur.e, les qualités sensorielles qui différencient les vins de ces deux AOC, mais bien le prix du vin, les règles de production (avec de faibles variantes entre les différentes AOC des crémants), et l'aire de production (la région viti-vinicole).

4.   Conclusions : entre amateurisme et superficialité

En conclusion de cette étude dédiée à l'analyse des différences entre crémant.s et champagne.s dans la presse et les articles de vulgarisation sur internet, on note de manière particulièrement flagrante que les auteur.e.s donnent essentiellement des informations relatives aux AOC, avec des règles concernant les cépages ou certaines pratiques œnologiques. Ces sites rappellent que champagne.s et crémant.s restent les vins des événements festifs. Ils abordent aussi la notion de prix, montrant des différences très nette globalement entre ces deux AOC.

En revanche, dès lors qu'il s'agit de décrire les qualités sensorielles de ces vins, ces sites flirtent avec la page blanche. Dans les cinq exemples analysés, on ne trouve aucun élément permettant de comprendre comment ces différences de cépages, sols, climats ou techniques peuvent se traduire lors de la dégustation. Seule est évoquée la difficulté de différencier sensoriellement un crémant d'un champagne. La lecture de ces courts articles ne pourra donc nullement guider le consommateur au moment de choisir son vin à bulles.

Comment expliquer cette surprenante pauvreté concernant la description des caractéristiques des vins ? On peut émettre deux hypothèses majeures :

- soit les champagnes et les crémants sont effectivement très semblables, au point de ne pas pouvoir les différencier,
- soit les auteurs de ces articles, trop novices en dégustation, restent incapables de décrire les vins de manière précise, exhaustive, pertinente et discriminante.

Le fait de travailler avec des règles fort semblables, dans des régions parfois proches géographiquement (Champagne et Bourgogne), en termes de climat et de cépages, peut expliquer en partie des proximités sensorielles entre des vins d'AOC différentes. On peut aisément illustrer ce propos en considérant les crémants de Bourgogne « Eminent » ou « Grand Eminent », produits conformément au cahier des charges de l'AOC. Toutefois, le « Grand Eminent » présente des conditions de productions complémentaires (cf. Éminents de Bourgogne s.a.), comme par exemple (liste non exhaustive) :

- pour les vins blancs, une utilisation exclusive des cépages pinot noir et/ou chardonnay,
- une teneur minimale du raisin en sucres de 169 g/L,
- seuls les premiers 75% des jus d'extraction au pressurage seront utilisés,
- la durée de vieillissement sur lattes est de 36 mois minimum.

On voit qu'on est techniquement proches, voire identiques pour de nombreux points, à la Champagne. Il semble assez logique, au regard de ces critères, de trouver des crémants de Bourgogne proches de certains champagnes sur le plan sensoriel, au point de les confondre. Mais fort peu de vins sont concernés si on considère l'ensemble des champagnes et la totalité des crémants produits en France.

Fort heureusement, les différentes régions de France produisent des vins qui présentent, pour la plupart, une véritable identité sensorielle. Ainsi, un expert sera assez facilement capable de différencier des vins d'AOC différentes. Mais tous les consommateurs ne sont pas des experts en dégustation, et il faut entendre le message de ces articles : pour le consommateur lambda, la différence entre un crémant et un champagne n'est pas évidente.

Toutefois, nous avons observé dans ces articles nombre d'affirmations approximatives, des termes imprécis, des zones de flou, montrant que les auteur.e.s de ces articles ne connaissent pas les terroirs et les vins qu'ils présentent. Aussi, l'absence de descripteurs sensoriels permettant de traduire par des mots les perceptions ressenties lors de la dégustation traduit la difficulté de cet exercice qu'est la dégustation, qui demande de la pratique et qu'on ne peut pas aborder en surfant simplement de site en site.

La suite de ce travail portera sur l'analyse de sites de coopératives et de maisons de négoce produisant des champagnes et des crémants de Bourgogne. Cette seconde étude permettra une analyse croisée où seront comparés les profils sensoriels des vins au travers des régions de production et des structures (coopératives et maisons de négoce) élaborant ces vins d'AOC.

Bibliographie et Webographie

Avenue des vins (2017): *Champagne et Crémant: connaissez-vous la différence ?* Dans: *L'Express diX*, 16/11/2017, https://www.lexpress.fr/tendances/vin-et-alcool/champagne-et-cremant-connaissez-vous-la-difference_1960927.html, (04/03/2020)

Bucella, Fabrizio / Avé, Geoffrey (s.a.): *Quelle est la différence entre un champagne et un crémant ?* Dans : *La revue du vin de France*, https://www.larvf.com/vin-champagne-ou-cremant-difference-choix-bulles-gout,4575275.asp, (04/03/2020)

Champagne Market Trends (2020): Conférences organisées par le CIVC, Epernay, 6 février 2020

Comité Champagne (2019): *L'économie du Champagne. Les chiffres clés 2018*, https://www.champagne.fr/fr/economie/chiffres-clef, (04/03/2019)

Dégust'Émoi (s.a.): *Champagne VS Crémant: connaissez-vous les différentes bulles de France ?*, https://degustationsdevins.com/blog/champagne-cremant-difference/, (04/03/ 2020)

Éminents de Bourgogne (s.a.) : *Dossier de présentation presse*, https://www.vins-bourgogne.fr/presse/gallery_files/site/289/1908/43290.pdf, (04/03/2020)

Hugue, Didier (2019): *Le crémant de Bourgogne pousse plus loin le bouchon avec sa marque collective premium, les Éminents.* Dans : *Traces Ecrites News*, 08/03/2019, https://www.tracesecritesnews.fr/actualite/le-cremant-de-bourgogne-pousse-plus-loin-de-bouchon-avec-sa-marque-collective-premium-les-eminents-138329, (04/03/2020)

INAO (s.a. a): Site web de l'*Institut national de l'origine et de la qualité*, https://www.inao.gouv.fr/produit/13951, (04/03/2020)

INAO (s.a. b) *AOC Champagne*, https://www.inao.gouv.fr/show_texte/409, (04/03/2020)

Jean, Eva (2019): *Champagne VS Crémant, quelles différences ?* Dans : *Le Petit Ballon*, 01/11/2019, https://www.lepetitballon.com/blog/champagne_vs_cremant.html, (04/03/ 2020)

Kemp, Belinda / Condé, Bruna / Jégou, Sandrine / Howell, Kate / Vasserot, Yann / Marchal, Richard (2019): Chemical compounds and mechanisms involved in the formation and stabilisation of foam in sparkling wines. Dans: *Critical Reviews in Food Science and Nutrition* 59/13, 2072-2094

Legifrance (s.a.): *AOC Crémant de Bourgogne*, https://www.legifrance.gouv.fr/affichTexte.do?cidTexte=JORFTEXT000000694012&categorieLien=id, (04/03/2020)

Mancebo Garcia, Mariele (2019): *Terminologie et discours au sein d'une filière viti-vinicole : le cas des Crémants de Bourgogne*. Thèse de Doctorat, Université de Bourgogne

Miquel, Julien (2018): *Les 50 vins les plus chers du monde*. Dans: *Social Vignerons* 17/05/2018, http://socialvignerons.com/2018/05/17/les-50-vins-les-plus-chers-du-monde/, (04/03/2020)

Terroir Experience (2017): *Quelle est la différence entre un champagne et un crémant ?*, https://www.terroirexperience.fr/blog/champagne-cremant/, (04/03/2020)

Dr. Richard MARCHAL
Laboratoire d'Œnologie
Université de Reims Champagne-Ardenne, Reims, France.
LVBE – Université de Haute Alsace, Colmar, France.
e-mail : richard.marchal@univ-reims.fr

Anne Parizot / Benoît Verdier / Delphine Combrouze

La communication des vignerons champenois : Nécessaire distinction pour exister ?

Résumé :

Le Champagne détient une place particulière dans le marché des effervescents et son organisation interprofessionnelle est singulière. Les producteurs peuvent être des Maisons de Champagne, des coopérateurs ou des vignerons. Sur 20 000 vignerons dénombrés, seuls près de 4700 sont des récoltants-manipulants (viticulteurs travaillant leur vigne, gardant leur propre raisin et assemblant leur propre champagne qu'ils commercialisent) et vendent près de 70 millions de bouteilles majoritairement sur le marché français (13% des exportations globales de Champagne). Si les ventes de champagne ont affiché un nouveau record, le volume est cependant en baisse et la concurrence des vins effervescents (Sparkling, Prosecco) est sensible. Aussi les vignerons doivent susciter auprès des consommateurs de nouvelles envies. Après quelques actions de marketing et de communication dans les années 1990, une bannière collective Champagne des Vignerons est créée en 2001 se caractérisant par différents ancrages communicationnels qui révèlent l'identité de ces petits producteurs, de ces vignerons.

En effet, ils doivent séduire et créer un attachement singulier pour ce produit de luxe. Focalisés sur le marché national, ils communiquent en sortant des chemins balisés notamment en s'attaquant à la cible des « millennials ».

Notre corpus repose sur 19 années de communication de la marque collective Champagne de Vignerons pour permettre une analyse diachronique ainsi que sur la dernière campagne du SGV (Syndicat Général des Vignerons). Nous nous intéresserons aux choix lexicaux, à la mise en image et au storytelling pour dévoiler les stratégies communicationnelles mises en place depuis 2001 jusqu'à nos jours.

Mots clés : terroir, stratégies communicationnelles, champagne, storytelling

Abstract:

Champagne holds a special place in the sparkling wine market and its inter-professional organisation is unique. Producers can be Champagne houses, cooperators or winegrowers. Out of 20 000 winegrowers, only about 4 700 are "récoltants-manipulants" (winegrowers working their vines, keeping their own grapes and who "manipulate", i.e. they blend their own champagne that they sell). The latter sell nearly 70 million bottles, most of which are sold on the French market (13% of total Champagne exports). Although the sales of Champagne have set a new record, the volume is falling and there is significant competition from sparkling wines

(Sparkling, Prosecco). Winegrowers must therefore arouse new desires among consumers. After a few marketing and communication actions in the 1990s, a collective banner *Champagne des Vignerons* was created in 2001 which is characterized by different communication anchors that reveal the identity of these small producers, these winegrowers.

Indeed, they must seduce and create a singular attachment to this luxury product. Focused on the national market, they also communicate by getting off the beaten track especially by targeting "millennials".

Our corpus is based on 19 years of communication of the collective brand *Champagne de Vignerons* to enable a diachronic analysis. Also, based on the latest SGV (winegrowers' union) campaign, we will focus on the lexical choices, image setting and storytelling to reveal the communication strategies implemented since 2001.

Keywords: terroir, communication strategies, storytelling, millennials

1. Introduction

Sur le marché national et international, le *Champagne* des vignerons doit se différencier résolument de celui des Maisons de Champagne d'une part, et susciter de nouvelles envies d'autre part, pour se vendre dans la concurrence[1] très vive des vins effervescents (*Sparkling, Prosecco*).

En effet, à la différence des grandes Maisons de champagne, les vignerons doivent séduire et créer un attachement singulier pour ce produit de luxe, en respectant la notoriété du produit (le *Champagne*) fondée sur un héritage historique, géographique et sémiotique et en puisant dans l'alchimie du sacré (Dufour / Boutaud 2012). Focalisés sur le marché national, ils communiquent aussi pour conquérir d'autres segments et consommateurs en sortant des chemins balisés pour faire sauter non seulement les bouchons mais également les verrous (les normes des grandes Maisons) en s'attaquant à la cible des « millennials » c'est-à-dire à ceux qui ont entre 25 et 40 ans.

Après quelques actions de marketing et de communication dans les années 1990 (Verdier 2013, 2014), une bannière collective *Champagne de Vignerons* est

---

[1] Malgré un marché du champagne qui se porte bien dans la mesure où les ventes ont affiché un nouveau record, le volume est cependant en baisse :
http://www.terredevins.com/actualites/communication-champagne-vignerons-passent-a-loffensive/, (30/06/2019).

créée en 2001 afin de bénéficier d'une force de frappe commerciale qui se caractérise par différents ancrages communicationnels révélant l'identité de ces petits producteurs, de ces vignerons. Comment se distinguent-ils des grandes Maisons ? Quel(s) axe(s) communicationnel(s) les Champagnes de Vignerons ont-ils choisi ? Le luxe est-il toujours revendiqué ou les campagnes s'appuient-elles sur d'autres valeurs ? Quelles identités sont mises en avant ? Si le terroir est, comme nous le verrons, un concept qui séduit sans doute aussi par son imaginaire, pouvons-nous le définir comme axe fondamental de la communication de ces champagnes face au luxe et au rêve des grandes Maisons ? Vers quelles modalités d'expérience ou d'existence les publicités nous emmènent-elles ?

Pour apporter des éléments de réponse, nous contextualiserons tout d'abord le *champagne* et la Champagne dans la construction d'un modèle économique particulier qui doit faire face à l'évolution de la concurrence et des phénomènes de consommation. Ensuite, nous soulignerons l'importance de la notion de terroir, argument exploité par les vignerons. Enfin, nous analyserons les mises en scène et stratégies mises en œuvre afin de susciter de nouvelles envies auprès du consommateur tout en se dissociant du discours des Grandes Maisons.

Notre focale transdisciplinaire a recours aux Sciences de l'Information et de la Communication et aux Sciences du Langage. Notre corpus reposant sur 19 années de communication du *Champagne de Vignerons* relève d'une analyse diachronique s'intéressant aux choix lexicaux et à la mise en images pour étudier tout particulièrement le *storytelling* (Salmon 2007 ; Berut 2010), dévoiler le positionnement ou l'univers choisi et les stratégies communicationnelles mises en place depuis 2001. Elle révélera l'évolution des thèmes, lexiques et mythes présentés. Notre analyse s'appuie sur ce matériau conséquent des publicités réalisées par des agences de communication ainsi que sur les dossiers de presse à destination des journalistes et des vignerons souhaitant utiliser les outils de communication proposés. Nous avons ajouté à ce corpus, les campagnes de publicité développées par le SGV lui-même de 2018 et 2019.

Ainsi, nous tenterons de distinguer l'expérience proposée aux consommateurs via les vignerons en la mettant en parallèle avec celle des grandes Maisons. Nous pourrons ainsi expliquer le renouveau de la communication des vignerons en

2018-2019[2] qui tend à faire sortir ce produit de luxe des représentations habituelles pour l'associer à une forme de vécu (Boutaud 2018a) plus proche de la réalité en en démythifiant l'usage, et à en faire une boisson réservée à toutes les occasions.[3] Cette dernière campagne ne cesse d'ailleurs de surprendre voire de susciter l'incompréhension en bousculant les codes.[4]

2.   Spécificité de la Champagne

Avant d'analyser les campagnes de publicité, précisons le cadre économique de cet acteur. Le vignoble champenois se développe sur une surface de 33762 hectares (quart nord-est de la France), et représente 0,3% de la surface du vignoble mondial. La particularité du champagne réside dans l'utilisation des raisins (moûts) de cépages spécifiques récoltés sur une aire géographique viticole délimitée, selon un processus d'élaboration traditionnel défini depuis 1936 dans une appellation d'origine contrôlée (AOC).

Aujourd'hui, depuis 1945, la filière est composée, d'une part, de vignerons qui produisent une grande partie du raisin, et d'autre part, de Maisons qui produisent et expédient la majorité des vins de Champagne. Les Maisons de Champagne sont rassemblées au sein de l'Union des Maisons de Champagne (UMC) et les Vignerons au sein du SGV). L'organisation professionnelle de cette filière est singulière et s'organise autour d'un Comité Interprofessionnel du Vin de Champagne (CIVC, Comité Champagne) qui rassemble deux groupes d'acteurs : les vignerons et les Maisons de Champagne, qui se concertent en permanence pour co-gérer ensemble l'appellation Champagne.

---

[2] http://www.terredevins.com/actualites/champagne-communication-bouscule-codes, (30/06/2019).
[3] Slogan de la nouvelle campagne des vignerons (2018-19).
[4] https://www.lunion.fr/id72912/article/2019-06-16/les-vignerons-de-la-champagne-cassent-les-codes-pour-parler-du-champagne, (27/08/2019).

2.1. Les Maisons

Regroupées sous l'égide de l'UMC, les « Maisons de Champagne » élaborent et distribuent une Grande Marque de Champagne (on en dénombre 300). Elles se caractérisent donc par un chiffre d'affaires (entre 10 et 150 millions d'euros), une notoriété internationale et l'achat de raisins aux vignerons. Détenant très peu de vignes (10% de l'aire géographique délimitée de la champagne viticole) elles achètent à ce titre une grande quantité de raisins et de moûts auprès des vignerons. Avec 213,4 millions de bouteilles vendues, les Maisons de Champagne assurent 87% des exportations. Plus du tiers du chiffre d'affaires est réalisé par une vingtaine de Groupes (ou Maisons).

2.2. Les Vignerons et le SGV

Regroupés sous l'égide du SGV, les vignerons champenois sont propriétaires de la quasi-totalité du vignoble de Champagne (90% de l'aire géographique délimitée de la Champagne viticole). Fort de ses 20 000 adhérents, le SGV est loin d'être une famille homogène de professionnels. 80% des vignerons vendent tout ou partie de leur récolte sous forme de raisins au négoce, et seulement 20% commercialisent du champagne élaboré au sein de leur exploitation (récoltants-manipulants) ou en coopérative (récoltants-coopérateurs). Plus de 43 coopératives vendent près de 30 millions de bouteilles et 4722 vignerons, récoltants-manipulants et récoltants-coopérateurs, vendent 67,7 millions de bouteilles.[5] Leur marché est majoritairement national (43% des bouteilles vendues sur le marché français et 13% des bouteilles vendues sur le marché international).

2.3. Le marché

Selon Aurélie Ringeval-Deluze (2019), depuis les années 1990, le poids en volume de la viti-viniculture française et européenne n'a cessé de décroître sur le marché international, face à la montée des vins du « Nouveau monde »

---

[5] [donc plus de 15000 vignerons louent leur terre ou vendent leur raisin au moment de leur vendange aux maisons].

(Californie, Australie, Argentine, etc.) (Scotti / Valli 2014). Une intensification de la concurrence sectorielle tendrait à montrer que les nouveaux pays producteurs seraient plus compétitifs que les pays traditionnels tels que la France.

Le champagne est également un produit vieillissant avec une clientèle au pouvoir d'achat assez élevé. De plus, depuis une vingtaine d'années, les jeunes, notamment les « Millennials », privilégient d'autres boissons alcoolisées pour leur coût moindre et leur caractère plus festif.

Dans ce cadre, on comprend aisément que les vignerons communiquent pour tenter d'endiguer partiellement la chute de leurs ventes. Depuis 1990, en parallèle d'un travail sur la qualité de leur champagne, les vignerons utilisent les outils et les méthodes des maisons : analyse marketing en termes de marché, de segmentation, relations publiques et presse, etc. (Verdier 2013, 2014 ; Verdier / Sevilla 2017). Il faut attendre le passage au XXIème siècle pour que le Syndicat Général des Vignerons mette en place une bannière collective, une marque ombrelle en termes marketing : *Champagne de Vignerons*.

2.4. La cible

Au regard des données sur les ventes de champagne par les Maisons de Champagne et par les vignerons, il convient de préciser la cible à conquérir, car celle-ci influe sur le type de communication et les stratégies à mettre en œuvre. Actuellement, les Maisons de Champagne proposent des produits à des prix assez élevés qui renvoient à l'univers du luxe. Elles ont une reconnaissance internationale. Les Champagnes de Vignerons, plus sujets à la baisse des ventes, cherchent donc à attirer une clientèle moins riche (même si elle reste aisée) et s'orientent notamment vers les « Millennials ».

3. Un argument : le Terroir

Argument commercial en résonnance, pour certains vins, avec la minéralité (vins blancs et champagnes) (Leroyer / Parizot à paraître), le terroir est utilisé dans le cadre du *storytelling* autour du produit par les experts, les amateurs avec un certain flou ou un imaginaire persistant.

3.1. Un concept aux contours flous

Sans définition stabilisée, le concept *terroir* selon le contexte, se teinte de colorations différentes et reste largement attaché au domaine qui le caractérise.

> La quête de l'authenticité postmoderne se veut alors comme une redécouverte du local et de l'imaginaire qu'il véhicule : le territoire, le terroir, l'ici, les gens d'ici, la tradition, les légendes, les tribus. [...] Comme toute expérience liée au manque, la compensation qu'exprime la quête de l'authenticité est essentiellement fantasmée. (Cova / Cova 2002, 34)

Le terroir est un repère et un élément propre à façonner les identités de ceux qui créent un produit et de ceux qui le consomment. C'est « l'archétype des produits postmodernes qui jouent sur la nostalgie, l'authentique et le rattachement à une tribu particulière » (Fort / Fort 2006, 145) et invoqué, revendiqué comme valeur de construction identitaire (Parizot 2015, 585).

Figure 1 : carré sémiotique du terroir (Parizot 2015, 585)

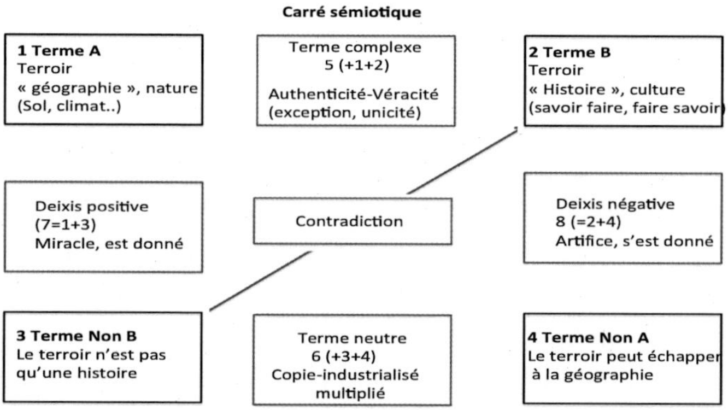

Sans réelle définition, l'imaginaire qui lui est lié reste très présent et permet de construire des histoires riches de sens, largement employées par les producteurs ou les consommateurs. Nous retiendrons ici l'usage lié aux producteurs ou dans les publicités destinées aux consommateurs.

3.2. Un argument spécifique et récurrent pour les vignerons

Définir un « terroir champenois », c'est déjà reconnaître une certaine spécificité, à la fois territorialement et par les imaginaires que chacun se représente. L'analyse montre que le terroir est l'ADN des vignerons. Il faut dire que dans les années 1990, le SGV va utiliser tous les outils des grandes Maisons de Champagne : communication, consultants en communication, positionnement marketing du champagne... Tous les univers de sens sont déployés autour de l'idée du territoire mais également de la nature, la qualité, l'originalité, l'authenticité, la proximité, la typicité... On retrouve ainsi toute une allégorie du passé, de la proximité, du savoir-faire, de l'amour du produit et du sol nourricier qui rappelle la notion de « boisson totem » développée par Roland Barthes (1957). Cette rhétorique autour du Terroir développée par le SGV renvoie à et renforce cette idée de « boisson totem » notamment par l'évocation d'un imaginaire de tradition ancestrale, d'un ancrage dans un territoire, de savoir-faire propres aux populations engagées dans sa production.

Outre le fait que depuis les années 1980, le SGV n'est plus dirigé par des viticulteurs charismatiques, la société a conséquemment évolué : consommateurs et consommation ont changé. Les années 1980 sont l'époque des premières campagnes de communication de prévention santé autour de l'alcool (1984, premier spot de santé publique sur l'alcool et ses dégâts et prise de conscience en termes d'hygiène sur les effets de l'alcool au travail).

De plus, la rhétorique autour du Terroir radicalise également le clivage entre les petits producteurs (les vignerons) et les grands producteurs (les Maisons de Champagne) en pérennisant la trame historique du partage économique du marché. En effet, seul exemple en France avec ce modèle économique, la Champagne viticole s'est construite autour d'une organisation des relations interprofessionnelles très fortes et d'un partage des richesses. Depuis le milieu des années 1990, le leitmotiv du SGV n'a de cesse de centrer sa communication sur cet élément fédérateur et différenciant du terroir (Verdier 2013 ; 2014). Pourtant, les premières campagnes du Champagne des Vignerons n'en font pas véritablement écho. En 2004, la campagne de communication revient à cet univers de sens qui caractérise le SGV et par conséquent les vignerons.

Le dossier de presse de la campagne de 2004 est explicite : « c'est un territoire d'expression laissé libre par les grandes Maisons de Champagne qui préfèrent l'imagerie du luxe ou du rêve ». En effet, la communication des grandes Maisons de Champagne valorise, sacralise cette consommation autour du luxe et par le luxe (Dufour / Boutaud 2015). Par ce biais, *quid* de l'authenticité du produit, du producteur ? En mettant en avant leur côté « vrai », les Champagnes de Vignerons affichent leur différence : « un produit authentique par opposition à un produit dont l'image est surtout fabriquée par le marketing » (dossier de presse, 2004-2005). L'iconographie et les termes renvoient à cet univers de sens de territorialité, d'authenticité. Si la magie n'est pas éloignée, la priorité est donnée au « réel » à vivre et vécu, qui fait de l'émotionnel une expérience « vraie ».

La campagne de 2017 est plus subtile dans cet univers de sens. L'émotion est plus présente par l'intermédiaire de cette impression d'un cul de bouteille à l'image du logo qui s'imprime dans la craie (voir ci-dessous, figure 9). Le dossier de presse insiste : « ce geste, synonyme de fierté, est une signature pour tous les vignerons ». Le terroir champenois, calcaire par définition, est alors rendu visible. L'iconographie renvoie également aux crayères dans lesquelles le champagne prend corps et vieillit au minimum trois ans selon les normes de l'AOC.

Le site internet des *Champagnes de Vignerons* met en évidence le mot terroir par les portraits de vignerons proposés : « ils sont vignerons, viticultrices issus des quatre régions viticoles de la Champagne. Tous élaborent des **champagnes de terroir**[6] et de caractère, fruits d'une passion commune pour leur métier. Ils nous racontent leur histoire, nous font découvrir leurs cuvées et les raisons qui les ont incités à faire partie de la marque collective *Les Champagnes de Vignerons* ».[7]

Nous avons souligné la complexité des constructions *vins de terroir* ou *vins du terroir* (Parizot 2020). Dans le cas du champagne, la différence semble assez subtile. Dans « vin du terroir », *le vin* dénomme et *du terroir* renvoie à un terroir donné. Reste « vin de terroir ». L'occurrence présente une construction identique [N de N] mais cependant différente. En effet, « vin de terroir », est une dénomination. *Terroir* sert à catégoriser au niveau conceptuel et le complément du nom est dit « classifiant ».

---

[6] C'est nous qui soulignons.
[7] http://www.champagnedevignerons.fr/Les-champagnes-de-vignerons.html, (21/09/2020).

Concernant le champagne, la superposition des sens est latente du fait de l'homonymie entre le territoire et le vin qui en est produit. C'est donc un vin de Champagne (c'est-à-dire issu du terroir et du territoire champenois) mais également un vin de terroir (c'est-à-dire issu d'une classification).

Mais le terroir se laisse-t-il seulement appréhender par le terme lui-même ou est-il présent au travers d'autres éléments ? Le terroir surgit à l'évocation des éléments lexicaux comme *authenticité*, *savoir-faire*, ou comme le notaient Cova / Cova (2002, 34) « le territoire, […], l'ici, les gens d'ici, la tradition, les légendes, les tribus ».

4. Dimension communicationnelle des campagnes publicitaires

Comme nous l'avons dit, l'analyse proposée repose sur un corpus constitué des campagnes publicitaires déposées depuis 2001 jusqu'à 2019 par le SGV. A la création de la bannière *Champagne de Vignerons*, les publicités et campagnes de presse sont régulières : 2001-2002, 2003, 2004-2005, 2006-2007, 2008, 2009, puis 2014-2015, et enfin 2017. Pour chaque période, les documents recueillis sont inégaux en quantité et contenu. En effet, certaines années présentent des campagnes complètes avec un matériau abondant (visuel et livret de 4 à 8 pages) alors que d'autres sont composées d'une seule affiche (2009, 2014, 2017), faisant juste évoluer le visuel ou le message. Nous utilisons également les campagnes 2018 et 2019 menées sous l'égide du SGV cette fois (composées de plusieurs affiches).

L'analyse chronologique nous sert de fil conducteur pour repérer trois périodes significatives ou trois ruptures dans les stratégies de communication mises en œuvre. Les mentalités et les pratiques de consommation changent : le SGV et les Champagnes de Vignerons essaient de s'adapter au marché qui se complexifie.

4.1. Fédérer les vignerons sous une bannière commune

La première campagne de publicité de 2001/2002 fournit un nombre de documents importants : iconique (affiche ou visuel du livret), textuel (argumentation livret), campagne de publicité (livret explicatif).

Figure 2 : Campagne 2001 © SGV

Figure 3 : Campagne 2001 © SGV

Texte de la figure 2 : Le Champagne le plus dégusté au monde ? Dites un nom au hasard...

Une bouteille de champagne se dessine sous un drapé de papier mousseline empruntant le bleu du logo. La bouteille se dévoile peu à peu dans sa corolle bleutée avec un message à l'adresse du lecteur à qui on souffle la réponse : « Les champagnes les plus dégustés du monde ? Dites un nom au hasard ». Sur le deuxième visuel une luxueuse coupe Lalique laisse place au vin, soulignant le contraste des couleurs : le bleu pour le fond et l'or pour le contenu de la coupe. Sur un troisième volet (non présenté dans l'article), le logo des Champagnes de Vignerons est central et accompagné d'un textuel, réponse à la question initiale. En rappelant plusieurs fois le mot « monde », la publicité insiste sur la notoriété du produit Champagne et sur la marque « Champagnes de Vignerons », jouant sur la multiplicité (plus de trois mille vignerons) et l'hyperbole qui rend ces champagnes mille fois uniques. Tout comme l'est d'ailleurs (unique) le champagne qui ressemble à celui qui le découvre. Enfin le quatrième volet de la publicité révèle une bouteille de champagne à l'horizontale, bouchon dirigé vers le lecteur. La découverte du champagne passe par une invitation à déboucher la bouteille. Le textuel d'accompagnement sous couvert d'un oxymore sémantique et syntaxique « recevez les Champagnes de Vignerons chez vous » souligne la proximité de ces vignerons qui accueillent volontiers et conseillent sur le terrain les potentiels consommateurs.

La communication se poursuit sous le sceau du secret qui sera dévoilé. Nous sommes dans l'intimité entre le vigneron et le consommateur. Territoire et terroir sont mis en avant (mosaïque colorée de parcelles, villages, domaines) et débouchent sur le travail des générations (famille, générations). Le temporel sert de fil rouge au terroir et aux hommes.

La communication prend les traits d'une communication ésotérique : « secret, alchimie, rituel, magie » où se mêlent les qualités du vigneron (expérience, savoir-faire, etc.) et celle du vin (charme). Cette alchimie révélée dévoile la combinaison de trois éléments symboliques : la main, l'esprit et le cœur qui, par métonymie, se transposent au vin. Le drapé entrouvert du papier laisse le champagne se dévoiler, tout comme le font également les vignerons auprès de leurs consommateurs. La dimension intimiste passe par la confidence.

Le champagne est à l'image du vigneron. Le consommateur invité à ce partage sera ensuite celui qui propage le secret. Le pronom « votre » secret marque cette appropriation par le consommateur et par le vigneron auquel s'adresse également cette campagne.

Figure 4 : Campagne 2001 © SGV

Texte de la figure 4 : Et vous ne pourrez plus vous empêchez de partager votre secret.

Les Champagnes de Vignerons sont collectivement méconnus et communiquer dans les grands médias français pour faire naître une véritable marque collective est impératif. « Loin du tapage, ils se livrent au cours d'instants délicieux de dégustation et de fête. Leur nom se transmet alors de bouche à oreille puis se recommande entre amis ». Cette intimité (vigneron et vin, Champagne et consommateur) est tissée de valeurs fortes : authenticité, passion, savoir-faire, expression **d'un terroir**. [8] « Pour rendre compte de cette histoire vivante, […] les Champagnes de Vignerons : un secret que l'on ne peut s'empêcher de partager ». Le signe de cette intimité et de connivence entre le vigneron et le consommateur est souligné par le « on » inclusif.

La communication de 2003 garde le bleu en trame de fond et axe le message sur le contenu du verre, le champagne et le bouchon avec son muselet ; la bouteille a disparu. L'accent est mis sur la coupe vue en plongée : le champagne avec ses bulles apparaît comme un astre au milieu d'un univers, voire comme une île au milieu de l'océan laissant opérer la symétrie parfaite des images… Le message valorise le vigneron, le terme est repris quatre fois. Le logo assure la provenance, et la thématique de l'accueil du consommateur sur le domaine est reprise. Le cercle, signe et symbole de la forme parfaite, est repris par la planète, la coupe et la capsule. Le secret fait place à un partage au niveau mondial (les Champagnes de Vignerons se vendent peu à l'export).

Figure 5 : Campagne 2003 © SGV

Figure 6 : Campagne 2003 © SGV

Texte de la figure 5 : Le Champagne le plus dégusté au monde…
Texte de la figure 6 : Un Champagne sur trois dégusté dans le monde est un « Champagnes de vignerons ».

---

[8] C'est nous qui soulignons.

4.2. Un consommateur assez aisé d'âge moyen pour poursuivre la découverte de ce collectif

La campagne de 2004/2005 semble être également destinée aux vignerons. Elle leur expose les éléments d'argumentation pour qu'ils se sentent fiers d'intégrer la bannière. Les visuels seront identiques à ceux de la campagne publicitaire auprès des consommateurs. Toutefois, cette nouvelle campagne présente des visuels différents et s'annonce en rupture avec les grandes marques.

Figure 7 : Campagne 2004 © SGV

Texte de la figure 7 : Les Champagnes de Vignerons faits de raisin et de caractère

L'accent est mis sur l'authenticité, la qualité et le savoir-faire unique des vignerons, en mettant en avant leur côté « vrai ». Les Champagnes de Vignerons vont clairement montrer leur différence : un produit authentique par opposition à un produit dont l'image est surtout fabriquée par le marketing.

La campagne de 2006/2007 reprend les mêmes éléments. D'un point de vue iconique, un couple de vignerons dans les crayères regarde son champagne à travers une flute, et deux grappes de raisins, l'une de raisins noirs, l'autre blancs, apparaissent. La campagne de 2008 féminise vraiment la profession et la modernité se fait alors une place plus importante. Une vigneronne tourne les bouteilles dans sa cave. « Le champagne est l'expression de son professionnel », il « révèle la passion de son auteur ». Le vigneron devient créateur d'un produit particulier où l'expression du terroir est encore présente.

En 2009, l'iconique change radicalement. L'éclairage valorise le muselet personnifié et/ou mis en forme avec la silhouette d'une femme devant une pyramide de bouchons. Cette transformation de la vigneronne montre l'incarnation du produit et la relation anthropomorphique. La métonymie prend place, le muselet soulignant le métier lié au produit ainsi que l'aspect créatif. Une deuxième métonymie apparaît : le bouchon pour la bouteille permet aussi de représenter les générations évoquées par le slogan : « *créateurs de Champagnes de génération en génération* ».

Figure 8 : Campagne 2009 © SGV

Texte de la figure 8 : chaque bouteille de Champagne de Vignerons recèle un Champagne rare au caractère toujours authentique et élégant, issu d'un terroir d'exception. Derrière cette marque collective, 5000 vignerons partagent leur savoir-faire et élaborent des Champagnes tous uniques avec la même exigence de qualité et la même passion.

La campagne de 2014-2015 reprend ce concept en modifiant le visuel : un couple de vignerons, coupe en main dans un décor de cave or et brun. Le textuel valorise largement le terroir (*grand terroir, terroir d'exception*).

2017 est l'année d'une campagne avec la création d'un nouveau visuel plus sobre, sur fond blanc. Avec des couleurs en relation avec le produit et ses origines, la bouteille est proposée en toute simplicité par le bras tendu du vigneron comme le garant de ce champagne. La qualité d'un terroir s'inscrit dans une sorte de retour aux fondamentaux.

Texte de la figure 9 : Chaque jour les Vignerons de Champagne ont à cœur d'élaborer des vins qui leur ressemblent. Sous la bannière Champagnes de Vignerons leurs gestes donnent naissance à des cuvées de qualité, aussi confidentielles qu'appréciées. Un savoir-faire, une empreinte laissée dans un terroir de Champagne aux multiples nuances.

En effet, le textuel use d'un vocabulaire spécifique à l'univers du champagne : *cuvée, savoir-faire* et *terroir de Champagne*. L'empreinte suggérée est à la fois le cul de bouteille dans la craie ainsi que l'empreinte du vigneron laissée par son savoir-faire et son geste. Ce visuel est donc hautement symbolique à la fois du terroir mais aussi du travail du vigneron. A l'image d'un sceau sur la craie ou l'argile, une bouteille frappe la craie issue du terroir viticole champenois. Ce geste, synonyme de fierté est une signature pour tous les vignerons réunis sous la bannière « Champagne de Vignerons ». Cette charte graphique sensorielle est chargée d'un imaginaire teinté d'émotion qui permet au consommateur de s'approprier l'histoire des vignerons champenois.

L'évolution du logo passe du figuratif (la représentation des métiers) à l'abstrait et au symbolique.[9] Le cercle marque toujours la perfection ; s'ajoutent l'union des

---

[9] https://www.youtube.com/channel/UC5C01uyTOQRD0EK5U8h_KOw, (07/11/2020).

5000 vignerons et de leur savoir-faire aux bulles de la coupe suggérée. En outre *Champagne de Vigneron(s)* est désormais au singulier.[10]

Le retour puissant du terroir (dans son acception la plus large) redessine un imaginaire resté en filigrane. Loin des ors des précédentes publicités, le champagne reprend fortement ici par l'intermédiaire de cette sobriété et de cet ancrage au sol le concept de terroir. La recherche de racines, comme l'évoque la minéralité, est présente et la main du vigneron tenant la bouteille est l'assurance de ce terroir sobre et vrai.

4.3.   Focus sur le consommateur « Millennial »

La campagne 2018 (poursuivie en 2019) du collectif professionnel, le SGV, prend un virage radicalement opposé et change de cible. L'objectif est de sortir le champagne du côté un peu « snob » et « guindé » pour conquérir de nouveaux consommateurs.

> Il s'agit donc de communiquer de manière décalée, en direction des « Millennials » pour les inciter à préférer le champagne aux cocktails. Il fallait ramener la Champagne dans le jeu. Le but n'est pas de faire plaisir au champenois, en montrant des gens devant des pupitres en trains de tourner des bouteilles.[11]

Les grandes maisons ne participent pas à ce type de communication, et cela sert à distinguer et promouvoir les vignerons.[12]

Les résultats, mesurés par Ipsos, confortent la campagne du Syndicat Général des Vignerons de la Champagne. Les Millennials aiment l'idée d'un champagne qui « fait sauter les bouchons et les a priori » et « accompagne tout, même les petits riens ».

---

[10] « C'est une manière de souligner le caractère unique et rare de leurs produits ». Source : http://logonews.fr/2017/11/29/champagne-de-vigneron-change-didentite-visuelle/, (07/11/2020).

[11] http://www.moniquederrien.com/?p=1804, (03/01/2019).

[12] Six mois après son lancement, la campagne du SGV est promue meilleure « campagne intégrée » du Grand Prix Stratégies du Luxe 2018.

Figure 10 : Campagne du SGV 2018 © SGV

Texte de la figure 10 : faire sauter les bouchons et les a priori.
Le Champagne réservé à toutes les occasions.

Il s'agit de rendre exceptionnels les moments quotidiens de consommation. Pour le côté créatif, la même ligne est de rigueur et est ainsi expliquée aux vignerons : « spontanéité de la consommation, simplicité des produits, contraste entre le mets quotidien et le champagne ». Il s'agit de poursuivre un travail d'interpellation. Les visuels sont assez suggestifs. Un gigot entamé et emballé dans du papier cristal pour souligner qu'on vient de le sortir du réfrigérateur, une coupe de champagne à ses côtés avec le message : « la seule étiquette qu'on peut lui coller, c'est celle qui est sur la bouteille ». Ou encore sur un visuel rose, un bagel rose souligne une ambiance féminine et sucrée accompagnée d'une coupe et du message suivant : « Et si pour le déguster, la meilleure des manières, c'était de ne pas en faire ? ». À chaque fois, le champagne reste en bonne place sur le visuel et les messages sont assez courts et sans détour.

Le déplacement est conséquent et notoire : le vigneron et son environnement caractéristique (terroir, cave, geste, bouteille, bouchon...) ont disparu. La communication demeure centrée sur le vécu du consommateur dans son quotidien. L'expérience de consommation et l'expérientiel (Holbrook / Hirschman 1982) sont précisément en jeu.

Comme nous l'indique Jean-Jacques Boutaud (2018a, 9) à propos de cet expérientiel :

Il faut bien sortir du quotidien, de son continuum. A force d'habitudes, voire de routines, ce quotidien perd en substance. Il faut donc le revitaliser, lui donner matière et sens avec des pics de sensations, d'émotions, de révélations soudaines, rapportées à soi et au monde. C'est la fonction à la fois opératoire et symbolique de l'expérience, possible à condenser en quelques opérations modales : surprendre, révéler, faire vivre et voir autrement.

C'est précisément la signification du message « le Champagne réservé à toutes les occasions » avec la rencontre du produit exceptionnel et des occasions qui sont et qui font la vie et un mélange des genres.

5. Conclusion

Après avoir analysé les stratégies de communication de la marque Champagne de Vignerons, nous avons mis en avant des éléments d'information explicites quant à l'évolution de la stratégie de communication et de la communication elle-même. Trois phases marquent cette évolution : une première phase sert d'accroche pour réunir les vignerons et les fédérer sous une bannière commune, puis une communication prend en compte un type de consommateur assez aisé d'âge moyen et poursuit la découverte de ce collectif, une troisième phase est tournée vers un consommateur « millennial ». La communication Champagnes de Vignerons évolue depuis une vingtaine d'années, marquant par moments des pauses dans la créativité. Cependant, la nécessité de conserver un marché en perte de vitesse est vitale face au négoce des Grandes Maisons qui valorise mieux ses productions notamment à l'exportation.

Voulant se départir de l'image du luxe associée aux grandes Maisons, le Champagne de Vignerons cherche avant tout à mettre en avant la proximité avec le vigneron. La communication privilégie un axe fort autour des valeurs qui font sens. Ainsi famille, lien générationnel, terroir, authenticité et « image vraie » véhiculent du sens pour les vignerons qui s'y retrouvent, mais aussi pour les consommateurs, et permettent de développer un imaginaire et une symbolique que le consommateur recherche de façon globale dans la société, d'autant que la magie du pouvoir d'incorporation (Boutaud 2014) fonctionne ici, car la fonction alchimique de transmutation (Barthes 1957) n'est jamais bien loin.

Les publicités sont assez marquées autour du produit (coupe, bouteille, bouchon, raisin, etc.), de l'univers du vigneron (cave, métier, etc.), voire de la relation avec le consommateur. Elles reviennent à un triptyque sacré qui fait que le produit existe (bouteille, craie, le vigneron). La sacralisation du Champagne de Vignerons agit sous ces diverses modalités et prend ainsi de la distance avec les grandes marques.

Pourtant, la dernière campagne qui, semble-t-il, ne fait pas l'unanimité, change de positionnement et surtout de cible. En communiquant vers et pour les Millennials, elle désacralise non pas le champagne qui reste un produit d'exception, mais les moments de dégustation. En effet, la temporalité des saisons en écho avec des moments hautement symboliques et sacralisés par les coutumes et les traditions (fête de fin d'année, mariages, etc.) est écartée au profit du quotidien et d'une consommation décomplexée.

Les modalités de consommation et les expériences de vie prennent forme ici. La quotidienneté est mise à l'honneur avec des produits de consommation courante mais un seul produit d'exception. Il s'agit de sortir le produit des routines de consommation basées sur la tradition et les habitudes. Et, c'est l'effet magique. Cette nouvelle coloration modale donne « à l'expérience sa valeur la plus fondamentale de forme de vie et de style, sur fond d'existence » (Boutaud 2019). Reste à savoir si cette forme de publicité suffira à convaincre les Millennials sur la durée de quelques campagnes.

Bibliographie

Aït Heda, Abdellatif / Meyer, Vincent (éds.) (2016): *La valorisation des patrimoines. Authenticité et communication.* Taroudannt (Maroc): Ed. Université Ibn Zohr

Barthes, Roland (1957): *Mythologies.* Paris: Seuil

Berut, Benjamin (2010): Storytelling : une nouvelle propagande par le récit ? Dans: *Quaderni. Communication, technologies, pouvoir* 72, 31-45

Biglari, Amir / Roelens, Natalie (éds.) (2018): *La sémiotique et son autre.* Paris: Kimé

Boutaud, Jean-Jacques (2014): Le vin, l'imaginaire et le sacré, Conférence [En ligne : http://www.fma.uha.fr/images/articles/1417422836-conference-jj-boutaud-27-11-14-mode-de-compatibilite.pdf, (13/05/2019)]

Boutaud, Jean-Jacques (2019): De l'expérience à l'existence – Le goût, le social, le modal. Dans: Lorusso / Marrone, 37-53 [En ligne: http://www.ec-aiss.it/monografici/26_politiche_del_gusto/boutaud_30_9_19.pdf, (13/04/2019)]

Boutaud, Jean-Jacques (2018a): Vin et gastronomie: faire vivre expérience et existence en bon terme. Dans: Verdier / Parizot, 7-12

Boutaud, Jean-Jacques (2018b): La perspective modale pour repenser les relations sémiotique, marketing et communication. Dans: Biglari / Roelens [En ligne: https://www.researchgate.net/publication/324991236_La_perspective_modale_Pour_une_theorie_post-experientielle_JJ_Boutaud, (10/04/2019)]

Cova, Bernard / Cova, Véronique (2002): Les particules expérientielles de la quête d'authenticité du consommateur. Dans: *Décisions Marketing* 28, 33-42

Dufour, Stéphane / Boutaud, Jean-Jacques (2012): Le sacré en son terroir. De la communication des maisons de vin et de champagne. Dans: Lardellier / Delaye, 377-391

Fort, Fatiha / Fort, François (2006): Alternatives marketing pour les produits de terroir. Dans: *Revue française de gestion* 162/3, 145-159. [En ligne: www.cairn.info/revue-francaise-de-gestion-2006-3-page-145.htm, (13/08/2019)]

Hennebert, Jérôme (éd.) (à paraître): *Actes du colloque de Lille: Sens et senteurs.* Lille: Ed. du Septentrion

Holbrook, Morris B. / Hirschman, Elizabeth C. (1982): The experiental aspects of consumption: Consumer fantasy, feelings and fun now. Dans: *Journal of Consumer Research* 9/2, 132-140 [En ligne: https://pdfs.semanticscholar.org/af9b/5cebe8134185523b0db52a521f8b979602c7.pdf?_ga=2.38275754.80003270.1604749959-439605383.1604749959, (07/11/2020)]

Lardellier, Pascal / Delaye, Richard (2012): *Entreprise et sacré. Regards transdisciplinaires.* Paris: Hermès-Lavoisier

Leroyer, Patrick / Parizot, Anne (à paraître): La minéralité: histoire de sentir et ressentir le vin. Dans: Hennebert

Lorusso Anna Maria / Marrone Gianfranco (éds.) (2019): *Politiche del gusto. Mondi comuni, fra sensibilità estetiche e tendenze alimentari = E/C: rivista dell'Associazione Italiana di studi semiotici* 13/26

Parizot, Anne (2015): Terroir et patrimoine alimentaire. Une expérience au goût du jour entre exception culturelle et nostalgie. Dans: Aït Heda / Meyer, 579-595

Parizot, Anne (2020): Vin et terroir(s) : entre mythe et réalité. Dans: Schepens / Sposito-Tourier

Ringeval-Deluze, Aurélie (2019): Le vigneron champenois dans sa filière. État des lieux, évolutions et enjeux économiques. Dans: *Economie rurale*, avril-juin, 95-105

Salmon, Christian (2007): *Storytelling. La machine à fabriquer des histoires et à formater les esprits.* Paris: Éditions La Découverte

Schepens, Florent / Sposito-Tourier, Maylis (éds.) (2020): *In Vino Humanitas. Des usages des vins dans la société = Revue Interrogations* 29 [En ligne: https://www.revue-interrogations.org/-No-29-In-Vino-Humanitas-Des-usages- (27/05/2020)]

Scotti, Ezio / Valli, Carlotta (2014): *Study on the competitiveness of European wines*, Final Report, October 2014, European Commission

Verdier, Benoît (2013): Construction d'une rhétorique professionnelle: la notion de Terroir dans la Champagne Viticole de 1909 à 2010. Dans: Wolikow, 303-315

Verdier, Benoît (2014): La rhétorique du Terroir au service d'une organisation professionnelle: réification de l'idéal collectif d'antan du SGV. Conférence dans séminaire international: *Chaire Wine and Law, Work in Progress*, URCA, [En ligne: https://wine-law.fr/wp-content/uploads/2020/01/7-benoit-verdier-séminaire-2.2014.pdf (27/05/2020)]

Verdier, Benoît / Parizot, Anne (éds.) (2018): *Du sens à l'expérience. Gastronomie et œnologie au prisme de leurs terminologies*. Reims: Epure

Verdier, Benoît / Sevilla, Ariel (2017): ¿Cómo resisten los actores dominados en la vitivinicultura?: pequeños productores y asalariados en Champaña, Francia. Dans: *Estudios sociales contemporáneos* 16, 131-151

Wolikow, Serge (éd.) (2013): *La construction des territoires du Champagne: 1811-1911-2011*. Dijon: Éd. Universitaires de Dijon

Anne Parizot
Professeure des Universités
Sciences de l'Information et de la Communication
CIMEOS
Sciences de l'Information et de la Communication
Université de Bourgogne Franche-Comté
anne.collet-parizot@univ-fcomte.fr

Benoît Verdier
Delphine Combrouze
Maîtres de Conférences
Sciences de l'Information et de la Communication
CEREP
Université de Reims Champagne-Ardenne
benoit.verdier@univ-reims.fr
delphine.combrouze@univ-reims.fr

Joseph Cadeddu

La communication environnementale du groupe viticole Mezzacorona (Dolomites). Sémiotique de son *Rapport de Développement Durable 2018*

Résumé :

L'environnement constitue aujourd'hui un défi majeur pour les entreprises, qui sont toujours plus nombreuses à rendre compte de leurs engagements au moyen d'un rapport de développement durable. Cette forme de communication institutionnelle leur donne également l'occasion de valoriser leur image face au grand public et d'affirmer leur identité. Notre article étudie, selon une approche sémiotique, les stratégies verbales et visuelles mises en œuvre dans ce genre de document par et pour Mezzacorona, un important groupe viticole italien opérant dans les Dolomites. Le texte sera analysé comme un récit d'actions où le héros-entreprise surmonte des épreuves pour accomplir une mission au service de valeurs qui lui sont propres. L'examen du niveau figuratif (photos, tableaux, pictogrammes, logos) permettra ensuite de souligner sa complémentarité avec le plan verbal et de saisir les effets de sens créés par les images. Enfin, nous nous interrogerons sur le type de lecture que postule cette écriture multimodale et définirons deux régimes de décodage, l'un et l'autre amenant à voir Mezzacorona sacré chevalier de l'environnement.

Mots clés : sémiotique, communication, storytelling, identité d'entreprise, interprétation

Abstract:

The environment constitutes a major challenge for companies, which accounts for their engagement in ever increasing numbers by issuing sustainable development reports. This form of institutional communication also provides them with an opportunity to project a favourable public image and assert their identity. Using a semiotic approach, the present article investigates the verbal and visual strategies pursued in this type of document by Mezzacorona, a major Italian viticultural group operating in the Dolomites. The text will be analysed in terms of a sequence of narrative events in which the company is likened to a hero who overcomes a series of tests to accomplish a mission that complies with their values. After examining the figurative level (photographs, paintings, pictograms, logos), its complementarity with the written level will be stressed and the meanings generated by the images illustrated. Finally, the paper will consider the types of reading which this multimodality calls for, and define two types of decoding, both of which lead one to perceive Mezzacorona as a knight of the environment.

Keywords: semiotics, communication, storytelling, corporate identity, interpretation

1.   Introduction

Le développement durable est une forme de croissance qui se veut économiquement efficace, socialement équitable et écologiquement tolérable. La commission
Brundtland (1987) lui donne son premier fondement officiel, le définissant
comme une réponse aux besoins du présent qui ne compromette pas la capacité
des générations futures de satisfaire aux leurs. Mais c'est lors de la conférence de
Rio (1992) que ce modèle fondé sur trois piliers – économique, social, environnemental – s'installe au cœur des discussions internationales et devient populaire
aux yeux du grand public. Après de nombreux autres sommets, la question est
devenue une priorité absolue, l'Organisation des Nations Unies ayant établi, en
2015, un programme universel de la soutenabilité.[1]

Cet agenda appelle tous les Etats membres à atteindre 17 objectifs de
développement durable (ODD) à l'horizon 2030 afin d'éradiquer la pauvreté dans
le monde, de protéger la planète et garantir une prospérité responsable pour tous.
La réussite du projet dépend d'un engagement global incluant les politiques
publiques des gouvernements, les comportements des citoyens ainsi que les
stratégies des entreprises. Et celles-ci rendent compte de leurs performances
économiques, sociales et environnementales au moyen d'un rapport de
développement durable (RDD) ou de responsabilité sociétale d'entreprise (RSE),
en complément de leur bilan annuel de gestion.

Bien que la législation n'oblige à ce *reporting* extra-financier que les
organisations d'au moins 500 salariés affichant un chiffre d'affaires net élevé,[2] de
plus en plus de sociétés le publient volontairement en raison de la pression sociale,
qui s'exerce notamment sur le thème de l'environnement. Dans ce document, qui
fait partie de la panoplie des outils de la communication institutionnelle,
l'entreprise est à la fois énonciateur et objet de son propre discours, ce qui lui

---

[1]   Pour une histoire détaillée, cf. Brunel (2018) et Carisé (2014).
[2]   En France, il est de 40 millions d'euros pour les groupes cotés en bourse et de 100 pour les
       autres ; en Italie, de 40 millions pour tout type d'entreprise ; chaque pays ayant fait sa
       transposition de la directive européenne 2014/95/UE.

donne l'opportunité de gérer librement son image face au grand public (Libaert / Johannes 2016, 9 et 64).

Vanter son action pour convaincre de son efficacité : tel n'est pas le moindre des buts de ce type de texte que Catellani (2015a, 191) apparente légitimement à l'épidictique théorisé par Aristote, genre qui fait l'éloge public d'un personnage en soulignant ses mérites. Aborder la question du *reporting* RSE par l'étude des procédés discursifs qui le caractérisent constitue une méthode qui se justifie d'autant plus que la multiplicité des sociétés, leurs différences d'appartenance nationale, la diversité des secteurs d'activités ou encore la variété des produits rendent son écriture des plus évolutives et créatives.

2. L'approche et l'objet

Visant à augmenter la connaissance du sujet, cet article porte sur le *Bilancio di Sostenibilità 2018* (*Rapport de Développement Durable 2018*) de Mezzacorona, le cinquième groupe viticole italien.[3] Il se donne pour but d'analyser, par une approche sémiotique appréciant cet objet de sens dans sa totalité, les stratégies verbales et visuelles mises en œuvre pour rendre compte de l'engagement de l'entreprise en matière de soutenabilité, valoriser sa démarche et affirmer son identité. Notre attention se focalisera plus particulièrement sur les contenus relatifs à l'environnement, car c'est l'axe qui est mis en avant, comme l'indique d'emblée le vert de la page de couverture. Dans un premier temps, nous étudierons le bilan comme un récit d'actions menées par un héros et véhiculant des valeurs ; nous analyserons ensuite le plan des images (photos, tableaux, logos) pour prendre en considération sa complémentarité avec le niveau verbal et saisir les effets sémantiques qu'il crée ; enfin, nous nous interrogerons sur le type de lecture que postule ce genre d'écriture multimodale.

---

[3] Après la version 2016, ce bilan bisannuel en est à sa seconde publication et a été réalisé sur base volontaire par le service marketing du groupe, avec l'appui d'une société externe, Trentino Green Network. Il est téléchargeable à l'adresse : https://www.gruppomezzacorona.it/it/sostenibilita.

Conformément à la tendance internationale, le rapport Mezzacorona a été rédigé selon les lignes directrices de la *Global Reporting Initiative*.[4] Ainsi, après la déclaration du président-directeur général de la société, Luca Rigotti, sur les objectifs poursuivis, trois thématiques sont développées : économique (marchés, produits, capital, chiffre d'affaires, impact territorial, liens avec les collectivités locales, mécénat) ; sociale (organisation du travail, santé et sécurité des employés, formation, parité hommes-femmes) ; environnementale (consommation de matières premières, recours aux énergies renouvelables, gestion des déchets, réduction de la pollution, protection de la biodiversité) ; images, tableaux, chiffres, statistiques venant compléter le discours. Si les principes de la GRI n'empêchent nullement que chaque entreprise puisse adopter son propre style ou un idiolecte particulier, il existe une rhétorique de la communication RSE, dont la littérature a déjà souligné un certain nombre d'invariants. Nous en saisirons d'autres, cette question riche et passionnante réservant bien des découvertes. Mais avant cela nous présenterons la société faisant l'objet du bilan qui a retenu notre attention, notamment pour ses qualités formelles.

3.   Le groupe Mezzacorona et ses produits

Le groupe viticole Mezzacorona est implanté dans le Trentin-Haut-Adige ou Trentin-Tyrol du Sud, cette partie du Nord de l'Italie qui partage sa frontière avec le Land autrichien du Tyrol étant officiellement bilingue et majoritairement germanophone. Au regard d'un produit intérieur brut par habitant fort élevé et d'un taux de chômage des plus bas, la région est, année après année, parmi les plus riches de la péninsule, son économie reposant partiellement sur le tourisme, grâce aux nombreux domaines skiables des Dolomites. C'est dans ces montagnes alpines classées patrimoine mondial naturel de l'Unesco, précisément dans la ville de Mezzocorona (Trente), qu'en 1904 une dizaine de viticulteurs fondent une cave coopérative dont l'entreprise actuelle est issue, comme le rappelle le rapport (pp. 9, 23).

---

[4]   Le cadre de la *GRI* est le plus utilisé au monde (Gond / Igalens 2018, 93).

Aujourd'hui, Mezzacorona est composé d'une maison mère, la coopérative agricole Mezzacorona Sca détenue par 1600 vignerons associés exploitant 2617 hectares, qui contrôle trois filiales : Nosio SpA, une société par actions chargée de la mise en bouteille et de la commercialisation ; Solsicano Sarl et Villa Albius Sarl, des entreprises à responsabilité limitée cultivant la vigne en Sicile. La coopérative étant une forme d'organisation qui place l'humain, plus que les profits, au centre de ses valeurs mutualistes, cette dimension semble transparaître à travers le logo du groupe, où l'on devine un pied de vigne et la silhouette d'un homme (fig. 1).

Figure 1 : Le logo du groupe Mezzacorona. Avec l'aimable autorisation de Mezzacorona.

En 2017, Mezzacorona a commercialisé 50 millions de bouteilles et réalisé un chiffre d'affaires de 188 millions d'euros pour un bénéfice net de 3, le gros des ventes (80%) s'étant effectué sur 60 marchés : 49% aux USA, 48% en Europe, notamment en Allemagne et en Autriche, 2% en Asie (p. 77). Cette stratégie internationale justifie le multilinguisme du site web, consultable en italien, allemand, anglais britannique et américain, chinois. Si la société cultive également des pommes biologiques, la vigne constitue son cœur de métier.

Les vins, distribués sous sept marques différentes, portent tous l'appellation d'origine contrôlée (AOC), dont l'équivalent transalpin est la « denominazione di origine controllata » (DOC). Les blancs prédominent (75%) : pinot gris, gewürztraminer, *moscato giallo* ; les rouges aussi sont produits dans le Trentin (cabernet sauvignon, merlot, *lagrein*), mais certains dans les propriétés siciliennes (*nero d'avola*, merlot, syrah) ; quelques mousseux (*müller-thurgau*) et rosés (*lagrein rosato*) complètent l'offre.

4. Le discours verbal

4.1. Mezzacorona, un héros total

La dimension narrative est soulignée tout au long du rapport qui, dès les premières pages, annonce vouloir « raconter ce qui a été fait pour le territoire et la communauté locale » (p. 9),[5] tandis que le dernier chapitre, consacré à la communication du groupe, commence par une partie intitulée « Mezzacorona, la narration du Trentin » (p. 147). L'idée que les marques fabriquent des récits est communément admise et, pour analyser celui qui nous occupe, nous ferons appel à la sémiotique narrative, son utilité étant reconnue pour expliquer le fonctionnement des discours d'entreprise (Marrone 2007, 36-151), dont ceux sur l'environnement (Catellani 2016, 85-86). Le schéma actantiel de Greimas (1986, 172-221) permettra de démontrer que Mezzacorona constitue un héros total : incarnant tous les actants, il est à la fois sujet, destinateur, destinataire, adjuvant, opposant, et se confond même avec l'objet de sa mission.[6]

Le héros de l'histoire est donc le groupe Mezzacorona, qui agit au cœur du développement durable et que le texte humanise, en évoquant son cœur, son âme, son identité, son courage ou encore son intuition.[7] A cette anthropomorphisation, au demeurant courante dans le langage des marques (Minestroni 2010, 287-300), s'ajoute le fait que l'on n'hésite jamais à présenter le sujet comme remarquable : celui-ci détient, par exemple, le record national dans la production de 5 variétés de raisin et peut se targuer d'avoir lancé le premier Teroldego Rotaliano AOC du Trentin.[8] Cette rhétorique louangeuse traduit la nature auto-glorifiante d'un genre

---

[5] Pour des raisons d'espace, nous continuerons de traduire directement, en conservant, le cas échéant, les caractères gras, qui jouent un rôle stratégique pour la lecture (6.2 et 6.4).

[6] Rappelons les six rôles ou actants qui opèrent dans un récit : le destinateur définit une mission ou quête ; le sujet-héros la réalise ; l'objet correspond à l'objectif à atteindre ; l'adjuvant aide le héros à réussir ; l'opposant nuit à son action ; le destinataire ou bénéficiaire tire profit de la mission accomplie.

[7] « L'âme coopérative de Mezzacorona représente les racines du futur » (p. 23) ; « La Citadelle du Vin, siège du Groupe [...] est le fruit de l'intuition et du courage du Groupe Mezzacorona » (p. 29) ; celui-ci « trouve dans la coopération son cœur et son ADN » (p. 9) ; la filiale Nosio SpA est le « bras opérationnel du Groupe Mezzacorona » (p. 33).

[8] « [L]e Groupe détient le record national dans la production de 5 variétés de raisin : deux cépages rouges, Teroldego Rotaliano et Lagrein ; et trois cépages blancs, Pinot Gris, Chardonnay et Gewürztraminer. Quant au **Teroldego Rotaliano,** surnommé le « prince »

où l'énonciateur parle de lui pour se mettre en avant, habituellement à la troisième personne.

L'objectif que Mezzacorona cherche à atteindre correspond à la soutenabilité, le titre du récit claironnant cette quête sans ambiguïté : *Rapport de Développement Durable 2018*. Cette mission est précisée dès les premiers paragraphes par le P.-D.G., qui présente la durabilité et ses trois axes comme « le vrai défi du présent et du futur » (p. 9) pour le groupe-héros. C'est néanmoins sur le pilier environnemental que le paratexte met l'accent, comme le manifestent le vert de la page de couverture et les caractères bleus du titre. En revêtant ostensiblement les deux couleurs symboliques de l'écologie (Biros 2014), le sujet, dont le nom en lettres capitales blanches, GRUPPO MEZZACORONA, trône sur le seuil (Genette 1987) du bilan, fait visiblement corps avec l'objet de sa quête.

En même temps, le héros ne se confond-il pas avec le destinateur, l'entreprise s'ordonnant à elle-même de poursuivre l'objectif du développement durable, tout en ciblant particulièrement l'environnement ? En effet, aucune loi ne l'y oblige, bien que consommateurs, organisations non gouvernementales et pouvoirs publics exercent, directement ou non, une certaine pression. Et le président de souligner que les méthodes naturelles constituent un « choix volontaire » (p. 38) des agriculteurs propriétaires.

Si toute quête est jonchée d'obstacles, l'originalité réside ici dans le fait que le premier opposant n'est autre que le sujet lui-même, Mezzacorona compliquant sa mission par ses propres activités qui, par définition, contrarient l'environnement. Certes, un producteur de vin ne pollue pas à la manière d'une compagnie pétrolière, mais l'eau servant à irriguer la vigne, les pesticides utilisés pour lutter contre les insectes ravageurs, le dioxyde de carbone émis par les véhicules qui acheminent les bouteilles finissent par nuire à la nature.

Ainsi, pour limiter son intrinsèque nocuité, le héros change son comportement et détaille les actions vertueuses de sa nouvelle vie : arrosage au goutte-à-goutte, emploi d'insecticides biologiques, création de lacs artificiels, optimisation des transports, construction d'éoliennes, utilisation de la lumière du jour, recours à l'énergie photovoltaïque ou solaire thermique (pp. 83-126). Concentrées dans le

---

des vins du Trentin, Mezzacorona détient le record italien de sa production et peut vanter la première bouteille de Teroldego Rotaliano AOC du Trentin, lancée en 1971 » (p. 69).

troisième et le plus long des cinq chapitres, ces mesures, ainsi que d'autres,[9] sont symboliquement placées au cœur du bilan. Sur le plan narratif, elles constituent le programme[10] qui vise à transformer l'entreprise en un acteur écologiquement compatible ; égrenées au fil des paragraphes, elles s'accumulent et gonflent le récit pour mieux témoigner des bonnes pratiques du héros.

En corrigeant ses défauts naturels d'opposant, Mezzacorona devient du même coup adjuvant, puisqu'il aide Dame Nature à mieux vivre. Comme la cause environnementale qu'il défend est à la fois proche (Dolomites) et lointaine (planète), la Terre devient la première destinataire de son action. Mais le grand bénéficiaire n'est-il pas conjointement le sujet lui-même ? C'est bien le groupe qui tirera avantage de son engagement vert, en termes d'image et de ventes, s'il est vrai que les consommateurs sont toujours plus sensibles aux comportements vertueux et aux produits biologiques. Dans cet hymne à la nature, le héros-entreprise omni-actant est un homme-orchestre et, s'il joue de tous les instruments, c'est pour mieux se concentrer sur l'environnement. La lecture de bien des rapports nous amène à considérer cette spécificité totalisante comme une règle du genre.

Enfin, lorsque les prouesses du personnage sont reconnues, le texte ne manque pas de le faire savoir, conformément à l'esprit de ce type d'écrit. L'on rappelle ainsi que la société détient la certification italienne de production intégrée (*Sistema Qualità Nazionale Produzione Integrata*) qui garantit que son vin est le fruit d'une viticulture durable, en soulignant que, à l'aune du nombre élevé des vignerons associés, il s'agit d'« un exemple unique en Italie » (p. 11) ; on fait remarquer que « 100% des bouteilles ont une appellation d'origine » (p. 69) et que le label européen Emas (*Eco Management and Audit Scheme*) est venu récompenser la gestion écoresponsable des vignobles siciliens (p. 101). Sur le plan

---

[9] « [L]'utilisation de produits phytosanitaires et d'engrais […] ayant moins d'impact sur l'environnement » (p. 93) ; « l'adoption du **système Slip-Sheet**. Tous les envois outre-Atlantique sont effectués avec ce système, qui permet une réduction du volume et du poids de la marchandise expédiée » (p. 120) ; « de nombreux emballages utilisés pour le **conditionnement des pommes** relèvent d'un **circuit de recyclage** » (p. 12). Nous mentionnons d'autres pratiques ci-dessous (4.2.).

[10] Le programme narratif correspond à l'ensemble des actions permettant au sujet d'atteindre son objectif et donc de se réaliser.

narratologique, ces épreuves glorifiantes[11] sanctionnent l'accomplissement de la quête : le héros se voit sacré champion de l'environnement et Mezzacorona apparaît comme un groupe performant détenteur d'un véritable savoir-faire vert.

4.2. Une valorisation foncièrement pratique et critique

Réservoir d'opérations, un rapport de développement durable est également un vecteur de valeurs. La valorisation des grandes sociétés par actions mêle volontiers environnement et profits : ce qui est bon pour la planète l'est aussi pour les affaires. Cette rhétorique combinant nature et bénéfices, que Catellani (2015a, 201-202) décèle en analysant le discours de deux firmes, l'une belge, l'autre française, convient certainement à des groupes tenus de rendre compte des résultats de leurs activités à un public d'actionnaires soucieux de ses dividendes. Mezzacorona n'appartenant pas à cette catégorie d'entreprises, son bilan développe une argumentation différente basée sur les principes d'une gestion en bon père de famille.

En effet, plus que de gains, mais sans nier la nécessité de l'équilibre financier, il est ici question de valeurs humaines, du bien-être des agriculteurs propriétaires et de leur avenir.[12] Cette orientation correspond mieux à l'esprit mutualiste d'une coopérative, ce qu'est Mezzacorona Sca, la maison mère, qui a transmis son ADN à ses trois filiales, comme l'indique la partie « L'âme coopérative, une identité forte » (pp. 23-24). L'on peut donc postuler que, dans un rapport RSE, la tonalité de la valorisation dépend en premier lieu et étroitement du statut juridique de l'entreprise qui émet le document.

Ainsi les pratiques vertes de Mezzacorona entraînent-elles une série de bienfaits pour les viticulteurs associés : culture biologique signifie davantage de santé, sécurité et bien-être au travail ; l'éclairage naturel des locaux du siège, la

---

[11] Selon le modèle greimassien, le héros surmonte une triade d'épreuves pour accomplir sa mission : l'épreuve qualifiante lui permet d'acquérir une compétence ; à travers la principale, il réalise sa performance ; la glorifiante reconnaît son savoir-faire.

[12] « Le Groupe Mezzacorona, dès la fondation de la première société, la Cave sociale de Mezzocorona, en 1904, a placé au centre de sa mission l'objectif d'être au service des associés et de promouvoir leur réalisation économique et sociale, ainsi que le développement et l'essor du territoire » (p. 9) ; « Mezzacorona, dès le début, a dû s'interroger sur la façon de réaliser **innovation, excellence et qualité**, de la culture du raisin à la commercialisation du vin, avec l'objectif d'assurer un revenu digne à ses associés » (p. 24).

Citadelle du Vin, assure un meilleur confort aux employés.[13] La réduction de l'empreinte carbone se combine également avec le développement de compétences professionnelles : les préposés à la désinfection des bouteilles sont formés à l'utilisation de nettoyants non polluants ; le personnel évolue vers une plus grande conscience écologique.[14] Le discours environnemental s'inscrit dans une rhétorique véhiculant l'image d'un groupe performant et innovant.

Car il faut bien inventer, se renouveler ou se moderniser pour réaliser les multiples programmes d'actions verts : la confusion sexuelle, méthode biotechnique perturbant l'activité de reproduction des ravageurs, remplace en partie les pesticides chimiques (p. 100) ; des bouteilles plus fines limitent l'utilisation du verre (p. 119) ; des buses plus économes permettent de réduire de moitié les volumes de colle employés pour les cartons d'emballage (p. 120). Ce qui est bon pour l'environnement l'est également pour l'entreprise : Catellani (2015a, 200) qualifie de « pan-valorisation » ce type de combinaison associant intérêts économiques et avantages pour la planète.

Dans son éventail de valeurs, le *storytelling green*[15] de Mezzacorona n'oublie pas d'inclure le consommateur, en amalgamant bénéfices pour la Terre et bienfaits pour le produit : les procédés naturels garantissent une excellente qualité ainsi que la sûreté alimentaire. Ce motif récurrent[16] est, du reste, caractéristique du discours publicitaire biologique et constitue un argument de vente convaincant pour une clientèle toujours plus soucieuse de sa santé.

---

[13] L'entreprise travaille « dans le respect de la santé, de la sécurité, et du bien-être des collaborateurs, ainsi que dans le respect de l'environnement et du bien-être animal » (p. 37) ; « dans la conception de la Citadelle du Vin, l'on a été particulièrement attentif à garantir un confort adéquat aux employés, grâce au recours à **l'éclairage naturel** » (p. 139).

[14] « La réduction des impacts environnementaux est aussi obtenue grâce au **choix de détergents écologiques** pour la désinfection des machines et des installations et la stérilisation des bouteilles, actions qui s'accompagnent opportunément d'un programme de **formation des opérateurs** pour éviter d'éventuels surdosages » (p. 114) ; on souligne la « constante sensibilisation du personnel aux économies d'eau » (p. 100) ou encore les « comportements attentifs des collaborateurs » pour réduire la consommation de matières premières (p. 115).

[15] Sur la construction du *storytelling* par les entreprises et son utilisation à travers différentes sortes de canaux, cf. Oliveri / Espinosa / Waty-Viarouge (2017) et Durand (2018).

[16] On signale «la recherche de la qualité totale et soutenable du Groupe Mezzacorona » (p. 37) ; « la production intégrée […] garantit une attention particulière à la qualité et à la sûreté du produit » (p. 141) ; la certification environnementale Global Gap pour la pomme Valentina « garantit la sûreté alimentaire, la traçabilité et le respect de l'environnement et des espèces animales » (p. 75).

Enfin, la rhétorique de notre bilan combine environnement et esthétique. Opérant dans le cadre majestueux des Dolomites, l'entreprise Mezzacorona se veut belle, elle aussi. La Citadelle du Vin a été construite dans les années 90 sur une friche industrielle, selon les principes d'une architecture écologique épousant harmonieusement le paysage. En guise de symbole, le mouvement ondulé du toit évoque la silhouette de la pergola trentine, une forme d'agriculture naturelle fort ancienne que le groupe a rétablie, où le cep de vigne conduit en treille compose une tonnelle. [17]

En reprenant l'axiologie de la consommation définie par Floch (1990, 119-152),[18] nous observons que le texte est dominé par une valorisation pratique mettant en exergue, d'une part, l'efficacité, la sécurité et le confort des agriculteurs, de l'autre, la qualité du produit et la santé du consommateur. Quant à la dimension critique, elle transparaît non pas derrière l'argument des profits que le verdissement des activités peut générer (plus de *business*), mais à travers le rappel des économies qu'il entraîne (moins de frais). Ainsi, l'éclairage naturel du siège et la température ambiante des caves en sous-sol réduisent les coûts d'énergie, de même que le tri sélectif des déchets limite les dépenses.[19]

Une atmosphère monacale caractérise le style de ce rapport prônant la mesure et l'amour de la nature, bannissant tout excès ou valorisant la parcimonie ; une forme d'esprit religieux anime également cette axiologie altruiste centrée sur le bien-être des associés, la santé des clients et de la planète plutôt que sur les gains. Le bilan rend certes compte des résultats économiques, mais ceux-ci ne servent

---

[17] « La **Citadelle du Vin** est une structure conçue pour s'intégrer de façon harmonieuse au milieu environnant : son suggestif toit 'en forme de vagues' fait en effet penser à la succession de vignobles cultivés en pergola trentine, typiques de cette zone » (p. 149).

[18] Fondée sur le carré sémiotique de Greimas et souvent reprise dans les études de communication et de marketing, elle propose quatre formes de valorisations : pratique (efficacité, confort, sécurité, qualités techniques) ; critique (rapport qualité-prix ou innovation-coût) ; utopique (évasion, rêve, amour, liberté) ; ludique (divertissement, gratuité, plaisir, convivialité). Les deux premières valeurs, rationnelles et utilitaires, sont dites « d'usage » ; les dernières, existentielles et désintéressées, sont dénommées « de base ».

[19] « Dans la Citadelle du Vin, d'importantes mesures ont permis de réduire la consommation d'énergie : **75% de la surface de la cave est souterraine** pour obtenir des températures et des taux d'humidité appropriés ; le large recours à l'**éclairage naturel** a réduit l'utilisation de lumières artificielles ; les films solaires apposé aux fenêtres ont optimisé l'isolation thermique » (p. 103). L'adhésion de Mezzacorona à un programme de tri sélectif de déchets spéciaux assuré par la province autonome de Trente a permis d'éviter « des charges plus importantes pour les associés » (p. 123).

jamais à justifier l'engagement vert. Les recettes paraissent même faire figure de bouc émissaire quand le héros s'écarte de sa ligne de conduite écologique : si la consommation d'eau a augmenté de 13% en 2017, cela « correspond à la courbe des bénéfices dérivant de la vente du vin en bouteilles, en vrac, des mousseux et des pommes (+7,5%) » (p. 111). Loin d'être carillonnés, les profits sont évoqués comme pour excuser un comportement répréhensible sur le plan environnemental.

5.   Le discours visuel

5.1.   Les photographies et le contrat de confiance

Selon les principes du genre, le rapport de développement durable Mezzacorona mêle verbal et visuel, en faisant cependant la part belle au plan figuratif : images, dessins, symboles, tableaux, logos occupent les deux tiers de l'espace. Des photos en couleurs ouvrent, scandent et clôturent le bilan de même que ses cinq chapitres ; elles montrent le fabuleux paysage des Dolomites, de jolies vignes ou de belles grappes (pp. 7, 67-68, 83, 178). Le décor est planté dans un cadre naturel où prévaut la pureté et le récit se poursuit, introduisant une valorisation utopique (évasion, rêve) qui contrebalance les dimensions pratique et critique du texte verbal.

Le lecteur est ainsi plongé dans un monde qui respire la liberté, la santé, et au cœur duquel se niche le héros, l'entreprise : des photographies d'extérieur laissent entrevoir le siège, au pied des montagnes (fig. 2 et pp. 2-3, 5, 21) ; elles font ressortir la modernité de son architecture durable, les lignes contemporaines et l'ondulé du toit se fondant harmonieusement dans l'environnement (pp. 20, 81-82, 127). Une touche d'esthétisme caractérise également les vues intérieures qui mettent en relief la beauté de la structure et la bonté du produit : belles caves remplies de bonnes bouteilles, impressionnants tonneaux (pp. 17-18, 167-169, 174), jolis verres prêts à être dégustés (p. 121).

Ce héros qui apparaît moins en bloc que par synecdoques (toit, entrée des hangars, caves), et délesté de tout élément polluant (machines agricoles, véhicules de transport), se montre aussi sous un visage humain : dans un plan rapproché poitrine, c'est en vous fixant droit dans les yeux que le président expose la mission du groupe, qu'il incarne en chair et en os (fig. 3). Les photos permettent par conséquent d'appréhender le sujet *de visu* et de pénétrer dans les locaux de l'entreprise, créant un sentiment d'accessibilité ou de proximité : ouvrant ses portes et se présentant personnifiée, la société Mezzacorona cherche visiblement à établir le contact avec son lecteur.

Cette prise directe par l'image produit certes une « illusion référentielle » (Catellani 2015b, 108), mais l'impression de réel n'est-elle pas déjà suscitée par le récit verbal, qui s'évertue à décrire la réalité par le menu ? Si les photographies ajoutent du sens, il est probablement à chercher dans ce que nous nommerons un effet de sincérité : dévoilant le héros, elles l'affichent comme un acteur économique qui ne trompe pas et installent un contrat de confiance qui garantit l'authenticité des engagements exprimés par le texte.

Quant aux couleurs véhiculées par les instantanés, elles sont symboliques du discours environnemental et nous les avons déjà rencontrées sur le seuil du rapport. Le bleu apparaît à travers le ciel des Dolomites, mais le vert prédomine. Celui-ci se manifeste dans les images brossant le décor : paysages, vignes, feuillages ; il caractérise le paratexte : titres des chapitres et des parties ; dans des nuances différentes, il distingue encadrés, diagrammes en colonnes ou circulaires, graphiques, dessins, pictogrammes. Il n'est que d'ouvrir le bilan au hasard pour que l'identité verte du groupe saute aux yeux.

5.2. Les chiffres et l'effet de sérieux

Pour convaincre, il faut également paraître sérieux et crédible : tel est le but des nombreux chiffres, histogrammes ou tableaux qui farcissent le rapport et qui sont typiques du genre (Catellani 2016, 81 ; Jalenques-Vigouroux 2016, 171). Ces formes d'expression surprennent d'autant moins que, dès le départ, le président-directeur général souligne que le bilan vise, d'une part, à « raconter » les actions menées, de l'autre, à les « mesurer, selon des critères scientifiques » (p. 9). Statistiques, schémas, graphiques, pourcentages sont donc de mise et servent à expliquer, illustrer ou renforcer le propos. Leur abondance crée cette « impression rationnalisante » (Catellani 2016, 82) qui donne le sentiment que l'entreprise contrôle la situation de façon fiable et méthodique. Si les chiffres ont une portée scientifique, il faut bien admettre que leur valeur communicationnelle prévaut dans ce type d'écrit : constituant un argument d'autorité, ils présentent la réalité comme indiscutable (Jalenques-Vigouroux 2016, 175). Ainsi, sur le plan narratif, le héros Mezzacorona apparaît maîtrisant sa mission de la manière la plus absolue et continue d'inspirer confiance.

5.3. La rhétorique du logotype

Une véritable rhétorique du logotype, développée à travers l'affichage des symboles des certifications biologiques, parachève l'ensemble, mettant en œuvre un discours fondé sur la preuve visuelle. Ces signes exprimant la reconnaissance officielle de l'efficacité environnementale de l'entreprise et de la qualité de ses produits sont ostensiblement exhibés. Surgit ici le label européen de l'agriculture biologique, l'Eurofeuille (p. 92) ; là, le logo italien de la production intégrée accompagné de son abeille, emblème de biodiversité (fig. 4 et p. 86) ; ailleurs, la marque de pommes de la société (Mela Valentina) agrémentée de sa mésange, qui représente la lutte intégrée, l'oiseau constituant un ennemi naturel des insectes ravageurs (pp. 80, 122).

Figure 4 : Logos et pictogrammes visualisent et résument l'engagement environnemental.
Bilancio di Sostenibilità 2018, *Mezzacorona, p. 87-88. Avec l'aimable autorisation de*
Mezzacorona.

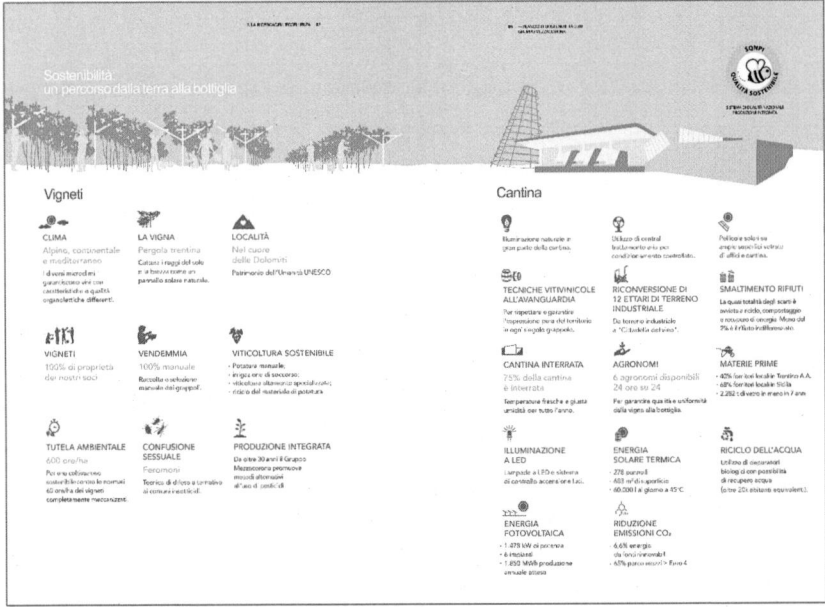

Ce réseau de symboles adoube le sujet-entreprise plus puissamment que ne le fait le plan verbal, compte tenu de la force de l'image et du lien que le logotype entretient avec les codes de la chevalerie. En effet, Benoît Heilbrunn (2006, 7-12), s'appuyant sur les travaux de Michel Pastoureau, a établi que le mode de signification de cette forme d'expression est issu de la tradition héraldique et qu'il s'apparente à celui des armoiries. À la manière du blason qui, au Moyen Âge, servait à dire l'identité du cavalier, dont le visage était masqué par un heaume, les labels écologiques expriment en l'occurrence la nature profonde du héros, le sacrant visuellement chevalier de l'environnement. L'exploitation du logo qui caractérise ce rapport est observable dans d'autres bilans ou dans la communication verte en général. Mais l'on doit ajouter que cette tendance s'est accentuée ces dernières années, en raison de la prolifération des certifications biologiques, notamment alimentaires.

6. La lecture

6.1. Attirer le regard pour être lu

L'un des objectifs inavoués du dispositif sémiotique déployé par le bilan Mezzacorona est d'attirer le regard pour être vu : l'esthétisme des photos, l'harmonie des couleurs, le soin de la présentation globale le laissent entendre ; un autre but, celui-ci déclaré, est d'être lu, le P.-D.G. terminant son discours d'introduction par un « je vous souhaite à tous une bonne lecture ! » (p. 10). Vu ou lu, le dessein est le même : convaincre. Mais pour cela, encore faut-il être feuilleté et parcouru, ce qui explique le recours à divers artifices favorisant l'accès au contenu, et par conséquent la lecture.

6.2. Les stratégies favorisant la lecture

Le parcours est ainsi balisé par un appareil titulaire abondant, qui dirige le décodeur et lui permet de choisir ce qui l'intéresse : un titre suivi d'un long sous-titre annonce les chapitres ; dans ces derniers, un titre signale les parties ; constituées d'environ 400 mots, celles-ci composent un ensemble de segments discursifs brefs facilitant l'approche au contenu. Quant aux paragraphes, ils sont régulièrement entrecoupés, ici d'un diagramme, là d'un histogramme, ailleurs d'un graphique, plus loin d'un tableau ; ces « images-savoir » (Catellani 2016, 84) constituent, à leur tour, de petites unités de sens aidant à la compréhension du raisonnement. Il s'agit de cibler un vaste auditoire ouvertement identifié : médias, fournisseurs, consommateurs, pouvoirs publics, communauté scientifique, associations, concurrents, distribution (p. 41).

À cette même stratégie participe la mise en page, qui ressemble fort à celle d'un journal : le texte est réparti sur deux colonnes séparées par un trait vertical et les photographies en couleurs donnent à l'ensemble l'allure d'un reportage grand public (voir ci-dessus, fig. 2). Le document se veut agréable et abordable, invitant le lecteur à le feuilleter ; dans l'espoir d'être lu, il cherche à fuir la gravité que l'on impute habituellement à un bilan. Une étude diachronique ferait sans doute apparaître que cette tendance s'explique par la diffusion croissante des rapports de développement durable qui visent, aujourd'hui plus que jamais, à parler au plus grand nombre, le thème de l'environnement étant devenu brûlant.

L'accessibilité du contenu est renforcée par la présence de nombreux pictogrammes (pp. 12-16, 77-78, 87-88). Ces dessins figuratifs attirent l'attention sur les programmes verts et, suivis d'une courte phrase ou de quelques mots d'explication, les résument synthétiquement (voir ci-dessus, fig. 4). Leur fréquence manifeste le désir de rendre moins austère le caractère technique du texte afin de mieux accompagner le lecteur. Remarquons en outre que ce signe constitue, comme le logo, un moteur narratif : suggérant « un avant, un pendant et un après » (Floch 1995, 50), il induit la linéarité d'une histoire et démultiplie le récit. Sur le plan typographique, les caractères gras, qui apparaissent presque à chaque page, illustrent, eux aussi, l'intention de faciliter ou d'orienter le décryptage : en attirant l'attention sur les aspects jugés essentiels, ils raccourcissent le parcours et ménagent leur décodeur.

De fait, le texte se soucie de ne pas lasser, comme l'illustre sa façon de répéter sans s'en donner l'air. S'il réitère les mesures environnementales emblématiques du groupe, c'est au moyen d'encodages différents ou dans une mise en page changeante, et ce, pour convaincre sans importuner. Ainsi, l'obtention du label ministériel authentifiant la production intégrée est successivement évoquée dans un grand encadré qui résume en 20 dates les objectifs majeurs atteints par l'entreprise depuis sa naissance en 1904 (pp. 27-28), à travers l'opinion d'un journaliste s'exprimant directement (p. 48), par des propos pris en charge par l'énonciateur Mezzacorona (pp. 85, 89), un logo (pp. 86, 88), ou encore un pictogramme (p. 87) ; la méthode de la lutte par confusion sexuelle apparaît dans un encadré explicatif (p. 34), un pictogramme (p. 87), plusieurs passages (pp. 92-93, 100) ; le procédé de la pergola trentine est présenté dans différentes parties (pp. 29, 97), une photo (p. 83), un pictogramme (p. 87). Le recours à des signifiants hétéroclites permet de marteler les efforts environnementaux, tout en atténuant l'impression de répétition, la variété des substances sémiotiques traduisant également un désir de plaire.

6.3. Le plaisir de lire

L'envie de séduire explique en effet la présence de discours parallèles à celui de la soutenabilité, car, à côté du parcours principal, servant à démontrer de manière utilitaire l'efficacité de l'entreprise, le rapport propose quelques sentiers désintéressés, introduisant par la même occasion une valorisation ludique, selon les termes de Floch (1990). Des ouvertures culturelles éclairent sur l'histoire du vin et la mise en page les met en évidence par des encadrés en couleurs : ici, l'on découvre les phases de la viniculture autour de la ville de Mezzocorona depuis les Romains jusqu'au XXᵉ siècle, la présentation d'un ouvrage historique invitant à approfondir la question (fig. 5) ; là, on apprend que le mousseux Rotari tire son nom de Rothari, roi des Lombards d'Italie de 636 à 652 (p. 72) ; ailleurs, l'on évoque la réglementation européenne régissant le vin biologique (p. 92) ; plus loin, il est question de la toponymie locale et du projet de la perpétuer grâce au nom des bouteilles de la société (p. 99). Parfois, ces promenades valorisent directement l'image de l'entreprise, dont il est mentionné que le centre d'études a publié le livre que nous venons d'évoquer. Néanmoins, ce bilan qui cherche à convaincre sur les engagements durables d'un acteur économique, ambitionne aussi à instruire pour le plaisir.

Figure 5 : Présentation d'un livre sur l'histoire de la viniculture autour de Mezzocorona.
Bilancio di Sostenibilità 2018, Mezzacorona, p. 31-32.
Avec l'aimable autorisation de Mezzacorona.

La nature du signifié est donc variée et le consommateur est une autre cible de la stratégie textuelle, qui propose également quelques contenus de type publicitaire. Les sept marques de vin de Mezzacorona sont présentées à travers l'affichage de leur logo suivi des caractéristiques organoleptiques du produit, de la mention des cépages, du territoire d'origine ou des plats d'accompagnement, à l'exemple des étiquettes figurant à l'arrière des bouteilles (pp. 79-80). Le dernier chapitre vise le client-visiteur, qui y apprend que la Citadelle du Vin est ouverte au public : musée d'entreprise, caves de dégustation, architecture écologique en font l'une des principales attractions touristiques du Trentin, ce dont témoigne le certificat d'excellence TripAdvisor obtenu trois années d'affilée (p. 148) ; la partie « Les visites et l'hospitalité » (pp. 149-150) contient les informations pratiques pour aller découvrir le lieu ou réserver la Cave historique, qui accueille mariages, baptêmes, anniversaires et repas d'affaires. Ce bilan revêt ainsi plus d'une visée : s'il rend principalement compte de l'action d'un groupe en matière de soutenabilité, il cherche incidemment à instruire, ou à donner des idées de consommation, tout en proposant des occasions de sortie.

6.4. Lire d'un seul trait ou à petites gorgées

En nous inspirant des écrits de Roland Barthes (1973), qui définit deux régimes de lecture d'un récit, nous observons que le rapport examiné se prête à deux modes de décodage. Selon le sémiologue, l'un des régimes « va droit aux articulations de l'anecdote » (p. 22) : or, l'appareil titulaire touffu du bilan Mezzacorona ou la présence diffuse des caractères gras permettent au lecteur de sélectionner pour aller directement à ce qui l'intéresse ; l'autre scrute le texte avec application, s'agissant ici de « ne pas dévorer, ne pas avaler, mais brouter » (pp. 24-25) : c'est une analogue attention analytique qui s'impose dans le déchiffrage intégral d'un rapport de développement durable, genre composé de segments de sens brefs et de signes hétéroclites, que l'on ne saurait boire d'un seul trait.[20]

De fait, il convient bien de siroter : ici, une photo ; là, deux colonnes ; ailleurs, un tableau ; autre part, un pictogramme ; plus loin, un logo. L'acte de lecture implique un incessant va-et-vient entre le texte verbal et les formes figuratives ou

---

[20] Qu'il nous soit permis d'employer une métaphore en accord avec le vin, et de la filer.

les données chiffrées qui l'illustrent et le complètent. Le contenu exerce une action centrifuge qui requiert une coopération accrue du décodeur, car les unités signifiantes qu'il rencontre sont à la fois courtes et épaisses : le parcours est jonché de signes denses qu'il faut analyser, interpréter, décrypter, alors que même le plus petit d'entre eux – le logo – est par définition « un condensé de sens » (Semprini 1995, 74). Face à cette écriture concentrée, force est de s'arrêter et de procéder par petites gorgées.

Ainsi, en nous fondant sur la notion de Lecteur Modèle élaborée par Umberto Eco (1979, 50-66),[21] nous pouvons affirmer que, si tout texte est un artifice qui vise à produire son lecteur idéal, le rapport Mezzacorona prévoit stratégiquement deux types de déchiffrage : l'un permettant de parcourir l'ensemble rapidement et de manière cursive ; l'autre s'attachant au détail pour épuiser les virtualités sémantiques du propos. Ce double parcours est bien constitutif de ce bilan, dans la mesure où il est inscrit en lui, sur la base des différents procédés rhétoriques examinés. En dernier lieu, il revient au lecteur empirique d'emprunter l'une ou l'autre de ces pistes de lecture programmées, selon ses besoins, contraintes ou objectifs.

7.   Identité : mêmeté et ipséité

Enfin, il n'est pas inintéressant de noter que cette surface signifiante composite et discontinue ne fait que mieux émerger une homogénéité de contenu, l'engagement environnemental, soulignant la nature profonde de la société. Cette particularité que Catellani (2015a, 213-214) relève dans son corpus se confirme comme une règle du genre et peut s'expliquer par la théorie sur la double construction de l'identité narrative de Paul Ricœur (1990), que Jean-Marie Floch (1995) a adaptée aux discours des marques. Selon le philosophe, un individu est constitué, d'une part, d'une identité-idem ou mêmeté correspondant à un moi en constante évolution, de l'autre, d'une identité-ipse ou ipséité renvoyant à une ligne de

---

[21] Le Lecteur Modèle désigne un lecteur idéal capable d'actualiser toutes les potentialités signifiantes d'un texte ; il est prévu et construit par la stratégie textuelle, que le sémioticien nomme l'Auteur Modèle ; cette stratégie guide l'activité interprétative du lecteur empirique (en chair et en os), selon les choix d'encodage opérés par l'auteur empirique.

conduite inscrite dans une continuité de valeurs. Or, ne retrouve-t-on pas cette double constitution dans le héros Mezzacorona ? S'il est changeant (mêmeté), puisqu'il porte plusieurs masques (adjuvant, opposant, etc.), ce n'est que pour mieux servir la cause qui l'anime au fond de lui (ipséité) : la défense de l'environnement. C'est bien cette identité première qui donne l'image d'un groupe engagé opérant avec cohérence dans le temps, conformément au propos initial du président directeur général, qui définit la soutenabilité comme le défi du présent et du futur.

8.   Conclusion

Au terme de ce parcours, nous nous contenterons de rappeler les principaux résultats auxquels a mené notre analyse. Dans un rapport de développement durable, sur le plan verbal, l'entreprise n'est pas simplement l'acteur principal, mais un héros total qui, en remplissant toutes les fonctions du modèle actantiel, manifeste son engagement absolu. Selon une autre règle qu'il convient de retenir, la teneur de la valorisation du récit dépend, en premier lieu, de la forme juridique de l'organisation qui émet le bilan.

Concernant le niveau figuratif, nous avons établi que les photographies créent un effet de sincérité qui installe un contrat de confiance contribuant à certifier l'ensemble du document. La rhétorique du logo renforce cette impression et confère à Mezzacorona son statut de chevalier de l'environnement. Cette étude a également montré que les modalités de présentation du contenu prévoient stratégiquement deux régimes de lecture, l'un allant à l'essentiel, l'autre exigeant de prendre le temps de décoder minutieusement.

La volonté de s'adresser à un large public constitue une autre caractéristique de cette écriture dont on a remarqué qu'elle s'unit ici à un désir de plaire. Une exploration complémentaire pourrait conduire à examiner la manière dont ces deux résolutions s'expriment sur les sites web des entreprises, lesquelles rivalisent d'imagination pour se mettre en avant. La variété des moyens visuels et sonores de la Toile ne fait qu'augmenter la créativité de la communication environne-mentale, qui se confirme comme un champ de recherche évolutif et stimulant.

Bibliographie

Barthes, Roland (1973): *Le plaisir tu texte*. Paris: Seuil

Biros, Camille (2014): Les couleurs du discours environnemental. Dans: Bonnet / Constantin de Chanay / Desmarchelier, 45-66

Bonnet, Valérie / Constantin de Chanay, Hugues / Desmarchelier, Dominique (éds.) (2014): *Couleurs politiques* (= *Mots. Les langages du politique* 105)

Boutaud, Jean-Jacques / Berthelot Guiet, Karine (éds.) (2015): *Sémiotique. Mode d'emploi*. Lormont: Éditions Le Bord de l'eau

Brunel, Sylvie (2018): *Le développement durable*. Paris: PUF

Carisé, Jean-Philippe (2014): *Une brève histoire du développement durable*. Paris: Monitoba / Les belles lettres

Catellani, Andrea (2015a): Le discours de justification des démarches de responsabilité sociétale d'entreprise: observations sémiotiques. Dans: Boutaud / Berthelot, 191-219

Catellani, Andrea (2015b): Figures et paroles de la responsabilité dans la communication corporate: la dimension visuelle des rapports d'entreprise. Dans: *Communication & Organisation* 47, 97-113

Catellani, Andrea (2016): Sémiotique de la communication environnementale. Dans: Libaert, 77-93

Durand, Sébastien (2018): *Le storytelling. Le guide pratique pour raconter efficacement votre marque*. Paris: Dunod

Eco, Umberto (1979): *Lector in fabula. La cooperazione interpretativa nei testi narrativi*. Milano: Bompiani

Floch, Jean-Marie (1990): *Sémiotique, marketing et communication. Sous les signes, les stratégies*. Paris: PUF

Floch, Jean-Marie (1995): *Identités visuelles*. Paris: PUF

Genette, Gérard (1987): *Seuils*. Paris: Seuil

Gond, Jean-Pascal / Igalens Jacques (2018): *La responsabilité sociale de l'entreprise*. Paris: PUF

Greimas, Algirdas Julien (1986): *Sémantique structurale*. Paris: PUF

Heilbrunn, Benoît (2006): *Le logo*. Paris: PUF

Jalenques-Vigouroux, Béatrice (2016): Les discours sur l'environnement, entre chiffres froids et récits brûlants. Dans: Libaert, 171-183

Libaert, Thierry (éd.) (2016): *La communication environnementale*. Paris: CNRS Éditions

Libaert, Thierry / Johannes, Karine (2016): *La communication corporate*. Paris: Dunod

Marrone, Gianfranco (2007): *Il discorso di marca. Modelli semiotici per il branding*. Bari: Laterza

Minestroni, Laura (2010): *Il manuale della marca. Consumatore Cultura Società*. Bologna: Fausto Lupetti

Oliveri, Nicolas / Espinosa, Manuel / Waty-Viarouge, Christelle (2017): *La création de contenus au cœur de la stratégie de communication. Storytelling, brand content, inbound marketing*. Paris: L'Harmattan

Ricœur, Paul (1990): *Soi-même comme un autre*. Paris: Seuil

Semprini, Andrea (1995): *La marque*. Paris: PUF

Corpus:

Mezzacorona. Rapport de Développement Durable 2018

https://www.gruppomezzacorona.it/it/sostenibilita (consulté le 15 novembre 2020)

Joseph Cadeddu

Maître de conférences LEA Agrégé d'Italien

Université de Lorraine-Nancy

UFR Arts, Lettres et Langues

EA 7305. Littératures, Imaginaire, Sociétés (LIS)

23 Boulevard Albert 1er

BP 13 397

F-54015 Nancy Cedex

E-mail: Joseph.Cadeddu@univ-lorraine.fr

9. Vin : Philosophie et paysages

Jean Szlamowicz

« Le vin est un alcool comme un autre » : discours, descripteurs, argumentation

Résumé :

Entre analyse du discours et sémantique, nous analysons une argumentation hygiéniste et abstinentielle tirée d'un article du journal *Le Monde* qui manipule les notions *vin* et *alcool* en se fondant sur un éthos scientifique. Nous étudions comment se construit cette efficacité rhétorique positiviste malgré ses défauts argumentatifs. Les moyens mis en œuvre sont notamment la radicalité de la polarisation polémique, la répétition des arguments, la promotion d'un éthos scientifique, l'apodioxie, l'ostension d'un lexique axiologisé. Nous constatons le caractère cumulatif de cette conglobation argumentative et montrons que ces arguments, bien souvent, ne reposent que sur une forme d'antanaclase grammaticale et lexicale. Cette étude de cas a vocation à évoquer la plurisémie des mots *vin* et *alcool* et à montrer comment cette plurisémie constitutive de la dynamique lexicale est susceptible de servir des positionnements idéologiques par un artifice rhétorique en réalité transposable à d'autres types de discours.

Mots clés : analyse du discours, sémantique, argumentation, terminologie, stylistique, éthos, antanaclase, vin, alcool, santé publique, hygiénisme, journalisme

Abstract:

This study is founded on critical discourse analysis, semantics and stylistics and aims at analysing an article from *Le Monde* displaying the radical posits of a hygienist teetotalism. We shall study how the concepts of *wine* ("vin") and *alcohol* ("alcool") are manipulated in the context of a scientific rhetoric. There is great efficiency in such positivistic argumentation despite its many logical and scientific flaws. We list the many rhetorical and stylistic devices that contribute to building such an argument: radical polemical polarisation, repetition, scientific ethos, apodioxis, axiological vocabulary, etc. The accumulation of such stylistic resources is itself responsible for the overall argument. The foundation of the case is often based on antanaclasis, both at a grammatical and lexical level. This case study aims at showing the 'plurisemic' organisation of the words *vin* and *alcool*, showing how their semantic dynamics are used to build the appearance of a scientific demonstration which in fact serves ideological claims, a phenomenon that can be used to study other types of discourse.

Keywords: discourse analysis, semantics, argumentation, terminology, stylistics, ethos, antanaclasis, wine, alcohol, health, media, hygienism / social hygiene movement

1. Introduction

La récente polémique entre le ministre de l'agriculture et certains professionnels de la santé et journalistes[1] s'est nourrie d'un bruit de fond sémantico-discursif mettant en avant les mots *vin* et *alcool* qui figurent ainsi au cœur d'un débat social irrigué par des questions de patrimoine et de santé publique. Cette querelle a ainsi illustré un débat récurrent où s'opposent posture hygiéniste (anti-alcool et, partant, anti-vin) et posture « pro-vin » fondé sur la défense de l'agriculture française. Cette polarisation, la plupart du temps sans nuances, a abondamment recours à l'axiologie de lexèmes dont les différentes valeurs se croisent au fil de profilages implicites, qui jouent notamment sur la saisie d'*alcool* dans son sens chimique et dans son sens spiritueux.

L'analyse croisée de ces types de discours fait apparaître deux types de descripteurs pour le vin, les uns fondés sur le lexique scientifique et la quantification ; les autres sur le terroir, la nature, les modes de consommation.[2] Il y aurait lieu – ce sont des pistes de réflexion pour la recherche en analyse du discours sur ce sujet – de cartographier ces deux discours en présentant leur déploiement langagier. On pourrait ainsi décrire les arguments, le lexique, les moyens rhétoriques de leur opposition.

Pour ce qui nous occupe ici, nous désirons aborder la question de la terminologie œnologique par son vocabulaire le plus élémentaire, les mots *vin* et *alcool*, à la faveur de cet article du journal *Le Monde* exprimant une doxa qui s'ancre dans un éthos de scientificité. On placera cette réflexion dans le cadre de l'analyse du discours, en ayant recours au croisement de la sémantique, de la syntaxe et de l'argumentation.

On se concentrera ici uniquement sur l'argumentation « anti-alcool » qui établit une identité entre *vin* et *alcool*. Les descripteurs dont il sera question ne sont donc pas gustatifs, mais caractérisent le vin comme « drogue », « addictif », « toxique », « dangereux », etc.

---

[1] « Le vin est un alcool comme un autre, n'en déplaise au ministre de l'agriculture » titre *Le Monde* du 16 janvier 2019.

[2] Pour une description historique de la construction du vin moderne en France, voir Lucand 2019.

Comme toute autre notion dans la langue, le mot « vin » engendre des représentations sociales, où se confondent motifs sémantiques, propriétés syntaxiques, discours préconstruits, collocations et autres attendus axiologiques qui sont constitutifs de l'objet vin comme concept culturel. Le sens d'un lexème est nécessairement hétérogène car il se fractionne entre sa saisie « en langue », c'est-à-dire comme virtualité notionnelle, et sa saisie « en discours », c'est-à-dire repéré dans une énonciation spécifique, avec des intentions argumentatives particulières. On constate cependant que la virtualité ne disparaît pas de l'usage spécifique, car l'ensemble des connotations du mot restent agissantes au sein même de sa plurisémie (voir Nemo / Petit / Portuguès 2012).

2.   Discours du vin : du sacré à la santé

Je m'étais précédemment attaché à décrire l'éthos textuel hédoniste et la stylistique gourmande qui en émanait dans les notes de dégustation en français et en anglais (Obis / Szlamowicz 2018).[3] Ce discours reposait sur l'hyperbole, l'hypotypose et la poétisation. Le vin en ressortait comme objet d'une sorte d'adoration gustative où se bousculent les notes de sous-bois, la finale caillouteuse et la framboise gourmande… Dans ce discours, la sensorialité du vin y prend le pas sur toute autre considération, faisant de la dégustation un moment socialement et culturellement clos, uniquement inspiré par la concentration perceptive.

Il existe pourtant bien d'autres façons d'envisager la consommation du vin. Le vin a toujours été considéré comme ambivalent : du plaisir à l'addiction, de la liesse à la gueule de bois, du partage gustatif à la solitude alcoolique. Comme tout alcool, mais aussi comme toute substance possédant des effets psychotropes, il ouvre sur un dépassement de soi qui met en jeu le contrôle de soi. Roger Scruton (2009, 1) le rappelle : « Dans l'histoire, les humains se sont toujours rendu la vie supportable en absorbant des substances enivrantes. Et si les sociétés diffèrent par les substances recommandées, tolérées ou interdites, il y a toujours eu une règle cardinale : cette consommation ne doit pas menacer l'ordre public. » Il ajoute :

---

[3]   Sur la question de l'éthos comme dimension argumentative, voir Amossy 2010 et Meyer 1993.

« mais si la société est parfois menacée par ses substances, elle est également menacée par leur absence ». D'où la domestication de la consommation, en particulier par le rite religieux.

L'ambivalence de la consommation du vin reste constante dans tout l'Ancien Testament. On y célèbre à la fois le vin comme bienfait divin dans le même temps qu'il est l'objet de restrictions. On peut prendre l'exemple du nazir, c'est-à-dire « le séparé » ou « le consacré », qui se définit précisément par son abstinence de la consommation de vin (*Nombres* 6, 1-21). Le nazir, prêtre, roi ou guerrier, se consacre au divin et se signale donc par son exception sociale. Il ne se coupe pas non plus les cheveux. Son refus du vin est donc l'indice d'un renoncement à la normalité plus qu'un évitement condamnant la boisson elle-même (voir Rausky 2013). En revanche, le vin est clairement présenté comme ce qui détruit, isole et fait déchoir dans le récit de Noé, incapable de maîtriser sa consommation, finissant nu et ivre sous le regard de son fils Cham, ce qui en fait l'emblème de l'intempérance menant à la malédiction incestueuse (Genèse 9, 18-27).

Mais le vin est aussi ce qui exalte et fait accéder à un plan supérieur :

> Et toutes les fois que l'homme mange et boit, jouissant du bien-être qu'il doit à son labeur, c'est là un don de Dieu. (Ecclésiaste III, 12-13)

Commentant le Deutéronome (« Tu récolteras ton blé, et ton vin, et ton huile », XI, 13-14), Rausky (2013, 33) rappelle ainsi que « la réjouissance du cœur des mortels par la grâce du vin est, théologiquement, l'expression de la bonté divine à l'égard des créatures ».

Maïmonide (1138-1204), quant à lui, considère que

> Le sage ne boit du vin que pour faire macérer la nourriture que digèrent ses entrailles. S'il se laisse aller à l'ébriété, il commet un péché méprisable et un attentat contre la sagesse. [...] il s'interdit de boire du vin à midi [...] sauf si c'est en mangeant, car le vin bu ainsi ne monte pas à la tête et il ne faut se défier que du vin pris après la nourriture. (*Le livre de la connaissance* (section attitude morales et science des mœurs))

Dans ce rapport entre contrôle de soi et défoulement, le vin est traditionnellement envisagé pour ses effets, bénéfiques comme dangereux. De la transe à la méditation, de l'ivrognerie au raffinement, il existe ainsi dans une dimension transcendante tout en s'ancrant dans des pratiques alimentaires communes. On peut l'aborder sous l'angle de la technique ou de l'esthétique, des pratiques sociales religieuses ou profanes, mais le vin est en permanence tiraillé entre la spiritualité extatique et la banalité de son statut agricole, comme s'il appartenait à la fois au plan symbolique ritualisé et qu'il existait aussi sous une forme « laïcisée ». Du point de vue de sa pratique, de sa production et de son économie, l'histoire viticole post-romaine en Europe est d'ailleurs décrite par Jean-Robert Pitte (2009, 245) dans les termes suivants :

[...] exclusivement lié à l'église à l'origine, le vin devient aristocratique, puis commercial et bourgeois, avant d'être populaire.

On pourrait y voir le passage d'une substance sacrée à un aliment, voire à un objet esthétique et même, une substance dotée de vertus médicales. Dans le paradigme médical, le discours du vin repose sur un une vision positiviste : c'est le domaine de la quantification, de la chimie, de la santé.

1/ UNE MOLÉCULE PRÉSENTE DANS LE VIN ROUGE POURRAIT SOIGNER L'HYPERTENSION[4]
Pauline Capmas-Delarue, journaliste santé, publié le 23/05/2019
Des chercheurs sont bonne en voie de créer un traitement révolutionnaire contre l'hypertension, grâce à une molécule découverte dans le vin rouge
Le vin rouge pourrait être plus bénéfique pour la santé que vous ne le pensez. Mais attention, pas consommé tel quel... C'est plutôt une molécule présente dans ce breuvage, le resvératrol, qui pourrait être utilisée dans le traitement de l'hypertension artérielle, selon une étude publiée dans le journal *Circulation*.

2/ LE VIN ROUGE AURAIT UN EFFET BÉNÉFIQUE SUR VOTRE FLORE INTESTINALE[5]
(À consommer, bien sûr, avec modération :)
Selon une récente étude, le vin rouge aurait un impact positif sur votre flore intestinale. C'est en comparant les effets du vin rouge sur cette zone du corps avec d'autres alcools que l'équipe de chercheurs est arrivée à ce constat. Retour sur cette découverte.

---

[4] https://www.medisite.fr/hypertension-une-molecule-presente-dans-le-vin-rouge-pourrait-soigner-lhypertension.5511670.51.html (31/10/2020).
[5] https://dailygeekshow.com/vin-rouge-impact-microbiote/ (31/10/2020).

On quitte alors les questions spirituelles et sociales pour ne s'intéresser qu'aux effets physiologiques. On remarque dans ces articles de presse un éthos prudentiel modulant les assertions de manière typiquement journalistique et envisageant le vin selon le prisme de la mesure « scientifique ». Cette attitude envers le vin relève d'un type de discours bien précis : le discours de l'expert. Dans l'article du journal *Le Monde* que nous allons analyser, cette expertise est mise au service d'une argumentation désignant le vin non plus comme bénéfique mais comme radicalement toxique.

3.   Le vin comme produit toxique

L'article du *Monde* que nous analysons ici[6] ne se contente pas de rappeler la vérité médicale selon laquelle l'alcool est une substance aux effets nocifs sur l'organisme, mais refuse toute nuance liée à la nature du produit et à sa consommation, ce qui aboutit à une argumentation prohibitionniste qui cible plus particulièrement le vin : « pour être en bonne santé, il ne faut pas boire. Aucune quantité ni aucun alcool ne font exception ». Cela implique notamment de n'établir aucune différence entre consommation de produits relevant de la gastronomie et alcoolisme.

Cette position « chimiquement pure » implique des manipulations rhétoriques des notions à la faveur d'un parti pris dénominatif : rattacher la notion *vin* à la notion *alcool*. Cette argumentation décide notamment de ne pas prendre en considération les différences techniques (le vin est un produit fermenté, les spiritueux un produit distillé ; les eaux-de-vie que sont la vodka ou le whisky, la tequila ou le rhum ont un taux d'alcool supérieur, etc.), ni les modes de consommation selon des facteurs socio-professionnels, géographiques, d'âge ni de circonstances sociales.

Cette prescription se fonde sur un éthos médical, que certains pourraient appeler « hygiéniste ». Il permet de donner un aperçu de nombreux procédés rhétoriques qui nous intéressent, à la fois pour identifier les discours sur le vin et la façon dont se mène un « débat » médiatique.

---

[6]   Voir note 1.

Au rang des présupposés idéologiques constituant de véritables discours sociaux, le positivisme tient une place particulière dans le journalisme de grande diffusion comme moyen argumentatif de valider des opinions. Les articles destinés au grand public sur des sujets variés, du football à l'économie, en passant par le cancer, l'alimentation ou l'immigration, ne manquent pas de s'appuyer sur ce qui nous paraît des simulacres de démonstration. L'éthos (c'est-à-dire la valeur attribuée à un locuteur ou un texte en fonction de son identité et non de son contenu rationnel, le logos) fait partie des éléments les plus subreptices d'une argumentation. Nous avons déjà signalé comment l'éthos scientifique, autrement dit le fait de revêtir une apparence de scientificité, constitue un puissant ressort de conviction (Szlamowicz 2020). Chiffres, statistiques, graphiques, animations vidéo renforcent en général une thèse qui s'incarne dans la fameuse autorité citationnelle de formules comme « une étude montre que ». La santé, et en particulier la nutrition, sont l'objet d'un investissement rhétorique intense.

L'article du *Monde* se présente comme informationnel, il est en réalité lourdement subjectif et s'insurge contre les propos suivant du ministre de l'agriculture :

Le vin n'est pas un alcool comme un autre. [...] L'addiction à l'alcool est dramatique, et notamment dans la jeunesse, avec le phénomène du "binge drinking". Mais je n'ai jamais vu un jeune qui sort de boîte de nuit et qui est saoul parce qu'il a bu du côtes-du-rhône, du crozes-hermitage, du bordeaux, jamais. Ils boivent des mélanges, de l'alcool fort.

Les auteurs ripostent :

Commençons par l'évidence : l'alcool contenu dans le vin a exactement les mêmes propriétés et les mêmes effets que celui présent dans d'autres boissons alcoolisées.

On a là les ingrédients du monologue de sourd puisqu'à la question de l'addiction à l'alcool et des modes de consommation différenciés du vin et de l'alcool, on répond sur « les propriétés et les effets » : aux comportements spécifiques s'oppose donc une essence définitoire.

Cela pose la question de la définition d'un produit : que sont, en matière physiologique, des propriétés et des effets ? Sur le plan notionnel, les propriétés sont génériques tandis que les effets sont spécifiques. Or, comme l'expérience naïve le montre, un même produit n'a pas les mêmes effets sur chacun, indépendamment de ses propriétés intrinsèques. De même, le vin n'aura pas le même effet selon qu'on a 5 ans ou 35 ans, qu'on est buveur ou pas, selon la quantité et la corpulence, selon les antécédents médicaux, etc. La médecine comme statistique et la médecine comme réalité individuelle n'impliquent pas le même regard sur le produit : de la même manière qu'un énoncé émane des structures de la langue mais se signale par son caractère unique, un fait médical est singulier. Pourtant, le paradigme de la santé publique – envisagée comme absolu statistique oublieux des catégorisations verbales dont elle procède – se substitue à toute réflexion sociologique, culturelle ou comportementale. La psychiatre Isabelle Blondiaux (2019, 103), s'appuyant sur Canguilhem (2002), signale ainsi :

> […] le moment où la médecine a cessé de centrer exclusivement son attention sur la personne singulière pour s'intéresser aux masses et, par voie de conséquence, substituer au jugement du clinicien les calculs de probabilités.
>
> Il s'agit là d'une révolution épistémologique en ce qu'elle implique pour la médecine un changement d'objet privilégié. La santé apparaît ainsi être à la politisation de la médecine ce que la maladie était à sa scientificisation. Indissociable de ce « renouvellement épistémologique profond » (Canguilhem), l'essor de l'hygiène puis de l'épidémiologie a entraîné la médecine sur le champ des sciences sociales et, même, des sciences économiques. […] Pourtant, même si l'effort pour « probabiliser » le jugement médical constitue tout autant que la méthode expérimentale l'un des vrais commencements de sa scientificité, il apparaît aussi que définir des normes individuelles de santé à partir de considérations épidémiologiques ou statistiques est des plus problématiques.

Or, on constate ici, que le caractère à la fois individuel et social de la consommation est mis de côté au bénéfice d'une approche strictement chimique – il est ainsi proclamé que « L'éthanol, c'est de l'éthanol ».

4. L'antanaclase grammaticale : détermination nominale et plurisémie

La question de la mise en forme de l'argumentation est fondamentale car elle repose ici sur diverses manipulations des propriétés grammaticales et sémantiques du mot *vin* et du mot *alcool*. Si l'on parle d'antanaclase en rhétorique pour désigner l'emploi trompeur de deux sens distincts du même mot dans le même texte, il faut ici détailler cette confusion sur le plan de la construction syntaxique, grammaticale et, partant, discursive. Il y a ici clairement un rapport d'inclusion hyperonymique qui joue au niveau de la définition notionnelle des mots « vin » et « alcool ».[7]

En effet, dans « le vin est un alcool comme un autre », ce n'est pas tellement la comparaison tautologique qui est en cause, mais plutôt l'article indéfini. En effet, l'article indéfini procède à une opération d'extraction notionnelle, c'est-à-dire que *un* signale que l'on repère une occurrence d'une notion. Il y a là un effet assertif, actualisant.

Cette formule signale l'appartenance du vin à une classe. L'argument est que le vin partage les mêmes caractéristiques que les autres membres du groupe holonymique dans lequel on le classe. L'arborescence catégorielle qui découle de ce regroupement repose sur des présupposés nombreux que l'on peut ramener à un enthymème. Marc Angenot (1982, 258) définit l'enthymème comme

> toute proposition qui, portant sur un sujet quelconque, pose un jugement, c'est-à-dire intègre ce sujet dans un ensemble idéologique qui l'identifie et le détermine. [...] Le discours enthymématique est donc composé d'énoncés lacunaires qui mettent en relation des sujets particuliers et des prédicats idéologiques *universels* et supposent une cohérence inter-textuelle de l'univers du discours. L'enthymème est un maillon d'une *chaîne de pensée* organisée selon une stratégie générale d'ordre cognitif.

Dans l'article du *Monde*, l'argument récurrent contre le vin repose sur l'enthymème suivant :

---

[7] Sur les questions sémantiques liées à la plurisémie, voir Nemo 2014, 2016, 2018 ; Cadiot / Nemo 1997 ; Cadiot / Visetti 2001.

Prémisse majeure : le vin est un alcool
Prémisse mineure : l'alcool est nocif
Conclusion : le vin est nocif

Or, chaque partie de cet enthymème est fondée sur la structure attributive initiale assimilant une notion à une autre. La dénomination même, c'est-à-dire l'appartenance à des classes méronymiques, est discutable : « alcool » se distingue précisément de « vin ». La construction attributive, malgré sa force assertive, n'est pas une garantie de vérité. Au contraire, établir une égalité identitaire entre deux notions signale qu'on les rapproche mais elles restent, ontologiquement, des notions distinctes. De fait, il n'y a pas possibilité logique de retourner cette attribution : * *L'alcool est un vin comme un autre* ne fonctionne pas parce qu'il existe entre les deux termes une relation d'hyperonymie.

On constate aussi la récurrence dans le texte de constructions antinomiques qui y gravitent de façon latente et entretiennent une confusion argumentative que l'on peut ramener à deux propositions :

Le vin est de l'alcool (« le vin est un alcool comme un autre »)
Le vin contient de l'alcool (« l'alcool contenu dans le vin »)

Il y a là une antanaclase qui est à la source de l'argumentation fautive de ce texte. Avec l'article indéfini, l'énonciateur opère une extraction, c'est-à-dire constate une classe d'occurrences. Mais, en l'occurrence, *alcool* a pour propriété notionnelle de fonctionner comme continu dense : la saisie avec l'article indéfini ne pose donc pas une occurrence mais possède un effet qualitatif qui construit l'existence d'un sous-type. Autrement dit, sur le plan notionnel $\emptyset$ *alcool* et *un alcool* ne désignent pas le même référent. Les variantes de la détermination nominale qui font d'alcool une notion continue ou discontinue n'ont pas le même sens.

Dans une construction avec la copule, la mise en équivalence de deux notions complique encore la construciton de la valeur référentielle. Il s'agit d'une relation attributive où les deux noms, « vin » et « alcool », sont posés comme équivalents. C'est, au passage, une construction qui doit éveiller les soupçons : dire que « X, c'est Y » est un paradoxe sémiologique (puisque, nécessairement, « X n'est pas Y »), ce qui peut déboucher sur un pléonasme (« une table, c'est un meuble ») ou une analogie implicite (« Communiquer, c'est traduire ») dont on peut considérer qu'elle est oxymorique (« en réalité, communiquer n'est pas traduire ») ou à tout le moins procède d'une métonymie discutable (« communiquer n'est pas traduire, mais il y a des éléments de ressemblance entre ces deux actes »).

En revanche, le verbe « contenir » repose sur une distinction de nature entre deux substances. C'est bien la preuve que *alcool* est utilisé ici selon deux sens différents. Quand la ministre de la santé dit : « Scientifiquement, le vin est un alcool comme un autre », elle utilise un argument d'autorité par le biais de l'adverbe *scientifiquement*... alors qu'il ne s'agit pas de chimie ou de biologie, mais de catégorisation notionnelle.

En effet, il y a là une mise en scène d'un acte de dénomination et d'assertion qui constitue un argument possédant une efficace rhétorique. Cet argument provient de la hiérarchisation méronymique entre *vin* et *alcool* où les qualités différentielles de *vin* seraient annulées par son appartenance à *alcool*. Il s'agit d'un argument qui paraît analytique mais est en réalité dialectique selon les catégories aristotéliciennes.

Il s'agit en effet de saisies thématiques différentes : *alcool* comme substance chimique (synonyme d'*éthanol*), *alcool* comme boisson (synonyme de *spiritueux* ou *eau-de-vie*), à côté d'une autre saisie où *alcool* signifie « toute boisson alcoolisée ». Le recours à l'identité de la dénomination est fondé sur ce que j'appellerai une antanaclase grammaticale puisque ces sens dépendent de constructions nominales différentes :

Article défini générique : *« l'alcool, c'est mauvais pour la santé »*.
Article indéfini spécifique : *« un alcool raffiné comme le cognac, c'est parfait avec un Cohiba »*.

Le mot *alcool* est bien sûr susceptible de beaucoup d'autres profilages qui renvoient à des référents très différents :

Tu t'es coupé, tu devrais mettre de l'alcool.

N'utilisez jamais d'alcool pour allumer le barbecue.

Déodorant sans conservateur, sans alcool, paraben ni de sels d'aluminium.

Dans ce jeu d'antanaclase, on remarque dans le texte, une assertion sollicitant le mot *alcool* modifié par l'adjectif *pur*, ce qui créé une sous-classe du mot *alcool* : « les Français boivent 11,7 litres d'alcool pur par an ». Là où la construction avec l'article indéfini renvoie à un profilage culturel (*un alcool*, c'est un produit spécifique : *armagnac*, *cognac*, *rhum*, etc.), la construction partitive procède à une saisie sémantique très différente qui puisqu'il s'agit du profilage chimique du mot *alcool*. Or, justement, personne ne boit d'alcool pur. Le mode de consommation détermine certains effets : si on boit 11,7 litres d'alcool pur d'une traite, on est mort. Si on boit cette quantité d'eau aussi, d'ailleurs : l'hyperhydratation est mortelle.[8] De plus, une moyenne implique forcément une certaine distribution de la quantité consommée : ce chiffre ne dit donc rien de la répartition de la consommation et des écarts individuels (par ailleurs, *binge drinking*, parfois appelée « hyperalcoolisaiton rapide », et alcoolisme, également nocifs, ne sont pas le même phénomène). Cette formulation constitue donc une mise en scène de la quantité qui est sollicitée pour l'effet de scientificité indiscutable du chiffrage.

Il en va de même pour l'utilisation de la tautologie : « L'éthanol, c'est de l'éthanol ». La force de la tautologie, en tant que raisonnement circulaire, c'est qu'il paraît ne pas pouvoir être remis en cause. L'assertion repose sur la survalidation du lien d'identité qui revient à anticiper une discordance et à la résoudre par un constat incontestable. L'efficacité est purement rhétorique, car, justement, l'éthanol – comme toute substance – n'a pas les mêmes effets selon sa concentration et son mode de consommation. Le recours à des connotations négatives de la notion *éthanol* est également puissamment mis en avant par le fait qu'il s'agit d'un terme scientifique. On remarque que, sur le plan rhétorico-logique, la formule est également possible d'une manipulation de sa plurisémie :

---

[8] « US woman dies after water contest » (BBC News, 14 janvier 2007 ; http://news.bbc.co.uk/2/hi/6261509.stm) : En 2007, Jennifer Strange, une femme de 28 ans habitant Sacramento en Californie, meurt intoxiquée après avoir bu 7,5 litres d'eau lors d'un jeu organisé par une radio stipulant qu'elle devait boire de grosses quantités d'eau sans uriner. On parle dans ces cas-là d'hyperhydratation (accidentelle ou liée à une pathologie comme la potomanie).

rappelons le fameux « il y a travail et travail » évoqué par Pierre Cadiot (Cadiot / Nemo 1997 ; Cadiot 2009). À côté, de la formule affirmant l'intégrité absolue de l'éthanol, on pourrait parfaitement affirmer l'inverse avec le même effet assertif : « il y éthanol et éthanol ». Les effets de ces deux formules assertives, aux contenus radicalement inverses, sont parfaitement identiques sur le plan de l'argumenta-tion.

Mais l'article assoit également son argumentation sur la mention d'experts : « Jean-Pierre Couteron, psychologue spécialiste des addictions, et ancien président de la fédération Addiction » et « la ministre de la santé et médecin de métier, Agnès Buzyn ». Il mentionne par ailleurs de nombreux chiffres et tableaux provenant d'une « enquête de France Agrimer » et de l'Organisation Mondiale De La Santé (« Répartition par pays européen de la consommation moyenne d'alcool pur par habitant de plus de 15 ans en 2016 »). Cette abondance d'affichage scientifique n'est pourtant prolongée par aucune discussion de la pertinence des chiffres ni des conclusions que l'on pourrait en tirer. Les citations des deux scientifiques répètent le même discours tautologique (respectivement « l'éthanol, c'est de l'éthanol » et « Scientifiquement, le vin est un alcool comme un autre »). Cela semble donc indiquer que ces citations, tableaux et revendications d'expertise servent surtout de paravent argumentatif et non à produire et analyser des données.

Un prolongement notable de ces jeux sur l'antanaclase grammaticale et lexicale est constitué par la répétition du même argument sous la forme d'une apodioxie, c'est-à-dire le refus d'argumenter fondé sur la personne. C'est un argument d'autorité décrétant que l'argument adverse est fondamentalement irrecevable : « Aujourd'hui, l'industrie du vin laisse à croire que le vin est un alcool différent des autres alcools ». Selon cette assertion, tenir un discours adverse impliquerait donc nécessairement d'être à la solde de l'industrie et des lobbies. Dérivée de l'argument *ad personam*, l'apodioxie est sans doute aujourd'hui une forme dominante des débats. Il s'agit de disqualifier *a priori* l'interlocuteur, notamment en l'essentialisant. Cette façon de délégitimer l'autre, précisément parce qu'il a des opinions inverses, est le signe d'un rapport de force dont la revendication de scientificité sert le figement.

5.   Radicalité argumentative : éthos et idéologie

La particularité de cet article est qu'il n'envisage pas d'autres points de vue et se revendique d'un discours d'expert – c'est-à-dire qu'il se constitue comme discours, comme réseau d'arguments qui dépasse ce texte seul pour entrer dans un maillage idéologique et formel.

Ce que nous étudions ici n'est pas tant le fond de l'argumentation que ses moyens et sa forme. Que l'alcool soit nocif et qu'il faille en consommer avec modération n'est pas discutable sur le plan physiologique et n'est pas vraiment l'objet d'un débat. En revanche, nier qu'il existe des différences de modes de consommation et, partant, des effets de l'alcool, semble une position particulière-ment radicale. Cela mène notamment à refuser le caractère culturel du vin et la prise en compte des variations sociologiques de la consommation.

On pourrait imaginer d'autres démarches, notamment éducatives (de type « boire moins mais mieux »), mais aussi, plus largement, développer des approches gustatives, culturelles, voire spirituelles, de la consommation où la verbalisation des ressentis implique un rapport domestiqué à l'alcool.

Le linguiste Pierre Cadiot énumère dans un chapitre intitulé « Effets, émois, ivresse » les variations lexicales désignant les états issus de l'absorption du vin : « Au contraire de l'addiction désignant des caractéristiques stables et pérennes, fondamentalement collective [...], l'ivresse est typiquement un *état*, et un état individuel » (Cadiot 2010, 121). Il distingue alors l'*assuétude*, comme penchant individuel, de l'*addiction* comme « répétition obsessionnelle » pathologique et se penche sur les multiples nuances de l'ivresse, morale et physique.

Or, curieusement, le texte que nous étudions ne mentionne aucun effet individuel négatif de l'alcool sur le plan médical et se concentre sur les accidents de la route :

> [...] les plus jeunes ne sont certes pas les plus gros consommateurs de vin, mais ils ne s'en abstiennent pas totalement non plus : 9 % des 15-25 ans et 21 % des 25-34 ans déclarent consommer du vin tous les jours ou une à deux fois par semaine.
>
> Il n'existe pas d'étude détaillant le type d'alcool consommé lors d'accidents de la route impliquant un conducteur ivre. Mais il semble, au regard de l'importance de la consommation de vin, des plus improbables que ce dernier ne soit jamais en cause dans un accident.

« *L'alcool est responsable d'un tiers des accidents mortels* »
« *L'alcool est impliqué dans 40% des accidents qui surviennent la nuit en semaine* »

En faisant de *alcool* le sujet de ces énoncés, l'énonciateur le place dans une position agentive, ce qui constitue une forme d'anthropomorphisme qui élimine le facteur humain et individuel du conducteur choisissant un comportement à risques.

Ce raisonnement détourné n'aborde pas la dangerosité médicale du vin qu'est notamment l'alcoolisme. L'alcoolisme constitue pourtant justement un cas où l'addiction définit la consommation du vin comme alcool et non comme boisson intégrée à des pratiques culinaires et gastronomiques.

L'assimilation absolue du vin à l'alcool est la problématique principale de l'article qui fait de cette trouvaille rhétorique le fond de son argumentation. Ce parti pris semble ici articulé à une opposition idéologique : ce sont « les professionnels de la filière viticole » et un « important organisme d'influence du monde viticole » qui sont derrière les propos incriminés. Fort de cette accusation, proprement politique, le texte propose, *in fine*, une taxation similaire pour le vin et pour les spiritueux, c'est-à-dire vise à annuler la spécificité culturelle qui caractérise le vin :

> De fait, il est un domaine où le vin « *n'est pas un alcool comme un autre* » : celui des taxes, qui demeurent bien plus faibles sur ce produit de tradition française que sur les autres boissons alcoolisées.

Cette radicalité noie la distinction entre vin et alcool à partir d'une construction dénominative ayant produit un axiome assertif où *vin = alcool*. Ce jeu de langage assimilationniste ne favorise pas les nuances et la complexité des phénomènes. Il est caractéristique d'un discours polarisant, fréquent dans les médias, qui organise les discussions selon une axiologie simplifiée. Il y a lieu alors de distinguer entre « débat » dans un sens heuristique et dans un sens polémique – le questionnement n'est pas l'affrontement.

Comme le rappellent les spécialistes d'analyse du discours Patrick Charaudeau et Dominique Maingueneau (2002, 187), « le discours mobilise des structures d'un autre ordre que celles de la phrase [...] il est orienté parce qu'il est conçu en fonction d'une visée du locuteur ». En effet, il s'organise comme « formation discursive », c'est-à-dire comme « positionnement dans un champ discursif » (Charaudeau / Maingueneau 2002, 186). Bref, comme un ensemble de propositions et d'arguments, de récits et d'axiomes fonctionnant en réseau et s'incarnant dans des formules, dans un arsenal lexical mais aussi stylistique. On pourrait aussi parler avec Greimas (1970) d'isotopies qui, prises à un niveau argumentatif et non seulement sémantique, signalent, par leur polyphonie même, une articulation, une structuration qui en fait, à proprement parler, « un discours ». Ce caractère intertextuel permet d'identifier dans un texte en particulier des caractéristiques communes entrant en réseau et en résonance avec d'autres textes et avec des représentations diffuses. Car au-delà des questions de cohésion textuelle, du point de vue de l'argumentation, ce maillage n'est pas seulement thématique, il est aussi orienté vers la valorisation d'une idée entendue comme positionnement. Le réseau d'isotopies, au-delà de la seule cohésion textuelle, est donc aussi susceptible de constituer un réseau assertif tendant à imposer une opinion. En l'occurrence, ce texte participe du discours scientiste désirant fonder son positionnement sur la science sans faire œuvre scientifique en parsemant son argumentation d'éléments isotopiques s'inscrivant dans la thématique scientifique (l'adverbe « scientifiquement », le substantif « éthanol », etc.). Le principe argumentatif sur lequel il repose correspond à la recherche de justifications prélevées dans le champ de la science parce que ce dernier est porteur d'une légitimité sociale censément caractérisée par l'objectivité.

L'accumulation ou, pour utiliser un terme de rhétorique, la conglobation argumentative dont un tel discours procède s'incarne dans divers outils langagiers. Nous en avons vu ici un ressort particulier, l'assimilation d'une notion à une autre, ce qui a pour effet d'annuler les propriétés positives de la notion *vin* pour solliciter l'axiologie négative de la notion *alcool*.

En effet, les signifiants présentent des propriétés idéologiques lesquelles possèdent des effets interlocutifs. Ce que Milner (2007, 77) nomme les « maîtres-mots » : « Le maître-mot, comme tous les maîtres, est dispensé de droit, parce qu'il détient la force ». Ces mots, formules, connotations irriguent les débats de leur intensité idéologique avec des effets consensuels-agonistes : ils s'appuient sur la consensualité éthique qui en émane pour rejaillir sur l'orateur. Par contrecoup, celui qui utilise la notion suprême, accède à un statut d'intouchable discursif. Offensives, ces notions possèdent aussi une valeur défensive : comme notions-parapluies, elles protègent l'orateur qui se place dans le camp éthique. Dans son propos, Milner cite « universel » comme arme absolue. Dans le débat sur le vin, les maîtres-mots seront ici « santé publique », « addiction », « nocivité », « industrie », « science », « accidents », « morts » « fléau », « lobbies ». On pourrait s'arrêter à cette courte liste dont l'article n'est que l'amplification et la mise en scène. L'arsenal lexical suffit à son efficace, indépendamment de la construction de son raisonnement (Sarfati 2008). L'axiologie lexicale prise dans les connotations idéologiques tente alors par son martèlement d'opérer un forçage argumentatif. Ce procédé d'intrusion discursive par la profération de mots-étendards utilise les propriétés allusives du lexique et non la rationalité de leur déploiement argumentatif.

6. Conclusions

Le caractère radical de la dénonciation du vin comme alcool ne permet pas de saisir la variété des comportements liés à la boisson. Par son fondamentalisme assertif, il est prohibitionniste. En rattachant le vin à la thématique de l'addiction, il ne prend pas en compte l'appartenance du vin au monde de la gastronomie. Cela établit une polarité axiologique absolue alors que le vin pourrait être envisagé selon un continuum de pratiques où figurent le gastronomique, le ludique, le culturel, l'agricole, etc. Cela permettrait justement de mieux décrire les cas où il est addictif et nocif.

Nous avons tenté de montrer comment un discours « orienté » se construit par le croisement de différents procédés : propriétés sémantiques du lexique sollicité (« addiction »), statut rhétorique de l'assertion (« L'éthanol, c'est de l'éthanol »), manipulation de la plurisémie (autour du mot « alcool », notamment). Le profilage notionnel, par les catégorisations qu'il construit, permet une argumentation subreptice reposant sur l'axiologie des signifiants. On y constate que les terminologies (œnologique, médicale, économique, etc.) y jouent un rôle d'adjuvants rhétoriques plutôt qu'heuristiques. Cette façon de construire le discours sur des paralogismes est le signe d'une polémique et non d'une exploration intellectuelle sincère des problématiques annoncées.

Cette construction discursive doit également prendre en compte l'éthos textuel qui se dégage de cette posture. La terminologie scientifique définit un style rhétorique positiviste (porté par des chiffres, des tableaux, etc.) qui débouche sur un éthos déontique : l'énonciateur se positionne comme autorité légitime pour proposer des comportements. On est donc clairement dans une éthique prescriptive, mais l'éthos textuel scientifique n'est qu'une apparence ; il est en réalité un simple outil argumentatif. Comme on l'a vu, les manipulations dénominatives montrent bien que la scientificité comme éthos – affichée par les chiffres et le recours à des experts – n'est pas la garantie de la scientificité comme méthode.

Rappelons aussi que, au carrefour de l'hygiène et du plaisir, de la spiritualité et de l'économie, le vin a toujours eu une part politique. L'arrachage des vignes de Condrieu par l'empereur Domitien (51-96), a pu être diversement présenté comme mesure protectionniste pro-romaine, comme mesure de prévention de l'alcoolisme courtisan ou comme mesure de rétorsion envers les révoltes gauloises... En 281, Probus (232-282) fait replanter à la faveur du raisonnement inverse : le vin empêchera les gens de se rebeller ! (Voir Johnson 1989.)[9] L'imbrication du vin et du politique témoigne ainsi du potentiel de variabilité du discours : sa capacité manipulatrice dépend moins des propriétés intrinsèques de l'objet que des intentions argumentatives qui en organisent les représentations.

Le vin n'est ni un médicament, ni une drogue : ces points de vue opposés relèvent en fait chacun d'une perspective hygiéniste. Or le point de vue hygiéniste, entre puritanisme idéologique et problématique de santé publique, n'envisage pas la question de la liberté individuelle, ni d'ailleurs la profondeur culturelle des pratiques liées à la boisson.[10] En effet, le vin, loin de se réduire à la toxicité

---

[9] Dans le livre XXI de son *Esprit des Lois*, Montesquieu (1748 / 1999) avance une autre raison : « Domitien, prince timide, fit arracher les vignes dans la Gaule, de crainte sans doute que cette liqueur n'y attirât les barbares, comme elle les avait autrefois attirés en Italie. Probus et Julien, qui ne les redoutèrent jamais, en rétablirent la plantation. »

[10] On boit du vin pour des raisons historiques, spirituelles, hédonistes ancrées dans le temps long de l'histoire et dans lequel prennent place les pratiques individuelles, culturelles, sociologiques. Roger Scruton rappelle notamment l'opposition entre jouissance (Bataille) et ressentiment (Nietzsche) comme deux positions civilisationnelles qui renvoient, d'une

chimique, fonde aussi une éthique, celle de la responsabilité et de la liberté d'en user. Il s'agit de ce que Rausky (2013, 32) appelle « la doctrine du juste milieu » des sociétés « œnotempéres », ce qui justifie du caractère éthique capital du vin dans le judaïsme. Ainsi qu'il est rappelé dans le Talmud : « Chaque homme devra rendre des comptes pour tous les fruits auxquels il n'a pas goûté ».[11] Ce principe talmudique nous sert à rappeler que le vin ne relève pas d'un discours unique. On peut envisager le vin dans le cadre d'un discours hédoniste, d'un discours hygiéniste, mais aussi, en équilibre sur ces deux crêtes, d'un discours éthique. À cet égard, la manipulation rhétorique et partisane est tout sauf une position saine sur le plan éthique…

Bibliographie

Amossy, Ruth (2010): *La présentation de soi. Ethos et identité verbale.* Paris: Presses Universitaires de France

Angenot, Marc (1982): *La Parole pamphlétaire. Contribution à la typologie des discours modernes.* Paris: Payot

Bible (1994): édition bilingue, traduction Zadoc Khan, Tel Aviv : Editions Sinaï

Blondiaux, Isabelle (2019): Le statut épistémologique de la médecine et la notion de santé à la lumière de la notion d'émergence psychotique. Dans: *L'Information psychiatrique* 95/2, 102-106

Brohm, J-M (éd.) (2020): *Le langage et ses distorsions.* Paris: QS ? éditions

Cadiot, Pierre (2009): Couleur des mots ou synonymie. Dans: *Pratiques* 141-142, 26-38

Cadiot, Pierre (2010): *Le vin en paroles. Esquisses œnophiles.* Perros Guirec: Anagrammes

Cadiot, Pierre / Nemo, François (1997): Analytique des doubles caractérisations. Dans: *Sémiotiques* 13, 23-54

Cadiot, Pierre / Visetti, Yves-Marie (2001): *Pour une théorie des formes sémantiques.* Paris: Presses Universitaires de France

Canguilhem, Georges (2002): Le statut épistémologique de la médecine [1985]. Dans: C.G., *Études d'histoire et de philosophie des sciences concernant les vivants et la vie.* Paris: Vrin

---

certaine manière, à une forme de figement idéologique. Sur la question du puritanisme, lire le chapitre « The meaning of Whine » (dans Scruton 2009).

[11] Talmud, traité *Beitsa*, 6A. Diversement formulé et traduit dans la tradition : « Une personne devra rendre compte de tout ce que ses yeux ont vu et qu'elle n'a pas mangé. », « Un homme doit rendre compte dans l'au-delà de tous les plaisirs admissibles dont il s'est privé », etc.

Charaudeau, Patrick / Maingueneau, Dominique (2002): *Dictionnaire d'analyse du discours.* Paris: Seuil

Duraffour, Annick / Gumplowicz, Philippe / Kauffman, Grégoire / de Mecquenem, Isabelle / Zawadzki, Paul (éds.) (2020): *La modernité disputée. Mélanges offerts à Pierre-André Taguieff.* Paris: CNRS Editions

Greimas, Algirdas Julien (1970): *Du sens.* Paris: Seuil

Jeffreys, Henry (2016): *Empire of Booze.* Londres: Unbound

Johnson, Hugh (1989): *Vintage: The story of wine.* New York: Simon and Schuster

Lucand, Christophe (2019): *Comment la France a révolutionné le monde du vin.* Paris: Dunod

Maïmonide Moïse (2013): *Le livre de la connaissance.* Traduit de l'hébreu et annoté par Valentin Nikiprowetzky et André Zaoui. Étude préliminaire de Salomon Pinès. Paris: PUF

Meyer, Michel (1993): *Questions de rhétorique: langage, raison et séduction.* Paris: Librairie Générale Française

Milner, Jean-Claude (2007): Une conversation sur l'universel. Dans: *Cahiers d'Études Lévinassiennes* 6, 77-91

Montesquieu (1748 / 1999): *De l'esprit des Lois.* Paris : Garnier-Flammarion

Nemo, François (2014): Plurisémie, intégration sémantique, sous-détermination : rendre compte des sens multiples en emploi. Dans: *Études romanes de Brno* 35/1, 41-57

Nemo, François (2016): Les points de vue comme strate interprétative. Dans: *Corela* [en ligne] HS-19, https://journals.openedition.org/corela/4301, (06/11/2020)

Nemo, François (2018): Plurisémie du signifié et linguistique du signifiant, une double histoire de poupées russes. Dans: *Signifiances (Signifying)* 2/1, 227-248

Nemo, François / Petit, Mélanie / Portuguès, Yann (2012): Profilage sémantique et plurisémie. Dans: *Revue de Sémantique et Pragmatique* 31, 7-23

Obis, Eléonore / Szlamowicz, Jean (2018): Analyse stylistique, sémantique et culturelle de la terminologie dans les notes de dégustation œnologiques en anglais. Dans: Parizot / Verdier, 205-223

Parizot, Anne / Verdier, Benoît (éds.) (2018): *Du sens à l'expérience. Gastronomie et œnologie au prisme de leurs terminologies.* Reims: Epure

Pitte, Jean-Robert (2009): *Le désir du vin à la conquête du monde.* Paris: Fayard

Rausky, Franklin (2013): *Ivresse bibliques. L'alcool dans la tradition juive.* Paris: PUF

Salvador, Xavier-Laurent (éd.) (2017): *La dénomination. Lexique et discours.* Paris: Honoré Champion

Sarfati, Georges-Elia (2008): Pragmatique linguistique et normativité: Remarques sur les modalités discursives du sens commun. Dans: *Langages* 170/2, 92-108

Scruton, Roger (2009): *I Drink Therefore I Am.* Londres: Bloomsbury

Szlamowicz, Jean (2017a): La séduction et l'idéologie: sémantique, syntaxe, argumentation. Dans: *E-rea* [en ligne], 15./01/2017, http://journals.openedition.org/erea/5930, (31/10/2020)

Szlamowicz, Jean (2017b): Référenciation, énonciation, rhétorique: perspectives idéologiques de la dénomination en anglais et en français. Dans: Salvador, 309-329

Szlamowicz, Jean (2020): Créer des concepts: dispositif discursif, sémantique et idéologie. Dans: Duraffour et al., 593-603

Talmud (2005): *Beitsa* in *Traité Moed Katan*, traduction Israël Salzer. Paris: Folio

Prof. Jean Szlamowicz
Texte Image Langage, EA 4182
Université de Bourgogne
slam.univ@orange.fr

Michel Costantini

La culture du vin, rêveries sémio-aristotéliciennes

Résumé :

Ces affirmations répandues : « le vin, c'est plus qu'une boisson, c'est une culture », « le vin et la vigne sont inséparables de la culture nationale » ou « le vin fait partie de notre patrimoine culturel », constituent la base de nombreux discours, qu'ils participent de la promotion d'une spécificité façonnant l'identité, d'une justification de la défense et illustration publicitaire d'une consommation sélective par rapport aux autres alcools ou à l'intérieur même de la production vinicole, ou, au contraire, d'un combat critique déplorant cet état de fait et récusant l'argumentation en sa faveur. On réfléchit ici sur les trois conditions de naissance d'une création artistique, ou plus largement culturelle, selon Aristote réinterprété : il y faut l'appétence (*orexis*, variante d'un vouloir-faire), l'imagination (ou plutôt la *phantasía*, lieu du pouvoir-faire) et l'énergie, dynamique exigeant un authentique savoir-faire qui entre dans l'œuvre et l'anime. Dans la « communication » du vin entre « vigneron » et « buveur » comme dans les autres arts, l'appétence est plus féconde lorsqu'elle est au service d'un projet collectif, le déploiement de la *phantasía* est plus puissant quand il reconnaît ou se donne des contraintes, et opère des choix (par exemple persuasion par la métaphore ou persuasion par la métonymie pour définir et renforcer l'identité du vin et simultanément son altérité), l'énergie est plus pénétrante quand elle régule les flux du désir et de l'inventivité par l'art de faire entrer ces forces dans des formes : ses moyens, selon Aristote toujours, sont le rythme (ici des actes saisonniers de la viticulture au tempo des dégustations), le timbre (*harmonía*) par quoi, entre autres, s'accordent mets et vins, et le *logos* qui parachève (parfois poétiquement, parfois techniquement, ou les deux) la quasi œuvre d'art qu'est le vin.

Mots clés : Aristote, création-*poièsis*, culture du vin, modalités du Sujet

Abstract:

Widespread affirmations such as "wine is more than a drink, it's a culture", "wine and vine are inseparable from national culture" or "wine is part of our national heritage" form the basis of many discourses, for instance those participating in the promotion of a specific aspect of identity, those justifying the glorification in advertising of a selective consumption of wine compared with other types of alcohol or those inside the wine production or, by contrast, those leading a critical battle deploring this state of affaires and rebutting the argumentation. This paper will reflect on and reinterpret the three conditions for the birth of an artistic or more generally cultural work according to Aristotle : appetency (*orexis*, a variety of *vouloir-faire*), imagination (or, rather, *phantasía*, the locus of *pouvoir-faire*) and energy, a dynamic requiring authentic savoir-faire which permeates the œuvre and animates it. In the "communication" of wine between "wine growe" and "drinker", just like in the other arts, appetency is most fruitful when it serves a collective project, the deployment of *phantasía* is stronger when it is under constraint and makes choices (for instance persuasion by metaphor or persuasion by metonymy to define and reinforce the identity of wine and its alterity simultaneously), energy is more striking when it regulates the flux of desire and inventivity by making these forces enter into shapes: its means, according to Aristotle, are rhythm (here, ranging from the seasonal acts of viticulture to the tempo of tastings), the timbre (*harmonía*) by which food and wine harmonise, and the logo, which accomplishes (sometimes poetically, sometimes technically, or both) the work of art that is wine.

Key words: Aristotle, creation-poièsis, wine culture, modalities of the Subject

1. Introduction

« Le vin fait partie de notre culture, de notre tradition, de notre identité nationale », « le vin, c'est plus qu'une boisson, c'est une culture » ; « le vin et la vigne sont inséparables de la culture nationale »: ce sont des affirmations largement répandues en Europe méridionale. Jusqu'à cette fausse évidence assumée en début d'année 2019 par le ministre français de l'Agriculture, « Non, le vin n'est pas une boisson alcoolisée comme une autre » (Pérez 2013), retournée le jour même en une autre évidence douteuse, « Le vin est un alcool comme un autre », par le titre d'un article du *Monde*, dont notre collègue Slamowicz a démonté l'argumentation, tout en usant du même titre. Voilà donc la base de nombreux discours, que ceux-ci participent de la promotion d'une spécificité façonnant l'identité, de la défense et illustration publicitaire d'une consommation sélective par rapport aux autres alcools voire à l'intérieur même de la production vinicole (ce sont stratégies de légitimation), qu'il s'agisse, au contraire, d'un combat critique déplorant cet état de fait et récusant l'argumentation en sa faveur (ce sont stratégies hygiénistes), ou encore d'une opposition entre responsables de production, entre « ceux qui voient une bouteille de vin comme un produit » et « ceux qui en font des objets de culture » (Baroud 2018) – ce sont alors stratégies de distinction.

Prises au sérieux, ces affirmations supposent que le vin est ce qu'on appelle aujourd'hui un « produit [ou un bien] culturel », soit le fruit d'une activité de création bénéficiant d'une aura particulière, et, en France, d'un statut juridique avantageux (Pichery, 2013). N'entrons pas trop vite néanmoins dans les débats désormais récurrents sur le vin œuvre d'art et le vigneron artiste, biaisés tant par la multiplication d'approximations et d'à-peu-près contradictoires que par la défense d'intérêts personnels et l'usage intempestif de la mauvaise foi ; relevons plutôt que, selon Aristote réinterprété, trois conditions de naissance président à la création, disons, culturelle : il y faut le désir ou, mieux, l'appétence (ὄρεξις / *orexis*), l'imagination ou plutôt la *fantasie*, comme on disait au seizième siècle (φαντασία / *phantasía*), et enfin l'énergie, très exactement l'ἐνέργεια (*energeia*), une dynamique qui traverse l'œuvre et littéralement y entre (*en-ergon*). Si donc nous voyons se conjuguer appétence, *phantasía* et énergie, nous parlerons d'œuvre (ἔργον / *ergon*), et nous tiendrons que l'accumulation des œuvres dans un champ synchronique donné crée la culture de ces lieux et temps d'une époque.

En termes de modalités de l'acte, l'appétence est une des figures majeures du vouloir-faire du Sujet acteur, car dans le champ opèrent des Sujets : en l'occurrence chez Aristote, le créateur de formes artistiques, peintre, poète ou danseur, et par extension, pour nous, architecte ou musicien, performeur, vidéaste, etc. La *phantasía* est, elle, dans cette histoire, une des figures majeures et des plus complexes du pouvoir-faire de ce même Sujet, ce pouvoir en particulier de susciter par un fragment de monde la présence de toute une atmosphère, de tout un esprit. Quant à l'énergie, elle pose le problème de la canalisation des flux potentiellement incontrôlés ou mal contrôlés du désir et de l'imagination : comme entrée dans l'œuvre, comme force qui n'entre dans cette œuvre que par le jeu réglé entre la fluence subjective, vive, impétueuse parfois, de sa dynamique (qui est de l'ordre de la passion), et les contraintes en tous genres dont le Sujet peut, certes, à chaque instant s'affranchir ou tenter de s'affranchir (nous voici alors dans l'ordre des règles, et de leur transgression, dont un aspect est l'innovation). Ainsi, en termes de modalités de l'acte, l'énergie est une des figures majeures du savoir-faire.

Ce processus qui en définitive fait la culture, scandé par nos trois bornes-repères chacune caractérisée par sa dominante modale, suppose une relation complexe de communication entre un énonciateur et un énonciataire, et ne se manifeste pas uniquement dans le résultat auquel aboutit le créateur (pour nous aujourd'hui, le « vigneron »), mais également dans la connaissance et reconnaissance qu'en a le « buveur ». Le premier terme, « vigneron », subsume tous les acteurs et activités à l'origine de la fabrication du vin (comme « peintre » désigne les fabricants de pigments, les commanditaires, le maître signataire et ses compagnons d'atelier) ; le deuxième terme, « buveur », subsumera toutes les positions actorielles possibles, dégustateur, sommelier, amateur dilettante – et c'est bien de *diletto* qu'il est question – ou moine respectant la règle de l'hémine, et renverra à toutes les thématiques qui s'y rapportent : le rythme de consommation, produit du flux et des contraintes ; l'importance accordée aux harmonies du texte et du contexte, de la production et de la consommation, des mets et des vins, visant à sonner d'un même timbre ; la nécessité, enfin, des mises en mots, en *récits*. L'on fait donc la rencontre d'une seconde triade aristotélicienne, celle des éléments décisifs à retrouver, et évaluer, dans l'objet créé : ῥυθμός / *ruthmos*, ἁρμονία / *harmonía*, et λόγος / *logos*) comme leur couronnement.

2. Trois conditions de création de l'œuvre : la force qui rayonne et convainc

Devant moi, à l'été 2012, surgit sur fond de vignes une œuvre d'art, comme un énorme bloc sculpté. Nous sommes à la fin d'un parcours esthétique contemporain, qui mène de la vieille bastide du Château La Coste sur les coteaux d'Aix-en-Provence à ce gigantesque bol signé Guggi (voir annexe). La bastide, c'est la construction matricielle où se décident toutes les opérations, depuis les temps anciens jusqu'à notre époque électronique et robotique, c'est la construction matricielle où se programment tous les aménagements de l'espace et du temps, avec leurs contraintes – on connaît, trop bien pour que je m'y appesantisse, le devoir-faire du vigneron, les limites de son pouvoir-faire, son rapport aux aléas du temps qu'il subit, aux techniques qu'il utilise, aux législations qui le régissent, et le long affinement, dans sa vie comme à travers la succession des générations, de son savoir-faire – ; la bastide, c'est là que se règlent toutes les questions préalables et initiales de désir, de *phantasía*, et d'énergie. Notre bol, donc, intitulé *Calix meus inebrians*, est l'aboutissement du boire qui nous mène à l'ivresse, transcendant les contraintes spatio-temporelles. Inséré dans une nature d'art entremêlée (nous sommes au cœur de l'antique *Provincia romana*, où se côtoient de nos jours ruines romaines abondantes et actions artistiques foisonnantes), ce bol, par son nom, établit le lien puissant entre le culte païen de Bacchus et la dévotion à la Bible : il se réfère au psaume 22 attribué au roi David. Je veux voir dans *Calix meus inebrians* (« Mon calice enivre ») le condensé des multiples sens, des multiples valeurs du vin comme culture, plus particulièrement comme culture méditerranéenne.

2.1. L'appétence

Un seul exemple évoquera l'appétence. Mais quel exemple ! Quelles que soient les autres motivations, d'ordre économique, diplomatique ou thérapeutique (soit assurer une quasi-autarcie, recevoir dignement les passants, les visiteurs qu'on accueille, en particulier les puissants, avec un vin qui ne se dégrade pas du fait du transport, et qui augmente le prestige de l'hôte, ou encore en user comme antiseptique et diurétique, entre autres), un vouloir impératif menait les moines et évêques au Moyen-Age : établir les vignobles pour recueillir le jus de la vigne et élaborer, par cette substitution qu'on nomme la transsubstantiation, le vin sacrificiel, une des deux espèces de la communion. Un vouloir-faire décisif car théologiquement indiscutable, à l'époque. Pour cantonner nos quelques illustrations à la France et à la vallée du Rhin, corrigeant au passage deux ou trois des nombreuses approximations qui règnent en ce domaine dit des vins d'abbaye, citons, rectifions, ajoutons. Citons les pionniers, la doyenne des abbayes productrices, Lérins, où les moines cisterciens s'installent sur l'île Saint-Honorat dès le cinquième siècle ou Clos Vougeot, premier terrain donné à l'abbaye de Cîteaux ; rectifions Aloxe-Corton dont les propriétaires successifs furent d'abord les chanoines de Saulieu, le chapitre de la cathédrale d'Autun, des Antonins hospitaliers, et seulement enfin l'abbaye de Cîteaux elle-même, trop souvent seule citée ; rectifions Saint-Pourçain lié à l'abbaye de Mirandense, quant à elle, à l'inverse, jamais citée parce qu'elle a vite disparu ; rectifions Gigondas et Vacqueyras dont le Plan de Dieu et le Bois des Dames perpétuent le souvenir des premiers vignobles implantés par les moniales de Prébayon – et non pas en dépendance de l'abbaye d'Aiguebelle, comme on le répand à tort ; ajoutons donc, enfin : en Allemagne, les joyaux du Rheingau que sont Steinberg et Schloss Johannisberg, eux aussi vignobles ecclésiastiques, l'un fief des cisterciens du monastère d'Eberbach, l'autre relancé par Charlemagne, puis développé dans le cadre de l'abbaye bénédictine de Sankt Alban vor Mainz ; en Suisse, les terres du Dezaley données aux moines par l'évêque de Lausanne : les monastères fribourgeois de Humilimont-Marsens (moniales augustiniennes au départ, en 1137) et Hauterive (1138), et les vaudois de Haut-Crêt (1141) et, l'année suivante, de Montheron ; en Autriche notamment Heiligenkreuz, au sud-ouest de Vienne.

Le propre de cette appétence, de ce vouloir-faire ? Etre d'autant plus efficace et conquérant qu'il était collectif et touchait à la cohésion idéologique de la communauté, à son axiologie partagée, à la différence de tout désir individuel, de toute passion personnelle, cherchât-elle à s'insérer dans une tradition. N'est-ce pas une leçon pour aujourd'hui ? Faisant également appel à l'expérience et au consensus axiologique communautaires, Théon, peintre de Samos au troisième siècle avant notre ère, chargé, ainsi que le rapporte le rhéteur Elien, d'évoquer une bataille, représenta un unique guerrier, brandissant son épée contre l'ennemi, invisible, à repousser, et rien de plus, se contentant de lui donner un regard farouche. Mais, dit-on, « avant d'exposer le tableau aux yeux de l'assemblée, le peintre place près de lui un trompette, lui ordonnant de sonner un de ces airs vifs qu'on a l'habitude d'employer pour exciter le courage des soldats » (Aelianus c. 200, II, 44). Une fois les oreilles des gens frappées de ces sons terribles, il dévoile le tableau. Tel est le modèle canonique, dans la rhétorique antique, de la φαντασία, où l'on entrevoit le couple efficace du texte et du co-texte, ici la peinture, très contrainte, technique, axée sur le détail intense, et l'adjuvant corrélé qu'est le son de la trompette, là, suggérons-nous, les qualités aromatiques, gustatives, et autres du vin lui-même, et les adjuvants de séduction que peuvent être son nom, son étiquette, et surtout la mise en scène dont il est l'objet.

2.2. La φαντασία / phantasía

Dans les débats auxquels je faisais allusion, l'imagination (forcément échevelée) de l'artiste est opposée aux contraintes techniques (forcément limitatives) de l'artisan. Pour éviter toute dérive, gardons le terme de φαντασία, qui vise une capacité de l'humain à projeter tout un monde derrière un donné forcément partiel. Côté créateur, quelque chose est entrevue, sous forme d'ébauche ou de totalité floue, cette chose est en vue, cette vue va guider la main, symbole du travail du créateur. Il revient au récepteur d'exercer sa capacité à s'éloigner de ce qu'il perçoit en surface pour en saisir les profondeurs, les résonances, toute la richesse qu'il peut y puiser, cherchant ou non à coïncider avec la volonté du créateur, ne s'engageant pas forcément dans la direction indiquée. En résumé, le bon vin est celui qui fait voyager dans l'espace mais aussi dans le temps : l'artiste plasticien Bertrand Lavier choisit en 1995, pour représenter au Musée national des arts d'Afrique et d'Océanie *L'Europe, son passé, son présent et son avenir*, une bouteille de Romanée-Conti 1929. Si la *phantasía* semble parfois se déployer dans de multiples directions, elle n'ignore rien des contraintes et se laisse resserrer dans deux voies, qui explorent l'espace dans le déploiement des sens (métaphore) et le temps sous l'aspect de la remémoration (métonymie).

La voie métaphorique, voie royale de l'altération paradoxale, mène de l'altérité à l'identité. La définition identitaire, pour le vin et ses arômes, est poussée parfois jusqu'à l'extrême précision, dans le genre « citrons, pommes, pêches et fruits tropicaux, relevés d'une touche de vanille », ou « alliance fruits rouges – cerise bigarreau, fraise écrasée – et fruits noirs très mûrs – cassis, mûre, myrtille ». Les discours de type métaphorique vont de la comparaison qui fonde une famille aux liens vagues (« ça ressemble à … ») jusqu'à l'identification définitoire « seul ce vin, seul ce cru, seul ce millésime… »). Le « ça ressemble à … » peut refléter une appréciation personnelle sans prétention autre que subjective, mais aussi renvoyer à un jugement pseudo- ou réellement professionnel qui finit par se fixer dans une codification et aboutir à des fiches techniques reproductibles, voire encore se figer dans les langues et leur diversité, comme les vins de cépage isabelle qui deviennent « framboise » en français et « fraise » en italien (*uva fràgola, uva fròla*) ou en corse (*uva fraùla*). Cette voie métaphorique empruntée par le discours est pour l'essentiel du côté de la « nature » : on ne parle pas de vin au goût d'acier, à la texture de coton, on est prolixe sur les sous-bois et les prunes, la poésie des arômes jongle plus volontiers avec le rubis, la pêche ou le foin coupé qu'avec la fourrure et le pétrole, s'accommode moins aisément du cuir travaillé des chaussures que du cuir sauvage.

A l'inverse de l'altération paradoxale qu'est la métaphore, la voie métonymique, la plus fréquente dans le discours commun aux créateurs et aux « buveurs », se fonde aussi sur la comparaison, mais elle est le lieu d'une opération d'identification paradoxale, menant le Sujet de l'expérience *hic et nunc* de sa singularité à la convocation de l'altérité multiple qui remonte à la surface. Ancré dans le terroir (« ce rosé est un morceau de Provence, il est son soleil en bouteilles, etc.»), il peut déployer sa φαντασία selon deux modes : qui va du mot vers la chose, centripète, qui va de la chose vers le mot, centrifuge. Centripètes le napolitain *Lacryma Christi* comme le catalan *Sangre de Toro*, de même que, de moindre résonance certes, l'*Est ! Est !! Est !!!* de Montefiascone en Latium ou le *šipon* slovène, un vin à base de cépage furmint dont le nom proviendrait de l'exclamation « si bon ! » des troupes napoléoniennes. Inversement, le grec Μονεμβασία / *Monemvasía* devenu Malvoisie, l'andalou Málaga, le chypriote Κουμανδαρία / Coumandaría, ou encore le *Tokaj* slovaco-hongrois sont centrifuges. Les premiers, rares il est vrai, évoquent souvent la volonté du créateur de susciter la φαντασία et provoquent la plupart du temps le développement de celle du « buveur ». Je ne parle ni des noms commerciaux de cuvée, qui, eux, prolifèrent, cherchant à créer un récit enchanteur, comme le souligne une cave coopérative des Hautes-Alpes (à Valserres) pour qui « les <différents> noms 'racontent' chacun de nos vins », ni des vins d'origine non contrôlée, lesquels tablent sur l'humour et la φαντασία simultanément, tel ce vin d'Anjou baptisé *Grololo*, ouvrant sur un monde possible de *fantasie* très riche où peuvent s'épanouir aussi bien dérivés fantaisistes que dérivés fantasmatiques, le tout souligné par l'image sur l'étiquette : deux jeunes femmes aux seins nus. Mais un jour l'exportation se fit aux Etats-Unis, et il fallut cacher ces poitrines que ne supportait pas la culture locale. Puis un autre jour, la même culture locale, une de ses variantes du moins, redemanda les étiquettes d'origine pour une campagne contre le cancer du sein. Cheminements inattendus de la *fantasie* induite par le texte au gré des contextes et des intertextes. Pour les crus d'importance historique, si le *Lacryma Christi* renvoie à tout coup à un don du Christ, porteur des sèmes « religion » et « douleur », ce renvoi demeure vague, sauf à être précisé par chacun et porté jusqu'à un certain point d'élaboration, l'ultime étant la légende, *legenda* diversement narrativisée dont une des versions dit : « Dieu reconnut en cette beauté un lambeau du ciel arraché par Lucifer pendant sa chute vers les enfers, et il pleura ». Reste la conséquence : les larmes tombèrent sur cette terre au pied du sommet où il était monté (ou descendu, c'est selon), et, plus tard, lorsque des dames pieuses plantèrent en contrebas des sarments, des vignes poussèrent vite et produisirent ce vin délicieux, inversant la « douleur » en « plaisir ». Là encore la présence en ces lieux d'un couvent de camaldules n'est sans doute pas étrangère au nom comme à son étiologie. *Sangre de Toro*, lui, est lié, dans la volonté initiale du créateur, à une titulature de Bacchus, qu'on dit « fils du Taureau », mais dans sa réception c'est davantage à la culture populaire du taureau et de la corrida. Plus limités dans leur réception, et leur résonance plus fortement dépendante de l'encyclopédie du buveur, sont l'*Est ! Est !! Est !!!* et le *šipon*, où, contrairement aux deux premiers, l'énonciataire est supposé doté d'une compétence spécifique, liée à une histoire particulière. Les seconds, en revanche, les centrifuges, partent de leur origine locale, des noms de bourgs, pour évoquer ce que la littérature, française en l'occurrence, plus que la dégustation, a fait d'eux. Depuis l'éloge du *Tokaj* d'origine par Voltaire au chant premier de la *Pucelle d'Orléans* (1752) et l'enthousiasme de Rousseau pour le *Málaga* issu en fait des vins de Lavaux « diversement préparés » par Julie (qui les transforme aussi en *Jérez* ou en rancio…) dans la *Nouvelle Héloïse* (1761), le chemin, qui nous mène de Chateaubriand à Zola, confère à ces appellations célèbres une acception étendue au-delà de toute provenance spécifique. Mais ce rôle de la littérature dans l'exaltation de la force métonymique et centrifuge du vin commence bien avant, au sein d'une dégustation plus ou moins fictive, que décrit Henri d'Andeli en 1224 dans sa *Bataille des vins*. Le vainqueur du concours jugé par le roi Philippe Auguste et un acolyte anglais, moine enivré, est le vin de Chypre : depuis la conquête de l'île par les Lusignan et l'organisation du territoire par les commanderies templières à la fin du douzième siècle, le commerce de ce vin très apprécié prospère – notamment par Venise. Nul doute que la proximité des croisades (on est au lendemain de la troisième pour la date fictive du concours, de la cinquième pour la date de rédaction) parait alors le vin de Chypre d'une puissante aura.

2.3. L'énergie

Cependant, lorsqu'il s'agit de créer l'œuvre, il convient que le savoir-faire s'y déploie avec ardeur et précision pour y faire entrer les forces dans les formes – certaines des forces du désir et des forces de la *fantasie* (car il y a toujours sélection et aussi d'ailleurs combinaison, donc intuition et/ou science de la sélection, intuition et/ou science de la combinaison) : cette ultime opération de forçage de la forme produit précisément l'œuvre. De ce fait, l'énergie s'attache par le savoir-faire à résoudre le problème déjà énoncé de la maîtrise de l'impétueux désir comme de la *phantasía* multiforme. Il est notable qu'en Bourgogne par exemple, assez récemment, des négociants en vin aient décidé d'acquérir de nombreuses parcelles, à tout le moins d'acheter aux vignerons producteurs de plus en plus de leurs raisins ou de leurs moûts, tendant ainsi à abolir la vieille distinction des métiers, récoltants éleveurs et commerçants distributeurs ; plus notable encore est l'une des raisons avancées : pouvoir « façonner son vin selon son désir », phrase où se résume excellemment toute une partie de mon propos.

Ce qui fait d'un objet de consommation une œuvre de culture est la domination, dans le carré sémiotique des axiologies de la consommation, des valorisations dites « mythique » et « ludique » sur celles, leurs contradictoires, que l'on nomme « critique » et « pratique » – je me réfère ici aux travaux menés par Jean-Marie Floch dans les années 1990 en sémiotique du marketing (Floch 1990, 119-152). Ainsi quand le vin est attaché à une valeur thérapeutique, comme ces vins tranquilles de Champagne qui, chez d'Andeli, prétendent « ôter la goutte des reins » (cf. Granville 1885), ou le breuvage loué dans le pseudo-Rabelais *Traité de bon usage de vin*, car il donne « pisse saine et rose » alors que « les buveurs d'eau l'auront trouble et soufrée », il sera du côté du « pratique » ; mais pensé dans sa fonction *religieuse*, le vin prend la dignité (soumise à toutes les dérisions, tous les combats, toutes les caricatures) d'une valeur « mythique » (service du vin, service divin, s'amuse le vrai Rabelais dans *Gargantua*) ; de même l'œuvre d'art se caractérise par son renvoi à la profondeur d'une pensée explicite ou implicite sur l'existence (de l'ordre du « mythique ») et par son détachement à l'égard de la fonction utilitaire (« pratique »), détachement qui se manifeste dans le « ludique », raffinement, virtuosité où les contraintes matérielles ou techniques ne sont pas niées, mais résolument surmontées. Le vin n'est pas une œuvre d'art si l'on définit celle-ci par une « finalité sans fin », mais il tend à s'en approcher par la quête qui réside au fondement de sa consommation comme de sa fabrication, même dévoyées (de même, une peinture, un film, peuvent être de mauvaise facture et les raisons d'en jouir ambiguës, ou douteuses). Le vin a certes une dimension fonctionnelle, tout à la fois « pratique » et « critique », mais il revendique depuis toujours les dimensions « ludique » de plaisir (où la présence d'alcool joue un rôle non négligeable, d'où un certain malaise ressenti aujourd'hui face aux campagnes pour les « vins sans alcool ») et « mythique » de l'origine voire de la destination transcendantes : *Calix meus inebrians.*

3.   Trois catégories pour appréhender l'œuvre

Aristote, au début de sa *Poétique,* envisage trois pôles de référence pour définir les voies empruntées aux fins de production de l'œuvre, déterminant les différences fondamentales entre les arts : ce sont le moyen (ἐν αἷς), l'objet (ἅ), le mode (ὡς), en l'occurrence de l'imitation (mise en scène, mise en intrigue, ou encore représentation, selon les traductions) de la nature, mais cela semble valoir pour toute création. Relisons-le :

> Il y a entre eux [les types d'œuvre envisagés] des différences de trois sortes : ou bien ils représentent par des moyens autres ; ou bien ils représentent des objets autres, ou bien ils représentent autrement c'est-à-dire selon des modes qui ne sont pas les mêmes. (Aristote c. 350 av. J.-C., 1447a22)

De ses considérations sur la danse, la musique, le théâtre, nous retiendrons, au sein de ce triple cadre englobant, une nouvelle triade déjà entrevue, celle des moyens, qu'Aristote analyse ensuite pour terminer son premier chapitre – à savoir le rythme, l'harmonie et le langage.

3.1. L'harmonie

ἁρμονία / *harmonía* chez Aristote : traduire par « timbre » (Costantini, 2000), à condition de bien entendre en ce mot français une congruence de deux éléments actifs et dynamiques qui s'ajustent, finissant par se conjoindre pour produire une même tonalité (au sens musical ou à tous dérivés). Cette *harmonía* peut être dite interne ou externe. L'interne s'entend d'abord de ce qui dans le produit permet sa construction précisément *harmonieuse*, d'un point de vue syntagmatique tant que paradigmatique, et ensuite permet chez l'énonciataire la perception, ou la reconnaissance de cette construction. Le choix (paradigmatique) et l'agencement (syntagmatique) des matériaux dans un bâtiment, des pigments dans une peinture, des fleurs dans un jardin sont fondamentaux, que l'on entende jouer sur les identités ou les contrastes, le paradoxe ou le prévisible. Comme on sait, production et reconnaissance coïncident seulement à l'intérieur d'un système donné, et ainsi telle dysharmonie d'un temps deviendra l'harmonie de demain. Le roi de France François Iᵉʳ s'intéressait beaucoup aux vins : il fit venir de Chypre, à destination de Fontainebleau, des plants de ce Coumandaría si renommé. Après l'échec de la tentative, on eut beau jeu de souligner que ce n'est pas ainsi que l'on peut procéder. « Faire du vin de Chypre ailleurs qu'à Chypre », sans tenir compte ni du terroir, ni de l'emplacement, ni des vertus propres d'un cépage, est pure illusion. Tout à l'inverse, les moines cisterciens sont loués d'être allés jusqu'à goûter la terre des parcelles, d'avoir étudié leur sol et leur sous-sol, leur orientation, etc., pour déterminer les meilleurs choix de plants comme des modes de vinification, et améliorer ainsi la qualité du produit, activités dont le symbole majeur est la mise en évidence de la notion bourguignonne de « climat ». Dans ce genre d'harmonie interne, à un moment donné la finalité « ludique » renvoyant à une causalité « mythique » est subordonnée à la contrainte d'ordre « pratique » et à l'exercice du savoir « critique ».

L'harmonie externe est le rapport étroit de l'objet considéré avec son environnement : la beauté de certains tableaux apparaît plus vive dans le cadre d'une église appropriée que dans l'emplacement, soumis à d'autres impératifs, du musée, un chalet se justifiera bien mieux dans un environnement de montagnes alpines que dans une banlieue parisienne, etc. L'harmonie externe est un effet de mise en scène. De nos jours, dans les discours des producteurs, des consommateurs de vin, des sommeliers, des cuisiniers amateurs, la plus recherchée est celle de l'*accord entre mets et boisson* qui produit une littérature proliférante. J'ai retrouvé chez moi, hérités d'un grand-oncle vaudois, des menus suisses de la fin des années quarante, lors des foires aux vins (ainsi celle de Vevey, du 20 au 26 mai 1947). Des *rebibes* du pays d'en Haut, voilà, suggèrent-ils, qui va bien avec le vin de Lavaux, un Dézaley par exemple, terroir épiscopal puis monastique, aussi (ainsi, en 1141, l'abbaye cistercienne de Montheron, dans la vallée du Talent, au nord de Lausanne, reçoit des terres à l'est du Dézaley 'pour y planter des vignes'). L'Etivaz vaudois est, après un affinage de sept mois et trente mois de séchage, un fromage à pâte pressée cuite si dur qu'au moins métaphoriquement, on le coupe, tel le bois, en copeaux, « rebibes » en dialecte vaudois – mot utilisé par ellipse pour désigner de tels fromages qu'on pourrait aussi dire « à raboter », ainsi en parle l'allemand : *Hobelkäs*. Sans doute le valaisan Fendant de Sion, lui, conviendrait mieux à la raclette, pâte pressée non cuite de consistance si différente. Quoi qu'il en soit, la littérature de l'accord vin-fromage est *le* grand classique, même si ordinairement on se contente de prôner cet accord plutôt que de le travailler, selon le mot du sommelier Olivier Poussier (Poussier 2011). Le travailler, c'est-à-dire affiner l'harmonisation du timbre : quant à soutenir que « tout rouge convient à tout fromage », que « tout blanc se marie aussi bien avec une tomme qu'avec un chèvre frais », croire qu'un « seul vin peut offrir de beaux accords avec un plateau varié de fromages de tous horizons » : tout cela est erroné ! En conclusion mieux vaut ne servir sur un plateau qu'un seul fromage, éventuellement en plusieurs de ses états d'affinage ou d'avancement. Travailler l'accord, cela peut se faire aussi à trois, par exemple « pessac-léognan rouge, carpaccio de cèpes, saint-nectaire » lors d'un fameux repas chez Alain Senderens (Poussier 2011) : une telle problématique de l'ajustement suppose une visée complexe et d'ordre essentiellement « ludique » (en l'occurrence recherche du plaisir, hédonisme particulièrement subtil), à l'opposé du « pratique » qui uniformise le conformiste plateau de fromages variés, banalise l'accord lâche avec des vins plutôt dépourvus de caractère et cède à la facilité, au risque d'échecs cuisants.

3.2. Le rythme

Le même sommelier développe d'ailleurs cette idée d'harmonie en ajoutant à l'élaboration de la culture du vin le respect du ῥυθμός établi par la nature, en l'occurrence le rythme des saisons – l'hiver propice aux fromages de vache à croûte fleurie ou lavée ; printemps et été aux fromages de brebis, de chèvre, aux pâtes issues de laits d'alpage cru. On s'accorde d'ailleurs en général à donner de l'importance non seulement à la durée (savoir attendre *vs* ne pas savoir attendre, savoir parier sur un vin qui peut tenir son rang jusqu'à plus de dix, quinze ans, sans compter que, dit-on, le vin jaune, six ans en fûts, atteint son sommet en bouteille dix ans après, tient encore bien quarante ans – notez toutefois que le vin se bonifie en cave, pas sur les rayons d'un supermarché –, et savoir boire à temps un autre qui vieillit mal), mais aussi à s'attacher au rythme. Dans la viticulture, il est question alors, et abondamment, et du cycle végétatif de la vigne, et de la scansion des opérations humaines, et des divers temps : temps duratifs brefs et enchaînés de la floraison, de la véraison, temps duratif long de la dormance, temps ponctuel des vendanges. On s'accorde, à l'autre bout de la chaîne, à ne pas négliger le rythme dans la consommation. De quoi s'agit-il ?

- des enchaînements syntagmatiquement codés de la dégustation. Certains, insistant sur le *tempo*, soulignent une évolution notable et soupirent, nostalgiques de la réception et des échanges dans les caves d'antan : on ne laisse plus le temps au temps, dans l'œnotourisme et l'œnoludisme ; on enchaîne les dégustations bâclées, ou férocement minutées, par exemple trente minutes par série de vins testés aux Caves Bianchi, rue Bosio à Nice ;
- du rythme, au sens strict, de la consommation, et l'on opposera entre elles des pratiques anciennes ou modernes, profanes ou rituelles, comme celle du cul-sec en rapport avec le rythme des toasts et autres brindes et brindisi ;
- de la structuration des rituels de dégustation professionnelle (et sa métrique ternaire : examen visuel, examen olfactif, examen gustatif) ;

- ou encore des préceptes de la biodynamie, soumis au calendrier lunaire pour le « buveur » (« déguster les vins au jour fruit/feu voire au jour fleur/eau, mais évitez le jour racine/terre et le jour feuille/eau ») comme pour le « vigneron » (avec la métrique binaire, cette fois, de la phase ascendante et de la phase descendante).

3.3. Le logos

Nous conclurons sur un cépage qui nous est cher, parce que proche de notre région d'adoption, et d'autant plus aujourd'hui que l'anecdote illustre bien au moins une des facettes – de nos jours essentielle – du rôle du *logos,* rôle sur lequel nous ne nous étendrons pas, tant notre propos l'a largement mis en évidence. En mars 1518, le même François Iᵉʳ ordonna d'aller chercher pour les introduire à Romorantin des *complants de Beaune* propres à produire un vin clairet : non loin de là, à Pruniers-en-Sologne, un « Clos des Beaulnes » perpétue le souvenir de cette implantation. Mais le mythe du « Romorantin, variété blanche apportée de Bourgogne par François Iᵉʳ » fonctionne de plus en plus. En l'an 2019, à l'occasion du 500ᵉ anniversaire de la création de Chambord, on célèbre son vignoble replanté par la production d'un cru de « romorantin pré-phylloxérique non greffé ». Hélas ! il est aujourd'hui démontré (Galinié 2017, Rosen / Galinié 2017) que les 80 000 plants commandés par François Iᵉʳ en 1518 sous le nom de *complants de Beaune* désignaient, comme *plant de Beaune,* qui en était alors un synonyme répandu, une variété de pinot noir, et qu'ainsi notre romorantin chambourdin n'a rien à voir avec le roi François ; le terme apparaît seulement dans les années 1830, se répandant dans le Blésois et la Sologne au milieu du dix-neuvième siècle, notamment à Cour-Cheverny. Mais le discours aujourd'hui prolifère et provigne : « replanter les vignes de François Iᵉʳ », « un vin royal », voire le « symbole de la cité idéale de Léonard de Vinci ». Puissance du logos ! Ce logos qui donne le sens, la précision et la profondeur du sens, tant du côté de l'énonciataire que de celui de l'énonciateur, tant dans l'expression des émotions et des passions que dans l'exposition des techniques et des manières de faire – ce qu'on nomme le style.

4. Conclusion

Alors, pour entrer dans la polémique jusque-là écartée, et même récusée si l'on ne dispose pas d'un ferme cadre de références, d'une forte grille théorique : artiste ou non, le vigneron, artiste ou non, le buveur ? Vaine question, surtout lorsqu'on se rappelle que nos premiers vignerons ne différenciaient pas l'art de l'artisanat, qu'un seul concept subsumait chez eux les deux choses, *ars* chez les Romains, τέχνη / *tekhnè* chez les Grecs ? Cette *tekhnè* qui est si longue face à la brièveté de la vie, comme disait Hippocrate, « la vie est courte, la τέχνη est longue » (Hippocrate 400 av. J.-C.: Aph.I), cette *tekhnè* qui demande tant d'efforts et de sacrifices avant de parvenir à la réalisation d'un rêve ou d'une fin plus rationnellement pensée, comment la dénier au « vigneron » (et même au « buveur », du moins celui qui se pique d'être un véritable amateur ? On se souvient qu'à l'époque du peintre Zeuxis, qui peignit des raisins si réalistes qu'ils trompaient les oiseaux – et donne son nom à un prix d'une foire internationale d'art et de vin à Pouilly-sur-Loire –, sont nées les Τέχναι / *Tekhnai*, les traités dont le rôle était, grâce au discours rationnel, argumentatif, grâce au λόγος, d'exposer chaque … *tekhnè*, stratégie, politique, rhétorique, et encore médecine, et de montrer comment saisir le καιρός/*kairos* (« le moment opportun, l'occasion »), même si ou précisément parce que, comme encore le dit Hippocrate, ό δὲ καιρὸς ὀξύς / *ho de kairos oxus*, « l'occasion est fugace, est prompte à s'échapper ». Le « buveur » et le « vigneron » sont les collaborateurs d'une communication à la fois ludique et mythique, sont les producteurs d'une même œuvre fruit de la *tekhnè* – semblables en cela aux partenaires de l'art culinaire (le chef qui invente des mets sublimes ou simplement honnêtes, le client qui sait apprécier ce qu'il mange), de l'art pictural (le peintre qui produit des formes et l'amateur qui en repère les forces), de l'art oratoire (le rhéteur qui convainc, émeut et charme par ses plaidoiries et le jury qui les apprécie, s'en trouve ému, se laisse persuader de leur bien-fondé). Cette longue patience, cette compétence à acquérir, et aussi la vertu pédagogique de l'œuvre nourrie d'appétence, de *fantasie* et de discours, et encore sa reproductibilité par chacun à sa propre mesure – le cuisinier amateur, le peintre amateur, l'orateur débutant et progressant en témoignent, mais pour l'œnophile qui veut passer à l'acte, c'est plus difficile –, notre « buveur » comme notre « vigneron » en connaissent bien le prix.

Bibliographie

Aelianus, Claudius (c. 200 / 1827): *Varia historia*. [Histoires diverses, traduites du Grec, avec le texte en regard et des notes par M. Dacier. Paris: Imprimerie d'Auguste Delalain 1827], http://remacle.org/bloodwolf/historiens/elien/table.htm, (28/10/2020)

Aristote de Stagire (c. 350 av. J.-C. / 1980): Περὶ ποιητικῆς / *Perì poiêtikês*, [éd. bilingue grec-français Dupont-Roc Roselyne, Lallot Jean (éds.), *La* Poétique *d'Aristote*. Paris: Seuil, «Poétique» 1980]

Baroud, Rémi (2018): «Mondovino», la planète du vin se déchire sur grand écran. *Le Monde*, jeudi 26 juillet, p. 21

Carraud, Christophe (2000): *L'harmonie*. Orléans: I.A.V.

Costantini, Michel (2000): Qu'Aristote connaissait la musique: ou De l'harmonie chez les natifs de Stagire (et quelques autres sans nul doute). Dans: Carraud, 193-203

Floch, Jean-Marie (1990): *Sémiotique, marketing et communication: sous les signes, les stratégies*. Paris : PUF

Galinié, Henri (2017): Les noms Framboise, Dannery, Romorantin (1712-1904): Recherches sur l'histoire des cépages de Loire 6, https://hal.archives-ouvertes.fr/halshs-01436142/, (28/10/2020)

Granville, Joseph Mortimer (1885): *Gout in its clinical aspects*. London: J. & A. Churchill, https://wellcomelibrary.org/item/b20408419#?c=0&m=0&s=0&cv=10&z=-1.1939%2C-0.0857%2C3.3878%2C1.7141, (28/10/2020)

Hippocrate de Cos (c. 400 av. J.-C.): Αφορισμοί / *Aphorismes*, remacle.org/bloodwolf/erudits/Hippocrate/aphorismes.htm, (28/10/2020)

Pérez, Jérôme (2013): Non, le vin n'est pas une boisson alcoolisée comme une autre. Dans: *Adeo* 187, 20 avril, https://www.lapassionduvin.com/forum/a-propos/33311-non-le-vin-n-est-pas-une-boisson-alcoolisee-comme-une-autre, (07/11/2020)

Pichery Marie-Claude (2013): Reconnaissance officielle en France du vin comme produit culturel. Enjeux pour les professionnels dans la mondialisation, http://www.asrdlf2013.org/IMG/pdf/C_-_MC_Pichery_-_Reconnaissance _officielle_en_France_du_vin_comme_produit_culturel.pdf, (28/10/2020)

Poussier, Olivier (2011): Vins et fromages. Dans : *La Revue du Vin de France*, mis en ligne le 28/09/2011, série «Les meilleurs articles de La RVF», www.larvf.com/,accords-mets-vins-fromage-vin-olivier-poussier-gastronomie-conseils-bordeaux,10358,4023990.asp, (31/10/2020)

Rosen, Jean / Galinié, Henri (2017): Romorantin B: la fin d'une légende, http://rencontres-des-cepages-modestes.com/rencontres/2017/2017_documents/ Romorantin_B.html, (07/11/2020)

Michel Costantini
Professeur émérite de sémiotique
Université Paris 8 Vincennes Saint-Denis
2, rue de la Liberté
F-93 200 SAINT-DENIS
mic.costantini@orange.fr

Annexe: Guggi, *Calix meus inebrians*, 2009, Château La Coste, Le Puy Sainte Réparade.
Crédits photographiques : G. Cittanova

Eva Lavric / Anja Stingeder / Hanna Waldthaler

Le vin, le paysage et la langue :
« linguistic landscaping » dans le Tyrol du Sud et en Alsace
(version longue)[1]

Résumé :

L'étude du paysage linguistique, c'est-à-dire des espaces publics plurilingues à travers les panneaux et inscriptions visibles, s'est surtout intéressée jusqu'à présent à l'analyse d'espaces urbains. Cette contribution élargit la perspective à des zones rurales, ceci dans un contexte de tourisme et de vin. Les deux régions étudiées – le Tyrol du Sud en Italie et l'Alsace en France – sont toutes deux marquées par un bilinguisme social (diglossie) dont l'impact sur le paysage linguistique et sur le répertoire utilisé avec les touristes est patent. Méthodologiquement parlant, nous combinons l'approche « linguistic landscaping » avec des interviews et des questionnaires portant sur les besoins et les usages linguistiques. Les études de la vallée sud-tyrolienne de l'Überetsch/Oltradige, marquée par le vin et l'agrotourisme, et de celle, en Alsace, de la « Route des vins », comparée à la zone urbaine de Strasbourg, révèlent des tensions entre une authenticité fière de ses racines et une culture de bienvenue cosmopolite.

Mots clé : paysage linguistique d'espaces ruraux, besoins linguistiques dans le tourisme, diglossie, vin, agrotourisme, Tyrol du Sud, Alsace, Route des vins, Strasbourg, Überetsch/Oltradige

Abstract:

Linguistic landscaping, i.e. the scientific description of multilingual spaces as they are visible on public signs and inscriptions, has been done mostly in urban areas so far. This contribution will extend the research focus to include rural territories and investigates linguistic landscapes in connection with tourism and wine. Both landscapes that are studied – South Tyrol in Italy and Alsace in France – are characterised by a bilingual society which also shapes the linguistic landscape and feeds into the linguistic repertoires used for contacts with tourists. Methodologically, the Linguistic Landscaping approach is combined with interviews and questionnaires on language needs and language use. The studies of the South Tyrol valley of

---

[1] Une version abrégée de cet article, sans illustrations, a été publiée dans : Sonia Goldblum / Augustin Voegele / Thomas Nicklas / Frédérique Toudoire-Surlapierre / Michel Faure (éds.) (2020) : *Vin et altérité*. Reims : EPURE, pp.133-146. Merci aux éditeurs du volume en question !

Überetsch/Oltradige, marked by viticulture and agro-tourism, and in Alsace of the rural „Route des vins" as compared to the city of Strasbourg, reveal complex tensions between down-to-earth authenticity and a cosmopolitan culture of welcome.

Key words: linguistic landscaping in rural areas, language needs in tourism, diglossia, wine, agro-tourism, South Tyrol, Alsace, Route des vins, Strasbourg, Überetsch/Oltradige

1. But, objet et spécificité de cette étude

L'étude du paysage linguistique (« linguistic landscaping »), c'est-à-dire des espaces publics plurilingues à travers les panneaux et inscriptions visibles, leurs langues et la hiérarchie de ces langues (telle qu'elle s'exprime dans leur ordre et dans leur graphisme), s'est surtout intéressée jusqu'à présent à l'analyse d'espaces urbains. Cette contribution élargit la perspective à des zones rurales, ceci dans un contexte de tourisme et de vin.

Cette étude est basée sur deux mémoires de maîtrise réalisés à l'Université d'Innsbruck, qui étudient, l'une (Waldthaler 2014), l'Überetsch/Oltradige, une vallée sud-tyrolienne marquée par le vin et l'agrotourisme, et l'autre (Stingeder 2015), la ville de Strasbourg et la Route des vins en Alsace, permettant ainsi une comparaison entre zones urbaines et rurales. De plus, les régions étudiées sont toutes deux marquées par un bilinguisme social (diglossie) dont l'impact sur le paysage linguistique est patent. Enfin, le vin et son agrotourisme d'une part, et les institutions internationales présentes à Strasbourg de l'autre, engendrent des constellations intéressantes, prises dans la dialectique d'une authenticité fière de ses racines et d'une culture de bienvenue cosmopolite.

Nous partons de l'idée que le « linguistic landscaping » constitue une approche méthodologique intéressante, qui peut et doit se combiner avec d'autres méthodes sociolinguistiques. Ainsi, dans les zones étudiées, avons-nous complété et approfondi l'étude du paysage linguistique à travers des interviews systématiques sur le sujet des besoins et des choix linguistiques dans le tourisme ; ceci nous a permis de comparer les résultats avec ceux du « linguistic landcaping », générant ainsi une image complexe et différenciée de ces régions au plurilinguisme multiple (diglossie et tourisme).

2. Les études du paysage linguistique

Avant de donner une définition du « linguistic landscaping », il convient de préciser la distinction entre ce qu'on appelle couramment « linguistic landscape studies » (les études du paysage linguistique) et le « linguistic landscape » (paysage linguistique), qui est l'objet de ces études. Vient s'ajouter un troisième terme, le « linguistic landscaping », que certains chercheurs utilisent comme synonyme de « linguistic landscape studies » et d'autres, pour désigner le processus de création du paysage linguistique ; nous préférons la première acception.

Le « linguistic landscaping » (étude des paysages linguistiques) peut être caractérisé brièvement – peut-être trop brièvement – comme « the study of language in the public space » (Blackwood et al. 2015, xvi). La toute première définition du « linguistic landscape », citée à peu près par tout le monde, est celle de Landry / Bourhis (1997, 25) :

> The language of public road signs, advertising billboards, street names, place names, commercial shop signs, and public signs on government buildings combines to form the linguistic landscape of a given territory, region, or urban agglomeration.

Cette citation est problématique en ce qu'elle fournit une énumération illustrative plutôt qu'une véritable définition. Il faudrait préciser par exemple que l'on s'intéresse principalement à la langue écrite ;[2] ce qui ressort explicitement de la définition de Gorter (2012, 9), qui voit les études du paysage linguistique comme des « investigations of the written language used on signs in public space, including non-commercial and official signage »[3].

---

[2] Parmi les quelques études récentes qui incluent le langage oral, on peut citer Pappenhagen et al. 2015 : ces chercheurs ajoutent au « landscaping » ce qu'ils appellent le « linguistic soundscaping », afin d'inclure « not only textual, but also discursive communication to gain a deeper understanding of the linguistic shaping of urban places » (pp. 147-148). Dans l'étude en question, l'analyse des pratiques écrites et orales du plurilinguisme élargit donc la perspective, qui s'ouvre vers des questions classiques de sociolinguistique telles les choix linguistiques, les attitudes envers les différents codes et la hiérarchie des langues dans une société donnée.

[3] Les deux définitions insistent sur les deux volets de l'affichage : privé d'une part et officiel/gouvernemental de l'autre – ce qui correspond à la différence introduite par certains chercheurs entre la signalisation *top down* (= officielle, gouvernementale) et *bottom up* (= privée, individuelle) comme deux parties distinctes du « linguistic landscape » (cf. Lüdi 2012, 164). Le rôle de cette distinction pour nos propres recherches reste cependant limité.

Lorsqu'il s'agit de délimiter avec plus de précision l'objet de ses études et de définir les critères pour la collection du corpus, les définitions citées se révèlent insuffisantes, ce qui explique aussi le caractère hétérogène des recherches actuelles. C'est pourquoi il peut être utile de réfléchir (dans une logique du prototype) sur l'inclusion ou l'exclusion de certains types de signes. Ces réflexions pourront se faire suivant les trois axes indiqués dans notre figure 1 :

(1) signes linguistiques / non linguistiques,

(2) signes publics / privés,

(3) signes artificiels / naturels.

Figure 1 : Objet prototypique des études de « linguistic landscaping » (Waldthaler 2014, 24)

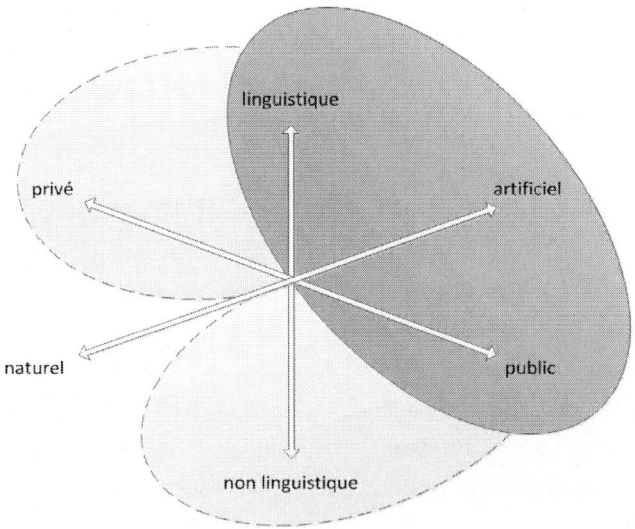

À l'intérieur de ce système de coordonnées, c'est la troisième dichotomie qui est la plus claire : en effet, personne n'a jamais essayé d'inclure dans son étude de « linguistic landscaping » des phénomènes naturels ; bien qu'il puisse y avoir certains doutes sur des zones de jardins ou de parcs. Mais ce sont les deux premiers axes qui méritent une attention plus détaillée.

Sur l'axe linguistique / non linguistique, on peut s'interroger sur les images et pictogrammes qui complètent et illustrent souvent les éléments verbaux des signes présents dans l'espace public. Il y a des chercheurs qui sont allés jusqu'à les inclure dans leurs analyses, tandis que la plupart se bornent à étudier le texte écrit avec les éléments graphiques qui y sont attachés : taille des caractères, gras / italique, couleurs, etc. Selon Lüdi (2012, 112), certaines études récentes n'hésitent pas à inclure des « images, sounds, designs, moving portraits, objects, visuals, colors, graphics, graffiti, hip-hop, dance as well as architecture in form of buildings, roads, parks, etc. » – c'est-à-dire plus ou moins le domaine entier de la sémiotique. Il est permis de se demander ce qui reste alors de la spécificité des études du paysage linguistique.

Pour ce qui est de la distinction privé / public, c'est le point le plus délicat de toute l'affaire, et qui est sujet à des interprétations multiples. Le critère fondamental ici, dans les études du paysage linguistique, est la visibilité des signes linguistiques dans le domaine public – un critère lié à la photographie ressentie comme le moyen de collection des données qui fonde et définit la discipline. Des zones de doute assez importantes correspondent cependant à des espaces privés publiquement visibles (jardinets sur rue…) et à des espaces publics accessibles à tout le monde, mais situés à l'intérieur d'immeubles : restaurants, boutiques, écoles, musées, bâtiments administratifs, et beaucoup d'autres. Faut-il inclure dans le corpus les inscriptions, écriteaux et panneaux présents à l'intérieur de ces établissements, voire les prospectus et dépliants qui y sont distribués ? Et qu'en est-il des espaces publics virtuels comme l'internet, qui repose largement sur le principe du libre accès généralisé ? La capture d'écran devrait-elle être admise au même titre que la photo dans les corpus de « linguistic landscaping » ?

Nous ne répondrons pas ici à toutes ces questions et ne proposerons pas de ligne générale à suivre dans ce type de recherche. Nous nous bornerons simplement à préciser nos propres choix pour la présente étude :

- Notre perspective est celle d'un touriste (muni d'un appareil photo) qui s'intéresse au vin et qui cherche des langues (de préférence, des inscriptions et panneaux plurilingues) dans l'espace public.
- Cet espace public inclut pour nous l'intérieur d'édifices publiquement accessibles : hôtels, boutiques, restaurants, musées etc., de même que les dépliants et sites web.

- Beaucoup plus qu'aux images et pictogrammes, nous nous intéressons à la hiérarchie des langues telle qu'elle s'exprime à travers l'ordre et la présentation des textes.

3. Questions de méthode

Un sociolinguiste traditionnel pourrait se demander si l'étude du paysage linguistique doit être considérée comme une nouvelle branche de la sociolinguistique, ou s'il s'agit tout simplement d'un nouvel instrument méthodologique qui complète la gamme déjà établie. En effet, la collecte de données photographiques constitue un excellent point de départ et une bonne base pour une étude quantitative, mais les questions qu'elle laisse ouvertes sont plus nombreuses que celles qu'elle résout. Ayant découvert, à travers une étude du paysage linguistique, l'importance plus ou moins grande d'une certaine langue dans une certaine aire géographique, on est naturellement amené à se pencher sur les motivations, les attitudes, les contraintes et les préférences qui expliquent l'état constaté du « linguistic landscape ». Tout paysage linguistique n'est en effet qu'un instantané d'une réalité changeante, d'un processus en constante évolution dont les acteurs sont les auteurs et les lecteurs des panneaux et inscriptions, les décideurs linguistiques et leurs cibles respectives.

> People are the ones who hang the signs, display posters, design advertisements, write instructions and create websites. It is also people who read, attend, decipher and interpret theses language displays, or at times, choose to overlook, ignore or erase them. (Shohamy / Gorter 2009a, 3)

Des recherches récentes menées dans le cadre des études du paysage linguistique ont tenté de remédier aux insuffisances du « landscaping » traditionnel, soit en incluant une gamme plus vaste de dimensions sémiotiques (voir la citation de Lüdi 2012, 112 ci-dessus, chap. 2) ou linguistiques, par exemple le langage oral (voir l'étude de Pappenhagen et al. 2015 décrite en note 2), soit en combinant la méthodologie du « landscaping » avec d'autres instruments méthodologiques, de manière à pouvoir analyser l'origine et les motivations des choix linguistiques observés sur les signes visibles.

> L'étude des paysages linguistiques est appelée à dépasser le stade du simple 'inventaire' de langues qui existent dans un certain terrain, et de montrer comment le paysage linguistique – surtout la présence ou non-présence de certaines langues – est un indicateur très important de la vitalité des groupes langagiers qui vivent ensemble ainsi que des conflits sociaux ou politiques qui caractérisent une certaine région. Pour réaliser une telle analyse, il est indispensable de compléter l'étude des signes linguistiques présents dans l'espace public par d'autres méthodes sociolinguistiques (interviews, analyse des politiques linguistiques officielles des administrations et entreprises, analyse des discours médiatiques portant sur les langues, etc.). (Stingeder 2015, 34)

L'étude du paysage linguistique constitue donc une approche méthodologique intéressante, qu'il convient cependant de combiner avec d'autres méthodes sociolinguistiques. Pour la présente étude, nous nous avons complété le « linguistic landscaping » par des interviews qualitatives systématiques sur le sujet des besoins, des politiques et des pratiques linguistiques[4] dans le tourisme (et même un peu par-delà). Nous avons interrogé les propriétaires (ou quelquefois, les employés) responsables des panneaux observés sur les motivations de leurs choix, sur leurs propres compétences linguistiques et sur leurs besoins langagiers professionnels.[5] De plus, l'étude sud-tyrolienne (Waldthaler 2014) a ajouté à ces méthodes un questionnaire distribué aux touristes de différentes langues et origines, concernant la présence perçue de certaines langues dans la région ainsi que leur satisfaction quant à leurs propres besoins et préférences linguistiques. Enfin, Waldthaler 2014 a aussi réalisé une enquête « client mystère » auprès d'établissements d'hébergement, auxquels elle a envoyé des courriels en différentes langues, analysant le nombre de réponses et le pourcentage des réponses dans la langue du courriel original, ainsi que la correction/l'intelligibilité et la qualité du service linguistique offert.

---

[4] Pour une introduction et une vue d'ensemble de ce domaine de recherche, cf. Lavric et al. 2017 et Lesk et al. 2017.
[5] Cette combinaison de méthodes se retrouve aussi dans l'étude de Waksman / Shohamy 2015.

4. Les régions étudiées

4.1. La vallée sud-tyrolienne de l'Überetsch/Oltradige

Figure 2 : Carte de la province autonome de Bolzano–Tyrol du Sud (EOS 2014)

La province autonome de Bolzano–Tyrol du Sud (figure 2) est une région trilingue dans le Nord de l'Italie, près de la frontière avec l'Autriche et avec la Suisse. Elle regroupe des habitants ayant trois langues maternelles différentes : l'allemand, pour les deux tiers de la population environ ; l'italien, langue nationale et langue maternelle pour le quart des habitants ; et enfin le ladin (langue romane proche du romanche parlé en Suisse), langue minoritaire qui se concentre dans cinq vallées dont deux situées sur le territoire de la province.[6] Notre figure 3 montre les pourcentages des trois groupes linguistiques, comparant les résultats de 2001 et de 2011. Ces chiffres sont disponibles avec une grande précision, car ils sont hautement pertinents : il existe en effet une législation très stricte qui protège les différents groupes, et chaque habitant doit déclarer officiellement son affiliation linguistique.

---

[6] Pour l'histoire (linguistique) du Tyrol du Sud ainsi que la situation actuelle, se reporter à Baur 2000 et Maggipinto et al. 2003.

Figure 3 : Répartition des groupes linguistiques en 2011 (et en 2001) (d'après ASTAT 2012)

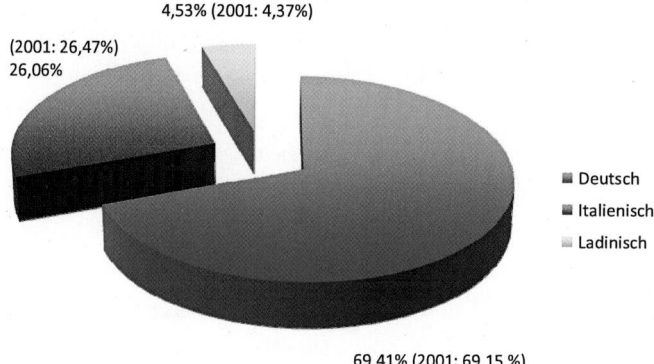

4,53% (2001: 4,37%)

(2001: 26,47%)
26,06%

■ Deutsch
■ Italienisch
■ Ladinisch

69,41% (2001: 69,15 %)

La figure suivante (fig. 4) est une carte de la répartition géographique des trois groupes linguistiques : l'allemand (en vert) est présent sur la totalité du territoire, et largement majoritaire dans la plupart des régions rurales. Dans les villes, l'italien revêt une importance égale (Meran/Merano, la tache blanche), voire supérieure (Bozen/Bolzano, la zone en rouge) à celle de l'allemand. Le ladin, lui, se limite à une zone clairement circonscrite (en bleu).

Figure 4 : Distribution géographique des groupes linguistiques
([Sprachgruppen in Südtirol] 2011)

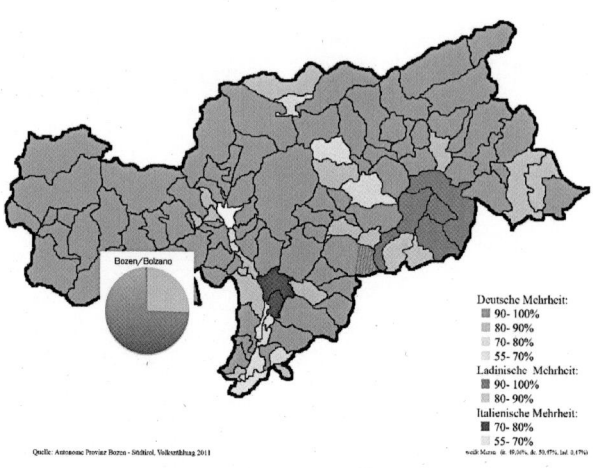

Cette répartition linguistique est le résultat d'une histoire mouvementée : le Tyrol du Sud a fait partie de l'Empire Austro-Hongrois jusqu'à la Première Guerre mondiale ; il était alors monolingue germanophone sauf pour la minorité ladine. La région est passée à l'Italie en 1919, ce qui a conduit à une italianisation intense et forcée surtout pendant la période fasciste (1925-1945), ainsi qu'à une immigration massive en provenance d'autres régions italiennes – italophones –, combinée à un exode des germanophones accordé entre Hitler et Mussolini. L'usage de l'allemand était interdit, cette langue étant remplacée par l'italien sur les panneaux publics, mais aussi pour les inscriptions tombales et les toponymes. L'italianisation prévue de tous les noms propres de personnes a été évitée grâce à la fin de la Seconde Guerre mondiale. L'équilibre linguistique actuel est le fruit de longues négociations et de deux accords successifs entre l'Italie et l'Autriche (cette dernière étant perçue comme la « puissance protectrice » des germanophones du Tyrol du Sud) ainsi que d'une législation détaillée sur les droits des différents groupes linguistiques, en particulier des Sud-Tyroliens de langue maternelle allemande.

Le plurilinguisme actuel de la région est influencé également par l'immigration, présente dans toutes les zones urbaines.[7] Mais le principal facteur de plurilinguisme est aujourd'hui le tourisme, facteur essentiel de prospérité tant dans les villes que dans les campagnes ; celui-ci est fortement lié au vin, comme en témoigne la fameuse Route des vins.

---

[7] Principales nations d'origine des immigrés : Albanais, Allemands, Marocains, Pakistanais, suivis de divers pays d'Europe de l'Est (cf. ASTAT 2013).

Figure 5 : Répartition des touristes au Tyrol du Sud selon leur nationalité en 2012
(Südtiroler Marketinggesellschaft 2013)

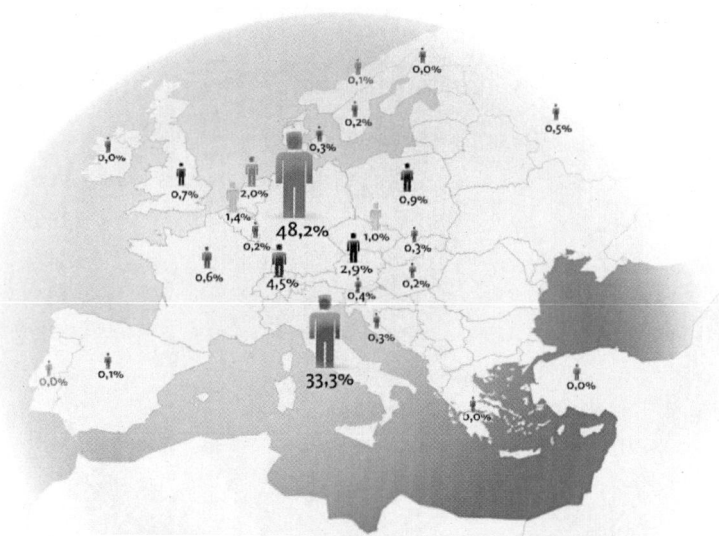

Les touristes qui viennent au Tyrol du Sud (figure 5) sont majoritairement des Allemands, et en second lieu des Italiens venant du reste du pays. D'autres nations, comme les Suisses, les Autrichiens, les Néerlandais, les Belges etc. jouent un rôle mineur. Les besoins linguistiques dans le tourisme correspondent donc essentiellement aux deux langues principales de la province. Ce qui ne signifie pas que les compétences nécessaires soient automatiquement présentes, car tout le monde n'est pas forcément parfaitement bilingue (voir chap. 5, « Résultats »).

4.2. L'Alsace, avec la ville de Strasbourg et la Route des vins

Figure 6 : La situation de l'Alsace en France et en Europe
(Ministère des Affaires étrangères 2000)

L'Alsace a, dans les quatre derniers siècles, fait partie alternativement de l'Allemagne et de la France :[8] elle a été française en 1648, allemande en 1871, française à nouveau en 1919 et allemande à nouveau pendant la Seconde Guerre mondiale. La politique linguistique officielle n'a pas toujours suivi ces changements au pied de la lettre, mais elle a été très stricte depuis la Révolution française, donc au XIXe et au XXe siècles. L'Alsace est aujourd'hui une région française diglossique ; une partie de la population est bilingue, puisque à côté du français langue officielle largement présente dans tous les domaines (éducation, médias...), l'alsacien, qui correspond à un groupe de dialectes allemands, est utilisé comme langue vernaculaire. Ce « dialecte » est plus vital que la langue allemande standard, qui a souffert d'une politique linguistique restrictive menée jusqu'aux années soixante du XXe siècle ; l'allemand standard n'est plus aujourd'hui qu'une langue étrangère, plus importante cependant que dans d'autres régions de France (où l'anglais fait figure de première langue étrangère). En

---

[8] Pour l'histoire de l'Alsace et les questions linguistiques qui en découlent, voir Greib 2013, Grasser 2013 et Klein 2014.

termes de pourcentages, 40 % de la population alsacienne parlent aujourd'hui, plus ou moins bien, une variété germanophone. Mais le dialecte alsacien connaît une régression progressive, surtout auprès des jeunes et dans les villes. « [M]oins de 15 % des jeunes de moins de 15 ans le parlent encore en 2000 » (Grasser 2013, 109).

La ville historique de Strasbourg n'est pas seulement la capitale de l'Alsace, mais aussi l'un des deux sièges du Parlement Européen et le siège du Conseil de l'Europe, ce qui conduit à une présence diplomatique importante de toutes les nations européennes, qui donne à cette ville de 270 000 habitants une touche de cosmopolitisme. Le plurilinguisme est dû également à l'immigration, d'origines turque et maghrébine avant tout (cf. Clot 2012). Mais c'est le tourisme international qui génère les plus grands besoins en langues étrangères, non seulement dans la capitale, mais aussi dans les régions vitivinicoles regroupées dans la Route des vins (figure 7).

Figure 7 : La Route des vins (Stingeder 2015, 8)

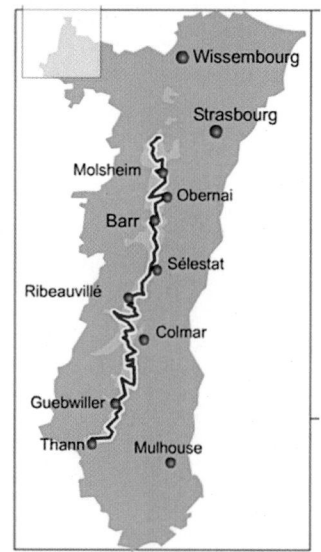

Les deux figures suivantes (figures 8 et 9) donnent les chiffres du tourisme en Alsace et l'origine des touristes : la grande majorité sont germanophones (Allemands ou Suisses) ; en deuxième lieu arrivent les francophones, Belges ou

Français du reste de la France. L'allemand a donc un rôle important à jouer non seulement dans la diglossie alsacienne, mais aussi et surtout dans le tourisme. Cependant, d'autres pays et langues d'origine gagnent en importance dans le tourisme (Italie, Grande Bretagne, Pays-Bas, Etats-Unis, Espagne, Danemark, Japon), ce que nous commenterons au chap. 6 (« Résultats »).

Figure 8 : Le tourisme en Alsace en chiffres – 2013 (ORTA 2014, 4)

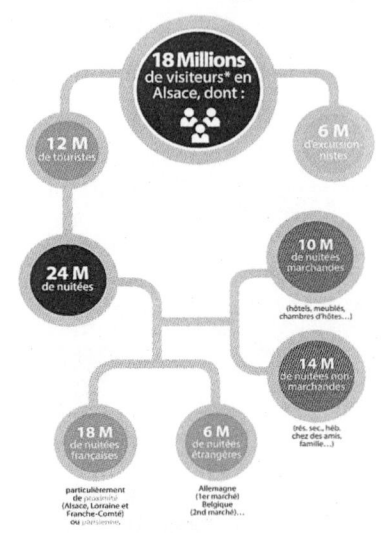

Figure 9 : Nationalités des touristes étrangers en Alsace (Stingeder 2015, 26)

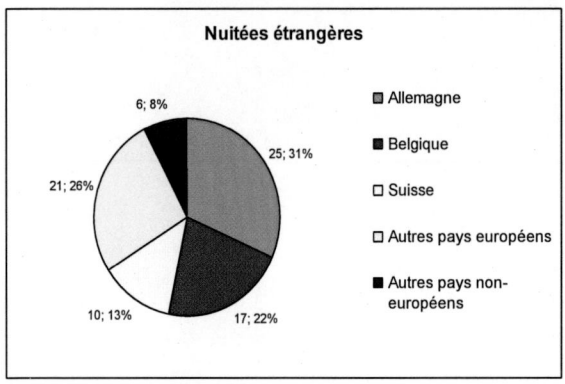

5. Résultats de l'étude : Tyrol du Sud (Waldthaler 2014)

Figure 10 : Carte du Tyrol du Sud avec l'Überetsch/Oltradige et les communes d'Eppan/Appiano et de Kaltern/Caldaro, situées sur la Route des vins (Tourismusverein Castelfelder s.a.)

L'étude de « linguistic landscaping » au Tyrol du Sud a été menée par Waldthaler 2014 dans la vallée de l'Überetsch/Oltradige, avec les communes d'Eppan/Appiano et de Kaltern/Caldaro (dont chacune comprend plusieurs villages), situées sur la Route des vins (figure 10). Nous donnons ici tous les toponymes en deux langues, ce qui est obligatoire dans la région, bien qu'une large majorité de la population de ces communes se déclare germanophone (86,24 % à Eppan/Appiano, et 92,61 % à Kaltern/Caldaro, cf. ASTAT 2012).

Économiquement parlant, la vallée a une longue tradition vitivinicole et touristique. Les visiteurs viennent pour la plupart d'Allemagne (65 % à Eppan/ Appiano en 2013, cf. R.C. 2014), du reste de l'Italie (12 %, mais ce segment est en déclin), de Suisse (8 %) et d'Autriche (6 %). On constate aussi un nombre croissant de touristes venant de Suède, de Roumanie, d'Ukraine, de Grande Bretagne, du Luxembourg, de Slovénie, du Portugal et de France.

Pour son étude des choix linguistiques dans le domaine du vin et du tourisme, Waldthaler 2014 a combiné les méthodes suivantes :

- le « linguistic landscaping » (qui inclut les dépliants et les sites web : 600 photos, 500 captures d'écran) ;
- des interviews qualitatives avec les responsables des entreprises touristiques (70 au total, d'une à deux heures chacun) ;
- des questionnaires/interviews avec des touristes (d'origines et d'arrière-plans linguistiques très divers) ;
- et une enquête « client mystère » avec des courriels en quatre langues envoyés à des hôtels (350 entreprises au total).

Le « linguistic landscaping » révèle tout d'abord une hiérarchie nette qui s'établit entre les langues : si un panneau est monolingue, il est en allemand, s'il est bilingue, en allemand et en italien, et s'il est trilingue, en allemand, italien et anglais.[9] Ceci est valable à quelques rares exceptions près ; la taille des caractères et l'ordre des langues confirment cette hiérarchie.

Figure 11 : Fréquence des langues sur les panneaux des établissements (Waldthaler 2014, 116)

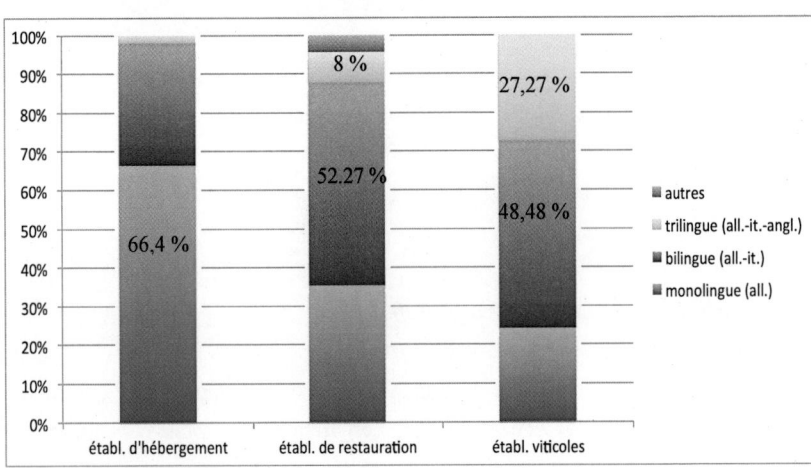

Les statistiques de notre figure 11 montrent que l'effort linguistique fourni est nettement plus faible dans les établissements d'hébergement que dans les

---

9   Le ladin, troisième langue de la province, ne joue aucun rôle dans le paysage linguistique de l'Überetsch/Oltradige, étant donné que cette vallée ne fait pas partie du territoire ladinophone et que 0,48 % seulement de la population du Tyrol du Sud parlent ladin.

restaurants et dans les établissements viticoles. Dans les hôtels et les chambres d'hôtes privées, les inscriptions et panneaux sont largement monolingues (66,4 %) (figure 12) et quelquefois seulement, bi- ou trilingues (figure 13), tandis que dans les entreprises viticoles les textes bilingues (48,48 %), voire trilingues (27,27 %), sont beaucoup plus fréquents (figure 14).

Figure 12 : Panneaux indicateurs monolingues (allemand) d'établissements d'hébergement

Figure 13 : Panneaux d'information bi- et trilingues (allemand, italien et quelquefois anglais) d'établissements d'hébergement

Figure 14 : Présentation trilingue (allemand-italien-anglais, dans cet ordre)
des établissements viticoles

Entre les hôtels plutôt monolingues et les viticulteurs plutôt plurilingues, les restaurants se situent au milieu (avec 52,27 % de signes bilingues et 8 % de signes trilingues), mais ils sont nettement plus multilingues sur leurs cartes, dont 69,45 % sont bilingues et 9,72 % trilingues (figure 15) – bien que souvent le plat du jour ne se traduise pas (figure 16). Les restaurants sont la seule catégorie pour laquelle une quatrième langue, le français, joue un certain rôle, puisqu'il est présent sur deux de nos cartes.

Figure 15 : Cartes de restaurants bilingues (allemand-italien)
et trilingues (allemand-italien-anglais)

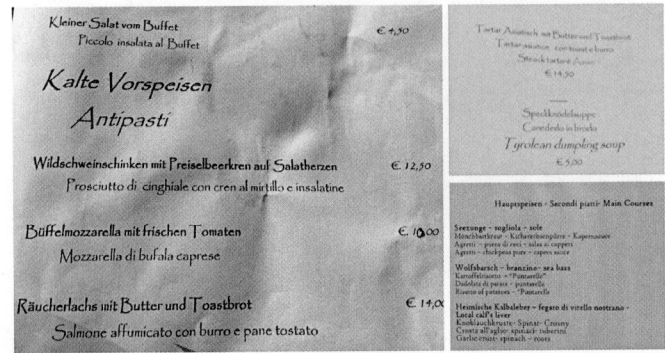

Figure 16 : Carte de restaurant traduite en deux langues ; menu / plat du jour non traduits

En comparaison des inscriptions et panneaux que l'on trouve dans les établissements, les dépliants et sites web affichent une plus grande diversité linguistique. Parmi les sites web des hôtels et restaurants, il y a bien quelques exemples monolingues allemands (figure 17), mais plus de 80 % des sites web sont bi- ou trilingues (cf. figure 18, où l'on voit que le texte italien ou anglais est susceptible d'être plus court). Les domaines viticoles ont des sites web à 100 % plurilingues, dont 88,23 % trilingues. Il en est de même pour les dépliants, voir les figures 19 (un hôtel) et 20 (une entreprise viticole). Nous avons même trouvé quatre sites web qui ajoutent une quatrième langue (une, le néerlandais, et trois, le français), et il est assez surprenant qu'il s'agisse de sites web d'entreprises d'hébergement (figure 21).

Figure 17 : Site web monolingue allemand d'un établissement d'hébergement

Figure 18 : Site web bilingue d'un hôtel, où la version italienne est plus courte et vient après la version allemande

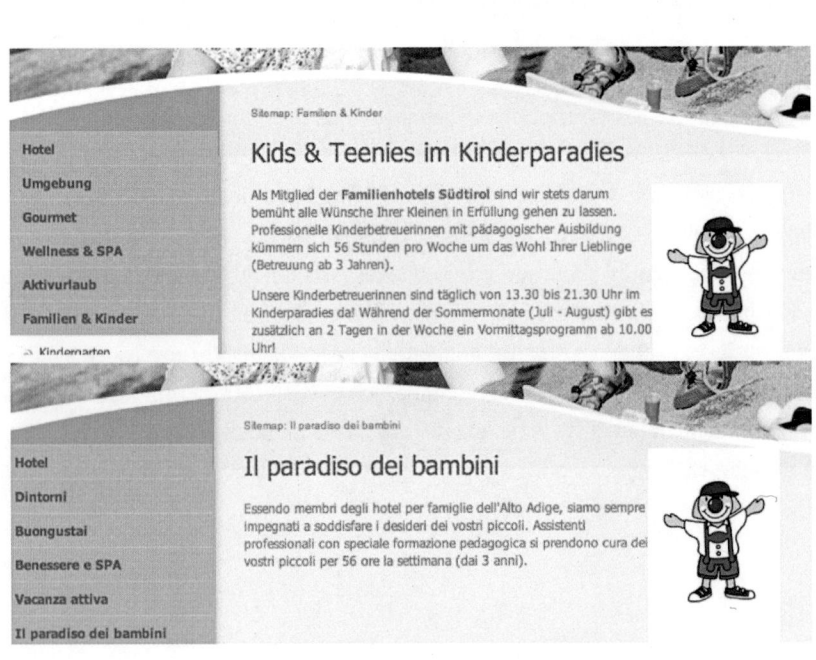

*Figure 19 : Dépliant trilingue d'un hôtel, avec l'allemand comme première langue,
l'italien comme deuxième langue et l'anglais comme troisième langue*

*Figure 20 : Dépliant trilingue (allemand-italien-anglais, dans cet ordre)
d'un établissement viticole*

Figure 21 : Site web d'un hôtel en quatre langues (allemand-italien-anglais-français)

Il est frappant aussi de constater l'usage très répandu d'internationalismes d'origine italienne, anglaise ou française : ils désignent des entreprises d'hébergement (*Residence, Appartements*, etc., figure 22) ou certains de leurs services (*Wellness, Beauty, Lifestyle*, etc., figure 23). Dans les entreprises viticoles, le mot anglais *wine* remplace souvent le mot allemand *Wein*, même dans les mots composés comme par exemple *Winestube, Winepass, Wine Bar*, etc. (figure 24). Les restaurants ont souvent des désignations italiennes (*Ristorante, Pizzeria*, etc., figure 25), et sur leurs cartes on trouve un parfait mélange de langues : dialecte sud-tyrolien (*Spatzlen, Erdäpflblattlen, Greaschtl*, etc.), italien (*Spaghetti Carbonara, Pizza Margherita, Vitello Tonnato*, etc.), anglais (*Hamburger, Barbecue, Muffin*, etc.). Les emprunts au français sont très prisés pour mettre en valeur les plats et leurs ingrédients (*Chateaubriand, Sauce Béarnaise, Coulis, Crème brûlée*, etc.) (figure 26).

Figure 22 : Internationalismes et emprunts désignant des établissements d'hébergement

Figure 23 : Internationalismes et emprunts à l'anglais dans le domaine du bien-être

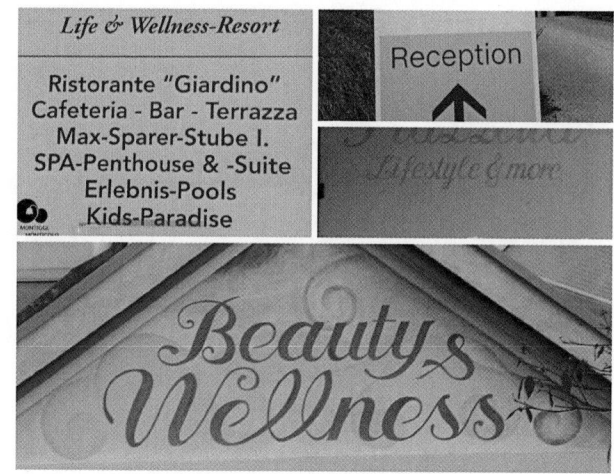

Figure 24 : Le mot anglais wine *remplace l'allemand* Wein, *même dans des mots composés.*

Figure 25 : Les restaurants sont souvent désignés par des termes italiens.

*Figure 26 : Le français comme procédé de valorisation
dans les noms de plats en allemand, en italien et en anglais*

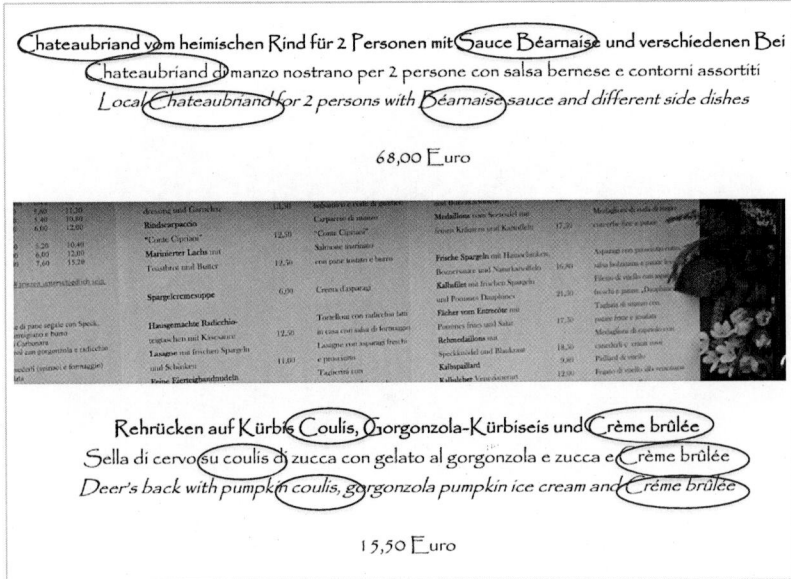

Par rapport au « linguistic landscaping », qui révèle une sensibilité multilingue et des compétences plurielles, l'enquête « client mystère » auprès des hôtels donne lieu à des doutes concernant la qualité du service linguistique. Cette enquête s'est adressée aux établissements d'hébergement, à travers des courriels rédigés en 4 langues : on s'est intéressé à la présence d'une réaction et, le cas échéant, à la langue choisie pour celle-ci, ainsi qu'à la correction/l'intelligibilité de la réponse. Les courriels en allemand ont obtenu des réponses dans 72 % des cas, alors qu'en italien ce pourcentage n'était plus que de 56 %, descendant à 15-16 % pour l'anglais ou le français (figure 27). Pour le français, la moitié des réponses seulement étaient données dans la même langue, et en général, la correction linguistique laissait fort à désirer ; l'autre moitié a répondu en anglais, en italien ou en allemand. En général, les courriels en allemand, en italien et en anglais étaient tous au moins intelligibles, tandis que les textes en français posaient des problèmes de compréhension ; un mél avait même été écrit avec l'aide de Google Translate.

Figure 27 : Pourcentage des langues dans les réponses à l'enquête anonyme « client mystère »

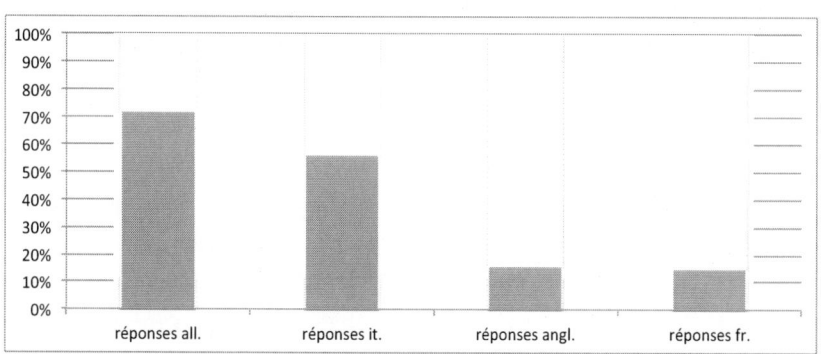

Nous en arrivons maintenant aux interviews qualitatives menées auprès des commerçants, patrons, employés de restaurants, etc. ; ce sont elles qui ont donné les résultats les plus détaillés et les plus intéressants de toute l'étude, surtout là où elles ont pu être comparées avec les questionnaires distribués aux touristes. Ces interviews ont confirmé la très large prépondérance de l'allemand non seulement comme langue de la province, mais aussi comme moyen de communication dans le tourisme, qu'elle soit langue maternelle des touristes allemands, autrichiens ou suisses, ou langue étrangère apprise par les visiteurs d'autres origines (surtout des pays du Benelux). Les interviews et questionnaires réalisés auprès des touristes confirment que les germanophones se sentent réellement bien accueillis, de même que les italophones, même si les compatriotes venant d'autres régions italiennes s'étonnent quelquefois des compétences quelque peu lacunaires des autochtones. L'italien, langue nationale officielle, sert de moyen de communication avec les italophones locaux comme avec les touristes venus des autres régions d'Italie, et il joue en outre un rôle important dans le commerce (exportation de vin). Pour ce qui est des autres langues, l'anglais est utilisé comme « lingua franca » à l'exportation, ainsi que pour les 5 % de touristes qui ne parlent ni allemand ni italien. Sur ce point, nous avons cependant repéré une légère divergence entre les professionnels locaux du tourisme et les touristes en question, qui, eux-mêmes, se sentent très bien accueillis et compris, mais qui insistent sur la nécessité pour la région d'élargir ses compétences linguistiques à des langues plus « exotiques » pour accueillir un public plus diversifié dans l'avenir. Ce conseil vient surtout de la part de touristes anglophones ou est-européens, tandis que les touristes français ont des idées un peu différentes : ils n'aiment pas trop employer l'anglais comme « lingua franca », et ils conseillent à l'Überetsch/Oltradige de cultiver ses deux langues authentiques, expressions de l'identité régionale, plutôt que de s'orienter vers un tourisme international.

Les professionnels du tourisme, pour leur part, ont l'impression de bien couvrir tous les besoins linguistiques des visiteurs à travers leurs compétences en allemand, en italien et en anglais ; certains auraient envie d'apprendre le français ou le russe (ou d'autres langues slaves), mais leur priorité se porte plutôt sur des progrès à faire en anglais ou en italien. Cette stratégie de « standardisation »[10] ne correspond pourtant pas tout à fait, nous venons de le voir, à l'avis des visiteurs non-germanophones et non-anglophones.

Les interviews ont révélé également des divergences entre les entreprises plus grandes et plus petites, ainsi que des différences générationnelles : en effet, dans les hôtels ou autres institutions de grande taille, les compétences linguistiques sont

---

[10] Selon Vandermeeren (1998, 2005), une entreprise a le choix, dans sa communication externe, soit d'utiliser la langue du partenaire commercial (ce que l'auteur appelle « adaptation »), soit de parler sa propre langue maternelle (« non-adaptation »), soit d'avoir recours à une « lingua franca » (« standardisation »).

présentes à travers les collaborateurs de la jeune génération, qui ont bénéficié d'une bonne formation en langues étrangères. Mais les entreprises familiales, surtout viticoles, sont souvent gérées par la génération des parents, qui manque de compétences en anglais (car l'enseignement de cette langue n'était pas encore généralisé à l'époque). Ce manque est compensé sur les enseignes par des images ou des pictogrammes (figure 28). Pour ces petites entreprises, le rapport coût-bénéfice interdit souvent le recours à des services de traduction, et le manque de temps, la participation à des cours de langue.

Figure 28 : Panneaux mono- et bilingues des établissements viticoles plus petits (aides visuelles, pictogrammes...)

Au total, la vallée de l'Überetsch/Oltradige, avec son bilinguisme allemand-italien et les bonnes connaissances d'anglais de ses professionnels, a l'air d'être très bien préparée pour recevoir les touristes qui s'intéressent à cette destination à l'heure actuelle. Cependant, certaines des personnes interrogées, surtout des touristes anglophones, suggèrent avec raison que des compétences linguistiques plus diversifiées pourraient s'avérer utiles dans un proche avenir.

6.   Résultats de l'étude : Alsace (Stingeder 2015)

Figure 29 : Le centre-ville de Strasbourg (Graphi-ogre 2015) :
Place de la Cathédrale (1), Place Kléber (2), La Petite France (3), Place des Halles (4)

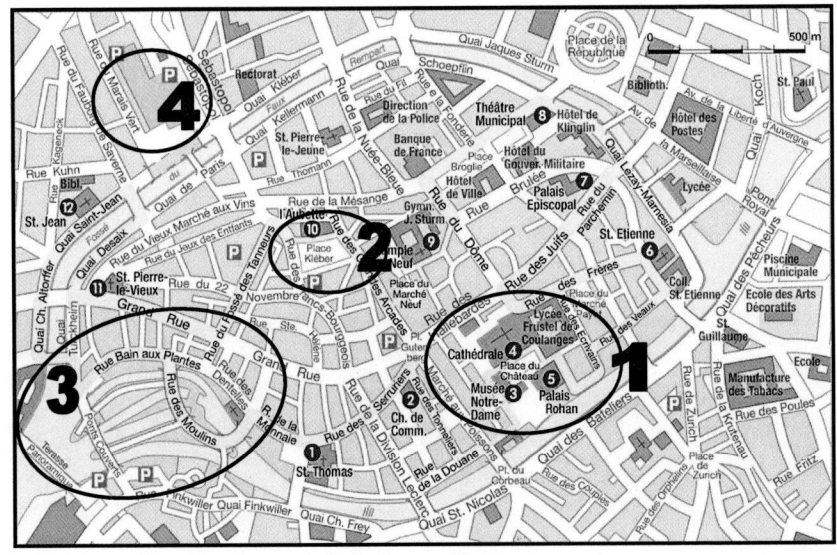

Figure 30 : Les villages analysés (Tourisme Alsace 2013)

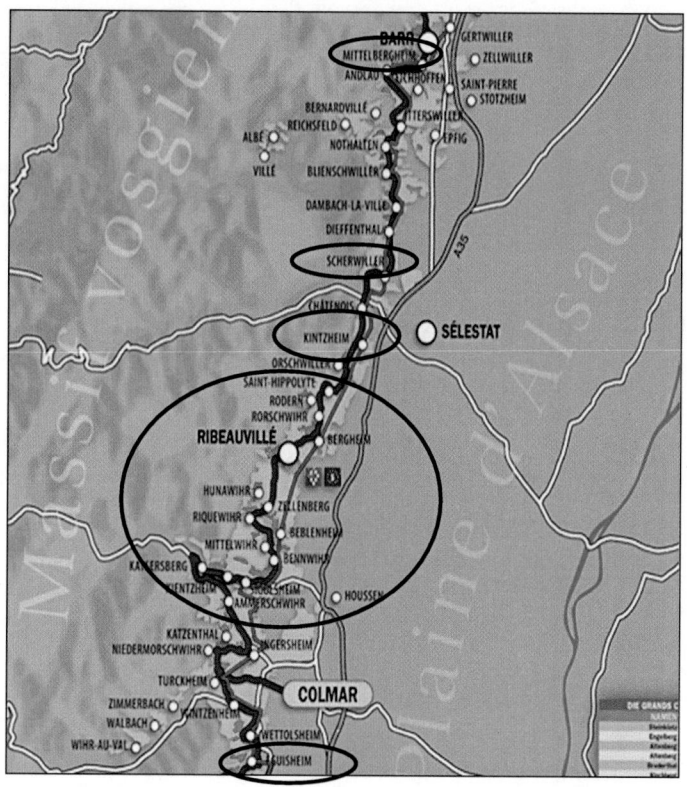

Les figures 29 et 30 montrent les zones exactes qui ont été étudiées par Stingeder (2015) à Strasbourg et sur la Route des vins en Alsace : quatre zones touristiques dans la ville de Strasbourg (la *Place de la Cathédrale* et ses environs (1), *Place Kléber* (2), le quartier de *La Petite France* (3) et le centre commercial *Place des Halles* (4)), donnant lieu à 135 photos. Sour la Route des vins, ont été inclus dix villages (*Ungersheim, Mittelbergheim, Bergheim, Hunawihr, Riquewihr, Ribeauvillé, Saint-Hippolyte, Kintzheim, Beblenheim, Zellenberg* et *Scherwiller*) et sept attractions touristiques (la *Montagne des Singes*, la *Volerie des Aigles*, le château du *Haut-Kœnigsbourg*, un parc thématique à *Hunawihr*, un musée du vin, un écomusée et une manufacture de chocolat), correspondant à 185 prises de photos.

L'étude de Stingeder 2015 en Alsace est un peu moins riche du point de vue méthodologique que celle de Waldthaler au Tyrol du Sud, puisqu'elle combine uniquement le « linguistic landscaping » (320 images) et les interviews qualitatives (51 interviews). Mais elle compare un centre urbain et une région rurale, et les sites choisis sont d'une grande diversité (hôtels et restaurants, viticulteurs et marchands de vin, boutiques de souvenirs, bureaux d'information touristique, musées, églises et autres attractions touristiques, y compris des parcs thématiques et zoologiques). Comme les panneaux et enseignes plurilingues sont très nombreux, Stingeder a choisi de laisser de côté les textes monolingues ; mais elle inclut elle aussi les dépliants et les sites web.

Dans la ville de Strasbourg, les responsables et les professionnels du tourisme énumèrent les Français, les Allemands ou germanophones, puis les Belges, les Britanniques, les Espagnols, les Italiens, les Américains et les Australiens comme les touristes les plus nombreux, auxquels s'ajoutent un certain nombre de Russes et quelques Japonais et Chinois, ces derniers étant en augmentation. Notre figure 31 montre une bienvenue plurilingue affichée sur un tramway.

Figure 31 : Bienvenue à Strasbourg en une multitude de langues

Il n'est donc pas étonnant que les principales langues que l'on trouve sur les affiches, enseignes et panneaux soient le français, l'allemand et l'anglais (figure 32) ; ces trois langues apparaissent souvent ensemble, ou bien deux à deux : la combinaison la plus fréquente est français-allemand (figure 33), mais on trouve aussi français-anglais. A cela vient s'ajouter quelquefois une troisième ou quatrième langue, qui peut être l'italien, mais aussi le japonais ou le chinois (figure 34).

Figure 32 : Enseignes de restaurant trilingues (français, allemand, anglais) à Strasbourg

Figure 33 : Panneaux bilingues (français, allemand)
dans la ville de Strasbourg (le texte est légèrement différent)

Figure 34 : Texte de prière trilingue (allemand, français, italien)
à l'intérieur de la cathédrale de Strasbourg

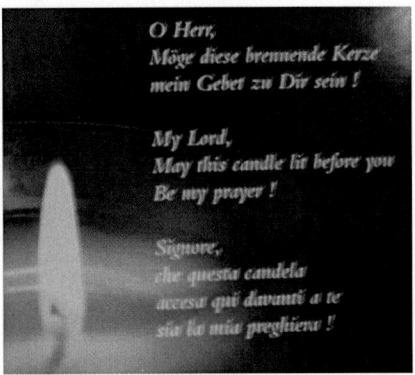

Ces choix sont dictés par l'arrière-plan linguistique des touristes, plus que par le caractère bilingue de la région. Il est donc intéressant de comparer l'origine des visiteurs à Strasbourg (voir ci-dessus) avec celle des amateurs de la Route des vins, où les Italiens sont plus nombreux et arrivent en troisième position derrière les Allemands et les Suisses ; en général, la clientèle dans cette région rurale est plus diversifiée, puisqu'on trouve aussi des touristes venant de Scandinavie, d'Israël et d'Amérique du Sud. (Nos figures 35 et 36 montrent des offres touristiques très plurilingues.)

Figure 35 : Panneau multilingue dans l'Ecomusée d'Ungersheim

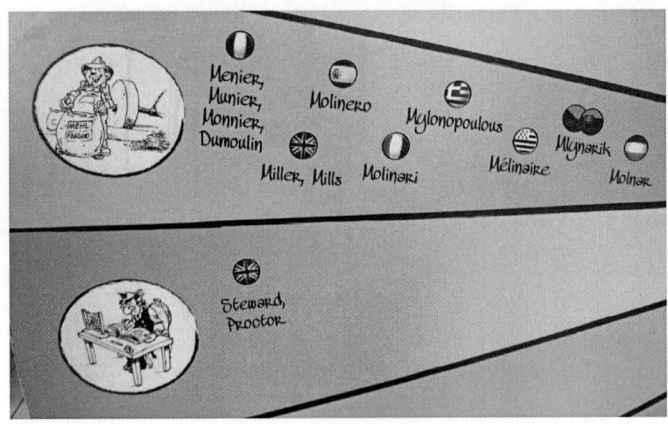

Cependant, les choix linguistiques des enseignes et des panneaux sur la Route des vins, tout comme ceux des cartes de restaurant, ne diffèrent pas de ceux de du paysage urbain de Strasbourg : ceux-ci sont soit bilingues français-allemand (figure 37), soit trilingues français-allemand-anglais (figures 38 et 39) et quelquefois même quadrilingues – ajoutant le néerlandais (figure 40).

Figure 37 : Panneau bilingue annonçant un site très spécial : l'allemand d'abord

Figure 38 : Panneaux trilingues (français, allemand, anglais, avec de petites erreurs en allemand) dans le parc d'Hunawihr

Figure 39 : Menus de restaurants en trois langues

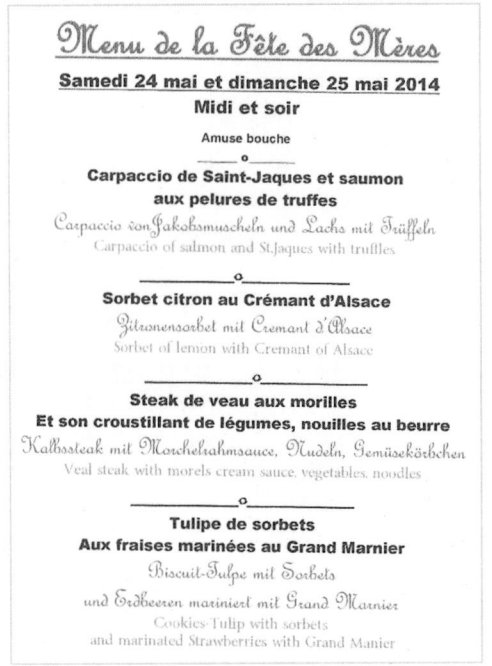

Galette de Blé noir	**Dessert Glacés/Eis/Ice cream**

Galette de Blé noir
Crepes aus Buchweizenmehl/Buckwheat pancakes

Au beurre / Butter 3.00

A l'œuf / Spiegelei/Egg 3.35

Jambon,Œuf 4.80
Schinken, Spiegelei/Ham, Egg (raw yellow)

Jambon, Emmental 5.80
Schinken, Käse/Ham, Cheese

Jambon, Emmental, Tomate 6.70
Schinken, Käse, Tomaten/Ham, Cheese, Tomato

Jambon, Emmental, Champignons 6.80
Schinken, Käse, Pilze/Ham, Cheese, Mushroom

Complète : Jambon, Emmental, Œuf miroir 6.90
Schinken, Käse, Spiegelei / Ham, Cheese, Egg (raw yellow)

Dessert Glacés/Eis/Ice cream

1 boule de glace au choix ....
1 Eiskugel zur Wahl
1 bole of ice in the choice

La coupe glacée : Vanille, Chocolat, Pistache, Chantilly ......
Eisbecher : Vanilla, Schokolade, Pistazie, Schlagsahne
Mixed Ice cream : Vanilla, Chocolate, Pistachio, Whipped Cream

Sorbet Citron au kirsch ....
Zitronensorbet mit kirsch/Lemon Sorbet with kirsch

Sorbet Pomme au calvados ....
Apfelsorbet mit calvados/Apple Sorbet with calvados

Sorbet Cassis ou Framboise.......................
Schwarze Johannisbeere oder Himbeeren Sorbet mit seinem Alkoho
Blackcurrant or Raspberry Sorbet with its Alcohol

Gourmande : Glace Noix de coco, Calvados, Caramel, Chantill
Kokosnusseis, Calvados, Karamel, Schlagsahne
Coconut Ice cream, Calvados, Caramel, Whipped Cream

Figure 40 : Panneaux bilingues (fr, al), trilingues (fr, al, angl)
et quadrilingues (fr, al, néerl, angl) dans le village de Riquewihr

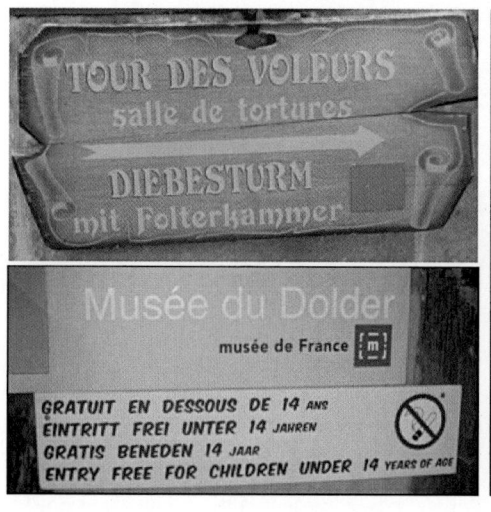

Voyons maintenant deux exemples de « meilleure pratique » linguistique : trois des sites visités offrent des services en langage des signes ou en braille. Et le château du *Haut-Kœnigsbourg* (figure 41) est parfait pour les offres aux personnes

703

handicapées, et pour les services linguistiques, il a tous ses panneaux en trois langues (français-allemand-anglais), très bien traduits, et il est surtout le champion absolu des dépliants et audio-guides, qui sont offerts en non moins de treize langues différentes (français, allemand, anglais, espagnol, italien, portugais, néerlandais, danois, suédois, russe, tchèque, chinois et japonais).

Figure 41 : Un exemple de « meilleure pratique » : le château du Haut-Kœnigsbourg et ses panneaux d'information multilingues, avec des offres spéciales pour handicapés

Si la combinaison français-allemand correspond aux origines des touristes et non pas au caractère bilingue de la région (ce qui est confirmé par la co-présence de l'anglais, non moins fréquent que l'allemand), comment la diglossie alsacienne se traduit-elle donc dans l'espace public ? Réponse : à travers la présence du dialecte alsacien sur les panneaux, affiches et enseignes. Dans le centre-ville de Strasbourg, l'alsacien est présent, à côté du français, sur les panneaux de rues (figure 42).

Figure 42 : Panneaux de rues à Strasbourg en français et en alsacien

L'alsacien apparaît également sur différents types de panneaux (figure 43), et les commerces l'annoncent souvent comme ils annonceraient une langue étrangère (figure 44). Sont alsaciens aussi les noms (*Waldstebel*) ou les désignations (*Winstub, Bierstub*) de certains restaurants, et le dialecte apparaît également dans les cartes et sur les enseignes – souvent en combinaison avec des symboles folkloriques comme le costume alsacien – pour signaler l'authenticité, les racines et traditions régionales (figure 45).

Figure 43 : Panneaux bilingues et trilingues incluant l'alsacien

Figure 44 : Annonce des langues disponibles – et du dialecte

Figure 45 : L'alsacien sur les enseignes de restaurants

Les interviews de l'enquête ont montré qu'un nombre non négligeable de personnes dit parler alsacien, mais que ceux qui le dominent ne l'utilisent qu'avec des clients autochtones ou avec la famille et les amis, et non pas dans des situations professionnelles. La communication en alsacien se réduit donc à une fonction vernaculaire liée de plus aux générations plus âgées ; mais l'alsacien recouvre une valeur symbolique dans les contextes touristiques. Cependant, ceci n'est valable que pour le centre-ville de Strasbourg, car l'alsacien, assez curieusement, n'est pas présent dans le tourisme sur la Route des vins, malgré les compétences certaines de la vieille génération. Nous sommes d'avis que les zones rurales avec leur viticulture et leur agritourisme n'ont pas vraiment besoin d'affirmer leur authenticité à travers l'usage du dialecte, leur identité régionale et leur ancrage dans le terroir ne faisant certainement aucun doute.

Pour ce qui est des langues étrangères, une vaste majorité des commerçants, viticulteurs, employés de musées, etc. (tant à Strasbourg que sur la Route des vins) rapportent dans les interviews qu'ils ont de bonnes compétences, à côté du français, en allemand, en anglais, ou dans les deux langues. Ils affirment par conséquent qu'ils s'en sortent très bien avec leur répertoire linguistique. Certains commerçants ou serveurs disent même posséder des compétences de base en italien, en espagnol, en russe, en japonais ou en arabe. Mais ces connaissances se bornent le plus souvent à un niveau rudimentaire, juste suffisant pour leurs échanges professionnels avec les clients. Lorsqu'on n'arrive pas à communiquer avec un certain client, on a recours à une autre personne qui travaille dans le même établissement, par exemple une femme de ménage, qui dispose des compétences linguistiques nécessaires.

Les professionnels du tourisme parlent souvent, cependant, de leur désir d'apprendre ou d'introduire dans l'entreprise une ou plusieurs langues supplémentaires (par exemple, l'italien, l'espagnol, ou bien une langue asiatique ; on se rappelle les origines des touristes). Nous pensons que ces déclarations de bonne volonté ne sont pas forcément crédibles, elles sont probablement dues au fameux « self report bias » qui affecte toutes les interviews qualitatives (cf. Lavric et al. 2017), c'est-à-dire à la tendance à donner des réponses socialement désirables plutôt que de s'en tenir à la vérité.

Il est intéressant en effet de voir une série de personnes interviewées attribuer leurs problèmes de communication au manque de compétences linguistiques de la part des clients étrangers, plutôt qu'à leur propre manque de compétences. Sont incriminés surtout les touristes italiens (et russes) qui ne parlent pas assez bien l'anglais ou le français. Ce cliché est extrêmement fréquent, puisque 50 % des personnes interrogées à Strasbourg, et 90 % sur la Route des vins, se plaignent de difficultés de communication avec les Italiens.

Ce comportement correspond exactement à ce que Vandermeeren (1998 et 2005) appelle des « unperceived language needs », et qu'elle définit comme suit : « [C]ompanies who are in regular business contact with a certain country and claim that it is not or only occasionally necessary for them to use that country's language » (Vandermeeren 2005, 162). À l'égal du Tyrol du Sud, l'Alsace et ses professionnels du tourisme sont persuadés que tout va bien du côté de leurs compétences linguistiques – un jugement qui est peut-être valable à l'heure actuelle (et encore !), mais qui risque de s'avérer erroné dans un très proche avenir.

7. Conclusion

Les études que nous avons présentées et comparées dans la présente contribution sont toutes deux axées sur les choix et les besoins linguistiques dans des régions marquées par le tourisme et le vin – régions urbaines, mais aussi rurales, qui ont en commun une situation de diglossie. Celles-ci ont été étudiées à travers une combinaison de « linguistic landscaping » et de méthodes complémentaires, en particulier d'interviews qualitatives telles qu'on les trouve couramment dans les analyses de besoins linguistiques. Cette approche méthodologique apporte des résultats intéressants, puisque l'inventaire des langues trouvées sur les affiches, enseignes et panneaux présents dans l'espace public (et dans cette extension virtuelle de l'espace public que constitue internet) peut être complété, comparé et approfondi à travers les explications des personnes étroitement liées à la rédaction des signes linguistiques publics étudiés.

Nous avons vu que dans les deux régions, dans la vallée de l'Überetsch/ Oltradige au Tyrol du Sud tout comme dans la ville de Strasbourg et sur la Route des vins en Alsace, les langues qui sont présentes sur le territoire à travers la diglossie, c'est-à-dire l'allemand et l'italien au Tyrol du Sud, et le français et l'allemand à travers son dialecte alsacien en Alsace, suffisent, en combinaison avec l'anglais, pour recevoir un public touristique qui majoritairement parle ces mêmes langues soit comme langue maternelle soit comme langue étrangère. Cette correspondance presque idéale masque cependant des problèmes de communication avec certains groupes linguistiques, illustrant bien le phénomène que Vandermeeren (1998, 2005) appelle des « besoins linguistiques qui passent inaperçus ».

Bibliographie

ASTAT – Autonome Provinz Bozen–Südtirol (2012): *astatinfo 06/38 Volkszählung 2011. Berechnung des Bestandes der drei Sprachgruppen in der Autonomen Provinz Bozen–Südtirol.* http://www.provinz.bz.it/astat/de/volkszaehlung/aktuelles.asp?aktuelles_action=4& aktuelles_article_id=406345 (26/03/2014)

ASTAT – Autonome Provinz Bozen–Südtirol (2013): *astatinfo 09/71 Ausländische Wohnbevölkerung 2012.* http://www.provinz.bz.it/news/de/news.asp?news_action=4&news_article_id=435563 (08/04/2014)

Baur, Siegfried (2000): *Die Tücken der Nähe. Kommunikation und Kooperation in Mehrheits-/Minderheitssituationen.* Meran: Alpha & Beta

Blackwood, Robert / Lanza, Elizabeth / Woldemariam, Hirut (éds.) (2015): *Negotiating and Contesting Identities in Linguistic Landscapes.* London et al.: Bloomsbury

Clot, Patricia (2012): *L'immigration récente d'abord féminine.* http://www.insee.fr/fr/insee_regions/alsace/themes/ch_revue/cpa2012_32/cpa2012_32.pdf (30/08/2014)

EOS – Export Organization South Tyrol of the Chamber of Commerce of Bolzano/Bozen (2014): *Alto Adige Map.* http://www.altoadigewinesusa.com/alto-adige-map/ (26/03/2014)

Gorter, Durk (2012): Foreword: Signposts in the Linguistic Landscape. Dans: Hélot et al., 9-16

Graphi-orgre (2015): *City Map Strasbourg.* http://www.geoatlas.com/en/maps/city-maps-5/strasbourg-2126?PHPSESSID=079d7b97d5d4256a36da1a3fbe3b9533 (20/01/2015)

Grasser, Jean-Paul (2013) : *Une histoire de l'Alsace.* Strasbourg: Jean-Paul Gisserot

Greib, Robert / Niedermeyer, Jean-Michel / Schaffner, François (éds.) (2013): *Histoire de la langue régionale d'Alsace.* Strasbourg: SALDE

Hélot, Christine / Barni, Monica / Janssens, Rudi / Bagna, Carla (éds.) (2012): *Linguistic Landscapes, Multilingualism and Social Change.* Frankfurt/M. et al.: Peter Lang

Klein, Pierre (2014): *Das Elsass verstehen: Zwischen Normalisierung und Utopie.* Fegersheim: Allewil

Landry, Rodrigue / Bourhis, Richard Y. (1997): Linguistic Landscape and Ethnolinguistic Vitality: An Empirical Study. Dans: *Journal of Language and Social Psychology* 16/1, 23-49

Lang, Michael H. (éd.) (2005): *Second Language Needs Analysis.* Cambridge: CUP

Lavric, Eva / Lesk, Susanne / Stegu, Martin (2017): Multilingualism in Business: Language Needs. Dans: Mautner / Rainer, 249-268

Lesk, Susanne / Lavric, Eva / Stegu, Martin (2017): Multilingualism in Business: Language Policies and Practices. Dans: Mautner / Rainer, 269-317

Lüdi, Georges (2012): The Analysis of the LL as a Tool for Comprehension of Companies' Language Management and Practices. Dans: Hélot et al., 94-164

Maggipinto, Antonello / Veronesi, Daniela / Simone, Patrizia (2003): *Lingue veicolari e apprendimento. Il contesto dell'Unione Europea e quello di una regione plurilingue: l'Alto Adige/Südtirol.* Azzano San Paolo: Junior

Mautner, Gerlinde / Rainer, Franz (éds.) (2017): *Handbook of Business Communication. Linguistic Approaches.* Boston: De Gruyter Mouton

Ministère des Affaires étrangères (2000): *Carte de France.* http://le-lutin-savant.com/g-france-geographie.html (09/09/2014)

ORTA (2014): *Les chiffres clés 2013 du tourisme en Alsace. Edition 2014 par l'Observatoire Régional du Tourisme d'Alsace.* Strasbourg: Agence Attractivité Alsace

Pappenhagen, Ruth / Scarvaglieri, Claudio / Redder, Angelika (2015): Expanding the Linguistic Landscape Scenery? Action Theory and 'Linguistic Soundscaping'. Dans: Blackwood et al., 147-162

R.C. (2014): *Interview avec le gérant de l'organisation touristique locale d'Eppan/Appiano (Tyrol du Sud).* Réalisée par Hanna Waldthaler, le 16/01/2014

Shohamy, Elana / Gorter, Durk (2009a): Introduction. Dans: Shohamy / Gorter b, 1-3

Shohamy, Elana / Gorter, Durk (éds.) (2009b): *Linguistic Landscape. Expanding the Scenery.* New York: Routledge

[Sprachgruppen in Südtirol] (2011): *Sprachgruppen in Südtirol – Volkszählung 2011* ; Wikipedia Ger. http://upload.wikimedia.org/wikipedia/commons/5/5a/Language_distribution_in_South_Tyrol%2C_Italy_2011%2C_de.png (26/03/2014)

Stingeder, Anja (2015): *Tourisme et plurilinguisme en Alsace : Paysage et besoins linguistiques à Strasbourg et sur la Route des vins.* Mémoire de maîtrise, Université d'Innsbruck

Südtiroler Marketinggesellschaft (2013): *Zahlen und Fakten. Die Destination Südtirol im Jahr 2013.* http://www.smg.bz.it/de/was-wir-bieten/zahlen-fakten/südtirol-in-zahlen/36-0.html (09/04/2014)

Tourisme Alsace (2013): *Karte der Elsässer Weinstraße.* http://www.elsass-weinstrasse.com/de/elsass-weinstrasse-karte/ (20/01/2015)

Tourismusverein Castelfeder (s.a.): *Panoramakarte Süden.* http://www.castelfeder.info/media/688f69b7-c5b6-4aac-9424-d3ffd0b211fd/panoramakarte-sueden.pdf (01/04/2014)

Vandermeeren, Sonja (1998): *Fremdsprachen in europäischen Unternehmen. Untersuchungen zu Bestand und Bedarf im Geschäftsalltag mit Empfehlungen für Sprachpolitik und Sprachunterricht.* Waldsteinberg: Heidrun Popp

Vandermeeren, Sonja (2005): Foreign Language Need of Business Firms. Dans: Lang, 159-181

Waksman, Shoshi / Shohamy, Elana (2015): Linguistic Landscapes of Social Protests: Moving from 'Open' to 'Institutional' Spaces. Dans: Blackwood et al., 85-98

Waldthaler, Hanna (2014): *Choix linguistiques et besoins langagiers dans le paysage linguistique de l'Überetsch/Oltradige au Tyrol du Sud.* Mémoire de maîtrise, Université d'Innsbruck

Eva Lavric, Anja Stingeder, Hanna Waldthaler
Institut für Romanistik, Universität Innsbruck
Innrain 52, A-6020 Innsbruck
http://www.uibk.ac.at/romanistik/